Ullstein Sachbuch

Ullstein Sachbuch
Ullstein Buch Nr. 4069
im Verlag Ullstein GmbH,
Frankfurt/M – Berlin – Wien

Originalausgabe

Umschlagentwurf:
Hansbernd Lindemann

Printed in Germany 1980
Gesamtherstellung: Mohndruck
Graphische Betriebe GmbH, Gütersloh
ISBN 3 548 04069 1

Mai 1980

CIP-Kurztitelaufnahme
der Deutschen Bibliothek

Reiseführer für Literaturfreunde.
Frankfurt/M, Berlin, Wien: Ullstein.
([Ullstein-Bücher] Ullstein-Buch; . . .)
→ Voss, Karl: Reiseführer für
Literaturfreunde Berlin

Inhalt

Vorwort

Mit dem vorliegenden Buch überreicht der Ullstein-Taschenbuchverlag nunmehr den vierten Band seiner »Reiseführer für Literaturfreunde«. Nach »Frankreich«, »Paris« und »London« erscheint damit ein »Baedeker«, der dem literarischen Berlin der Kurfürsten, Könige, Kaiser und Präsidenten und, nach dem Rückfall in die finstere Barbarei des »Großdeutschen Reiches«, der zweigeteilten Stadt, dem vielbeachteten Blickpunkt im Weltgeschehen unserer Tage, gewidmet ist.

Berlin war stets eine Stätte des freien Geistes, der Toleranz und einer zukunftsweisenden Wissenschaft, deren in einer vielgestaltigen und buntfarbigen Tradition wurzelnde literarische und kulturelle Anziehungskraft mit ihren Anregungen und Impulsen auf die übrige Welt ausstrahlte. Über zweieinhalb Jahrhunderte hindurch hat das geistige Klima der Stadt, die Hebbel die »Metropole der deutschen Intelligenz« nannte, Männer und Frauen der Feder angezogen. Zu den mit Spreewasser getauften Schriftstellern, Dichtern und Publizisten kam eine Vielzahl von Autoren, die Berlin zu ihrem Wohnsitz wählten oder wenigstens entscheidende Jahre ihres Lebens und Schaffens hier verbrachten.

Von den schüchternen Äußerungen heute vergessener Prosaisten und Dichter und von der bedeutsamen Gründung der Akademie der Wissenschaften durch Leibniz zu Ende des 17. Jahrhunderts abgesehen, begann die Berliner Literaturgeschichte an einem Herbsttag des Jahres 1743, als der in Dessau geborene und aufgewachsene vierzehnjährige Talmudschüler Moses Mendelssohn durch das Tor, das »Juden und Vieh« vorbehalten war, in die Stadt einzog, wenige Jahre später mit seinen Freunden Lessing und Nicolai das Dunkel, das über der Welt lag, aufhellte und die Pforten zum Reich der Vernunft und der Humanität öffnete. In den Jahren 1790 bis 1811 gingen aus der »Symbiose von märkischen Adligen, Hugenottensprößlingen und geistvollen, emanzipierten Jüdinnen«, wie der französische Literarhistoriker Robert Minder analysierend feststellt, die schöngeistigen Berliner Salons, die Kraftquellen der romantischen Bewegung in Deutschland, hervor. Von Berlin strahlte wenige Jahrzehnte später die revolutionäre Gedankenwelt des »Jungen Deutschland« und mit der Entwicklung der Stadt zum wirtschaftlichen Mittelpunkt in den Gründerjahren die realistische Auffassung von der Literatur aus, die in Theodor Fontane ihren klassischen Vertreter fand. Das Milieu der Mietskasernen und das trübe Großstadtdasein erweckte um die Jahrhundertwende die naturalistische Bewegung, die in der jungen Berliner Generation ihre militanten

Wortführer fand. Besonders der Wahlberliner Gerhart Hauptmann setzte der neuen Bruderschaft in seinen Dramen ein Fanal und errang den Gipfel des europäischen Naturalismus. In den Vorkriegszeiten und in den Jahren des Ersten Weltkriegs erlebte der Expressionismus mit dem Primat des inneren Erlebens vor dem materialistischen Dasein hier seine Glanzzeit, bis schließlich nach der Inkraftsetzung des Gesetzes »über die Bildung einer neuen Stadtgemeinde« im Jahre 1920, als sich acht bis dahin selbständige Städte, neunundfünfzig Landgemeinden und siebenundzwanzig Gutsbezirke zur viertgrößten Stadt der Erde zusammenschlossen, Berlin zur geistig-künstlerischen Hauptstadt Europas wurde. Schriftsteller von höchstem Rang trugen in den »roaring twenties« das Lob der Spreemetropole, die eine so hohe Zahl von Nobelpreisträgen beherbergte wie keine andere Stadt auf Erden, in die Welt.

Mit der »Machtübernahme« Hitlers kam auf die Stadt die grauenvollste Katastrophe zu, die sie je heimgesucht hat. Die Nationalsozialisten machten aus ihr, die alle geistigen Strömungen des 19. und des ersten Drittels des 20. Jahrhunderts prägte, mindestens aber mitprägte, einen Trümmerhaufen und eine leidgeprüfte Insel mit einer blutenden Grenze zwischen ihren beiden Teilen. Innerhalb weniger Wochen wurden mehrere hundert Schriftsteller, Journalisten, Künstler und Theaterleute vom Kulturleben der Stadt »ausgeschaltet«, mit ihnen fast alle der sechzehn deutschen Nobelpreisträger, die zwischen 1918 und 1932 ausgezeichnet wurden und von denen die Mehrzahl in Berlin lebte. Sie mußten ihre Habe stehen- und liegenlassen und bei Nacht und Nebel die Heimat aufgeben. Mit den Büchern weltbekannter Autoren, die deutsche Studenten am 10. Mai 1933 auf dem Opernplatz in die Flammen warfen, ging auch das weltweite Ansehen des literarischen und kulturellen Berlins und damit Deutschlands zugrunde. Wie groß der Verlust gewesen ist, der dem deutschen Kulturleben durch Schreibverbot, Ächtung, Vertreibung, Ermordung und Freitod eines Großteils der deutschen Schriftsteller und Wissenschaftler deutscher Zunge – »arisch« oder »nichtarisch« – erwuchs, läßt sich nicht einmal schätzen.

Nach dem Kriege lag ein Sechstel allen Trümmerschutts, den Bomben und Granaten in Deutschland hinterließen, in Berlin. Von den ehemals 245 000 Gebäuden der Stadt überlebte, wenn auch meistens schwer angeschlagen und kaum noch bewohnbar, nur ein knappes Drittel, von anderthalb Millionen Wohnungen war jede dritte zerstört. Von der traditionsreichen Innenstadt, dem historischen und geographischen Zentrum der alten Reichshauptstadt, existiert kaum noch ein Haus.

Von vielen Straßen blieb, wie Mascha Kaléko klagend ausruft, »oft nicht mehr als das Straßenschild«. So steht in der Königstraße, der heutigen Rathausstraße im Osten der Stadt, kein einziges Gebäude aus der Vorkriegszeit. Die berühmte Burgstraße mit ihrem literaturträchtigen Gasthof »Zum König von Portugal« verschwand von den Stadtplänen, wenigstens in ihrem historischen Teil. Von den 235 prächtigen Häusern des Kurfürstendamms sind immerhin noch 43 erhalten geblieben. Voller Wehmut und in Gedenken an seine »wunderbaren Jahre in Berlin« erlebt der zufällig in Frankfurt/Main geborene Berliner Wolfdietrich Schnurre bei einem geistigen Streifzug durch die Stadt die Atmosphäre seiner zerstörten Heimat mit allen Sinnen und setzt ihr in »Kalünz ist keine Insel« ein nostalgisch-literarisches Denkmal: »Ich sah die Laubenkolonie von Weißensee, die Malchower Dorfkirche, den Alexanderplatz, die Spree; ich hörte die Mauersegler über dem Prenzlauer Berg und die Krähen in der Platanengruppe neben dem Kronprinzenpalais; ich roch die muffige Luft, die aus den Tageskinos in der Münzstraße quoll, und den brodelnden Kieferndurft, der im August über dem Grunewald stand; und ich schmeckte die Bierwurst, die es bei Aschinger gab, und die Weiße mit Schuß, auf die der Vater so schwor, und plötzlich hatte ich ein so wildes und rasendes Herzklopfen, daß ich Herrn Jankel Freindlich bitten mußte, mal einen Augenblick stehenzubleiben.«
In den sieben Bergen, die aus den Trümmern der zerstörten Häuser Berlins aufgeschüttet wurden und die heute als Grünanlagen das Stadtbild aufhellen, liegen auch die Überreste der Wohnstätten vieler Schriftsteller, die einmal in dieser Stadt geboren oder von ihrer Ausstrahlung angezogen wurden, hier gelebt, geliebt, gewirkt, gelitten, gerungen und gesiegt haben und denen der Tod hier die Feder aus der Hand nahm.
Getreu dem Goethewort »Wer den Dichter will verstehen, muß in Dichters Lande gehen«, wird der literaturbeflissene Wanderer in fünfzehn Spaziergängen zu Geburts-, Wohn- und Sterbehäusern von weit mehr als 600 Schriftstellern geführt, die zwischen »Alex und Ku-Damm« gelebt haben, wobei »Alex« für das alte Zentrum der Metropole, der heutigen Hauptstadt der DDR, und »Ku-Damm« für West-Berlin steht. 750 mit der Literatur verbundene Häuser beziehungsweise die Orte, an denen diese einst standen, werden dem Bummler durch Berlins Straßen vorgestellt, Häuser, aus denen ihre schriftstellernden Bewohner ein Spiegelbild der Stadt in alle Welt trugen und sie damit zu einem Spektrum deutscher Kultur machten. Auch Straßen und

Stadtviertel, soweit sie Schauplätze und Kulissen für die Dichtung abgegeben haben, sind herangezogen. Einschlägige Bücher zählen allein tausend ganz oder teilweise in Berlin spielende Prosawerke auf.
Leben und Werk eines Büchermachers bedingen sich gegenseitig, wie man sagt. So erlebt der Literaturfreund auf seinen Spaziergängen mit den dem »Baedeker« beigefügten Erlebnisberichten, Zitaten aus Tagebüchern und Briefen, Autobiographien und zeitgenössischen Darstellungen sowie aus dem Werk des Schriftstellers selbst seine Welt, die Sphäre, in der er lebte und schrieb, die ihn formte und sein Schaffen bestimmte. Kurze Angaben über die Lebensgeschichte der Autoren und ihre Stellung in der Literatur ebenso wie Hinweise auf soziologische und kulturelle Hintergründe ergänzen das ungemein attraktive und bunte Panorama der Berliner Literatur, zumal neben den Größten und Großen auch die Autoren des Trivialschrifttums und einstmals vielgelesene und geschätzte, heute aber vergessene Schriftsteller nicht übergangen werden. Leider gestattet der Umfang des Taschenbuchs nicht die Aufnahme der illustren literarischen Vergangenheit der schönsten Nachbarin Berlins, der Residenzstadt Potsdam, die seit je in engster kultureller und historischer Verbundenheit mit ihr stand.
Ein Wort herzlichen Dankes gebührt dem Landesarchiv der Stadt Berlin und seinen Mitarbeitern, dem Senat für Bau- und Wohnungswesen und den Leitern der Pressestellen einiger Bezirksämter, die bei der Suche nach der Lage von Häusern und Straßen, die längst verschwunden sind, unermüdlich halfen, ebenso wie dem Leiter des Archivs der Berliner Akademie der Künste, Herrn Dr. Walther Huder, dem Leiter des Literaturarchivs des Schiller-Nationalmuseums in Marbach, dem Leiter der Fernleihe der Bibliothèque Nationale in Luxemburg und Herrn Dr. Rudolf Thomik, Baden-Baden, der bei der kritischen Durchsicht des Manuskripts hilfreich zur Seite stand.

Erster Spaziergang: Vom Alexanderplatz zum Oranienburger Tor

Alexanderplatz Der im Zuge des Wiederaufbaus der Innenstadt nach den Zerstörungen des Zweiten Weltkriegs um ein Vierfaches vergrößerte Alexanderplatz bildet das Zentrum der Hauptstadt der DDR. Seinen Namen erhielt der ehemalige Markt- und Exerzierplatz vor dem Georgentor zum Andenken an den Besuch von Zar Alexander I. am 25. Oktober 1805.

Siebzehn Jahre später erwarb hier der 1771 in der Maingegend geborene, in Dessau wohlhabend gewordene Pferdehändler Karl Friedrich Cerf ein größeres Gebäude, das auf dem Komplex des heutigen Centrum-Kaufhauses lag. Hier ließ der Analphabet mit königlicher Konzession ein 1500 Plätze fassendes Theater erbauen, das am 4. August 1824 in Gegenwart Friedrich Wilhelms III. als Königstädtisches Theater eröffnet wurde.

Von 1825 bis 1828 war der am 24. Januar 1798 in Breslau geborene Lyriker, Erzähler und Lustspieldichter Karl von Holtei, der 1823 nach Berlin gekommen war, Direktionssekretär und Spielleiter an diesem Theater. Mit seinen Singspielen »Die Wiener in Berlin« und »Die Berliner in Wien« sowie weiteren Theaterstücken, die im Königstädtischen Theater ihre Uraufführung erlebten, konnte er ein breites Publikum begeistern. Sein Liederspiel »Lenore« nach Bürgers Ballade mit dem volkstümlich gewordenen Mantellied »Schier dreißig Jahre bist du alt« kam hier 1829 auf die Bühne. In seinem Volksstück »Ein Trauerspiel in Berlin« (1831), mit dem er den Berliner Dialekt in einem tragischen Stück bühnenfähig machte, trat die Gestalt des Eckenstehers Nante, dem Glaßbrenner später zu größerem Ruhm verhilft, zum erstenmal auf.

Von 1828 bis 1830 wirkte Louis Angely, der bei Kotzebue in Königsberg Regie geführt hatte, als Schauspieler und Regisseur am Königstädtischen Theater. Mit seinem Volksstück »Das Fest der Handwerker«, das am 4. Januar 1828 hier seine Uraufführung erlebte, wurde er zum Bahnbrecher der Berliner Lokalposse. Nach seiner Theatertätigkeit war Angely bis zu seinem Tode am 16. November 1835 als Gastwirt in Berlin tätig.

Theodor Fontane, der in der Jungschen Apotheke in der damaligen Neuen Königstraße arbeitete und wohnte, schloß sich am 18. März 1848 einer Gruppe von Barrikadenkämpfern an, die das Theater stürmten und sich der in der Requisitenkammer lagernden Waffen – »Degen, Speere, Partisanen und vor allem kleine Gewehre« – bemächtigten. Ein verrosteter Karabiner mit einem nicht funktionierenden Feuersteinschloß ernüchterte Fontanes revolutionäre Begeisterung. Er zog sich von jeder kämpferischen Begegnung mit den Regierungstruppen in sein Zimmer in der Apotheke zurück. Im Jahre 1851 schloß das Theater, die Pflegestätte des Berliner Singspiels und der Posse, seine Pforten.

Im Hause des nur wenige Monate bestehenden Sezessionstheaters, das an der Stelle des im Kriege zerstörten Lehrervereinshauses stand, eröffnete Ernst von Wolzogen am 1. Januar 1901 das erste literarische Kabarett Deutschlands, das »Überbrettl«. Als Hausdichter konnten Richard Dehmel, Otto Julius Bierbaum und Hanns Heinz Ewers das Unternehmen zu beachtlichen Erfolgen führen. Es florierte so, daß der Direktor sich bald ein eigenes Theater erbauen lassen konnte. Dort versagte ihm jedoch das Publikum seine Gunst, nach einem Jahr mußte er den Offenbarungseid leisten. An der Stelle des zerstörten Lehrervereinshauses steht heute das »Haus des Lehrers«.

Mit dem Welterfolg des bedeutendsten und populärsten deutschen Großstadtromans »Berlin Alexanderplatz« (1929), der Geschichte des Transportarbeiters Franz Bieberkopf, der am »Alex« steht und Zeitungen verkauft, werden der Autor Alfred Döblin und der Alexanderplatz weltbekannt und -berühmt. Auch im Leben des Schriftstellers hat der Platz eine Rolle gespielt. In seinem autobiographischen »Ersten Rückblick« (1928), der mit dem »Dialog in der Münzstraße« beginnt, schreibt er:

»*Es ist Mittag. Ich sitze in einem kleinen Café am Alexanderplatz, und mir fällt ein: In dieser Gegend, hier im Osten Berlins, sitze ich nun schon, seit ich nach Berlin kam, seit vierzig Jahren. Hier bin ich zur Schule gegangen, es kamen kleine Lücken, Studienzeit, Assistenzzeit, Krieg, aber immer wieder ging es zurück zwischen Alexanderplatz und Jannowitzbrücke.*« Und 19 Jahre später bei seinem ersten Besuch Berlins nach dem Kriege kam er wieder hierher. In seinen autobiographischen Aufzeichnungen »Schicksalsreise« (1949) heißt es: »*. . . Ich kenne den Platz noch aus der Zeit, wo es hier sehr ruhig herging und sich in seiner Mitte ein kleiner Hügel erhob, den ein freundlicher grüner Rasen bedeckte; da gab es auch ein Gebüsch, in dem Bänke standen, . . . , friedlich im Grünen, mitten in Berlin auf dem Alexanderplatz. Wir saßen oft hier, meine Mutter und ich, auch einer meiner Brüder, wenn wir zur großen Markthalle gingen und der Mutter die Tasche trugen . . . Es fuhren noch Pferdebahnen, es gab noch* *kein elektrisches Licht . . . Als ich mich später in der Frankfurter Allee als Arzt niederließ, machte ich meine täglichen Spaziergänge zu Fuß bis hierher und manchmal noch ein bißchen weiter, bis in die Königstraße hinein in die Nähe des Rathauses. Da landete ich gegen zwölf bis ein Uhr oft in dem Café Gumpert, einem großen, sehr lebendigen Lokal, in dem sich die Geschäftsleute dieser Gegend trafen. Man las da Zeitungen, es gab Zeitungen aus der ganzen Welt, und man trank seinen Kaffee . . .«*

Am Königsgraben Im Hause Nr. 10 des Kupferstechers Schleuen in der Straße Am Königsgraben, dem mit dem Bau der S-Bahn verschwundenen letzten Überbleibsel der Festungsanlagen, der parallel zur S-Bahn zwischen dem wiederhergestellten Hochhaus Berolina und dem zerstörten Warenhaus Tietz bis zur Memhardstraße verlief, bezog der Oberlausitzer Pastorensohn Gotthold Ephraim Lessing Mitte Mai 1765 mit seinem jüngsten Bruder Karl eine größere Wohnung. Nach einem Aufenthalt in seiner Geburtsstadt Kamenz und in Leipzig war der Dichter vom eroberten Breslau, wo er als Sekretär des Generals von Tauentzien Soldatentum und Krieg kennengelernt hatte, mit einer Bibliothek von 6000 Bänden nach Berlin zurückgekommen. Hier brachte er seinen »Laokoon« (1766) und das Lustspiel »Minna von Barnhelm« (1767) zu Ende.
Seine Bemühungen, in der Hauptstadt eine Existenz als Bibliothekar am Hofe oder als Theaterintendant zu finden, scheiterten, und so verließ er Anfang April 1767 die »verzweifelte Galeere« und ging als Dramaturg an das Hamburger Nationaltheater. 1770 übernahm er die Stelle eines herzoglich-braunschweigischen Bibliothekars in Wolfenbüttel. 1776 heiratete er Eva König, die Witwe eines Freundes, die er ebenso wie seinen einzigen Sohn nach kurzer Ehe verlor. Von Wolfenbüttel kam er noch dreimal für kurze Zeit nach Berlin; am 15. Februar 1781 starb er in Braunschweig. Am 9. April 1870 ließ der Verein für die Geschichte Berlins über der Eingangstür von Lessings Wohnhaus eine Porträtbüste und eine Marmortafel mit der Inschrift »Lessing dichtete hier ›Minna von Barnhelm‹ 1765« anbringen. Tatsächlich entstand der Hauptteil des Werks jedoch im Jahre 1763 in Breslau. Im Jahre 1905 eröffnete ein gewisser Georg Richard Kunze in den beiden Erdgeschoß-Räumen des Hauses ein kleines Lessing-Museum, das mit dem Erweiterungsbau des Warenhauses Tietz im Jahre 1910 abgeräumt wurde. Die Gedenktafel, die Büste und die Exponate des Museums fanden im Nicolai-Haus in der Brüderstraße eine neue Heimstätte.

Memhard- und Münzstraße Die Memhardstraße und ihre Verlängerung, die Münzstraße, hießen bis 1770 die »Contrescarpe«. Diese bildete den Zugang zu einem landwirtschaftlich genutzten und deshalb »Scheunenviertel« genannten Gebiet. Hier entstand zu Anfang des 18. Jahrhunderts auf dem Gelände, das heute von der Almstädt-, Hirten-, Kleinen Alexander- und Liebknechtstraße begrenzt wird, im Jahre 1731 das in einem großen Garten gelegene Palais des Generalmajors und Stadtkommandanten von Sydow. Um die Mitte des 18. Jahrhunderts vermietete Sydow sein Haus dem französischen Missionschef Lord Tyrconnel als Botschaft und Residenz.
Der Arzt des Botschafters, Julien Offray de Lamettrie, Philosoph und Vorleser Friedrichs II., der in Potsdam residierte, erkrankte bei einem seiner Besuche hier nach dem Genuß einer getrüffelten Fasanenpastete und starb drei Tage später am 11. November 1751 im Hause seines Patienten im Alter von 42 Jahren. Im Jahre 1859 wurde an der Stelle des Sydowschen Palais das Viktoria-Theater eröffnet, das nach längerer Blütezeit 1891 geschlossen und abgerissen wurde.
Im Hause Nr. 1 der Münzstraße, das an der Stelle des Hauses Nr. 23 stand, wurde der Maurermeister, Professor an der Berliner Universität, Direktor der Singakademie und Duzfreund Goethes, Karl Friedrich Zelter, am 11. Dezember 1758 als Sohn eines Maurers geboren. Das Haus trug eine Gedenktafel.
Goethe, der Zelter bei seinem Berlin-Aufenthalt im Jahre 1778 noch nicht kannte, war am 19. Mai in unmittelbarer Nachbarschaft seines Geburtshauses. Er besuchte ein Konzert im Palais des Staatsministers von Zedlik, der das Sydowsche Haus übernommen hatte.

Kleine Alexanderstraße Der am 6. März 1929 in der Chausseestraße geborene ehemalige Ostberliner Dichter und Brecht-Schüler Günter Kunert widmet einem Nachlaßlager »im Hinterhof der Residenz« in der Kleinen Alexanderstraße ein Gedicht. Erwähnt seien hier seine Erzählungen »Tagträume in Berlin und andernorts« (1964), sein Berlin-Roman »Im Namen der Hüte« (1967), die Gedichte »Fahrt mit der S-Bahn« (1968) und sein Beitrag zu dem »ersten audiovisuellen Buch der Welt«, »Deutschland dreifach«, in dem der Autor die Atmosphäre des »plebejischen Berlins« schildert, wie in »Die wunderbaren Jahre« das Leben junger Menschen in der DDR.

Hirtenstraße In seinem Essay »Juden auf Wanderschaft« (1926) widmet Joseph Roth den Judenstraßen Berlins und besonders »der jüdischsten aller Berliner Straßen, der »traurigen Hirtenstraße«, ein Kapitel: *»So traurig ist keine Straße der Welt. Die Hirtenstraße hat* *nicht einmal die hoffnungslose Freudigkeit eines vegetativen Schmutzes. Die Hirtenstraße ist eine Berliner Straße, gemildert durch ostjüdische Einwohner, aber nicht verändert. Keine Straßenbahn durchfährt sie. Kein Autobus. Selten ein Automobil. Immer nur Lastwagen, Karren, die Plebejer unter den Fahrzeugen. Kleine Gasthäuser stekken in den Mauern.... In offenen Hausfluren liegt Unrat. Auch gesammelter, eingekaufter Unrat. Unrat als Handelsobjekt. Altes Zeitungspapier. Zerrissene Strümpfe. Alleinstehende Sohlen. Schnürsenkel. Schürzenbänder... Die Hirtenstraße hat einige blinde Schaufenster. Jüdisches Gebäck, Mohnbeugel, Semmeln, schwarze Brote liegen in den Schaufenstern... Außerdem gibt es da jüdische Talmudschulen und Bethäuser. Man sieht hebräische Buchstaben... Man sieht Juden mit dem Talles unterm Arm. Sie gehen aus dem Bethaus Geschäften entgegen. Man sieht kranke Kinder, alte Frauen...«*

Almstädtstraße Die frühere Grenadierstraße, die heute den Namen eines hingerichteten Widerstandskämpfers trägt, bildet die Kulisse des Romans »Die Straße der kleinen Ewigkeit«, den die Witwe des Autors, des im Jahre 1949 im New Yorker Exil verstorbenen Juristen und Schriftstellers Martin Beradt, im Jahre 1965 herausgab. Das Buch führt in die kleine Welt des jüdischen Proletariats, das Polen in den zwanziger Jahren verließ und sich mit seinen Ängsten und seinem frommen Aberglauben in der Gegend nordwestlich vom Alexanderplatz »für eine kleine Ewigkeit« niederließ. Noch heute ist das jiddische Lokalkolorit, das dieses gettoartige Viertel bis zur Ausrottung seiner Bewohner prägte, erhalten. Auch Zuckmayer trägt in seinem deutschen Märchen »Der Hauptmann von Köpenick« zum literarischen Ruhm der Straße bei. Hierher verlegt er Krakauers Kleiderladen, »ein dumpfes, fensterloses Lokal, mit Kleidungstücken aller Art vollgestopft«, in dem Wilhelm Voigt seine Hauptmannsuniform ersteht.

Alte Schönhauser Straße An der Ecke der Alten Schönhauser und Weinmeisterstraße lag die Konditorei Anthieny, die der Schüler Fontane regelmäßig besuchte und den »Stehely jener von der Kultur noch unberührten Ost-Nordost-Gegenden« nennt. »*Da trank ich dann, nachdem ich vorher einen Wall klassisch-zeitgenössischer Literatur, den ›Beobachter an der Spree‹, den ›Freimütigen‹, den ›Gesellschafter‹ und vor allem mein Leib- und Magenblatt, den ›Berliner Figaro‹, um mich aufgetürmt hatte, meinen Kaffee. Selige Stunden*«, schreibt er in seiner Autobiographie.

Hackescher Markt Der am 13. Juli 1816 im schlesischen Kreuzburg als Sohn eines Arztes und Bürgermeisters geborene Schriftsteller Gustav Freytag kam im Herbst 1836 von Breslau nach Berlin, um hier sein Studium zu beenden. Am Hackeschen Markt fand er eine Studentenbude. Der Hauptstadt konnte er kaum positive Seiten abgewinnen. Auch die Sprache der Berliner fand vor ihm keine Gnade: »*Wir Schlesier sprechen behaglich und breit mit dem Vordermunde, die Berliner benutzen beim Sprechen energisch alles, was im Munde vorhanden ist, und außerdem, wenn sie hochmütig wurden, noch die Nase . . . die Berliner faßten lauersam und spottlustig alles, was ihnen ungeschickt und lächerlich erschien, gaben scharfe Antwort und freuten sich des Angriffs*«, notiert er in seinen »Erinnerungen«. Nach der Promotion bei Lachmann ging er nach Breslau zurück, wo er sich nach mehrjähriger Tätigkeit als Privatdozent für altdeutsche Philologie seit 1847 ganz seinen schriftstellerischen Neigungen hingab.

Neue Promenade Zwischen der Neuen Promenade und dem Zwirngraben, einem Teil des früheren Festungsgrabens, am Bahnhof Marx-Engels-Platz, an der Stelle des Hauses Nr. 1, befand sich das »propper Häusgen«, das Friedrich Wilhelm II. der »Karschin« erbauen ließ und das sie im Mai 1789 mit ihrer Tochter bezog. »*Mein Haus hat drei Stockwerke in der Höhe, sechs Fenster in der Breite und ist überaus niedlich gebaut, schöne Türen mit gelben Schlössern, schöne Fenster mit großen Scheiben und hübsche Öfen. Lichterheller Tag ist überall, und ein kleines dreieckiges Höfchen mit einem Brunnen und schöne Keller hat's auch und eine ganz himmlische Aussicht in viele Gärtchens und weithin über eine Brücke . . .*«, schreibt sie. Hier starb sie am 12. Oktober 1791. Auf dem Friedhof der Sophiengemeinde in der Sophienstraße hat sie ihre letzte Ruhestätte gefunden. Anna Luise Karsch, die erste deutsche Frau, die von ihrer literarischen Tätigkeit lebte, fand Zugang zu den ersten Häusern der Stadt und zum Hof. Friedrich der Große, dessen Schlachten sie besang, bewunderte das dichterische Naturtalent und versprach ihr eine Pension und ein Haus, das ihr jedoch erst sein Sohn erbauen ließ. Die »deutsche Sappho«, wie sie der von ihr bewunderte Gleim nennt, der 1764 eine Sammlung ihrer »Auserlesenen Gedichte« herausgab, kam am 1. Dezember 1722 auf einer Meierei zwischen Züllichau und Crossen als Tochter eines leibeigenen Brauers und Dorfgastwirts zur Welt, arbeitete als Kuhmagd und heiratete nach einer gescheiterten Ehe im Jahre 1749 den trunksüchtigen Schneider Karsch, von dem sie sich bald wieder trennte. 1761 ging sie mit ihrer Tochter nach Berlin, wo sie »im alten Konsistorium drei Treppen hoch unterm Dach« eine Wohnung fand. Wegen ihrer Gedichte wurde sie von Ramler, Lessing und Mendelssohn geschätzt. Am 18. Mai 1778 stattete ihr Goethe, mit dem sie seit drei Jahren im Briefwechsel stand, einen Besuch ab. Ihrem Freunde Gleim in Halberstadt schreibt sie voller Stolz: »*. . . er machte keinem Dichter die Cour, ging nur bei Moses Mendelssohn, bei Chodowiecki, bei Maler Frisch . . . und bei mich . . .*«

Vom »Goldenen Lamm des Brauers Hamann« in der Neuen Friedrichstraße, wo ihn sein Mäzen Gleim aufgenommen hatte, übersiedelte Karl Wilhelm Ramler nach seiner Pensionierung als Leiter des Berliner Nationaltheaters im Jahre 1794 in das Haus Nr. 5. Hier starb der zurückgezogen lebende Junggeselle gegen Ende seines 70. Lebensjahrs am 11. April 1798 an der Schwindsucht. Auf dem Friedhof der Sophienkirche wurde er bestattet; am Ostgiebel der Sakristei der Kirche ließ ihm seine Nichte eine Gedenktafel aus grauem Sandstein anbringen. Bemerkenswert sind seine Gedichte an das »bekümmerte Berlin«, auf ein russisches Geschütz, das eine Kugel mitten in Berlin hinein abschoß, und auf einen »Granatapfel, der in der Hauptstadt gereift ist«.

Von 1800 bis 1806 wohnte der Philosoph Johann Gottlieb Fichte mit seiner Frau Maria, geb. Rahn, Tochter eines Ratswagenmeisters in Zürich, die er 1793 geheiratet hatte, im Hause Nr. 9–10. Varnhagen von Ense, zu dessen Kreis er bald zählte, besuchte ihn hier oft. Im Winter 1807/08 hielt er im damaligen Akademiegebäude Unter den Linden seine aufrüttelnden »Reden an die deutsche Nation«. Zu seinen Hörern zählte Joseph Freiherr von Eichendorff. Die »Berliner Mitglieder des National-Vereins« ließen zum Andenken an den Philosophen im Jahre 1862 eine Bronzetafel mit seinem Medaillon-Porträt am Hause anbringen. Die Tafel wurde im Märkischen Museum untergebracht, als das Haus wegen des Baus der Stadtbahn im Jahre 1878 abgerissen wurde. Fichte, am 19. Mai 1762 in Rammenau in der Oberlausitz geboren, entstammte einer unvermögenden Weberfamilie, kam durch einen Gönner, der die Begabung des Knaben erkannte, auf die damalige Fürstenschule Schulpforta und wurde 1794 Professor in Jena. Im Zuge eines Strafverfahrens wegen Atheismus wurde er seines Amtes enthoben und fand 1799 Aufnahme in Berlin, wo er sich mit Privatvorlesungen durchschug. Von 1806 bis 1810, als er zum ersten Rektor der neugegründeten Universität Berlin gewählt wurde, war er Professor in Jena.

Monbijouplatz Im Frühjahr 1810 bezog der Rechtslehrer und Staatsmann Friedrich Karl von Savigny, der an die Berliner Universität berufen worden war, mit seiner Familie das Haus Nr. 1. In seinem Haushalt lebte die Schwester seiner Frau, die am 4. April 1785 als siebentes von elf Kindern eines wohlhabenden Handelsherrn italienischer Herkunft und seiner Frau Maximiliane La Roche, einer Jugendfreundin Goethes, in Frankfurt am Main geborene Bettina Brentano. Bettina erzählte später, daß sie bei einem Besuch Goethes in der Wochenstube von diesem an das Licht des Fensters getragen worden sei. Im Jahre 1807 kam sie mit ihrer Schwester Lulu und deren Mann zum erstenmal nach Berlin, wo die beiden Frauen wegen der französischen Besatzung als Knaben verkleidet auftraten. Am 23. April desselben Jahres erfolgte ihre erste Begegnung mit Goethe. Ihr Bruder Clemens und sein Freund Achim von Arnim, die gemeinsam in der Mauerstraße eine Wohnung hatten, waren häufig im Hause Savigny zu Gast. Am 4. Dezember 1810 verlobte sie sich mit Achim von Arnim, und am 11. März 1811 ließ sich das Paar im Studierzimmer eines pensionierten achtzigjährigen Predigers der Waisenhauskirche im geheimen trauen. Brentano erfuhr von der Hochzeit erst fünf Tage später. In einem Brief an Joseph von Görres begründet Achim von Arnim die Geheimnistuerei: »*Alle lauteren Hochzeiten, wie unsere unvermeidlich geworden wäre, gehören zu dem widrigsten Spotte alles Sakraments, zu den heillosesten Zoten, wobei sich die Leute gar noch verpflichtet halten, nebenbei noch einige Tränen zu vergießen.*« Als Trauzeuge fungierte die Pfarrersfrau, ihr sechs Jahrzehnte alter Myrtenkranz schmückte Bettina, die den ihren vergessen hatte. Auf ein Brautkleid hatte sie verzichtet. Der Bräutigam seinerseits hatte versäumt, das Aufgebot zu bestellen, was der Pfarrer großzügig übersah. Auch für Wohnung und Bett hatte er nicht gesorgt, wie sein Freund Clemens belustigt feststellte. In einem Brief an Wilhelm Grimm schildert Achim von Arnim seine Hochzeitsnacht im Hause Savigny: »*Als Clemens fort war, gingen Savignys auch zu Bette, ich tat, als wenn ich Abschied nähme, trabte die Treppen in Begleitung der kleinen Kammerjungfer hinunter, als ob ich schwer beschlagene Hufeisen trüge, unten aber schlug ich die Türe scheinbar zu, zog dann die Schuhe schnell aus und war in drei Sprüngen in Bettinas Zimmer . . . Früh schlich ich mich unbemerkt fort.*« Zwei Wochen später konnte das Paar eine eigene Wohnung in der Wilhelmstraße beziehen. Savigny, Autor der achtbändigen »Geschichte des römischen Rechts im Mittelalter« (1840–1848), starb am 25. Oktober

1861 in Berlin. In der Gruft der Hedwigskirche wurde er bestattet, seine sterblichen Überreste ruhen jetzt auf dem Hedwigsfriedhof in der Liesenstraße. Heine war Hörer des »elegant gelockten, süßlichen Troubadours der Pandekten«, wie er seinen Lehrer nennt. Ein Platz in Berlin trägt den Namen des Rechtsgelehrten.

Monbijoupark Am Eingang zum Monbijoupark steht eine zur 50. Wiederkehr seines Todesjahrs am 29. Oktober 1888 enthüllte, im Kriege beschädigte und später wiederhergestellte Marmorbüste Chamissos. Sie erinnert an den Dichter, der seiner Wahlheimat manchen Vers widmete, und an den Pagen der Königin Luise, der im Schloß Monbijou Dienst leistete. Spielhagen hielt bei der Enthüllung des Denkmals die Festansprache.

Schloß Monbijou In den Parkanlagen stand bis zu seiner Zerstörung im Kriege das 1703 von Eosander von Göthe errichtete Schloß Monbijou, das 1710 vom Hof übernommen, 1877 als »Hohenzollernmuseum« – für Ina Seidel »eine Art Apotheose des Hauses Hohenzollern« – eingerichtet und nach dem Kriege restlos abgeräumt wurde. Die Schriftstellerin schreibt in ihrem »Lebensbericht 1885–1923«: *»Ich liebte nicht nur den Park, auch das kleine Palais in seinem preußisch enthaltsamen Spätbarock erschien mir sehr reizvoll, es war in der Tat ein Bijou, ein Kleinod intimer Architektur. Prunkvoll wirkte nur das Portal am Eingang des Parkes. In beide Flügel waren Innenräume eingebaut, eine Pförtnerloge und eine Apotheke, und es war mit symbolhaften Statuen gekrönt. Die ganze Anlage war im ersten Jahrzehnt nach 1700, noch unter Friedrich I., entstanden, ausgebaut aber hatte Knobelsdorff das Schloß, und Friedrich Wilhelm I. bestimmte dies damals noch vor den Toren der Residenz liegende fürstliche Anwesen zum Sommeraufenthalt für seine Gemahlin, Sophie Dorothea, und seine Kinder und zum späteren Witwensitz der Königin.«*

Bei seinem Aufenthalt in Berlin im Jahre 1764 machte der englische Schriftsteller James Boswell der Prinzessin von Preußen hier seine Aufwartung. Er wurde ihrer Schwester, der Gattin Friedrichs des Großen, vorgestellt, *»mit der der König nie gelebt hat. Sie war früher sehr schön und ist noch immer sehr liebenswürdig, wenn sie auch bedenklich stottert«*, notiert er in seinem »Tagebuch«.

Am 25. April 1819 fand im Festsaal des Schlosses die Uraufführung der wichtigsten Szenen des ersten Teils von Goethes »Faust« statt, zu denen Fürst Anton von Radziwill, der Schwager des Prinzen Louis Ferdinand, die Bühnenmusik geschrieben hatte. Zelter, der gleichzeitig die Rolle des Schauspieldirektors übernommen hatte, fungierte als Dirigent. Neben dem königlichen Prinzen stand Louis Wildenbruch, der uneheliche Sohn des Prinzen Louis Ferdinand und Vater des Schriftstellers, als Schüler auf der Bühne. Walter Bloem hat in seinem Roman »Faust in Monbijou« (1931) die Geschichte der Liebesaffäre des Prinzen Wilhelm und der Prinzessin Radziwill festgehalten.

Oranienburger Straße Am Ende der Oranienburger Straße am Monbijoupark hatte Paul Seidel, der Onkel Ina Seidels, der Bruder des Schriftstellers Heinrich Seidel, der mit der Verwaltung der Kunstschätze in den Berliner und Potsdamer Schlössern betraut war, seine Dienstwohnung. Hier weilte die Schriftstellerin Ina Seidel oft zu Besuch, und hier traf sie im Jahre 1905 ihren Vetter, den Pfarramtskandidaten Wolfgang Seidel, wieder, den sie in Braunschweig kennengelernt hatte. Ihre Spaziergänge auf dem Wege am Spreeufer gegenüber dem Kaiser-Friedrich-Museum führten zur Verlobung und zur Heirat am 30. Juni 1907.

Große Hamburger Straße Zu Ostern übersiedelte August Fontane mit Tante Pinchen, seiner Frau, die sich ihres Neffen Theodor während seiner Berliner Schuljahre angenommen hatte, von der Burgstraße in eine Wohnung im Erdgeschoß eines neuerbauten Doppelhauses, einer typischen Mietskaserne, neben dem alten Judenfriedhof in der Großen Hamburger Straße Nr. 25. »*Trotzdem alles ganz neu war, war alles auch schon wieder wie halb verfallen, häßlich und gemein, und wie der Bau, so war auch – von ein paar Ausnahmen abgesehen – die gesamte Bewohnerschaft dieser elenden Mietskaserne. Lauter gescheiterte Leute hatten hier, als Trockenwohner, ein billiges Unterkommen gefunden . . .*«, schreibt er in seinen Erinnerungen »Von Zwanzig bis Dreißig«. Sein Zimmer war so feucht, »daß das Wasser in langen Rinnen die Wände hinunterlief«. Drei Treppen hoch im Nachbarhaus wohnte die achtjährige Emilie Rouanet, ein »damals ziemlich verwildertes Kind«, das 15 Jahre später seine Frau werden sollte, bei ihren Pflegeeltern, dem »Herrn Rat Kummer« und seiner Frau. Sie war als uneheliches Kind einer Witwe und eines hochgestellten Militärarztes zur Welt gekommen und von ihrer Mutter dem kinderlosen Ehepaar zur Adoption übergeben worden. Nach dem Schulbesuch begann Theodor Fontane am 1. April 1836 seine Lehre als Apotheker in der Roseschen Apotheke »Zum weißen Schwan« in der Spandauer Straße. Neben dem Wohnhaus der Fontanes lag der 1672 angelegte alte Jüdische Friedhof, der 1827 geschlossen wurde. Auf seinem Gelände wurde das erste Altersheim der jüdischen Gemeinde Berlins erbaut, das 1943 von der Gestapo in ein Sammellager für jüdische Bürger umgewandelt wurde. Hier begann der Exodus von mehr als 50000 Berliner Juden in die Konzentrationslager und in den Tod. Auf dem alten Friedhof, der von den Nazis eingeebnet wurde und dessen Grabmäler sie in der Mehrzahl zerstörten, lagen die Gräber des Philosophen und Lessing-Freundes Moses Mendelssohn (†1786) und des Arztes Markus Herz (†1803), des Gemahls von Henriette Herz. Nach dem Krieg wurde an der Stelle des Friedhofs eine Parkfläche angelegt und ein Erinnerungsgrabmal für Mendelssohn errichtet.

Sophienstraße Auf dem Friedhof der 1712 erbauten und erhalten gebliebenen Sophienkirche liegen die Gräber des Dichters K. W. Ramler (†1798), des Musikers Zelter (†1832), der als Maurergeselle am Bau der Barockkirche beteiligt war, und des Historikers Leopold von Ranke (†1886). An der Nordwand der Kirche befindet sich eine Tafel zum Gedenken an die hier bestattete »Karschin« (†1791) mit der Inschrift: »Kennst Du, Wanderer, sie nicht, / so lerne sie kennen«.

Krausnickstraße Der am 19. Februar 1888 in Springe bei Hannover geborene, an gesellschaftspolitischen Erkenntnissen geschulte Theaterkritiker Herbert Ihering kam Mitte Oktober 1907 von Leipzig nach Berlin. In seiner »Berliner Dramaturgie« schreibt er: »*Vom Bahnhof Friedrichstraße (ging ich) gleich in die Krausnickstraße, wo mir Freunde ein Zimmer gemietet hatten. Hier wohnte ich fast ein Jahr in dem alten Studentenviertel zwischen Kaiser-Friedrich-Museum und der Synagoge am Oranienburger Tor. Im Winter war es kalt und im Sommer heiß bis zur Unerträglichkeit. Sogar Wanzen gab es, eine Seltenheit in dieser sauberen Stadt. Aber was tat es! Ich war mittendrin in diesem jungen und frischen Berlin, in der Nähe der Linden und der Friedrichstraße, der Weidendammer Brücke und des Kupfergrabens, des Schlosses und der Nationalgalerie.*« Seine ersten Kritiken erschienen in der »Weltbühne« und im »Börsen-Courier«. Nach dem Zweiten Weltkrieg, den er als Dramaturg in Wien überlebte, kam er nach Berlin zurück und ließ sich in Ost-Berlin als Chefdramaturg am Deutschen Theater nieder.

Im Hause Nr. 1 an der Ecke Oranienburger Straße wurde am 12. August 1899 der Literarhistoriker Alfred Kantorowicz als Sohn eines jüdischen Kaufmanns geboren. Seine frühe Jugend verbrachte er mit seinen Eltern in einer Wohnung am Holsteiner Ufer.

Auguststraße Der am 1. November 1920 geborene Ostberliner Schriftsteller Günter de Bruyn schildert die 300 Jahre alte Auguststraße, die »aber auch nicht älter« wird, »da ihr Abriß schon beschlossen ist und ihr Verlauf sich in keine Neuplanung wird einfügen lassen«, in seinem Roman »Preisverteilung« (1972): »*Was für eine Straße das ist, geht schon aus den Namen hervor, die sie führte. Nach dem Hoch- oder Halsgericht . . . , das sich dort befand, hieß sie erst Arme-Sünder-Gasse, dann, nach dem Armenfriedhof, Armengasse, später, nach dem Armenhospital, Hospitalstraße, dann aber und bis heute Auguststraße – nicht nach August dem Starken . . . sondern nach einem Chef der preußischen Artillerie . . . Für Ein- und Anwohner ist sie dreier Schulen, für Auswärtige ›Clärchens Ballhauses‹ wegen von Bedeutung. . . . Gerade und eben zieht sich die Straße einen Kilometer von Südsüdwest nach Nordnordost, mit mäßig breiter Fahrbahn und schmalen, baumlosen Gehwegen, von der Oranienburger zur Rosenthaler Straße, hinter der sie mit einem Wurmfortsatz am Garnisonkirchhof endet.*« Der ehemalige Volksschullehrer, Student, Bibliothekar und, seit 1961, freischaffende Schriftsteller wohnt im vierten Stock des Hinterhauses Auguststraße 92. Mit seinen Roman »Buridans Esel« (1968) und seiner Jean-Paul-Biographie (1975) ist er über die Grenzen der DDR weithin bekannt geworden.

Im Hause Nr. 17 befand sich das »Arbeiter-Fürsorgeamt der jüdischen Organisationen Deutschlands«. Hier wurde die 16jährige Mascha Engel ausgebildet, die in den frühen zwanziger Jahren mit ihren Eltern von Marburg nach Berlin gekommen war und drei Jahre später den Dozenten für Hebräisch und Verfasser hebräischer Lehrbücher, Saul Kaléko, heiratete. Im Büro schrieb sie ihre ersten sentimental-sarkastischen Gedichte, die das möblierte Großstadtdasein der kleinen Büroangestellten und der Ladenmädchen zum Thema haben. Ostern 1878 zog der Student der neueren Sprachen Hermann Sudermann von Königsberg wieder nach Berlin. Bei einem Schneidermeister Achtenhagen im Hause Nr. 36 – »mit einem Leihhaus im Hof« – kam er in einem Mansardenzimmer, wo »gerade noch Platz (war) für ein Bett, einen Kleiderschrank und eine in den Ofenwinkel gepreßte Kommode, die zugleich als Waschtisch zu dienen hatte . . . für zwölf Mark mit Bedienung und Morgenkaffee« unter. Um in seine Bude zu gelangen, mußte er ein »Berliner Zimmer«, in dem das Ehepaar und vier Kinder schliefen, durchqueren. Sudermann hatte bereits ein Jahr davor in Berlin studiert, war aber »wegen Unfleißes«

relegiert worden. Seinen Lebensunterhalt verdiente er als Hauslehrer bei dem Schriftsteller Dr. Hans Hopfen.

Kleine Rosenthaler Straße Auf dem von der Kleinen Rosenthaler Straße (Eingang Nr. 7), der Linien-, Gormann- und Mulackstraße umschlossenen, 1722 angelegten Garnisonfriedhof erinnert eine von einem Eisenkreuz gekrönte Marmorstele an den Major und Dichter Friedrich Baron de la Motte-Fouqué (1843). Das Grab des Schriftstellers und Leutnants Julius von Voss, der in der benachbarten Linienstraße wohnte und hier 1832 bestattet wurde, ist verschwunden. Die genaue Lage der ersten Berliner Wohnung des am 15. November 1862 im schlesischen Obersalzbrunn als Sohn eines Gastwirts und Hotelbesitzers geborenen 22jährigen Studenten Gerhart Hauptmann, der im Oktober 1884 mit seiner Verlobten Marie Thienemann, der Tochter eines wohlhabenden Dresdener Großkaufmanns, in die Reichshauptstadt gekommen war, ist nicht mehr zu ermitteln. Jedenfalls wohnte das Paar in einem möblierten Zimmer im ersten Stock eines Hauses im Rosenthaler Viertel, dessen Fenster auf den Garnisonfriedhof gingen. Auf einer Durchreise hatte Hauptmann Berlin bereits im März 1883 kennengelernt. »*Ich sah Berlin, und es machte den gewaltigsten Eindruck auf mich . . . Zum erstenmal empfand ich Rhythmus, Rausch und Wogengärung einer größeren Stadt. Die Wirkung war sinnbetäubend und fortreißend . . . Man wurde nicht müde, man redete laut, man war immerwährend aufgepeitscht*«, schreibt der alte Dichter in seinem Erinnerungswerk »Abenteuer meiner Jugend« (1937). Vorlesungen über Philosophie und Geschichte an der Universität, allabendliche Theaterbesuche und Unterricht bei dem Schauspieldirektor Alexander Heßler, den er als Harro Hassenreuther in seinen »Ratten« unsterblich gemacht hat, füllten seine Tage aus. Am 5. Mai 1885 heiratete er Marie Thienemann in Dresden und ging mit ihr wieder nach Berlin zurück.

Linienstraße Der am 18. November 1863 im Spreewald als Sohn eines Försters geborene promovierte Dichter Richard Dehmel, der in Berlin und Leipzig studiert hatte und von 1887 bis 1895 in Berlin als Sekretär des Verbandes deutscher Versicherungen arbeitete, wohnte mit seiner Frau Paula, Tochter eines Predigers der Berliner jüdischen Gemeinde und Schwester seines Studienkollegen und lebenslangen Freundes Franz Oppenheim, bis zu seinem Umzug in die Lothringer Straße im Jahre 1891 im Hause Nr. 33. Als Schüler und Studenten hatte ihn sein Onkel, der Schuhmacher Bollfraß, aufgenommen. 1891 konnte er seinen ersten Gedichtband »Erlösungen«

veröffentlichen. Begegnungen mit seinen Freunden Liliencron, den Brüdern Hart und Bierbaum, Dichten und Radfahren füllten seine freie Zeit aus. Im zweiten Jahrzehnt des Jahrhunderts wohnte der am 27. Oktober 1890 in Saxdorf, Kreis Liebenwerda, als Sohn eines Bahnwärters und einer Dorfschneiderin geborene Lehrer Max Jungnickel, der sich um 1910 der Schriftstellerei zugewendet hatte, im Hause Nr. 79. Als Autor heiterer, oft süßlicher Erzählungen und Romane galt er zu seiner Zeit als beliebter Autor. Nach dem Kriege hatte er in der Zietenstraße eine Wohnung.

Der am 24. August 1768 in Brandenburg geborene Offizierssohn Julius von Voss, der, ebenfalls Offizier, sich bei einer Beförderung übergangen fühlte, quittierte enttäuscht und empört den Dienst und ließ sich 1798 als Schriftsteller in Berlin nieder. Im Hause Nr. 199 hatte er eine Wohnung. Seine Frau, eine wohlhabende Baronesse, deren doppelte Anzahl an Lebenssommern den 30jährigen nicht zurückschreckte, wie ein Biograph um 1890 schreibt, verließ ihn bald wieder. In der Linienstraße entstand das erste Berliner Volksstück »Der Strahlower Fischzug« (1827), in dem zum erstenmal auf der Bühne des Kgl. Schauspielhauses berlinert wurde und mit dem er die Herzen der Berliner im Sturm eroberte. Seine zahlreichen Romane, so eine Trilogie um die Berliner Brauerfamilie Hoppe mit dem Titel »Berlin im Jahre 1724, 1824 und 1924«, sind heute vergessen. Der Schriftsteller starb am 1. November 1832 bitterarm auf einem Strohsack in seiner Wohnung an der Cholera und wurde auf dem Garnisonfriedhof bestattet.

Rosenthaler Straße Max Halbe vertauschte im Oktober 1885 die Universität München mit der von Berlin. In seinen Erinnerungen »Scholle und Schicksal« (1933) erzählt er von seiner »einfachen Studentenbude in der Rosenthaler Straße, die nachher Wertheim Platz gemacht hatte«. Von hier übersiedelte er in die Brunnenstraße.

Der am 7. März 1866 in Elbingerode im Harz geborene Grubensteigerssohn Paul Ernst kam im Jahre 1886 zur Fortsetzung seines theologischen Studiums nach Berlin und lebte bei »einer anständigen Zimmerwirtin« in einem großen Wohnzimmer und einem kleinen Schlafzimmer in einem Hause an der Ecke Rosenthaler und Linienstraße. In seinem Roman »Der schmale Weg zum Glück« (1904), eine Schilderung des Berliner Lebens um 1890, gleichzeitig auch eine Chronik der Rosenthaler Straße, haben seine bedrückenden Eindrücke von dem Berliner Mietshaus, in dem er wohnte, ihren Niederschlag gefunden. Begegnungen mit den Brüdern Hart brachten ihn in Kontakt zum Literaturklub »Durch« und damit zu Hartleben, Holz, Bölsche, Schlaf, Hauptmann und vor allem zu Bruno Wille, der ihm den Weg zum Sozialismus wies. Berlin verwirrte ihn jedoch derart, daß er nach einem Semester nach Göttingen zurückging. Zu Beginn des fünften Semesters kam er in die Hauptstadt zurück und zog wieder zu seiner alten Wirtin. Er gab das Theologiestudium auf, wandte sich den Staatswissenschaften zu und konnte sich als Mitarbeiter der »Voss« einige Einkünfte sichern. Nach seiner Promotion in der Schweiz und Tätigkeit als Verwaltungsarbeiter in Nordhausen kehrte er 1930 nach Berlin zurück, wo er mit Arno Holz zusammen in der Pariser Straße Wohnung bezog.

Tucholskystraße August Scholtis, der im Jahre 1928 nach Berlin gekommen war, mietete im Hause Nr. 6 der Artilleriestraße, die nach 1945 den Namen Tucholsky erhielt, ein »recht sauberes Zimmer mit elektrischem Licht«. Er hatte vorher einige Nächte im Obdachlosenasyl verbracht, nachdem er eine armselige Schlafstelle in der Borsigstraße, die er mit einem versoffenen Schlafbruder teilen mußte, fluchtartig verlassen hatte. Seine Wirtin, die Witwe Johanna Soltau, hatte vermutlich »früher dem horizontalen Gewerbe gehuldigt« und verwaltete jetzt, »ziemlich alt, aber noch rüstig, an späten Abenden in irgendeiner Bar in der Friedrichstraße die Toiletten«, so der »Herr aus Bolatitz« in seiner gleichnamigen Autobiographie (1959). Zu dieser Zeit schrieb er auf einer geliehenen Schreibmaschine »in drei Wochen ohne viel Schlaf« den Roman »Ostwind« (1932).

Christian Morgenstern, der durch die Ehegeschichten seines Vaters die geplante Ausbildung als Kunsthistoriker nicht abschließen konnte, traf im April 1894 in Berlin ein, wo er hoffte, eine unabhängige Existenz gründen zu können und entscheidende Jahre seines Lebens verbringen sollte. Im Hause Nr. 31 fand er eine Unterkunft. Am 18. April schreibt er an seine Kusine Clara Ostler:

»Aus meinem neuen Wohnort sende ich Dir und Deinen lieben Eltern die herzlichsten Grüße. Hoffentlich geht es Euch allen so gut wie mir, der ich mich bereits ganz eingewöhnt und wohnlich eingerichtet habe. In der Nationalgalerie bin ich täglich einige Stunden tätig, um einen wichtigen Katalog sämtlicher Porträts anzufertigen. Vormittags höre ich einige kunstgeschichtliche Collegs . . .«

Und am 20. Mai: ». . . *ich muß Berlin – alles in allem – die Palme zuerkennen. Dann kommt allerdings sofort München. Was hier so reizend ist, daß Großstadt in größtem Stil und köstlichste Natur so dicht beieinander sind, und ich schwärme auch so viel wie möglich in die entzückenden Vororte aus, die man mit der idealen Stadtbahn für zehn Pfennige meistens erreichen kann. Solch ein Frühling! Da könnten wir auch idyllisch wandern . . .«* Der Tiergarten und vor allem das Kastanienwäldchen waren die bevorzugten Ziele seiner Spaziergänge. Bald fand er Aufnahme im Dichterkreis um die Brüder Hart in Friedrichshagen. Von der Artilleriestraße übersiedelte er im September 1894 für kurze Zeit nach Charlottenburg und danach in die Klosterstraße.

Oranienburger Straße Von der Werderschen Rosenstraße übersiedelte Alexander von Humboldt zum 1. Juli 1842 mit seinem Kammerdiener Seifert, der ihm bereits mehr als dreißig Jahre treu gedient hatte und mit ihm durch die Welt gezogen war – seine Tochter soll ein Kind Humboldts gewesen sein –, in seine letzte Wohnung im Hause Nr. 67. Das Haus gehörte einem Bankier Mendelssohn, bei dem Humboldt häufig zu Mittag aß. Ein Zeitgenosse, der den Gelehrten hier 1854 besuchte, schildert die Wohnung: »*Gleich im Vorzimmer war man in einer anderen Welt. Ausgestopfte Vögel aller Farben und Größen . . . , Versteinerungen, Muscheln usw. an der Wand und auf allen Tischen, der Hintergrund angefüllt mit Foliobänden in prächtiger Ausstattung, Geschenken von allen Nationen der Welt. Rechts in der Bibliothek sechs- bis achttausend Bände, Tische voll Mappen und Bildwerken, an der Fensterwand Büsten, meist von Humboldt selbst, die schönste davon ein Werk seines Freundes Rauch. Weiter das eigentliche Schreibzimmer wie ein Magazin von Kunstschätzen, Marmorbüsten, Porzellanvasen, Gaben der Souveräne, kostbaren Gemälden usw. . . .«* Der Maler Eduard Hillebrand hielt im Jahre 1856 auf einem Aquarell, das heute im Berlin-Museum hängt, den 87jährigen Gelehrten in seinem Studierzimmer fest. Hier pflegte Humboldt von Mitternacht bis zum frühen Morgen zu arbeiten, tagsüber und abends war er durch Verpflichtungen am Hofe in Anspruch genommen. Am 24. Januar 1856 wurden ihm die Ehrenbürgerrechte der Stadt verliehen; am 6. Mai 1859 starb er in seiner Wohnung. Bis kurz vor seinem Ableben war er mit der Korrektur seines »Kosmos«-Manuskripts beschäftigt, das auf seinen Vorlesungen in der Singakademie beruht und an dem er die letzten 17 Jahre gearbeitet hatte. Der erste, der auf die Nachricht vom Ableben des Wissenschaftlers in seine Wohnung eilte, war der damalige Prinzregent und spätere Kaiser Wilhelm I. Drei Tage nach seinem Tode wurden die sterblichen Überreste unter Glockengeläut auf einer von

Pferden des Kgl. Marstalls gezogenen Lafette unter riesiger Beteiligung der Öffentlichkeit in den Dom übergeführt. In der folgenden Nacht wurde der Sarg nach Tegel gebracht und im Familiengrab der Humboldts beigesetzt. Im Jahre 1901 ließ die Stadt Berlin an seinem Sterbehaus eine marmorne Gedenktafel anbringen. Das Haus wurde 1895 abgerissen. Ein Park im Norden Berlins erhielt am hundertsten Geburtstag des Forschers seinen Namen. Seit 1883 schmücken die Standbilder der Brüder Humboldt den Eingang zum Vorhof der Universität, die seit 1949 den Namen ihres Begründers Wilhelm von Humboldt trägt.

Wilhelm-Pieck-Straße Vom Oranienburger Tor, von dem heute nur noch der Name existiert, führt die Wilhelm-Pieck-Straße nach Osten. Sie setzt sich aus der früheren Elsässer und Lothringer Straße zusammen. In einem drittklassigen Varieté-Restaurant im Prostituiertenmilieu der Elsässer Straße erhängt sich der geniale, dichtende und verbummelte Clown Stilpe in Otto Julius Bierbaums gleichnamigem Roman (1897). Der am 31. Januar 1884 in Brackenheim bei Heilbronn als Sohn eines Regierungsbaumeisters geborene Schriftsteller und Politiker Theodor Heuss, der erste Präsident der Bundesrepublik, kam im Spätherbst 1905 von München nach Berlin, um hier seine Studien fortzusetzen. »In der verwegensten Gegend des damaligen Berlin, Elsässer Straße 38, Hinterhaus, vier Treppen bei Kliemchen«, mietete er ein Zimmer. In seinen Erinnerungen »Vorspiele des Lebens« (1953) heißt es weiter: »*Daß ich gerade in der Elsässer Straße landete, war einfach das Ergebnis einer geistlosen Lauferei und Sucherei, bei der ich mich vorher nicht beraten ließ. Das Zimmer war geräumig, südwärts im vierten Stock, von der Sonne freundlich behandelt. Das nächste Semester offenbarte, daß die Kneiplokale gleich zweier Studentenverbindungen den Hof angrenzten – Grund genug, die eignen Heim- und Fremd-Termine auf die entsprechenden Abende abzustimmen. Ich habe in dieser Bude meine erste Bekanntschaft mit Wanzen gemacht und mich mit der ein bißchen, doch nicht zu sehr verlegenen Belehrung abfinden müssen und – abgefunden: das sei so in dieser Gegend . . . Warum blieb ich in der wüsten Gegend? Vielleicht aus einer törichten Rücksicht, die mich durch das Leben begleitet hat: es fiel mir immer schwer, eine Wohnung zu kündigen, und in den nächsten Jahren mußte ich mehrere Male stets von anderen gedrängt werden. Aber wenn es mich, nachdem ich Berlin kennengelernt und bei Freunden in Charlottenburg, auch in Treptow reizende Möglichkeiten gesehen hatte, in der Elsässer Straße hielt,* *hartnäckig und treu, dann doch eben nur, um Paula Kliemchen nicht wehe zu tun.«*

1905 schloß Heuss seine Studien mit einer Dissertation »Der Weinbauer und der Weingärtnerstand in Heilbronn« ab. Er hat es nicht versäumt, seine »Schlummermutter«, deren Mann als Schlosser bei Borsig in der Chausseestraße arbeitete, in späteren Jahren wiederholt aufzusuchen. Der im holländischen Exil geschriebene Roman »Rosenemil« von Georg Hermann spielt im Zuhältermilieu der Lothringer Straße um die Jahrhundertwende. Von 1891 bis zum Frühjahr 1893 wohnte Richard Dehmel mit seiner Frau Paula im Hause Nr. 15. Von hier übersiedelte das Ehepaar in die Pankower Parkstraße.

Gartenstraße In der Gartenstraße im sog. Vogtland zwischen dem Hamburger und dem Oranienburger Tor, wo Friedrich II. aus dem sächsischen Vogtland stammende arme Weber und Maurer angesiedelt hatte, wurden zu Ende des 18. Jahrhunderts die »Familienhäuser« genannten elenden Mietskasernen gebaut, die Bettina von Arnim in ihrem Buch »Das Buch gehört dem König« (1843) anklagend schildert. Vor dem Besuch der Häuser, besonders des Hauses Nr. 42, wurde Bettina gewarnt: »Das schlechteste Gesindel sammle sich dort, ich könne leicht mißhandelt und geplündert werden. Dies zog mich gerade hin . . .« Und sie schämte sich nach ihrem Besuch, einen starken Stock als Verteidigungswaffe mitgenommen zu haben, und erhärtete ihre Meinung, daß man »in den verschiedensten Teilen der menschlichen Gesellschaft das gleiche Licht der Seele wiederfinde.«

Nach Rückkehr von seinen Reisen als Schiffsarzt durch alle Weltteile richtete sich Peter Bamm im Jahre 1938 in der Bernauer Straße eine chirurgische Facharzt-Praxis und in der Gartenstraße Nr. 2 eine Wohnung ein. Seine erste Buchveröffentlichung erschien 1935 unter dem Titel »Die kleine Weltlaterne«. Seine Kriegserlebnisse als Stabsarzt an den Fronten von Südrußland schildert er in »Die unsichtbare Flagge« (1952). Als 75jähriger legte er die Selbstbiographie »Eines Menschen Zeit« (1972) vor, die er selbst ein »Bammelsurium« nennt. Am 30. März 1975 starb er in seinem Züricher Alterssitz.

Ackerstraße In einem möblierten Zimmer im ersten Stock des Hauses Nr. 121 wohnte Arno Holz im Jahre 1884. Die proletarische Umwelt, in der er hier lebte, trug nicht zuletzt zu der sozialrevolutionären Haltung bei, die sein Leben und sein Werk bestimmt. Von hier übersiedelte er in die Gerichtsstraße.

Die am 6. April 1926 geborene Schriftstellerin Christa Reinig spricht in ihren autobiographischen Aufzeichnungen »Atlas« (1965) von der Ackerstraße, in der sie ihre Kindheit in einer »Kochstube mit zwei Fenstern . . . unterm Dach« verbrachte.

Brunnenstraße Von der Rosenthaler Straße übersiedelte der Student Max Halbe im Frühjahr 1886 in die Brunnenstraße in ein Zimmer *»mit . . . grünen Plüschmöbeln . . . , wo ich zwischen einer jungen Tante, einer jüngeren Nichte und einem dicken alten Berliner Hauswirt allerlei Gefühlsverwirrung erlebt . . . hatte.«* Hier, von diesem »schicksalsreichen Quartier« aus, lernte er am 7. Juni 1886 Luise Christine Heck, seine spätere Frau, kennen. Von hier zog er in die Lützowstraße.

Weinbergsweg / Zehdenicker Straße An der Stelle, an der heute die Zehdenicker Straße in den Weinbergsweg mündet, lag ehemals ein kurfürstliches Jagdschloß. Später befand sich hier Wollanks Weinberg, den Louis Gräbert erwarb und in einen Volksgarten und in eine »Tabagie mit Theaterbetrieb« umwandelte. Seine Witwe Julie, Tochter des Bürgermeisters Pickenbach aus Teltow, machte daraus um 1850 das »Vorstädtische Theater« mit einer Gartenbühne, das bald den Namen Schmalzstullentheater erhielt. Mutter »Jrebert«, wie die Prinzipalin liebevoll genannt wurde, hatte eine Vorliebe für längere Stücke mit mehreren Pausen, in denen sie ihren Besuchern Gänsebraten und Schinkenstullen verkaufen konnte. Die Vossische Zeitung meldet bei einer Besprechung eines hier aufgeführten Stücks, daß dieses Theater vor den Toren besser sei als manches in der Stadt. Julie Gräbert starb am 18. Januar 1870, ihrem Leichenwagen folgten Tausende von Freunden. Sie ruht auf dem Elisabeth-Kirchhof in der Ackerstraße. Im Volkspark am Weinbergsweg an der Veteranenstraße wurde 1958 das erste Heine-Denkmal in Berlin errichtet.

Chausseestraße Die Chausseestraße um 1870 schildert Heinrich Seidel im Kapitel von der »Silbernen Verlobung« in seinem »Leberecht Hühnchen« (1882):

»Vom Oranienburger Tor aus reihte sich an ihrer rechten Seite eine große Maschinenfabrik an die andere in fast ununterbrochener Reihenfolge. Den Reigen eröffnete die weltberühmte Lokomotivenfabrik von Borsig mit den von Strack erbauten schönen Säulengängen, dann folgten Egells, Pflug, Schwartzkopf, Wöhlert und viele andere von geringerem Umfang. In den Straßenlärm hinein tönte überall schallendes Geräusch, und das dumpfe Pochen mächtiger Dampfhämmer erschütterte weithin den Boden, daß in den Wohnhäusern gegenüber

die Fußböden zitterten, die Gläser klirrten und die Lampenkugeln klapperten. Zu gewissen Stunden war die Straße ein Flußbett mächtiger Ströme von schwärzlichen Arbeitern, die aus den Fabriken in sie einmündeten . . . Diese Zeit ist längst vorüber, und fast alle diese mächtigen Fabriken sind verschwunden . . . und die großen Plätze, auf denen sich damals eine mächtige Tätigkeit regte, sind jetzt bedeckt mit Straßen und jenen zellenreichen, himmelhohen Bienenstöcken, die man Mietskasernen nennt.« Seidel selbst arbeitete zu Ende der sechziger Jahre des vergangenen Jahrhunderts in der Wöhlertschen Maschinenfabrik.

Tieckstraße In der Gegend der Chaussee- und Invalidenstraße spielt Theodor Fontanes Roman »Stine« (1890). Wanda Grützmacher, Schauspielerin am Nordend-Theater und Freundin Stines, wohnt in der Tieckstraße: »*Nummer 27a war das dritte Haus von der Ecke: fünf Fenster Front, drei Stock und eine kleine Mansarde. Der Wirt, ein Kupferschmied, hatte den Hof in eine halboffene Werkstatt verwandelt, in der nun den ganzen Tag über auf oft zweimannshohen Braukesseln zwirngehämmert wurde, bei welchem Gedröhn und Gehämmer Wanda ihre Rollen lernte.«*

Heinrich Manns »Untertan« (1914), Diederich Heßling, der von seinem Vater zum Studium nach Berlin geschickt worden war, mietete sich, weil er sich »aus der Gegend der Friedrichstraße nicht fortgetraute«, ein Zimmer in dieser Straße. »Jetzt hatte er nur in gerader Linie hinunterzugehen und konnte die Universität nicht verfehlen.«

Chausseestraße Zu Pfingsten 1835 bezog Theodor Fontanes Stiefonkel mit seiner Familie und seinem Neffen eine Sommerwohnung im Liesenschen Lokal in der Chausseestraße Nr. 39, wo Onkel August mit Vergnügen sein Geld verspielte. Der Schüler Theodor mußte täglich den weiten Weg von hier bis zur Klödensschen Gewerbeschule zurücklegen, was ihm außerordentlich schwerfiel. »Die Folge der Liesenschen Sommerfrische war denn auch, daß ich mehr und mehr in Bummelei verfiel und mich daran gewöhnte, die erste Stunde zu schwänzen.« Bald trieb er sich halbe Wochen lang in und außerhalb der Stadt herum. Von hier unternahm er »illegitime« Ausflüge in den Grunewald und die Jungfernheide, nach Tegel und Britz und besuchte regelmäßig die Konditorei Anthieny an der Ecke der Schönhauser und Weinmeisterstraße. Die großzügige Aufsicht des Onkels machte einen weiteren Schulbesuch unmöglich, Fontane wurde 1836 in eine Apothekerlehre gesteckt.

Wöhlertstraße Nach dem Tode ihres Mannes kehrte die Mutter des

Schriftstellers und Malers George Grosz mit ihren Kindern von Stolp nach Berlin zurück und mietete in der Wöhlertstraße ». . . nahe dem Wedding, einem Kohlenplatz gegenüber«, eine Wohnung: *»Das übliche Schild mit den schwarzen, gekreuzten Hämmern erscheint mir noch manchmal wie ein pessimistisches Denkzeichen. Hinter der geteerten Brandmauer war der übliche Durchblick auf den Hinterhof, die graue Großstadtkulisse aus Asphalt im Stein, und ich sehnte mich nach Stolp, nach Wald, Wiese, Fluß und heuduftenden Sommertagen. Meine Mutter . . . nähte für einen Großunternehmer Blusen . . .«*, so der Künstler in seinen Erinnerungen »Ein kleines Ja und ein großes Nein« (1955). In der Artilleriestraße ging er zur Schule, seine große Schwester nahm ihn zum Würstchenessen mit in Aschingers Bierquelle am Oranienburger Tor. Nach einem Jahr ging die Mutter mit ihren Kindern nach Stolp zurück, wo sie die Bewirtschaftung des Offizierskasinos übernahm. Eine Ohrfeige, die George als Obertertianer einem Lehramtskandidaten versetzte, beendete im Jahre 1908 seine schulische Ausbildung in Stolp und öffnete ihm den Weg zur Sächsischen Akademie der Künste in Dresden.

Liesenstraße Die Straße, auf der heute die Grenze gegen Ost-Berlin verläuft, verdankt ihren Namen Adolf Liese, dem Besitzer eines Gartenlokals in der Chausseestraße. Hier verbrachte Fontane den Sommer 1835 mit Onkel August und seiner Familie. Zu dieser Zeit wurde der zwischen der Liesenstraße und dem Eisenbahngelände liegende alte Friedhof der Französischen Gemeinde angelegt, der nur von Ost-Berlin aus und nur freitags nachmittags zugänglich ist. Hier fand Fontane, der am 20. September 1898 in seiner Wohnung in der Potsdamer Straße starb, seine letzte Ruhestätte. Neben ihm wurde im Jahre 1902 Emilie, mit der er 48 Jahre verheiratet war und sieben Kinder hatte, bestattet. Im April 1945 wurde Fontanes Grabstein durch Artilleriebeschuß zerstört; das Französische Konsistorium erneuerte ihn ein Jahr später.

Auch der Lustspieldichter Louis Angely (†1835) wurde hier bestattet; sein Grab fiel der Anlage des Grenzstreifens zum Opfer.

Chausseestraße Im Jahre 1882 wohnte Arno Holz in der Chausseestraße Nr. 76 in einem möblierten Zimmer, dessen Fenster »auf einen düsteren Hof, auf schmutzige Dächer und auf rußige Mauern« schaute. Im Juli ging er nach Gansenstein im Kreise Angerburg in Ostpreußen, dem Rittergut seines Großvaters mütterlicherseits. Von dort schreibt er, daß er dort alles habe, »wonach mein Herz verlangt, um den achtjährigen Staub der Sandstadt Berlin von meiner Seele zu schütteln«. Anfang 1884 ging er nach Berlin zurück und kam in der Ackerstraße unter.

Habersaathstraße Die nach einem im Straßenkampf um die Kaserne der Gardefüsiliere, der sog. Maikäfer, 1919 erschossenen Spartakisten benannte Straße hieß ehemals Kesselstraße. Der am 22. September 1893 in Hamburg als Sohn eines Schauermanns geborene Schriftsteller Hans Leip absolvierte zu Beginn des Ersten Weltkriegs in der Kaserne, die »unter dem Hauptmann von Köpenick bewiesen hat, daß sie der öffentlichen Erheiterung zu dienen vermochte«, so Leip, einen Offizierskurs. Die Kaserne lag auf dem Gelände des Walter-Ulbricht-Stadions, das heute Stadion der Weltjugend heißt. Leip wohnte »auf eigene Kosten« in einem möblierten Zimmer im dritten Stock eines Hauses in der Chausseestraße bei der Rennstall-Besitzerswitwe Stolzenberg, »ausgezeichnet durch bejahrte Fülle, quellend vorwurfsvolle Augen und die nagende Stimme derer, die bessere Tage gesehen«. An einem regenfeuchten Aprilabend 1915 – »von der Chausseestraße dunsteten die Autobusse . . . Vom Invalidenpark träufte der Duft keimfrohen Erdreichs« –, vor dem Abtransport an die Front stand Leip am Seiteneingang der Kaserne in der Kesselstraße Wache, als seine Freundin, die Rostocker Lazaretthelferin Marleen, auf ihrem Wege zum Dienst vorbeikam, ohne daß er sie begrüßen durfte. Auf der Pritsche des Wachlokals entstanden in der Nacht die fünf Strophen seines während des Zweiten Weltkriegs in der ganzen Welt berühmt gewordenen Liedes von »der Kaserne, vor dem großen Tor« und von Lili Marleen, wobei er den Namen seiner Freundin mit dem der Geliebten eines Kameraden, der Tochter eines Gemüsehändlers aus der Nachbarschaft, verband. 25 Jahre später wurde das Lied von Norbert Schultze vertont. General Eisenhower sagt von Leip, daß er der einzige Deutsche sei, der während des Krieges der ganzen Welt Freude gemacht habe. Sein Landsmann John Steinbeck hält das Lied von der Kaserne für »das schönste Liebeslied, das ich kenne«. 1977 erschien seine Gedicht- und Liedersammlung »Die Hafenorgel« mit dem »Lied von der Lili Marleen«. Mit seinem Störtebeker-Roman »Godekes Knecht« (1925) hat er sich in den zwanziger Jahren eine weite Leserschaft erworben.

Der am 25. Juni 1842 im mecklenburgischen Perlin geborene Pastorensohn Heinrich Seidel kam im Herbst 1866 von Güstrow zum Studium an der Gewerbeakademie nach Berlin, das ihm zur zweiten Heimat werden sollte. Sein Lehrer Eggers führte den literarisch interessierten Studenten bald in den »Tunnel über der Spree« ein.

1868 bekam er seine erste Stelle als Techniker in der Wöhlertschen Maschinenfabrik in der Chausseestraße und mietete zwei möblierte Zimmer in der Kesselstraße »an einem friedlichen Eckchen Berlins ... und aus dem Fenster sah man auf einen kleinen Platz mit Grün und Blumen.« Die Annäherungsversuche seiner Zimmerwirtin, der Witwe Schüttebold, veranlaßten den jungen Ingenieur jedoch bald, seine Wohnung zu wechseln.

Zu Anfang des Jahrhunderts lebte der ruhelose Dichter Peter Hille in einem möblierten Zimmer im dritten Stock des Hauses Nr. 40 bei einer Frau Konjetzky (oder Kayetzki). Auch hier wurde er bald wieder vor die Tür gesetzt, weil er die Miete nicht bezahlen konnte.

Invalidenstraße In der ersten Etage des Hauses 98e der Invalidenstraße, »wo die Pferdebahnen klingelten« ... und »wo Borsig und Schwarzkoppen seine (d.h. die Arbeiter) grade die Straße runterkommen«, wohnt in Fontanes Roman »Stine« (1890) die Pittelkow'n, die ältere Schwester der Titelheldin, zwei Treppen höher bei Polzins – »gutsituierte Leute, die das mit dem Chambre garnie gar nicht nötig hätten« – als Untermieterin.

Scharnhorststraße In dem 1748 von Friedrich dem Großen gestifteten Invalidenhaus, von dem nur die beiden Seitenflügel den Krieg überstanden haben, amtierte eine Zeitlang als Feldprediger Friedrich Wilhelm Schmidt (1764–1838), der nach seiner späteren Tätigkeit als Landgeistlicher in der märkischen Kleinstadt Werneuchen Schmidt von Werneuchen genannt wird. Fontane widmet dem Dichter, der »aus der Stadt Getümmel« auf das Land hinauszuwandern pflegte und in von Chodowiecki illustrierten Versen den Tiergarten, die Jungfernheide, den Kirchhof in Tegel und die Pichelsberge preist, ein Kapitel seiner »Wanderungen durch die Mark Brandenburg«. Goethe dagegen verspottet den Dichter und Herausgeber von Taschenbüchern und Almanachen, wie den »Kalender der Musen und Grazien«, und den Begründer der Berliner Heimatdichtung in seinen »Musen und Grazien in der Mark«.

Auf dem völlig verkommenen Invalidenfriedhof fand der Romancier und Kritiker Karl Frenzel (†1914) seine letzte Ruhestätte.

Chausseestraße Im Hofgebäude des Hauses Nr. 95 hatte Peter Hille im Jahre 1903 ein möbliertes Zimmer. Anfang Juni 1903 fand er in der »Neuen Gemeinschaft« der Harts in der Seestraße in Schlachtensee seine letzte Unterkunft.

Auf dem Grundstück Nr. 99 befand sich M. Webers Maschinenbauanstalt und Kesselschmiede. Dieses Grundstück kaufte Emil Rathe-

nau, der Gründer der Deutschen Edison-Gesellschaft, aus der 1887 die AEG hervorging, und bezog »das hübsche Wohnhaus mit Vorgarten . . . , das sich durch ein schmuckes Äußere hervortat«, wie er schreibt. Hier kam sein Sohn Walther Rathenau, dem Kulturphilosophie, Schriftstellerei und Kunst ebenso am Herzen liegen sollten wie sein Beruf als Industrieller und Politiker, am 29. September 1867 zur Welt. *»Es ist wahr«*, berichtet er in seiner Autobiographie, *»seit mehr als hundert Jahren lebten meine väterlichen Vorfahren in Berlin, und im Hause meiner Kindheit waren die Überlieferungen der märzlichen Preußenzeit lebendig . . . Das Haus lag aber nicht im damals stillen Westen, den man Geheimratsviertel nannte, sondern in der Arbeitergegend des Nordens, in der Chausseestraße. Und hinter dem Hause, längs des Kirchhofs, lag zwischen alten Bäumen die Werkstatt, die kleine Montagehalle, die Gießerei und die dröhnende Kesselschmiede.«*
Sechs Jahre nach der Geburt Walthers gab der Vater die Fabrik auf und übersiedelte an den Monbijouplatz und von dort zu Ende des Jahrhunderts an den Schiffbauerdamm.
Von seinem großbürgerlichen Haus in Weißensee zog Bertolt Brecht im Oktober 1953 in das proletarische Quergebäude des Hauses Nr. 125, um seiner Arbeitsstätte näher zu sein. ». . . sehr hübsch, ziemlich ärmlich, für kleine Leute gebaut . . . Klo auf halber Treppe . . .«, schreibt er an Helene Weigel, die ein paar Wochen an der Ostsee verbrachte. Peter Suhrkamp schildert er seine Wohnung *»neben dem französischen Friedhof, auf dem Hugenottengeneräle und Hegel und Fichte liegen, meine Fenster gehen alle auf den Friedhofpark hinaus . . . Ich wohne in drei Zimmern der ersten Etage im Hinterhaus, das wie das Vorderhaus etwa 150 Jahre alt sein soll . . . es ist wirklich ratsam, in Häusern und mit Möbeln zu wohnen, die zumindest 120 Jahre alt sind, also in früherer kapitalistischer Umgebung, bis man eine spätere sozialistische haben wird . . .«* Helene Weigel bezog einige Räume im zweiten Stockwerk. Sein im Februar 1952 erworbenes Grundstück und Landhaus im märkischen Buckow am Scharmützelsee, wo seine »Buckower Elegien« entstanden, behielt der Dichter als Zweitwohnsitz bei. Am 19. März 1954 konnte er die Einweihung des Schiffbauerdamm-Theaters als eigenes Haus seines »Berliner Ensembles« erleben. Der am 10. Februar 1898 in Augsburg als Sohn des Direktors einer Papierfabrik geborene Dichter starb am 14. August 1956 kurz vor Mitternacht in seinem Schlafzimmer an den Folgen eines Herzinfarkts und fand angesichts seiner

Wohnung auf dem Dorotheenstädtischen und Friedrich-Werderschen Friedhof seine letzte Ruhestätte. Bei der Trauerfeier sprachen Johannes R. Becher, der Literarhistoriker Georg Lukács und Walter Ulbricht. Helene Weigel lebte von 1957 bis zu ihrem Tode am 6. Mai 1971 im Erdgeschoß. Am 9. Februar 1978 wurde das Haus Chausseestraße 125 mit den ehemaligen Wohn- und Arbeitsräumen des »unermüdlichen Mitstreiters und hervorragenden Präsentanten des ersten deutschen Arbeiter- und Bauernstaats, des Klassikers des sozialistischen Realismus«, als Forschungs- und Gedenkstätte der Öffentlichkeit zugänglich gemacht. Es beherbergt das Brecht- und Weigel-Archiv der Ostberliner Akademie der Künste sowie eine Buchhandlung.
Auf den Grundstücken Chausseestraße 126 und 127 erstrecken sich der 1780 angelegte Französische Friedhof sowie der seit 1762 bestehende Alte Friedhof der Dorotheenstädtischen und Friedrich-Werderschen Gemeinden. Friedrich Hebbel besuchte am Karfreitag 1851 die Gräber der illustren Toten und vermerkt in seinen »Reiseeindrükken«: ». . . *so viel erloschene Fackeln auf einem trifft man wohl nur in Paris auf dem Père-Lachaise wieder zusammen.*« Auf dem Französischen, dem sog. Hugenottenfriedhof, ruht die Urberlinerin Marie Anna Dutitre (†1827) unter einem Grabstein, dessen Inschrift die maskulinen Formen né und mort statt née und morte aufweist, sowie Chodowiecki (†1801) und der Schauspieler und Trinkkumpan E. T. A. Hoffmanns, Ludwig Devrient (†1832). Auf dem Nachbarfriedhof liegen Fichte (†1814), dessen im Kriege zerstörter eiserner Gedenkobelisk 1950 durch ein steinernes Denkmal ersetzt wurde, Julius Eduard Hitzig (†1849), der Gründer der Mittwochsgesellschaft, der erst starb, »nachdem er seinen Hoffmann und Chamisso unsterblich gemacht« hatte, wie Hebbel vermerkt, Hegel (†1831) und seine Frau Marie, Hufeland (†1836), Schinkel (†1841), Schadow (†1850), Ernst Litfaß (†1874), der die ersten Litfaß-Säulen aufstellte, Heinrich Mann (†1950), Bertolt Brecht (†1956) und Helene Weigel (†1971), Johannes R. Becher (†1958), Arnolt Bronnen (†1959) und Arnold Zweig (†1968) sowie seine Frau Beatrice.
Biermann besingt den Hugenottenfriedhof und besonders das Grab Bechers: »Ich sitze auf der morschen Bank / ganz nahe bei Eisler und Brecht . . .«
Das Haus Nr. 131 war das Wohnhaus des am 15. November 1936 in Hamburg geborenen Dichters Wolf Biermann, Sohn einer in Hamburg lebenden Altkommunistin und eines von den Nazis in

Auschwitz umgebrachten Hafenarbeiters. In einer Zwei-Zimmer-Wohnung lebte der Dichter und Liedermacher hier von seiner Übersiedlung von Hamburg in die DDR im Jahre 1953 an über das Berufsverbot im Jahre 1965 bis zu seiner Ausweisung und Aberkennung der Staatsbürgerschaft »wegen grober Verletzung der staatsbürgerlichen Pflichten« im November 1976. Seine politische Lyrik konnte er in der Bundesrepublik unter Titeln wie »Die Drahtharfe« und »Mit Marx- und Engelszungen« veröffentlichen. Nach eigener Ausage hat er »die feste Absicht, in der DDR weiter zu leben«, die er trotz aller Schwierigkeiten in seinem persönlichen Leben »für den besseren deutschen Staat« hält. In seinen Gedichten besingt er »Berlin, du deutsche, deutsche Frau«, »Himmelfahrt in Berlin« »Die Kinder spielen im Hof so schön / Prinzessin, Mörder und Volkspolizist«, die »Weidendammer Brücke« und den »Hugenottenfriedhof«.

Zweiter Spaziergang:
Vom Oranienburger Tor zum Platz der Akademie

Philippstraße Am Hause Nr. 19 wurde auf Veranlassung des Schriftstellers und Musikers Hans von Bülow im Jahre 1892 eine Granittafel mit der vergoldeten Inschrift »Max Stirner (Dr. Caspar Schmidt – 1806–1856) – der Schöpfer des unsterblichen Werks ›Der Einzige und sein Eigenthum‹«, angebracht. Hier verbrachte der frühere Gymnasiallehrer und Philosoph des Solipsismus verarmt und vergessen seine letzten Lebensjahre. Als Caspar Schmidt am 25. Oktober 1806 in Bayreuth geboren, wurde er in Berlin Mittelpunkt des Bundes »Die Freien«, die Kirche, Staat und Sitte als überholt ansahen. 1845 veröffentlichte er unter dem Pseudonym Max Stirner seine Schrift »Der Einzige und sein Eigentum«, eine programmatische Verkündigung des theoretischen Anarchismus. Das Werk wurde sofort nach dem Erscheinen verboten und kostete den Verfasser seine Stellung als Lehrer an einer höheren Töchterschule. Er eröffnete ein Milchgeschäft und brachte den Hausfrauen seine Produkte an die Wohnungstür. Am 26. Juni 1856 starb er, auf dem Sophienfriedhof in der Bergstraße wurde er begraben. Wegen seiner merkwürdig hohen Stirn nannten ihn seine Freunde Stirner. John H. Mackay widmet dem Schriftsteller und Freund von Friedrich Engels eine Biographie (1898).

Hermann-Matern-Straße Die nach der Gemahlin Friedrich Wilhelms III. benannte Luisenstraße erhielt 1971 ihren jetzigen Namen. In den achtziger Jahren wohnten Heinrich und Julius Hart in zwei armseligen Zimmern bei der Witwe Schwumb in einem Hause dieser Straße. Hier traf sich die Berliner Bohème, verbummelte Studenten und beschäftigungslose Schauspieler gingen ein und aus, übernachteten in einer Ecke und teilten die dürftigen Mahlzeiten der Brüder. »Oft mußten ein Brot und ein ›alter Mann‹, ein Käseziegel im Wert von 25 Pfennigen, herhalten für zehn edle Geister«, erzählt Heinrich Hart in seinen »Erinnerungen«. Häufig mußten sie altes Zeitungspapier, das sie sammelten, in einem benachbarten Gemüsekeller gegen Kartoffeln eintauschen, um überhaupt etwas zum Essen zu haben. In ihrer alten Wirtin fand Wolzogen das Vorbild für die Witwe Schwumbe in seiner Tragikomödie »Lumpengesindel« (1892), ihnen selbst hat er in seinem Werk ein Denkmal gesetzt. Im Herbst 1849 gab Theodor Fontane seinen Apothekerberuf auf, um »auf jede Gefahr hin« nunmehr als freier Schriftsteller zu leben. Vom Bethanienkrankenhaus übersiedelte er in die Luisenstraße, wo er bei einer Frau Mittelstädt, der Gattin eines Postbeamten, im Hause Nr. 12 gegenüber der 1840 erbauten und erhalten gebliebenen Tierarzneischule ein möbliertes Zimmer mietete. In einem Brief an seinen Freund Lepel vom 5. Oktober 1849 schildert er die »Reize des Chambre garnie«: »*Die knarrende Bettstelle, die mitleidsvoll aus den Fugen geht, um einer obdachlosen Wanzenfamilie ein Unterkommen zu bieten, der wankelmütige Nachttisch, das gevierteilte Handtuch, die stereotypen Schildereien: Kaiser Nikolaus und Christus am Kreuz, alles ist wieder da, mir Auge und Herz zu erquicken. Oh, es ist schön.*« Und später erinnert er sich: »*Mein Dreitreppenhochzimmer hatte natürlich jenes bekannte Seegrassofa, dessen schwarzgeblümter und außerdem stachlicher Wollstoff nur deshalb nicht stach, weil schon so viele drauf gelegen hatten. Die Wirtin war ein Mustertyp der damaligen Berliner Philöse: blaß, kränklich, schmuddlig und verhungert. Über mir, auf dem Boden, war noch eine Mansardenstube, drin ganz arme Leute wohnten, die, wenn ich arbeiten wollte, gerade ihr Holz spellten . . .*« Hier verbrachte er das erste Jahr seines Schriftstellerlebens. Er konnte eine Reihe Gedichte veröffentlichen und seiner Braut sein erstes Buch, die Romanzen »Von der schönen Rosamunde«, widmen. Eine Stelle als Lektor im Literarischen Kabinett des preußischen Innenministeriums gestattete ihm am 16. Oktober 1850 die Heirat. Das junge Paar mietete eine Wohnung in der Puttkamerstraße. Nach der Rückkehr aus England im Jahre 1859 kam das Ehepaar in die Luisenstraße zurück und bezog im dritten Stock des Hauses Nr. 33 eine Wohnung.

Adolph Menzel wohnte mit Schwester und Schwager und deren Kindern von 1866 bis 1871 im Hause Nr. 24. Eine Bleistiftzeichnung mit Blick aus dem Flurfenster des Hauses auf die Hinterhöfe ist erhalten.

Im Jahre 1844 übersiedelte der Historiker Leopold von Ranke, der 1825 von Frankfurt/Oder an die Universität Berlin berufen wurde, in das dritte Stockwerk des viergeschossigen Hauses Nr. 24a. Hier diktierte der sehbehinderte Gelehrte alle seine bedeutenden Schriften, die mit der Quellenkritik eine neue Schule der Geschichtswissenschaft einleiteten. Als 85jähriger begann er seine »Weltgeschichte« zu publizieren, als 90jähriger wurde er Ehrenbürger der Reichshauptstadt. Am 23. Mai 1886 starb der am 21. Dezember 1795 in Wiehe/Thüringen geborene Gelehrte, der vergebens um Bettina von Arnims Tochter Maxe geworben hatte, in seiner Wohnung. Sein Grab und der

Grabstein mit dem Relief des Gelehrten und dem Spruch »Ich muß wirken, solange es Tag ist«, befinden sich auf dem alten Kirchhof der Sophienkirche. Zwei Jahre nach seinem Tode wurde sein Sterbehaus an der Gartenseite mit einer Gedenktafel geschmückt, die 1929 beim Abriß des Hauses in Verwahrung genommen wurde.
Der Klassiker der deutschen Volksoper, Albert Lortzing, wohnte in seinem letzten Lebensjahr – er war als Kapellmeister am Friedrich-Wilhelm-Theater engagiert – in dem jetzt im Stil der Zeit wiederhergestellten Hause Nr. 53. Hier starb er am 21. Januar 1851 im Alter von 50 Jahren. Ein Jahr vor seinem frühen Ende schreibt der geborene Berliner, dessen Leben nicht mit Glücksgütern gesegnet war: *»Es ist mir, als ob ich von Berlin nicht wieder fortkommen würde – so wenig mir meine Vaterstadt eigentlich behagt mit ihrer kahlen Gegend und dem ekelhaften Dialekt.«* Zum Andenken an den unglücklichen Musiker brachte die Stadt Berlin im Jahre 1889 an seinem Sterbehaus eine Bronzetafel an. Auf dem Sophienfriedhof wurde er bestattet. »Sein Lied tönt fort«, heißt die letzte Zeile des Denkmalspruchs, und tatsächlich erklingen die Melodien seiner Werke »Undine«, »Zar und Zimmermann« und »Der Waffenschmied« noch heute auf den Opernbühnen.
Am Hause der Volkskammer, dem früheren Langenbeck-Haus, in der Hermann-Matern-Straße Nr. 58/60, ehemals Luisenstraße Nr. 45, erinnert eine Tafel an Karl Marx, der hier in den Jahren 1838 und 1839 als Student der Jurisprudenz wohnte. Das Haus ist die einzige erhalten gebliebene Wohnstätte von den vielen, in denen Marx in seinen Berliner Jahren gelebt hat. Von Friedrichshagen, wo er den Sommer und Herbst 1896 verbracht hatte, übersiedelte Christian Morgenstern zum 1. November in ein Zimmer im dritten Stock des Hauses Nr. 64, das er mit seinen eigenen Möbeln aus Breslau ausstattete. Hier entstanden die Gedichte, die unter den Titeln »Auf vielen Wegen« und »Ich und die Welt« erschienen. Vom Mai 1898 bis zum Herbst 1899 lebte der Dichter in Norwegen, wo er für den Fischer-Verlag Ibsens »Peer Gynt« und »Brand« ins Deutsche übertrug.
Im dritten Stock des Hauses Nr. 67 hatte der am 24. September 1807 in Brandenburg geborene Genremaler, Graphiker und Akademieprofessor Theodor Hosemann, der Schöpfer treffender und humorvoller Darstellungen des biedermeierlichen Berliner Kleinbürgertums, bis zu seinem Tode seine Wohnung und sein Atelier. Er kam 1828 nach Berlin, wo er fast ein halbes Jahrhundert wirkte. Mit Adolf Glaßbrenner, dessen Heftchen »Berlin, wie es ist und – trinkt« er il-

lustrierte, arbeitete er eng zusammen. Auch Kalisch und Menzel zählte er zu seinen Freunden. Er starb am 15. Oktober 1875; auf dem Sophienfriedhof wurde er begraben.
Auf der Westseite der Hermann-Matern-Straße erstreckt sich der gewaltige Komplex des ältesten Krankenhauses Berlins, die 1710 gegründete Charité, die mit den Namen berühmter Berliner Ärzte wie Virchow, Hufeland und Koch eng verbunden ist. Während des letzten Krieges mußte sie schwere Zerstörungen hinnehmen. Der am 21. November 1768 als Sohn eines Militärpfarrers in Breslau geborene Kanzelredner und Universitätslehrer Friedrich Ernst Daniel Schleiermacher kam im September 1796 als Anstaltsgeistlicher der Charité nach Berlin und fand hier eine dürftige Unterkunft. Er hatte sich bereits 1790 in Berlin aufgehalten und hier sein theologisches Examen abgelegt. In Berlin begann seine schriftstellerische Tätigkeit, hier fand er Aufnahme bei den Romantikern August Wilhelm Schlegel, Wakkenroder und Tieck, vor allem aber in dem Kreis um Henriette Herz, mit der er offen über seine skandalumwitterte Beziehung zu Eleonore, der Gattin seines Amtsbruders Grunow, sprechen konnte. Seiner Schwester schreibt er: »*Sie (Henriette Herz) hat mich Italienisch gelehrt oder tut es vielmehr noch; wir lesen den Shakespeare zusammen; wir beschäftigen uns mit Physik* . . .« Und in diesem Zusammenhang an anderer Stelle: »*Die jüdischen Mitbürger sind bei weitem die reichsten bürgerlichen Familien hier, fast die einzigen, die ein offenes Haus halten und bei denen man wegen ihrer ausgebreiteten Verbindungen in allen Ländern Freunde von allen Ständen trifft.*« Zum Jahresende 1797 nahm Schleiermacher Friedrich Schlegel, den er in der Mittwochsgesellschaft kennengelernt hatte, in seine Wohnung auf. Über diese »herrliche Veränderung in meiner Existenz« berichtet Schleiermacher seiner Schwester: ». . . *Wie neu ist mir das, daß ich nur die Türe zu öffnen brauche, um mit einer vernünftigen Seele zu reden . . . Schlegel steht gewöhnlich eine Stunde eher auf als ich, weil ich meiner Augen wegen des Morgens kein Licht brennen kann . . . Dann kann er von seinem Bett aus die Tür, die mein Schlafzimmer von seiner Stube trennt, öffnen und so fangen wir unser Morgengespräch an . . . Ich bekomme mein Essen, wie Du weißt, aus der Charité, Schlegel läßt sich seines aus einem Gasthause holen . . . Unsere Freunde haben sich das Vergnügen gemacht, unser Zusammenleben eine Ehe zu nennen und stimmen allgemein darin überein, daß ich die Frau sein müßte, und Scherz und Ernst wird darüber genug gemacht.*«
Der am 10. März 1772 in Hannover als Sohn eines Theologen gebo-

rene Dichter und Literaturtheoretiker Friedrich Schlegel war auf Anraten Goethes von Jena nach Berlin gekommen, wo er mit seinem Bruder August Wilhelm, Novalis, Wackenroder und Tieck die romantische Zeitschrift »Athenäum« gründete. Im Salon der Henriette Herz lernte er Dorothea Veit kennen, die sich Ende 1798 von ihrem Gatten trennte und mit ihrem dreijährigen Sohn Philipp, der es als romantischer Maler und Direktor des »Städelschen Instituts« in Frankfurt zu hohem Ansehen brachte, in eine versteckt gelegene Wohnung zog, damit Schlegel sie täglich besuchen konnte. Er heiratete sie am 6. April 1804 in Paris.
1799 konnte Schleiermacher sein denkwürdiges Werk »Über die Religion. Reden an die Gebildeten unter ihren Verächtern« veröffentlichen. Seine Beziehung zu Eleonore Grunow führte im Jahre 1802 zu einer Versetzung »in die Wüste«, nach Stolp in Pommern. 1807 kam er nach Berlin zurück, verlobte sich mit Henriette von Willich, der 21 Jahre jüngeren Witwe eines Geistlichen, die er am 18. Mai 1809 heiratete und die ihm zwei Kinder in die Ehe brachte. Im selben Monat wurde er Prediger an der Dreifaltigkeitskirche.

Schumannstraße Die Häuser Nr. 12, 13a, 14, 14a und 16 der Schumannstraße gehören zum Komplex des Deutschen Theaters und der Kammerspiele, die beide den Krieg fast unversehrt überdauert haben. An der Stelle des Deutschen Theaters stand seit 1848 das Friedrich-Wilhelmstädtische Theater, das sich die Pflege der klassischen Operette angelegen sein ließ und 1883 in die Chausseestraße verlegt wurde. Im selben Jahr kaufte Adolph L'Arronge, der als Autor von Volksstücken, insbesondere der Posse »Mein Leopold« (1873), Millionär geworden war, das Theater. Sein Versuch, mit einer Gemeinschaft von Schauspielern eine Art von Mitbestimmung am Theater einzuführen, scheiterte. 1894 übergab er das Deutsche Theater dem promovierten Literarhistoriker Otto Brahm, der es zu einem Sprachrohr der naturalistischen Bühnenliteratur, vertreten vor allem durch Arno Holz und Gerhart Hauptmann, machte. Seine Büste, wie die seines Nachfolgers Max Reinhardt, steht auf dem Platz vor dem Theater. Brahms Inszenierung der »Weber« vom September 1894 veranlaßte den Kaiser, seine Loge zu kündigen. Ein Mitglied des preußischen Abgeordnetenhauses spricht von dem Wandel des Theaters »von einer Stätte höherer Bildung oder geistvoller Anregung zu einer Stätte der Darstellung von Unsitte und Unfug, von Glaubensverhöhnung und Sinnenreiz und subversiver Tendenzen«. Reinhardt kaufte im Jahre 1905 das Theater und eröffnete es am 19. Oktober

1905 mit Kleists »Käthchen von Heilbronn«. Mit seinen Inszenierungen klassischer Bühnenwerke und – nach dem Ersten Weltkrieg – der Frühwerke des literarischen Expressionismus machte er das Deutsche Theater weithin berühmt und Berlin zu einer Theaterstadt von Weltrang. Nach der »Machtübernahme« mußte Reinhardt fliehen, sein Nachfolger Heinz Hilpert vermochte dem Theater auch unter der Diktatur seinen guten Ruf zu bewahren. Das ehemals im Nachbarhaus installierte Tanzlokal Emberg, ein vorwiegend von Studenten besuchtes, nicht gerade gut beleumdetes Etablissement, wandelte Reinhardt in ein rangloses Theater um, das nach dem von Felix Hollaender gefundenen Namen »Kammerspiele« genannt und am 8. November 1906 mit einer Inszenierung von Ibsens »Gespenster« eröffnet wurde. Zuckmayer, der Ende 1923 mit Brecht als Dramaturg an das Deutsche Theater kam, schildert die Atmosphäre der beiden Theater mit dem *»ehrwürdigen Alt-Berliner Pflasterhof, der damals noch durch eine Häuserfront und durch zwei tunnelartige Ein- und Ausfahrten von der eng bewohnten Schumannstraße getrennt war. . . . Hier in diesem Hof und in dem stallähnlichen Eingang zu den Garderoben, der auch nach Stall roch, wehte Theaterluft, ein Hauch von jener Komödiantengesellschaft, vor der man die Wäsche weghängt.«*
Der am 19. Juli 1859 in Stettin als Sohn eines Augenarztes geborene Mediziner und Schriftsteller Carl Ludwig Schleich kam im Frühjahr 1882 nach Berlin und bezog eine »Bude« im Hause Nr. 15. Er famulierte und assistierte in der Chirurgischen Klinik der benachbarten Charité bei den Professoren Langenbeck, Bergmann und Virchow, fand aber Zeit genug, Beziehungen zu Schriftstellern und Künstlern anzuknüpfen. So wurde er Mitglied des »Ethischen Clubs«, wo er Freundschaft mit Hauptmann, den Brüdern Hart, Halbe, Hartleben und Holz, vor allem aber mit Dehmel, schloß. In einem Kellerlokal seines Wohnhauses »Zur goldenen Fünfzehn«, dem Stammlokal der Schauspieler des Deutschen Theaters, traf er Agnes Sorma und freundete sich mit Josef Kainz an, der ebenfalls Mediziner war.
Im Hause Nr. 18 wurde am 20. Januar 1915 Kurt W. Marek, der sich als Schriftsteller C. W. Ceram nannte und mit seinem Bestseller »Götter, Gräber und Gelehrte« (1949) Welterfolg hatte, in einer hier gelegenen Frauenklinik geboren. Sein Vater, Tischler und Hauswart, lebte mit seiner Frau in der Schöneberger Heilbronner Straße.

Karlsplatz Einer Pappel auf dem Karlsplatz »mitten in der Trümmerstadt Berlin« widmet Bertolt Brecht ein Gedicht. An der Stelle des Baumes, den der Dichter besingt, steht heute eine Pappelgruppe.

Reinhardtstraße Die nach dem Regisseur und Dichter des Deutschen Theaters Max Reinhardt benannte Straße hieß ehemals Karlstraße. Vor seinem Staatsexamen wohnte Carl Ludwig Schleich in den achtziger Jahren in einer »Bude« bei Frau Maximowitz im Parterre des Hauses Nr. 22 gegenüber dem damaligen Zirkus Renz. Hier musizierte er regelmäßig mit Dehmel, und hier suchte ihn sein Vater auf, um den Dreißigjährigen zur Aufgabe seines Bummellebens und auf Ablegung des Staatsexamens zu drängen. 1885 ging Schleich nach Leipzig, und 1889 eröffnete er eine Privatklinik in der Friedrichstraße.

Von Halle kehrte der am 12. Januar 1777 in Brandenburg als Sprößling einer hugenottischen Familie geborene Romantiker Friedrich Baron de la Motte-Fouqué im Sommer 1841 nach neunjähriger Abwesenheit in die preußische Hauptstadt zurück. Nach dem Tode seiner zweiten Frau Caroline im Jahr 1831 hatte er am 25. April 1833 die Gesellschafterin seiner Tochter Marie, Albertine Tore, geheiratet. Mit ihr, seinem Sohn Carl und seiner Schwiegermutter bezog er im Hause Nr. 23a eine Wohnung. Im Treppenhaus erlitt er eines Nachts einen Schlaganfall und starb kurz darauf am 23. Januar 1843. Auf dem Garnisonfriedhof in der kleinen Rosenthaler Straße fand er seine letzte Ruhestätte. Sechs Tage nach seinem Tode gebar seine Frau einen zweiten Sohn. Seine von E. T. A. Hoffmann zum erstenmal vertonte Märchennovelle vom Wassergeist »Undine« (1811) wurde von den Berlinern begeistert begrüßt. Auch Lortzings Oper »Undine« (1845) geht auf Fouqué zurück. Giraudoux dramatisierte 1939 die Novelle. Arno Schmidt widmet dem Dichter im Jahre 1958 eine umfassende Biographie.

Der am 3. Juni 1864 als erstes von sechs Kindern einer Clausthaler Bergmannsfamilie geborene Dramatiker und Lyriker Otto Erich Hartleben gab nach Bestehen der Referendarprüfung am Kammergericht in Berlin im Jahre 1889 und nach einjähriger Tätigkeit als Referendar in Stolberg und Magdeburg seinen Beruf auf und ließ sich um 1890 mit seiner Frau Selma als freier Schriftsteller in Berlin nieder. Im dritten Stock des Hofgebäudes im Hause Nr. 32 mietete er eine Wohnung mit Aussicht auf den Park der Tierarzneischule. In den Erinnerungen Selmas an ihren Gatten »Mei Erich« (1910) heißt es: »*Zehn Jahre wohnten wir in der Karlstraße . . . , und in diesem Zeitraum haben unzählige Menschen unser Haus betreten, Menschen, an deren Gewohnheiten ich mich nur langsam gewöhnen konnte.«* Besonders fiel ihr Peter Hille auf, der nie seinen Mantel auszog, weil er kein Hemd besaß und an einer um den Hals hängenden Schnur befestigte Papiermanschetten trug, auf denen er seine Verse notierte. Hartlebens »Geschichte vom abgerissenen Knopf« (1893) schildert die damalige Berliner Studentenboheme, in der er bald ebenso zu Hause war wie in den Literaturkreisen des »Schwarzen Ferkels«. Mit seinem Offiziersdrama »Rosenmontag« (1900) errang er Anerkennung und Vermögen und übersiedelte in eine angenehmere Unterkunft in der Motzstraße. Im Hause des Geheimrats und gelehrten Bibliophilen K. H. G. von Meusebach, dem sog. Friedländerhaus in der Karlstraße 36, fand der Bonner Student Hoffmann von Fallersleben in den Jahren 1821 bis 1823 freundliche Aufnahme. Bei seinem ersten Besuch – er wollte die berühmte Bibliothek besichtigen – wurde er zwischen 9 und 11 Uhr dreimal mit dem Hinweis: »Der Herr Geheime Rat schläft noch« abgewiesen, dann empfangen und erst nach mehr als fünfzehn Stunden erster Bekanntschaft um 1/22 Uhr morgens wieder entlassen. Hier machte Hoffmann später die Bekanntschaft von Achim und Bettina von Arnim, Savigny und Hegel, und hier feierte er Weihnachten, Silvester und seinen Geburtstag. In seinen Erinnerungen vermerkt er, daß ihm bei Meusebach sogar das Berliner Sauerkraut geschmeckt habe. Er wohnte bei seinem Bruder in der Werderschen Rosenstraße.

Am 8. Dezember 1840, »um 3/4 auf 5 Uhr«, kam Jacob Grimm in Berlin an, um für sich und die Familie seines Bruders eine passende Unterkunft zu suchen. Die Brüder waren im Jahre 1837 zusammen mit fünf weiteren Professoren der Göttinger Universität wegen ihres Protests gegen den Verfassungsbruch des Königs Ernst August von Hannover und der Verweigerung des Huldigungseids fristlos ohne Pension entlassen und des Landes verwiesen worden. Friedrich Wilhelm IV. hatte sie nach Berlin berufen und zu Mitgliedern der Akademie der Wissenschaften und Professoren ernannt. Der »Hofrat und Professor aus Kassel«, wie der Eintrag im Polizeiregister lautet, wandte sich zunächst an seinen Freund von Meusebach. Bis sechs Uhr mußte er auf der Treppe sitzen, bis acht Uhr nahm ihn ein Mitbewohner des Hauses auf, und dann empfing ihn Frau Meusebach sehr herzlich. Seine Wirtin und Bettina von Arnim gingen in den nächsten Tagen auf Wohnungssuche. Am 20. Dezember schreibt er seinem Bruder: *»Ich bin mit ihr und der Meusebach die vorige Woche in strenger Kälte nach Wohnungen umhergelaufen und habe in den ver-*

schiedensten Stadtteilen gewiß über zwanzig besehen . . . Endlich ist es nun gestern zu einem Schluß gekommen und eine hübsche und bequeme Wohnung . . . auf zwei Jahre gemietet. Sie liegt am Tiergarten in der Lennéstraße . . .« Am Weihnachtstage reiste er nach Kassel zurück, nachdem er dem König seine Aufwartung gemacht hatte.

Charitéstraße Im November 1878 fand der Student Ludwig Ganghofer in der Charitéstraße 1, damals dem einzigen Haus in der Straße, bei der »alten, kleinen wohlgenährten Frau Henkel« ein dreieckiges Stübchen, »allerliebst und anheimelnd«. Seine Wirtin eröffnete ihm bei seinem Einzug, wie er sich in seinem »Lebenslauf eines Optimisten« (1910) erinnert: »Mä'chens mitbringen, so wat jib's nich bei mich!« Dennoch verbrachte er eine glückliche Zeit in der Hauptstadt, die er, »so sehr das Heimweh an mir zog, nicht leicht verlassen konnte«. Er arbeitete an einer Studentenbühne mit, wo sein schwäbischer Dialekt Heiterkeit erregte. Von Berlin ging er 1879 über Halle nach Leipzig, um sein Studium mit der Promotion zum Doktor der Philosophie abzuschließen. Ganghofer, der Lieblingsautor Wilhelms II., wurde am 7. Juli 1858 in Kaufbeuren als Sohn eines aus altbayerischem Geschlecht stammenden Försters und späteren Forstrats, dem er durch Schuldenmacherei viel Kummer bereitete, geboren. Nach seinem Studium verschrieb er sich dem Journalismus und wurde Mitarbeiter der »Gartenlaube«, die seine ersten Heimatromane veröffentlichte. Seine Versuche, seine literarischen Erzeugnisse unterzubringen, scheiterten zunächst. Nachdem ihm sein Vater erklärt hatte, daß seine Manuskripte sicher wegen seiner unleserlichen Handschrift zurückgeschickt würden, nahm er vier Wochen lang täglich zwei Stunden Schönschreibunterricht. Nach dem Ersten Weltkrieg zog er in seine prächtige »Villa Maria« in Tegernsee, wo er im Alter von 65 Jahren an einer Embolie starb. Auf dem Friedhof im benachbarten Rottach-Egern liegt er neben Ludwig Thoma begraben. Er hinterläßt 70 Romane, Erzählungen und Theaterstücke.

Im Jahre 1839 wohnte der Student Karl Marx im Hause Nr. 10.

Kapelle-Ufer An der Ecke Kapelle-, ehemals Friedrich-Karl- und Alexander-Ufer, stand das im Kriege völlig zerstörte Lessing-Theater. Hier konnten im Jahre 1889 die Mitglieder des Vereins »Freie Bühne« im gemieteten Theater Oskar Blumenthals in Sonntagsvormittagsvorstellungen unter Umgehung polizeilicher Zensur naturalistische Gegenwartsdramatiker, wie Ibsen, Hauptmann und Sudermann, erleben. Bei der Uraufführung von Hauptmanns »Vor

Sonnenaufgang« am 20. Oktober 1889 schwenkte hier der Arzt und Journalist Dr. Kastan, als die Schreie einer Gebärenden von der Bühne ertönten, eine Geburtszange über seinem Kopf, um seiner Empörung über das naturalistische Theater Ausdruck zu verleihen. Ein Abgeordneter nannte die »Freie Bühne« ein »intellektuelles Bordell«, der »Kladderadatsch« eine »Theaterdestille«, und dem Berliner Polizeipräsidenten »paßte die janze Richtung nich«. Aus der revolutionären Vereinszeitung »Die freie Bühne für modernes Leben« ging 1913 die »Neue Deutsche Rundschau«, seit 1904 »Die Neue Rundschau«, hervor.

Alexanderufer Paul Lindau wohnte zu Beginn des Jahrhunderts im Hause Nr. 3. Von 1904 bis 1905 leitete er wenig erfolgreich das Deutsche Theater. Seine Erzählungen sind der Hauptstadt gewidmet. Die Redensart »Der Zug nach dem Westen« geht auf den Titel des ersten Gesellschaftsromans seines dreiteiligen Zyklus »Berlin« (1886–1888) zurück.

Marienstraße Die Marienstraße ist eine der wenigen Straßen im Herzen der Stadt, die ihr aus der ersten Hälfte des 19. Jahrhunderts stammendes typisches Gesamtbild erhalten hat. Im Frühjahr 1904 übersiedelten René Schickele und Otto Flake, die als Studenten seit dem Frühjahr 1902 in Straßburg die »weißen Blätter« herausgegeben hatten, nach Berlin. Die Freunde bezogen bei der Witwe Spikowitsch in der Marienstraße ein gemeinsames Zimmer. In seinem ›Bericht aus einem langen Leben‹, »Es wird Abend« (1961), schreibt Flake: »*War wenig Geld da, so aßen wir Würstchen im Stehraum von Aschingers Palast, der dem Bahnhof Friedrichstraße und dem Wintergarten gegenüberlag; die Brötchen standen in Körben herum und kosteten in jenen liberalen Zeiten nichts. Ging es besser, so labten wir uns beim gleichen Aschinger im ersten Stock an Eisbein, Erbsenbrei und Schwenkkartoffeln. Kam reichlich Geld ein, so stiegen wir in die Weinabteilung, im zweiten Stock gelegen, und begannen die Mahlzeit mit Pastetchen. – Es gab auch Tage, an denen wir unter einem der Bogen der Stadtbahn speisten, von den Zügen überdonnert. Dann hatte man die Wahl zwischen dem Café Bauer, von dem die nordischen Romane sangen und sagten, dem Victoria gegenüber, und den Kaffeestuben des Zentral-Hotels; es waren überallhin nur ein paar Schritte* . . .« Im Verlauf des Sommers übersiedelten die Freunde an das Tempelhofer Ufer.

Im ersten Stock des Hauses Nr. 8 wohnte um die Jahrhundertwende der Journalist und Politiker Hellmut von Gerlach. Im Jahre 1901 übernahm er die Redaktion der 1895 gegründeten pazifistischen »Welt am Montag«, in der er den größten Teil seiner Arbeiten veröffentlichte. Der am 2. Februar 1866 in Mönchmotschelnitz in Schlesien geborene Sohn eines Gutsbesitzers und späteren Polizeipräsidenten gab 1892 seine juristische Karriere auf und wandte sich der Politik und der Journalistik zu. Er gründete die »Deutsche Friedensgesellschaft« und die »Liga für Menschenrechte«, die er bis zu ihrer Auflösung durch die Nationalsozialisten leitete.

Von Wien kam Hermann Bahr im Jahre 1906 zum dritten Mal nach Berlin, wo er ein Jahr lang im Hause Nr. 18 wohnte und bis 1907 an Reinhardts Deutschem Theater als Dramaturg und Regisseur arbeitete. Er hatte 1887 sein Studium in Berlin abgeschlossen und hier sein erstes Drama »Die neuen Menschen« geschrieben. Nach einem Aufenthalt in Frankreich und Spanien kam er 1889 wieder nach Berlin, wo er sich als Theatermann und Herausgeber der »Freien Bühne« einen Namen machte. Am 24. August 1909 heiratete er die Wagnerdarstellerin Anna von Mildenburg. Am 23. Dezember desselben Jahres wurde sein erfolgreiches Lustspiel »Das Konzert« uraufgeführt.

Heinrich Hart, der seit Herbst 1877 in Berlin lebte, hatte sich aus der Wohngemeinschaft mit seinem Bruder Julius gelöst und am 30. Mai 1885 Cäcilia Kulp, eine junge Lehrerin, geheiratet. Am selben Tag adoptierte er auch die heranwachsende Tochter, die er von seiner bisherigen Wirtin hatte. Er wohnte mit ihr und seiner Frau im ersten Stock des Hauses Nr. 25. Ende 1860 bezog Adolph Menzel mit seinem jüngeren Bruder Richard und seiner Schwester Emilie und deren Mann, dem Kgl. Musikdirektor Hermann Krigar, den sie 1859 geheiratet hatte, eine Wohnung im Hause Nr. 22. Der »Blick in den kleinen Hofgarten des Hauses« mit Hühnern und einer Pumpe gehört zu den eindrucksvollsten Schöpfungen des Meisters. Durch das Wachsen der Krigarischen Familie wurde die Wohnung zu klein, und die Familie übersiedelte zum Jahreswechsel 1864/65 in die benachbarte Luisenstraße.

Von 1887 bis 1888 wohnte der Mitbegründer der japanischen Literatur, Schriftsteller und Kritiker Mori Ogai im Hause Nr. 32. Er war der erste japanische Übersetzer des »Faust« und der Werke Lessings, Kleists und E. T. A. Hoffmanns.

Albrechtstraße Nach jahrelangem Umherirren durch die Schweiz, Italien und Ungarn kehrte Peter Hille 1891 nach Deutschland zurück und war auch einige Male in Berlin. Im Oktober 1894 kam er von

Hamm, wo er bei seinem Bruder, einem katholischen Geistlichen und späteren Mitglied des Reichstags, gelebt hatte, wieder nach Berlin und stieg im Hotel »Bremer Hof« in der Albrechtstraße 6 ab. ». . . *ein Schriftsteller Peter Hille aus Hamm . . . beabsichtigt, daselbst einige Zeit hier zu wohnen. Derselbe macht den Eindruck eines herabgekommenen Menschen und dürfte, soweit es die beigefügten schriftlichen Aufzeichnungen desselben bestätigen, geisteskrank sein*«, lautet ein Vermerk in den Berliner Polizeiakten. Von hier übersiedelte der Dichter in die Berliner Straße in Wilmersdorf.

Friedrichstraße Im November 1878 bezog Ludwig Ganghofer die Universität Berlin und mietete in einem sehr bescheidenen Haus in der Friedrichstraße bei einer Frau »im Morgenrock, sehr schön frisiert«, ein Mansardenzimmer. In der ersten Nacht, die er hier verbrachte, stellte er fest, daß er in ein Bordell geraten war. Er hätte dies schon am Grinsen der Dienstmänner, die seine Koffer vom Anhalter Bahnhof in seine Unterkunft gebracht hatten, erkennen müssen. Fluchtartig verließ er das Haus und fand in der Charitéstraße eine passendere Unterkunft.

Dr. Christoph Wilhelm Hufeland, der im Jahre 1801 von Friedrich Wilhelm III. von Jena in die Hauptstadt berufen worden war, hatte im Hause 130 seine erste Berliner Wohnung. Im Mai 1804 logierte Schiller mit seiner Familie einige Tage im Hause des Arztes, der sich die Gesundheit des Dichters angelegen sein ließ. Hufeland übersiedelte noch im selben Jahr in die Dorotheenstraße.

Im Juni 1804 kam Heinrich von Kleist, der sich in Paris und in der Schweiz aufgehalten hatte, nach Berlin zurück und nahm im Hause Nr. 123 Wohnung. Er arbeitete zu dieser Zeit im Finanzministerium, wo er bereits in den Jahren 1800 und 1801 als Volontär eingestellt war.

Der Schauspieler und Regisseur Max Reinhardt, als Max Goldmann und ungarischer Staatsbürger als erstes von sechs Kindern eines mit ständigem Konkurs kämpfenden Kleinhändlers am 9. September 1873 in Baden bei Wien geboren, ging nach einer abgebrochenen Banklehre als 17jähriger zum Theater. Otto Brahm, der ihn auf der Bühne eines Wiener Vorstadttheaters sah, engagierte ihn und seinen Freund Max Marx für das Deutsche Theater in Berlin. Im Sommer kamen die beiden in der Hauptstadt an und mieteten eine bescheidene Wohnung im Hause Nr. 134. An den Schauspieler Berthold Held, der später auch am Deutschen Theater wirkte, schreibt Reinhardt voller Begeisterung nach Wien: »*Berlin ist eine wahrhaft herrliche Stadt –*

Wien mehr als 10mal multipliziert. Echt weltstädtisches Gepräge, immenser Verkehr, durchgehend der Zug ins Großartige und dabei praktisch und gediegen . . .« Und nach der Premiere der »Weber«, in denen er den Pastor Kittelhaus spielte: »*Das war ein sensationeller Erfolg. So stürmisch und demonstrativ, wie ich ihn noch nie in einem Theater erlebt habe. Und das will bei der kühlen, schnoddrigen und witzelnden Natur der Berliner sehr viel sagen.«* 1896 zog er in die Claudiusstraße.

Der Student Josef Victor von Scheffel übersiedelte mit seinem Freund Friedrich Eggers von der Mittelstraße nach längerem Suchen – »die Wohnungen – und wir haben deren gewiß zwanzig gesehen – sind meist sehr teuer und doch wenig bequem« – in eine Unterkunft im ersten Stock des Hauses Nr. 135a bei einem Fräulein Meissel, »*einer bis jetzt wenigstens sehr freundlichen Wirtin, einer alten Dame, welche die Zimmer mit ängstlicher Sorgfalt und Eleganz hergerichtet hat«, wie er seiner Mutter berichtet, »ein etwas kleines Schlafzimmer und ein sehr freundliches, neu und geschmackvoll möbliertes Wohnzimmer mit Sofa, Schreibtisch, Sekretär, Büchergestell usw.«* Sein erster Eindruck von Berlin war »sehr großartig«, die Linden erscheinen ihm »prächtig . . . noch breiter und bedeutender als die Ludwigstraße in München.« Er lobt die Gaststätten und ist begeistert, die »Berliner Philister, Figuren, wie ich sie aus Glaßbrenners ›Berlin, wie es ist und – trinkt‹ kenne, bei einer Kanne Weißwein politisieren zu hören«. Von hier zog er im April 1846 wieder in die Mittelstraße zurück. Das Haus trug eine Tafel zum Gedenken an den Dichter.

Von Erlangen kommend, nahm der Philosoph Johann Gottlieb Fichte, Rektor der neugegründeten Universität Berlin, im Jahre 1810 im Kgl. Friedrich-Wilhelms-Institut, der sogenannten Pépinière, in der Friedrichstraße 139–141 Wohnung. Hier starb er am 29. Januar 1814 überraschend an Typhus und fand auf dem Friedhof der Dorotheenstädtischen und Friedrich-Werderschen Gemeinden eine letzte Ruhestätte. »Die ehrwürdigste Gefährtin eines solchen Gatten«, die ihn um fünf Jahre überlebte, wurde ihm zu Füßen beigesetzt.

Schiffbauerdamm Friedrich Nicolai schildert das Spreeufer in seiner »Beschreibung der königlichen Residenzstädte Berlin und Potsdam« in der zweiten Hälfte des 18. Jahrhunderts: »*Der Schiffbauerdamm geht von der großen Weidendammsbrücke linker Hand längs der Spree, wo sie sich krümmt, bis an den Unterbaum . . . 1738 bauten sich hier verschiedene Schiffbauer an. Von dieser Zeit entstand der Name.«* Auf einem Spaziergang am Schiffbauerdamm verlobten sich hier im Jahre 1810 Achim von Arnim und Bettina Brentano. Die Braut berichtet Goethe von diesem Ereignis: »*Am vierten Dezember war kalt und schauerlich Wetter, es wechselte ab im Schneien, Regnen und Eisen; da hielt ich Verlobung mit Arnim unter freiem Himmel um 1/2 9 Uhr abends in einem Hof, wo hohe Bäume stunden, von denen der Wind den Regen auf uns herabschüttete, es kam von ungefähr.*« – »*Es war ein Abend, sternlos, grau und feucht, / Gleichgültig zog der Wind am Strom entlang . . . / uns eint auf freier Straß' ein freies Band*«, heißt es in einem Sonett, mit dem Achim der Begebenheit gedenkt.

Am Bertolt-Brecht-Platz erhebt sich der Friedrichstadt-Palast, der von 1865 bis 1867 als erste Berliner Markthalle erbaut, 1874 als Zirkus Renz eingerichtet und später als Zirkus Schumann weitergeführt wurde. Nach dem Umbau zum »Großen Schauspielhaus« im Jahre 1919 erlebte er mit Reinhardts Großrauminszenierungen seine Glanzzeit. Reinhardts im Souterrain eröffnetes Kabarett »Schall und Rauch« wurde bald zum Begegnungszentrum der Expressionisten und Dadaisten. Neben dem Friedrichstadt-Palast lag das »Neue Theater«, auf dessen Bühne am 26. Februar 1892 vor Mitgliedern der Freien Bühne Hauptmanns »Weber« uraufgeführt wurden, und dessen Leitung Max Reinhardt Mitte Februar 1903 neben der des Kleinen Theaters Unter den Linden übernahm. Später erhielt es den Namen »Theater am Schiffbauerdamm«. Mit der Uraufführung von Brechts »Dreigroschenoper« am 31. August 1928 begann eine neue Epoche in der Geschichte dieses Theaters. Brechts Inszenierung seiner »Mutter Courage und ihre Kinder« 1949 im Deutschen Theater führte zur Gründung des »Berliner Ensembles«, das Anfang 1954 das Theater bezog.

August Strindberg, nach 15jähriger Ehe von seiner ersten Frau, der Schauspielerin Siri von Essen, geschieden, heiratete 1892 auf Helgoland die exaltierte Wiener Journalistin Frida Uhl, übersiedelte nach Berlin und wohnte mit ihr in der am Schiffbauerdamm gelegenen Pension »Fulda«, »zwar hoch oben, aber mit einer schönen Aussicht auf den Schiffbauerdamm und die Spree«. Vier Jahre später fand auch diese Ehe ihr Ende. »Der Sohn der Magd« wechselte während seines einjährigen Berlin-Aufenthalts sechsmal seine Unterkunft.

Die Schriftstellerin Oda Schaefer, die in Liegnitz, wo sie als Graphikerin gearbeitet hatte und »ersticken zu müssen glaubte«, kam mit ihrem Verlobten, dem Liegnitzer Schriftsteller Horst Lange, im Frühsommer 1931 nach Berlin. Das Paar fand am Schiffbauerdamm ein Quartier. »*Horsts Zimmer lag direkt über der Spree, aus meinem Fenster schaute ich in einen der typischsten Berliner Hinterhöfe mit Wäsche und brüllenden Kindern. Abgeschlossen wurde diese Kulisse von den alle paar Minuten vorbeirasenden S-Bahn-Zügen auf dem Hochgleis*«, schreibt sie in ihren Erinnerungen. Da sie hier von Wanzen gequält wurden, zogen sie zunächst nach Friedenau und dann in die Zehlendorfer Riemeisterstraße.

Der am 16. Mai 1788 in Schweinfurt als Sohn eines Advokaten geborene Professor für orientalische Sprachen und Dichter Friedrich Rükkert, der im Jahre 1841 an die Berliner Universität berufen worden war, mietete in einem Hause am Schiffbauerdamm unweit der Marschallbrücke ein nach der Spree gelegenes Zimmer mit weiter Aussicht auf den Fluß. Wie er, hat nach seiner Meinung auch die Spree keinerlei Vorliebe für die »staubige Residenz«. »*Der Spree / Ist's weh, / Sie kann sich nicht entschließen, / In Berlin hineinzufließen, / Wo die Gossen sich ergießen. / Wer mag es ihr verdenken? / . . . Sie kommt beim Oberbaum herein / Rein wie ein Schwan, um wie ein Schwein / Beim Unterbaum herauszukommen*«, dichtet er in seinem Zyklus »Ein Winter in Berlin« (1843). Seine Familie hatte er in Franken zurückgelassen. Später übersiedelte er in eine im Grünen gelegene Unterkunft in der damaligen Schulgartenstraße. Schon 1848 vertauschte er Berlin und Lehrstuhl mit dem von den Schwiegereltern ererbten Gut Neuseß bei Coburg, wo er sich ganz der Dichtkunst widmen konnte. Hier starb er am 31. Januar 1866 über dem Studium einer koptischen Grammatik.

Im Herbst 1905 kam der am 24. Juli 1864 als Sohn eines Arztes und einer ungarischen Schauspielerin in Hannover geborene Dramatiker, Dichter, Bänkelsänger und Schauspieler Frank Wedekind mit der um 22 Jahre jüngeren Schauspielerin Mathilde Newes, die er bei den Proben zu seiner »Büchse der Pandora« (1904) in Wien kennengelernt hatte, zum vierten Mal nach Berlin und mietete im dritten Stock des Hauses Nr. 6 eine Wohnung. Das Paar spielte zunächst bei Barnowsky und schloß sich dann dem Reinhardt-Ensemble an. Am 1. Mai 1906 heiratete er seine Tilly und nahm in der Kurfürstenstraße eine größere Wohnung. Nachdem ihm sein Vater wegen seines Bummellebens die monatlichen Zuwendungen zum juristischen Studium endgültig gesperrt hatte, betätigte er sich zunächst als Dichter von Reklameversen für Maggis Suppenwürze und als Zirkussekretär und wandte sich schließlich ganz der Schriftstellerei zu. Vom Mai bis Juli 1889 war er zum erstenmal in Berlin, wo er im Friedrichshagener

Kreis die »angenehmste Gesellschaft« traf. Anfang Februar 1895 war er wieder hier, erneuerte seine Freundschaft zu den Friedrichshagenern und traf Bierbaum und Gerhart Hauptmann. Zum dritten Mal kam er Mitte Dezember 1896 mit Strindbergs zweiter Frau, der jungen Wienerin Frida Uhl, die mit ihrem Mann in Scheidung lag, in die Reichshauptstadt. Sie gebar ihm im August 1897 – Wedekind hatte die Affäre längst vergessen – einen Sohn. Von 1899 bis 1900 war er als Mitarbeiter des »Simplizissimus« wegen Majestätsbeleidigung inhaftiert.
Von der Residenz des holländischen Botschafters in der Wilhelmstraße zog Jakob Burckhardt Ende September 1842 in eine Wohnung am Schiffbauerdamm Nr. 14 »mit weitem Blick auf die Dorotheenstadt«. Hier traf er sich regelmäßig mit seinen dichtenden Freunden vom Bonner »Maikäferbund«. Im Frühjahr 1843 ging er über Bonn nach Paris. Auf Einladung Kuglers kehrte er im Mai 1846 noch einmal nach Berlin zurück. Im zweiten Stock des Hauses Nr. 22 wohnte um die Jahrhundertwende Walther Rathenau mit seinen Eltern. Er arbeitete zu dieser Zeit in der Geschäftsführung der Berliner Allgemeinen Elektrizitätswerke, des väterlichen Unternehmens. In Hardens Wochenschrift »Die Zukunft« erschienen seine ersten schriftstellerischen Arbeiten, 1899 veröffentlichte er unter dem Pseudonym W. Hartenau eine Hymne auf Berlin mit dem Titel »Die schönste Stadt der Welt«. Im Hause Nr. 24 lag der »Gasthof zum Kronprinzen«, wo Chopin im September 1828 vierzehn Tage lang logierte.

Johannistraße Der Verlagsbuchhändler und Gründer der Deutschen Fortschrittspartei Franz Duncker bewohnte mit seiner Frau Lina bis zum Spätherbst 1855 das sog. Roßsche Haus in der Johannisstraße 11. Julius Rodenberg nannte das aus dem 18. Jahrhundert stammende einstöckige Gebäude im Rokokostil »zwischen Hof und Garten«, das in den Gründerjahren abgerissen wurde, einen »idealen Wohnsitz«. Hier wie in Dunckers späterer Behausung in der Potsdamer Straße traf sich das literarische Berlin der damaligen Zeit, vor allem im Salon seiner Frau. Gottfried Keller, der zu den Gästen des Ehepaars zählte, verliebte sich leidenschaftlich und unglücklich in Betty Tendering, die Schwägerin des Verlegers, eine »elegante Personnage«. In der Gestalt Dortchen Schönfunds im »Grünen Heinrich« ebenso wie in der Lydias seiner Novelle »Pankraz der Schmoller«, hat er sie literarisch gewürdigt und unvergänglich gemacht. C. L. Schleich berichtet von einem Empfang im Dunckerschen Hause, zu dem Keller, Heyse, Spielhagen, Lindau und die ganze »kritzelnde«

Dichterjugend geladen waren. Auf die Frage, was der Schweizer von den Berliner Literaten halte, habe dieser geantwortet: »*Weischt, was ich gemacht hob? I bin ussi go, sah aff'm Flur alli di Zylinderhüet von selle Poeten und hob sie aufgetrieben! Dann bin i furt – uff Nimmawiedersehn!*«

Kalkscheunenstraße Der am 6. Februar 1864 in Greenock in Schottland geborene sozialrevolutionäre Dichter und anarchistische Lyriker John Henry Mackay, der seit seinem zweiten Lebensjahr in Deutschland beheimatet war, kam 1892 nach Berlin, wo er Beziehungen zu Hauptmann und den Brüdern Hart aufnahm. Im dritten Stock des Hauses Nr. 2 mietete er eine Unterkunft. 1891 hatte er seinen Londoner Roman »Die Anarchisten« veröffentlicht, vier Jahre vorher erschienen seine naturalistischen Berliner Novellen »Existenzen aus einem Tingeltangel« und »Nur eine Kellnerin«. In seinem Gedicht »Staat« lehnt er jede Staatsform ab, »denn wie kann es geschehen – nie, sag ich, nie –, / daß je im Staat der Freiheit Fackel brenne. / Der Staat ist Zwang . . .« 1898 publizierte er eine Biographie des von ihm entdeckten und bewunderten Max Stirners und gab seine Schriften heraus. Später wohnte er in der Berliner Straße in Charlottenburg.

Weidendammbrücke Wenige Schritte von der Weidendammbrücke kam am 8. Dezember 1845 Theodor Fontane, der Emilie Rouanet von einer Geburtstagsfeier nach Hause begleitete, »der glücklichste Gedanke meines Lebens . . . und als ich die Brücke um ebenso viele Schritte hinter mir hatte, war ich denn auch verlobt.« Dem »preußischen Ikarus mit grauen Flügeln aus Eisenguß« am Geländer der Weidendammbrücke, »da, wo die Friedrichstraße sacht / den Schritt über das Wasser macht«, widmet Wolf Biermann ein Gedicht.

Am Weidendamm Friedrich Nicolai spricht in seinem Berlin-»Baedeker« von Spaziergängen am Weidendamm, die »wegen der ganz ungewöhnlich hohen und starken Weidenbäume, mit denen er bepflanzt ist«, besonders reizvoll waren, »ehe 1774 auf der großen Wiese am Dorotheenstädtischen Teile des Weidendamms dann die Kaserne und Ställe gebaut wurden«.

Im Jahre 1831 übersiedelten Karl Wilhelm Heyse und seine Frau mit ihrem Sohn Paul von der Heiliggeiststraße in »*eine Wohnung in dem einstöckigen Hause am Weidendamm, das einem Holzhändler gehörte und mitten auf dem sehr ausgedehnten Holzplatz stand, gegen die Friedrichstraße durch die hochaufgeschichteten Holzhaufen verdeckt, hinter denen auch das bescheidene Gärtchen nur einen kargen Pflichtteil von Luft und Sonne erhielt. An der anderen Seite lag ein ziemlich geräumiger Hof, der unser Haus von einem niedrigen, nur aus einem Erdgeschoß bestehenden Hintergebäude trennte. In diesem, das sich vorn bis an die Uferstraße erstreckte, wohnte ein Schenkwirt, der für die Schiffer, die hier das Holz auf ihren Spreekähnen landeten, Eß- und Trinkwaren feilhielt. Hinter seinem Grundstück floß ein trüber, schwarzer Kanal mit träger Welle in die Spree«*, wie der Schriftsteller in seinen Erinnerungen »Mein Elternhaus« (1900) schreibt. Vierzig Jahre später verlegt er den Schauplatz seines Romans »Die Kinder der Welt« (1873), der wegen seiner freigeistigen Auffassung Ärgernis erregte, in diese Gegend, in der er ungetrübte Kinderjahre verbrachte. Nach sechs Jahren übersiedelte die Familie in die Behrenstraße.

Friedrichstraße An der Stelle eines heute verschwundenen Hauses Nr. 103 an der Weidendammbrücke stand ein von Schinkel erbautes Palais, die Residenz des Prinzen Louis Ferdinand. Hier gab der geniale Freund Rahel Levins seine in erster Linie von Schriftstellern besuchten Abendgesellschaften. Schiller war hier bei seinem Besuch in Berlin im Mai 1804 zu einem Mittagessen eingeladen, wobei er dem weißen Burgunder so sehr zusprach, daß er der abendlichen Vorstellung der »Räuber« nicht beiwohnen konnte und am nächsten Tag unter Kopfschmerzen litt. Der Prinz starb auf dem Schlachtfeld von Saalfeld am 10. Oktober 1906.

Im Frühjahr 1828 kam Ludwig Börne zum zweiten Mal nach Berlin, wo er bei dem Buchhändler Logier im ersten Stock des Hauses Nr. 161 ein Zimmer fand. Herr Logier kündigte ihm jedoch sehr bald, weil er das übermäßige Rauchen seines Mieters nicht vertragen konnte. Börne übersiedelte in die Französische Straße. Nach seiner Amerikareise bezog Alexander von Humboldt im November 1805 eine Wohnung im Hause Nr. 189. Wenige Tage nach der Ankunft hielt er seine Antrittsrede in der Akademie der Wissenschaften. Humboldt wohnte, wie Varnhagen in seinem Tagebuch bemerkt, »in einem Seitenhaus des Georgeschen Gartens« dicht an der Weidendammbrücke, wo er einmal »sieben Nächte und Tage hintereinander, ohne gehörigen Schlaf, jede halbe Stunde in dem Magnethäuschen . . .« kontrollierte, »wie der Stand der Dinge sei . . .« Zwei Jahre später übersiedelte er nach Paris, wo er 1826 die wissenschaftlichen Auswertungen seiner Südamerika-Reisen veröffentlichten konnte. Erst 1827 kehrte er endgültig nach Berlin zurück.

Georgenstraße »*. . . auf den jetzt von Neubauten noch nicht ganz verdrängten großen, umzäunten Wiesen der Georgenstraße – früher*

Katzenstieg genannt – . . . fanden sich stille Plätze zum hingestreckten Dämmern an einem moosbewachsenen, umgestürzten und defekten, hierher verirrten Gartenamor, hinter Remisen und Schobern, unter kraut- und lattich- und brennesselumwachsenen Brettern und Balken, überall, wo es nur etwas zu kauern, bauen, spielen, den Großen nachzuahmen gab«, so schildert Karl Gutzkow in seinen Erinnerungen, die die Zeit von 1811 bis 1821 behandeln, die Bereiche seiner Kinderjahre. Er wohnte mit seinen Eltern im benachbarten alten Marstall. Nach ihrer Übersiedlung von Wiepersdorf nach Berlin wohnte Bettina von Arnim in den Jahren 1817/19 mit vier ihrer Kinder im Hause Nr. 3, einem »*kleinen Häuschen, das soviel Angenehmes*« hat, wie sie ihrem Manne schreibt.

Die 23jährige Mathilde Möhring, die Heldin des gleichnamigen Romans von Theodor Fontane, 1891 geschrieben, 1906 – nach seinem Tode – in der »Gartenlaube« gedruckt, wohnt mit ihrer Mutter im Hause Nr. 19, »dicht an der Friedrichstraße . . . drei oder vier Treppen hoch«, in einem Haus, das »beinah schon ein Palais (war), vorn kleine Balkone von Eisen mit Vergoldung« und »ein Vorkostladen, ein Barbier-, ein Optikus- und ein Schirmladen im Erdgeschoß«. In ihr graues, eintöniges Leben tritt der schöne, schwarzbärtige, energielose Student und »Chambregarnist« ihrer Mutter, dem sie auf den Weg hilft, der sie heiratet und den sie wieder verliert.

Clara-Zetkin-Straße In der Dorotheenstraße, die einstmals Hintergasse, dann nach ihrer Lage am Stadtrand Letzte Straße, von 1822 an Dorotheenstraße hieß und heute den Namen der kommunistischen Politikerin und Frauenrechtlerin trägt, hatte Bettina von Arnim eine Stadtwohnung. Sie hatte 1817 drei ihrer Kinder und ihren Gatten, mit dem sie, wie Schleiermacher, der »Geliebte ihrer Seele« schreibt, »in kurioser, obwohl keineswegs nicht gerade unglücklicher Ehe« lebte, in Wiepersdorf verlassen, um ihren vier älteren Kindern eine geordnete Schulbildung vermitteln und ihren gesellschaftlichen und literarischen Neigungen eher nachgehen zu können. Nach dem Tode ihres Mannes im Jahre 1831 gab sie die Wohnung und Wiepersdorf auf und bezog nach einer Behelfsunterkunft im Jahre 1835 eine vornehme Wohnung im Hause Nr. 21 Unter den Linden.

Nach der Annahme seiner Habilitationsschrift übersiedelte Schopenhauer Mitte März 1820 nach Berlin und mietete in der Letzten Straße Nr. 34 ein möbliertes Zimmer. Der am 22. Februar 1788 in Danzig als Sohn eines reichen Kaufmanns geborene Philosoph war bereits als Zwölf- und als Dreizehnjähriger bei Reisen mit seinen Eltern in Berlin gewesen. Von Göttingen kam er im Oktober 1811 als Student wieder in die Hauptstadt »in der Erwartung, einen ächten Philosophen ... in Fichten kennenzulernen: diese Verehrung a priori verwandelte sich aber bald in Geringschätzung und Spott.« Bei der Bedrohung Berlins durch die französische Armee ging er im Mai 1813 nach Weimar. Am 23. März 1820 hielt er in der Berliner Universität seine Probevorlesung zur Erlangung der Venia legendi. 1819 war der erste Band seines Hauptwerks »Die Welt als Wille und Vorstellung« erschienen, den der Verleger mangels Nachfrage als Altpapier verhökern mußte. Von 1828 bis 1829 wohnte er wiederum in dieser Straße, und zwar im Hause Nr. 30. Der am 28. November 1820 in Barmen als Sohn eines Spinnereibesitzers geborene Politiker und Schriftsteller Friedrich Engels kam nach Abschluß seiner Lehrzeit in Bremen und einer längeren Reise im September 1841 nach Berlin, um seiner »Pflicht als Staatsbürger zu genügen, d.h. mich womöglich vom Militär freizumachen und dann nach Barmen zurückzukommen«. Er trat als Einjährig-Freiwilliger in die zwölfte Kompanie des »vornehmen« Gardefußartillerie-Regiments am Kupfergraben ein und mietete sich im Hause Dorotheenstraße Nr. 56, Ecke Friedrichstraße Nr. 90, an dessen Stelle heute das Haus Clara-Zetkin-Straße Nr. 43 steht, ein Zimmer. Das Haus trägt seit 1955 eine Tafel zum Gedenken an den »Mitbegründer des wissenschaftlichen Sozialismus und Kampfgefährten Karl Marx«. An seine Schwester Marie schreibt er am 15. April 1842: »*Ich wohne überhaupt ganz angenehm, eine Treppe hoch, ein elegant möbliertes Zimmer, dessen vordere Wand aus drei Fenstern besteht, zwischen denen nur schmale Pfeiler sind, so daß es sehr hell und freundlich ist ... Vor meinem Fenster liegen eine Menge Droschken und halten ihr Standquartier daselbst. Die Droschkiers sind gewöhnlich besoffen und amüsieren sich sehr ...*« Hier entstanden seine unter dem Namen Oswald herausgegebenen Schriften, in denen er mit den idealistischen Auffassungen Schellings ins Gericht geht. In einer Reihe von Aufsätzen und vielen Briefen schildert Engels seine Eindrücke von seinem Aufenthalt in der Hauptstadt. In der dienstfreien Zeit hospitierte er an der Friedrich-Wilhelm-Universität. Anfang Oktober verließ er Berlin und ging über Barmen nach Manchester, um dort seine Lehrzeit fortzusetzen. Einundfünfzig Jahre später sollte er noch einmal zu einem kurzen Besuch nach Berlin zurückkommen. Er starb am 5. August 1895 in London.

Während seiner Gehilfenzeit in der Polnischen Apotheke in der Mit-

telstraße quartierte sich Theodor Fontane im Sommer 1846 in einem Hinterzimmer der im zweiten Stock des Hauses Nr. 60 in der Dorotheenstraße gelegenen Wohnung seines Onkels August und seiner Frau, der Tante Pinchen, ein. Das Haus stand zwischen Otto-Grotewohl- und Bunsenstraße. Im Spätsommer 1846 zog er zu seinen in Leschnitz im Oderbruch lebenden Eltern. In der Apotheke seines Vaters bereitete er sich auf sein Examen vor, das er im März 1847 bestand. Seine finanziellen Verhältnisse verboten ihm die Übernahme einer eigenen Apotheke, und so trat er im Spätherbst 1847 in die Jungsche Apotheke in der Neuen Königstraße ein.
Im Hause Hinter der Universität Nr. 16, später Dorotheenstraße 3, seit 1910 Nr. 7, wohnte von 1804 bis zu seinem Tode der am 12. August 1762 in Langensalza in Thüringen geborene Dr. Christoph Wilhelm Hufeland, kgl. preußischer Staatsrat, Leibarzt des Königs und der Königin Luise und medizinischer Betreuer berühmter Zeitgenossen wie Goethe, Schiller, Wieland und Gutzkow. Das Haus lag an der Nordostecke der Kreuzung Universitäts- und Clara-Zetkin-Straße. Gutzkow beschreibt in seinen Memoiren das dem Arzt gehörende Wohnhaus und seinen Garten, den er von seinem »hohen, rundgewölbten« Zimmer im Marstall sehen konnte. »*Der Garten war düster, von einer hohen Mauer umgrenzt; die Beete waren zierlich abgesteckt und mit Buchsbaum eingefaßt. Die ganze Wohnung . . . hatte etwas Schweigsam-Feierliches . . .*« Hufeland, seit 1797 halb erblindet, starb hier am 25. August 1836. Mit seiner jetzt neu aufgelegten Schrift »Makrobiotik, die Kunst, sein Leben zu verlängern« (1796), die noch zu Lebzeiten des Autors in alle europäischen Sprachen, später sogar ins Chinesische, übersetzt wurde, kam der Name des Arztes und Schriftstellers wieder zur Geltung. Der Magistrat der Stadt Berlin ließ im Jahre 1957 eine Gedenktafel im Hause Nr. 16 anbringen. 1903 war hier schon einmal eine Tafel enthüllt worden. Eine Straße in Ost-Berlin trägt seinen Namen.
Im Jahre 1899 verlegte der Direktor der Berliner Handelsgesellschaft Alex Tucholsky mit seiner Familie seinen Wohnsitz von Stettin wieder nach Berlin und mietete im Hause Nr. 11 eine Wohnung. Das Gebäude lag an der Ostecke der Planckstraße. Hier starb im Jahre 1905 der Vater des Schriftstellers im Alter von fünfzig Jahren; seine Mutter kam im Mai 1943 im Alter von 74 Jahren im Konzentrationslager Theresienstadt ums Leben. Kurt Tucholsky, der, wie Kästner sagt, »mit der Schreibmaschine eine Katastrophe aufhalten« wollte, besuchte zunächst das Staatl. Französische Gymnasium, das

er 1903 als Obertertianer mit dem Kgl. Wilhelms-Gymnasium vertauschte. Schon als 17jähriger konnte er eine Glosse mit dem Titel »Märchen« im »Ulk« gedruckt sehen, 1909 bestand er als Extraneer die Reifeprüfung. 1912 errang er mit seinem »Bilderbuch für Verliebte – Rheinberg« einen beachtlichen Erfolg, 1913 erschien sein erster Artikel in Siegfried Jacobsohns »Schaubühne«.
Von der Lennéstraße zogen Jacob Grimm und sein Bruder Wilhelm mit seiner Familie im April 1846 in eine größere Bleibe in der Dorotheenstraße Nr. 47. Die in einem Eckhaus gelegene Wohnung mit Blick zum Tiergarten und auf die Straße war kaum zu heizen, so daß die Brüder die Kündigung, die nach einem Jahr wegen säumiger Mietzahlung ausgesprochen wurde, nicht ungern annahmen und in die Linkstraße übersiedelten. Der Bonner Jurist, Germanist und Dichter Karl Simrock (1802–1876) trat 1826 seinen Dienst als Referendar im Kammergericht an und hatte im Hause Nr. 52 eine Wohnung. Ein Jahr später erschien seine Übersetzung des Nibelungenliedes.
Die englische Schriftstellerin George Eliot hielt sich vom 5. November 1854 bis zum 11. März 1855 mit ihrem Lebensgefährten George Henry Lewes in Berlin auf. Die erste Nacht verbrachten sie in Kellners »Hôtel de l'Europe« in der Taubenstraße und fanden dann bei einer Frau Holzayer in der Dorotheenstraße 62 eine passable Unterkunft. Lewes arbeitete hier an der Vollendung seiner Goethe-Biographie. Das Haus lag gegenüber der Westecke der Bunsenstraße.
In den achtziger Jahren des vergangenen Jahrhunderts wohnte der Schriftsteller Julius Stinde, der mit seinen Geschichten um die Berliner Kleinbürgerfamilie Buchholz die Landsberger Straße unvergänglich gemacht hat, im Hause Nr. 82. Das Haus stand auf dem Komplex des Hotels Metropol. Der am 28. August 1841 im holsteinischen Kirchnüchel bei Eutin als Sohn eines Dorfgeistlichen geborene Apotheker und Chemiker Dr. phil. Julius Stinde kam 1876 von Hamburg nach Berlin. Schon in Hamburg hatte er sich als Journalist und Verfasser von Hamburger Volksstücken einen Namen gemacht. Zu Beginn der neunziger Jahre übersiedelte er in die Mittelstraße. In der Dorotheenstraße entstanden seine Erzählung »Buchholzens in Italien« (1881), der Roman »Die Familie Buchholz« (1884–1886) und die Erzählungen »Frau Wilhelmine« (1886) und »Frau Buchholz im Orient« (1888).

Otto-Grotewohl-Straße Der nördlich der Linden gelegene Teil der Otto-Grotewohl-Straße hieß bis 1945 Neue Wilhelmstraße. Hier lag nahe der Straße Unter den Linden das nicht zuletzt durch August Strindberg berühmt gewordene Weinrestaurant »Zum Schwarzen Ferkel«, für den schwedischen Schriftsteller die »Galerie verdammter Seelen, die sich hier ein Stelldichein gab«. Er soll sein Stammlokal, in dem er mit Dehmel, Edvard Munch, Schleich und anderen allabendlich zu zechen pflegte, nach den schwarzen, toten Ferkeln ähnlichen ledernen Weinschläuchen, die über dem Eingang hingen, benannt haben. In seinem autobiographischen Romanfragment »Kloster« (1898) schildert er seine Haßliebe zu Frida Uhl vor dem Hintergrund des Restaurants, dem er den Namen »Kloster« gibt. »*Dort haben wir ein Dichterheim gehabt von großer Eigenart mit klassischem Anstrich. Hier tönten Lieder, hier flammten Gespräche und Autodafés der Literatur, hier langte unser aller Zentralstern, Strindberg, ab und zu zur Gitarre und sang seine einzige Ballade*«, erinnert sich C. L. Schleich in seiner »Besonnten Vergangenheit« (1920).

Schadowstraße Von 1805 bis 1836 wohnte und arbeitete der Bildhauer Johann Gottfried Schadow im Hause Nr. 11 der Schadowstraße, die zu seiner Zeit Kleine Wallstraße hieß. Das 1805 erbaute, mit von seiner Hand gefertigten Reliefs gezierte, im Kriege schwer beschädigte Gebäude wurde 1959 wiederhergestellt. Im Jahre 1895 erhielt das Haus eine Gedenktafel. Die Humboldts, Achim von Arnim und Clemens von Brentano, Tieck und Schleiermacher waren hier häufig zu Gast. Der Bildhauer hat sich mit einer Anzahl kunstgeschichtlicher Aufsätze sowie mit seiner 1849 unter dem Titel »Kunstwerke und Kunstaussichten« erschienenen Autobiographie mit vielen Beiträgen zur Berliner Lokalgeschichte als Schriftsteller betätigt. Am 20. Mai 1764 als Sohn eines einfachen Schneidermeisters in der Lindenstraße unweit vom Halleschen Tor geboren, besuchte Schadow das Graue Kloster. 1788 wurde er Hofbildhauer, 1815 Direktor der Königlichen Akademie der Künste. Zu dieser Zeit hatte er seine Wohnung in der Dorotheenstraße hinter dem Kastanienwäldchen. Der Schöpfer der Quadriga auf dem Brandenburger Tor und der Marmorbüste des 72jährigen Goethe in der Berliner Nationalgalerie starb am 27. Januar 1850 in seiner letzten Wohnung in der Georgenstraße.

Mittelstraße Zu Beginn der 90er Jahre zog Julius Stinde von der Dorotheenstraße in den dritten Stock des Hauses Nr. 36. Kurz vor seinem Tode übersiedelte er nach Olsberg an der Ruhr, wo er am 5. August 1905 starb. Auf dem Friedhof von Lensahn bei Eutin in der

Nähe seines Geburtsorts wurde der von Bismarck verehrte Autor bestattet.
Zu Anfang des Wintersemesters 1845/46 kam der am 16. Februar 1826 in Karlsruhe als Sohn eines wohlhabenden Offiziers und Baurats geborene Dichter Josef Victor von Scheffel von Heidelberg nach Berlin, um hier seine Studien fortzusetzen. Mit seinem Freunde Friedrich Eggers, dem späteren Kunsthistoriker, bezog er ein möbliertes Zimmer im ersten Stock des Hauses Mittelstraße Nr. 52 bei dem »alten Exschneidermeister, itzt Partikulier Wendtland«. Nach wenigen Tagen übersiedelten die beiden in die Friedrichstraße. Von dort kehrte Scheffel im April 1846 ohne seinen Freund in seine erste Unterkunft zurück. Seiner Mutter schreibt er am 29. Mai, daß sein »so warmes und enges Verhältnis zu Eggers« zu seinem Leidwesen ein anderes geworden sei – »er ist ein Mann geworden; der Ernst des Lebens ist schon an ihn getreten und hat seine Spuren hinterlassen . . .« Weitere Briefe berichten von seinen Theatererlebnissen, dem »unendlichen Beifall bei dem nicht allzu nachsichtigen Berliner Publikum« und von einem Besuch bei Kugler. Im August verließ er Berlin und ging nach kurzem Aufenthalt bei seinen Eltern wieder nach Heidelberg zurück. Erst 1885 kam er noch einmal nach Berlin. Der trinkfreudige Jurist und Autor des Epos »Der Trompeter von Säckingen« mit dem Lied »Alt Heidelberg, du feine« (1854), des Romans »Ekkehard« (1855) und der Kommerslieder des »Gaudeamus« (1868) starb körperlich und seelisch zerrüttet am 9. April 1886 in seiner Geburtsstadt.
Nach Ableistung seines Militärdienstes trat Theodor Fontane im Herbst 1845 als Gehilfe in die »Polnische Apotheke« in der Mittelstraße 56 an der Ecke der Friedrichstraße Nr. 153a ein. Er wohnte zunächst in der Apotheke, fand dann aber ein Unterkommen bei seinem Onkel August in der Dorotheenstädtischen Straße. Am 8. Dezember 1845 nach Dienstschluß um 10 Uhr abends erwartete ihn Emilie Rouanet, seine Freundin aus Kindertagen, die vor dem Hause und »in einiger Verlegenheit wegen des Nachhausekommens« war. Fontane begleitete sie auf dem Wege zu ihrer Wohnung in die Oranienburger Straße und verlobte sich mit ihr auf der Weidendammbrücke. Die Apotheke wurde später nach der Dorotheenstadt benannt. Am 30. Juni 1846 gab Fontane seine Stellung auf, um sich auf das pharmazeutische Staatsexamen vorzubereiten.
Der Student der Jurisprudenz Karl Marx, der im September 1836 die Universität Bonn mit der von Berlin vertauscht hatte, mietete im

Hause Nr. 61 »bei gebildeten Leuten« ein möbliertes Zimmer. Im September hatte er sich mit der um vier Jahre älteren Jenny von Westphalen, der Tochter des Geheimen Regierungsrats bei der Bezirksregierung in Trier, heimlich verlobt. Bald fand er Kontakt zum »Doktorklub« und Zugang zur Berliner Gesellschaft, vor allem zu Bettina von Arnim, die ihn durch die Elendsviertel des Vogtlandes nördlich vom Oranienburger Tor führte. Seinem Vater schreibt er ein Jahr später, daß »viele Nächte durchwacht, viele Kämpfe durchstritten, viele innere und äußere Anregung erduldet werden mußten, daß ich am Schlusse doch nicht sehr bereichert hinaustrat . . .«, und versäumt nicht zu bekennen: »Ich mußte Jurisprudenz studieren und fühlte vor allem Drang, mit der Philosophie zu ringen.«

Friedrichstraße In der Friedrichstraße Nr. 164, Ecke Behrenstraße, wohnte 1828 der am 8. Februar 1795 in Ungarn geborene Kaufmannssohn und Journalist Moritz Gottlieb (eig. Moses) Saphir, der zum Rabbiner bestimmt war, erst mit 17 Jahren Deutsch gelernt hatte und im Jahre 1826 von Wien, wo der streitsüchtige Satiriker Schwierigkeiten mit den Ämtern hatte, ohne Paß und Geld nach Berlin gekommen war. Hier betätigte er sich als Schriftleiter einiger Zeitschriften und gründete im Dezember 1828 in seiner Wohnung den »Berliner Sonntagsverein«, der sich ein Jahr später »Tunnel über der Spree« nannte. Hier trafen sich Schriftsteller und Künstler zum Meinungstausch und zu kritischen Diskussionen. Auch in Berlin hatte Saphir, dessen Wortspiele und Satiren die Berliner begeisterten, wegen seiner boshaften Angriffe auf Persönlichkeiten des geistigen Lebens seiner Zeit, vor allem wegen eines persiflierenden Artikels über die hochgeschätzte Sopranistin Henriette Sontag, Schwierigkeiten, so daß er Ende 1829 nach München übersiedeln mußte. Er starb am 5. September 1858 in Baden bei Wien.

Behrenstraße Im Hause Nr. 12 wohnte zu Beginn der 20er Jahre des vergangenen Jahrhunderts der Student Heinrich Heine.

Von 1743 bis 1766 lebte und arbeitete der Schweizer Mathematiker und Physiker Leonhard Euler, dessen philosophische Schriften von Einfluß auf Kant waren, im Hause Nr. 21. 1907 brachte die Stadt Berlin eine Gedenktafel an dem Wohnhaus des Gelehrten an.

Der am 18. September 1806 als einer der fünf Söhne eines einfachen Maurermeisters und Ackerbürgers in Sprottau geborene Schriftsteller und Theaterleiter Heinrich Laube kam in den Weihnachtsferien 1822 mit seinem Vater zum erstenmal nach Berlin. Sein Vater wollte hier gebackenes Obst verhökern. Allabendlich besuchten Vater und

Sohn das Königliche Theater, dessen Aufführungen einen unauslöschlichen Eindruck auf den Gymnasiasten hinterließen. Nach zunächst theologischen, dann literarwissenschaftlichen Studien, war er als Redakteur, Hauslehrer und Autor in Breslau, Stuttgart und Leipzig, von wo er im Jahre 1834 als ehemaliger Burschenschaftler ausgewiesen wurde, tätig. Er ging nach Berlin und schloß Freundschaft mit Varnhagen, den er fast jeden Tag um die Mittagszeit besuchte, »solange ich in Berlin wohnte und nicht gerade eingesperrt war«. Mit Glaßbrenner unternahm er häufig Streifzüge durch die preußische Hauptstadt. Am 26. Juli 1834 wurde er verhaftet und neun Monate als Untersuchungshäftling in die Stadt- und danach in die Hausvogtei am Molkenmarkt gesperrt. Nach seiner Entlassung ging er nach Naumburg und kehrte nach drei Jahren mit seiner Frau, einer wohlhabenden Witwe, die er 1836 in Lützen geheiratet hatte, nach Berlin zurück. Die Familie richtete sich in der Behrenstraße Nr. 26 eine Wohnung ein. Über die Berliner äußert er sich in seinen »Erinnerungen« (1875–1882) nicht sehr freundlich: *»Der Berliner ist grob, zanksüchtig, ohne Sentimentalität, eitel, exklusiv. Mit Berlin und dessen Weise ist für den Berliner alles erschöpft, er hat keinen Maßstab als diesen. Er weiß nicht nur alles, sondern er weiß alles besser. Alles, was anders ist, ist schlecht.«* Als Burschenschaftler wurde er 1837 zu sieben Jahren Festungshaft verurteilt, wovon er anderthalb Jahre auf Schloß Muskau verbüßen mußte. Er starb am 1. August 1884 an einem Blasenleiden in Wien, wo er als Leiter des Stadttheaters tätig war.

Nach seiner Entlassung aus dem diplomatischen Dienst und Rückkehr nach Berlin mietete Wilhelm von Humboldt mit seiner Frau Caroline eine Wohnung im Hause Nr. 30 an der südlichen linken Ecke, wenn man von den Linden kommt. Auch dieses Haus wurde bald ein Sammelpunkt der literarisch und künstlerisch interessierten Freunde des Ehepaars. Dennoch blieb Berlin für ihn *»eine intellektuelle, verödete, kleine, unliterarische und dabei überhämische Stadt«.*

Im Barezschen Hause, Behrenstraße 31, dem zweistöckigen Hause seiner Schwiegereltern, wohnte der Kupferstecher und Maler Daniel Chodowiecki von 1777 bis zu seinem Tode am 7. Februar 1801 mit seiner Frau. Die Stadt Berlin ließ im Jahre 1885 eine Tafel zum Gedenken an den Künstler anbringen. Am 16. Oktober 1726 als Sohn eines polnischen Kornhändlers und einer hugenottischen Mutter in Danzig geboren, erteilte ihm sein Vater den ersten Unterricht im Zeichnen. Nach dessen Tod kam er 1743 nach Berlin, wo er als Lehrling in eine Materialwarenhandlung eintreten mußte. Nach dem Ableben seiner Chefin, deren Laden er auf einer Handzeichnung festgehalten hat, kam er in das Geschäft seines Onkels Ayrer und bewährte sich als Dosenmaler und Buchhalter. Bald widmete er sich ausschließlich seinen künstlerischen Neigungen und schuf etwa 2000 Radierungen, Illustrationen zu Büchern von Lessing, Klopstock, Goethe, Schiller, Sterne, Lichtenberg und vielen anderen, die zu den Meisterwerken der Buchillustrationen gehören. Ebenso berühmt sind Stiche und Zeichnungen, denen die Nachwelt ein lebendiges Bild vom Leben der Berliner Gesellschaft seiner Zeit verdankt. Am 13. Juli 1755 heiratete er die Hugenottin Jeanne, die älteste Tochter des Gold- und Silberstickers Jean Barez. Das Paar wohnte zunächst im Rolletschen Haus in der Brüderstraße und übersiedelte dann in das schwiegerelterliche Haus. Hier besuchte ihn sein großer Bewunderer Goethe am 16. Mai 1778 und kam vier Tage später in Begleitung des Herzogs Karl August noch einmal wieder. Zwei Jahre vorher hatte er die Karschin in einem Brief vom 11. September 1776 gebeten, bei einem Besuch doch bei Chodowiecki »herumzuräumen« und ihm »etwa eine Zeichnung« zu stehlen. In den »Maximen und Reflexionen« nennt Goethe ihn »einen respektablen und idealen Künstler«. Die Nachwelt verdankt Chodowiecki zwei Stiche mit Goethes Porträt. Auf dem Französischen Friedhof an der Chausseestraße wurde er bestattet.

Das Haus Nr. 61 mit zwei Mohren vor der Tür beherbergte zu Beginn des 19. Jahrhunderts das »Casino«, eine Wirtschaft, in der sich das »Junge Deutschland« traf. Heine, Grabbe, Laube und andere junge Dichter gehörten zu den Gästen. Auf theaterträchtigem Boden, in der Behrenstraße 55/57, liegt heute die »Komische Oper«, die als Musiktheater im Dezember 1947 eröffnet wurde. Bereits im Jahre 1764 errichtete der Schauspielersohn Schuch auf dem Hof des Grundstücks das erste deutsche Theater in Berlin. Hier wurde unter Schuchs Nachfolger Koch im Jahr 1774 Goethes »Götz« zum ersten Mal gezeigt. Am 17. April 1775 übernahm der Handwerkersohn Theophil Doebbelin mit einer Aufführung von Lessings »Nathan« das Theater. Bei seinem Aufenthalt in Berlin besuchte Goethe am Nachmittag des 16. Mai 1778 eine Vorstellung von Sheridans »Nebenbuhler«. 1892 begann eine neue Ära mit dem Bau des »Theaters Unter den Linden« an dieser Stelle, das sechs Jahre später zum »Metropoltheater«, einer renommierten Operettenbühne,

wurde. Das Theater erlitt im Zweiten Kriege erhebliche Zerstörungen.
Im Jahre 1837 übersiedelte der Universitätsprofessor Karl Wilhelm Heyse mit seiner Familie vom Weidendamm in eine Wohnung im zweiten Stock des alten, vornehmen Hauses Nr. 58. Im »Berliner Zimmer« mußten der spätere Novellist Heyse, Schüler des »oft verwünschten und doch so unvergeßlich geliebten altersgrauen Friedrich-Wilhelms-Gymnasiums« in der Kochstraße und sein Bruder ihre Schularbeiten machen, da der Vater zur Aufbesserung seiner finanziellen Lage zwei Zimmer an Pensionäre vermietet hatte. *»Für meine Mutter hatte die neue Wohnung den Vorteil, daß sie aus den Fenstern ihres Wohnzimmers die lange Kanonierstraße hinunterblicken und ihre beiden Söhne jeden Morgen eine Strecke weit auf ihrem Schulweg verfolgen konnte«*, schreibt Paul Heyse in seinen »Jugenderinnerungen und Bekenntnissen« (1912). Er besuchte zunächst die Universität Berlin, wo er Vorlesungen seines Vaters hörte, und promovierte im Mai 1852 in Bonn. Am Tag seiner Prüfung verlobte er sich mit Margaretha, der einzigen Tochter des Kunsthistorikers Franz Kugler, die Eichendorff aus der Taufe gehoben hatte. Er heiratete sie am 15. Mai 1854 und ließ sich, dank der Fürsprache Geibels von König Maximilian II. von Bayern berufen, in München nieder. 1911 erhielt er als erster deutscher Schriftsteller den Nobelpreis und eröffnete damit die Reihe der jüdischen Preisträger, deren Geburtsort oder zweite Heimat Berlin war.
Im Jahre 1830 mietete Schopenhauer im Hause Nr. 70 ein möbliertes Zimmer. Bis zum Jahre 1869 hatte Mathilde von Rohr, die vertraute Freundin Theodor Fontanes, über drei Jahrzehnte im dritten Stock des Hauses ihre Wohnung. Der Schriftsteller gehörte zu ihrem Kreis, der sich hier allsonntäglich bei »Marzipan und Pumpernickelbrötchen« traf. Auch Fontanes Freund von Lepel und Paul Heyse zählten zu den Gästen des »gnädigen Fräuleins«.
Am 4. April 1821 ließ sich der von der Universität Göttingen wegen einer Duellaffäre für ein halbes Jahr relegierte 23jährige Heinrich Heine an der Friedrich-Wilhelms-Universität Berlin, wo ihn Hegel in seinen Bann zog, immatrikulieren. Im dritten Stock des Hauses Nr. 71, an der Ecke der Otto-Grotewohl-Straße, fand er in einem kleinen Zimmer mit »rotseidenen Gardinen« ein Unterkommen. Seine Abende verbrachte er mit Devrient, E. T. A. Hoffmann und dem Rechtsstudenten Grabbe in der Weinstube von »Lutter« und Wegener. Im Verlag der Maurerschen Buchhandlung erschienen seine er-

sten Gedichte, unter ihnen »Belsazar« und die »Grenadiere«, wodurch er Zugang zu einflußreichen literarischen Salons fand. Er verkehrte bei Rahel von Varnhagen und im Hause des Bankiers Beer, dessen ältester Sohn Jacob als Giacomo Meyerbeer Berühmtheit erlangte. Sein jüngster Sohn Michael gehörte zu den besten Freunden Heines. Von hier übersiedelte der Dichter in die Taubenstraße. Zu seinem 100. Todestag am 17. Februar 1956 ließ der Magistrat eine Gedenktafel an seinem Wohnhaus anbringen. In einer Parkanlage am Weinbergsweg/Ecke Veteranenstraße erinnert seit 1958 ein Denkmal an den Dichter; ein ganzes Stadtviertel, das an der Stelle des im Kriege zerstörten Neanderviertels erbaut wurde, ein Platz und die ehemalige Prinzenstraße tragen seinen Namen.

Thälmannstraße Die Französische Straße, die ihren Namen den unter Ludwig XIV. aus Frankreich vertriebenen Hugenotten verdankt, die sich hier ansiedelten, ist heute nach dem im Konzentrationslager Buchenwald umgekommenen Vorsitzenden der KPD, Ernst Thälmann, benannt.

Im Hause Nr. 17 hatte Schopenhauer im Jahre 1831 seine letzte Berliner Wohnung. Furcht vor der Cholera vertrieb ihn nach Frankfurt/Main, wo sich der Philosoph des Pessimismus als Privatdozent betätigte und am 22. September 1860 an einer Lungenentzündung starb. Berlin war ihm »stets ein verhaßter Aufenthalt«. Noch 1854 schreibt er: *»Berlin ist physisch und moralisch ein vermaledeites Nest, und ich bin der Cholera sehr dankbar, daß sie mich vor 25 Jahren daraus vertrieben hat und hieher, ins mildere Klima und sanftere Leben.«*

Im Herbst 1819 bezog der Diplomat und Schriftsteller Karl August Varnhagen von Ense, der, wegen seiner demokratischen Ansichten seines diplomatischen Postens in Karlsruhe enthoben, mit seiner Frau Rahel nach Berlin zurückgekommen war, im Hause Nr. 20 an der Ecke der Friedrichstraße eine Wohnung. Wie Rahel in der Jägerstraße, so empfing das Ehepaar auch hier die kulturelle, geistige und politische Elite der Hauptstadt. Heinrich Heine fand im Mai 1821 Zutritt zu ihrem Salon und war bald ein regelmäßiger Besucher. Hier traf er u.a. Alexander von Humboldt, Schleiermacher, Chamisso und Hegel. Die fünfzigjährige Gastgeberin nannte er die »geistreichste Frau des Universums«, gestand, daß auf der ganzen Welt nur sie ihn hätte glücklich machen können, wollte ein Hundehalsband mit der Aufschrift »Ich gehöre Frau Varnhagen« tragen und widmet ihr seinen Gedichtzyklus »Heimkehr«. Im August 1826 stattete ihr Grillparzer bei seinem Berlin-Aufenthalt einen Besuch ab und blieb bis zwei Uhr nachts. Voller Begeisterung spricht er in seinem »Tagebuch« von der Hausfrau: »Sie sprach und sprach bis gegen Mitternacht . . . Ich habe nie in meinem Leben interessanter und besser reden gehört.« Im Jahre 1827 übersiedelte das Ehepaar Varnhagen in die Mauerstraße. Am 26. September 1814 kam E. T. A. Hoffmann mit seiner Frau Mischa von Leipzig nach Berlin und stieg wieder im »Goldenen Adler« in der Jerusalemer Straße ab. Im Hause Nr. 28, zwei Treppen hoch, mietete der Kgl. Preußische Regierungsrat dann am 4. Oktober 1814 eine Wohnung, die er dank einem hohen Honorar im Sommer 1815 mit einer schöneren in der Taubenstraße vertauschen konnte.

Von der Charlottenstraße zog Ludwig Devrient in das Haus Nr. 36. Hier starb der Schauspieler im Alter von 48 Jahren an der Trunksucht und fand auf dem Französischen Friedhof in der Chausseestraße seine letzte Ruhestätte.

Von der Behrenstraße übersiedelte der am 22. Juni 1767 in Potsdam als Sohn des Kgl. Kammerherrn und Obristen-Wachtmeisters Alexander Georg von Humboldt geborene Sprachwissenschaftler, Dichter und Übersetzer, Staatsmann und Diplomat Wilhelm von Humboldt mit seiner Frau Caroline im Jahre 1831 in das Haus Nr. 42. Wie schon in der Behrenstraße, unterhielt auch hier seine Frau einen Salon, in dem sich Bettina und Achim von Arnim, Schleiermacher und Rauch, die Gräfin Radziwill und andere Persönlichkeiten der Zeit trafen. Prinz Louis Ferdinand, der ehemals zur Begeisterung der Gäste im Humboldtschen Hause den Abschluß der Empfänge mit einem improvisierten Klavierkonzert gekrönt hatte, weilte seit 1806 nicht mehr unter den Lebenden. Wilhelm, der meistens zurückgezogen in Tegel lebte, starb dort am 8. April 1835.

August Wilhelm Iffland, am 19. April 1759 in Hannover geboren und von seinem wohlhabenden Vater zum Theologen bestimmt, verließ als Achtzehnjähriger das elterliche Haus, ging über Gotha, wo er sein Theaterdebüt erlebte, nach Mannheim und folgte 1796 einem Ruf als Schauspieler, Intendant und Theaterdirektor nach Berlin. Im Hause Nr. 44 an der Ecke der Charlottenstraße hatte er nach dem Wiederaufbau des Kgl. Theaters seine Dienstwohnung. Für das Kunst- und Geistesleben der Hauptstadt wurde er als Direktor des Kgl. Preußischen Nationaltheaters und ab 1811 als Generaldirektor der Kgl. Schauspiele ein Wegbereiter für die deutsche Bühne. Von hier übersiedelte er zum Pariser Platz.

Bei seinem zweiten Besuch in Berlin im Jahre 1828 wohnte Ludwig Börne in der Französischen Straße Nr. 53, wo er ein Zimmer im dritten Stock nehmen mußte. In den Salons von Rahel von Varnhagen und Henriette Herz, der er bis 1807 die leidenschaftlichsten Liebesbriefe schrieb und die ihn nicht erhörte, war er ein gern gesehener Gast. »*Die Berliner sind die einfachsten, bescheidensten, herzlichsten Menschen, die mir je vorgekommen sind . . . Es ist doch sonderbar, daß hier nur Juden oder getaufte Juden Häuser machen und die Christen fast gar nicht*«, schreibt er 1830 und fährt fort: »*Christliche reiche Kaufleute gibt es hier weniger, und die übrigen haben kein Geld . . . Der Hof, der höchste Adel scheute sich keinen Augenblick, die Soiréen, die in jüdischen Häusern stattfanden, mit seinem Besuch zu beehren . . . In Frankfurt hat man keine Vorstellung davon, wie eine Prinzessin zwei engste Treppen zu einer getauften Jüdin, die keine 1000 Gulden Einkommen hat, hinaufkriechen mag, um eine Tasse Tee und ein Stückchen Wurst zu verzehren.*« Nach einem zehnwöchigen Aufenthalt reiste er am 20. April 1829 nach Frankfurt zurück. Nach dem Sturz der Bourbonen in der Julirevolution 1830 ging er nach Paris, wo er seine berühmten »Briefe aus Paris« (1831) schrieb. Er starb am 12. Februar 1837 an einem Lungenleiden und wurde auf dem Friedhof Père-Lachaise begraben.
Im Mai 1836 kam der am 17. Oktober 1817 in Lübeck geborene Pastorensohn Emanuel Geibel von Bonn nach Berlin, wo er sein Studium der Theologie mit dem der Philologie und Literatur vertauschte. Bei der Witwe Busch in der Französischen Straße 54, zwei Treppen hoch, fand er eine bescheidene Unterkunft. Gleich nach seiner Ankunft in Berlin schreibt er seiner Mutter: »*Ich kann nicht leugnen, daß Berlin mit seinem Brandenburger Tor, seinen Linden, seinen Schlössern und Museen einen großartigen Eindruck auf mich machte und daß es mir hier bis jetzt wohl gefällt, unendlich viel besser als die erste Zeit in Bonn.*« Die Universität, auf der es »gerade bei den berühmten Professoren mitunter ledern zugeht«, behagte ihm weniger als die literarischen Kreise, zu denen er bald Zugang fand. Er machte die Bekanntschaft von Eichendorff, Gaudy, Arnim, Alexis und Chamisso, der ihn bat, bei der Herausgabe seines »Musenalmanachs« behilflich zu sein, vor allem aber von Kugler, bei dem er Kunstgeschichte hörte und mit dem er Freundschaft fürs Leben schloß. Bald spielte er auch im »Tunnel« eine Rolle, »Lutter und Wegener« war sein Stammlokal. Im Herbst 1837 zog er in das neue Haus seines Freundes Alexis in der Wilhelmstraße. 1838 ging er durch Vermittlung Bettina

von Arnims als Hauslehrer für die zwei Söhne des russischen Gesandten nach Athen. 1845 kam er nach Berlin zurück.

Glinkastraße Franz von Gaudy hatte in den dreißiger Jahren des vergangenen Jahrhunderts eine Wohnung in einem Hause der Kanonierstraße, die heute den Namen des russischen Opernkomponisten trägt.

Der Magistrat ließ am Hause Nr. 9–11 eine Tafel zum Gedenken an den Tondichter anbringen, der in der ersten Hälfte des 19. Jahrhunderts in Berlin studierte und hier am 15. Februar 1857 starb.

Otto-Nuschke-Straße Die Otto-Nuschke-Straße, nach dem Vorsitzenden der CDU in der damaligen sowjetischen Besatzungszone benannt, hieß früher Jägerstraße. Ernst von Wildenbruch widmet im Jahre 1908 E. T. A. Hoffmanns »Abenteuern« in dieser Straße einen literarischen Rückblick: *»Sind Sie jemals durch die Jägerstraße geschlendert, ohne im stillen umherzuschauen und zu fragen, wo er wohl gelegen haben mag, der ›Thiermannsche Laden‹, in dem in jener abenteuerreichen ›Sylvesternacht‹ die ›freundlichen Lichter‹ brannten? (Die ›Wein- und Italienwarenhandlung‹ von A. Thiermann lag im Hause Nr 56.) Oder der Keller, in welchem der Erzähler schließlich endet, um ›bei einer Flasche guten englischen Biers nebst einer Pfeife guten Tabaks‹ mit Peter Schlemihl, der seinen Schatten verloren, und mit dem Manne zusammenzutreffen, der sein Spiegelbild eingebüßt hatte?«* Um 1840 wohnte der Historiker Leopold von Ranke im Hause Nr. 10. Hier besuchte ihn sein Schüler Jakob Burckhardt, der von 1839 bis 1843 in Berlin studierte, durch Rankes Einfluß das Studium der Theologie aufgab und sich der Geschichte zuwandte. Ranke übersiedelte im Jahre 1844 in die Luisenstraße.

Ludwig Rellstab, Journalist, Schriftsteller und Kritiker, wurde am 13. April 1799 als Sohn des wohlhabenden und hochgebildeten Berliner Druckers, Buchhändlers und Musikalienverlegers Friedrich Rellstab im Hause Nr. 18 geboren. Erst nachdem der Vater seinen unpädagogisch erteilten Musikunterricht aufgegeben hatte, wuchs in seinem zwölfjährigen Sohn eine leidenschaftliche Liebe zur Musik, die sein Leben bestimmen sollte. Nach Absolvierung der Kriegsschule wurde er Offizier und ihr Lehrer, seine Liebe zur Literatur und Musik ließ ihn jedoch auf die militärische Laufbahn verzichten. 1826 trat er in die Redaktion der Vossischen Zeitung ein, der er bis zu seinem Tode angehörte. Mit Lessing, Fontane und Kerr zählte er zu den einflußreichsten Kritikern der Hauptstadt und gilt als der Begründer des Berliner Feuilletons. Im schöngeistigen und gesellschaftlichen Leben

Berlins spielte er eine Rolle. Den Brüdern Humboldt widmet er das Gedicht »Preußens Dioskuren«, die erste Strophe seines »Ständchens« »Leise flehen meine Lieder« lebt in der Vertonung Schuberts fort. Seine letzte Berliner Wohnung hatte er in der Breiten Straße.
Die Mutter des am 29. Juni 1798 in Breslau geborenen Kanzleidirektorsohns Willibald Alexis übersiedelte nach dem frühen Tode ihres Mannes und der Übergabe Breslaus im Jahre 1806 nach Berlin und fand mit ihrem Sohn und seiner Stiefschwester Josefine im Hause ihres Bruders Friedrich Rellstab Unterkunft. Sie schickte ihren Sohn auf das Friedrich-Werdersche Gymnasium, das auch sein Vetter Ludwig besuchte. Als Primaner nahm er an den Befreiungskriegen teil, bestand nach Rückkehr Abiturium und Staatsexamen und wirkte von 1820 bis 1824 als Referendar im Kriminalsenat des Kammergerichts in der Lindenstraße. Im Jahre seines Amtsantritts übersiedelte die Familie in eine eigene Wohnung in der Kochstraße.
Im Vestibül der im Jahre 1901 an der Ostseite des früheren Gendarmenmarkts errichteten Preußischen Staatsbank, der sog. »Seehandlung«, in der Otto-Nuschke-Straße Nr. 22/23, in der die 1946 neugegründete Deutsche Akademie der Wissenschaften untergebracht wurde, erinnert eine Tafel an Alexander von Humboldt. Im Colombschen Hause, das an der Stelle der »Seehandlung« stand, wurde der Weltreisende, Naturforscher, Universitätslehrer und Staatsmann am 14. September 1769 als Sohn des Majors Alexander Georg von Humboldt, Offizier Friedrichs des Großen und Kammerherr des Kronprinzen, geboren. Seine Frau Marie Elisabeth Colomb, verw. Holwede, Tochter eines aus einer Hugenottenfamilie stammenden Spiegelfabrikanten und einer Engländerin, hatte das Haus wie auch das Gut Tegel mit in die Ehe gebracht. Alexander wie sein jüngerer Bruder Wilhelm verlebten ihre Kinder- und Jugendjahre in Tegel, wo sie gemeinsam von Hauslehrern erzogen wurden. Auf der Hofseite des Colombschen Hauses wurde in den sechziger Jahren des vergangenen Jahrhunderts eine Tafel zum Gedenken an Alexander von Humboldt angebracht, der nach Abschluß seiner Studien an den Universitäten Frankfurt/Oder, Göttingen und Freiburg im März 1792 zum Assessor der Preußischen Bergbauverwaltung und 1805 zum Ordentlichen Mitglied der Berliner Akademie der Wissenschaften ernannt wurde.
Nach dem Tode ihres Gatten im Jahre 1790 zog die Mutter der 19jährigen Rahel Levin mit ihren Kindern in das Haus Nr. 24. In den Mansardenräumen, ihrem »Dachstübchen«, versammelte Rahel bald

Wissenschaftler, Diplomaten, Schriftsteller und Schauspieler zu geistreichem Gedankenaustausch mit Tee und Gebäck um sich. Zu ihren Gästen gehörten Prinz Louis Ferdinand, der »geniale, heldische Mensch«, wie Varnhagen ihn nennt, und seine Geliebte Pauline Wiesel, Schlegel und Dorothea Veit, seine spätere Frau, Schleiermacher, Fichte, die beiden Humboldt, die Brüder Tieck, Fouqué, Kleist und andere. Mit Beginn der Napoleonischen Kriege und dem Zusammenbruch Preußens löste sich der Salon auf, Rahel trennte sich von ihrer Mutter und tauschte im Jahre 1808 die Wohnung mit einer kleineren, eigenen in der Charlottenstraße. In einem Brief vom 1. November 1817 an ihren Gatten Karl August Varnhagen von Ense gedenkt sie wehmutsvoll des »Dachstübchens«: *»Ja. Da ist mein Mausoleum. Da hab' ich geliebt, gelebt, gelitten, mich empört! Da wacht' ich und litt viele Nächte durch: sah Himmel, Gestirne, Welt, mit einer Art von Hoffnung. Wenigstens mit heftigen Wünschen: war unschuldig; nicht unschuldiger als jetzt, dachte aber, alle Leute seien vernünftig, können es sein. Ich war jung, Du Lieber. Wir gehen noch einmal zusammen an dem Dachfenster vorbei! Ach! wer ruft nicht so gern Unwiederbringliches an!«* Rahel hatte nach einer Reihe unglücklich ausgegangener Liebesgeschichten den um 14 Jahre jüngeren Medizinstudenten im Frühjahr 1808 im Salon der Henriette Herz in der Neuen Friedrichstraße kennengelernt. Am 27. September 1814 heiratete sie ihn, nachdem sie sich am selben Tage hatte taufen lassen.

Die Ecke Jäger- und Oberwallstraße erwähnt Heinrich Seidel in seinen Erinnerungen »Von Perlin nach Berlin« als die »gleichgültigste Ecke Berlins«, weil dort der Schlächter Niquet wohnt, bei dem »alles Wurst«, die Parfümeriefabrikanten Treu und Nuglisch, bei denen »alles Pomade« und der Kleiderhändler Landsberger, bei dem »alles Jacke wie Hose« ist.

Der dänische Philosoph und Theologe Sören Kierkegaard kam als knapp 28jähriger im Herbst 1841 für zwei Jahre nach Berlin, um Schelling zu hören. Er bezog eine elegante Privatunterkunft im Eckhaus Jägerstraße 57 an der Ecke der Markgrafen-, heutigen Wilhelm-Külz-Straße, am damaligen Gendarmenmarkt. In seinen Erinnerungen schreibt er: *»... der Gendarmenmarkt ist wohl der schönste Platz in Berlin, das Schauspielhaus, die beiden Kirchen nehmen sich vorzüglich aus, insbesondere im Mondschein, von einem Fenster aus gesehen ...«* Im Hause Nr. 63 kam am 26. Juli 1893 der Maler, Graphiker und Schriftsteller George Grosz als drittes Kind des Wirts der im selben Hause befindlichen »Bauern-Schänke«

Ehrenfried Groß zur Welt. 1898 gab der Vater das Restaurant auf und übernahm die Stelle des Kastellans einer Freimaurerloge in Stolp. Zwei Jahre danach starb er; seine Witwe kehrte mit ihren Kindern in die Reichshauptstadt zurück.

Friedrichstraße Nach der Besetzung Warschaus durch die Franzosen verweigerte der Regierungsrat E. T. A. Hoffmann die Unterzeichnung einer Ergebenheitsadresse, was seine Ausweisung zur Folge hatte. Er reiste im Sommer 1807 nach Berlin, wo er im zweiten Stock des Hauses Nr. 179 eine erbärmliche Zweizimmerwohnung bezog. Seine Frau Mischa hatte er zu ihrer Mutter nach Posen geschickt, wo seine Tochter Cäcilia verstarb. Eine Beziehung zu der Frau eines höheren Beamten brachte ihm eine folgenschwere Geschlechtskrankheit ein. Da er in dem »menschenleeren, geldarmen Berlin« keine Stellung fand – »seit fünf Tagen habe ich nichts gegessen als Brot«, schreibt er seinem Freunde Hippel –, ging er Anfang September 1808 als Theaterkapellmeister und Gesanglehrer nach Bamberg, wo er seinen Taufnamen Wilhelm zur huldigenden Ehrung seines Abgotts Mozart durch Amadeus ersetzte.

Dritter Spaziergang: Vom Platz der Akademie zum Brandenburger Tor

Platz der Akademie Anläßlich der 250-Jahr-Feier der an der Ostseite des Platzes gelegenen Deutschen Akademie der Wissenschaften im Jahre 1950 verlor der Gendarmenmarkt, der nach dem hier gelegenen Wachtgebäude und den Stallungen des Kürassierregiments »Gens d'Armes« benannt war, seinen historischen Namen und wurde in Platz der Akademie umgetauft. Goethes Knüttelverse »Prophete rechts, Prophete links, / das Weltkind in der Mitten«, die sich auf seine Nachbarschaft mit Lavater und Basedow an einem »wunderlichen Wirtstisch in Koblenz« bezogen, wurden und werden oft mit Hinblick auf die drei den Platz beherrschenden monumentalen Bauten zitiert. Im Norden liegt der »Französische Dom« mit dem kleinen Museum der französisch-reformierten Gemeinde, im Süden der »Deutsche Dom«, an dem Ina Seidels Mann viele Jahre lang wirkte, und als »Weltkind in der Mitten« steht das 1818 bis 1821 von Schinkel an der Stelle des 1817 ausgebrannten Nationaltheaters errichtete Schauspielhaus, dessen erster Intendant Achim von Arnims Vater war. An der Stelle des Theaters hatte Friedrich der Große bereits 1774 das erste feste Theater Berlins, das »Französische Komödienhaus«, erbauen lassen. Mozart besuchte hier im Frühling 1789 am ersten Abend seines Aufenthalts in Berlin eine Vorstellung seiner »Entführung aus dem Serail«. Lauthals beschimpfte er von seiner Loge aus die nach seiner Meinung bummelnden Geiger. Am nächsten Abend dirigierte er selbst und wurde vom König, der von Wilhelmine Encke begleitet war, in seiner Loge begrüßt. Er wohnte im Hause eines Emil Moser am Gendarmenmarkt. Fontane verfolgte vom »Parkettplatz 23« aus zwei Jahrzehnte hindurch das künstlerische Geschehen auf der Bühne und berichtete darüber für die Vossische Zeitung. Im dritten Teil seiner Lebenserinnerungen schreibt er: *»Dies war damals Nummer 23. Schon eine merkwürdige Zahl. In überfüllten Hotels bin ich fast immer Nummer 23 untergebracht und habe da Schreckliches erlebt. Das kann ich nun von Nummer 23 im Königlichen Schauspielhause nicht sagen. Ich habe da viele angenehme Stunden verbracht, aber ein merkwürdiger Platz war es doch. Es war nämlich kein eigentlicher Parkettplatz, sondern nur ein Annex, ein Vorposten, ein ausgebautes Fort. Man könnte auch sagen ein Sperrfort . . .«*

Schräg gegenüber vom Schauspielhaus im Eckhaus der Charlottenstraße 36 und der damaligen Jägerstraße lag seit 1839 die Lese-Konditorei Stehely, ein Treffpunkt von Journalisten, Literaten, Schauspielern, Professoren und Politikern, die die hier ausgelegten etwa 80 Zeitungen studierten, für Gutzkow der »Revolutionsherd der vormärzlichen Zeit, wo Baisers, Pasteten, Spritzkuchen und Journale den Geist der Neuerung befördern halfen«. Hier »*verkehrten früher die unsaubern Geister, die vor 1848 zu den Mißliebigen gezählt wurden; diese rothen Geister sind jetzt verschollen und verblichen wie die Tapeten des rothen Zimmers oder . . . sind nützliche Menschen geworden und arbeiten jetzt an konservativen Zeitungen . . .*«, heißt es in einem Berlin-Führer vom Jahre 1861. E. T. A. Hoffmann war hier Kunde, Heinrich Heine studierte im »roten Zimmer« die Zeitungen. Der fleißige und sparsame Student Felix Dahn trank an den vorlesungsfreien Sonnabenden eine Tasse Kaffee, der Berliner Redakteur Julius Rodenberg traf Gottfried Keller, der Apothekengehilfe Fontane stürzte sich an seinen dienstfreien Nachmittagen auf die Journale, und hier traf sich der »Doktorklub«, in dem Engels Anfang 1842 die Bekanntschaft Max Stirners machte und mit ihm eine lebenslange Freundschaft schloß. Auch Marx kannte die Konditorei. Seit 1818 befand sich im Keller des Eckhauses Französische und Charlottenstraße (Nr. 49) das Weinhaus »Lutter und Wegener«, das nicht zuletzt durch E. T. A. Hoffmann, der hier allnächtlich mit dem Schauspieler Ludwig Devrient zechte, über die Grenzen Berlins hinaus bekannt wurde. Der Weinkeller bildet die Kulisse zu »Hoffmanns Erzählungen« von Jacques Offenbach. Zwei Bildnisplaketten neben der Eingangstür erinnerten an die beiden prominentesten Gäste des Lokals. Zur Jubelfeier des Vereins für die Geschichte Berlins am 28. Januar 1890 wurde eine weitere Erinnerungstafel enthüllt. Bei seinem Tode hinterließ Hoffmann beträchtliche Schulden, auf deren Rückzahlung der Wirt wegen der vielen Gäste, die der Dichter anzog, großzügig verzichten konnte. Auch Grabbe, Heine und Glaßbrenner sowie die Schauspieler des benachbarten Theaters gehörten zu den Stammgästen des Lokals. Nach der Rückkehr von Paris traf sich Otto Brahm im Frühjahr 1889 mit Maximilian Harden und Theodor Wolff, dem Feuilletonisten am Berliner Tageblatt, im verschwundenen »Café Schiller« am Gendarmenmarkt, um ihnen vom Pariser Théâtre libre zu berichten und die Gründung einer ähnlichen Vereinigung für Berlin vorzuschlagen. Die drei beschlossen, zehn weitere Freunde zu einer konstituierenden Sitzung im Weinhaus Kempinski in der Leipziger Straße zu versammeln.

Um mit dem Intendanten Botho von Hülsen ein Gastspiel seiner Frau für den Herbst abzusprechen, war Hebbel im Jahre 1851 zweimal in Berlin, und zwar vom 13. bis zum 23. April und vom 3. Juli bis zum 1. August. Er logierte – »zwischen Torweg und Speisesaal eingepfercht« – im »Hôtel de Brandebourg« in der Charlottenstraße 59 am damaligen Gendarmenmarkt. »*Da wäre ich denn einmal wieder in der Metropole deutscher Intelligenz, wie Berlin sich so gerne nennen hört. Wahr ist's, Deutschland hat nur eine Stadt, die den Namen einer großen gleich auf den ersten Blick erobert, und diese eine Stadt ist Berlin. Was sind das für Straßen, für Plätze und Gebäude; man fühlt sich an Paris, sogar an Rom erinnert. Aber freilich, man darf nicht näher hinsehen, man darf nur blinzeln, wenn man den Eindruck nicht wieder verlieren will. Denn genau betrachtet: wie leer sind diese Straßen, wie öde diese Plätze, wie wenig solide diese Gebäude. Alles ist wie auf den Kauf gearbeitet, die Erde braucht sich nicht zu schütteln, um es zu zerstören, es fällt schon von selbst wieder um*«, schreibt er in seinen »Reiseeindrücken«. Er besuchte die Gräber der Philosophen Fichte und Hegel, machte Wilhelm von Humboldt in Tegel seine Aufwartung und suchte wiederholt den alten Tieck auf. Vom 23. bis 30. Oktober 1861 war er zum letztenmal in der Hauptstadt. Der Dichter starb am 13. Dezember 1863 in Wien. Auf dem Krankenbett empfing er die Nachricht, daß ihm zusammen mit O. Ludwig auf Vorschlag von Gustav Freytag der Schillerpreis der Stadt Berlin zugesprochen worden war, und äußerte: »Das ist Menschenlos, bald fehlt uns der Wein, bald fehlt uns der Becher.«

Charlottenstraße Im Juli 1815 übersiedelte E. T. A. Hoffmann mit seiner siechen Frau Mischa von der Französischen Straße in eine ihm eher zusagende Wohnung im zweiten Stock des Hauses eines Geh. Oberbaurats von Alten in der Charlottenstraße 56 an der Ecke der Taubenstraße 31. Haus und Wohnung sind durch seine letzte Erzählung, den Dialog »Des Vetters Eckfenster«, unvergänglich geworden. Der an Leberzirrhose und einer Nervenentzündung leidende Dichter diktierte sie, an Händen und Füßen gelähmt und an einen Rollstuhl gefesselt, am Fenster seiner Wohnung mit dem Blick auf den Gendarmenmarkt, ein »Abbild des ewig wechselnden Lebens«: »*Es ist nötig zu sagen, daß mein Vetter ziemlich hoch in kleinen niedrigen Zimmern wohnt . . . Dabei liegt meines Vetters Logis in dem schönsten Teil der Hauptstadt, nämlich auf dem großen Markte, der von Prachtgebäuden umschlossen ist und in dessen Mitte das kolossal und genial gedachte Theatergebäude prangt. Es ist ein Eckhaus . . . , und* *aus dem Fenster eines kleinen Kabinetts übersieht er mit einem Blick das ganze Panorama des grandiosen Platzes.«* Hier entstanden seine besten Werke, wie die »Lebensansichten des Katers Murr nebst fragmentarischer Biographie des Kapellmeisters Johannes Kreisler« (1820–1822), und hier feierte er am 3. August 1816 die Uraufführung seiner romantischen Oper »Undine«, für die Fouqué das Libretto und Schinkel das Bühnenbild lieferten und in der Hoffmanns Schülerin und Geliebte, die 15jährige Johanna Eunicke, die Titelrolle sang. Von einem Fenster seiner Wohnung erlebte er am 29. Juli 1817 den Brand des Schauspielhauses bei der 24. Aufführung seiner »Undine«, als alle Dekorationen, Kostüme und Noten den Flammen zum Opfer fielen. An seinen Freund Wagner schreibt er am 25. November 1817: »*Ich könnte Ihnen erzählen, daß ich beim Brande des Theaters, von dem ich nur 15 bis 20 Schritte entfernt wohne, in die augenscheinlichste Gefahr geriet, da das Dach meiner Wohnung bereits brannte . . .*«, und berichtet von den Flammen in der Perückenkammer und von Unzelmanns Perücke aus dem Dorfbarbier, die wie ein »*bedrohliches feuriges Meteor über dem Bankgebäude (der ›Seehandlung‹) schwebte und die ein Gardejäger herabschoß und so weiteres Unheil verhütete*«. Seine drei letzten Lebensjahre wurden besonders durch seine Tätigkeit als Mitglied einer von König Friedrich Wilhelm III. eingesetzten Kommission zur »Ermittlung von hochverräterischen Verbindungen und anderen gefährlichen Umtrieben« belastet, als er auch das Verfahren gegen den in Spandau einsitzenden Turnvater Jahn und gegen patriotische Studenten bearbeiten mußte. Am 25. Juni 1822 starb der dem Alkohol verfallene »Gespenster-Hoffmann« in seiner Wohnung eines qualvollen Todes. Sein Denkmal auf dem Jerusalem-Friedhof vor dem Halleschen Tor, das ihm seine Freunde setzten, da er seiner Frau nur Schulden hinterließ, trägt die mit seinen richtigen Initialen versehene Inschrift: »E. T. W. Hoffmann . . . Kammer-Gerichts-Rath / ausgezeichnet im Amte / als Dichter / als Tonkünstler / als Maler.« 1890 ließ die Stadt Berlin an seinem Wohn- und Sterbehaus eine bronzene Gedenktafel mit einem Reliefporträt anbringen. Das Haus wurde im letzten Krieg ein Opfer der Bomben. In seinem Novellenzyklus »Die Serapionsbrüder« (1819–1821) leben die Begegnungen mit seinen Freunden Hitzig, Chamisso, Fouqué, Brentano und anderen fort. Der als jüngstes von drei Kindern eines trunksüchtigen Rechtsanwalts und einer gemütskranken Mutter am 24. Januar 1776 in Königsberg geborene Dichter wurde am 1. Mai 1816 Richter am

Kammergericht. Obwohl er nur wenig mehr als zehn Jahre in der preußischen Hauptstadt lebte, entdeckte er Berlin für die Literatur und tat, so sein Biograph Ernst Heilborn, für die Stadt das, was Balzac für Paris getan hat. Ernst von Wildenbruch unterstreicht die Bedeutung Hoffmanns für Berlin, wenn er sagt: »*Können Sie durch die Straßen Berlins, können Sie durch den Tiergarten gehen, ohne auf Schritt und Tritt daran denken zu müssen, hier ist er seinerzeit gegangen, der sonderbare, tolle, geniale Kammergerichtsrat?*«
Der Charakterspieler am Kgl. Schauspielhaus Ludwig Devrient, der seinen Namen De Wrihnt aussprach, am 15. Dezember 1784 als Sproß einer Schauspielerfamilie in Berlin geboren, kam 1815 von Breslau in seine Geburtsstadt zurück und mietete eine Wohnung in dem Hause (Eingang Charlottenstr. 56), in dem auch sein Freund E. T. A. Hoffmann lebte. Brentano nennt ihn in einem Brief an Arnim vom 29. Juli 1815 »eines der außerordentlichsten Talente, die ich kenne . . . nur hat er sich leider dem Trunk miserabel ergeben, was er selbst beweint . . .« Von hier zog der Schauspieler in die Französische Straße.
Im Hause Charlottenstraße 20 wurde am 7. Juni 1860 der Maler und Schriftsteller Hanns Fechner als Sohn eines Malers und Fotografen geboren. In seinen »Geschichten aus dem alten Berlin«, die zunächst in Fortsetzungen in der Vossischen Zeitung und im Jahre 1911 als Buch unter dem Titel »Spreehannes« – so nannten ihn seine Münchener Freunde – erschienen, hinterläßt der Maler einen höchst lebendigen Bericht über das Berlin der zweiten Hälfte des 19. Jahrhunderts. Unvergeßlich blieb ihm der fürchterliche, durch die fehlenden sanitären Einrichtungen und die dadurch notwendige Aufstellung und Ausräumung von Tonnen herrschende Gestank, der in regelmäßigen Abständen sein »altes, ehrwürdiges Geburtshaus« durchzog. Im »Causseschen Hause« in der Charlottenstraße wohnte der Prediger und Professor am Französischen Gymnasium Samuel Heinrich Catel. Hier fand der am 18. Oktober 1777 in Frankfurt/Oder als Sproß einer preußischen Offiziersfamilie geborene elfjährige Heinrich von Kleist, der nach dem Tode seines Vaters zur Fortsetzung seiner schulischen Ausbildung nach Berlin geschickt worden war, Unterkunft und Förderung. Nach dem Besuch des Französischen Gymnasiums trat er am 1. Juni 1792 – »mehr Student als Soldat« – in das Garderegiment in Potsdam ein, quittierte jedoch nach sieben Jahren den Waffendienst und ging zum Studium in seine Geburtsstadt zurück.

Wilhelm-Külz-Straße Ernst Ludwig Heim, Leibarzt der Königin Luise und Alexander von Humboldts, am 22. Juli 1747 als Sohn eines Landgeistlichen in Solz/Thüringen geboren, kam 1783 von Spandau nach Berlin. 1780 hatte er die Spandauer Kaufmannstochter Charlotte Maekker geheiratet. Im Hause Nr. 51 der Markgrafenstraße, die heute nach dem Innenminister der Weimarer Republik und dem Ersten Vorsitzenden der LDP in der sowjetischen Besatzungszone benannt ist, lebte und arbeitete er fast ein halbes Jahrhundert bis zu seinem Tode am 15. September 1834. Mit Alexander von Humboldt, seinem früheren Schüler in der Botanik, blieb er bis zu seinem Tode freundschaftlich verbunden. Sein 1906 abgerissenes Sterbehaus trug seit 1884 eine Tafel zum dankbaren Gedenken an den volkstümlichen Arzt und Ehrenbürger, dem eine Fülle Berliner Anekdoten und Redensarten zugeschrieben werden. Sein Grab befindet sich auf dem Friedhof an der Baruther Straße vor dem Halleschen Tor. Henriette Herz, die ihren Gatten im Jahre 1803 verloren hatte und 1817 zum Christentum übergetreten war, wohnte die letzten Jahre ihres Lebens im Hause Nr. 59. Dank der Vermittlung Alexander von Humboldts konnte sie sich einer bescheidenen Staatspension erfreuen. Noch in ihren letzten Lebensjahren sammelte sie unbemittelte Studenten zu einem Freitisch um sich. Im Alter von 83 Jahren starb sie am 22. Oktober 1847 uns fand auf dem Friedhof der Vereinigten Jerusalems- und Neuen Kirchengemeinde vor dem Halleschen Tor ihre letzte Ruhestätte. Um 1840 hatte Karl Marx im selben Hause eine Studentenbude. Andere Quellen verlegen seine Wohnung in das Haus Nr. 50.

Johannes-Dieckmann-Straße Die traditionsreiche Taubenstraße trägt seit 1971 den Namen des ersten Präsidenten der Volkskammer der DDR.

In dem 1738/39 erbauten Pfarrhauskomplex an der Ecke der Tauben- und Kanonierstraße Nr. 4 (heute Glinkastraße Nr. 16) hatte der Kanzelredner Daniel Friedrich Schleiermacher von 1809 bis 1816 als Prediger der Dreifaltigkeitskirche, die im Kriege völlig zerstört wurde, seine Dienstwohnung. Das Haus trug seit 1902 eine Gedenktafel. Hier traf er sich während der französischen Besatzung Berlins von 1810 bis 1813 mit patriotischen Gesinnungsgenossen. Die ungewöhnliche Rednergabe des kleinen, verwachsenen Geistlichen, des ersten großen politischen Predigers nach Luther, ergriff seine Zuhörerschaft jedesmal, wenn er auf der Kanzel stand. Er selbst erklärte seine Beliebtheit: »*Meine Studenten* (er war seit 1810 Professor an

der Universität) *müssen mich hören, die Damen interessieren sich für die Studenten, und die Offiziere kommen, um die Damen zu sehen.«*
Voltaire mietete während des Karnevals 1752/53 eine Wohnung in dem vornehmen Hause des Hofrats Francheville in der Taubenstraße Nr. 17. Von den Fenstern seiner Wohnung konnte er dem Autodafé seiner hier verfaßten, gegen Maupertuis gerichteten Schmähschrift »Histoire du docteur Akakia« zusehen. Am 25. März 1753 verließ er Berlin. Auf der Heimreise ließ ihn der König wegen »Diebstahls vertraulicher Papiere« verhaften und in Frankfurt einsperren.
Im Jahre 1823 wohnte Heinrich Heine im Hause Nr. 32. 1899 wurde hier eine Tafel zum Gedenken an den Dichter angebracht. Bei seinem ersten Aufenthalt in Berlin wohnte Theodor Körner im Hause Nr. 33. Moritz Gottlieb Saphir bezog im Jahre 1826 eine Wohnung im Hause Nr. 36.

Mohrenstraße Ein Stipendium der Züricher Universität gestattete dem am 19. Juli 1819 in Zürich als zweitem von fünf Kindern eines Drechslers geborenen Erzähler Gottfried Keller, zur wissenschaftlichen Weiterbildung von Heidelberg nach Berlin zu gehen. Im dritten Stock des Hauses Mohrenstraße Nr. 6 fand er Mitte April 1850 »dicht neben der Dreifaltigkeitskirche, auf welcher es im Anfang von Fanny Lewalds Roman ›Prinz Louis Ferdinand‹ sieben Uhr schlägt, ... ein schönes Eckzimmer.« In einem Brief an Hermann Hettner vom 29. Mai 1850 berichtet er: »*Gegen Osten ragt das Dach des Schauspielhauses über die Häuser empor, und das auf seinem westlichen Giebel stehende Flügelpferd, das mit dem Vorderhufe scharrt, scheint mir manchmal auf italienische Weise freundlich zuzunicken: indessen kehrt mir Apollo, auf dem östlichen Giebel, den Rücken zu, und er hat doch den Kranz in den Händen! Eine zweifelhafte Konstellation.*« Seiner Mutter berichtet der bildungsbeflissene, mittellose Autodidakt, der eifrig Vorlesungen und Theateraufführungen besuchte: »*In Berlin ist es sehr teuer, aber man ißt und trinkt dafür weniger. Ich trinke nie mehr als zwei Glas schlechtes Bier oder ein Glas Zuckerwasser am Abend. Dies hat auch seinen Vorteil, weil man immer wohl und nüchtern ist ...*« Im Februar 1851 fand der nur 140 Zentimeter messende, zur Trunksucht neigende Dichter mit dem übergroßen Kopf Zugang zum Salon der Fanny Lewald und später zum Hause Varnhagen. Er fühlte sich in den Berliner Salons jedoch nicht wohl, zumal er sich seiner leinenen Hemden, die seine Mutter gesponnen hatte und über die sich die jungen ästhetisierenden Literaten insgeheim mokierten, schämte. Drei Jahre später kam er wieder

nach Berlin und bezog in einem anderen Hause in der Mohrenstraße ein Zimmer.
Das Haus Nr. 17/18 an der Ecke Friedrichstraße trug bis 1933 eine Tafel mit der Inschrift: »An dieser Stätte wohnte 1837 bis 1838 Karl Marx, der Begründer des wissenschaftlichen Sozialismus. Seinem Andenken die Stadt Berlin 1929.« Das Haus wurde von Bomben zerstört.
In einem alten Hause, »wo an den Wänden des geräumigen Flurs Thorvaldsensche Engel schwebten«, dicht bei den von Langhans errichteten und erhalten gebliebenen Mohrenkolonnaden und der Mohrenbrücke, die den Festungsgraben überquerte, wohnte seit ihrer Heirat mit dem Rechtsanwalt Stephan Gerhard im Jahre 1889 die am 8. Juni 1868 als Adele de Jonge in Köln geborene Schriftstellerin und Sozialpolitikerin Adele Gerhard. Die historische Umwelt ihres Wohnhauses bildet die Kulisse ihres Romans »Am alten Graben«, den die Vossische Zeitung als Vorabdruck brachte. Von hier zog sie mit ihrer Familie in die Wilhelmstraße.
Im Hause Nr. 49 befand sich das »Englische Haus«, eine altberühmte und vornehme Gaststätte. Hier trafen sich jeweils montags um 6 Uhr nachmittags die Mitglieder des 1749 gegründeten »Berliner Montagsklubs«. 1752 trat Lessing der Vereinigung bei. Fichte, Hegel, Goethe, Schiller und die beiden Humboldts zählten zu den Gästen des Vereins. Ein Vorderzimmer des »Englischen Hauses« war Jahre hindurch das Versammlungslokal des »Tunnel«. Zum Anlaß von Fontanes 70. Geburtstag veranstalteten hier am 4. Januar 1890 Berliner literarische Kreise sowie die Vossische Zeitung ein Essen, an dem etwa 400 Personen teilnahmen. In einem zeitgenössischen Bericht heißt es, daß viele nur gekommen waren, um »durch Vertilgung teuerer Speisen und noch viel teuerer Weine ihre verständnisvolle Begeisterung . . . zu bekunden.«

Kronenstraße Im Hause Nr. 26 hatte der jüdische Schriftsteller Berthold Auerbach, der Autor der »Schwarzwälder Dorfgeschichten« (1843–1854), seine erste Wohnung in Berlin. An seinen Freund Jakob Auerbach schreibt er am 19. Februar 1860: »*Das Gas in den Straßen hier, die große Weite, alles machte einen neuen Eindruck auf mich . . . Das ganze Leben hier, dieses straffe, stramme Gehen, die frischen aufgeweckten Gesichter, alles mutete mich belebend an, und mein Verlangen, aus der Einsamkeit in den Menschenwald zu gehen, erhielt bald übermäßige, überstürzende Befriedigung . . . Schon am dritten Tage meiner Anwesenheit wurde ich zur Prinzregentin geru-*

fen, die ich von Weimar her kenne. Ich wurde bereits fünfmal zum Familien-Thee eingeladen, las vor und wurde überhaupt von allen Seiten mit Zuvorkommenheit behandelt; der Regent, der junge Prinz, die englische Prinzessin, alle voll Freundlichkeit, und besonders der Fürst von Hohenzollern, der mich als Landsmann begrüßte und bei dem ich dann im Schlosse drei Stunden lang, wir beide ganz allein, über allerlei sprach und Cigarren rauchte. Ich kann dir nicht sagen, lieber Jakob, wie mir's oft ist, wenn ich an mein vergangenes geplagtes Leben zurückdenke und jetzt so in Ehre und Freude schwimme. Es ist nicht ohne Bedeutung, daß ein Schriftsteller, der der liberalpatriotischen Bewegung angehört, so sichtlich ausgezeichnet wird.«

Schopenhauer bewohnte im April 1820 im zweiten Stock des Hauses Nr. 55 ein möbliertes Zimmer. Von hier übersiedelte er in die Niederlagstraße.

1922 wurde der Pfarrer und Schriftsteller Wolfgang Seidel von Eberswalde an die »Neue Kirche«, den Deutschen Dom am Gendarmenmarkt, versetzt und bezog im Januar 1923 mit seiner Frau, der Schriftstellerin Ina Seidel, und den Kindern eine Dienstwohnung im zweiten Stock des Hauses Kronenstraße Nr. 70. Ina Seidel erinnert sich an den »stattlichen Backsteinbau mit sehr geräumigen Wohnungen für die beiden Geistlichen, die Gemeindeschwestern, den Küster und den Kirchendiener« und die kleine Hauskapelle, die vom Hof zugänglich war, und den »einzigen, recht schwindsüchtigen Baum dieses Viertels«, der vor dem Hause stand. An den Großstadtlärm, der in das Arbeitszimmer der Schriftstellerin drang, konnte sie sich nur schwer gewöhnen. »*Das Donnern der U-Bahnzüge unter der Asphaltdecke der benachbarten Mohrenstraße, was die Wirkung eines ständigen Erdbebens hervorrief, das Rasseln der metallenen Milchkannen der Milchzentrale in einem Nachbarhaus und das Klirren und Scheppern von Töpfen, Tellern, Bestecken aus der Küche eines Patzenhofer-Bierlokals . . . das Rollen und Poltern in der Kegelbahn, das Geklapper der Büromaschinen . . . das alles bildete besonders in der warmen Jahreszeit bei offenem Fenster bis in die späten Abendstunden den akustischen Hintergrund meiner Arbeit*«, schreibt sie. Im Jahre 1922 hatte sie den Roman »Das Labyrinth«, die Lebensgeschichte des Forschers und Politikers George Forster, abgeschlossen, und hier entstand ihr größter Erfolg, der Roman »Das Wunschkind«, das Epos vom »ewigen Schicksal aller Mütter«, wie Julius Bab ihn nennt, der seit 1914 geplant war und den sie in der Pfingstnacht 1930 vollendete. 1934 ließ sich ihr Mann als Gegner der nationalsozialistischen Kirchenpolitik vorzeitig pensionieren und übersiedelte mit seiner Familie nach Starnberg. Hier schrieb sie ihren Roman »Lennacker« (1938), die Chronik des deutschen Pfarrhauses von der Reformation bis zum Ersten Weltkrieg. Zu den Besuchern des Hauses gehörten Julius Bab, Oskar Loerke und Gottfried Benn, mit dem zusammen Ina Seidel 1932 in die Berliner Akademie der Künste gewählt wurde. Anfang September 1931 las Elisabeth Langgässer hier »mit großer Wirkung« Gedichte und am 17. November desselben Jahres »bei Kerzenbeleuchtung« aus ihrer »Proserpina«. Von ihren Spaziergängen in der neuen Wohngegend spricht Ina Seidel in ihrem Erinnerungsbuch »Berlin, ich vergesse dich nicht« (1962): »*Vergeblich . . . konnte man nach dem Hause in der Jägerstraße suchen, in dem Rahel einst ihren erlesenen Freundeskreis empfing, oder nach jenem in der Mauerstraße, in dem Clemens Brentano und Achim von Arnim bei ihrem Freunde, dem wunderlichen Postrat Pistor, gehaust hatten, oder dem am Wilhelmplatz Ecke Voßstraße, wo Arnim und Bettina ihr Eheleben begannen . . .*« Die am 15. September 1885 in Halle geborene Arzttochter starb am 4. Oktober 1974 in einem Altersheim im bayerischen Ebenhausen. Ihr 1919 geborener Sohn Georg, der als Journalist und Schriftsteller unter dem Pseudonym Christian Ferber bekannt geworden ist, schildert in seinem Buch »Die Seidels« (1979) die Geschichte dreier Generationen seiner »bürgerlichen Familie«.

Zimmerstraße In der Zimmer-, Koch- und Jerusalemer Straße konzentrierte sich bis zur Zerstörung im letzten Krieg das Zeitungsviertel der Hauptstadt mit seinen allmächtigen Verlagshäusern Ullstein, Mosse und Scherl, deren Geschichte Peter de Mendelssohn, ein Nachkomme des großen Philosophen, in seinem Werk »Zeitungsstadt Berlin« (1959) eingehend nachzeichnet.

Von 1826 bis 1836 wohnte Willibald Alexis im Hause Zimmerstraße 95. Hier entstand sein sechsbändiger Roman »Cabanis« (1832), ein von Begeisterung für Friedrich den Großen getragenes Gemälde des gesellschaftlichen Lebens der französischen Kolonie in Berlin und des Soldatentums im Siebenjährigen Krieg. Von 1827 bis 1835 arbeitete Alexis als Redakteur am »Berliner Conversationsblatt«, das er 1830 mit der Zeitschrift »Der Freimütige« vereinigte. Zu Ehren ihres großen, aus Breslau stammenden Sohnes, der mehr als fünfzig Jahre seines Schriftstellerlebens in Berlin verbrachte, ließ die Stadt im Jahre 1899 an seinem Wohnhaus eine Gedenktafel anbringen. 1836 verlegte er seinen Wohnsitz in sein eigenes Haus in der Wilhelmstraße.

Adolph Menzel wohnte von Oktober 1839 bis Ende März 1845 mit seiner Mutter und den Geschwistern im zweiten Stock des Hauses Nr. 4 an der Ecke der Friedrichstraße.

Krausenstraße 1858 konnte Adolf Glaßbrenner mit seiner Frau Adele von Hamburg nach Berlin zurückkehren und mietete im Hause Nr. 57 eine Wohnung. Von 1862 bis an sein Lebensende gab er das »Berliner Montagsblatt«, ein vielgelesenes Witzblatt, heraus. Er starb am 25. September 1876; auf dem Jerusalemer Friedhof wurde er bestattet. Im zweiten Stock des Hauses Nr. 70 an der Ecke Friedrichstraße wohnte von 1844 bis zu ihrem Tode die am 23. Juni 1800 in Stuttgart geborene Dramatikerin und Schauspielerin Charlotte Birch-Pfeiffer. Sie hatte die Leitung des Züricher Stadttheaters aufgegeben und Berlin als Wohnsitz gewählt, wo sie bald die bekannteste Bühnenautorin und beliebteste Schauspielerin des Kgl. Schauspielhauses wurde. Sie war eine Freundin der Eltern des Schriftstellers Felix Dahn, der als Student mit seinem Freund jeden Sonntag in der Krausenstraße zum Mittagessen erschien: »Es gab jedesmal Kalbsbraten mit Sardellen gespickt und dazu Spätzle . . . Vor abends zehn Uhr kamen Clemens und ich nie fort«, schreibt er in seinen »Erinnerungen«. Dahn verliebte sich in ihre Tochter, die spätere Wilhelmine von Hillern, Autorin des Romans »Die Geyer-Wally« (1875), der nach seiner Dramatisierung und Verfilmung weite Verbreitung fand. Ihre Mutter starb am 25. August 1868.

Reinhold-Huhn-Straße Um 1880 zog Hermann Sudermann als Student und Nachhilfelehrer von der Auguststraße in eine billigere Unterkunft in der Schützenstraße. Sie trägt heute den Namen eines ostdeutschen Grenzsoldaten, der bei Ausübung seines Dienstes ums Leben kam. Ein zufälliger Besuch des in der Leipziger Straße Nr. 55 am Dönhoffplatz gelegenen Abgeordnetenhauses weckte Sudermanns Interesse an der Politik und verschaffte ihm eine Stellung als Parlamentsberichterstatter für die Fortschrittspartei und als Redakteur an der »Deutschen Rundschau«. Um 1840/41 hatte der mit Geldmitteln reichlich versehene Student Karl Marx im Hause Nr. 68 seine letzte Berliner Unterkunft. Das Abgangszeugnis der Universität bestätigte ihm, daß nichts Nachteiliges über ihn zu vermerken sei, es sei denn, daß seine Schulden mehrmals Anlaß zu Klagen gegeben hätten. Am 6. April 1841 promovierte er in Jena zum Doktor der Philosophie. In den Jahren 1848, 1861 und 1874 kam er in die Hauptstadt zurück, um politische Freunde und Verwandte aufzusuchen. Am 14. März 1883 starb er in London.

Leipziger Straße Im Weinhaus Kempinski in der Leipziger Straße 25 fand am 10. Februar 1889 auf Initiative des Theaterkritikers Otto Brahm die Gründungsversammlung des Theatervereins »Freie Bühne« statt. Maximilian Harden, Ludwig Fulda, die Brüder Hart, Paul Schlenther, Theodor Wolff sowie der junge Verleger Samuel Fischer nahmen an dieser denkwürdigen Sitzung teil. Das reaktionäre Witzblatt »Kladderadatsch« charakterisiert die »Freie Bühne« bald nach der Gründung als »stinkenden Schweinestall«. Der Dichter, Dramatiker und Satiriker Karl Kraus, als Sohn eines wohlhabenden Fabrikanten am 28. April 1874 im böhmischen Gitschin geboren, gestorben am 12. Juni 1936 in Wien, veranstaltete am 15. Januar 1910 seinen ersten und am 8. Januar 1932 seinen hundertsten Leseabend in Berlin. Über seine Abendmahlzeiten, die er bei Kempinski einzunehmen pflegte, berichtet Ernst Josef Aufricht in seinen Erinnerungen »Erzähle, damit du dein Recht erweist« (1966): »*In der neutralen Atmosphäre dieses weiträumigen Restaurants, in der er unbemerkt bleiben konnte, aß . . . Karl Kraus sein stets gleichbleibendes Menü: gekochtes Rindfleisch, Brühkartoffeln, eine saure Gurke, ein Halbgefrorenes und trank ein helles Bier und zum Abschluß einen Mokka. An seinem Tisch saßen meist dieselben Leute, männliche Begeisterungszofen, die beinahe alle Nummern der Fackel auswendig wußten und in einem ekstatisch glückhaften Zustand den Meister bewunderten.*« Mit Else Lasker-Schüler und Herwarth Walden war er befreundet, sein Gegner Alfred Kerr, dessen patriotische Kriegsgedichte er bitter glossiert, zeichnet sich nach seiner Meinung lediglich durch »Numerierung literarischer Fürze« aus. Im Februar 1936 kam die letzte der 922 Nummern seiner 1899 gegründeten rotbroschierten »Fackel«, die er seit 1911 ohne jeden Mitarbeiter selbst schrieb, heraus.

In einem Haus an der Ecke der Friedrichstraße fand Hegel, der 1817 von Jena nach Berlin übersiedelte, mit seiner Familie seine erste Wohnung. Drei Jahre später bezog er ein Haus am Kupfergraben.

Der Schriftsteller, Journalist und Dichter Adolf Glaßbrenner, der den Volkscharakter und die Mundart der Berliner literaturfähig gemacht hat, wurde am 27. März 1810 im Hause »Zum fliegenden Roß« in der Leipziger Straße 31 als Sohn eines Schneidermeisters und Besitzers einer kleinen Schmuckfedernwerkstatt geboren. Er besuchte das Friedrich-Werdersche Gymnasium, wo er eine lebenslange Freundschaft mit Gutzkow schloß. Wirtschaftliche Gründe zwangen ihn, die Schule aufzugeben und mit vierzehn Jahren als Lehrling in eine Seidenwarenhandlung in der Breiten Straße einzutreten. Nach dem Dienst besuchte er Hegels Vorlesungen an der Universität und sah sich bald mit seinem ersten Artikel in Saphirs »Berliner Courier« gedruckt. Unter dem Pseudonym Adolf Brennglas veröffentlichte er von 1832 bis 1850 die 30 Hefte umfassende, von Hosemann illustrierte reportagehafte Dialogfolge »Berlin, wie es ist und – trinkt«, in der er die urtypische Berliner Gestalt des Eckenstehers Nante, mit der der Komiker Friedrich Beckmann auf der Bühne des Königstädtischen Theaters sein Publikum zu Begeisterungsstürmen hinriß, zum Leben erweckte. Von Zensur, Schreibverboten und Verfolgungen ständig bedroht, ging er mit der Wiener Schauspielerin Adele Peroni, die er 1840 heiratete und die wegen ihrer Verbindung mit ihm ihr Engagement am Königstädtischen Theater verlor, nach Neustrelitz und später nach Hamburg. Begeistert begrüßte er die Märzrevolution in Berlin, die schnell wiedererwachende Reaktion ließ ihn bald resignieren. Sein Rentier Buffey faßt die nachmärzliche Entwicklung zusammen, wenn er sagt: »Die alten Minister haben wir ausgemärzt, aber mit den neuen sind wir in den April geschickt.« Erst 1858 konnte er endgültig in sein geliebtes Berlin zurückkehren.

Im August 1798 kam der neugebackene Kammergerichtsreferendar E. T. A. Hoffmann von Glogau nach Berlin, um sich hier auf das Assessorexamen vorzubereiten. Bei seinem Onkel Johann Ludwig Dörffer, Vater seiner Verlobten Minna und Geheimrat am Kammergericht, der im »Brandtschen Hause« in der Leipziger Straße zwischen der Markgrafen- und Jerusalemer Straße wohnte, fand er ein Unterkommen. Häufige Theaterbesuche bestärkten seine Neigung für das Schauspiel. Im Frühling 1800 bestand er das Examen und übernahm die Stelle eines Richters in Posen. Nach seiner Promotion im Jahre 1802 löste er die Verlobung mit Minna und heiratete drei Monate später die polnische Stadtschreiberstochter Michaelina Trzynska, seine »dicke Mischa«. Am 18. Juni 1807 traf er, aus Warschau vertrieben, wieder in Berlin ein und stieg im »Goldenen Adler« des Herrn Mathieu in der Jerusalemer Straße 36/37 an der Ecke Leipziger Straße am »Dönhof'schen Platze« ab. Unmittelbar nach seinem Eintreffen lud Eduard Hitzig seinen Freund aus Warschauer Tagen zu einem Begrüßungsessen im »Adler« ein, bei dem Hoffmann den »herrlichen Fouqué«, der von Nennhausen nach Berlin gekommen war, sowie Tieck, Chamisso und den Maler Veit kennenlernte. In seinem Phantasiestück »Abenteuer in der Silvesternacht« (1815), das im »Adler« endet, übernachtet der »Kleine ohne Spiegelbild« in

seinem Zimmer des Gasthofs. Von hier übersiedelte er in die Friedrichstraße. Bei seiner Rückkehr von Leipzig im September 1814 logierte er wieder bei seinem »alten Freund Mathieu«.
Im Jahre 1826 bewohnte Schopenhauer im Hause Nr. 78 ein möbliertes Zimmer. Noch immer konnte ihm »diese große, gedrängte, unruhige Stadt, mitten in einer furchtbaren Sandwüste« nicht gefallen, wie er am 4. September 1827 schreibt.
Am zweiten Tag seines Aufenthalts in Berlin, am 16. Mai 1778, besuchte Goethe die 1751 auf dem Grundstück Leipziger Straße 4 errichtete Kg. Porzellanmanufaktur. An ihrer Stelle befand sich von 1867 bis 1894 der Norddeutsche, später der Deutsche Reichstag.
Im Jahre 1825 kaufte Abraham Mendelssohn, der Sohn des Religionsphilosophen, in einer Gegend, »wo das Gras auf den Straßen wächst«, das Grundstück Nr. 3 mit einem parkartigen Garten, der sich bis an die Gärten des Prinzen Albrecht erstreckte. Hier wurde sein Sohn Felix geboren, hier wuchs dieser mit seiner Schwester Fanny auf. Als Neunjähriger produzierte er sich öffentlich als Klavierspieler und komponierte mit 17 Jahren die Sommernachtstraum-Ouvertüre. Wie schon in sein Haus an der Neuen Promenade, lud Abraham Mendelssohn allsonntäglich auch hierher prominente Vertreter des kulturellen Lebens der Stadt zu Hauskonzerten und zu exquisiten Mahlzeiten ein. »Früher kannte man mich als Sohn meines Vaters, heute kennt man mich als Vater meines Sohnes«, pflegte er von sich zu sagen. Als junger Wissenschaftler bereitete der Vater des Dichters Paul Heyse von 1819 bis 1827 Felix zum Universitätsstudium vor. Im Jahre 1851 wurde auf dem Grundstück das Herrenhaus errichtet, das jetzt in den Komplex des Hauses der Ministerien einbezogen ist.

Mauerstraße Zu Ostern 1821 übersiedelte der zum Beamten im Kriegsministerium ernannte Vater des Schriftstellers Gutzkow vom »düstren Turm in der Akademie« in der Stallstraße mit seiner Familie in das kleine Haus Mauerstraße 16 nahe dem Zietenplatz. In der Woche nach Ostern meldete Vater Gutzkow seinen zehnjährigen Sohn bei dem Direktor des Friedrich-Werderschen Gymnasiums an. Als Student der Theologie und Philosophie wandte sich der junge Gutzkow der Politik zu und wurde einer der Wortführer der oppositionellen Dichter- und Journalistengruppe des »Jungen Deutschland«. Im November 1831 verließ er das elterliche Haus und mietete im Hause Kochstraße eine eigene Wohnung. Ständige Verfolgungen durch die vormärzliche Polizei vertrieben den jungen Journalisten aus Berlin und von Stadt zu Stadt.

Achim von Armin kam im Dezember 1808 von Heidelberg wieder nach Berlin und bezog im Hause seines Schulfreundes, des Geheimen Postrats Pistor, in der Mauerstraße 34 eine möblierte Dreizimmerwohnung. Von den wertvollen Kupferstichen an den Wänden und der umfangreichen Bibliothek, die ihm hier zur Verfügung stand, war er hell begeistert. An Bettina Brentano schreibt er: »*Zwei Zimmer habe ich . . . zuviel, denn ich brauche nur eins; die Wohnung war aber wohlfeil, als würde nur das eine bezahlt . . . Ich freue mich der Maienmorgen im Garten, der recht arg verwildert ist.*« Zu dieser Zeit vollendete er den »Wintergarten«, eine Sammlung von Novellen, Historien und Romanzen, und arbeitete an Kleists »Berliner Abendblättern« mit. Im September 1809 kam sein »Herzensfreund« Clemens Brentano, mit dem er seit 1804 an der Volksliedersammlung »Des Knaben Wunderhorn« gearbeitet hatte, von Giebichenstein nach Berlin. Mit Freuden nahm er das Angebot seines Freundes Achim an, eines der Zimmer seiner Wohnung zu übernehmen. Bettina kam ein Jahr später in die Hauptstadt und fand in der Wohnung ihrer Freunde Savigny am Monbijouplatz eine Unterkunft. Achim von Arnim und Clemens Brentano sahen die Savignys, Schleiermacher, Schinkel, die Brüder Grimm und weitere Vertreter des Berliner Geisteslebens regelmäßig bei sich zu Gast. Bei seinem ersten Aufenthalt in Berlin besuchte der 21jährige Eichendorff am 2. März 1810 hier die beiden Freunde. »*Achim in der dunklen Vorstube mich empfangend und bald zu Brentano ins Nebenzimmer führend, der bei Versen, tabakschmauchend hinter dem Tisch an der spanischen Wand (mitten durch die Stube) saß. Chaos von Gitarren, Büchern etc. . . . Durchaus treuherzig . . . Achim dabei auf dem Ofen sitzend*«, berichtet er. Zum Jahresende gründete Achim von Arnim mit Adam Müller die »Christlich-deutsche Tischgesellschaft«, eine oppositionelle Vereinigung konservativer Persönlichkeiten gegen die Politik Hardenbergs, von der »Franzosen, Frauen, Juden und Philister« ausgeschlossen waren.

Ihr gehörten sein Freund Brentano, Kleist, Savigny, Fichte, Chamisso, Fouqué und andere an.

Von der Atmosphäre und dem Geist der Hauptstadt Berlins, »der einzigen Stadt«, wie er schreibt, »wo die sogenannten genialen Menschen nicht für Narren gehalten werden« und in der er sich fühlte, »als sei es seine Heimatstadt«, war Clemens Brentano vom ersten Tag sei-

nes Aufenthalts an begeistert. Seine Briefe aus Berlin spiegeln eindringlich das Leben in der Hauptstadt im ersten Jahrzehnt des 19. Jahrhunderts wider. In der Mauerstraße schrieb er einen Teil seiner »Romanzen vom Rosenkranz«, hier entstanden seine Kantate auf den Tod der Königin Luise und ein Festlied zur Eröffnung der Berliner Universität. Außerdem arbeitete auch er an Kleists »Abendblättern« mit. Eine Erbschaft aus dem Nachlaß seiner Großmutter ermöglichte Achim von Arnim am 11. März 1811 die Eheschließung. Er gab seine Wohnung auf und bezog mit seiner Frau das Gartenhaus des Gräflich Vossischen Palais in der Wilhelmstraße. Im gleichen Jahr verließ auch Brentano die Arnimsche Wohnung und Berlin. Nach schwerer Krankheit starb er am 28. Juli 1842 in den Armen seines Bruders Christian in dessen Hause in Aschaffenburg.
Im Jahre 1827 übersiedelte das Ehepaar Varnhagen von Ense von der Französischen Straße in den ersten Stock des »stattlichen« Hauses Nr. 36, das damals einem Grafen Königsmarck gehörte. Rahel war begeistert von der neuen Wohnung mit »schloßartigen Zimmern in einem bequemen Quartier – die Hinterfenster auf Nachbargärten, wie in einem Forsthaus Luft und Geruch«. Trotz schwacher Gesundheit leitete Rahel, die »schöne Seele«, wie Goethe sie nannte, an der Seite ihres Gatten bis zu ihrem Tode am 7. März 1833 auch hier ihren Salon. Auf dem Dreifaltigkeitsfriedhof wurde sie in einem Gewölbe beigesetzt und 30 Jahre später neben ihrem Gatten begraben. Der Schriftsteller und Diplomat Karl Varnhagen behielt als Witwer, von seinem Diener Baumann betreut, die Wohnung bei. Laube besuchte ihn um 1835 fast jeden Tag, »solange ich in Berlin wohnte und nicht gerade eingesperrt in der Hausvogtei saß«. Er traf ihn in seinem »*weiten, hohen Zimmer, angefüllt an jeder Wand bis an die Decke hinauf mit Büchern. Rechts nach Süden gingen die Fenster auf Gärten, und die Sonne schien hinein. Links öffnete sich die Tür zu seinem Wohn- und Schreibzimmer, dessen Fenster freien Ausblick hatten die Französische Straße hinauf.*« Der ehemalige Offizier, Diplomat und Schriftsteller, der sich in den letzten Jahren seines Lebens mit der Herausgabe der Briefe seiner Frau beschäftigte, überlebte sie um 25 Jahre. Im Jahre 1853 machte ihm Ludwig Uhland, der Jugendfreund aus Tübinger Tagen, der anläßlich einer Aufführung seines Dramas »Ernst, Herzog von Schwaben« nach Berlin gekommen war, seine Aufwartung. Am 30. März 1854 besuchte Gottfried Keller den Witwer und wurde häufiger Gast seiner Kaffeestunden. Varnhagen starb am 10. Oktober 1858. Er hinterläßt eine Auswahl aus den Schriften

seiner Frau, »Tagebücher« und »Denkwürdigkeiten des eignen Lebens«. Die englische Schriftstellerin George Eliot berichtet von ihrer Begegnung mit Varnhagen im November 1854 Unter den Linden, von ihrem Besuch im Hause des »schönsten alten Mannes, den ich je gesehen habe«, und von ihren langen Wanderungen mit ihm durch den Tiergarten.
Am 4. Februar 1810 kam der mittel- und erfolglose Dichter Heinrich von Kleist von Gotha über Potsdam zum letztenmal nach Berlin und mietete im Hause des Quartiermeisters Müller, Mauerstraße 53, ein möbliertes Zimmer. Hier arbeitete er am »Prinzen von Homburg«, seinem letzten Drama, und am »Michael Kohlhaas«, und hier schrieb er das Huldigungsgedicht auf Königin Luise, das er ihr an ihrem Geburtstag am 10. März 1810 überreichte und das sie zu Tränen rührte. Vom 1. Oktober 1810 an arbeitete er als Hauptschriftleiter an den täglich erscheinenden »Berliner Abendblättern« Hitzigs mit, wobei er seine Begabung für den Journalismus bewies. Er wurde Mitglied der christlich-deutschen Tischgesellschaft, in der er mit den Führern der jüngeren Romantik wie Fouqué, Clemens Brentano und Achim von Arnim Bekanntschaft machte. Rahel von Varnhagen war ihm eine mitfühlende Freundin. Diese *»sehr eigentümliche, ein wenig verdrehte Natur . . . lebt sehr wunderlich, oft ganze Tage im Bett, um da ungestörter bei der Tabakspfeife zu arbeiten«*, schreibt Achim von Arnim über Kleist. In der Mauerstraße wohnte er bis zu seinem Freitod am 21. November 1811. Unmittelbar vor seinem Hinscheiden legte er fest, daß sein Hauswirt »als kleinen Dank für seine gute Aufnahme und Bewirtung« seinen ledernen Reisesack erhielt. 1890 ließ die Stadt Berlin eine Bronzetafel an der Front des ersten Stockwerks anbringen, die beim Abriß des Hauses im Jahre 1912 entfernt wurde. Am Neubau wurde noch im selben Jahr eine Gedenktafel mit einem Penthesilea-Relief von Kolbe enthüllt.

Otto-Grotewohl-Straße Von der Spandauer Straße zog Otto Brahm in den zweiten Stock des Hinterhauses Wilhelmstraße 43, die ehemals Lange Straße hieß und heute den Namen des ersten Ministerpräsidenten der DDR trägt. 1880 veröffentlichte er eine Schrift über Goethes Beziehungen zu Berlin, drei Jahre später erschien sein Buch über Gottfried Keller, dem Biographien von Kleist, Ibsen und Schiller folgten. Von 1881 bis 1885 schrieb er neben Fontane Theaterkritiken für die Vossische Zeitung. 1889 gründete er zusammen mit dem Kritiker Paul Schlenther nach dem Vorbild des Franzosen André Antoine mit Unterstützung von Maximilian Harden, den Brüdern

Hart und anderen den Verein »Freie Bühne«, der seinen Mitgliedern ungehindert durch die Zensur in Sonntagvormittags-Vorstellungen im »Kampf gegen die Lüge in jeglicher Gestalt« Werke revolutionärer, naturalistischer und sozialkritischer Autoren darbot. Mit der zweiten Aufführung von Gerhart Hauptmanns Erstlingsdrama »Vor Sonnenaufgang« konnte der Verein einen berühmt gewordenen Theaterskandal Berlins für sich buchen. Von 1894 bis 1904 leitete der promovierte Literarhistoriker das Deutsche Theater und danach das Lessingtheater. Im Jahre 1906 übersiedelte er zum Luisenplatz.

Im Hause Nr. 61 der Wilhelmstraße am Wilhelmsplatz, der heute Thälmannplatz heißt, war das Reichsschatzamt untergebracht. Hier hatte der Staatssekretär Adolf von Scholz vom März 1882 bis zu seiner Ernennung zum Finanzminister im Juni desselben Jahres seine Dienstwohnung. Die »majestätische Marmortreppe«, das »gewaltige Glasfenster des Eßzimmers ins Hausinnere« und der »Blick von den schmalen Balkons auf den Wilhelmsplatz und die Wilhelmstraße hindurch nach den Linden zu« haben einen unauslöschlichen Eindruck auf seinen achtjährigen Sohn Wilhelm gemacht, wie seine Autobiographie »Berlin und Bodensee« (1934) ausweist.

Jakob Burckhardt war am 27. September 1841 nach seinem Bonner Semester und Reisen durch das Rheinland und Belgien nach Berlin zurückgekehrt und in der Wilhelmstraße 63, dem Hause des ehemaligen holländischen Gesandten, untergekommen, dessen jüngsten Sohn – »einen faden Jungen von 15 Jahren« – er von elf Uhr morgens bis neun Uhr abends unterrichten mußte. Ende September 1842 gab er Stellung und Wohnung auf und bezog eine Unterkunft am Schiffbauerdamm. Vom Oktober 1846 bis Ende September 1847 war er auf Einladung des Kunsthistorikers Franz Kugler, der mit ihm wegen einer Professur an der Berliner Kunstakademie und Mitarbeit an Neubearbeitungen seiner Kunstbücher verhandeln wollte, zum drittenmal in Berlin. Burckhardt wohnte zu dieser Zeit im Hause Nr. 41 gegenüber dem Prinz-Albrecht-Palais. Seine freundschaftlichen Beziehungen zu Geibel und die Bekanntschaft mit Heyse bestimmten seinen Aufenthalt. Ende September 1847 ging er von Berlin nach Rom. Im Sommer 1882 kam er zu Museumsbesuchen zum letztenmal nach Berlin. »*Nirgendwo hat man so wie hier die Möglichkeit, alle Perioden der Kunst kennenzulernen und außerdem geistliche und weltliche Musik in weitem Umfang aufzunehmen . . . Unermeßlich vieles ist seitdem hinzugekommen und in einem Grad der Übung und*

Verwertung wie sonst in der Welt nirgendwo«, schreibt er rückblikkend.
Friedrich Baron de la Motte Fouqué, dessen Kriegslied für die Freiwilligen Jäger »Frisch auf, zum fröhlichen Jagen« weithin bekannt wurde und dessen Märchen »Undine« E. T. A. Hoffmann und Lortzing als Text für ihre Opern diente, hatte in den Wintermonaten 1830 und 1831 seine Stadtwohnung im Hause Nr. 68. Im Juli 1831 starb seine zweite Frau, die Erzählerin Karoline Philippine von Rochow, geb. Briest, auf ihrem in die Ehe eingebrachten Gut Nennhausen bei Rathenow. Ihrem Vater, dem preußischen Innenminister Rochus von Rochow, verdankt die Nachwelt das Wort von der »beschränkten Einsicht« des Untertanen, woraus der »beschränkte Untertanenverstand« geworden ist. De la Motte Fouqué war ihr 1802 während eines in Berlin verbrachten Urlaubs begegnet und hatte sich ihretwegen von seiner ersten Frau, Marianne von Schubaert, getrennt. 1814 hatte er auf Anraten seines Arztes die Offizierslaufbahn quittiert und sich nur noch als freier Schriftsteller betätigt. Mit dem Tode seiner zweiten Frau mußte er Nennhausen aufgeben. Er verlegte seinen Wohnsitz nach Halle, wo er Privatvorlesungen hielt. Am 25. April 1833 heiratete er in Berlin seine dritte Frau, die Erzählerin Albertine Maria Tode. Acht Jahre später wurde er von Friedrich Wilhelm IV. wieder in die Hauptstadt berufen.
Im ehemaligen Palais des Grafen Schwerin in der Wilhelmstraße 73, das seinem Verleger Georg Andreas Reimer gehörte, hatte Schleiermacher seine letzte Wohnung. Hier starb er am 12. Februar 1834 an einer Lungenentzündung. Ranke berichtet, daß die Straßen, durch die sich der Trauerzug zum Dreifaltigkeitskirchhof in der Bergmannstraße bewegte, von 20000 bis 30000 Menschen gesäumt waren. »*Ich erinnere mich*«, schreibt er, »*welch einen Eindruck es auf mich machte, als wir Schleiermacher begruben und die ganze lange Straße hinab an allen Fenstern, an allen Türen geweint ward.*«
Reimer, als begeisterter Patriot nach dem Einsetzen der Reaktion 1819 verfolgt und mit Hausdurchsuchungen und Beschlagnahmen seiner Papiere belästigt, starb hier am 26. August 1842. Sein Verlag wurde 1897 von Walter de Gruyter fortgeführt.
Zwei Wochen nach ihrer Eheschließung am 11. März 1811 bezogen Achim von Arnim und Bettina Brentano das Gartenhaus des Gräflich-Vossischen Palais in der Wilhelmstraße 78. Das Palais lag dort, wo die damalige Voßstraße auf den Wilhelmsplatz mündete. »*Das Quartier bestand eigentlich aus zwei voneinander getrennten Räum-*

lichkeiten, deren eine Wohn- und Arbeitszimmer enthielt, während in der anderen Bettinens Musikzimmer eingerichtet war«, heißt es in Reinhold Steigs Arnim-Biographie (1894). Bettina war von ihrer neuen Umgebung entzückt: »*Ich wohne hier in einem Paradies! Die Nachtigallen schmettern, in den Kastanienbäumen vor meinem Schlaffenster, und der Mond, der nimmer so hell geschienen, weckt mich mit vollen Strahlen . . .*«, so schreibt sie an Goethe in Erinnerung an das, »*was mich Dein Geist so früh schon gelehrt*«. Für die Einrichtungsgegenstände, angefangen vom Bett für den Diener oder die Magd bis zu »fünf Kastrollen in einem Korbe, um Essen zu holen und darin zu wärmen«, mußte der Schriftsteller sorgen. Hier wurde dem Ehepaar im Mai 1812 Freimund, das erste ihrer sieben Kinder, geboren. Arnim widmet der Mutter den ersten Band seiner Märchen »für den Kleinen Johannes Freimund«. Im gleichen Jahr erschien die »Schaubühne«, eine Sammlung von Dramen, deren Ertrag er zur Ausstattung seines Landsturmbataillons, mit dem er ins Feld zog, bestimmte. Im Frühjahr 1814 zog sich der Schriftsteller mit seiner Familie »der Ersparnis wegen« auf sein Gut Wiepersdorf bei Jüterbog zurück, wo er, der in Berlin »physisch und geistig seinen Untergang« gespürt hatte, sich der Landwirtschaft widmen konnte. Drei Jahre danach verließ Bettina ihren Gatten und ging mit den drei älteren Kindern, an deren Schulunterricht sie denken mußte, nach Berlin zurück. In Wiepersdorf entstand Arnims Hauptwerk »Drei Kronenwächter« (1817). Nur Clemens Brentano und Wilhelm Grimm suchten den Vereinsamten und Unverstandenen hier gelegentlich auf. Am 21. Januar 1831 erlag der Fünfzigjährige überraschend und schmerzlos nach einer Jagd einem Schlaganfall. Günter Eich widmet Wiepersdorf und den Arnimschen Gräbern Gedichte.

Im Jahre 1836 übersiedelte der promovierte Erzähler Willibald Alexis von der Zimmerstraße in sein neuerbautes Haus in der Wilhelmstraße Nr. 97, das bald ein Begegnungszentrum der literarischen und künstlerischen Gesellschaft seiner Zeit wurde. Im Herbst 1837 zog Emanuel Geibel von der Französischen Straße zu ihm und schreibt aus »meinem Turmzimmer« von der großartigen Aussicht, die man von dort habe: ». . . *nach Westen der Tiergarten mit seinen unzähligen Laubwipfeln, die der Herbst mit der buntesten Pracht aufgeschmückt hatte, gegen Süden das Schloß des Prinzen Albrecht von der Morgensonne dunkelgolden beleuchtet zwischen Bäumen und Weingewinden; nach Norden und Osten aber das weite Berlin, von einem weißen Nebelmeere überwogt, aus dem nur die Kirchen und*

Türme wie dunkle Inselfesten emporstiegen.« In einem Brief vom 3. Januar 1838 schildert er die Silveesterfeier im Hause Alexis und lobt besonders die schöne, aus einer verarmten englischen Familie stammende Braut des Hausherrn, Lätitia Percival, die »die Honneurs machte«. Im März 1838 verließ der Dichter, der »den weiblichen Verkehr« vermißte, ohne Abschlußexamen Berlin, »*muß doch in dieser Königsstadt am Strand / Der seichten Spree, in diesem ewigen Sand / Mir ohne Rettung Seel' und Leib verstäuben«*. Durch Vermittlung Bettina von Arnims ging er als Hauslehrer nach Athen und kam erst 1845 nach Berlin zurück. Ostern desselben Jahres heiratete er. In kurzen Abständen entstanden in der Wilhelmstraße seine acht historischen Romane, durch die er zum Bahnbrecher dieser literarischen Gattung in Deutschland wurde. In seinem »Roland von Berlin« (1840) mit der Schilderung der Rathäuser der Städte Köln und Berlin setzt er seiner Wahlheimat ein literarisches Denkmal, in »Die Hosen des Herrn von Bredow« (1846) bilden die kämpferischen Auseinandersetzungen des Großen Kurfürsten und des brandenburgischen Adels den historischen Hintergrund, und in »Ruhe ist die erste Bürgerpflicht« (1852), dessen Titel sprichwörtlich geworden ist, schildert der Schriftsteller die Berliner Gesellschaft um 1806. Zusammen mit J. E. Hitzig veröffentlichte der ehemalige Jurist im Jahre 1842 den »Neuen Pitaval, eine Sammlung der interessantesten Kriminalgeschichten aller Länder aus älterer und neuerer Zeit«. Seinen literarischen Arbeiten setzte ein Gehirnschlag ein Ende. 1858 war er gezwungen, seinen Besitz mit dem bereits früher erworbenen kleinen »Haus Lindeneck« im thüringischen Arnstadt zu vertauschen. Nach schweren, von Arteriosklerose, Grauem Star und schließlich von Geisteszerrüttung geplagten Jahren starb er dort am 16. Dezember 1871. Sein Haus in Berlin mußte dem Durchbruch der Zimmerstraße Platz machen. Der Sprache der Berliner konnte Alexis keinen Geschmack abgewinnen. Er kennzeichnete sie als einen »*Jargon aus verdorbenem Plattdeutsch und allem Kehricht und Abwurf der höheren Gesellschaftssprache auf eine so widerwärtige Weise komponiert, daß er nur im ersten Moment Lächeln erregt, auf die Dauer aber das Ohr beleidigt«*.

Vor ihrem Haus an der »Mohrenbrücke« zog Adele Gerhard mit ihrer Familie zu Beginn des Jahrhunderts in das Haus Nr. 90, dessen Garten an den Park des Kriegsministeriums grenzte. »*Fast dreißig Jahre bot unser Garten dort, dieser holde kleine Erdenfleck unter breiten, duftreichen Bäumen, in seiner Märchenstille meiner Arbeit*

Zuflucht . . . Durch die breiten Räume schimmerte der hohe Bau des Abgeordnetenhauses . . .«, schreibt sie in ihrer Autobiographie »Bild meines Lebens« (1948). In der Wilhelmstraße entstand der Roman der aus den Niederlanden nach Berlin eingewanderten »Familie Vanderhouten« (1910), deren Schicksal mit einem altberliner Haus in der Wilhelmstraße verbunden ist, das im Zuge der Neugestaltung der Gegend der Spitzhacke zum Opfer fällt. Mit Käthe Kollwitz, den Brüdern Hart und Cäsar Flaischlen war die Schriftstellerin befreundet. Im Jahre 1938 mußte sie mit ihrer Familie in die USA emigrieren. Sie starb am 10. Mai 1956 in ihrer Geburtsstadt Köln.

Vierter Spaziergang: Vom Brandenburger Tor zur Marx-Engels-Brücke

Brandenburger Tor Das Brandenburger Tor mit der Siegesgöttin – »die gute Frau hat auch ihre Schicksale«, sagt Heine – bildete den architektonischen Abschluß des im Kriege völlig zerstörten Pariser Platzes. Der preußische Offizier Adelbert von Chamisso empfing, wenn er in einem der Torhäuser Wachtdienst hatte, gern seine Freunde. Varnhagen erinnert sich: ». . . *zwischen militärischen Unterbrechungen verbrachten wir halbe oder ganze Nächte in Gesprächen über Poesie oder Studien und Lebenspläne, deren Ausführung uns leider noch fern lag.«* Unter diesen Umständen nimmt es nicht wunder, daß der Lieutenant von Chamisso gem. Kommandanturbefehl vom 8. Dezember 1804 »in Arrest und an das Regiment gemeldet« wurde, da »die Wacht am Brandenburger Tor beim Einpassieren des Königs nicht in gehöriger Ordnung gewesen und die Honneurs nicht gemacht worden« seien. Unteroffizier und Schildwachen wurden mit Arrest und je zehn »Fuchteln« bestraft.

Ebertstraße Links auf der westlichen Seite des Brandenburger Tors, auf dem nicht zugänglichen Trümmergelände zwischen der Bellevue-, Lenné- und Ebertstraße, erstreckten sich die 1750 angelegten Realschulgärten. Im Herbst 1796 kam der 25jährige Friedrich Schlegel – »Herr Friedrich mit den leeren Taschen«, nennt ihn Clemens Brentano – auf einige Wochen nach Berlin und wohnte bei seinem Verleger Unger, der hier ein Haus besaß. Im Hause des Bankiers Veit kam es zu Begegnungen mit Tieck, der von Göttingen nach Berlin zurückgekehrt war und in derselben Straße wohnte. »Tieck ist häufig bei mir«, schreibt Schlegel seinem Bruder, »und interessiert mich sehr, ungeachtet er immer aussieht, als ob er fröre und an Geist und Leib gleich mager sei.« Auch Friedrich Rückert, der seine Wohnung in der »staubigen Residenz« aufgegeben hatte, wohnte in der 1831 ausgebauten Straße »Am Schulgarten«zwischen dem Brandenburger und Potsdamer Tor.

Pariser Platz Bis zum Ende der Freiheitskriege und dem Einmarsch der siegreichen Truppen im Jahre 1815 wurde der Platz »Quarré« genannt. Laut Adreßkalender der Kgl. Preuß. Haupt- und Residenzstadt Berlin vom Jahre 1759 wohnte der 1693 in St. Malo geborene »Herr Peter Ludwig Moreau de Maupertuis im Quarré in des Juden Meyer Ries Haus«. Der Physiker und Mathematiker wurde 1741 von Friedrich dem Großen nach Berlin berufen. *»Sie haben von dem er-*

sten Augenblick an, da ich auf den Thron gelangt bin, das Verlangen in mir erweckt, Sie hier zu haben, damit Sie der Berliner Akademie diejenige Gestalt geben, die sie nur von Ihnen erhalten kann«, so schreibt der König. In Berlin heiratete Maupertuis ein Fräulein Borck, eine Hofdame der Königin; bei seinen Gängen durch die Stadt ließ er sich von einem Neger Orion und einem türkischen Heiducken begleiten. Die Berliner nannten den stets frierenden Bretonen, der immer eine Muffe und Robbenfellstiefel trug, den »Eisvogel«. Im Hause des tierfreundlichen Akademiepräsidenten wimmelte es von Affen, Papageien, Hunden, Katzen und anderem Getier, auf dem Hof kreischte überseeisches Geflügel. Am 7. Juni 1756 verließ er, nicht zuletzt wegen Auseinandersetzungen mit Voltaire, die Hauptstadt und starb drei Jahre danach in Basel. Nach seiner Gefangenschaft in Sibirien kam der am 3. Mai 1761 als Sohn eines Legationsrats in Weimar geborene routinierte Bühnendichter August von Kotzebue im Oktober 1802 nach Berlin und bezog mit seiner Familie ein Haus am Quarré. Knapp ein Jahr später starb seine Frau. In der von ihm herausgegebenen Zeitschrift »Der Freimütige« griff er Goethe und die Romantiker heftig an. In Berlin entstand sein oft gespieltes Lustspiel »Die deutschen Kleinstädter« (1803), dessen Schauplatz die vielzitierte klatschsüchtige Kleinstadt Krähwinkel abgibt. Von seinen mehr als 200 Theaterstücken wurde ein Drittel in Berlin uraufgeführt. Auf der Flucht vor den napoleonischen Truppen verließ er im Jahre 1806 die Hauptstadt und kehrte auf sein Gut bei Reval zurück. Zwischen 1813 und 1816 war er als russischer Generalkonsul wieder in Berlin. Am 23. März 1819 erdolchte ihn in Mannheim der Student Karl Ludwig Sand, der in ihm einen vaterlandsverräterischen russischen Spion sah.

Im Hause Nr. 3 hatte der Jurist und Staatsmann Karl von Savigny mit seiner Familie seine letzte Wohnung. Hier nahm er um 1825 seine Schwägerin Bettina von Arnim mit ihren Kindern eine Zeitlang auf. Mehr als ein Jahrhundert später – im Februar 1944 – fand Ursula von Kardorff im Erdgeschoß des halbzerstörten Hauses ein Zimmer mit Bad, nachdem die elterliche Wohnung in der Rankestraße den Bomben zum Opfer gefallen war. Im Luftschutzkeller des benachbarten »Adler« und im Tunnel des Bahnhofs Friedrichstraße suchte sie bei den ständigen Luftangriffen Zuflucht. Im Februar 1945 verließ sie Berlin und ihre halbzerstörte, aber immer voll geheizte »Portierloge«, »in der ich so vieles Schreckliche erlebt habe und doch auch so glücklich war«. Ihre »Berliner Aufzeichnungen aus den Jahren

1942–1945« geben ein eindrucksvolles Bild jener Kriegszeit in Berlin.
Um dem Schauspielhaus näher zu sein, gab Iffland, dem als erstem Schauspieler die Ehre erwiesen wurde, am Hofe eingeladen zu werden, im Jahre 1810 sein Haus in der Tiergartenstraße auf und mietete in diesem Palais eine Wohnung. Hier starb der Autor von 65 Rühr- und Familienstücken aus der kleinbürgerlichen Welt am 22. September 1814. Auf dem Friedhof zwischen dem Blücherplatz und der Baruther Straße wurde er begraben. Zu den Trauergästen zählte Washington Irving, der zu dieser Zeit in Berlin weilte und in seinem Skizzenbuch notiert: »In all der Pracht des Begräbnisses konnte man auch viel wirkliches Gefühl unterscheiden.« Im Hause Nr. 4, dem ehemaligen Arnimschen Palais, wurde Achim von Arnim, der am 26. Januar 1781 als Sproß eines märkischen Edelmanns in Berlin zur Welt kam und mit der Geburt seine Mutter verlor, mit seinem älteren Bruder von seiner Großmutter Elisabeth von Labes erzogen. Achim war zunächst Page am preußischen Hof, empfing dort den ersten Unterricht und wurde im November 1793 in die dritte Lateinklasse des ehrwürdigen Joachimsthalschen Gymnasiums eingeschult. Zu seinen Mitschülern zählten der Historiker Friedrich von Raumer und Johann Heinrich Pistor, der später als Geh. Postrat in Berlin sein Wirt werden sollte. Ostern 1798 bezog er die Universität Halle, um Naturwissenschaften zu studieren. Drei Jahre danach wechselte er auf die Universität Göttingen, wo die lebenslange Freundschaft mit Clemens Brentano ihren Anfang nahm. Im Jahre 1907 wurde im Arnimschen Palais die Akademie der Künste untergebracht, der am 19. März 1926 die Sektion für Dichtkunst, die sog. Dichterakademie, eingegliedert wurde. Ihr erster Präsident war Wilhelm von Scholz, dem 1928 Walter von Molo und 1930 Heinrich Mann folgten. In den Räumen der Akademie trafen sich die bedeutendsten Schriftsteller der Welt, hier lasen Benn und Carossa zum erstenmal, und hier wurden die »nichtarischen« Mitglieder sowie Käthe Kollwitz und Heinrich Mann zum Austritt gezwungen. Ihnen schlossen sich Ricarda Huch, und Thomas Mann ostentativ an. Vom Juni 1933 präsidierte Hanns Johst bis zur Kaltstellung der Akademie und der Gründung der Reichsschrifttumskammer. In seiner Adresse zum 70. Geburtstag Alfred Döblins berichtet Walter von Molo nicht unbedingt zustimmend über die erste Lesung Thomas Manns aus seinem Joseph-Roman, die hier am 12. Januar 1928 stattfand, und Jakob Wassermann hielt hier 1929 seine Gedenkrede auf Hugo von Hofmannsthal.

1932 fand die letzte größere Veranstaltung der Akademie statt, bei der Werfel aus seinem Roman: »Die vierzig Tage des Musa Dagh« vor einem Kreis der angesehensten Schriftsteller der Zeit vorlas. Oskar Loerke hatte hier von Februar 1928 bis zu seiner Entlassung im April 1933 seinen Arbeitsplatz als Sekretär der Sektion Literatur.

Am Hause Nr. 6a wurde im Jahre 1892 eine Tafel zum Gedenken an Giacomo Meyerbeer, eig. Jakob Meyer Beer, angebracht, der hier von 1843 bis 1863 wohnte. Während der Proben zur Oper »Die Afrikanerin« in Paris wurde er am 2. Mai 1864 im Alter von 73 Jahren vom Tode ereilt. Gegenüber dem Grabe des großen Schauspielers Talma hatte man auf dem Père-Lachaise seine Grabstätte vorgesehen, als man von Meyerbeers letztem Wunsch erfuhr, in seiner Heimatstadt Berlin beigesetzt zu werden. Auf dem Jüdischen Friedhof in der Schönhauser Allee wurde er neben seiner Mutter begraben. Sein Bruder Michael Beer, der als Verfasser der Tragödie »Struensee« bekannt geworden ist, wohnte ebenfalls am Pariser Platz.

Neben dem nördlichen Wachgebäude des Brandenburger Tors stand bis zu seiner Zerstörung im Zweiten Weltkrieg das Haus Pariser Platz Nr. 7, in dem im oberen Stock Max Liebermann von 1893 bis 1933 wohnte und arbeitete. Hier erlebte er am Abend des 30. Januar 1933 von einem Fenster seiner Wohnung aus den Vorbeimarsch der fackeltragenden SA, wobei sein bekannt gewordenes Wort fiel: »Ick kann ja nich so ville fressen, wie ick kotzen möchte.« Im April 1896 saß ihm Fontane hier zweimal in der Woche, 1895 las Wedekind vor einem Kreis alter Friedrichshagener seinen »Erdgeist« vor, »so pathetisch freilich, daß alles sich vor Lachen am Boden wälzte«. Thomas Mann gratulierte ihm hier zu seinem 80. Geburtstag mit den Worten: *»In Liebermann bewundere ich Berlin . . . Ich finde es königlich, daß er den geweckt schnodderigen Berliner Jargon spricht, frank und unverfälscht, und wenn ich bei ihm bin, in seinem Haus am Pariser Platz, fühle ich mich im Brenn- und im Sammelpunkt erheiternder und mächtiger Charakterkräfte . . .«* Tilla Durieux, die ihm für den Kopf einer Dalila Modell saß, beschreibt sein Haus als »wahres Museum«: *»Zum erstenmal in meinem Leben sah ich ein solches Interieur, und mein Blick konnte sich kaum losreißen von den schönen, alten Möbeln, den Kunstwerken, die herumstanden, und den herrlichen Bildern, die an der Wand hingen . . . Ich hatte nie geahnt, daß ein Privatmann diese Fülle von Impressionisten besitzen konnte, darunter* *das berühmte ›Bund Spargel‹ von Manet . . .«* Der Ehrendoktor der Universität Berlin, Ritter der Friedensklasse des Ordens Pour le Mérite, Ehrenbürger seiner Geburtsstadt, über zwölf Jahre Präsident der Akademie der Künste, über den als »Entarteten« die Nationalsozialisten Mal- und Ausstellungsverbot verhängten, starb am 8. Februar 1935. Auf dem Jüdischen Friedhof in der Schönhauser Allee wurde er bestattet. Seine 82jährige Witwe Martha nahm sich aus Angst vor nationalsozialistischen Verfolgungen 1943 das Leben, als ihr Haus beschlagnahmt wurde und sie ins KZ verschleppt werden sollte.

Unter den Linden Heine nennt die Straße, deren Geburtsdatum auf das Ende des 30jährigen Kriegs zurückgeht, einen »Lieblingsspaziergang so vieler großer Männer«, E. T. A. Hoffmann hält sie für den »Sammelplatz des höheren, durch Stand oder Reichtum zu üppigerem Lebensgenuß berechtigten Publikum«. Ringelnatz und andere Dichter besingen sie. Im rückblickenden Traum der Schriftstellerin Christa Wolf wird die Straße zum Rahmen von Begegnungen mit Freunden und Bekannten in den drei unwahrscheinlichen Geschichten, denen sie den Titel »Unter den Linden« (1974) gibt. Die Numerierung der Häuser begann auf der Südseite hinter dem Pariser Platz mit dem von Schinkel in den Jahren 1829 bis 1833 erbauten Palais Redern, an dessen Stelle seit 1907 das Hotel Adlon stand, führte bis zum Alten Palais mit der Nummer 37 am Bebelplatz, der Residenz Kaiser Wilhelms I., und setzte sich auf der Nordseite von der Staatsbibliothek (Nr. 38) bis zur Nummer 78 an der Ecke der Otto-Grotewohl-Straße fort. Das jetzige, 1937 eingeführte System beginnt im Osten und behält die ungeraden Nummern den Häusern auf der südlichen und die geraden denen auf der nördlichen Seite vor. Im folgenden sind die alten Hausnummern angegeben.

Graf Redern (1802–1883), als einer der Nachfolger Ifflands Intendant des Schauspielhauses, wurde als Komponist ebenso geschätzt wie als Gastgeber bekannter Schriftsteller und Künstler seiner Zeit. Der Magdeburger Karl Immermann wohnte im Jahre 1833 bei seinem Aufenthalt in Berlin im Palais. Seiner Familie berichtet er: »*Nun wohne ich also in einem prächtigen Palais und sehe nach einer Seite über die Linden. Vortreffliche Bedienung, Ruhe und Stille in meinen Zimmern, die Vergünstigung, die heiter und prächtig nach Schinkels Zeichnungen dekorierten Säle des Hauses frei durchwandern und die Bibliothek benutzen zu dürfen; alle Abend aber ein Platz in der General-Intendanzloge, sind höchst angenehme Akzessorien dieses*

Zustandes.« Hier traf er neben Alexander v. Humboldt, Chamisso, Eichendorff, Schleiermacher, Rauch und Schinkel die hohe Aristokratie, die zu seinem Erstaunen unter sich Französisch sprach. Das Hotel Adlon zählte viele Berühmtheiten der Zeit zu seinen Gästen; der verstorbene Entertainer Peter Frankenfeld, in einem Berliner Arbeiterviertel geboren und aufgewachsen, war hier Page. Im Adlon feierte Gerhart Hauptmann, der bei seinen Berlin-Besuchen hier oft abstieg, seinen 50. Geburtstag mit einem Festbankett. Zu seinen Gästen zählten sein erster Biograph, der Schriftsteller und Theaterleiter Paul Schlenther, sowie Bölsche und Stettenheim, das Verlegerehepaar Fischer und Max Liebermann. Die Bühne war vertreten durch Eduard von Winterstein, Moissi und Tilla Durieux. Emil Ludwig hielt im Namen der Jugend eine Festansprache. Drei Wochen später bekam Hauptmann den Nobelpreis. Im Jahre 1922 schreibt Sternheim seiner Frau, daß das Hotel »teuer und gut« sei: »Kein Deutscher außer zwei Dichtern, Sternheim und Hauptmann, sonst Schieber.« Auch der amerikanische Schriftsteller Sinclair Lewis pflegte bei seinen vielen Berlin-Besuchen hier abzusteigen. In einer Gesellschaft bei dem damaligen Außenminister Stresemann lernte er im Jahre 1927 seine zweite Frau, die Journalistin Dorothy Thompson, kennen. Seine Berlin-Eindrücke haben in seinem Roman »Sam Dodsworth« (1929) ihren Niederschlag gefunden. Der österreichische Romancier und Fabrikbesitzer Ernst Broch (1886–1951) wohnte mit seinem Sohn bei seinem einzigen Besuch in Berlin im Jahr 1924 im Adlon. Durch gründliches Studium eines Berlin-Baedekers erwarb er sich eingehende Kenntnisse der Umgebung des Hotels und nicht zuletzt auch des Nachtlebens in der Friedrichstadt, die die Kulisse für den ersten Band seines Romans »Die Schlafwandler« (1931/32) hergab. Der Anekdotenerzähler Anton Kuh, der »unwiderstehlich charmante Schnorrer aus Wien«, zählte zu den besten Kunden der Bar. Auch im Hotel stand ihm immer ein Zimmer zur Verfügung, obwohl er nie bezahlte. Bernd Ruland berichtet, daß der Hotelier lediglich darauf bestand, daß Kuh besonderen Gästen Anekdoten erzählte. Kuh sagte von sich, daß ihm das »Adlon« eigentlich längst gehöre, weil er dort so viele Schulden habe. Nach Rückkehr aus dem Exil am 22. Oktober 1948 fand Bert Brecht mit Helene Weigel und Tochter Barbara in einem erhalten gebliebenen Verwaltungstrakt im Seitenflügel des ausgebrannten Hotels Adlon eine vorläufige Unterkunft. Im Frühjahr 1949 bezog er das Haus Klement-Gottwald-Allee am Weißen See. Das Haus Nr. 4a trug seit

1904 eine Tafel zum Gedenken an den Baumeister Karl Friedrich Schinkel, der 1794 mit seiner Mutter nach Berlin gekommen war und von 1823 bis 1839 hier wohnte. Mit etwa 30 Bauten, zu denen das Schauspielhaus, die Neue Wache, das Alte Museum, das Denkmal auf dem Kreuzberg und die Singakademie gehören, hat er das Antlitz des Berliner Stadtbilds in der ersten Hälfte des 19. Jahrhunderts geprägt. Auf ihn gehen die der Raumnutzung dienenden Eckzimmer zwischen Vorderhaus und Seitenflügel, die sog. Berliner Zimmer, zurück. Dem Berliner Theaterleben der Zeit gab er mit knapp 50 Bühnenbildern ein besonderes Gesicht. Der Baumeister starb am 9. Oktober 1841 in Berlin.

Chateaubriand war am 1. Januar 1821 mit seinem Sekretär Hyacinthe Pilorge von Paris nach Berlin abgereist, um das Amt des französischen Gesandten am Preußischen Hof zu übernehmen. Am 11. d.M. kam er in der Hauptstadt an und bezog das Haus Nr. 5. »Ich wohne in einem riesigen und ziemlich heruntergekommenen Palais«, schreibt er seiner Freundin Madame Juliette de Récamier. Mit den beiden Humboldts traf er sich öfter, mit Chamisso war er freundschaftlich verbunden. Hier arbeitete er am 4. Band seiner »Mémoires d'Outre-Tombe«.

An der Stelle der Botschaft der UdSSR stand außer dem zaristischen Botschaftsgebäude, dem Hotel Bristol und dem Erzbischöflichen Palais das Palais der Herzogin von Kurland (Nr. 7), einer Freundin der Literatur und der Kunst, die von 1804 bis 1806 mit ihrem Salon einen gesellschaftlichen Mittelpunkt der Hauptstadt bildete. Hier lebte die Dichterin Elisa von der Recke, eine Schwester der Herzogin, und hier wohnte Madame de Staël in den ersten Tagen ihres Aufenthalts in Berlin im Jahre 1804.

Im Hause Nr. 8 befand sich bis 1875 die Konditorei Fuchs, deren höchst elegante Ausstattung die Berliner entzückte. Heine allerdings fand, daß »alles, was man dort genießt, am schlechtesten und teuersten in Berlin ist«. Das »heimliche, mit Weinlaub dekorierte Spiegelkabinett« des Konditorladens bildet den Schauplatz der Traumhalluzinationen des Barons Theodor von S. in E. T. A. Hoffmanns »Fragment aus dem Leben eines Fantasten«.

Das Haus Nr. 9, ein vier Fenster breites Gebäude, fiel E. T. A. Hoffmann eines Tages auf, weil es »auf ganz wunderliche seltsame Weise von allen übrigen abstach . . .« Er machte es zum »Öden Haus« seines Nachtstücks.

Auf der gegenüberliegenden Seite der Linden im Hause Nr. 76 hatte

Bettina von Arnim um 1820 mit ihren Kindern eine ihrer vielen Stadtwohnungen. Um ihre Haushaltskosten zu senken, erwog sie ernsthaft, im Anbau des Hauses eine Kuh zu halten. Im Hause Nr. 72, das dem Bau des im Zweiten Kriege zerstörten Innenministeriums Platz machen mußte, fand der am 25. Mai 1818 als viertes Kind eines Geistlichen in Basel geborene Historiker und Kunstwissenschaftler Jakob Burckhardt bei einem Herrn Beise im ersten Stock des zweiten Hofs eine Unterkunft. Er war, von seiner Geburtsstadt kommend, am 27. Oktober 1839 in Berlin eingetroffen, wo er seine theologischen Studien fortsetzen wollte. Berlin betrachtete er als die »erste Universität Europas«. Er hörte Geschichte bei Ranke und Droysen und Kunstgeschichte bei Franz Theodor Kugler, zu dem er bald persönlichen Kontakt fand und in dessen Haus er Geibel und Heyse kennenlernte. Besonders begeisterten ihn die Spaziergänge mit Kugler, die dieser »überflüssigen Fettes wegen« täglich unternehmen mußte und der ihm erlaubte, »ihn abzuholen, so oft es mir gelüstet . . . und so zotteln wir zwei Stunden lang durch den schönsten Schreibsand . . .« Jacob Grimms Vorlesung über Tacitus' »Germania« hielt er für das »schönste und interessanteste Kolleg, welches ich je gehört«. Von Deutschland war er so begeistert, daß er sich nach Art seiner oppositionellen Kommilitonen altdeutsch kleidete und die Haare lang wachsen ließ. Die Armut und den bescheidenen Lebensstil der Berliner sowie die Qualität des Essens in den Gasthäusern gaben ihm zunächst zu kritischen Bemerkungen Anlaß. »Schweren Herzens« und »unendlich bereichert« verließ er dann jedoch im Jahre 1841 die Hauptstadt, um sein Studium in Bonn fortzusetzen.
Von 1843 bis 1845 wohnte Friedrich Wilhelm Schelling im Hause Nr. 71. Das Haus trug seit 1895 eine Bronzetafel zum Gedenken an den Philosophen. Schelling, am 27. Januar 1775 im württembergischen Leonberg geboren, Stubengefährte Hegels und Hölderlins im Tübinger Stift, wurde mit kaum 22 Jahren a. o. Professor in Jena. Dort verliebte er sich in Caroline, die zwölf Jahre ältere Gattin seines Freundes A. W. Schlegel, heiratete sie nach ihrer Scheidung im Jahre 1803 und verlor sie nach sechsjähriger Ehe durch den Tod. Im Jahre 1841 wurde er von Friedrich Wilhelm IV. von Würzburg nach Berlin berufen, um hier die »Drachensaat des Hegelianismus« auszumerzen. Zu seinen Hörern gehörten Engels, Burckhardt und Sören Kierkegaard, der sich – ebenso wie die Mehrzahl seiner Schüler – in seinen Erwartungen enttäuscht sah. 1854 verließ er resigniert Berlin und starb noch im selben Jahr am 20. August auf einer Reise in Bad Ragaz.

Im Hause Nr. 19 lebte in den zwanziger Jahren die damals noch unbekannte Schauspielerin Marlene Dietrich bei ihrer Mutter, deren zweiter Mann Eduard von Losch als Offizier im Kriege gefallen war. Ihr Großvater war der Hofuhrmacher Felsing, dessen Geschäftsräume sich im Erdgeschoß des Nachbarhauses Nr. 20 befanden.
Friedrich Baron de la Motte Fouqué verlegte jeweils in den Wintermonaten von 1820 bis 1831 seinen Wohnsitz von Gut Nennhausen bei Rathenow in die Hauptstadt. Er wohnte mit seiner zweiten Frau Caroline von Rochow in den Häusern Nr. 13 (1820), 20 (1821), 54 (1823) und 67 (1824–1829) und danach in der Wilhelmstraße.
Auf der gegenüberliegenden Seite der Linden im Hause Nr. 50 befand sich bis zu Anfang der vierziger Jahre des vergangenen Jahrhunderts die Schweizer Lese-Konditorei Spargnapani. Fontane überlief in England beim Gedanken an die Konditorei stets ein »süßer Heimwehschauer«, und er bot »ganz London für deine kleinste Tasse Kaffee«. Im Jahr 1876 installierte sich das vornehme Weinrestaurant Dressel in den Räumen. Die »Buchholzen« in Stindes Roman genießt hier nach dem Besuch des Weihnachtsmarkts mit Verwandtschaft und Freunden »ein opulentes Abendbrot mit verschiedenen Seltenheiten«.
Im Frühjahr 1835 bezog Bettina von Arnim mit ihren Töchtern und einem Diener im zweiten Stock des Palais des Grafen Raczynski Unter den Linden Nr. 21 über der Residenz des musikliebenden englischen Gesandten – Jenny Lind sang hier, und Lortzing war hier oft zu Gast – eine elegante Wohnung. Bettina führte ein offenes Haus und versammelte fast täglich oppositionelle, liberale literatur- und musikbegeisterte Persönlichkeiten um sich. Alexander von Humboldt war sie freundschaftlich verbunden. Ihre Tochter Maximiliane, die sie Maxe nannte, schreibt, daß ihre Mutter immer ein Anwalt der Armen und Unglücklichen, der Unterdrückten und Verfolgten gewesen sei – »kein Mensch war gleichgültiger gegen Stand und Adel als sie«. Mit ihrem drei Jahre nach dem Tode Goethes herausgegebenen Briefroman »Goethes Briefwechsel mit einem Kinde«, »dem Bekenntnis ihrer lebenslangen Schwärmerei für den Dichter, der ihre Liebe duldete, ohne sie zu erwidern«, erregte sie allgemeines Aufsehen. 1843 erschien ihre anklägerische, Friedrich Wilhelm IV. gewidmete Schrift »Dies Buch gehört dem König« – mit dem sie für soziale Gerechtigkeit eintritt und unverhohlen die Kamarilla des Hofes kritisiert. »Sie ist in dieser Zeit der einzige Held, die einzige wahrhaft freie und starke Stimme«, schreibt ihr Freund Varnhagen in seinen Erin-

nerungen. Jakob Burckhardt verdankt die Nachwelt eine eindrückliche Beschreibung Bettinas und ihres Hauses. Er machte ihr bei seinem zweiten Aufenthalt in Berlin im Januar 1842 seine Aufwartung und schreibt seiner Schwester Louise: ». . . *ein 54jähriges Mütterchen, klein, aber von schöner Haltung, mit wahrhaften Zigeunerzügen im Angesicht, aber so wunderbar interessant, wie selten ein weiblicher Kopf; schöne, echte kastanienbraune Locken, die braunsten, wundersamsten Augen, die mir noch vorgekommen sind* . . .« Emanuel Geibel, der sie oft besuchte und den sie mit mütterlicher Fürsorge umgab, schildert, wie sich die Hausfrau »wie ein Kind auf ihrem Stuhl zusammenkauerte und fort und fort erzählte mit ihrer leisen, eigenartigen Stimme«. Im Jahr 1844 veräußerte ihr Wirt das Palais, und die Vorkämpferin für die Frauenemanzipation mußte ihre Wohnung aufgeben. Das Haus blieb bis zum Beginn des Zweiten Weltkriegs erhalten. Bettina bezog mit ihren Kindern ein Haus hinter dem neuen Packhof. An der Stelle der im Kriege zerstörten Linden-Passage, einer überdeckten Ladenstraße von den Linden zur Friedrich-/Ecke Behrenstraße, an der sich heute ein Appartementhaus mit Spezialgeschäften im Erdgeschoß erhebt, lag der Gasthof »Zur Goldenen Sonne«. Hier wohnte vom 15. bis zum 20. Mai 1778 der 29jährige Goethe bei seinem einzigen Aufenthalt in Berlin. Er reiste als Begleiter seines inkognito auftretenden Souveräns Karl August von Weimar, der aus politischen Gründen die Hauptstadt Preußens aufsuchte. Auf dem Tisch seines Zimmers fand Goethe ein Begrüßungspoem der damals 58jährigen Dichterin Anna Luise Karsch, das mit den Worten beginnt: »Schön gutten Morgen, Herr Doctor Göth.« Am 20. Mai verließ er nach einem Besuch in Tegel die Königsstadt, wo ihm »tausend Lichter aufgegangen« sind. 1818 bittet er seinen Freund Zelter, ihm »so derb als möglich« zu schreiben, denn »das kleidet euch Berliner doch immer am besten«. In einem Gespräch mit Eckermann über Zelter fielen im Dezember 1823 die vielzitierten Worte: »*Es lebt . . . ein so verwegener Menschenschlag beisammen, daß man mit der Delikatesse nicht weit reicht, sondern daß man Haare auf den Zähnen haben und mitunter grob sein muß, um sich über Wasser zu halten.*« Im Juli 1820 schreibt er dem Musikschriftsteller Lobe über die Berliner: »*Das Völkchen besitzt viel Selbstvertrauen, ist mit Witz und Ironie gesegnet und nicht sparsam mit diesen Gaben.*« Noch 1831 erinnerte sich Goethe, der das gepflegte Hochdeutsch der Berliner Aussprache als vorbildlich ansah, daß sich nur am Berliner Theater »eine allgemeine deutsche

Sprache ausgebildet hat«. 26 Jahre nach Goethes Aufenthalt in Berlin beherbergte der Gasthof, der um 1800 den Namen »Hôtel de Russie« angenommen hatte, Friedrich von Schiller. Der Hofrat und Dichter war mit seiner Frau Lotte und den Söhnen Karl, elf, und Ernst, acht Jahre alt, gegen Mittag des 1. Mai 1804 in Berlin angekommen und hier abgestiegen. Iffland schreibt er noch am selben Abend: »*Ich war nach Leipzig gereist in Geschäften, und dort fiel mir ein, daß ich Berlin um 10 Meilen näher gekommen war. Die Versuchung war mir zu groß, und so entschloß ich mich, Knall und Fall, einen Sprung hierher zu tun.*« Obwohl von der Reise erschöpft und an einem Katarrh leidend, besuchte er noch am selben Abend eine Vorstellung von Mozarts »Zauberflöte« und las in der Nacht, in der er nicht schlafen konnte, das Manuskript der »Söhne des Tals« von Zacharias Werner. Werner lebte mit seiner dritten Frau, einer Polin, die kein Wort Deutsch sprach, von 1805 bis 1807 in Berlin. Am 4. Mai besuchte Schiller das am 1. Januar 1802 eröffnete Kgl. Nationaltheater, wo Iffland ihm zu Ehren eine Aufführung der »Braut von Messina« einstudiert hatte. Der Dichter wurde von den Berlinern, die sich von ihren Plätzen erhoben, mit nicht enden wollendem Beifall begrüßt. Am 13. Mai war er Gast der Königin Luise am Hof, wo seine Söhne mit dem Kronprinzen, dem späteren Kaiser Wilhelm I., spielten, speiste beim Prinzen Louis Ferdinand und traf Henriette Herz, Schadow, Zelter, bei dem er »vergnügliche Stunden« verbrachte, und andere Persönlichkeiten. Einige Tage logierte er mit seiner Familie bei Hufeland und Iffland. Am 17. Mai – acht Tage belästigte ihn sein Katarrh, und er war »für alles verdorben« – verließ die Familie um sechs Uhr früh die Hauptstadt und kam um 10 Uhr in Potsdam an. Seinem Freund Christian Gottfried Körner, dem Vater des Dichters Theodor Körner, schreibt er aus Weimar: »*Berlin gefällt mir und meiner Frau besser, als wir erwarteten. Es ist dort eine große persönliche Freiheit und eine Ungezwungenheit im bürgerlichen Leben.*« Seine in Aussicht genommene, vom Hof, der Akademie und Iffland geförderte Übersiedlung nach Berlin kam nicht zustande. Genau ein Jahr nach seiner Berlin-Reise starb er am 9. Mai 1805 in Weimar. Um 1820 eröffnete der Hofträteur Jagor im Hause des Hotels seine vornehmen Restaurationsräume, von dessen »seltenen Delikatessen« Heinrich Heine schwärmt. In seinen Briefen aus Berlin berichtet er, daß noch immer das alte Gasthofszeichen, eine Sonne, als treffendes Symbol über dieser »Paradiespforte« leuchte. 1870 wurde das Haus Nr. 23 abgerissen und die Passage errichtet.

Von der Taubenstraße übersiedelte der Student Heinrich Heine in sein viertes Berliner Domizil im Hause Nr. 24. Am 24. November 1851 erinnert er sich in der Vorrede zur dritten Auflage der »Neuen Gedichte« seines Aufenthalts in dieser Wohnung: *»Ich schrieb den ›William Ratcliff‹ zu Berlin Unter den Linden in den letzten Tagen des Jahres 1822, als das Sonnenlicht mit einem gewissen lauwarmen Wohlwollen die schneebedeckten Dächer und die traurig entlaubten Bäume beglänzte. Ich schrieb in einem Zuge und ohne Brouillon . . .«*
Am 24. Dezember 1823 wurde er exmatrikuliert und ging nach Göttingen zurück, wo er am 26. Juli 1825 zum Doktor der Rechte promovierte. Die *»langgestreckten, uniformierten Häuser, die langen, breiten Straßen, die nach der Schnur und meistens nach dem Eigenwillen eines Einzelnen gebaut sind und keine Kunde geben von der Denkweise der Menge«*, erregten sein Mißfallen.

Im Jahre 1834 eröffnete der österreichische Zuckerbäcker und preußische Hofkonditor Johann Georg Kranzler an der westlichen Ecke der Friedrichstraße ein Lese-Kaffeehaus, in dem die »Gardeleutnants, nachdem sie ›rechts‹ und ›links‹ kommandiert haben, zur Belohnung für ihre Tapferkeit Eis und Baisers essen dürfen«, wie es ein Zeitgenosse schreibt. Fontane versuchte vergeblich, Theodor Storm, mit dem er durch den Tiergarten spaziert war, von einem Frühstücksbesuch bei »Kranzler« zurückzuhalten. Es genierte ihn, sich mit Storm, dessen »leinerne Beinkleider und Weste . . ., grünes Röckchen, Reisehut und Schal«, der »in zwei Strippen mit Puscheln hin und her pendelte«, die Aufmerksamkeit der Berliner erregte, in dem eleganten Café sehen zu lassen. Storm aber bestand auf dem Besuch, und Fontane war froh, »als wir nach einer halben Stunde wieder heil heraus waren«.

Von einer Begegnung von Literaten mit der preußischen Polizei in der Friedrichstraße berichtet Carl Ludwig Schleich in seinen Erinnerungen. Im »Schwarzen Ferkel« hatte der Kreis um Strindberg über die Kugelgestalt der Erde diskutiert und sich vorgenommen, dieses geographische Problem experimentell zu erproben. Strindberg, Hartleben und Schleich begaben sich zur Ecke Unter den Linden/Friedrichstraße: *»Es wurde beschlossen, daß Hartleben sich zur Leipziger Straße zu begeben hätte und hier in der Mitte des asphaltierten Fahrdammes . . . sich postieren solle. Strindberg und ich waren bereit, die Vorderfläche unserer Kleider der Wissenschaft zum Opfer zu bringen, und legten uns lang zum Auslug auf den Asphalt. Aber der Schwede hatte nicht mit der preußischen Polizei gerechnet. Kaum* *lagen wir blickbereit, da herrschte uns ein Schutzmann unter stark beleidigenden und unsere wissenschaftliche Qualifikation stark in Zweifel ziehenden Verdächtigungen, daß wir uns von der Stelle zu scheren hätten. Hier sei kein Nachtasyl. Mit dem ganzen Aufwand unserer Gelehrtenüberzeugung gelang es uns endlich, den Schutzmann über die Wichtigkeit unseres Experimentes aufzuklären, und es ist gewiß ein rührendes Beispiel für den wissenschaftlichen Geist unserer Polizei, daß dieser Wachmann sich beinahe zu uns gelegt hätte, um die Rundheit der Erde definitiv abzutun . . .«* Im Hause Nr. 26, an der gegenüberliegenden Ecke der Friedrichstraße, hatte Wilhelm von Humboldt nach Rückkehr von seinem Gesandtenposten in Rom im Jahre 1809 mit seiner Frau Caroline von Dacheröden seine Berliner Stadtwohnung. In den Sommermonaten wohnte der Gelehrte, der als Sektionsleiter des Kultur- und Unterrichtswesens im preußischen Innenministerium nach Berlin berufen war, in Tegel. Auf seine Initiative kam es 1810 zur Gründung der Universität Berlin, der Friedrich-Wilhelms-Universität, die seit 1946 seinen Namen trägt. Er gilt als der Schöpfer der erst heute realistisch differenzierten Gesamtschule. Vor diesem Hause soll seine Frau, die hier einen führenden Salon des spätromantischen Berlins eingerichtet hatte, am Heiligen Abend des Jahres 1815 im Vorgarten den ersten Weihnachtsbaum in Berlin, eine Blautanne mit brennenden Kerzen, aufgestellt haben. Der Staatsminister arbeitete hier an der Übersetzung des »Agamemnon« von Äschylus. Von 1810 bis zu seiner Entlassung aus preußischen Diensten wegen seiner Kritik an den Karlsbader Beschlüssen im Jahre 1819 war er als Gesandter in Wien und London tätig. Die Wohnung behielt er während dieser Zeit bei. Das Haus mußte 1877 dem heute verschwundenen Café Bauer Platz machen.

Auf der Nordseite der Linden neben dem Interhotel, an dessen Stelle sich das Viktoria-Hotel und -Café befanden, lag im ersten Stock des Hauses Nr. 41 das »Kleine Theater«, ursprünglich der Festsaal von »Arnims Hotel«. Später etablierten sich hier Arnims Festsäle, ein Tanz- und Amüsierlokal, das Max Reinhardt im Jahre 1901 in sein Überbrettl »Schall und Rauch« umwandelte. Nach Verlauf eines Jahres feierte er hier mit ernsten abendfüllenden Bühnenwerken von Wedekind, Gorki und Wilde seine ersten Triumphe. Er gab dem Überbrettl den Namen »Kleines Theater«, das die Keimzelle seines Theaterbereichs wurde. Maxim Gorki sah hier im Jahr 1906, vom Kriminalpolizisten Nr. 674 beschattet, eine Aufführung seiner »Kinder der Sonne«.

An der westlichen Ecke der Charlottenstraße befand sich seit 1775 im Hause Nr. 39 das »Hôtel de Rome«. Am 15. November 1828 kam Ludwig Börne, der 1813 seinen Vatersnamen abgelegt hatte und Protestant geworden war, auf der Suche nach einem Verleger wieder nach Berlin. Er stieg in diesem Hotel ab und berichtet: »Ich wohnte in der Stadt Rom, und doch war es fürchterlich kalt. Aber es war die Stadt Rom Unter den Linden.« Am zweiten Tag nach seiner Ankunft machte ihm hier Willibald Alexis, »schwarz gekleidet, in seidenen Strümpfen und überhaupt sehr festlich zubereitet«, seine Aufwartung. Von hier übersiedelte er in ein möbliertes Zimmer in der Friedrichstraße. Von dem »Hôtel de Rome« ließ übrigens Wilhelm I. jeweils seine Badewanne holen, da sein gegenüberliegendes Palais keine Badegelegenheit bot.

Unter den Linden 32, an der Ecke der Charlottenstraße, lag bis 1885 »Meinhardts Hotel«, ein »Gasthof ersten Ranges«. Hier stieg Theodor Storm im Dezember 1852 ab und schreibt seiner Frau nach Husum, daß er es hier »so angenehm« wie nirgends angetroffen habe, »alles gut, und lauter bescheidene, angenehme Leute«. Der Dichter war nach Berlin gekommen, um nach der Besetzung Schleswig-Holsteins durch die Dänen und seiner Entlassung eine Verwendung im preußischen Justizdienst zu suchen. Über seinen Eindruck von der Hauptstadt schreibt er am 23. März 1853 an Fontane: ». . . *Gleichwohl ist in der Berliner Luft etwas, was meinem Wesen widersteht und was ich auch bis zu einem gewissen Grade zu erkennen glaube. Es ist, meine ich, das, daß man auch in den gebildeten Kreisen Berlins den Schwerpunkt nicht in die Persönlichkeit, sondern in Rang, Titel, Orden und dergleichen Nipps legt . . .*«

Im Hause Nr. 33 an der gegenüberliegenden Ecke befand sich das Café Royal, das Stammlokal E. T. A. Hoffmanns und Heinrich Heines. In seinen Berliner Briefen schreibt Heine: ». . . *Ein schönes Lokal, vorn das splendideste Kaffeehaus Berlins, hinten die schöne Restauration. Ein Versammlungsort eleganter, gebildeter Welt. Sie können hier oft die interessantesten Menschen sehen . . . dort am Tisch das kleine bewegliche Männchen mit den ewig vibrierenden Gesichtsmuskeln, mit den possierlichen und doch unheimlichen Gesten? Das ist der Kammergerichtsrat Hoffmann, der den Kater Murr geschrieben.*«

Im Hause Nr. 35 lag seit 1843 das »Hôtel du Nord«. Hier stieg Josef Victor Scheffel bei seinem letzten Aufenthalt in Berlin im September 1885 ab, als er seinen einzigen Sohn Victor, der als Fahnenjunker bei den Garde-Ulanen diente, besuchte. Im Jahre 1787 machte Friedrich Wilhelm II. das kostbar ausgestattete Haus Nr. 36, das niederländische Palais, seiner »schönen Wilhelmine«, der späteren Gräfin von Lichtenau, zum Geschenk. Hier veranstaltete die Geliebte des Königs prächtige Empfänge und Bankette.

Bebel-Platz Zwischen dem Alten Palais, der ehemaligen Residenz Kaiser Wilhelms I. und der »Kommode«, der früheren Kgl. Bibliothek, sowie andererseits der Deutschen Staatsoper erstreckt sich der weite Bebel-Platz, der ehemalige Kaiser-Franz-Joseph-Platz, der auch Opernplatz genannt wurde. In der Bibliothek arbeiteten Gelehrte wie die Brüder Grimm, Fichte, Hegel, Schelling, Schopenhauer, Ranke und Mommsen und im August 1895 – wie eine Tafel verkündet – Lenin. Auf dem Opernplatz warfen am 10. Mai 1933 unter dem Jubel zahlreicher Zuschauer Studenten in SA-Uniform als symbolischen Akt mehr als 20000 Bücher von 24 weltweit bekannten Schriftstellern der Zeit in die Flammen. Erich Kästner verbarg sich in der Menge, die die Scheiterhaufen umgab. Heines bemerkenswerte Prophezeiung:
»Dort, wo man Bücher verbrennt, verbrennt man auch am Ende Menschen«, erfüllte sich bald danach.
Gegenüber dem Alten Palais liegen, durch die Universitätsstraße getrennt, die Deutsche Staatsbibliothek und die Humboldt-Universität. Das Gebäude der ehemals Preußischen Staatsbibliothek wurde in den Jahren 1903 bis 1914 an der Stelle des 1706 fertiggestellten kurfürstlichen Marstalls errichtet, in dessen oberem Stockwerk die Akademie der Wissenschaften und der Künste untergebracht war. Hier arbeiteten die von Ludwig XV. vertriebenen und von Friedrich II. aufgenommenen französischen Gelehrten Marquis d'Argens, Maupertuis und d'Alembert, und hier hielt Fichte in den Jahren 1807/08 seine »Reden an die Nation«. Boswell besuchte im Sommer 1764 die Akademie, »die in einem großen Gebäude untergebracht ist. Unten befindet sich der Marstall des Königs, und im oberen Stockwerk versammeln sich die klugen Köpfe, was einen Witzbold veranlaßte, an der Akademie folgende Inschrift anzubringen: Musis et Mulis«, notiert er in seinem Tagebuch. An der Front des Erdgeschosses in der Universitätsstraße befand sich eine Bronzetafel zum Gedenken an den Schriftsteller und Publizisten Karl Gutzkow. Trotz wiederholter Petitionen interessierter Kreise fand sich an dem neuen Bibliotheksgebäude kein Platz mehr für die Tafel, die seit den zwanziger Jahren am Haus Großbeerenstraße 7 angebracht war. Karl Gutzkow kam

am 17. März 1811 als Sohn eines aus Pommern gebürtigen ersten Bereiters des Prinzen Wilhelm von Preußen, der hier über Ställe und Remisen verfügte, in einer an der Hinterseite des Gebäudes in einem Turm gelegenen Dienstwohnung in der damaligen Stallstraße, der heutigen Universitätsstraße Nr. 6, zur Welt. In seinen Erinnerungen »Aus der Knabenzeit« (1852) schildert Gutzkow höchst anschaulich sein erstes Lebensjahrzehnt, das er hier verbrachte.
Die am 15. Oktober 1810 eingeweihte Friedrich-Wilhelms-Universität, die seit 1946 den Namen ihres Gründers Wilhelm von Humboldt trägt, war bis 1802 die Residenz des Prinzen Heinrich, des Bruders Friedrichs des Großen. Am 17. Mai 1778 war Goethe hier zum Mittagessen eingeladen. Der Reichsgraf von Lehndorff war sein Tischnachbar und erinnert sich: »*Ich versuchte das Unmögliche, ihn zum Sprechen zu bringen, aber er ist sehr lakonisch, und es scheint mir, daß er sich zu sehr für einen Grandseigneur hält, um noch für einen Autor zu gelten. Das ist im allgemeinen der Fehler von unseren gelehrten Deutschen, daß sie von dem Augenblick an, wo man ihnen Vertraulichkeit zugesteht, unerträglich vor Stolz werden.*«
Als erster Rektor der Universität amtierte Fichte. Schleiermacher, Savigny und Hufeland gehörten zum Lehrkörper, Hegel wurde 1817 berufen. Ein gewisser Professor von der Hagen wirkte als Germanist, bezog aber kein Gehalt, da man sein Fach für nicht notwendig hielt. Eine Fülle von Schriftstellern und Dichtern haben im Laufe der Zeit ihre Ausbildung erfahren, 27 Nobelpreisträger lehrten hier. Heinrich Heine äußert sich in seinen »Briefen aus Berlin« abfällig über die düstern und unfreundlichen Hörsäle und die »schweinsledernen Witze langweiliger Dozenten«. Am 15. November 1862 fand in der neuen Aula der Universität eine Fcier zu Hauptmanns 60. Geburtstag statt. Die Berliner Studentenschaft hatte mit Mehrheit beschlossen, die Feierstunde zu boykottieren, weil Hauptmann durch sein Bekenntnis zur Republik als »nicht charakterfester Deutscher« galt. Professor Petersen hielt die Festrede, hatte aber – wenn auch vergeblich – dagegen protestiert, daß das sozialdemokratische Staatsoberhaupt Friedrich Ebert an der Feierstunde teilnahm.

Kastanienwäldchen Das zwischen Universität und Zeughaus gelegene Kastanienwäldchen gehörte ursprünglich zu den Parkanlagen des Palais von Prinz Heinrich. Für Christian Morgenstern, der in der benachbarten Nationalgalerie arbeitete, war das Kastanienwäldchen der »liebste Fleck« in Berlin. Bettina von Arnims Kinder spielten hier. In der 1825 erbauten Singakademie, die seit 1945 das Maxim-

Gorki-Theater beherbergt, hat Schlegel gelehrt und Alexander von Humboldt seine Kosmos-Vorträge gehalten. »Der Saal faßte nicht die Zuhörer, und die Zuhörer faßten nicht den Vortrag«, berichtet der spottsüchtige Saphir.

Am Festungsgraben In dem ursprünglichen Adelspalais rechts neben der Singakademie Am Festungsgraben Nr. 1, von 1804 bis 1808 Residenz des Reichsfreiherrn vom Stein, des großen preußischen Reformers, seit 1861 Sitz des preußischen Finanzministeriums, heute Haus der Deutsch-Sowjetischen Freundschaft, verbrachte der Schriftsteller Wilhelm von Scholz von 1882 bis 1890 seine Kinderjahre und seine Jugend als Sohn des letzten Finanzministers Bismarcks, Adolf von Scholz. In seinen »Erinnerungen einer Jugend – Berlin und Bodensee« (1934) hinterläßt er eine anregende Darstellung seiner Knabentage im Kastanienwäldchen und seiner Schulzeit im Friedrich-Werderschen Gymnasium in der Dorotheenstraße 13–14. Ernst Lissauer, der sich mit seinem »Haßgesang gegen England« einen unrühmlichen Namen gemacht hat, Georg Hermann und Arthur Landsberger waren Schüler des Gymnasiums zu seiner Zeit. Der hohen Stellung seines Vaters wurde sich der Knabe bewußt, als die allsonntägliche Militärmusik im Kastanienwäldchen während der Dauer einer väterlichen Typhuserkrankung ausfiel. 1890 trat sein Vater in den Ruhestand und übersiedelte mit seiner Familie auf sein Landgut Seeheim bei Konstanz am Bodensee. Der promovierte Schriftsteller war von 1926 bis 1928 erster Präsident der Dichterakademie. Er starb am 29. Mai 1969 auf seinem Landsitz.

Hegelplatz Vom 1. April 1854 bis Dezember 1855 wohnte Gottfried Keller in einem möblierten Zimmer bei Schmidt am Bauhof Nr. 2. Von dem 1696 angelegten kurfürstlichen Bauhof war zu seiner Zeit nur der Name für einen kleinen Platz mit fünf Häusern geblieben, der 1872 seinen jetzigen Namen erhielt. Im September 1884 erzählt Keller seinem Besucher Eduard Engel von seinem möblierten Zimmer am »Bauhof«: ». . . *ich wohnte in einer Stube oben, unten war eine Schmiede oder eine Werkstatt, wo Metall verarbeitet wurde . . . Beim Hämmern unter mir habe ich meine Geschichte geschrieben, der Lärm hat mich gar nicht gestört, eher beflügelt; ich wußte ja, drunten wird rechtschaffen gearbeitet, also mußte ich Schreiberlein darüber auch meine Schuldigkeit tun. Ja, das war eine feine Zeit.*« Hier schrieb er seine Novelle »Romeo und Julia auf dem Dorfe«, und hier vollendete er »buchstäblich unter Tränen« am Palmsonntag 1855 den »Grünen Heinrich«, wobei ihm Betty Tendering hilfreich zur Seite stand, den ersten Band seiner »Leute von Seldwyla« (1856) sowie die »Sieben Legenden«. Der Hauptstadt widmet er die Gedichte »Berliner Pfingsten« und »Berliner Weihnachtsmarkt«, in satirischen Versen besingt er die »Polka-Kirche« am Matthäikirchplatz, und unter dem Eindruck eines Besuchs in Tegel schreibt er ein Gedicht über das »stille, weiße Humboldthaus«. Das Berliner Stadtbild sowie die märkische Landschaft schildert er in seinen »Wanderbildern« (1852). In Berlin hat sich der Dichter nicht besonders wohl gefühlt: ». . . das Volk ist mir zuwider«, stellt er ein Jahr nach seiner Ankunft in der Hauptstadt fest. Im Dezember 1855 kehrte er zu seiner Mutter nach Hottingen bei Zürich zurück. Später schreibt er seinem Freund Freiligrath: *»Berlin hat mir vollkommen den Dienst eines pennsylvanischen Zellengefängnisses geleistet, so daß ich in mich ging und mich während dieser ausgesucht hundsföttischen Jahre zu besseren Dingen würdig machte.«*

Bauhofstraße Eine am Hause Nr. 2 vom Magistrat der Stadt im Jahre 1929 angebrachte Tafel besagt, daß Gottfried Keller hier in den Jahren 1854/55 gewohnt habe. Keller logierte jedoch am benachbarten Hegelplatz, der zu seiner Zeit noch »Am Bauhof« hieß. Wildenbruch schildert in der Annahme, daß der Schweizer Schriftsteller hier gelebt habe, die Bauhofstraße als eine *»alte, ganz einfache schmale Straße – Gasse müßte man richtiger sagen –, die in sanfter Krümmung vom Kupfergraben zu dem Platz führt, wo die große Büste des Philosophen Hegel steht, der nach diesem Hegelplatz heißt. Schmucklose, altmodisch-niedrige Häuser zur Rechten, eine lange, beinahe die ganze Straße sich entlang ziehende Gartenmauer zur Linken.«* Glücklicherweise ist dieser Winkel Alt-Berlins, durch den Keller sicher oft gekommen ist, erhalten geblieben.

Am Kupfergraben Das Haus Am Kupfergraben 5, in dem Georg Wilhelm Friedrich Hegel von 1820 bis zu seinem Tode mit seiner Familie wohnte und das im Zweiten Weltkrieg schwere Schäden erlitt, soll als Hegel-Museum der Öffentlichkeit zugänglich gemacht werden. Es trug am Mittelpfeiler des ersten Stockwerks eine Tafel zum Gedenken an den Philosophen. Der am 27. August 1770 als Sohn eines Rentkammersekretärs in Stuttgart geborene Musterschüler auf dem Gymnasium, der auch auf dem Katheder so »schwäbelte«, daß die Berliner ihn oft nicht verstanden, wurde zum Jahresende 1817 als Nachfolger Fichtes nach Berlin berufen. In seinem Hause – »am liebsten will ich am Kupfergraben leben und sterben«, schreibt er seiner Frau – trafen sich seine Freunde, zu denen in erster Linie Zelter gehörte, zum »Whistchen«. Nach Rückkehr von seiner Sommerwohnung am Kreuzberg zum Wintersemester 1831/32, begann er am 10. November seine Vorlesungen, setzte sie am folgenden Tage fort, prüfte am nächsten Tag und starb am 14. November an einer chronischen Magenerkrankung, wie man heute meint. Lange galt die 1831 in Berlin herrschende Choleraepidemie als Ursache seines Todes. Auf dem Dorotheenstädtischen Friedhof wurde er neben Fichte bestattet. »Von allen meinen Schülern hat mich nur einer verstanden, und der hat mich nicht begriffen«, bekannte der Philosoph. Am Kupfergraben 7 steht das Max-Planck-Haus, in dem heute die Physikalische Gesellschaft residiert. Eine 1930 angebrachte Gedenktafel am Hause besagt, daß der 1802 in Berlin geborene Chemiker und Physiker Gustav Magnus der Gründer und Leiter des ersten physikalischen Instituts Deutschlands, von 1842 bis zu seinem Tode im Jahre 1870 in diesem Hause wohnte. 1911 übersiedelte Max Reinhardt vom Palais Wesendonck mit seiner Familie, seinen Eltern und Geschwistern in das Haus. Er wohnte im Obergeschoß des Vorderhauses mit dem Blick zur Bauhofstraße. Prominente Schriftsteller, Künstler, Diplomaten und Politiker trafen sich in seinem gastfreundlichen Haus, dessen erhalten gebliebener Beischlag mit dem Rokokogeländer und dem Treppenhaus mit der »zauberhaft heiteren Treppe« den Regisseur immer wieder entzückte. An seinen Sohn Gottfried schreibt er aus der Emigration: *»Es gibt viele prunkvollere Treppen, aber diese ist die schönste, bequemste, behaglichste, lustigste Gelegenheit, irgendwo hinaufzusteigen, von allen, die mir in der Welt unter die Füße gekommen sind. Das Licht, das tagtäglich durch die alten breiten Fenster die Stufen hinaufstieg, kann ich nie mehr in meinem Leben vergessen.«* Seine seit 1917 bestehende Beziehung zu Helene Thimig führte im Jahre 1931 zur Scheidung von Else Heims und zur offiziellen Verbindung mit der Schauspielerin. 1933 mußte der zweifache Ehrendoktor Professor Max Reinhardt Berlin verlassen. Nach einem kurzen Aufenthalt in Österreich ließ er sich in den Staaten nieder. Sein Besitz in Berlin und Österreich wurde enteignet. Durch den Schreck über einen Hundebiß erlitt er einen Schlaganfall und starb am 31. Oktober 1943 in einem New Yorker Hotel, in dem er sich in seinem letzten Lebensjahr einquartiert hatte.

Anläßlich des 100. Geburtstags von Max Planck im Jahre 1958 übergab der Magistrat der Stadt Berlin das Gebäude der Physikalischen Gesellschaft und taufte es auf seinen Namen.

Wolfdietrich Schnurre widmet seine Erzählungen »Steppenkopp«

dem Kupfergraben. An einen Besuch bei einem Antiquitätenhändler in einem der Häuser am Kupfergraben »mit ihren schlichten vornehmen Fassaden und ihren breiten Treppenhäusern . . . aus den Schinkelschen Jahren« erinnert sich Walter Benjamin in der aus seinem Nachlaß im Jahre 1970 veröffentlichten »Berliner Chronik«.
In der Kaserne des Gardefußartillerie-Regiments (heute Friedrich-Engels-Kaserne – Zugang von der Geschwister-Scholl-Straße) diente Friedrich Engels von 1841 bis 1842 als Freiwilliger. Seiner Schwester Marie schickte er eine Zeichnung, der er folgende Worte beifügt: *»Hier sieht Du mich in Uniform, wie ich meinen Mantel sehr romantisch und malerisch, aber ungeheuer vorschriftswidrig umgehängt habe. Würde ich so über die Straße gehen, so wäre ich jeden Augenblick in Gefahr, in Arrest geschickt zu werden, was doch eben nicht angenehm ist . . . Du siehst, es ist gefährlich, Soldat zu sein, auch im Frieden.«* Auf dem Kasernengelände erinnert ein Gedenkstein mit einer Tafel an die Dienstzeit von Engels in Berlin.

Hinter dem neuen Packhof Der Packhof lag auf dem Gebiet, das von der Spree, dem Pergamonmuseum, dem Neuen Museum und der Bodestraße begrenzt wird. Die nach ihm benannte Straße entspricht etwa der heutigen Bodestraße. Nach der Rückkehr von seiner diplomatischen Mission in Paris bezog Alexander von Humboldt am 12. Mai 1827 eine Wohnung im Hause Nr. 4. Am 3. November hielt er seine erste Kosmos-Vorlesung an der Singakademie. Im April 1828 trat er seine achtmonatige russisch-sibirische Reise an.
Im Jahre 1844 übersiedelte Bettina von Arnim von den Linden in das Haus Nr. 2 dieser Straße. In der durch die Neugestaltung der Museumsinsel verschwundenen Cantianstraße, die von der Friedrichsbrücke an der Spree entlang bis zur Mündung des Kupfergrabens hinter den neuen Packhof führte, erstreckten sich um 1800 Haus und Park der Bankierstochter Sara Levy, die fast völlig die jetzige Museumsinsel einnahmen. Hier waren Mirabeau und Madame de Staël zu Gast, und hier mietete Achim von Arnim im Herbst 1804 eine Vierzimmerwohnung. Am 13. November desselben Jahres traf Clemens Brentano, von Heidelberg kommend, in Berlin ein, wo ihn Achim sehr herzlich aufnahm. Die Freunde verbrachten frohe Tage in der Hauptstadt. In einem Brief an Sophie Mereau, die er ein Jahr vorher geheiratet hatte, berichtet Brentano, daß Arnim und er beschlossen hätten, »nunmehr unsere Lieder gemeinsam herauszugeben«. Im Mai 1805 reisten die Freunde nach Heidelberg zurück. Nach Sara Levys Aussagen sollen Bettina Brentano und Achim von Arnim

in ihrem Park »Verspruch gehalten« haben. Die Häuser dieser Straße waren wegen des geplanten Baus der Nationalgalerie zu Bettinas Zeit bereits zum Abbruch bestimmt.

Hinter der Katholischen Kirche In dem unweit der Oper und der Hedwigskirche gelegenen, längst verschwundenen Café Belvedere in der Straße Hinter der Katholischen Kirche traf sich allsonntäglich in den Nachmittagsstunden der 1827 von M. G. Saphir gegründete literarische Verein »Tunnel über der Spree«, vorher »Berliner Sonntagsverein« genannt. Fontanes Schriften »Von Zwanzig bis Dreißig« und »Christian Friedrich Scherenberg und das literarische Berlin von 1840 bis 1860« verdankt die Nachwelt ein amüsantes Bild dieser Vereinigung, der poesiebeflissene Studenten, Ärzte, Offiziere, Schauspieler, Maler und natürlich die bekanntesten Dichter der Zeit angehörten. Felix Dahn, der hier als Student eingeführt wurde, schreibt in seinen »Erinnerungen«: *»Der ›Tunnel unter der Spree‹ war nichts Geringeres als die vornehmste schriftstellerische Gesellschaft des damaligen Berlin. Männer wie Franz Kugler, Theodor Fontane, Heyse . . . und noch gar viele andere hervorragende Leute gehörten dem Verband an. Wöchentlich einmal kamen sie in einem bescheidenen Saale . . . zusammen, verlasen den Tagesbericht der vorigen Sitzung, in welchem die ›Späne‹ (Gedichte) und die ihnen erteilten Noten verlesen und – das war die Hauptsache – in der rücksichtslosesten Weise beurteilt wurden . . . Schwache Gedichte, auch der ältesten, ausgezeichnetsten Glieder, wie z. B. Kugler, wurden erbarmungslos mit oft ätzendem, echt berlinerischem Witz zerzaust, daß mir . . . angst und bange wurde und das erlaubte Maß der Bosheit weit überschritten schien . . .«* In seinen Erinnerungen »Von Perlin nach Berlin« beschreibt Heinrich Seidel, der 1868 Mitglied wurde, eingehend das Sitzungszeremoniell der Vereinigung zur Zeit ihres »herbstlichen Verblühens«. Geibel nennt den »Tunnel« spöttisch eine »Kleindichterbewahranstalt«.

Der Historiker Leopold von Ranke, der 1825 an die Universität Berlin berufen wurde, nahm auf der Suche nach einer Unterkunft in der Nähe der Universität in einem Haus in dieser Straße Wohnung.

Achim von Arnim kam im August 1804 zur Regelung von Erbschaftsangelegenheiten von Göttingen nach Berlin und mietete im Hause Nr. 2 eine Wohnung. Sein Vater war ein Jahr davor gestorben und hatte ihm den alten märkischen Herrensitz Wiepersdorf bei Jüterbog hinterlassen. Der Student fand Gefallen an der Hauptstadt, erneuerte die Beziehungen zu seinem Schulfreund Pistor, der in der

Mauerstraße wohnte, und beschloß, das Studium aufzugeben und von nun an »Federn zu schneiden«. Von hier zog er in das Haus der Sara Levy in der damaligen Cantianstraße.
Im Hause Nr. 3, zwei Treppen hoch, befand sich die Expedition der »Berliner Abendblätter«, deren Herausgabe und Redaktion Heinrich von Kleist besorgte.

Werdersche Rosenstraße Am 17. Mai 1841 bezog Alexander von Humboldt eine Vierzimmerwohnung im Hause Nr. 3. Nach wenig mehr als einem Jahr übersiedelte der Junggeselle in die Oranienburger Straße.
Der am 2. Juni 1798 in Fallersleben bei Lüneburg als Sohn eines Bürgermeisters und Kaufmanns geborene demokratische Dichter des Vormärz und Professor der Germanistik August Heinrich Hoffmann, der sich mit dem Namen seines Geburtsorts das Adelsprädikat verlieh, kam auf seinen Reisen durch Holland und Belgien am 3. Dezember 1821 in Berlin an, um mit dem zuständigen Minister über Beförderung und Gehaltsfragen zu verhandeln. Bei seinem Bruder, der im preußischen Staatsdienst stand, fand er im Hause Nr. 4 »auf dem Werder, hinter des Königs Palais«, ein Unterkommen. Er hatte Umgang mit Chamisso und Eichendorff und fand vor allem im Hause des hochgebildeten Bibliophilen v. Meusebach »traulichen Familienverkehr«. Von Berlin ging er im Frühling 1823 nach Breslau, wo er die Stelle eines Bibliothekars übernahm. Hoffmann von Fallersleben reiste später wiederholt nach Berlin, so 1830, im Mai 1842 und im Februar 1844 und noch einmal zwei Jahre vor seinem Tode.
Von Leipzig ging der im Kriege schwerverwundete Jurist und Schriftsteller Friedrich Georg Jünger im Januar 1928 nach Berlin, wo er zunächst bei seinem Bruder Ernst, der in der Nähe des Nollendorfplatzes wohnte, unterkam und dann in verschiedenen Teilen der Stadt in möblierten Zimmern lebte. »*Wer im dritten oder vierten Stock eines Mietshauses ein Zimmer bewohnt, der haust in einem Kubus von Raum, ohne Beziehung zu einer Umgebung, ohne Nachbarn, abstrakt, isoliert, unabhängig . . . So wohnte auch ich Jahre hindurch in Berlin*«, schreibt er in seinen Erinnerungen »Spiegel der Jahre«. Nachdem er längere Zeit in Steglitz gelebt hatte, übernahm er schließlich in der Werderschen Rosenstraße »in der Mitte des alten Berlin, im Mittelpunkt des Wirbels, also in einer Zone der Windstille« in einem dem Fiskus gehörenden Haus, das in früheren Zeiten Ordonnanzoffizieren des Königs als Quartier diente, die möblierte Wohnung eines Bekannten, der Berlin für längere Zeit verlassen

hatte. Ernst Niekisch, Herausgeber der Zeitschrift »Widerstand«, dem er um diese Zeit begegnete, wurde sein erster Verleger. 1936 ließ er sich in Überlingen nieder, wo er am 21. Juli 1977 starb. Drei Jahre nach seinem Bruder Ernst in Hannover geboren, wurde er wie dieser Berufsoffizier in der damaligen Reichswehr. 1920 vertauschte er die Kaserne mit dem Hörsaal und begann ein juristisches Studium, das er mit Promotion und Assessorexamen in Leipzig beschloß. Um seinem Bruder näher zu sein, ging er nach Berlin, wo er von einer geringen Kriegsbeschädigtenrente lebte. Seine publizistischen Arbeiten – vor allem sein »Gesicht der Demokratie« (1931) – galten dem Kampf gegen die Weimarer Republik und ihren literarischen Vertretern Thomas Mann, Erich Kästner und Remarque. Mit der nationalsozialistischen Machtübernahme zog er sich, nachdem er Schreibverbot erhalten hatte, aus dem politischen und literarischen Leben zurück. Nach dem Zusammenbruch erschienen zunächst lyrische, dann essayistische und erzählende Werke.

Oberwallstraße Von der Spreestraße übersiedelte Wilhelm Raabe in die Dachstube eines einem Schneider gehörenden Hauses in der Oberwallstraße. Hier beendete er im Frühling 1855 seinen Roman »Die Chronik der Sperlingsgasse«. Zu Ostern 1856 kehrte er in das mütterliche Haus nach Wolfenbüttel zurück, im Oktober erschien sein Roman unter dem Pseudonym Jacob Corvinus in Berlin. Eine der ersten lobenden Besprechungen verfaßte der angesehene Kritiker der Vossischen Zeitung, Ludwig Rellstab. 1857 kam Raabe zu Verlagsbesprechungen noch einmal in die Hauptstadt. Immer wieder wählt er die Stadt zum Schauplatz der Handlung, wie im »Hungerpastor« (1864) so auch in seinem Spätwerk, der Trilogie »Deutscher Adel« (1877), »Villa Schönow« (1883) und »Im alten Eisen« (1886), im Roman »Der Lar« (1888) und in der letzten Szene der »Akten des Vogelsangs« (1895), die in einem Berliner Hinterhaus spielt. Raabe starb am 15. November 1910 in Braunschweig. Im Hause Nr. 3 wohnte der Kgl. Hofmaler Antoine Pesne (1683–1757) in seinem letzten Lebensjahr.

Hausvogteiplatz Von der Unterwasserstraße wurde im Jahre 1750 die Hausvogtei, das Berliner Stadtgefängnis für Bürger, die ihrer liberalen Überzeugung wegen vor den Richter kamen, an den nach ihr benannten Platz verlegt. Zu Neujahr 1834 kam Fritz Reuter von der Stadtvogtei am Molkenmarkt hierher, wo er elf Monate in einer düsteren feuchten Zelle vegetieren mußte. Vom 11. bis 15. März 1838 war er wieder hier inhaftiert. In einem Abschnitt seiner »Festungstid«

beschreibt er seine Erlebnisse in der »Husvagtei«. Die Tür seiner Zelle ist im Märkischen Museum aufgestellt.

Niederwallstraße In der Niederwallstraße, die Fontane in seinem Roman »L'Adultera« (1880) Große Petristraße nennt, wohnt Frau Melanie von der Straaten, in der der zeitgenössische Leser unschwer Frau Therese Ravené, geb. von Küsserow, die Schwiegertochter des Industriellen und Kunstsammlers Ravené, wiedererkannte. Mit Glaßbrenners Szene »Ein Heiratsantrag in der Niederwallstraße« (1847) wurde die Redensart »Es ist die höchste Eisenbahn« des zerstreuten Briefträgers Bornike volkstümlich, der aufgeregt sagt: »Es ist die allerhöchste Eisenbahn, die Zeit ist schon vor drei Stunden angekommen.«

Alte Leipziger Straße Die Alte Leipziger Straße ebenso wie der benachbarte Raules Hof und die Adlerstraße mußten in den dreißiger Jahren dieses Jahrhunderts dem Erweiterungsbau der ehemaligen Reichsbank und dem Finanzministerium weichen. Von Ende Februar bis zum 14. März 1775 und drei Wochen um den 1. Februar des nächsten Jahres besuchte Lessing seinen Bruder in Berlin, der im Hause Nr. 1a nahe der Jungfernbrücke seine Wohnung hatte. Das Haus war damals nach dem Arzt Dr. Kurella benannt, der durch sein Brustpulver bekannt geworden ist. Im August 1837 wohnte der Student Karl Marx im selben Hause.

Spittelmarkt Von Weimar, wo ihn Goethe »kalt und gemessen« empfangen und ihm unanständige Berliner Witze erzählt hatte, kam Karl von Holtei im Jahre 1828 wieder nach Berlin. Beim Schneidermeister Filter in einem Eckhaus am Spittelmarkt mietete er drei möblierte Zimmer, »einfach, aber so geschmacklos wie möglich«. Neben seiner Tätigkeit am Königstädtischen Theater betätigte er sich als Shakespeare-Rezitator. Seine freien Abende verbrachte er meistens im elterlichen Hause seines Freundes Felix Mendelssohn. Günter Eich widmet dem Spittelmarkt ein Gedicht.

Oberwasserstraße Das 1681 gegründete Friedrich-Werdersche Gymnasium wurde im Jahre 1800 vom Friedrich-Werderschen Rathaus in das Gebäude Nr. 10 an der Ecke der Alten Leipziger Straße verlegt, die damals noch zum Spreearm führte. Von hier kam es 1825 in die Kurstraße.

Kurstraße Im Jahre 1825 fand das Friedrich-Werdersche Gymnasium im ehemaligen Fürstenhaus in der Kurstraße Nr. 52 Aufnahme. Von 1821 bis 1829 war Gutzkow Schüler des Gymnasiums. Er widmet der Schule und ihrem Direktor, der sich »durch die ständige Führung eines spanischen Rohrs in seinen hohen Stiefelschäften« auszeichnete, in seinen Erinnerungen ein ansprechendes Kapitel. 1875 wurde die Schule in die Dorotheenstraße 13–14 verlegt.

Adlerstraße In die Adlerstraße, ehemals eine Gasse in derNähe der Kurstraße, verlegt Fontane das Elternhaus von Frau Jenny Treibel und den Materialwarenladen ihres Vaters, in dem sie beim Verkauf helfen und Tüten kleben mußte. Im Hause Nr. 6 hatte der Kgl. Hofbuchdrucker Ernst Litfaß seine Werkstatt und seine Wohnung. Als im Jahre 1851 das Anbringen von Anzeigen an Hauswänden und Mauern verboten wurde, erhielt er die Genehmigung, die Wände von Brunnen und Bedürfnisanstalten damit zu bekleben. Als Gegenleistung mußte er diese instand halten. Dieser Auflage kam er nicht lange nach, sondern stellte am 1. Juli 1855 vor seinem Hause die erste, später nach ihm benannte Anschlagsäule auf. Daß die neue Einrichtung nicht nur Zustimmung erfuhr, beweist die Bemerkung eines Ludwig Löffler, der in seinem Buch »Berlin und die Berliner« (1856) schreibt: »*Diese Anschlagsäulen, einer der neuesten, genialen Gedanken des nach Monumenten jagenden Berlins, sind es, die sagen, wie es jetzt in Berlin steht: Schwindel! Nichts als Schwindel. Alles, was irgendeinen Unrat loswerden will, preist sich und seine Sachen hier in der lächerlichsten marktschreierischsten Weise an.*«
Mark Twain, der 1891 in Berlin war, dagegen bewundert sie. Er schreibt: »*Überall in der Stadt sind in kurzen Abständen hübsche runde Säulen, 18 Fuß hoch und etwa so dick wie ein Eberkopf, aufgestellt, und daran kleben, schwarz auf weiß gedruckt, die Theateranzeigen und andere Mitteilungen. Meist steht um jede dieser Säulen Publikum, das die Anzeigen liest. Ja, es gibt in Berlin eine Menge, was wert wäre, in Amerika importiert zu werden.*« Litfaß starb als reicher Mann am 27. Dezember 1874 in Wiesbaden. Auf dem Werderschen Friedhof in der Chausseestraße wurde er bestattet. Die Tafel auf der Umfriedung seines Grabes zeigt nur seinen Namenszug.

Niederlagstraße Die Straße leitet ihren Namen von dem ehemaligen Packhof mit den »Niederlagen« der Güter her. Im Hause Nr. 4 bewohnte Schopenhauer von Ende April 1820 bis Mai 1822 eine möblierte Wohnung. Hier kam es zu der gewaltsamen Auseinandersetzung mit der Näherin Marquet, einer Verwandten seiner Wirtin, die es vermochte, den schwerhörigen Professor durch laute Unterhaltung vor seinem Zimmer zu stören. Seine unsanfte Behandlung brachte ihn vor den Richter, der ihn zu einer monatlichen Abfindung in Höhe von fünf Talern verurteilte. Zu dieser Zeit spielte seine Liebesaffäre mit der Choristin an der Kgl. Oper, Caroline Richter, die ihm ein Kind schenkte und die er in seinem Testament mit einem ansehnlichen Vermächtnis bedachte. Sein sonstiges Vermögen vermachte er dem »in Berlin errichteten Fonds zur Unterstützung der in den Aufruhr- und Empörungskämpfen der Jahre 1848 und 1849 für Aufrechterhaltung und Herstellung der gesetzlichen Ordnung in Deutschland invalide gewordenen preußischen Soldaten«. Er lebte recht zurückgezogen, traf nur gelegentlich Chamisso und Alexander von Humboldt und konnte der Hauptstadt, in der er überdies zweimal bestohlen worden war, nicht viel Freude abgewinnen. Seine Vorlesungen waren kaum besucht, neben Hegel konnte er nicht viel Hörer erwarten. »Berlin liebe ich gar nicht, besonders der Sommer ist hier unerträglich, theuer ist es entsetzlich«, schreibt er im Januar 1822. Im Mai verließ er die Stadt und reiste nach Italien. Das 1689 gegründete Französische Gymnasium, das seit 1695 in der Stralauer Straße lag, wurde 1701 in die Häuser Nr. 1–2 verlegt, wo es sich hinter einer altmodischen, simplen Hoftür verbarg. Wildenbruch gedachte immer, wenn er als Greis hier vorbeikam, wehmutsvoll der Zeit, die er auf der ehrwürdigen Schule verbracht hatte. 1873 wurde die Schule, die u.a. H. von Kleist, Franz von Gaudy, Chamisso, Maximilian Harden und Tucholsky zu ihren Schülern zählt, in die Dorotheenstraße Nr. 41 verlegt.

Im Erdgeschoß des Hauses Nr. 5a kam am 20. Oktober 1861 Felix Ernst Witkowski, der sich als Publizist und Schriftsteller Maximilian Harden nannte, als sechstes von acht Kindern eines jüdischen Seidenhändlers zur Welt. Durch die Scheidung seiner Eltern konnte er das Französische Gymnasium nur bis zur mittleren Reife besuchen und begann eine kaufmännische Lehre. Seine Interessen aber richteten sich auf die Schauspielerei und danach auf die Publizistik. »*Er war klein, zierlich, trug Schuhe mit hohen Absätzen und war stets tadellos gekleidet. Sein etwas weichliches Gesicht krönte eine Locke, die ihm wohlfrisiert in die Stirne hing und die er mit seinen stets weiß behandschuhten Händen sorgfältig in Ordnung hielt*«, schreibt Tilla Durieux. 1888 heiratete er die Schauspielerin Käte Jost. Die Ehe zerbrach nach wenigen Jahren. Wegen Majestätsbeleidigung wurde er dreimal zu Festungshaft verurteilt.

Am alten Packhof Am westlichen Ufer der Spree zwischen Schleusen- und Schloßbrücke lag der alte Packhof. Hier stand die von Schinkel in den Jahren 1832/35 erbaute, im Kriege nur teilweise zerstörte aber 1961 bei der Neugestaltung des Platzes völlig abgebrochene Bauakademie, in der der Baumeister im 2. Obergeschoß bis zu seinem Tode im Jahr 1841 seine Dienstwohnung hatte. Den Raum vor der Akademie, der den Namen Schinkelplatz trug, nimmt heute das Ministerium für Auswärtige Angelegenheiten ein. Auf dem Platz an der Bauakademie Nr. 1 hatte sich nach der Schließung des »Hôtel de Russie« Unter den Linden ein Gasthof desselben Namens aufgetan. Von 1833 bis 1837 logierte der wohlhabend gewordene Schriftsteller Adolf Glaßbrenner in einem Salon des Hotels. Nach seiner Entlassung aus der Hausvogtei am 20. März 1835 suchte Laube hier seinen Freund auf. In den Gesellschaftsräumen des Hotels traf sich 1836/37 ein Kreis interessierter Literaturfreunde, um den Vorlesungen und Rezitationen Karl von Holteis zu lauschen. Vom 27. Dezember 1841 bis zum 2. März 1842 wohnte hier Franz Liszt, der zu Konzerten in Berlin weilte. Seine Abreise gestaltete sich zum Höhepunkt der Huldigungen, die er in der preußischen Hauptstadt erfuhr. Studenten in vollem Wichs und Professoren geleiteten seinen mit sechs Schimmeln bespannten Reisewagen in vierspännigen Kutschen und zu Pferde bis nach Friedrichsfelde, wo ihn die Universität im Schloß mit einem Festessen verabschiedete. Auf seiner Rückreise von einem Besuch bei der Gräfin von Hanska, seiner Eva, in Petersburg besuchte Honoré de Balzac im Oktober 1843 Berlin und stieg im »Hôtel de Russie« ab, das er erträglich und nicht zu teuer fand. Vor allem lobte er sein bequemes Bett. Alexander von Humboldt suchte ihn hier auf, überreichte ihm die Briefe des Prinzenpaars und meldete ihn bei Tieck an, den er in Potsdam besuchte und der ihn sehr liebenswürdig aufnahm. Sonst aber machte die preußische Hauptstadt einen niederdrückenden Eindruck auf ihn. *»Stellen Sie sich ein Genf vor, das in einer Sandwüste verloren ist, und Sie haben eine Idee von Berlin. Es wird vielleicht eines Tages die Hauptstadt von Deutschland werden, aber immer wird es die Hauptstadt der Langeweile sein.«* Um neun Uhr ging er ins Bett, weil nach seiner Meinung um diese Zeit ganz Berlin schon schlafe und er nichts mehr anfangen könne. Besonderes Mitleid empfand er mit Humboldt, der dazu verurteilt sei, in dieser Stadt zu leben und ständig die Sehnsucht nach Paris mit sich herumschleppen müsse. Am 14. Juli 1847 kam der am 13. März 1813 zu Wesselburen geborene und in dürftigen Verhältnissen aufgewachsene Sohn eines Maurers und einer Waschfrau Friedrich Hebbel, der seine Frau Christine auf einer Gastspielreise begleitete, von Wien zum erstenmal in die preußische Hauptstadt und fand »in freundlichen Zimmern« des Hotels ein Unterkommen. In seinen »Tagebüchern« notiert er am folgenden Morgen: »*Endlich bin ich auch einmal in Berlin, wohin mich äußerlich so manches gezogen, wovon mich innerlich so viel zurückgehalten hat ... Was ich gestern abend beim Hineinfahren von der Stadt sah, was ich heute morgen aus den Fenstern meines Zimmers sehe, gefällt mir sehr wohl, trägt ein Gepräge, wie ich es liebe. Breite Straßen und imposante Häuser, eine wogende, sich unablässig treibende Menge, das alles ist sehr geeignet, mir ein günstiges Vorurteil einzuflößen oder, wie ich in meinem Fall wohl besser sage, das schon gefaßte ungünstige wieder zu tilgen.*« Im Jahre 1851 kam er wieder nach Berlin.

Unter den Linden Im Prinzessinnen-Palais wohnte zu Beginn der achtziger Jahre des vergangenen Jahrhunderts der französische Schriftsteller Jules Laforgue, der fünf Jahre als Vorleser in den Diensten der Kaiserin stand. In seinen Erinnerungen »Berlin – la cour et la ville« (1886) schreibt er: »... *Meine Wohnung geht auf den Platz hinaus, sie liegt im Erdgeschoß, einen Meter über dem Boden. Vor mir die Wache mit Militärmusik, gerichteten Kanonen, dann die Universität ... links ist das Opernhaus, dahinter das Palais der Kaiserin, zu meiner Rechten die Kommandantur, und überall Säulen, überall Statuen. Ich habe fünf Fenster, ich sehe nur Baudenkmäler. Und Offiziere mit Monokel. ... Mein Arbeitszimmer ist viermal so groß wie das in der Rue Séguier; es stehen sechs Tische darin, wovon zwei große, und dennoch bleibt Platz genug ... ein Ofen, der bis an die Decke reicht. Dazu ein Vorzimmer und mein Schlafzimmer. Und in allen Zimmern wird den ganzen Tag geheizt ...*« Der 23jährige Schriftsteller Henri Beyle, der sich nach dem Geburtsort des von ihm verehrten Archäologen J. J. Winckelmann Stendhal nannte, wohnte als Adjutant des Kriegskommissars im Stabe des französischen Stadtkommandanten im Jahre 1806 in der ehemals zwischen der Spree und dem Kronprinzenpalais gelegenen Kommandantur. Aus der besetzten Hauptstadt schreibt er seiner Schwester Pauline: »*Wir hausen in einem kleinen Palais mit vier Säulen vorne und einem Balkon darüber. Gegenüber steht das Zeughaus, ein großartiger Bau. Vom königlichen Schloß sind wir nur durch einen Arm der Spree getrennt. Das Spreewasser sieht aus wie grünes Öl ... Überall, wo nicht gepflastert ist, watet man bis an die Knöchel im Sand, ... Wie konnte bloß jemand auf die Idee kommen, mitten in all dem Sand eine Stadt zu gründen!*« Bis Ende des 18. Jahrhunderts war die Kommandantur das Palais des kurfürstlichen Bürger- und Baumeisters Johann Gregor Memhard, auf den die Anlage der Straße Unter den Linden, der

Dorotheenstadt und des Friedrichwerders zurückgeht und an den der Name einer Straße am Alexanderplatz erinnert.

Marx-Engels-Brücke Für Heine gab es »keinen imposanteren Anblick, als vor der Hundebrücke stehend, nach den Linden hinaufzusehen«. Die hölzerne Hundebrücke, die 1822 durch die steinerne Schloßbrücke ersetzt wurde, heißt heute Marx-Engels-Brücke.

Marx-Engels-Platz Vor der Brücke breitet sich der Marx-Engels-Platz aus, der bis 1951 Schloßplatz hieß. Hier wurde seit etwa 1900 der Weihnachtsmarkt abgehalten. An der Stelle des Palastes der Republik stand das Stadtschloß, seit 1701 die Residenz der Könige von Preußen und von 1871 bis 1918 die der deutschen Kaiser. Heine hielt das Schloß für den schlichtesten und einfachsten aller Berliner Bauten. Friedrich der Große brachte hier im zweiten Stock in einem Zimmer nach der Spreeseite über seinen Räumen Voltaire unter. Im Berliner Schloß entstand der berühmte Brief des Philosophen an seine Nichte: »*Ich schreibe neben einem Ofen, mit schwerem Kopf und traurigem Herzen, indem ich auf die Spree blicke, und zwar weil die Spree in die Elbe fließt und die Elbe ins Meer, und das Meer nimmt die Seine auf, und unser Haus in Paris ist ganz nahe an der Seine, und ich sage: Mein liebes Kind, warum bin ich in diesem Palast, in diesem Zimmer, das auf die Spree hinausgeht, und nicht in der heimatlichen Ofenecke?*« Voltaire war dreimal in Preußen. Kurz nach Friedrichs II. Thronbesteigung kam er im November 1740 zum erstenmal nach Berlin, verbrachte aber die Zeit zumeist in Rheinsberg. In der ersten Septemberwoche 1743 weilte er in Potsdam. Nach dem Tode der Marquise du Châtelet, seiner göttlichen Emilie, lebte er vom 10. Juli 1750 bis zum 26. März 1753 in Potsdam und in den Wintermonaten in Berlin, wo er den letzten Winter in einem Privathaus in der Taubenstraße logierte.

Fünfter Spaziergang: Vom Marx-Engels-Platz zum Alexanderplatz

An der Stechbahn An der Westseite des Schlosses an der verschwundenen Schloßfreiheit und zwischen der Brüderstraße und der Schleusenbrücke lag die Straße An der Stechbahn, die im Marx-Engels-Platz aufgegangen ist. Hier wohnte der Kommerzienrat und Verleger Carl Matzdorff. Vom 23. Mai bis zum 24. Juni 1800 war der 37jährige Jean Paul, der zu Besprechungen mit ihm von Weimar nach Berlin gekommen war. Der am 21. März 1763 in Wunsiedel als Sohn eines verschuldeten Pfarrers geborene Johann Paul Friedrich Richter, der sein Studium nur mühselig finanzieren konnte, begann als 20jähriger zu schreiben. Die wohlhabende Atmosphäre seines Gastgebers betrachtete er wie ein Wunder. Vier Zimmer standen zu seiner Verfügung. »Köstlich-seidene Stühle, Wachslichter, Erforschen jeden Wunsches« überraschten ihn, wie er an Christian Georg Otto, den Freund vom Hofer Gymnasium, schreibt. Im Matzdorffschen Hause traf er den »langweiligen« Nicolai, in den Salons der Rahel Levin und Henriette Herz ging er ein und aus. Königin Luise, der er den ersten Band seines »Titan« widmet, lud ihn aufs Schloß ein. Nach dem Besuch bei Rahel bekennt er begeistert: »Berlin ist mehr ein Weltteil als eine Stadt.«

Am 14. Juni schreibt er an Gleim: »*Noch immer . . . leb ich in diesem architektonischen Universum, das mich so einnimmt, daß ich es vielleicht im Winter beziehen werde. Diesem glänzenden Juwel fehlet nur die Fassung, eine schöne Gegend. Das edle Brandenburger Tor mit seinen fünf Säulen und seinem Triumphwagen öffnet groß die Kolossen-Reihe der Paläste. Nur die Einwohner, sogar die Einwohnerinnen sind einfach gekleidet. In keiner deutschen Stadt ist die Achtung für das Gesetz, worin allein Freiheit besteht, sogar beim König, größer als hier. Noch in keiner wurd' ich mit so vielem und so allgemeinem Enthusiasmus aufgenommen als hier.*« Den ihn verehrenden Damen – er wurde in Berlin »durch Weiber erquickt«, wie er sagt – pflegte er eine Strähne seines rotblonden Haars für ihre Medaillons zu schenken; Böswillige behaupteten, daß die Haare von seinem Pudel stammten. Am 9. Juni lernte er Karoline, die Tochter des Geh. Obertribunalrats Mayer, kennen, die er am 27. Mai 1801 heiratete. Königin Luise verehrte dem Paar ein silbernes Teeservice als Hochzeitsgeschenk. Ende September kam er zu einem zweiten Besuch nach Berlin.

Über die bis 1864 An der Stechbahn gelegene, 1793 gegründete

Konditorei Josty, ein von Literaten bevorzugtes Kaffeehaus, schreibt Heine in seinen Briefen aus Berlin: »*Ihr Götter des Olymps, wie würde ich euch euer Ambrosia verleiden, wenn ich die Süßigkeiten beschriebe, die dort aufgeschichtet stehen ... Das Lokal ist zwar eng und dumpfig und wie eine Bierstube dekoriert ... zusammengedrängt wie die Bücklinge sitzen hier die Enkel der Brennen und schlürfen Creme, und schnalzen vor Wonne und lecken die Finger ...*«

Brüderstraße Vier erhalten gebliebene Gedenktafeln am 1730 erbauten Bürgerhaus Nr. 13, dem unter Denkmalschutz stehenden Nicolaihaus, erinnern an Schriftsteller, Dichter und Künstler, die in diesem Hause gelebt haben. Eine fünfte Tafel wurde zum 200. Geburtstag des Maurermeisters und Musikprofessors Karl Friedrich Zelter im Jahre 1958 angebracht. Er hatte Umbauten vorgenommen, als sein Freund, der Buchhändler, Verleger und Schriftsteller Christoph Friedrich Nicolai, das Haus 1787 erwarb und seinen Wohnsitz von der Schloßfreiheit hierher verlegte. Das Haus mit einer offenen Galerie am rechten Seitenflügel und seine Buchhandlung wurden der gastliche Mittelpunkt eines Kreises hervorragender Persönlichkeiten der Aufklärungszeit. Von Fichte, Herder und Tieck wurde der Wortführer der Berliner Aufklärung verspottet, von Goethe und Schiller in den »Xenien« bekämpft. Er war mit Elisabeth Macaria Schaarschmidt, der Tochter eines Arztes, verheiratet; seine acht Kinder hat er alle überlebt. Nach seinem Tode am 8. Januar 1811 kam die Buchhandlung in die Hände seines Schwiegersohns, des Hofrats Gustav Parthey. Der Freund Schillers erzählt in seinen »Jugenderinnerungen«, daß ein französischer General, der während der Besatzung 1806/07 in diesem Hause einquartiert war und von ihm verpflegt werden mußte, ein Mittagessen aus dem Fenster auf die Brüderstraße kippte, weil es nicht seinem Geschmack entsprach. Parthey versäumte aber nicht, hinzuzufügen, daß das Verhalten des Franzosen sonst vorbildlich war. Von Ostern bis Anfang Mai 1811 wohnte Theodor Körner, der Dichter der Befreiungskriege und Student der Bergakademie Freiberg, der, um Verfolgungen der Universitätsbehörde wegen eines Duells aus dem Wege zu gehen, »aus Leipzig in Nacht und Nebel exgeknissen (war), mit einer Schmarre im Gesicht und mit dem Relegat in der Tasche« nach Berlin kam, als Gast des Hofrats Parthey in diesem Haus. 1813 hielt sich der Leutnant in Lützows Jägerregiment nach seiner Verwundung hier fünf Tage auf. Auf einer Bank im Garten unter einem Walnußbaum soll er dic Zueignung zu »Leier und Schwert« (1814) niedergeschrieben haben. Von hier zog er in die Schlachten des Befreiungskriegs. Er fiel am 26. August 1813. Am 23. September 1891, seinem hundertsten Geburtstag, brachte die Stadt Berlin eine Tafel zum Gedenken an den Dichter an. Im Frühjahr 1814 bezog die Schriftstellerin und Dichterin Elise von der Recke, geb. Gräfin Medem, Schwester der regierenden Herzogin von Kurland, mit ihrem Freund, dem Dichter Tiedge, das oberste Stockwerk. Eine Tafel erinnert an das Paar. Im Jahre 1815 ließ sich Geheimrat Christian Gottfried Körner, der Vater des Dichters, der von Loschwitz bei Dresden nach Berlin gekommen war, mit seiner Frau Minna und der Tante des gefallenen Dichters, der Malerin Dorte Stock, in der nach dem Umzug von Frau von der Recke zu ihrer Schwester frei gewordenen Wohnung nieder. Die Familie wohnte hier bis 1828. Auch ihrer ist auf einer Tafel gedacht. 1910 wurde im ersten Stock des Nicolaihauses – die Buchhandlung befand sich seit 1892 in der Dorotheenstraße – das Lessing-Museum eingerichtet. 1936 schlossen die Nationalsozialisten das der Berliner Aufklärung gewidmete Museum. Das Haus hat die Wirren des Zweiten Weltkriegs überstanden; jetzt ist hier das Institut für Denkmalpflege untergebracht. Gegenüber vom Nicolaihaus befand sich im Hause Nr. 27 ein Weinkeller, die »Baumannshöhle«, in der sich Nicolai, Lessing, Mendelssohn, Ramler und andere Vertreter der Berliner Aufklärung zum Gespräch und Umtrunk trafen.

Im Hause Nr. 33, an der Ecke der Neumannsgasse, wohnte der Danziger Bildhauer und Baumeister Andreas Schlüter, der 1694 als 34jähriger von Warschau nach Berlin gekommen war. 1713 verlor er sein Amt als Schloßbaumeister und folgte dem Ruf Peters des Großen nach Königsberg, wo er ein Jahr danach starb. Auch das Haus Nr. 40 gehörte ihm.

Der Gasthof »Ville de Paris« in der Brüderstraße 39 gehörte um 1800 zu den besten Häusern der Stadt. Am 19. Januar 1786 kam Honoré Gabriel de Riquetti, Comte de Mirabeau, im geheimen Auftrag von Paris in die preußische Hauptstadt, um, wie er sagt, sich das Bedauern zu ersparen, »der Zeitgenosse eines so großen Menschen wie Friedrichs II. gewesen zu sein, ohne ihn gesehen zu haben«. Er logierte in der »Ville de Paris«. Als sein Versuch, eine Anstellung in preußischen Diensten zu finden, scheiterte, schrieb er: *»Einkünfte vermindert, Ausgaben vermehrt, Genies zurückgesetzt, Dummköpfe am Ruder . . . Dieses Preußen ist die Fäulnis vor der Reife.«* Seinerseits sandte er geheime Informationen an das Pariser Ministerium, aus denen im Jahre 1789 seine Schrift »Histoire secrète de la cour de Berlin« hervorging. Auf den Tag genau ein Jahr nach seiner Ankunft verließ Mirabeau wieder Berlin und ging in die französische Hauptstadt zurück, wo sein umfangreiches Werk über die preußische Monarchie zur Zeit Friedrichs des Großen entstand. Im Frühjahr 1791 brach er auf der Tribüne der Nationalversammlung zusammen und starb wenige Tage danach im Alter von 42 Jahren. In der »Ville de Paris« stieg auch Madame de Staël ab. Sie traf am 8. März 1804, von Weimar über Leipzig kommend, mit ihren Kindern August und Albertine, »in dieser ungeheuren Stadt« ein, wo sie »eine unbegreifliche Leere« empfand. Zum Geburtstagsball der Königin Luise am 10. März eingeladen, konnte ihr eine Schneiderin in 24 Stunden ein Festkleid fertigen. Am Spreeufer fand sie eine ansprechende Wohnung, ihren Sohn vertraute sie einer Berliner Schule an, ein gemieteter Wagen brachte sie zu Empfängen. Auf einem Kinderball am Hofe ohrfeigte die siebenjährige Albertine zum äußersten Befremden des königlichen Paares, das kein Verständnis für die Erziehungsmethoden der Republikaner aufbringen konnte, den kleinen Kronprinzen. Im Palais der Prinzessin Radziwill wurde Madame de Staël empfangen, ebenso im literarischen Salon der Herzogin von Kurland. Sie machte die Bekanntschaft von Tieck, Schleiermacher, Kotzebue und Fichte, den sie mit dem Lügenbaron Münchhausen verglich, und lobte »die Freiheit der Presse, die Menge geistreicher Männer und die Kenntnis der Literatur«, die Berlin zur »wahren Hauptstadt Deutschlands« machen. Vor allem aber kam es zur ersten Begegnung mit August Wilhelm Schlegel, den ihr Goethe empfohlen hatte und in dem sie zunächst nur den Lehrer ihrer Kinder sah. Am 21. April 1804 meldete die »Berlinische Zeitung von Staats- und gelehrten Sachen« den Tod ihres Vaters und fuhr fort: »*Seine Tochter . . . erfuhr in Berlin, wo sie sich seit einiger Zeit aufhält, nur die gefährlich gewordene Krankheit ihres Vaters, noch nicht seinen Tod, und eilte sogleich mit ihren beiden Kindern in der Nacht vom 18. auf den 19. von hier zu ihm.*« A. W. Schlegel begleitete sie. Viel Gefallen hat sie Berlin nicht abgewinnen können: »*Die Denker bewegen sich in himmlischen Gefilden, und auf der Erde findet man nur Grenadiere.*«

Eichendorff logierte mit seinem Bruder am 20. November 1809 in der »äußerst brillanten Auberge der Stadt Paris«, »wo wir noch oben in unserer eleganten Stube soupierten«. In der Königstraße fanden die Brüder eine Wohnung.

Scharrenstraße Von Rufins Gasthof in der Poststraße, wo er bei seinem Berlinaufenthalt zunächst abgestiegen war, bezog James Boswell am 10. Juli 1764 »für monatlich fünfzehn Taler« eine Privatunterkunft im Hause des Polizeipräsidenten Kircheisen in der Scharrenstraße, an der Ecke der Brüderstraße, gegenüber dem Bullenwinkel, ». . . ein schönes Zimmer, bunt bemalt, mit Aussicht auf die Petrikirche, einen Prachtbau. Dazu ein geschmackvoller Alkoven mit einem hübschen seidenen Bett . . .« Er machte Spaziergänge durch den Tiergarten, besuchte den Schloßpark Charlottenburg, den er »weitläufig und geschmackvoll angelegt« fand, war in Treptow, fuhr mit der »Journalière« nach Potsdam, wurde der Königin und »all den Prinzen und Prinzessinnen« vorgestellt, besichtigte die königliche Bibliothek und die Akademie und suchte »aus Neugier« ein Bordell auf: »Es war eine armselige Bude mit einer alten Kuppelmutter und einer einzigen Dirne.« Auch mit einer Soldatenfrau, die in einer Wirtschaft Schokolade feilbot, kam es zu engeren Beziehungen, wobei er feststellte, daß sie ein Kind erwartete. »Du meine Güte, habe ich jetzt Ehebruch begangen? Halt, eine Soldatenfrau zählt nicht, ihr Mann ist in den Gards bei Potsdam«, notiert er in seinem Tagebuch. Sein sehnlichster Wunsch, dem König vorgestellt zu werden, erfüllte sich nicht. Am 19. September 1764 verließ er »die prächtigste Stadt, die ich je gesehen«.

Petriplatz Karl Simrock übersiedelte 1829 von der Dorotheenstraße in das Haus Nr. 4. 1830 wurde er wegen eines Gedichts auf die Juli-Revolution aus dem Staatsdienst entlassen und zog sich für einige Jahre auf sein Weingut Menzenberg bei Bonn zurück. Von ihm stammt neben seinen Übersetzungen mittelhochdeutscher und nordischer Dichtungen das zu seiner Zeit vielgesungene Lied »Mein Herz ist wie ein Bienenhaus«.

Sperlingsgasse In einem gut ausgestatteten Zimmer in der ersten Etage, der sog. Belétage des Hauses Nr. 11 in der Spreestraße, die seit Wilhelm Raabes hundertstem Geburtstag nach seinem Erstlingswerk »Die Chronik der Sperlingsgasse« (1857) ihren jetzigen Namen trägt, wohnte der Schriftsteller von Ostern 1854 bis 1855 bei Schneidermeister Wuttke, der sich abends als Kgl. preußischer Tafeldecker ein Zubrot verdiente. Raabe war nach Berlin gekommen, um als Gasthörer an der Universität seine Bildung zu vervollkommnen. Am 15. November 1854 setzte er hier die Feder an zum ersten Kapitel der »Chronik«, das er auf dem aus Zigarrenkisten herausgerissenen gelben Papier schrieb und dessen erste Zeilen die Stimmung des Tages mit dem »feinen kalten Vorwinterregen« anschaulich widerspiegeln. Viele Stunden verbrachte er in der Leihbücherei des Buchhändlers Stülpnagel in der Markgrafenstraße, seines einzigen Freundes in den Berliner Tagen, nicht zuletzt, um die Kosten für die Heizung seines Zimmers zu sparen. An Beziehungen zu literarischen Kreisen war er nicht interessiert, besuchte jedoch eine Tanzstunde, deren Kosten er aus dem Erlös seiner Schiller-Ausgabe beglich. Da ihm die Miete für sein Zimmer zu kostspielig wurde, mietete er in der Oberwallstraße eine billigere Unterkunft. Ein Jahr nach seinem Tode erhielt das Raabe-Haus in der Sperlingsgasse, von der kein Haus mehr steht, eine bronzene Gedenktafel.

Roßstraße »*Am Eingange der Roßstraße, unfern des Kölnischen Rathhauses, in einem engen, betriebsamen und geräuschvollen Theile der Stadt, wo in niedrigen Kramläden Gewerbe und Kleinhandel ihren Sitz haben, liegt ein dunkles Haus, das in der zweiten Hälfte des vorigen Jahrhunderts zu den stattlicheren der Nachbarschaft gehören mochte. In diesem Hause wohnte um jene Zeit ein Bürger und Handwerker; das war Meister Johann Ludwig Tieck, der Seiler*«, heißt es in Rudolf Köpkes im Jahr 1855 geschriebener Biographie Ludwig Tiecks. Der Dichter kam hier »in der schmalen, dunklen Hinterstube, in die nur ein kärgliches Licht vom Hofe hineinschimmerte«, am 31. Mai 1773 als erstes Kind zur Welt. 1782 wurde er zusammen mit Wackenroder, mit dem er bis zu dessen frühem Tod innig befreundet war, Schüler des Friedrichsgymnasiums »auf dem Werder«. Bald gehörte er zu den regelmäßigen Besuchern des Doebbelinschen Theaters in der Behrenstraße, wo er die Dramen Lessings, Goethes und Schillers erlebte. 1784 verfaßte er anläßlich der Hochzeit seines Schuldirektors Gedike seine ersten Verse, zur gleichen Zeit begeisterte er sich für Shakespeare. 1792 bezog er die Universität Halle und lebte vom Herbst 1796 bis 1799 wieder in Berlin, wo er im Schulgarten eine Wohnung fand. 1881 ließ die Stadt Berlin eine gußeiserne Gedenktafel am Hause Nr. 1 anbringen.

Im Nachbarhaus Nr. 4 gründeten die Brüder Aschinger aus Württemberg im Jahr 1892 ihr erstes Restaurant in Berlin. Später in allen Stadtteilen eröffnete Filialen haben im Leben unbemittelter Literaten und Künstler eine lebenswichtige Rolle gespielt.

Alte Jakobstraße Theodor Fontanes Kommerzienrat Treibel hatte »in der unvornehmen und aller frischen Luft entbehrenden Straße« ein Haus, das von »Gontard, ja nach einigen sogar von Knobelsdorff herrühren sollte«. Nach den Gründerjahren, »als Milliarden ins Land kamen«, baute er sich eine modische Villa in der Köpenicker Straße. Von 1837 bis 1838 wohnte der Student Karl Marx im Hause Nr. 50. In der Alten Jakobstraße 55/56, an der Sebastianstraße, lag der Luisenstädtische Friedhof, auf dem der am 8. Januar 1811 verstorbene Friedrich Nicolai beigesetzt wurde. An der Außenwand der zerstörten Kirche erinnerte eine Tafel an den »gelehrten« Buchhändler.

Sebastianstraße Von der Nostizstraße übersiedelte der »ältere Student, junge Doktor und angehende Schriftsteller« Max Halbe im Jahre 1888 in eine Unterkunft in der Sebastianstraße. Auch hier blieb er nicht lange und fand in der Puttkamerstraße eine neue Wohnung.

Stallschreiberstraße Der am 26. September 1897 in Krefeld geborene Verleger und Schriftsteller Victor Otto Stomps, den seine Freunde VauO nannten, gründete 1926 in einem düsteren Hinterhof des Hauses Nr. 30 eine kleine Druckerei. Hier hatte er auch seine Behausung und seinen Verlag. Auf einer Handpresse, der sog. »Rabenpresse«, setzte er zusammen mit Jean Gebser Bücher von Benn, Brecht, Horst Lange, Bergengruen, Kasack, Max Herrmann-Neiße, Peter Huchel und Paul Zech. Die finanzielle Grundlage für seinen Verlag lieferte der Druck von amtlichen Formularen. In ihrer Autobiographie schreibt Oda Schaefer, die Frau Horst Langes: »Stomps bot uns die Welt, nach der wir verlangt hatten, als wir nach Berlin gingen.« 1937 wurde der Verlag und die Druckerei von den nationalsozialistischen Machthabern geschlossen; der Weltkriegsoffizier emigrierte in die Wehrmacht, in der er es im Zweiten Weltkrieg bis zum Oberstleutnant brachte.

Grünstraße Am 1. Oktober 1895 mietete Christian Morgenstern im Hause Nr. 3 »zwei sehr niedliche Stübchen im 4. Stock, die mich ein Zufall als ungewöhnlich billiges Quartier finden ließ«. Morgensterns Hoffnung, zurückgezogen leben zu können und einen stillen Winkel in Berlin zu finden, hatte sich hier erfüllt. Den Sommer und Herbst 1896 verbrachte er in Friedrichshagen, wo er die »gute freie Luft für meine Hymnen« zu finden hoffte.

Fischerinsel Der Spreewinkel zwischen Friedrichsgracht und Mühlendamm bildet den Schauplatz von Erdmann Graesers postum erschienenem Roman »Spreelore« (1950) mit der Schifferstochter Lore Lorenzen, »geboren auf einem Spreekahn an der Fischerbrücke . . . die hatte mehr sein wollen als eben die Spreelore«, und ihrer verwitweten Mutter, die an der Friedrichsgracht wohnt und für die reichen Leute in der Breiten Straße wäscht und plättet.

Fischerstraße Auf der Fischerinsel, dem sog. Fischerkietz, der vom Köllnischen Fischmarkt, der Fischerbrücke, der Friedrichsgracht und der Roßstraße begrenzt wurde, lag die Fischerstraße.

Im Hause Nr. 26/27, ehemals der Gasthof »Zum weißen Roß«, soll im 16. Jahrhundert der Roßhändler Hans Kohlhase, das Vorbild für den Helden in Kleists Novelle »Michael Kohlhaas« (1811), gewohnt oder sich eine Zeitlang versteckt gehalten haben. Jedenfalls erinnerte eine Tafel am Hause an den sagenumwobenen Roßkamm. Wahrscheinlich ist Kohlhasenbrück sein Wohnsitz gewesen.

Im Jahre 1830 bezog Franz von Gaudy, der auf seine militärische Laufbahn verzichtet hatte und von Potsdam nach Berlin übergesiedelt war, eine Wohnung in dieser Straße. Er wollte sein Glück als freier Schriftsteller versuchen.

An der Fischerbrücke Vom Juli bis August 1895 wohnte Christian Morgenstern im Hause Nr. 10.

Köllnische Straße Nachdem sich seine Frau Hilde mit ihren beiden Söhnen im Mai 1925 von ihm getrennt hatte, gab Theodor Plievier seine Wohnung im Hause Nr. 6 auf und bezog eine armselige Kellerwohnung im Hause Nr. 6. Zu dieser Zeit lebte der Schriftsteller mit der litauischen Putzmacherin Manja zusammen. Ende 1925 übersiedelte er in eine Wohnung in der Landsberger Straße.

Wallstraße Am Hause Nr. 21 brachte die Berliner Turnerschaft zu Ehren des Turnvaters Friedrich Ludwig Jahn, der hier seine Wohnung hatte, eine Gedenktafel an. Jahn, am 11. August 1778 in Lanz/Priegnitz geboren, besuchte das Graue Kloster, verließ es 1795 ohne Abschlußexamen, studierte als Hospitant an verschiedenen Universitäten, so auch in Greifswald, wo er 1803 wegen einer Prügelei relegiert wurde, und kam 1809 nach Berlin. Hier war er am Friedrich-Werderschen Gymnasium als Hilfslehrer beschäftigt, bestand aber die Lehramtsprüfung nicht. Dennoch fand er eine Stellung am Grauen Kloster. 1810 gründete er mit Freunden den »Deutschen Bund«, den Vorläufer der Burschenschaften, im Sommer 1818 eröffnete er in der Hasenheide den ersten öffentlichen Turnplatz. Im selben Jahr erschien seine Schrift »Deutsches Volkstum«. Ein Jahr darauf wurde er wegen Verdachts des Hochverrats in seiner Wohnung verhaftet und auf den Festungen Spandau und Küstrin in Gewahrsam genommen. Die Turngeräte in der Hasenheide wurden beschlagnahmt. Nachdem er bis 1840 unter Polizeiaufsicht gelebt hatte, starb er am 15. Oktober 1852 in Freyburg a. d. Unstrut. Die vier Anfangsbuchstaben der Wörter seines Wahlspruchs »Frisch, fromm, fröhlich,

frei« haben ihn überlebt, ebenso wie sein 1816 veröffentlichtes Werk »Deutsche Turnkunst«. Jason Gebert in Georg Hermanns Biedermeier-Roman »Henriette Jacoby« erzählt, daß er Jahn noch von Ansehen gut gekannt habe: »Die Frisöre hätten seinetwegen verhungern können.« Unter ihm habe man »in der Hasenheide kühn und stark den teutschen Ger geschwungen und alles Welsche schmählich verachtet«. Er habe gehört, daß seine Nase jetzt vom Schnupfen »rot wie eine Feuerbohne« sei.
Der am 30. Dezember 1819 in der Löwenapotheke in Neuruppin als Sohn eines aus einer Hugenottenfamilie stammenden Apothekers geborene Schriftsteller Theodor Fontane kam nach dem Besuch der Volksschulen in Neuruppin und Swinemünde und der Quarta des Gymnasiums seiner Geburtsstadt als Vierzehnjähriger am 1. Oktober 1833 in die dritte Klasse der 1824 von dem Naturforscher K. F. Klöden gegründeten und nach ihm benannten »Gewerbeschule«, eine Art Realschule, die Goethe als »bewunderungswürdig« bezeichnet. Aus dieser Schule ging 1882 die Friedrich-Werdersche-Oberrealschule hervor. Fontane wohnte zu dieser Zeit in der Pension Badke in der Wallstraße 73. Ein Jahr darauf übernahm der Halbbruder seines Vaters August Fontane in der Burgstraße die weitere Betreuung des Jungen. Heyse, wie der spätere Fontane Mitglied des »Tunnels«, beschreibt ihn in seinen »Jugenderinnerungen« »von etwas kühlem Temperament, in dem sich die Elemente des französischen Esprit und der deutschen, ausgesprochen märkischen Charakteranlage vereinigt fanden«.

Am Köllnischen Park Im Märkischen Museum findet der Literaturfreund neben einer theatergeschichtlichen Sammlung mit Erinnerungen an Brahm und Reinhardt eine Gerhart-Hauptmann-Gedächtnis- und -Forschungsstätte, wo Teile seiner Bibliothek gezeigt werden, sowie ein Fontane-Zimmer mit Möbeln und Erinnerungsstücken aus der letzten Wohnung des Schriftstellers.

Köpenicker Straße In Fontanes Roman »Frau Jenny Treibel« (1892) zieht Kommerzienrat Treibel mit seiner Frau von der Alten Jakobstraße in seine neugebaute, in der Köpenicker Straße gelegene Villa »mit kleinem Vorder- und parkartigem Hintergarten«, der bis an die Spree reichte. Früher hatten hier in unmittelbarer Nähe des Flusses nur Fabrikgebäude gestanden, in denen das berühmte Berliner Blau hergestellt wurde, erzählt Fontane.
Ernst von Wolzogen ließ sich nach den Erfolgen seines »Überbrettl« am Alexanderplatz in der Köpenicker Straße ein attraktives und ar-

chitektonisch beachtenswertes Theater für sein Kabarett erbauen. Hanns Heinz Ewers, der im braunen Frack mit blauen Knöpfen aufzutreten pflegte, erlebte hier seine Glanzzeit. Nach einem Jahr jedoch mußte Wollzogen Bankrott anmelden. Die Lage des Theaters erschien den Berlinern zu ungünstig. Aus dem Theater wurde später ein bekanntes Kino.

Im drei Fenster breiten, zwei Stockwerke hohen Hause Nr. 66, dicht an der Brückenstraße, wurde am 10. Mai 1878 Gustav Stresemann geboren. Sein Vater betrieb hier einen kleinen Flaschenbierhandel und eine Kneipe. Als einziger und jüngster seiner vier Geschwister besuchte er eine höhere Schule, das damals in der Langen Straße gelegene Andreas-Realgymnasium. Seiner 1895 verstorbenen Mutter widmet er gefühlvolle Gedichte. Mit einer Dissertation über die »Entwicklung des Berliner Flaschenbiergeschäfts« erwarb er sich den Doktortitel. Er erstrebte zunächst eine wissenschaftliche Laufbahn und schrieb u. a. Essays über Goethe, wandte sich aber dann der Politik zu. 1923 war er 103 Tage Kanzler der Weimarer Republik und leitete danach bis zu seinem Tode das Außenministerium, wobei er sich höchste Verdienste um die Verständigung mit Frankreich erwarb. Seine jahrelange übermäßige Arbeitsbelastung und die ständigen haßerfüllten Angriffe seiner politischen Gegner führten zum körperlichen Zusammenbruch und zu einem tödlichen Schlaganfall am 3. Oktober 1929. Auf dem Luisenstädtischen Friedhof am Südstern wurde er bestattet. Harry Graf Keßler schreibt zu seinem Tode: *»Alle Pariser Morgenzeitungen bringen die Nachricht . . . in größter Aufmachung. Es ist fast so, als ob der größte französische Staatsmann gestorben wäre . . . Keiner von den großen Staatsmännern des 19. Jahrhunderts, weder Pitt noch Talleyrand noch Metternich noch Palmerston noch Cavour noch Bismarck noch Gambetta noch Disraeli hat eine so einstimmige Weltgeltung und Apotheose erreicht. Er ist der erste, der als wirklich europäischer Staatsmann in Walhalla eingeht.«* Bruno Frank hat ihm und seinem Freund Briand, der wie er Gastwirtssohn aus kleinen Verhältnissen war und mit dem zusammen er den Friedensnobelpreis erhielt, in den Hauptgestalten Carmer und Achille Dorval seiner »Politischen Novelle« (1928) ein literarisches Denkmal gesetzt.

Melchiorstraße Die Melchiorstraße führt als Verlängerung der Schmidstraße von der Michaelkirchstraße zum Engeldamm, dem heutigen Fritz-Hecker-Damm. Da, »wo die Häuser anfangen, ärmlich zu werden und nach Haß, Schwatzhaftigkeit und Menschen zu riechen«, wie es in seinem Roman »Berlin« heißt, lebte ein halbes Jahrhundert hindurch in beispielloser Bedürftigkeit der Erzähler und Dramatiker, Maler und Musiker Paul Gurk. Am 26. April 1880 als Sohn eines Postfahrers in Frankfurt/Oder geboren, kam Paul als Fünfjähriger nach dem Tode seines Vaters nach Berlin zu seiner Tante, die in der Melchiorstraße 20 wohnte. Hier hauste er wie ein Einsiedler in einer dunklen Kammer des Hinterhauses. Die Absicht, Lehrer zu werden, gab er 1900 auf und arbeitete als Bürogehilfe beim Magistrat der Stadt Berlin. Da ständiges Kindergeschrei und der Lärm der Betrunkenen aus einer benachbarten Kneipe ihn nicht zur Ruhe kommen ließen, schrieb er seine Dichtungen auf der Rückseite von alten Formularen der Stadtverwaltung bei allnächtlichen Ringbahnfahrten. »Unter dämonischem Zwang« entstanden so seine Dramen, Erzählungen, Romane und Fabeln, von denen kaum ein Werk je gedruckt wurde. Erst 1921, als er auf Vorschlag von Julius Bab für seine Tragödie »Thomas Münzer« den Kleist-Preis erhielt, wurde die Öffentlichkeit auf ihn aufmerksam, 1934 erschien seine romanhafte autobiographische Vision »Berlin«, ein Bild der Großstadt in der Mitte der zwanziger Jahre. 1924 ließ er sich als Stadtobersekretär pensionieren und lebte von da an nur noch seinem Werk. 1936 wurde das Haus abgerissen, und Gurk übersiedelte mit Bergen von Manuskripten in die Afrikanische Straße.

Breite Straße Um die Mitte des 18. Jahrhunderts wurde der Weihnachtsmarkt vom Mühlendamm am Molkenmarkt in die Breite Straße verlegt. Nicolai erwähnt ihn 1779 in seiner »Beschreibung der Residenzstädte«, Tieck siedelt seine Novelle »Weihnachtsabend« hier an, und Lessing widmet dem »lustigen Wald um das hohe Schloß« ein Gedicht. Auch Raabe, Kugler und Heyse haben den Markt beschrieben. Um 1900 fand er im ehemaligen Lustgarten, dem heutigen Marx-Engels-Platz, einen neuen Bereich.

Im Hause Nr. 1, »an der Ecke zum Schloßgarten«, wohnte der Kgl. Hoflieferant, Manufaktur- und Modewarenhändler J. Siegmund, der Schwiegervater des Dichters und Kämpfers für politische Freiheit Georg Herwegh. Am 31. Mai 1817 als Gastwirtssohn in Stuttgart geboren, studierte Herwegh Theologie in Tübingen, wurde 1836 wegen seiner Beziehungen zum »Jungen Deutschland« ausgewiesen und betätigte sich von da an als freier Schriftsteller. Auf Einladung Friedrich Wilhelms IV., den der Dichter als den »Stern, auf den man schaut« und den »letzten Fürst, auf den man baut« apostrophiert, kam der überall als Aufwiegler Verfolgte aus der Schweiz im Herbst

1842 in die preußische Hauptstadt, wo er von seinen politischen Freunden begeistert begrüßt wurde. Am 16. November verlobte er sich mit Emma Siegmund, die, wie Gutzkow schreibt, »den bekannten Heroismus der Berliner Jüdinnen« hatte. Im Dezember wies ihn der König wegen eines offenen Briefs gegen das Verbot einer geplanten Zeitschrift aus. Herwegh ging mit seiner Braut über Stettin und Paris in die Schweiz und 1866 nach Baden-Baden, wo er am 7. April 1875 starb. 1864 schrieb er für seinen Freund Lassalle das »Bundeslied des deutschen Arbeitervereins« mit den oft zitierten Versen: »Alle Räder stehen still, wenn dein starker Arm es will.«
Vom 17. September bis Anfang Oktober 1771 wohnte Lessing als Gast des Verlegers Christian Friedrich Voss im Hause Nr. 8 an der Ecke der Neumannsgasse, das später durch das Nachbarhaus Nr. 9 erweitert wurde. Im Jahre 1751 war das 1704 gegründete Wochenblatt die »Kgl. privilegirte Berlinische Zeitung für Staats- und gelehrte Sachen« durch Erbschaft in die Hände des Verlegers gekommen. Die Redaktion der Zeitung befand sich damals noch im alten Berliner Rathaus in der Spandauer Straße. Um 1800 übernahm der jüngere Bruder Lessings, der die Tochter des Verlegers geheiratet hatte, das Blatt. Von 1818 bis zu ihrer Übernahme durch Ullstein unmittelbar vor Ausbruch des Ersten Weltkriegs befand sich der Sitz des Verlags und der Druckerei der »Tante Voss« im Hause Nr. 8–9.
Im Erdgeschoß des Hauses Nr. 11 wohnte eine Zeitlang der Baumeister Schlüter. 1824 kaufte der Tabakhändler Ermeler das Haus, das den Krieg überstand, 1966 abgerissen und am Märkischen Ufer wieder aufgebaut wurde.
Ludwig Rellstab hatte im Hause Nr. 8 seine letzte Wohnung. Hier starb er am 28. November 1860. Auf dem Petri-Kirchhof in der Friedenstraße wurde er bestattet. Im Hause Nr. 13 kam am 23. Oktober 1801 der Komponist Albert Lortzing zur Welt. Jahrelang war er von finanziellen Nöten bedrängt, als reisender Gastdirigent hoffte er seine Einkünfte zu erhöhen. Versuche, außerhalb Berlins eine bessere Stellung zu finden, scheiterten. *»Der deutsche Komponist muß alle acht bis zehn Tage seine Familie verlassen, ihre Barschaft reicht kaum so weit, bis er wieder etwas verdient hat, er selbst hat kaum so viel, um den Dampfwagen bezahlen zu können . . .«*, schreibt er. Das Haus trug eine Gedenktafel.
Zu Beginn des 19. Jahrhunderts wohnte der Verlagsleiter der Vossischen Buchhandlung und Schriftsteller Johann Daniel Sander mit seiner Familie im Hause Nr. 23. In seinem Salon, der von W. v. Hum-

boldt, Zelter, Chamisso, den beiden Schlegel, Kotzebue und Zacharias Werner besucht und geschätzt wurde, traf Jean Paul seine zukünftige Frau. Hier küßte die 22jährige Karoline Mayer den wie sie zu einem Fest eingeladenen Schriftsteller, der sich leicht berauscht auf einem Sofa ausgestreckt hatte, auf den Mund. Jean Paul verlobte sich mit ihr und heiratete sie am 27. Mai 1801.

Fontane ist mit dem 1624 errichteten Ribbeckhaus in der Breiten Straße 35, dem einzigen erhaltenen Wohnhaus der Berliner Renaissance, literarisch verbunden. Ein Mitglied des havelländischen Geschlechts ist »der von Ribbeck auf Ribbeck im Havelland«, dessen Fürsorge für die Bauernkinder des märkischen Dorfes der Dichter in einem Gedicht unvergessen machte.

Burgstraße Die weit offene, von der ehemaligen Burgstraße und der Spree, der Liebknechtstraße, den Bauten um den Fernsehturm und der Ostseite der Rathausstraße begrenzte Grünanlage mit der Marienkirche in der Mitte ließ eine Reihe von Straßen der Königstadt verschwinden, die zu den wichtigsten des zerstörten mittelalterlichen Stadtkerns gehörten. So existiert der längs der Spree zwischen der Rathaus- und der Liebknechtbrücke (ehemals Kaiser-Wilhelm-Brücke) gelegene Teil der Burgstraße nicht mehr.

Der 1827 in Berlin geborene nationalistische Kulturphilosoph und Orientalist Paul Bötticher, der sich als Schriftsteller Paul de Lagarde nannte, schildert die Königstadt um die Mitte des vergangenen Jahrhunderts als *»Sitz des Kolonialwarenhandels, der Tuchläden, der Post, des Stadtgerichts, der Polizei, davor Straßen, nach den Toren sich dehnend, die ganz ländlichen Eindruck machten: Vierfüßler, Hühner, Enten, Gänse auf den geräumigen Höfen.«*

An der Ecke der Burg- und Königstraße, der heutigen Rathausstraße, lag an der Stelle der alten Poststation das Siechenlokal »Alte Post«, das als beliebter Treffpunkt von Literaten und Journalisten galt. Um 1850 versammelten sich hier die Mitglieder der Redaktion des »Kladderadatsch« zu fröhlichem Umtrunk.

Das Haus Nr. 12 gegenüber vom damaligen Schloß beherbergte den 1699 gegründeten Gasthof »Zum König von Portugal«. Die Tänzerin Barberina, von 1744 bis 1748 Solistin der Berliner Oper, gehörte zu den ersten prominenten Gästen des Hauses. Sie wohnte hier, bevor sie ihr Palais in der Wilhelmstraße bezog.

Lessing hat dem Gasthof unter dem Namen »König von Spanien« in seiner »Minna von Barnhelm« (1764) ein literarisches Denkmal gesetzt. Zum erstenmal wird mit diesem Lustspiel Berlin zum Schauplatz eines Bühnenwerks. Die Titelheldin steigt mit ihrer Zofe Franziska Willig hier ab und beklagt sich nach der ersten Nacht: »*Wer kann in den verzweifelten großen Städten schlafen? Die Karossen, die Nachtwächter, die Trommeln, die Katzen, die Korporals – das hört nicht auf zu rasseln, zu schreien, zu wirbeln, zu mauen, zu fluchen . . .*«

Hier läßt Fontane in seinem Roman »Vor dem Sturm« zu Neujahr 1813 den alten märkischen Edelmann Berndt von Vitzewitz absteigen. Sein Kutscher bringt »wie herkömmlich« das Gespann im »Grünen Baum« in der Klosterstraße unter. »*Er trat an das Fenster und sah geradeaus über den Fluß hin auf die gotischen, im hellen Morgenschein glänzenden Giebel des hier noch mittelalterlich gebliebenen Schlosses. ›Das kann nicht über Nacht verschwinden‹, sprach er vor sich hin.*« Einkünfte aus seinen schriftstellerischen Arbeiten gestatteten dem 24jährigen Stuttgarter Hofmeister Wilhelm Hauff, im Jahre 1826 auf Reisen zu gehen. In Berlin, wo er im »König von Portugal« logierte, machte er die Bekanntschaft von Fouqué, Alexis, Rauch und Schadow. Die Sängerin Fiametti in seiner gleichnamigen Novelle bezieht in der Beletage des Hotels ein »fürnehmes Zimmer«, der Kapellmeister Bolono logiert im Zimmer 54 im Dachgeschoß und sein Nebenbuhler, Chevalier de Planto, im Zimmer 6 des Hotels. Im folgenden Jahr heiratete Hauff seine Kusine und starb neun Monate später, am 18. November 1827, im Alter von 25 Jahren an Typhus, nachdem ihm seine Frau wenige Monate vorher eine Tochter geschenkt hatte.

Der österreichische Bühnendichter und Staatsbeamte Franz Grillparzer kam am 5. September 1826 in Berlin an und stieg im »König von Portugal« ab. In seinen »Erinnerungen« schreibt er: ». . . *Endlich die Türme von Berlin. Durchs Tor eingefahren. Schön! Die Gebäude schöner, als ich sie in solcher Menge beisammen je gesehen. Die Straßen breit. Königlich. Das Schloß, ohne ein eigentliches Bauwerk zu sein, schön.*« Von Wien her an zwanzig »Nummern« auf der Speisekarte verwöhnt, konnte er hier nur zwischen zwei warmen und drei kalten Gerichten wählen. Er fand bald Kontakt mit den literarischen Kreisen der Hauptstadt, besuchte Hegel zum Tee, wo er Henriette Sontag kennen- und schätzen lernte, kam bei »Lutter und Wegener« in den Künstlerkreis um Devrient und wurde in die »Mittwochsgesellschaft« eingeführt. Dort machte er die Bekanntschaft Varnhagens und Chamissos, an dessen langen Haaren er Anstoß nahm. Im »König von Portugal« widerfuhr ihm ein böses Mißgeschick: »*Ich war eben am Rasieren, als mir der Kellner . . . einen Offizier anmeldete, der mich zu sprechen wünsche. Ich deckte schnell ein offenes Schnupftuch über das Rasiergerät und empfing den Fremden, der niemand anderer als Baron de la Motte Fouqué war. Als er ungefähr nach einer Stunde wieder ging, trat das Unglück ein. Ich wollte mein Rasiergerät wieder aufnehmen, vergaß, daß das Messer geöffnet war, und griff durch das Tuch in die Schneide, so daß ich mir das oberste Glied vom Zeigefinger der rechten Hand vollkommen spaltete. Ich mußte chirurgische Hilfe ansprechen. Die Narbe ist noch jetzt sichtbar*«, schreibt er in seinem Tagebuch. Ende September verließ er die Hauptstadt, die ihm immer mehr gefiel, in der »alles einen Anstrich von Großartigkeit, Geistigkeit und Liberalität (hat), der einem armen Teufel aus Österreich schon des Kontrastes wegen wohl tut«.

Im Mai 1832 stiegen Fritz Reuter und sein Rostocker Studienfreund Karl Krüger, die ihre Reise zur Universität Jena für zwei Tage in Berlin unterbrachen, im »König von Portugal« ab. In seiner poetischen Erzählung »De Reis' nach Bellingen« setzt Reuter dem Gasthof und Berlin ein Denkmal. Die vier mecklenburgischen Bauern aus Roggendorf halten den Hotelportier »in de Borgstrat«, der sie mit groben Beschimpfungen vom Eingang des Gasthofs verjagt, für den »König ut Portulak« – »De Kron, de hadd hei hüt nich up, / Vermaudlich, wil s'em was tau swer . . .« Im Juli 1854 kam Johannes Trojan mit seinen zwei Schwestern auf einer Reise, die ihm sein Vater als Belohnung für das bestandene Abiturium beschert hatte, nach Berlin, wo die drei im »König von Portugal« abstiegen. Schon bei einem ersten Rundgang mißfiel ihnen die Stadt: »*Was waren das für traurige Häuser, eins wie das andere ohne Beischlag, ohne Giebel, ohne Türmchen, ohne jede Verzierung, speicherähnlich, kahl, kalkig und kalt.*« Sie fanden Berlin »pauvre«. In den ersten Wochen nach seiner Ankunft in Berlin im Jahre 1928 kam der Hunger leidende Dichter August Scholtis, der seine Verse in den Postämtern auf Telegrammformulare schrieb, bei seinen Streifzügen durch die Stadt auch am »König von Portugal« vorbei. Hier tat er, »was meine Mutter mit der Mutter Gottes zu tun pflegte. Ich berührte den Sockel zum Eingang des Hotels, in dem Lessings Stück spielt, und sprach: ›Minna von Barnhelm, hilf mir in dieser preußischen Wüste meine Lieder zu versilbern!‹« Und Minna half, wie er bekennt.

Der Kunstschriftsteller Wilhelm Wackenroder, der für sich beanspruchen darf, mit seinen »Herzensergießungen eines kunstliebenden

Klosterbruders« (1797) das Verständnis für die mittelalterliche Kunst wiedererweckt zu haben, wurde am 13. Juli 1773 als Sohn eines Berliner Justizbürgermeisters im Hause seines Vaters, das 1800 die Nummer 13 erhielt, geboren. Er besuchte mit Tieck zusammen das Friedrich-Werdersche Gymnasium und studierte mit ihm in Erlangen und Göttingen. Als Referendar am Kammergericht erkrankte der knapp 25jährige Ende 1797 und starb am 13. Februar 1798 »an den Folgen eines hitzigen Fiebers«. Auf dem Jerusalemer Friedhof wurde er begraben. Seine innige Freundschaft zu Tieck bedeutete ihm das große Glück seines kurzen Lebens. In »Franz Sternbalds Wanderungen« (1798) hat Tieck dieser Freundschaft ein Denkmal gesetzt.

An der Stelle des Hauses Nr. 17 stand das Gartenhaus Schlüters, in das er von der lauten Breiten Straße übersiedelte, um hier Ruhe zu finden.

Fontane, der als Schüler der Klödenschen Gewerbeschule zunächst in der Pension Badke in der Wallstraße untergekommen war, fand um Weihnachten 1833 bei Onkel August, dem Halbbruder seines Vaters, und seiner Frau, Tante Pinchen, eine Bleibe. Seine Verwandten wohnten im zweiten Stock eines reizenden, neben der Kriegsakademie gelegenen kleinen Hauses mit drei Fenstern Front in der Burgstraße 18. Im Erdgeschoß betrieb der Onkel ein Geschäft für Malutensilien. *»An Sommerabenden lagen wir im Fenster und sahen die Spree hinauf und hinunter. Es war mitunter ganz feenhaft, und wer dann von der Prosa Berlins, von seiner Trivialität und Häßlichkeit hätte sprechen wollen, der hätte einem leid tun können. In dem leisen Abendnebel stieg nach links hin das Bild des Großen Kurfürsten auf und dahinter das Schleusenwerk des Mühlendamms. Gegenüber aber lag das Schloß mit seinem ›Grünen Hut‹ und seinem hier noch vorhandenen gotischen Giebel, während in der Spree selbst sich zahllose Lichter spiegelten«,* schreibt Fontane. Der leichtsinnige und liederliche Onkel geriet immer mehr in finanzielle Schwierigkeiten, so daß er zu Ostern 1835 die Wohnung aufgeben mußte und mit seiner Familie als Trockenwohner in eine armselige Mietskaserne in der Großen Hamburger Straße umzog. Max Liebermann kam am 20. Juli 1847 als Sohn des reichen Kattunfabrikanten Louis Liebermann in der Burgstraße 29 zur Welt. Nach Studien in München und Paris trennte er sich vom konventionellen Kunstbetrieb und gründete zu Ende des 19. Jahrhunderts zusammen mit Leistikow, Slevogt, Lesser Ury und Corinth die Berliner Sezession. Nicht nur mit seinem Werk, sondern auch mit seinem Berliner Humor bleibt der Maler unvergessen. So erkundigte er sich bei einem Bewunderer, der nur zwei große Maler anerkannte, nämlich Velasquez und Liebermann: »Wieso denn Velasquez?« und auf die Frage eines Kollegen, ob er mit einem harten oder weichen Bleistift arbeite, entgegnete er: »Nee, mit Talent.«

Von 1717 bis 1880 befand sich das Joachimsthalsche Gymnasium in der Burgstraße 21–22. Ostern 1880 wurde es in einem Neubau in der Bundesallee untergebracht.

Heiligegeiststraße Von 1715 bis 1757 befand sich hier die Nicolaische Buchhandlung.

In einem Hause in der Heiligegeiststraße, das einer Familie Salomon gehörte, kam am 15. März 1830 der Dichter, Novellist und erste deutsche Nobelpreisträger (1910) Paul Heyse zur Welt. Er war der zweite Sohn des Privatdozenten Karl Wilhelm Heyse, der als Sprachforscher und Universitätsprofessor bekannt geworden war und sich als Erzieher des jüngsten Sohnes des Ministers Wilhelm von Humboldt bewährt hatte. Seine Frau war die mit dem Hause Mendelssohn verwandte jüdische Hofjuwelierstochter Julie Saling. Sie gehörte zu den Vorkämpferinnen der Frauenbewegung. Ein Jahr nach der Geburt Pauls übersiedelte die Familie an den Schiffbauerdamm.

Das im Jahre 1607 vom brandenburgischen Kurfürsten Joachim Friedrich in Joachimsthal gegründete Gymnasium, eine der ältesten märkischen Schulen, wurde in der Mitte des 17. Jahrhunderts nach Berlin in die Heiligegeiststraße 5–6 verlegt. Beide Gebäude mußten dem Neubau der Hauptpost weichen.

Im Hintergebäude der Ritterakademie in der Heiligegeiststraße 7 wohnte der Schweizer Philosoph Johann Georg Sulzer, der Leiter der Akademie. Sein in Dresden lebender Schwiegersohn, der Porträtist Anton Graff, wohnte bei seinen vielen Berlinreisen in seinem Hause, und hier stattete ihm Goethe am Nachmittag des 16. Mai 1778 einen Besuch ab. Die Nachwelt verdankt Graff Bildnisse von Moses Mendelssohn, Lessing und Schiller.

In der Heiligegeiststraße Nr. 29, dem Hause des Tabakhändlers Prätorius, kam am 7. Oktober 1871 der Erzähler und Dramatiker Georg Borchardt, der sich als Schriftsteller Georg Hermann nannte, als jüngstes von sechs Kindern eines verarmten jüdischen Weißwarenhändlers zur Welt. Seine Mutter führte ihre Familie auf einen Rabbinersohn Simon Broh zurück, der um 1750 in der Kleinen Hamburger

Straße einen Altkleiderhandel betrieb und später als Bankier zu Wohlstand kam. Die Kinderjahre Georgs waren von dem finanziellen Ruin, von der Schuldhaft und dem körperlichen Zusammenbruch seines Vaters überschattet. Als Schüler des Askanischen, später des Friedrich-Werderschen Gymnasiums brachte er es in seinem zwanzigsten Lebensjahrs lediglich bis zum »Einjährigen«, der Reife für Obersekunde. Nach dem frühen Tod ihres Gatten im Jahre 1890 übersiedelte die Witwe und ihre Familie in die Bülowstraße.

Von der Spandauer Straße zog der Junggeselle Karl Wilhelm Ramler im Jahre 1745 in die Dienstwohnung des Kämmerei-Kontrolleurs Dennstädt in der Heiligegeiststraße an der Ecke zum Heiligengeistkirchhof, dem Schauplatz von Hermann Hesses »Drei Linden« (1912). Der Dichter war übrigens niemals in Berlin. Straße und Friedhof sind verschwunden, die Heiliggeistkapelle ist erhalten geblieben und dient heute als Mensa des Wirtschaftlichen Instituts der Universität. An der Stelle des Hauses wurde später die Börse errichtet.

Bei seinem dritten Aufenthalt in Berlin von Mitte Mai 1758 bis November 1760 bewohnte Lessing im Hause Nr. 52 neben dem Heiligengeisthospital ein Zimmer bei Göring. An Gleim schreibt Ramler am 11. April 1759: *»Ich kann mich hier mit Hrn. Lessing abrufen, oder wenigsten absehen, wenn ich mit ihm Ihre Gesundheit bei Willens trinken will. Wir hängen alsdann einen rothen Band aus, das ist das Signal zur Ausflucht in die Baumannshöhle, denn Sie müssen wissen, der Kieper heißt Baumann.«* Hier schrieb Lessing die meisten Beiträge für die von Nicolai herausgegebenen »Briefe, die neueste Literatur betreffend«. Am 7. November 1760 verschwand er unvermittelt aus der Stadt, ohne seine Wohnung zu kündigen, und ging als Sekretär des Generals Tauentzien nach Breslau. Im Mai 1765 kam er nach Berlin zurück.

Poststraße Im Hause Nr. 4 wurde am 18. März 1733 das Haupt der Berliner Aufklärung, der Schriftsteller und Verleger Friedrich Nicolai, als Sohn eines Buchhändlers geboren. In eben diesem Hause, dem sog. »Kurfürstenhaus«, war im Jahre 1619 Kurfürst Johann Sigismund in den Armen seines Kammerdieners Anton Freytag gestorben. Aus Furcht vor der »weißen Frau«, die im Stadtschloß spuken sollte, übernachtete er hier gelegentlich. Die Buchhandlung befand sich in der benachbarten Heiligegeiststraße. Nach dem Besuch der neuen Realschule in Berlin begann Nicolai bei einem Buchhändler in Frankfurt/Oder seine Lehrzeit und arbeitete bis 1757 als Gehilfe im

Geschäft seines inzwischen verstorbenen Vaters, das sein Bruder übernommen hatte.
In der Poststraße lag der Gasthof »Zu den drei Lilien«, nach dem Besitzer auch »Rufins Gasthaus« genannt. Hier stieg der Schotte James Boswell, der Eckermann des englischen Lexikographen Samuel Johnson, am 5. Juli 1764 auf seiner Reise durch die Schweiz und Deutschland ab. »*Von Berlin muß ich sagen: eine schöne Stadt. Breite, lange und gerade Straßen mit stattlichen Wohnhäusern. Das Schloß ist großartig; auch einige Paläste der königlichen Familie können sich sehen lassen . . . Abends bummelten wir eine Kastanienallee (= Unter den Linden) auf und nieder, am Ufer eines schönen Kanals (neben der Straße verlief zu dieser Zeit noch ein Kanal), wo allerhand fremdes Volk lustwandelte . . .*«, notiert er in seinem »Tagebuch«. Am 10. Juli bezog er eine möblierte Wohnung in der Scharrenstraße. In den »Drei Lilien« traf er Casanova, der von Magdeburg »durch die sandige Mark« nach Berlin gekommen war, um hier den Rest des Sommers zu verbringen. Auch er war in den »Drei Linden« abgestiegen. In der »Geschichte meines Lebens« lobt Casanova die Wirtin: »Sie war Französin und verstand ihr Geschäft so gut, daß sie ihrem Haus einen ausgezeichneten Ruf verschafft hatte.« Im Gegensatz zu Boswell erwähnt Casanova die Begegnung nicht. Im Garten von Sanssouci plauderte der Venezianer mit Friedrich dem Großen über die Kosten für die Anlage von Wasserspielen, über die Seestreitkräfte seiner Republik, über die Theorie der Steuern und vor allem über eine Lotterie. Schließlich stellte ihm der Monarch eine Gouverneursstelle in der Potsdamer Kadettenanstalt in Aussicht. Als er aber erlebte, wie der König bei einer Inspektion einen Gouverneur anranzte, weil ein Kadett sein Nachtgeschirr nicht geleert hatte, verließ er nach zwei Monaten Preußen und reiste nach Petersburg weiter.
Lamettrie pflegte in »Rufins Gasthaus« zu speisen.
Im Hause Nr. 16 wohnte der 1837 in Berlin geborene Bankierssohn, Romanschriftsteller und Ägyptologe Georg Ebers, ein Nachkomme des Münzjuden Veitel Ephraim. 1865 übersiedelte er nach Jena und starb am 7. August 1898 in Tutzing.
Die am 27. Januar 1748 in Berlin geborene, durch ihre Urberliner Aussprüche bekanntgewordene, aus einer Hugenottenfamilie stammende Brauerstochter Marie Anna Dutitre, die 1781 einen wohlhabenden Seifenfabrikanten geheiratet hatte, bewohnte mit ihrem Mann das im Jahre 1760 erbaute und nach seinen Besitzern, der Familie der Seidenhändler Knobloch, benannte Haus Poststraße 23.

Liebe zur Literatur führte sie nach Weimar, wo sie »ooch ma Joethen« besuchte und bei der Gelegenheit »sein schönet Gedicht ›Fest jemauat in der Erden‹« zitierte.
Prudens Chamisso, der ältere Bruder des Dichters, der sich dem geistlichen Stande verschrieben hatte, war in ihrem Hause als Erzieher tätig. Willibald Alexis setzt ihr in der Gestalt der Madame Braunbiegler in seinem Roman »Ruhe ist die erste Bürgerpflicht« (1852) ein literarisches Denkmal. Sie starb am 22. Juli 1827 und wurde auf dem Französischen Friedhof in der Chausseestraße bestattet. Später entstand in dem einzigen erhalten gebliebenen klassizistischen Bürgerhaus Berlins eine Weinstube, in der Strindberg, Ibsen, Björnson und Hauptmann gezecht haben. Heinrich von Kleist, der Ende Januar 1807 in Berlin eingetroffen war, logierte im »Schwarzen Adler« in der Poststraße 30. Er wurde wenige Tage nach seiner Ankunft arretiert und nach Frankreich verbracht, wo er als vermeintlicher Schillscher Offizier ein halbes Jahr eingesperrt wurde.
Heinrich Heine kam im März 1821 von Göttingen nach Berlin, um sein Studium fortzusetzen, und stieg im selben Gasthof ab. Nach seiner Immatrikulation als Student der Rechte am 4. April 1821 mietete er ein Zimmer in der Behrenstraße. Georg Hermann widmet in seinem Roman »Rosenemil« (1933) dem »ganzen Leben mit seiner Armseligkeit« in der Poststraße ein Kapitel.

Nikolaikirche An der ältesten Kirche Berlins, dem um 1230 aus Granitquadern errichteten Bau der Nikolaikirche, die im Kriege weitgehend zerstört wurde, befindet sich eine Tafel zum Gedenken an den Liederdichter und Prediger Paul Gerhardt, der hier vom Oktober 1656 bis zu seiner Entlassung im Februar 1667 als Diakon amtierte. Am 17. Mai 1778 hörte Goethe hier eine Predigt des Propstes Spalding, und Fontane berichtet, daß er von einem Besuch einer Abendandacht in der Kirche tief beeindruckt wurde.

Nikolaikirchplatz Im November 1752 kam der neugebackene Magister Lessing von Wittenberg wieder nach Berlin und mietete im obersten Stock des Hauses Nr. 10 (später Nr. 20) ein Stübchen. Rechts lag ein Materialwarenladen mit zwei vergoldeten Zuckerhüten, der »Cognac, Arrak, Rum und französische Liqueure verkaufte, während rechts Glanzwichse« angeboten wurde, wie Julius Rodenberg in seinen »Bildern aus dem Berliner Leben« (1891) berichtet. Bei ihm wohnte sein Freund Nikolaus Naumann aus Bautzen. Auch seine Brüder Theophilus und Gottlieb logierten bei ihren Berlin-Besuchen bei ihm. Mendelssohn, mit dem er seit 1754 Schach zu spielen pflegte, besuchte ihn hier allmorgentlich zwischen 7 und 9 Uhr, bevor er zu seiner Arbeitsstätte ging, um mit ihm philosophische und literarische Probleme zu erörtern. Lessing hat ihm in der Gestalt seines »Nathan« ein Denkmal gesetzt. Seine Stellung als Feuilletonredakteur bei der Vossischen Zeitung hatte ihm Mylius freigehalten. Das Trauerspiel »Miß Sara Sampson« schrieb er im Frühjahr 1755 »verschlossen in ein Gartenhaus« in Potsdam. Am 18. Oktober 1755 übersiedelte er nach Leipzig. Das Haus fiel im Jahr 1870 einem vom Molkenmarkt herüberreichenden Neubau zum Opfer.

Propststraße Während seiner Amtszeit als Diakon an der Nikolaikirche von 1657 bis 1667 wohnte Paul Gerhardt im Hause Nr. 7. 1666 verweigerte der eifernde Lutheraner die Unterzeichnung des großkurfürstlichen Toleranzedikts, was die Suspendierung von seinem Amt zur Folge hatte. Bis 1669 mußte er sein Geld als Hauslehrer verdienen und erhielt dann die Stelle des Archidiakons in Lübben, wo er am 27. Mai 1676 starb. Sein Wohnhaus in der Propststraße trug eine Tafel zum Gedenken an den Dichter der schönsten evangelischen Kirchenlieder wie »Befiehl du deine Wege«, »Nun ruhen alle Wälder« und »O Haupt voll Blut und Wunden«.

Im Herbst 1743 kam der 14jährige schwächliche Talmudschüler Moses Mendelssohn, der als Zehnjähriger bereits hebräische Verse schrieb, mit seinem nach Berlin versetzten Lehrer, dem Rabbi David Fränkel, von Dessau in die Hauptstadt. In einer Dachkammer des Hauses von Heimann Bamberger in der Propststraße fand er seine erste Unterkunft. Seinen Lebensunterhalt verdiente er durch Abschreiben und Unterricht im Hebräischen, im Selbstunterricht erwarb er sich eine umfassende Bildung. Überarbeitung und nächtliche Studien brachten ihm eine Nervenschwäche und eine Rückgratverkrümmung ein. 1750 wurde er Erzieher der Söhne des Seidenfabrikanten Bernhard und erhielt in seinem Haus ein Zimmer. Später wurde er Buchhalter und nach Bernhards Tode schließlich Teilhaber der Firma.

Molkenmarkt Nach der Meinung des Kommerzienrats Treibel in Fontanes Roman »Frau Jenny Treibel« (1892) ist »alles, was in der Molkenmarktluft groß geworden (ist), dem Rest der Menschheit um ein Beträchtliches überlegen«. Auf dem hinteren Teil der Höfe der in den dreißiger Jahren abgerissenen Häuser Nr. 1–3 befand sich von 1791 bis 1881 das sich bis zur Spree erstreckende Städtische Polizeigefängnis, die sog. »Stadtvogtei«, deren eine Wand die westliche Seite des damaligen Krögels begrenzte. Hier saß Fritz Reuter, der unbegreiflicherweise sein Studium im Berlin der Demagogenverfolgungen fortsetzen wollte und kurz nach seiner Ankunft in der Hauptstadt in der Wohnung einer Prostituierten verhaftet wurde, vom 31. Oktober bis zum 31. Dezember 1833 und vom 18. bis zum 20. Juni 1839 in einer ungeheizten Zelle, in der er auf dem Fußboden schlafen mußte. Er war wegen Mitgliedschaft in der Jenenser Burschenschaft »Germania« und einer unbegründeten Anzeige wegen hochverräterischer Umtriebe angeklagt und in insgesamt sieben deutschen Gefängnissen inhaftiert. Friedrich Wilhelm III. verwandelte sein Todesurteil in 30jährige Haft, nach sieben Jahren wurde er amnestiert. Der Dichter starb, nicht zuletzt an den Folgen seiner Haftjahre und seiner Trunksucht, am 12. Juli 1874 im 64. Lebensjahr in seiner Wahlheimat Eisenach. Auch Heinrich Laube, aus Leipzig ausgewiesen und der Mitgliedschaft in der Hallensischen Burschenschaft bezichtigt, wurde in Berlin aufgespürt und als Untersuchungshäftling am 26. Juni 1834 in fast dunkler Zelle und in Einzelhaft festgesetzt, bis er aus Mangel an Beweisen am 20. März 1835 entlassen wurde. Sein erster Gang als freier Mann führte ihn zu seinem Freunde Glaßbrenner.

Stralauer Straße Im Hause Nr. 38 wohnte der am 12. März 1607 in Gräfenhainichen geborene Kandidat des Predigtamtes Paul Gerhardt, der nach seinem Studium in Wittenberg im Jahre 1642 als Hauslehrer nach Berlin gegangen war. Er fand im Hause des Kammergerichtsadvokaten Andreas Berthold eine Beschäftigung. 1651 erhielt er eine Anstellung als Pfarrer in Mittenwald, wo er Maria, die älteste Tochter Bertholds, im Jahre 1655 heiratete. Zwei Jahre danach ging er als Diakon an der Nikolaikirche nach Berlin zurück. Das Wohnhaus Gerhardts trug eine Gedenktafel.

Spandauer Straße In die »schlichte« Spandauer Straße »mit kleinen, einstöckigen Häusern, zu deren Haustüren drei oder vier Stufen einer Steintreppe führen«, verlegt Ernst von Salomon die bescheidene Kneipe des Trompeters der Kgl. Hofkapelle, Elias Encke. Hier verbrachte seine Tochter Wilhelmine, später Madame Ritz, seit 1796 Gräfin von Lichtenau und ungekrönte Königin Preußens, ihre Jugend. Sie kam am 19. Dezember 1755 in Dessau zur Welt und starb in Berlin am 9. Juni 1820. In seinem Roman aus Preußens galanter Zeit »Die schöne Wilhelmine« (1965) setzt Ernst von Salomon der Straße und der Geliebten Friedrich Wilhelms II., von deren Schönheit Rahel von Varnhagen schwärmt und eine Büste Schadows noch heute spricht, ein literarisches Denkmal. Auch Clara Viebig nimmt sich (in

ihrem Roman »Der Vielgeliebte und die Vielgehaßte« [1935]) der Liebesgeschichte an.
An der Stelle des von 1861 bis 1869 errichteten »Roten Rathauses« stand das alte Rathaus mit der gotischen Gerichtslaube, »jenes altertümliche Gebäude«, das E. T. A. Hoffmann die Kulisse für seine Spukgeschichte »Die Brautwahl« lieferte. Im gegenüberliegenden Eckhaus wurde dem wohlhabenden Juwelenhändler und Bankier Markus Levin am 19. Mai 1771 seine älteste Tochter Rahel geboren, die den ersten literarischen Salon in Deutschland schaffen und eine bedeutende Vorkämpferin für die Juden- und Frauenemanzipation werden sollte. Nach dem Tode ihres Vaters im Jahr 1790 übersiedelte die Witwe mit ihren Kindern in die Jägerstraße.
In der Spandauer Straße hatte der aus unbemittelter jüdischer Familie stammende praktische Arzt Dr. Markus Herz seine Wohnung und Praxis. »Gleich den Weisen Athens liebt er die fröhlichen Zirkel . . . alles opfert er sonst auf dem Altar der Freundschaft, seinen Witz und den Wein, seine Erfahrungen ganz«, so preist sein Zeitgenosse F. L. G. von Goeckingh den Mediziner, der für seine Vorträge über philosophische Fragen schon vor der Gründung der Berliner Universität zum Professor ernannt worden war und dem das Verdienst zukommt, die Berliner in die Gedankenwelt seines Lehrers und Freundes Kant eingeführt zu haben. Am 1. Dezember 1779 heiratete er die fünfzehnjährige Henriette de Lemos, die bei seinen Vorlesungen hospitierte und in ihrem Salon bald die bedeutendsten Vertreter des geistigen Berlins zu vereinen wußte. Wenige Jahre nach der Hochzeit übersiedelte das kinderlos gebliebene Ehepaar in die Neue Friedrichstraße.
Heinrich von Kleist reiste im Juni 1804 nach Berlin, um sich erneut um eine Staatsstellung zu bemühen. Er bezog ein möbliertes Zimmer im Hause Nr. 53. Seine Bemühungen blieben erfolglos, knapp ein Jahr später ging er nach Königsberg, wo er eine Stelle als Diätar fand.
Das auf der östlichen Seite der Spandauer Straße stehende Haus Nr. 68, das im Zuge des Durchbruchs der Kaiser-Wilhelm-Straße, der heutigen Liebknechtstraße, an einer Seite freigelegt wurde und 1924 die Nummer 33 erhielt, ist mit den Namen einer Reihe bedeutender Persönlichkeiten verbunden.
Der am 25. Februar 1725 in Kolberg als Sohn eines Steuerinspektors geborene Odendichter Karl Wilhelm Ramler kam im Jahr 1746 nach Studien in Halle nach Berlin, wo er eine Stelle als Gymnasiallehrer

zu finden hoffte. Bald nach seiner Ankunft traf er in der Nicolaischen Buchhandlung Gleim, der in Potsdam wohnte, ihm in seinem Berliner Absteigequartier im Hause Nr. 68 Unterkunft gewährte und eine Hauslehrertätigkeit vermittelte. Von 1748 bis 1790 war Ramler Professor an der Berliner Kadettenanstalt. Sein erstes gedrucktes Gedicht widmete er einem »Granatapfel, der 1749 in Berlin zur Reife gekommen war«. Seiner Verehrung Friedrichs des Großen und seines Nachfolgers gab er in huldigenden Oden Ausdruck. Eine königliche Pension gestattete ihm einen sorglosen Lebensabend. Im Jahre 1749 übersiedelte er in die Heiligegeiststraße.

Im November 1748 reiste der neunzehnjährige Pastorensohn und Theologiestudent Gotthold Ephraim Lessing auf der Flucht vor seinen Gläubigern von Leipzig nach Berlin, wo er in der kümmerlichen Stube seines freigeistigen Vetters und Studienfreunds Christlob Mylius, Redakteur an der 1704 gegründeten »Berlinischen Privilegirten Zeitung für Staats- und gelehrte Sachen«, im Hause Nr. 68 unterkam. In einem armseligen Gasthaus konnte er »für einen Groschen und sechs Pfennige« eine »starke Mahlzeit« einnehmen. Er wurde eifriger Besucher der Kgl. Bibliothek, die damals noch im Apothekenflügel des Schlosses untergebracht war. Seiner »hochzuehrenden Mutter« schreibt er am 20. Januar 1749: ». . . *Ich hätte längst unterkommen können, wenn ich mir, was die Kleidung anbelangt, ein besseres Aussehen hätte machen können . . . Es ist dieses in einer Stadt gar nötig, wo man meistens den Augen in der Beurteilung eines Menschen traut.*« Im Kaffeehaus entstanden die Lustspiele »Die Juden« (1749) und »Der Freigeist« (1749), von April 1751 an gab er die Beilage der Vossischen Zeitung, »Das Neueste aus dem Reiche des Witzes«, heraus. 1751 übernahm er die Stelle von Mylius, der nach England ging und jung an Jahren in einem Londoner Gefängnis starb. Mit Voltaire hatte er Kontakt und arbeitete für ihn als Sekretär, in welcher Eigenschaft er sich jedoch seine Feindschaft zuzog, als er ein unveröffentlichtes Werk des Franzosen aus der Hand gab. Im Dezember 1751 verließ er unvermittelt und überstürzt Berlin und ging nach Wittenberg, wo er den Magistertitel erwarb. 1905 erhielt das Haus eine Tafel zum Gedenken an seinen Aufenthalt.

Christoph Friedrich Nicolai, der in der von seinem älteren Bruder übernommenen väterlichen, an der Stechbahn gelegenen Buchhandlung tätig war, lebte nach Beendigung seiner Lehrzeit »sehr frugal von einem nur mäßigen Einkommen« in der Wohnung seiner Mutter in diesem Hause. Nach dem Tode seines Bruders übernahm er im Jahr

1757 die Buchhandlung und machte sie bald zu einem Mittelpunkt des geistigen Lebens der Hauptstadt und zu einem Hort der Gedankenfreiheit. Seine kurze Freizeit verbrachte er schreibend im Sommerhaus der Familie in der Blumenstraße 17/18. Im selben Jahr gab der Vorkämpfer der deutschen Aufklärung mit seinen Freunden Lessing und Mendelssohn die »Bibliothek der schönen Wissenschaften«, von 1759 bis 1765 die »Briefe, die neueste Literatur betreffend« und von 1765 bis 1792 die »Allgemeine deutsche Bibliothek« heraus. 1769 erschien seine »Topographisch-historische Beschreibung der königlichen Merkwürdigkeiten und der umliegenden Gegend«, das erste kritische Geschichtswerk über die Hauptstadt, von Literarhistorikern als der »erste Baedeker Berlins« bezeichnet. Sein Roman »Sebaldus Nothanker«, erschienen 1773 bis 1776, eine satirische Schrift gegen die Pastoren und das bigotte Bürgertum, bietet Berliner Lokalkolorit mit dem Weidendamm und dem »Spreestrom, von Schwänen bewohnt«.

Seit 1829 trug das Haus eine Marmortafel mit der goldenen Inschrift: »In diesem Hause lebte und wirkte Unsterbliches Moses Mendelssohn. Geb. in Dessau 1729. Gest. in Berlin 1786.« Nach seiner Heirat mit der Hamburgerin Fromet Guggenheim im Jahre 1762 bezog der Philosoph das Haus, dessen vornehme Einrichtung seine Freunde, die er hier regelmäßig empfing, hell begeisterte. Hier wurde ihm am 24. Oktober 1763 als ältestes seiner sechs Kinder Dorothea geboren, die als Zwanzigjährige den Bankier Simon Veit heiratete. Ihre Beziehungen zu Friedrich Schlegel, den sie im Salon der Henriette Herz kennengelernt hatte, führten zur Scheidung und im Jahre 1804 zu einer zweiten Ehe mit dem um achteinhalb Jahre jüngeren Mann. Ihre schriftstellerischen Bemühungen, mit denen sie die finanzielle Situation ihres Mannes aufbessern wollte, führten zu nichts, und so betätigte sie sich als Hemdennäherin. Nach dem Tode Schlegels im Jahre 1829 zog die Schriftstellerin und Übersetzerin nach Frankfurt, wo sie am 3. August 1839 im Hause ihres Sohnes aus erster Ehe starb. In der Spandauer Straße entstanden die wichtigsten philosophischen Werke und die Bibelübersetzung Mendelssohns, und hier starb er am 4. Januar 1786. Wenn auch die Karschin Gleim schreibt, daß Goethe Mendelssohn besucht habe, soll doch der Philosoph den Dichter wegen der Spannung, die zwischen diesem und seinem Freunde Nicolai bestand, nicht empfangen haben. Auch in Goethes Tagebuch findet sich kein Hinweis auf eine Begegnung. Auf dem Jüdischen Friedhof in der Großen Hamburger Straße wurde der Philosoph begraben, der seinen seit Jahrhunderten unterdrückten Glaubensgenossen den Weg zur Assimilation gewiesen und Lessing zum Vorbild für seinen »Nathan« gedient hat. Nach dem Neubau des Hauses wurde die Tafel an der Hofseite eingemauert und eine zweite, metallene unter dem Balkon angebracht.

Im Hause Nr. 72 kam der Komponist Giacomo Meyerbeer als Jakob Liebmann Beer am 5. September 1791 zur Welt. Über Italien und Paris kam er 1842 als Generalmusikdirektor der Berliner Oper in die Hauptstadt zurück.

Nach Abschluß seiner Schulzeit mit dem »Einjährigen-Zeugnis« an der Klödenschen Gewerbeschule trat Theodor Fontane am 1. April 1836 als Lehrling in die Rosesche Apotheke »Zum weißen Schwan« in der Spandauer Straße 77 (später Nr. 40) an der Ecke Heidereuter Gasse ein. Im Hinterhaus hatte man ihm ein Zimmer eingeräumt. Hier fand er Zeit für seine ersten literarischen Versuche, einige seiner Balladen wurden im »Berliner Figaro« gedruckt. Im Jahre 1840 ging er als Gehilfe zunächst an eine Apotheke in Burg an der Ihle, dann nach Leipzig und später nach Dresden. Nach vier Jahren kam er nach Berlin zurück, um seine einjährige Militärdienstzeit abzuleisten. In seinen Erinnerungen »Zwischen Zwanzig und Dreißig« hinterläßt Fontane eine Beschreibung der Apotheke und seiner »Waschfrauenarbeit« in ihr. Der am 5. Februar 1856 in Hamburg als Sohn eines bescheidenen Kaufmanns geborene Literarhistoriker, Kritiker und Theatermann Otto Abrahamsohn, der sich seit 1884 Brahm nannte, kam im Herbst 1876 nach Berlin, um Vorlesungen zu hören. Im dritten Stockwerk eines Hinterhauses in der Spandauer Straße fand er in einem kleinen rechteckigen Raum mit seinem unbedeckten Tisch und einer Waschschüssel ein Unterkommen. Um 1880 zog er in die Wilhelmstraße.

Rathausstraße Von der Rathausbrücke, der ehemaligen Kurfürstenbrücke, die im Mittelalter Lange Brücke hieß, führt die Rathausstraße, die frühere Königstraße, quer durch die im Zweiten Weltkrieg völlig zerstörte Altstadt zum Alexanderplatz. Die Königstraße und »das enge Netz kleiner Straßen . . . mit dem holprigen Pflaster und den Steinen wie Kindsköpfe« bilden den Schauplatz von Georg Hermanns Biedermeierroman »Jettchen Gebert« (1906).

»Welch große, herrliche Straße! Das ist eben die Königstraße, wo ein Kaufmannsmagazin ans andere grenzt und die bunten, leuchtenden Warenausstellungen fast das Auge blenden«, schreibt Heinrich Heine in seinen »Briefen aus Berlin« unter dem 26. Januar 1822.

Der Leutnant a. D. Heinrich von Kleist, der nach Studien der Naturwissenschaften und der Mathematik in Frankfurt/Oder und nach Reisen im Oktober 1800 nach Berlin kam, um sich nach einer Stellung im Staatsdienst umzusehen, schildert in einem Brief an seine Braut Wilhelmine von Zenge seine Einfahrt durch die Königstraße: *»Als ich hineinfuhr in das Tor im Halbdunkel des Abends und die hohen weiten Gebäude anfänglich nur zerstreut und einzeln umherlagen, dann immer dichter und dichter, und das Leben immer lebendiger und das Geräusch immer geräuschvoller wurde, als ich nun endlich in der Mitte der stolzen Königsstadt war und meine Seele sich erweiterte, um so viele zuströmende Erscheinungen zu fassen, da dachte ich: Wo mag wohl das liebe Dach liegen, das einst mich und mein Liebchen schützen wird? Hier an der stolzen Kolonnade? dort in jenem versteckten Winkel? oder hier an der offenen Spree?«* Die Tätigkeit, die er als Volontär im Wirtschaftsministerium fand, behagte ihm nicht. Er verließ Berlin im April des nächsten Jahres und ging auf Reisen.

Am 20. November 1809, gegen sechs Uhr abends, erreichten Joseph von Eichendorff und sein zwei Jahre älterer Bruder in Begleitung ihres Dieners Jakob Schöpp, von ihrem väterlichen Gut Lubowitz bei Ratibor in Oberschlesien über Frankfurt an der Oder durch das Landsberger Tor kommend, die Königstadt. Der Dichter war nach Berlin gereist, um seinen Studienfreund Graf Loeben zu treffen und sich gleichzeitig nach Berufsmöglichkeiten umzusehen. Am nächsten Tag fanden sie »in der schönen und sehr belebten« Königstraße 20 bei einem »höflichen und galanten« Uhrmacher eine Unterkunft. Am Tag darauf schon durchstreifte der Dichter der Stadt, *»wobei mich«*, wie er in seinen Tagebüchern notiert, *»die noch nirgends gesehene reinliche, symmetrische, geschmackvolle und durch kein einziges unansehnliches Haus unterbrochne Pracht der nicht übertrieben hohen Gebäude, der breiten, herrlichen Straßen etc. ebenso überraschte als die auffallende Menschenleere, besonders in einigen Vierteln dieser schönen Stadt.«* Bei ihrer mehr als bescheidenen Vermögenslage gönnten die Brüder sich in ihrer Unterkunft morgens lediglich »einen Schluck ordinären Schnaps« und eine Wassersuppe und mittags Brot und Butter, wozu sie eine Flasche Bier tranken. Auf weitere Mahlzeiten mußten sie gewöhnlich verzichten, um sich einen Stehplatz im Kgl. Nationaltheater leisten zu können. Brentano, den die Brüder in Heidelberg kennengelernt hatten und den sie ebenso wie Achim von Arnim hier wiedertrafen, bezeichnet sie in einem Brief an Wilhelm

Grimm als »gute arme Schlucker, sie stecken in einer kleinen Stube, haben abwechselnd das Fieber, daß immer einer zu Hause bleibt, ich möchte schier fürchten, weil die drei Leute nur zwei Röcke haben«. Er erinnert sich an die zwei Rauchkerzen, die stets in ihrer Stube brennen, »weil es so ungeheuer stinkt«. Der Dichter nahm freundschaftliche Beziehungen zu Savigny, Raumer, Fouqué, Adam Müller und Heinrich von Kleist auf und hörte im Prinz-Heinrich-Palais Vorlesungen Fichtes, der »mit versoffener Nase in Spentzer und Gamaschen« dort schon vor der Eröffnung der Universität lehrte. Acht Wochen konnte er die Wohnung wegen einer schweren Grippe – ». . . Hemde und Hosen am Leibe faulend . . . fast zu Tode schwitzend . . . mit Wunden bedeckt und zerfleischt . . .« – nicht verlassen. Nach seiner Genesung gingen die Brüder am 4. März auf das heimatliche Gut zurück, wo sie als Ökonomen bei den Eltern tätig wurden.

Auf der Grünanlage zwischen Rathaus und Liebknechtstraße steht die mittelalterliche Marienkirche. Sie war damals das Zentrum des Neuen Markts, auf dem sich die Richtstätte Berlins befand. Dem 1335 errichteten steinernen Sühnekreuz, dessen Nachbildung seit 1726 vor dem Hauptportal der Kirche steht, widmet Theodor Fontane wie auch Liliencron, ein Gedicht. Das Freskogemälde in der Turmhalle mit seinen 14 figürlichen Darstellungen und Versen in der Sprache der Berliner um 1425 ist das älteste erhalten gebliebene Kunstwerk dieser Art in Deutschland.

Im »Borchardtschen Hause zum Weißen Schwan« am Neuen Markt wurde im Jahre 1764 dem aus portugiesischem Judentum stammenden Arzt Benjamin de Lemos, der mit der Leitung des jüdischen Krankenhauses in Berlin betraut war, eine Tochter Henriette geboren. Am 1. Dezember 1779 heiratete sie den Arzt und Philosophen Markus Herz. Ihr Salon wurde um 1800 einer der berühmtesten Treffpunkte des geistigen Berlins.

Bischofstraße In der verschwundenen Bischofstraße wohnte Max Liebermann um 1850 mit seinen Eltern.

Jüdenstraße Als einjährig-freiwilliger Unteroffizier bei den Kaiser-Franz-Grenadieren hatte Theodor Fontane von 1844 bis Ostern 1845 eine Mansardenwohnung in der Jüdenstraße, die von der damaligen Königstraße zur Stralauer Straße führt. Im Sommer 1844 unternahm er seine erste Englandreise und trat im selben Jahr mit Empfehlung seines Vorgesetzten und Freundes Bernhard von Lepel in die damals in Blüte stehende Dichtergesellschaft »Der Tunnel über der Spree« ein, wo er sich mit seinen Balladen einen geachteten Namen erwarb.

Klosterstraße »Bey dem Herrn Professor Müchler in der Klosterstraße« wohnte um 1780 der unfähige Hutmacherlehrling, unstete Schauspieler, aber begabte Lehrer und Schriftsteller Karl Philipp Moritz. Zu dieser Zeit huldigte er Friedrich dem Großen in seinen »Sechs deutschen Gedichten«, die den »völligen Beifall« des Königs errangen. Auch sein »Sonnenaufgang über Berlin, geschrieben am 10. 8. 1780 auf dem Tempelhofschen Berge«, gehört in diese Sammlung. Vom Militärwaisenhaus Potsdam kam er als Lehrer an das Graue Kloster, wurde 1784 Korrektor am Köllnischen Gymnasium und war gleichzeitig Redakteur der Vossischen Zeitung. 1789 wurde er Professor für Altertumskunde an der Kunstakademie, wo Alexander von Humboldt und Ludwig Tieck seine Schüler waren. Am 26. Juni 1793 starb er im Alter von 36 Jahren in Dresden an einem Blutsturz und wurde auf dem ehemaligen St.-Georgen-Friedhof in der Weberstraße beigesetzt. Die Berliner nannten ihn wegen seiner vernichtenden Kritik der »Luise Millerin« den »Kleinen Moritz«, seinem Freunde Goethe aus römischen Tagen im Jahre 1786 war sein Entwicklungsroman »Anton Reiser« »in vielem Sinne wert«.

Westlich von der Rathausstraße lag das Haus Nr. 25. Hier wohnte im Jahre 1894 Christian Morgenstern. Im Oktober schreibt er an Clara Ostler: »*Ich wohne jetzt urgemütlich in einem Dachstübchen mitten in Berlin, ganz nahe dem Schloß und den Galerien. Dabei zahle ich einen Spottpreis und habe alles, was mein Herz begehren kann, einen prachtvollen Schreibtisch, Papierkorb, Sofa und ähnliche schöne Dinge mehr.*« Hier entstand sein dem Geiste Nietzsches gewidmeter Zyklus humoristisch-phantastischer Dichtungen »In Phantas Schloß«.

Der unverheiratete »reisende Philosoph«, Gründer und erste Präsident der Preußischen Akademie der Wissenschaften, Gottfried Wilhelm Leibniz, stieg um 1700 mehrmals bei seinem Freund, dem Hofprediger Ernst Jablonski, im Hause Nr. 41 ab, wenn er nicht im Charlottenburger Schloß wohnte. Jablonski wurde im Jahr 1733 sein Nachfolger auf seinem Sessel in der Akademie.

Auf der gegenüberliegenden Seite, Klosterstraße Nr. 74, stehen die Überreste der im Kriege zerbombten frühgotischen Kirche des um 1245 entstandenen Grauen Klosters der Franziskaner. In seiner Blütezeit nahm das Kloster ein Gebiet ein, das von der heutigen Kloster-, Gruner-, Litten- und Rathausstraße begrenzt wird. Nach der im Zuge

der Reformation vorgenommenen Auflösung des Klosters gründete Kurfürst Johann Georg am 13. Juli 1574 in seinen Räumen das erste humanistische Gymnasium in Berlin. Noch jahrzehntelang mußten die Schüler in Ermangelung von Tischen beim Schreiben vor ihren Stühlen knien und sich mit einem Talglicht in der Hand das notwendige Licht verschaffen. Bereits 1571 wurde hier von dem Baseler Schriftsteller, Naturwissenschaftler und Leibarzt des Kurfürsten Leonhard Thurneysser (1530–1596) die erste Berliner Buchdruckerei und Schriftgießerei eingerichtete. Thurneysser wohnte in den Klosterräumen, legte auf dem Klostergebiet einen botanischen und zoologischen Garten an und richtete sich ein Laboratorium ein, in dem er das Wasser der Havel analysierte. Es »enthält ein schweres, ungesundes, fischreiches und faules Wasser, davon etliche Weiber, die es trinken, gar böse, scharfe und lügenhafte Zungen überkommen, den Leuten Arges nachzusagen«, fand er. Die zweite Frau des »Hexenmeisters«, wie ihn die Berliner nannten, fand in der Klosterkirche ihre letzte Ruhestätte. Eine Straße im Wedding trägt seinen Namen.
Friedrich Ludwig Jahn war um 1794 ein halbes Jahr lang Schüler des Gymnasiums, verließ es ohne Abschlußexamen und kam um 1810 als Lehrer an die Anstalt zurück. Seinen Schülern vermittelte er in einer Vorlesung am 7. März 1815 seine Auffassung von der französischen Sprache und von Frankreich: »*Wer seinen Kindern die französische Sprache lehren läßt, ist ein Irrender; wer darin beharrt, sündigt gegen den Heiligen Geist; wenn er aber seinen Töchtern Französisch lehren läßt, so ist das ebenso gut, als wenn er ihnen die Hurerei lehren läßt.*« Er war der Meinung, daß zwischen Deutschland und Frankreich nicht die geringste Verbindung stattfinden würde, weshalb er eine Wüste zwischen beiden Völkern angelegt haben wollte, um diese für immer voneinander zu trennen. 1811 begann er mit seinen Schülern auf der Hasenheide vor dem Halleschen Tor mit Leibesübungen, denen er den Namen »Turnen« gab. Eine neuere Tafel erinnert an den »Turnvater«.
An der Straßenseite der den Hof von der Straße trennenden Mauer ließen Mitschüler Otto von Bismarcks im Jahre 1895 zum 80. Geburtstag des entlassenen Kanzlers eine weiße Marmortafel mit vergoldeter Inschrift anbringen, die daran erinnerte, daß der Gründer des Deutschen Reichs vom 4. Mai 1830 bis zum Abiturium am 14. April 1832 Schüler der Anstsalt war. Von der Plamannschen Lehr- und Erziehungsanstalt kam Bismarck, nachdem seine Eltern ihren Wohnsitz in Berlin genommen hatten, im Jahre 1827 auf das Fried-

rich-Wilhelms-Gymnasium und im Mai 1830 auf das Graue Kloster. Auch Schadow, Schinkel und Schleiermacher gehörten zu den Schülern des Gymnasiums. August Wilhelm Schlegel lebte nach dem Scheitern seiner Ehe mit Caroline Böhmer, die später Schelling heiratete, von 1801 bis 1804 als Privatlehrer in Berlin. Er wohnte bei dem Schriftsteller und Professor am Grauen Kloster August Ferdinand Bernhardi, dem Freund und seit 1799 Schwager Ludwig Tiecks, der seine Wohnung im Gymnasium hatte. Mit seinen Vorlesungen über Literatur und Kunst in der Singakademie riß Schlegel die Berliner, vor allem die zahlreichen Damen, hin, was Kotzebue zu dem Pamphlet veranlaßte: »Die wollen ihn auf dem Katheder sehen, / ihn preisen und kein Wort verstehen.« Unter seinen begeisterten Hörern saß im März 1804 auch Madame de Staël, die am 1. April einer Freundin bekennt: »*Wer in diesem ganzen Berlin hat mich wohl interessiert? ... der berühmte Prinz Louis? Nein. Einige der Grandseigneurs, die es hier im Überfluß gibt? Nein. Ein Professor, ein deutscher Professor ... Von Verliebtheit, wie Sie vielleicht vermuten, kann übrigens keine Rede sein ... aber wenn Sie vielleicht von einem Menschen in literarischen Dingen mehr Geist und Originalität verlangen, als alle anderen haben und an ihn dieselben Ansprüche stellen wie an sich selbst, so bürge ich für ihn ...*« Schlegel gab Berlin auf und folgte ihr über zehn Jahre lang als Reisebegleiter, literarischer Berater und Erzieher ihrer Kinder durch halb Europa. Nach ihrem Tode im Jahre 1817 erhielt er einen Lehrstuhl in Bonn, wo er am 12. Mai 1845 im Alter von knapp 78 Jahren am Herzinfarkt starb.
In der Klosterstraße »hinter der Universität und der Spree« wohnte der Schriftsteller Herbert Eulenberg als Student im vierten Semester in einer »sturmfreien« Bude. Seine halbtaube Wirtin hatte ihm versichert, daß sie sich um das Liebesleben ihrer Mieter nicht einen Deut kümmere.

Waisenstraße Der Offizier und Dichter Ewald von Kleist war Eigentümer des Hauses Nr. 6. In der Schlacht von Kunersdorf am 12. August 1759 wurde er so schwer verwundet, daß er zwölf Tage später in Frankfurt/Oder verschied. Sein Freund Lessing fand in ihm das Vorbild für seinen Major von Tellheim in »Minna von Barnhelm«.

Littenstraße Die mit den Namen vieler Schriftsteller verbundene Neue Friedrichstraße, die im Zuge der alten Stadtmauer im großen Bogen von der Friedrich- bis zur 1963 abgebauten Waisenbrücke verlief, wurde nach dem Rechtsanwalt Dr. Hans Litten benannt, der 1938 im Konzentrationslager Dachau ermordet wurde. Felix Hartlaub widmet der Waisenbrücke – »Alt-Berlin entrollt sich am Ufer« – ein Kapitel seiner »Tagebuchblätter« (1935).

Um 1795 übersiedelte Dr. Markus Herz mit seiner Frau Henriette von der Spandauer Straße in eine größere Wohnung in der Neuen Friedrichstraße. Der Salon seiner Gattin blieb auch hier eines der bedeutendsten gesellschaftlichen Begegnungszentren der Stadt. Prinz Louis Ferdinand, Jean Paul, Mirabeau, Schadow, dem die Nachwelt eine Büste der Gastgeberin verdankt, Fichte, Schleiermacher, mit dem Henriette ein sehr enges, die Öffentlichkeit schockierendes platonisches Verhältnis verband, Schiller, Madame de Staël, die beiden Schlegel, die Brüder Humboldt – Wilhelm, der sie hoch verehrte, lernte Hebräisch bei ihr –, Zelter, Moritz, Ramler und viele andere prominente Zeitgenossen zählten zu ihren Gästen.

Von seinem Vater im November 1802 zur Fortsetzung seiner medizinischen Studien nach Berlin geschickt, fand der am 24. Mai 1786 in der Frankfurter Judengasse geborene Löw Baruch, der sich von 1818 an als Schriftsteller Ludwig Börne nannte, bei seinem Lehrer Markus Herz freundliche Aufnahme. »Wie still ist es in dieser Straße, man hört ja kaum alle Stunden einen Wagen vorbeifahren«, schreibt er nach Hause. Hier verliebte sich der 17jährige Student in die 22 Jahre ältere Hausfrau, ohne erhört zu werden.

Als Markus Herz am 19. Januar 1803 unerwartet starb und Börnes Bemühungen um die Witwe weiterhin erfolglos blieben, unternahm er zwei Selbstmordversuche und verließ das gastliche Haus, dem er so viel verdankte. Er setzte seine Studien in Halle fort. Das Tagebuch seiner unerwiderten Liebe ließ er zurück; es wurde ein halbes Jahrhundert später von den Erben des Herzschen Nachlasses veröffentlicht. Im Jahre 1828 kam Börne wieder nach Berlin.

Am 1. April 1844 trat Theodor Fontane als Einjährig-Freiwilliger in das 2. Bataillon des Kaiser-Franz-Grenadier-Regiments ein, das in der Kaserne in der Neuen Friedrichstraße 5–8, unweit der Waisenbrücke, stationiert war. In der Jüdenstraße hatte er ein Privatquartier. Bernhard von Lepel, zu dem er seit vier Jahren in freundschaftlichen Beziehungen stand und der selbst dichtete, war sein Vorgesetzter.

Von Ende Dezember 1847 bis Ende Mai 1855 lebte Joseph von Eichendorff mit Unterbrechungen in Berlin. Er wohnte mit seiner Frau bei seinem Schwiegersohn Ludwig Besserer von Dahlfingen, der als Hauptmann an das Kgl. Kadettenkorps in die preußische Hauptstadt versetzt worden war. Dahlfingen hatte eine Dienstwohnung in der Kadettenanstalt, die sich gegenüber dem Chor der Klosterkirche in der Neuen Friedrichstraße 14–17 befand. An der Stelle der bis 1878 bestehenden Kadettenanstalt wurde von 1896–1905 das Land- und Amtsgericht erbaut, in dem heute das Stadtgericht untergebracht ist. Der Dichter lebte ganz seinen schriftstellerischen Neigungen und traf sich mit Chamisso, Kopisch, Alexis, Hitzig, Holtei, Gaudy, Geibel, dem Bildhauer Schadow und anderen im Café National, wo die Literarische Gesellschaft jeden Montagabend ihre Sitzungen abhielt. Nach der Märzrevolution 1848 flüchtete Eichendorff mit seiner Familie nach Köthen, wo Verwandte seiner Frau einen Besitz hatten. Im Herbst 1849 kehrte er nach Berlin in die alte Unterkunft zurück. Ende Mai 1855 verließ er mit seiner schwerkranken Frau Berlin, ging zunächst nach Köthen und dann nach Neisse. Der am 10. März 1788 als Sohn eines aus altem Adelsgeschlecht stammenden preußischen Offiziers auf dem väterlichen Gut Lubowitz geborene Dichter starb am 26. November 1857 im Hause seiner Tochter an einer Lungenentzündung.

Hanns von Zobeltitz wurde in den Jahren 1872/73 in der Kadettenanstalt ausgebildet. Bei seinem zweiten Besuch in Berlin von Anfang Oktober 1800 bis Ende Mai 1801 wohnte Jean Paul bei seinem Freund, dem Regierungsassessor Hans von Ahlefeld, in der damaligen Neuen Friedrichstraße Nr. 22. »Ich und Ahlefeld leben wie jugendliche Musensöhne in Waffenbrüderschaft des Essens und Ausgehens«, versichert er, und »meine schriftstellerische Spinnmaschine ist in bestem Gang, und alle Räder laufen und sausen darin zu Besten dieses und der künftigen Jahrhunderte«, schreibt er an Herder. Hier beendete er den zweiten Band des »Titan« und begann die »Flegeljahre«, und hier kam er in Kontakt mit Iffland, Fichte, Tieck und Schleiermacher, der feststellt, daß Jean Paul »eigentlich nur Weiber« sehen wolle. Tatsächlich scheint er sich von seinem »Stuben- und Herzensnachbarn« mindestens gelegentlich getrennt zu haben, denn Henriette Herz spricht von einem »ziemlich schlechten Stübchen im Hofe« eines Hauses in der Neuen Friedrichstraße, in dem er hauste. Am 27. Mai 1801 heiratete er Karoline Mayer, die Tochter eines Obertribunalrats, und ließ sich in Meiningen nieder. »Hätte Berlin Berge und bitteres Bier, so trät' ich nicht aus seinen magischen Kreisen«, bedauert er. Tatsächlich konsumierte der Legationsrat in Meiningen und in Coburg faßweise Bayreuther, Johanniter und Kulmbacher Bier. Den Rest seiner Tage verbrachte der erblindende Schriftsteller in Bayreuth. Hier starb er am 14. November 1825 an Wassersucht und fand neben seinem Sohn Max, der als Student geisteskrank geendet hatte, seine letzte Ruhestätte. Jacob Grimm hielt ihn für den größten deutschen Autor nach Goethe. Von Ludwig Börnes Gedenkrede auf den Schriftsteller sagt man, daß sie das Schönste war, was je in deutscher Sprache über einen Dichter gesagt worden ist.

Der Lyriker und Fabeldichter Johann Ludwig Gleim, am 2. April 1719 als Sohn eines Steuereinnehmers in Ermsleben bei Aschersleben geboren, kam nach seinen Studien im Jahre 1740 von Halle nach Potsdam, wo er sich als Hauslehrer betätigte, und zwei Jahre später als Stabssekretär des Prinzen Wilhelm von Brandenburg-Schwedt nach Berlin. Im Hause »Zum Goldenen Lamm des Brauers Hamann« in der Neuen Friedrichstraße Nr. 25 hatte er seine Wohnung. Er nahm sich des Odendichters Ramler an, der seit 1748 an der Kadettenanstalt Philosophie lehrte, und gewährte ihm freie Unterkunft. Von 1747 bis 1791 war er Sekretär des Domkapitels und Stiftsherr in Halberstadt, wo er fast erblindet am 18. Februar 1803 starb. Seine »Preußischen Kriegslieder« (1757/58), aus seiner Teilnahme am Zweiten Schlesischen Kriege erwachsen, für die Lessing die Vorrede schrieb, die Herausgabe der ersten Gedichtsammlung der Karschin, seine tatkräftige Förderung junger Talente, die ihm den Namen »Vater Gleim« einbrachte, seine schwärmerische Begeisterung für das »glückselige, prächtige Berlin«, den »Sitz der Musen«, erinnern noch heute an den Hauptvertreter der Anakreontiker.

Bei seinem dritten Aufenthalt in Berlin von Januar bis April 1829 wohnte Heine eine Zeitlang bei Moses Moser in der Neuen Friedrichstraße 47. ». . . über die Brücke hinweg, dem Klinikum und den Kasernen gegenüber – eine Art Festung«, wie Rahel von Varnhagen ihrem Mann in Bonn berichtet. Sie besuchte ihn hier und berichtet, daß »seine Stiefel nach Schuster, seine Kleidung nach stockig« riechen und daß man »also Fenster nach ihm aufsperren« müsse. Von hier übersiedelte er nach Potsdam.

Der am 11. Dezember 1801 in Detmold als Sohn des dortigen Zucht- und Leihhausverwalters geborene Jurist und Dichter Christian Dietrich Grabbe studierte 1822 in Berlin und wohnte im Hause Nr. 83, »drei Treppen hoch und ungeheizt«, daß Heine, der ihn den »betrunkenen Shakespeare« nannte, bei einem Besuch seinen Mantel anbehalten mußte. Hier entstanden die bluttriefende Tragödie »Herzog Theodor von Gothland«, seine Literaturkomödie »Scherz, Satire, Ironie und tiefere Bedeutung«, »Über die Shakspero-Manie« und seine unvollendet gebliebene Tragödie »Marius und Sulla«. Ständi-

ger Gast bei »Lutter und Wegener«, beherrschte ihn seine Neigung zum Trunk, die ihm schon als Schüler zu schaffen gemacht hatte, auch in späteren Berufsjahren. 1834 wurde er aus dem Staatsdienst entlassen, schon vorher war ihm seine Frau davongelaufen. Am 12. September 1836 starb er – ob am Alkohol oder einer Lues, ist nicht erwiesen – in den Armen seiner Mutter. »Viele nannten mich genial«, schreibt er im Entwurf eines Briefes an den Kronprinzen von Preußen, »ich weiß indes nur, daß ich wenigstens ein Kennzeichen des Genies besitze, den Hunger.«
1979 wurde der Teil der Littenstraße zwischen Spandauer Straße und Spree in die Burgstraße einbezogen.

Voltairestraße An der Ecke Voltaire- und Alexanderstraße (Nr. 10–11), die in südöstlicher Richtung vom Alexanderplatz zur Jannowitzbrücke verlief, stand eine der ersten preußischen Kasernen, ein um 1770 errichteter dreistöckiger Bau, der seit dem Ende des 19. Jahrhunderts als Mietskaserne verwendet wurde. Etwa 50 Familien fanden hier eine äußerst armselige Unterkunft. Im Dachgeschoß hauste der ehemalige Theaterdirektor Alexander Heßler, der hier seinen Theaterfundus untergebracht und zu einem Maskenverleihgeschäft umgewandelt hatte und Schauspielunterricht erteilte. Der Student der Geschichte Gerhart Hauptmann zählte im Winter 1884/85 zu seinen Schülern. In der Gestalt des Direktors Harro Hassenreuter in seiner Berliner Tragikomödie »Die Ratten« hat er seinen Lehrer unvergänglich gemacht. Die Wohnküche des Maurerpoliers John und seiner Frau Jette verlegt der Dichter in eine der früheren Mannschaftsstuben. Am 13. Januar 1911 erlebte das Stück seine Uraufführung im Lessingtheater, am 29. Juni 1911 berichtet die »B.Z. am Mittag« von einer schweren Brandkatastrophe und von Schreckensszenen in der ehemaligen Kaserne und fährt fort: »Man kann es nicht fassen, daß der Staat solche finsteren, luftlosen, gesundheitsschädlichen Löcher als Wohnungen vermietet.«

Alexanderstraße Nach seiner Heirat mit der beliebten Soubrette Julie Holzbecher im Frühjahr 1830 bezog Karl von Holtei mit ihr und seinen beiden Kindern aus erster Ehe eine große Wohnung in einem Hause in der Alexanderstraße. Wegen der Schauspieler, die hier lebten, wurde es die »Schauspielerkaserne« genannt.

Sechs Spaziergänge nördlich und östlich vom Alexanderplatz
a) Durch die Schönhauser Allee nach Pankow und Niederschönhausen

Fehrbelliner Straße Im Herbst 1877 kamen die Brüder Heinrich und Julius Hart von Münster, das sich »für unser Wollen und Trachten zu eng erwies«, nach Berlin und fanden im Hause Nr. 7 eine Unterkunft. »Wir sehnten uns nach größeren und freieren Verhältnissen, die neue Reichshauptstadt wirkte schon lange wie ein Magnet auf uns«, erinnert sich Heinrich. Und Julius ruft in seinem Gedicht »Auf der Fahrt nach Berlin« schwärmerisch aus: »Die Fenster auf! Dort drüben liegt Berlin! / Dampf wallt empor und Qualm, in schwarzen Schleiern / Hängt tief und steif die Wolke drüber hin . . .« Julius, am 9. April 1859 in Münster geboren, wollte sein Jurastudium in Berlin fortsetzen, und Heinrich, der am 30. Dezember 1855 in Wesel zur Welt gekommen war, machte sich zusammen mit seinem Bruder an die Herausgabe der »Deutschen Monatsblätter«, des Zentralorgans für das gesamte literarische Leben der Zeit. Die Brüder wurden Mitglieder der Sozialdemokratischen Partei und des Literaten-Vereins »Durch«. 1879 begründeten sie den »Deutschen Literaturkalender«, das Lexikon der Namen und Werke aller lebenden deutschen Schriftsteller, das der Verlagsbuchhändler Josef Kürschner im Jahre 1882 »für ein Linsengericht« erwarb und das unter seinem Namen bis auf den heutigen Tag berühmt blieb. 1882 erschien die erste Ausgabe einer Sammlung von Aufsätzen unter dem Titel »Kritische Waffengänge«, in denen die Brüder eigene Arbeiten sowie Aufsätze von Hartleben, Wolzogen, Bleibtreu, Kretzer u.a. veröffentlichten, mit denen sie sich als Wegbereiter des Naturalismus erwiesen. 1885 übersiedelten sie in die benachbarte Paulstraße.

Zionskirchstraße Ende 1920 kam Theodor Plievier von Urach nach Berlin zurück. Er wohnte mit seiner Frau Maria zunächst in einem möblierten Zimmer und danach kurze Zeit in einer Wohnung in der Zionskirchstraße.

Von dort zog er in die Rigaer Straße.

In der Zionskirche predigte und konfirmierte um 1930 der Pfarrer Dietrich Bonhoeffer. Er hatte sich damals habilitiert und betreute neben seiner Studentenpfarrei an der Technischen Hochschule eine Konfirmandenklasse der Zionsgemeinde. »Das ist so ungefähr die tollste Gegend von Berlin mit den schwierigsten sozialen und politischen Verhältnissen«, schreibt er.

Oderberger Straße Hier mietete Bonhoeffer, der zu Neujahr 1932 das Elternhaus verlassen hatte, bei dem Bäckermeister Heide im Haus Nr. 61 ein möbliertes Zimmer, um seinen proletarischen Schülern nahe zu sein. 1933 übernahm er die Stelle eines deutschen Pfarrers in London. Am 9. April 1945 wurde er im KZ Flossenbürg ermordet. Eine Tafel an der Außenwand der Zionskirche erinnert an den Widerstandskämpfer.

Schönhauser Allee In der Schönhauser Allee 22/23 befindet sich der 1827 angelegte Friedhof der Jüdischen Gemeinde mit den Grabstätten Giacomo Meyerbeers (†1864), des Verlegers Leopold Ullstein (†1899) und Max Liebermanns (†1935). Ein Stein am Eingang erinnert daran, daß die Nationalsozialisten den Friedhof verwüsteten und viele alte Grabsteine zerschlugen.

Kollwitzstraße Im vierten Stock des im Kriege zerstörten Hauses Nr. 25 lebte und arbeitete in einer spartanisch eingerichteten Wohnung die am 8. Juli 1867 in Königsberg geborene Malerin Käthe Kollwitz. Sie kam 1889 als Käthe Schmidt nach Berlin und heiratete zwei Jahre später den Armenarzt Dr. Kollwitz. Im Jahre 1919 wurde sie Mitglied der Akademie und Lehrer an der Hochschule für Bildende Künste. Mit Gerhart Hauptmann war die Künstlerin, die die Modelle zu ihren Graphiken und Skulpturen täglich im Arbeiterviertel um den Senefelder Platz traf, seit seinen Erkener Tagen befreundet. Die Uraufführung seiner »Weber« gab ihr den Anlaß zu ihrem Lithographien-Zyklus gleichen Namens. Theodor Heuss, der Käthe Kollwitz, die sich im Kampf gegen Krieg und Elend engagierte, hier im Jahre 1905 besuchte, würdigt sie in einem Kapitel seiner »Erinnerungen«. Im August 1944 übersiedelte sie nach Nordhausen und später nach Moritzburg bei Dresden. Hier starb sie am 22. April 1945, auf dem Zentralfriedhof Friedrichsfelde ist ihre Urne beigesetzt. 1947 erhielt die Weißenburger Straße, in der sie ein halbes Jahrhundert lebte, ihren Namen. Auf einer kleinen Grünanlage vor dem Hause Nr. 25, das eine Gedenktafel trägt, steht die von ihr geschaffene Plastik »Die Mutter«; der ehemalige Wörther Platz hinter dem Jüdischen Friedhof, auf dem ihr Denkmal steht, trägt heute ihren Namen.

Paul-Robeson-Straße Die nach dem afro-amerikanischen Sänger benannte Straße trug ehemals den Namen der pommerschen Stadt Stolp. In Jakob Wassermanns Roman »Christian Wahnschaffe« (1919) zieht der vermögende Industriellensohn und Titelheld, der auf alle irdischen Güter verzichtet, in das Hinterhaus einer »menschenüberfüllten Zinskaserne« in der Stolpischen Straße an der Ecke der

Driesener Straße, um mit seiner Geliebten, der Prostituierten Karen Engelschall, im selben Milieu zu leben.

Pankow Pankow und sein Unterbezirk Niederschönhausen bilden nach Horst Krügers »Passierschein für Ostberlin« (1969) das Dichterviertel der Hauptstadt der DDR. Ein anonymer Autor preist im Jahre 1779 die Schönheit Pankows, das »zur Erholung für vornehme Leute« gebaut sei. Emanuel Geibel reimt um die Mitte des vergangenen Jahrhunderts: »Schön ist's im fischerberühmten Stralow / dank, o Neptunus, dir / und schön ist's auch in Pankow.« Im Bürgerpark steht eine Büste von Heinrich Mann.

Brixener Straße In einem möblierten Zimmer des Hochparterres »mit dem Blick auf eine Brandmauer bis zum Himmel« im Hause Nr. 6 wohnt der Referendar und Schriftsteller Werner Bertin, Freund und späterer Ehegatte der Bankierstochter Lenore Wahl, der »Jungen Frau von 1914« in Arnold Zweigs gleichnamigem Roman (1931). In der Gestalt Bertins ist der Autor unschwer wiederzuerkennen.

Elsa-Brandström-Straße Der am 23. Dezember 1888 in Neuwied geborene, aus bürgerlich-jüdischer Familie stammende sozialistische Arzt und Dramatiker Friedrich Wolf, den Ludwig Marcuse den »gemütvollen roten Sudermann« nennt, übersiedelte im Jahre 1947 von der Lindenpromenade 22, seiner ersten Wohnung nach Rückkehr aus der sowjetischen Emigration, in das Haus Nr. 22. Im März des Jahres schreibt er enttäuscht und verbittert an Piscator: ». . . solch ein vermurkstes, selbstgerechtes, unbelehrbares Volk wie unseres kann man sich auf sämtlichen Planeten suchen.« Mit seinem Theaterstück »Cyankali« (1929) und dem revolutionären Drama »Matrosen von Cattaro« (1930) wurde er zum Bahnbrecher des politischen Theaters in der Weimarer Republik. Sein Schauspiel über die Judenverfolgung »Professor Mamlock« (1935) ging über die Bühnen der Welt. Er starb am 5. Oktober 1953 in Lehnitz bei Berlin, auf dem Zentralfriedhof Friedrichsfelde wurde er bestattet.

Parkstraße Richard Dehmel übersiedelte im Frühjahr 1893 mit seiner Frau Paula und seinen zwei Kindern von der Lothringer Straße 15 in die Parkstraße 25. Im selben Jahr erschienen seine Gedichte und Novellen »Lebensblätter«. Zwei Jahre später konnte er infolge einer Erbschaft seiner Frau seine Stellung als Sekretär aufgeben und von nun an als freier Schriftsteller leben. Der polnische Dichter und Erzähler Stanislaw Przybyszewski, langjähriger, »unendlich geliebter« Freund Dehmels, schreibt über seinen ersten Besuch in der Parkstraße in seinen »Erinnerungen an das literarische Berlin« (dt. 1965):

»Das Haus schien auf dem höchsten Punkt Berlins zu stehen, denn von den Fenstern der Wohnung Dehmels entfaltete sich ein unvergleichlicher Blick über das riesige Meer von Dächern, Kuppeln, Fabrikschornsteinen. Es war das erste und einzige Mal, daß mir in dieser heißen Dämmerung . . . Berlin beinahe schön vorkam . . .« Dehmel las an diesem Abend Liliencrons »Aldebaran« aus dem Manuskript vor. Liliencron in erster Linie, dann Arno Holz, Peter Hille, die Brüder Hart, Strindberg und Schleich, der ihm beträchtliche Kapitel seiner »Besonnten Vergangenheit« (1920) widmet, gehörten zu seinem Freundeskreis. Anfang April 1899 verließ er seine Kinder und seine Frau, die »Dichterin schöner Kinderlieder und Dulderin seiner ersten Ehejahre«, wie C. L. Schleich sie preist, und »eins von den wenigen Weibern, mit denen eine Ehe möglich ist«, wie er einst meinte. Im Jahre 1901 heiratete er in London Ida Auerbach, seine »Isi«, die frühere Seelenfreundin Stefan Georges, und ließ sich nach längeren Reisen in Hamburg-Blankenese nieder, wo er am 8. Februar 1928 im Alter von 56 Jahren an einer Trombose starb.

Kurt-Fischer-Straße Im Hause Nr. 39 wohnt der am 13. April 1915 in Chemnitz als Rudolf Leder geborene, aus bürgerlicher Familie stammende Lyriker Stefan Hermlin. Er besuchte, seit Schülertagen kommunistisch engagiert, das Gymnasium in Berlin, ging in die Emigration nach Palästina, kämpfte im spanischen Bürgerkrieg und war in Frankreich und in der Schweiz interniert. 1947 kehrte er über Frankfurt nach Ost-Berlin zurück, wo der Dichter als zweifacher Nationalpreisträger und außerordentliches Mitglied der Westberliner Akademie der Künste nicht zuletzt wegen seiner regimekritischen Einstellung – »ich bin ein spätbürgerlicher Schriftsteller – was könnte ich als Schriftsteller anderes sein?« – in Konflikt mit den Machthabern lebt.

Homeyerstraße Arnold Zweig, der 1948 aus der Emigration in Haifa nach Deutschland zurückkehrte, ließ sich mit seiner Frau Beatrice im Hause Nr. 13 nieder. 1957 wurde er als Nachfolger Bert Brechts Präsident des deutschen PEN-Zentrums. Am 16. November 1968 starb er, durch Blindheit isoliert; auf dem Friedhof der Dorotheenstädtischen und Friedrich-Werderschen Gemeinde in der Chausseestraße wurde er bestattet. Horst Krüger schildert in seinen »Bildern aus meinem Vaterland – Passierschein für Ostberlin« (1969) einen Besuch bei seiner Witwe in Niederschönhausen. Im Jahre 1978 wurde eine neue Straße in Pankow nach dem mehrfachen Nationalpreisträger der DDR benannt.

Majakowskiweg Nach dem Krieg kam Hans Fallada mit seiner zweiten Frau Ursula Losch, die er am 1. Februar 1945 geheiratet hatte, nach Berlin zurück, wo er im »Prominentenviertel« in Niederschönhausen eine kleine Villa am Eisenmengerweg, der heute nach dem russischen Lyriker und Dramatiker benannt ist, beziehen konnte. Er wurde Mitarbeiter der von der sowjetischen Besatzungsmacht für die deutsche Bevölkerung herausgegebenen »Täglichen Rundschau«, schrieb den Roman »Der Alpdruck« und begann den Roman »Jeder stirbt für sich allein« (1947). Im Dezember 1946 wurde der Schriftsteller, der täglich mehr als hundert Zigaretten rauchte, maßlos trank und rauschgiftsüchtig war, in die Charité eingeliefert. Sein Haushalt wurde aufgelöst. Im Krankenhaus Pankow schloß er seinen letzten Roman ab und starb am 5. Februar 1947 im 54. Lebensjahr »für sich allein«. Auf dem Städtischen Friedhof Pankow in der Leonhard-Frank-Straße wurde er begraben. Er hinterläßt 25 Bücher, war in mindestens 20 geschlossenen Anstalten und Heilstätten untergebracht und in vier Gefängnissen inhaftiert.

Majakowskiring Arno Holz floh im Jahre 1887 aus den proletarischen Wohnvierteln Weddings in das damals noch abgelegene Pankow und fand durch einen Mäzen, der ihm sein Sommerhäuschen überließ, im Hause Nr. 4 der Viktoriastraße, heute Majakowskiring, eine Unterkunft. Nach Beendigung seines Studiums der Altphilologie und Germanistik im Sommer desselben Jahres schloß sich Johannes Schlaf mit Holz zu der »Kleinkunstfirma ›Holz und Schlaf‹« zusammen, wie Dehmel, der mit Holz befreundet war, die Lebens- und Arbeitsgemeinschaft nennt. »Wir wissen, dies sind die glücklichsten Tage . . . Unsere kleine ›Bude‹ hing luftig wie ein Vogelbauerchen mitten über einer wunderbaren Winterlandschaft . . .«, schreibt Holz. Hier arbeiteten sie hungernd und ohne Einnahmen, die Hände frostverklammt, in rote grobe Wolldecken eingehüllt, da der Wind durch die Fenster des kaum zu heizenden Zimmers blies, und rauchten schließlich das »letzte Stück einer alten Girlande«. Ein gipserner Hermeskopf sah unter diesen Umständen im Frühling wie ein »Niggerschädel« aus. »Als das erste sichtbare Resultat dieser Kampagne« erschienen unter dem Pseudonym P. Holmsen naturalistische Skizzen unter dem Titel »Papa Hamlet« (1889) und als letztes das Trinkerdrama »Die Familie Selicke« (1890), von Fontane mit den Worten »Hier ist Neuland« begeistert apostrophiert. Zum Jahresende zog Arno Holz für kurze Zeit in das Haus Nr. 8 der früheren Kronprinzenstraße, die heute zum Majakowskiring gehört. Im Jahre 1888

hatte Holz in einem unmittelbar an der Panke gelegenen Haus »Am Schloßpark« eine Wohnung. Zu dieser Zeit arbeitete er an der Komödie »Socialaristokraten« (1897), dem ersten Stück einer geplanten Serie von zwölf Stücken mit dem Titel »Berlin. Das Ende einer Zeit in Dramen«, in dem er sich satirisch mit dem Friedrichshagener Kreis auseinandersetzt. Von dem geplanten Zyklus erschienen später nur noch die Künstlertragödie »Sonnenfinsternis« (1908) und das letzte Drama des Dichters »Ignorabimus« (1913). Im Februar 1889 kehrte er in seine alte Unterkunft zurück. Noch immer hatte er keine Einkünfte und lebte auf Kosten seiner Mutter. Was er schrieb, verbarg er Jahre hindurch »in dem verschlossensten meiner Schreibtischfächer«. Noch im Laufe des Jahres zog er wieder zum Wedding und mietete in der Reinickendorfer Straße eine Wohnung. Sein Stubengenosse, der Kaufmannssohn Johannes Schlaf, geboren am 21. Juni 1862 in Querfurt, war 1885 zum Studium nach Berlin gekommen. Bis 1885 lebte und arbeitete er mit Holz zusammen, bis bittere Gegnerschaft und Haß die beiden Dichter entzweiten. Vor seiner Internierung in verschiedenen Heilanstalten schrieb Schlaf das Schauspiel »Meister Ölze« (1892), nach der Meinung von Kritikern das konsequenteste dichterische Werk des Naturalismus. Der schrullenhafte Junggeselle, der den aufkommenden Nationalsozialismus begrüßte, starb am 2. Februar 1941 in seiner Geburtsstadt. Sein Hauptwerk, die Romantrilogie »Das dritte Reich« (1900–1903), spielt vor der Kulisse der Reichshauptstadt, des »babylonischen Turms, der in den Himmel will«.
Eine Bronzetafel am Hause Nr. 34 gegenüber dem Schloßeingang erinnert daran, daß der am 22. Mai 1891 als Sohn eines Kgl. Bayerischen Oberlandesgerichtspräsidenten in München geborene Schriftsteller Johannes Robert Becher nach seiner Rückkehr aus dem Exil in der Sowjetunion unmittelbar nach Kriegsende bis zu seinem Tode am 11. Oktober 1958 hier lebte. Er war einer der frühesten expressionistischen Lyriker; Kurt Pinthus räumte ihm neben einundzwanzig weiteren Dichtern in seiner Anthologie »Menschheitsdämmerung« (1920) einen Platz ein. Vor einer Gefängnisstrafe bewahrte den 19jährigen Drogenabhängigen, der seine Freundin tötete, seinen anschließenden Selbstmordversuch jedoch überlebte, die Einweisung in eine Nervenheilanstalt. Seine Universitätsstadt besingt er in hymnischen Versen: »Berlin! Berlin!! Es streifen Tausendbahnen / Melodisch surrend über dein Gezelt. / Drüber, drüber aber braust die Sternenwelt . . .« In der Emigration in Moskau entstand sein auto-

biographischer Roman »Abschied« (1949), in dem er den Wandlungsprozeß eines jungen Mannes aus gutbürgerlichem, kaisertreuem Elternhaus zum Antibürger und kommunistischen Revolutionär nachvollzieht. Der Präsident des Kulturbundes für demokratische Erneuerung Deutschlands, der erste Präsident der Deutschen Sektion des Internationalen PEN-Clubs und von 1954 bis zu seinem Tode Minister für Kultur, wurde als Schöpfer der Nationalhymne und Autor huldigender Verse auf Stalin, Pieck und Ulbricht zum Staatsdichter der Deutschen Demokratischen Republik. Sein Wohnhaus ist zu einem Becher-Archiv und einer Gedächtnisstätte umgestaltet. Sechzehn Oberschulen in der DDR tragen seinen Namen. Sein Grab befindet sich auf dem Dorotheenstädtischen Friedhof in der Chausseestraße.

Lindenstraße Der populäre Erzähler und Dramatiker Wilhelm Schäfer, am 20. Januar 1868 in Ottrau/Hessen als Sohn eines Bäkkers geboren, vertauschte als Dreißigjähriger seinen Lehrerberuf mit dem eines freien Schriftstellers und ließ sich in Berlin nieder. Er wohnte zu dieser Zeit in der Lindenstraße 15a in Niederschönhausen. Mit Dehmel und Scheerbart schloß er Freundschaft. 1931 trat der Antidemokrat zusammen mit Kolbenheyer und Emil Strauß aus der Preußischen Dichterakademie aus. Von Fehlschlägen verfolgt, zog er sich im Jahre 1900 nach Vallendar am Rhein zurück. Der Schriftsteller, den die Literaturgeschichte neben Kleist und Hebel als Meister der Anekdote bezeichnet, starb am 19. Januar 1952 in Überlingen. Sein Roman »Der Hauptmann von Köpenick« (1930), der das Leben des Titelhelden Wilhelm Voigt erzählt und sich auf eingehende Gespräche mit ihm gründet, fand nach seinen Worten »den stärksten Beifall und den herbsten Tadel«.

Straße 200 Im Jahre 1955 ging Arnolt Bronnen, der nach Kriegsende wieder sein kommunistisches Herz entdeckte, von Österreich nach Berlin zurück und nahm in der Straße 200 im Haus 1 Wohnung. Er arbeitete als Theaterkritiker der »Berliner Zeitung«. In der Ostberliner Wochenzeitung »Sonntag« bekennt er, daß »im Kreml die klügste Regierung der Welt sitzt, überdies die einzige Regierung, die in ihr System die Garantie eingebaut hat, daß sie die klügste bleiben wird«. Am 12. Oktober 1959 starb der Schriftsteller in Bad Goisern, wo er als Bürgermeister eingesetzt war, am Herzinfarkt. Ihm gelang es, den vielschichtigen Pfad vom linken Flügel des Expressionismus über den rechtsradikalen Nationalsozialismus und die enge Freundschaft mit Goebbels zum ostdeutschen Kommunismus mühelos zu passieren.

Seine Karriere hat er in seinem autobiographischen Bericht »Arnolt Bronnen gibt zu Protokoll« (1954) aufgedeckt. Auf dem Hugenottenfriedhof fand er seine letzte Ruhestätte.

Wilhelm-Wolff-Straße Von der Argentinischen Straße übersiedelte Alfred Kantorowicz nach Ost-Berlin, wohnte zunächst in der Westerlandstraße und dann in der Wilhelm-Wolff-Straße Nr. 2. Er war bis zum Verbot Herausgeber der kulturpolitischen Monatsschrift »Ost und West« und Professor mit Lehrauftrag für neueste Literatur an der Humboldt-Universität. Nach dem Ungarn-Aufstand flüchtete er in die Bundesrepublik und starb am 27. März 1979 in Hamburg.

Buchholzer Straße Auf dem Friedhof Niederschönhausen wurde die Urne des am 4. Mai 1938 in der Privatklinik Nordend an den Folgen seiner Konzentrationslagerhaft verstorbenen Schriftstellers und Hauptschriftleiters der »Weltbühne«, Carl von Ossietzky, beigesetzt. Die Trauerfeierlichkeiten im Sanatorium und die Beisetzung wurden von der Gestapo überwacht und die trotz Verbots erschienenen Trauergäste protokolliert.

Günter Eich, Ihlenfeld und Jürgen Becker besingen in ihren Versen Niederschönhausen.

b) Durch die Hans-Beimler-Straße nach Weißensee

Hans-Beimler-Straße Der Absicht Fontanes, sich nach bestandenem Examen selbständig zu machen, stand seine wirtschaftliche Lage im Wege. So trat er am 1. Oktober 1847 als »richtiger Sklave« in die Jungsche Apotheke »Zum Schwarzen Adler« in der Neuen Königstraße 50/Ecke Georgenkirchstraße ein. Die nach ihrer Zerstörung verbreiterte und neu bebaute Neue Königstraße trägt heute den Namen eines kommunistischen Politikers. Seinem Jugendfreund Wilhelm Wolfssohn schildert der junge Apotheker seine Unterbringung: »Ich bewohne eine Schandkneipe, einen Hundestall, eine Räuberhöhle mit noch zwei anderen Jünglingen.« Am 18. März des folgenden Jahres beteiligte er sich an den Aufständen der Berliner Bürger und Arbeiter. Seine Bemühungen, die Glocken der benachbarten, im Kriege völlig zerstörten Georgenkirche zum Sturm zu läuten, blieben wegen der fest verschlossenen Kirchentüren erfolglos. Zu den Aufständischen, die das Königstädtische Theater am Alexanderplatz stürmten, um sich mit den in der Requisitenkammer lagernden Theaterwaffen für die Barrikadenkämpfe zu rüsten, gesellte sich auch der junge Apotheker. Im Mai wurde er als Wahlmann für die preußischen Landtagswahlen aufgestellt. Als sich ihm im Juni eine angenehmere Stelle anbot, verließ Fontane »höchst vergnüglich« die Jungsche Apotheke und übersiedelte ins Bethanienkrankenhaus am Mariannenplatz.

Keibelstraße Als Schüler des Königstädtischen Gymnasiums in der Elisabethstraße wohnte Arno Holz mit seinen Eltern von 1879 bis 1881 im Hause Nr. 9. Das Gymnasium ebenso wie das benachbarte Realgymnasium wurde im Kriege völlig zerstört. Der Dichter war mit seinen Eltern als Zwölfjähriger von Rastenburg nach Berlin gekommen, nachdem sein Vater seine Apotheke schließen und in Berlin als Provisor weiterarbeiten mußte. Arno besuchte zunächst das Humboldt- und dann das Königstädtische Gymnasium, dessen Untersekunda er als Achtzehnjähriger wegen mangelhafter und ungenügender Leistungen verlassen mußte. Im Juni legte er einem Verleger seine erste, noch durchaus epigonale Gedichtsammlung »Spielmannsweisen« vor; sie wurden später in die Sammlung »Klinginsherz«, für die er ein Stipendium erhielt, aufgenommen. Arno Holz kam am 26. April 1863 als viertes von zehn Kindern in Rastenburg zur Welt. »*An / einem ersten / . . . wunderblauen Frühlingstag, / in einer königlich preußischen, privilegierten Apotheke ›Zum schwarzen Adler‹ / bin ich geboren . . . Zu Mittag gab's Schweinebraten und geschmorte Pflaumen, / zum Kaffee schon war ich da*«, heißt es im »Phantasus«.

Georgenkirchstraße Im vierten Stock des dritten Hinterhofs eines Hauses in dieser Straße liegt in Falladas Roman »Wolf unter Wölfen« (1937) die Wohnung der Frau Thumann, die von ihren Untermietern Pottmadam genannt wird, weil sie jeden Morgen ihren »Pott« auf das im Treppenflur gelegene »Klo« trägt. Bei ihr wohnt Petra Ledig, die vor der »Sitte« Angst haben muß, mit ihrem Freund, dem arbeitslosen Wolfgang Pagel, der seinen Unterhalt im Glücksspiel verdient und hinter dem sich der Autor des Romans verbirgt.

Leninallee Die Leninallee führt, neubebaut und etwa doppelt so breit, im Verfolg der alten Landsberger Straße zum Friedrichshain. Julius Stinde hat ihr und ihren kleinbürgerlichen Bewohnern zu Ende des vergangenen Jahrhunderts in seinen Geschichten um Frau Wilhelmine Buchholz, geb. Fabian, ein literarisches Denkmal gesetzt. Die »Buchholzen« wohnt mit ihrem Karl und ihren Töchtern Betti und Emmi in dieser Straße, in die »die Vornehmen nicht zögen« und in der »die Kinder in Pantinen herumlaufen«, in einem Hause, »das sich von seinen Nachbarn rechts und links, gerade und schräg gegenüber dadurch unterscheidet, daß es keine Ladenschaufenster hat und an seiner Fassade ein Paar Pilaster aufweist, die ein Architekt ersonnen hat, der einmal griechisch bauen wollte und aus Versehen falsche Vorlageblätter in die Hand bekam, als er den Aufriß zu Papier brachte«.

Ende 1889 ging Sophie Döblin mit ihren Kindern von Stettin, wo sie ihre Ehe zu retten gehofft hatte – ihr Mann war mit seiner Geliebten aus Amerika zurückgekehrt – wieder nach Berlin. In der Landsberger Straße fand sie eine bescheidene Unterkunft. Ihr Sohn Alfred besuchte zu dieser Zeit die Gemeindeschule in der Höchsten Straße.

Ende 1925 übersiedelte Theodor Plievier mit seiner Gefährtin Manja in ehemals gewerblich benutzte Räume im Dachgeschoß des Hinterhauses Landsberger Straße 32. Hier schrieb er nachts an einem Tisch, der aus zwei Böcken und einer ausgehängten Tür bestand, seine Anklagen gegen den preußischen Militarismus, die zeitkritischen Romane »Des Kaisers Kulis« (1930) und »Der Kaiser ging, die Generale blieben« (1932). 1933 mußte er vor den Nationalsozialisten fliehen und verbarg sich zunächst in der Sodener Straße in der Wohnung seiner von ihm geschiedenen Frau Hildegard, die er später wieder heiratete. 1934 verlor er die deutsche Staatsangehörigkeit und ging über die Tschechoslowakei nach Frankreich. Von einem Schriftstellerkongreß in Moskau durfte er nicht zurückkehren. In ihren Erinnerungen »Meine Hunde und ich« schildert Hildegard Plievier die deprimierenden Jahre in der sowjetischen Emigration. 1945 ließ sich Plievier in der damaligen Ostzone nieder, vertauschte sie aber nach bitteren Enttäuschungen und schweren Disputen mit Becher über den »Gott, der keiner war« mit Süddeutschland und danach mit der Schweiz. In einem Heim in Avegno bei Locarno erlag er am 12. März 1955 einem Herzschlag. In seiner schonungslosen chronikartigen Trilogie »Stalingrad«, »Moskau« und »Berlin«, die in alle Sprachen der Welt, nur nicht ins Russische übersetzt wurde, hinterläßt er das Epos der geschlagenen deutschen Armee. Nach gewissen Quellen soll der Schauspieldirektor Alexander Heßler, bei dem der Student Gerhart Hauptmann Schauspielunterricht nahm, nicht in der Alexanderstraße, sondern in der Landsberger Allee, der heutigen Leninallee, gewohnt haben.

Büschingstraße Nach seiner Heimkehr aus dem Weltkrieg studierte der am 20. Oktober 1897 in Hochneukirch bei Mönchengladbach als Curt Emmerich geborene Schriftsteller Peter Bamm bis 1923 in Berlin Medizin und arbeitete dann als nicht bezahlter Volontär in der Chirurgischen Klinik des Krankenhauses Friedrichshain. In der benachbarten Büschingstraße hatte er ein möbliertes Zimmer gemietet.

Der Schriftsteller erinnert sich: »*Ich wohnte bei der braven Witwe eines im Ersten Weltkrieg gefallenen Korporals. Nur sehr unregelmäßig konnte ich die Miete bezahlen, und oft hab' ich mir bei ihr noch eine Mark geliehen für eine Erbsensuppe bei Aschinger (Brötchen à discrétion!). Einmal, als wir beide tagelang keinen blutigen Maravedi mehr besaßen, stand sie, als ich nach Hause kam, oben im dritten Stock an der Treppe und als ich – damals noch! – zwei Stufen auf einmal hinaufsprang, rief sie mir schon im zweiten Stock zu ›Dokta, wir ham'm wieda Jeld!‹ Ihre kleine Rente war eingetroffen . . . Ich konnte mich großartig revanchieren, indem ich die Einladung, bei der Trauung ihrer Tochter Trauzeuge zu sein und am Hochzeitsmahl teilzunehmen, akzeptierte. Mein Dressing war ein viel zu weiter Cutaway, aber garniert mit dem Eisernen Kreuz 1. Klasse und dem Militär-St.-Heinrichsorden.*« Berichte über seine Erlebnisse als nebenamtlicher Nachtwächter in der Motzstraße, die in der »Deutschen Allgemeinen Zeitung« als Wochenend-Feuilletons erschienen, brachten ihm die ersten Honorare und machten seinen Schriftstellernamen, den der Feuilletonchef erfand, bekannt.

Barnimstraße In der Barnimstraße besaß der Kaufmann und Fabrikant von Steinpappe Wilhelm Dahn, der Onkel des Schriftstellers Felix Dahn, der um die Jahrhundertwende in Berlin studierte und ihn hier oft besuchte, ein Wohnhaus. Felix Dahn verewigt die Straße »im alleräußersten Osten der Stadt . . . noch weit über den Alexanderplatz hinaus« in seinem Moltke-Festspiel vom 26. Oktober 1890.

Im Frauengefängnis in der Barnimstraße war Rosa Luxemburg von 1913 bis 1916 inhaftiert. Im Jahre 1960 übersandte die DDR Erde aus ihrer Zelle nach Sotschi in der UdSSR für den dortigen »Baum der Freundschaft«.

Friedrichshain Friedrich Meinecke, der Ostern 1871 als Neunjähriger durch die Versetzung seines Vaters von Salzwedel nach Berlin gekommen war, sah »auch einiges Tröstliche in Berlin«. Wenige Minuten von der Wohnung der Familie in der Strausberger Straße entfernt lag der Friedrichshain, »das Entzücken meiner Jugend mit seinen kleinen Teichen, Hügeln und Nachtigallen . . .« Seine Mutter saß oft »an seinem Rande, wo die Felder begannen und klagte über das Babel, in dem man zu leben verurteilt war«, schreibt der Historiker in seinen Erinnerungen »Erlebtes« (1941).

In der Südecke des Friedrichshains liegt der Friedhof der »Märzgefallenen«, auf dem 184 Kämpfer der Märztage 1848 und neun Matrosen, die in den Dezemberkämpfen 1918 fielen, begraben sind. Dem

Trauerzug am 22. März 1848 folgte der Demokrat am Hof, Alexander von Humboldt. Freiligrath würdigt in einem Gedicht die Barrikadenkämpfer von 1848, Arno Holz gedenkt eines unbekannten Mannes, der in den Kämpfen gefallen ist. Kurt Ihlenfeld widmet Menzels Gemälde der Bestattung der »Märzgefallenen von 1848« in seinem »Fest der Frauen« (1971) ein Kapitel. Die am 28. Oktober 1816 in Kassel geborene Schriftstellerin Malvida Freiin von Meysenbug, deren Familie sich wegen ihrer revolutionären politischen und emanzipatorischen Ideen von ihr abgewandt hatte, lebte um 1850 bei ihrer Freundin Anna Koppe in Berlin. Sie liebte einsame Spaziergänge »außerhalb der Tore der Stadt«, vor allem »auf einem kleinen Hügel, auf dem sich eine gartenähnliche Anlage befand, welche die Gräber der 1848 im Kampfe gegen die Soldaten gefallenen Kämpfer für die Freiheit enthielt«. Ende Mai wurde sie als »Staatsfeindin« aus Berlin verwiesen und ging als Erzieherin nach England.

Im Krankenhaus Friedrichshain arbeitete der spätere Verleger Gottfried Bermann-Fischer von 1923 bis 1925 als Arzt. Nachdem er Dr. Curt Emmerich, der sich als Schriftsteller Peter Bamm nannte, in sein Arbeitsgebiet eingeführt hatte, trat er in den Fischer-Verlag ein. Ein Jahr später heiratete er die Tochter des Verlegers und übernahm 1929 die Geschäftsführung des Verlags.

Lichtenberg Karl Gutzkow erzählt in seinen Memoiren von den Sonntagswanderungen nach dem damaligen Dorf mit seinem Kirchturm und dem Storchennest, die er mit seiner Familie als Junge unternahm. Ihm erschien der Weg über das Landsberger Tor, an dessen Stelle heute etwa das Lenin-Denkmal steht, wie ein »eitel wogendes, sonnenbeglänztes Kornfeld, als Schmetterlingstummelplatz, als blauer Zyanen- und roter Mohnblumengarten«. Besonders schätzte er die Sprache der Lichtenberger, »plattdeutsch, frei noch von dem scheußlichsten aller deutschen Dialekte, dem der Hauptstadt . . .«

Parkaue Der Militärarzt und Schriftsteller Dr. Alfred Döblin, der das Kriegsende und die Revolution mit seiner Familie in Saargemünd und danach in Hagenau im Elsaß erlebt hatte, kam im November 1918 nach Berlin zurück und fand in der Wohnung seiner Mutter und seines ältesten Bruders Ludwig im zweiten Stock des Hauses Parkaue 10 ein Unterkommen. Von hier übersiedelte er im Januar 1919 mit seiner Familie in die Frankfurter Allee.

Lehndorffstraße (Karlshorst) Der am 29. Juli 1874 in Münster geborene expressionistische Lyriker August Stramm, der auf Wunsch seines Vaters Postbeamter wurde und nebenbei zum Dr. phil. promovierte, wurde als Postdirektor an das Reichspostministerium nach Berlin versetzt. Er wohnte mit seiner Frau, der vielgedruckten Schriftstellerin Else Krafft-Stramm, im Hause 8–9 der Kaiser-Wilhelm-Straße, die heute Lehndorffstraße heißt. Um 1912 kam das Dichten über ihn »wie eine Krankheit«, so seine Tochter. Kurz vor dem Krieg wurde er Mitarbeiter und Freund Waldens, der 1914 sein Drama »Sancta Susanna« druckte. Sein radikal gekappter Stil geht, wie man annimmt, auf seinen Umgang mit der Telegrammsprache, die er in seinem Beruf kennengelernt hatte, zurück. Walden schreibt im »Sturm«, daß der »Soldat und Ritter, großer Künstler und liebster Freund, der ewig leuchtet«, jedes Gedicht dreißig-, fünfzig-, ja, hundertmal niedergeschrieben habe. Im August 1914 wurde er als Hauptmann d.R. eingezogen und fiel am 2. September 1915 bei einem Sturmangriff vor Witebsk an der Ostfront. Jahre später wurden seine sterblichen Überreste auf den Waldfriedhof Stahnsdorf überführt. Als Mehring bei einem »Sturm«-Abend seine Verse rezitierte, wurde er mit Zurufen wie »Nationalschande« und »14 Tage Schützengraben« unterbrochen, worauf Walden die Zwischenrufer belehrte: »Geht nicht, der Dichter ist vor Jahresfrist an der russischen Front gefallen.«

Dönhoffstraße Im Frühjahr 1905 übersiedelte der Dekorateur und Kunstmaler Fritz Courths mit seiner Frau Hedwig, die sich als Schriftstellerin Courths-Maler nannte, von Chemnitz nach Berlin und mietete im zweiten Stock des Hauses Nr. 11 mit Blick auf die bekannte Pferderennbahn eine Wohnung. Hedwig Courths-Maler hatte bereits in Leipzig und Chemnitz angefangen, ihre »Märchen für Erwachsene« zu schreiben. In Karlshorst heirateten ihre beiden Töchter, die als Unterhaltungsschriftstellerinnen Margarete Elzer und Friede Birkner bekanntgeworden sind. Von hier zog die Familie im Dezember 1914 in die Knesebeckstraße in Charlottenburg.

Klement-Gottwald-Allee (Weißensee) Von seiner Notunterkunft im Hotel »Adlon« nach seiner Rückkehr aus der Emigration erhielt Bert Brecht im Mai 1949 ein Haus in der Berliner Allee 190 zugewiesen, das er bis zu seinem Umzug in die Chausseestraße bewohnte. Die Berliner Allee trägt heute den Namen Klement-Gottwald-Allee. Dem »Neuen Haus« widmet er ein Gedicht: »*Zurückgekehrt nach fünfzehnjährigem Exil / Bin ich eingezogen in ein schönes Haus. / Meine Nô-Masken und mein Rollbild, den Zweifler zeigend / Habe ich aufgehängt hier. Fahrend durch die Trümmer / Werde ich tag-täglich an die Privilegien erinnert / Die mir dies Haus verschafften . . .*

/ . . . Immer noch / Liegt auf dem Schrank mit den Manuskripten / Mein Koffer.« Max Frisch logierte hier im Jahre 1949.

Meyerbeerstraße (Weißensee) Der am 22. August 1920 als Sohn eines Naturwissenschaftlers und späteren Bibliotheksrats in Frankfurt/Main geborene, aus Altberliner Familie stammende Schriftsteller Wolfdietrich Schnurre kam als Achtjähriger mit seinem Vater nach Berlin. Die Mutter hatte gleich nach seiner Geburt Mann und Sohn verlassen, so daß er »unter Vaters sporadischer Obhut auch zu einem vorbildlich verkorksten Einzelgänger und beispielhaft kränkelnden Problemkind heranwuchs«, wie er bekennt. In der Straßburgstraße 32 (heute Meyerbeerstraße) an der Ecke der Wörthstraße (heute Smetanastraße), auf deren »rissigem Pflaster« der Junge Murmeln spielte, bezogen die beiden eine Wohnung. In seinem »Brief an eine Schülerin« (1963) berichtet Schnurre: »*In Berlin kam ich 1928 ein zweites Mal auf die Welt. Wir wohnten ganz im Nordosten, in Weißensee, einem Arbeiterviertel. Es gab viele Mauersegler am Himmel und fast ständig politische Unruhen auf den Straßen. Im Haus arbeitete ein jüdischer Glaser. Wenn er einen Spiegel reparierte, setzte er sich immer erst eine dunkle Brille auf, wegen der fremden Blicke, die den Spiegel unrein gemacht hatten. Es war ein Eckhaus mit einer Kneipe darin. Alle paar Tage kehrten vom nahegelegenen Friedhof die Trauergemeinden zum Totengedenkessen dort ein. Es gab immer dasselbe: Eisbein mit Sauerkraut, und dazwischen tauchten die Frauen ihre verweinten Gesichter in die großen, besänftigend kühlen Weiße-Gläser hinein. Mein Vater hatte eine Stelle als Bibliothekar an der Berliner Stadtbibliothek erhalten und war für Weißensee zum Naturschutzbeauftragten ernannt worden. Er durfte sich ein schönes Emailleschild am Hauseingang anbringen lassen, auf dem seine Sprechstunden standen. Doch in all der Zeit ist nur einmal ein kleiner Junge mit einem Maikäfer gekommen, dem eine Flügeldecke abgebrochen war.*« In seinem autobiographischen Roman in Geschichten mit dem Titel »Als Vaters Bart noch rot war« (1958) setzt er seinem Vater und Berlin ein liebenswertes Denkmal. »Das Los unserer Stadt« (1959) ist ein warmherziger Gruß an seine Wahlheimat, »eine alte Vertraute, von der man nicht loskommen kann«. Das Haus hat den Krieg überstanden. Von hier bezogen die beiden ein möbliertes Zimmer in einer »zu Unrecht verrufenen Gegend hinter der Jannowitzbrücke . . . Hier habe ich zu begreifen gelernt, was Großstadttraurigkeit ist.«

Dem benachbarten Jüdischen Friedhof in der Lichtenberger Straße widmet Tucholsky ein Gedicht. Oscar Blumenthal (†1917) und Lesser Ury (†1931) sind hier bestattet.

c) Die Karl-Marx-Allee und ihre Umgebung

Die 2 km lange Karl-Marx-Allee, Hauptausfallstraße nach Osten und »erste sozialistische Straße Berlins«, führt etwa im Zuge der früheren Kaiser- und Großen Frankfurter Straße sowie der Frankfurter Allee. Die nördlich und südlich von der Allee gelegenen Straßen sind während des letzten Krieges fast völlig zerstört worden. Zehngeschossige Wohnblöcke ersetzen heute die Mietskasernen der Vorkriegszeit.

An der Stelle der Karl-Marx-Buchhandlung, der größten Buchhandlung der Hauptstadt der DDR, in der Großen Frankfurter Straße 132, beim U-Bahnhof Marschlewskistraße, lag von 1877 bis zur Zerstörung im Zweiten Weltkrieg im Jahr 1942 das Ostend-Theater, das Bernhard Rose im Jahre 1906 als Rose-Theater weiterführte. Zum Theater gehörte ein Gartenrestaurant mit einer Sommerbühne. Gerhart Hauptmann wußte das Theater zu schätzen. Josef Kainz hat hier gespielt.

Ursula von Kardorff schreibt in ihren »Berliner Aufzeichnungen«: »*Dieses Theater im Osten der Stadt . . . ist einer der erfreulichsten Schauplätze Berlins. Arbeiter, Handwerker, Hausfrauen, Geschäftsleute, die in diesem Viertel wohnen, haben seit Jahrzehnten Abonnementsplätze. Hier findet man noch einen Rest vom Berlin der früheren Zeiten, keine ›klassenbewußten Proletarier‹, kein KdF-Betrieb, keine Termiten, sondern individuelle Menschen. Hauptmann, Ibsen, Schiller, Shakespeare und die gute Posse stehen auf dem Programm. Niemals Kitsch und niemals Schund. In dem 1877 ausgebauten Erfrischungssaal, einem gutproportionierten Raum mit Spiegeln, spielte in der Pause eine kleine Kapelle . . .*« Auf die Frage, wie man zu diesem Theater gelange, antwortete der bissige Lustspielautor und Kritiker Oskar Blumenthal: »Da fahren Sie am besten bis Frankfurt an der Oder und gehen dann das kleine Stück zurück.« Paul Rose, der älteste Sohn des Theatergründers, veröffentlichte 1970 das Buch »Berlins große Theaterzeit«.

Im Jahr 1913 übersiedelte Alfred Döblin mit seiner Familie von der Blücherstraße in das Haus Nr. 194 der Frankfurter Allee und richtete hier eine Praxis ein. Im März 1914 nahm ihn der S.-Fischer-Verlag unter Vertrag, zum Jahresanfang 1915 wurde er als Militärarzt nach Saargemünd eingezogen. Im August 1916 erhielt er für seinen Roman »Die drei Sprünge des Wang-lun« den Fontane-Preis. Zum

Jahresbeginn 1919 verlegte der Dichterarzt seine Wohnung und seine Praxis von der Lichtenberger Parkaue in das Haus Nr. 340. Es lag auf der Nordseite zwischen der Tilsiter (heute Richard-Sorge-Straße) und Löwestraße, die jetzt am Weidenweg enden, damals aber noch bis zur Frankfurter Allee führten. Heute steht an der Stelle der Straßen und des Hauses ein langgestreckter Wohnblock, der die Nummern 121 bis 131 trägt. Hier wurde ihm sein vierter und jüngster Sohn Stefan geboren, hier schrieb er unter dem Namen Linke Poot seine Anklagen gegen die »Kaiserlichen Machthaber«, deren »Bonzenwirtschaft« seinen Austritt aus der SPD zur Folge hatte. Am 10. Januar 1928 wurde er in die »Sektion der Dichtkunst« der Preußischen Akademie der Künste zusammen mit Däubler, Leonhard Frank, Fritz von Unruh und Alfred Mombert gewählt. Gegen ihn stimmten nur die völkisch-nationalistischen Schriftsteller Kolbenheyer, Josef Ponten, Wilhelm Schäfer und Emil Strauß. Hier entstand »die erste gewaltige und ganz gültige Biographie unserer Stadt«, sein Roman »Berlin-Alexanderplatz« (1929), die Geschichte vom Straßenhändler Franz Biberkopf, der zuletzt wieder am Alexanderplatz steht, »nachdem ihn das Leben mächtig angefaßt hat«. Von hier machte er seine täglichen Spaziergänge über den Alexanderplatz zum Café Gumpert in der Nähe des Rathauses in der damaligen Königstraße, um die dort ausliegenden Zeitungen aus aller Welt zu studieren. 1921 hatte er Charlotte (Yolla) Niclas kennengelernt, die jahrelang seine Geliebte und Freundin der Familie blieb. 1930 bekannte der Dichter: »*. . . Mein Denken und Arbeiten geistiger Art gehört, ob ausgesprochen oder nicht ausgesprochen, zu Berlin. Von hier hat es empfangen und empfängt es dauernd seine entscheidenden Einflüsse und seine Richtung, in diesem großen nüchternen strengen Berlin bin ich aufgewachsen, dies ist der Mutterboden, dieses Steinmeer der Mutterboden aller meiner Gedanken . . . Ich weiß, daß diese Stadt, in der man in den schrecklichsten Mietskasernen der Welt wohnt, fast nur Arbeit und Arbeit und Arbeit kennt . . .*« Nach dem Erfolg seines Berlin-Romans übersiedelte er im Januar 1931 in eine größere Wohnung am Kaiserdamm im Westen Berlins, nachdem er im Zuge der Neuordnungen seine Kassenpraxis verloren hatte.

Kaiserstraße Nach dem Tode seiner ersten Frau, der Berliner Hofschauspielerin Luise Rogée, im Januar 1825, mietete Karl von Holtei eine »viel zu große Wohnung« mit sieben Zimmern im Hause des Maurermeisters Lindner in der heute verschwundenen Kaiserstraße, die die Alexanderstraße mit der Gr. Frankfurter Straße, der heutigen

Karl-Marx-Allee, verband. »Trotz ihres vornehmen Namens« war sie, wie er in seinen Erinnerungen »Vierzig Jahre« schreibt, von vielen armen Leuten bewohnt. Der zwanzigjährigen Sängerin Henriette Sontag, die am neugegründeten Königstädtischen Theater engagiert und mit ihrer Mutter und Schwester nach Berlin gekommen war, stellte er für ihren Aufenthalt in der Hauptstadt bereitwillig einige Räume seiner Wohnung zur Verfügung. Vornehme Equipagen und Reiter, die jetzt ständig vor seinem Haus haltmachten, gaben der Kaiserstraße ein völlig neues Gesicht. »So oft sie gesungen, begeistert sie die Jungen – und ach, erst die Alten!!!«, dichtet Holtei vielsagend. Paul Oskar Höcker schildert ihre Persönlichkeit und ihr Leben in seinem Roman »Schloßmusik auf Favorit«.

Strausberger Straße Der am 20. Oktober 1862 in Salzwedel als Sohn eines Postdirektors geborene Historiker Friedrich Meinecke kam mit seinen Eltern als Neunjähriger nach Berlin. In der Strausberger Straße fand man eine Wohnung. »*Unsere Familie war wie eine Pflanze, die man aus altem Gartenboden plötzlich herausreißt und weit weg davon auf einem Schuttboden inmitten hoher Mauern wieder ansetzt. In drei Zimmern, drei Treppen hoch . . . , ohne Dienstmädchen, Klosett auf dem Hofe, war unsere erste Wohnung . . .*«, schreibt Meinecke in seiner Autobiographie »Erlebtes«. Auch die nächsten Wohnungen der Familie lagen in unmittelbarer Nähe des Friedrichshains. Friedrich besuchte das Köllnische Gymnasium, wie etwa dreißig Jahre später Alfred Döblin.

Rigaer Straße Zu Beginn der zwanziger Jahre mietete Theodor Plievier im Hause Nr. 68 einen Laden mit einem dahinter liegenden komfortlosen Zimmer. Im Laden richtete er eine Verlagsbuchhandlung ein, in der Stube dahinter lebte er mit seiner Familie. Hier raffte die mangelhafte Ernährung seine erstgeborene Tochter dahin, die er selbst auf einem Friedhof begrub, da er den Totengräber nicht bezahlen konnte, und hier wurden seine zwei Söhne geboren. Im Mai 1925 ging seine Frau mit den Kindern nach Urach, wo sie günstigere Lebensbedingungen zu finden hofften. Plievier zog sich in eine Kellerwohnung in der Köllnischen Straße zurück.

Blumenstraße Auf dem Grundstück Nr. 17/18 der Lehmgasse, die später den Namen Blumenstraße erhielt, hatte Friedrich Nicolai eine Gartenwohnung.

Im Hause Nr. 9 befand sich ein von Rudolf Cerf, danach von Franz Wallner geleitetes volkstümliches Theater, in dem Kalischs und L'Arronges Possen mit großem Erfolg zu Wort kamen. Die Berliner

Redensart »Ach, du grüne Neune« als Ausdruck für etwas Lustiges oder Überraschendes, geht auf das grüne Nummernschild zurück, das das Haus trug.

Die Mutter Alfred Döblins, Sophie Döblin, geb. Freudenheim, übersiedelte im Jahre 1888 mit ihren fünf Kindern von Stettin nach Berlin, wo ihre begüterten Brüder ansässig waren. Der Schriftsteller war am 10. August 1878 als viertes und vorletztes Kind in Stettin zur Welt gekommen. In der Blumenstraße mietete sie eine ärmliche, kleine Wohnung. Ihr Ehemann, ein Schneidermeister, war mit einer um zwanzig Jahre jüngeren Angestellten nach New York gegangen, wo er ein neues Glück zu finden glaubte. Döblin erzählt später, daß Mitreisende, die Berlin kannten, sich abfällig über die rauchige Blumenstraße mit ihren vielen Fabriken geäußert hätten. Er selbst habe sich bei der Einfahrt in die spätabendliche Großstadt in die Hosen gemacht. In der Blumenstraße 63a lag die 49. Gemeindeschule, in deren dritte Klasse Alfred eintrat. Nach kurzer Zeit übersiedelte die Familie in den benachbarten Grünen Weg, die heutige Singerstraße.

Marsiliusstraße Die heute verschwundene Marsiliusstraße verband die Blumenstraße mit der Großen Frankfurter Straße, der heutigen Karl-Marx-Allee.

Von der Landsberger Straße zog Sophie Döblin im Jahre 1895 mit ihren Kindern in die Wohnung ihres ältesten Sohnes Ludwig, der sich als Holzhändler selbständig gemacht und geheiratet hatte, im vierten Stock des Hauses Nr. 20 in der »ganz neuen Marsiliusstraße«. »Ich konnte von da auf den Hof meiner Gemeindeschule hinüberblicken nach der Blumenstraße. Dann kam der Grüne Weg . . .«, so Alfred Döblin in seinen Erinnerungen. 1891 trat er als Freischüler in die Sexta des Köllnischen Gymnasiums ein. Zweimal mußte er in der Mittelstufe eine Klasse wegen nicht ausreichender Leistungen in Mathematik wiederholen.

Markusstraße Von der Blumenstraße zog die Mutter Alfred Döblins im Jahre 1888 mit ihren Kindern in die Wohnung ihres Sohnes Ludwig, der im zweiten Stock des Hauses Nr. 6 wohnte. Auf die Nachricht von der Rückkehr ihres Gatten aus Amerika kehrte sie im April 1889 nach Stettin zurück. Da es zu keiner Aussöhnung der Ehegatten kam, ging sie ein halbes Jahr später wieder nach Berlin und mietete in der Landsberger Straße eine Wohnung. Mitte April 1904 konnte er dank der Unterstützung des Bruders und eines Onkels die Universität Freiburg beziehen, wo er im Juli 1905 das Doktorexamen bestand. Nach Tätigkeit als Assistenzarzt in Regensburg kehrte er Anfang

Oktober 1906 nach Berlin zurück und übernahm eine Stelle an der Irrenanstalt in Buch. Auch die Markusstraße existiert nicht mehr.

Singerstraße Im Hause Nr. 69 des Grünen Wegs, der nach Paul Singer, dem sozialdemokratischen Fabrikbesitzer und Begründer der Berliner Zeitung »Vorwärts« benannt ist, wurde am 16. Mai 1887 Hans Davidsohn, der sich als Dichter anagrammatisch Jakob van Hoddis nannte, als Sohn des Arztes Hermann Davidsohn geboren. Der expressionistische Lyriker, der sich um die dichterische Bewältigung des Themas Großstadt verdient gemacht hat, zählt zu den Wegbereitern des Dadaismus und Surrealismus. 1909 gründete er zusammen mit Kurt Hiller und Ernst Blaß den »Neuen Club« und ein Jahr danach das »Neopathetische Cabaret«. 1912 mußte er sein 1906 begonnenes Studium der Architektur und der Philosophie wegen Anzeichen von Schizophrenie abbrechen und kam zwangsweise in die Heilanstalt Nikolassee. Zuletzt war er in der jüdischen Heilanstalt Bendorf-Sayn bei Koblenz, wurde von der SS wie alle seine Mitpatienten deportiert und auf dem Transport zu einem Vernichtungslager am 30. April 1942 ermordet. Die Schwester seiner Mutter war die skurrile Dichterin Friederike Kempner, seine leidenschaftliche Liebe zu der Puppenherstellerin Lotto Pritzel blieb unerwidert.

Im Jahre 1896 zog Sophie Döblin mit ihren Kindern in eine Parterrewohnung des Hauses Nr. 108 und zwei Jahre später in den ersten Stock des Hauses Nr. 122. Auf das Jahr 1896 geht die erste erhalten gebliebene Erzählung Döblins zurück, der er den Titel »Modern« gab.

Wallnerstraße Von 1899 bis 1902 wohnte Sophie Döblin mit ihren Kindern im ersten Stock des Hauses Nr. 44 der Wallner-Theater-Straße, die heute Wallnerstraße heißt. 1902 übersiedelte sie in den ersten Stock des Hauses Nr. 32. Im Herbst 1900 bestand Alfred die Reifeprüfung am Köllnischen Gymnasium, am 17. Oktober wurde er an der medizinischen Fakultät der Berliner Universität immatrikuliert; die Kosten für sein Studium übernahmen sein Onkel und sein Bruder Ludwig. Durch den Arztsohn und Musikstudenten Georg Lewin aus der benachbarten Holzmarktstraße Nr. 65, der sich später Herwarth Walden nannte, wurde er mit Else Lasker-Schüler, Richard Dehmel, Peter Hille, Arno Holz, Mühsam, Scheerbart, Wedekind und anderen Schriftstellern bekannt.

Holzmarktstraße In Max Kretzers Roman »Meister Timpe« kann der Titelheld von seinem Grundstück aus »in das Treiben der Holz-

marktstraße hineinblicken, die sich längs der Spree hinzog. Rechts am diesseitigen Ufer tauchte das langgestreckte Gebäude einer Eisengießerei auf; links davon in einiger Entfernung die Riesengasometer einer Gasanstalt, die sich wie Festungsbollwerke ausnahmen.«
Im Jahre 1831 übersiedelte der »Privatgelehrte« Karl von Holtei mit seiner Familie in ein »ländliches niedriges Häuschen mit fünf größeren und fünf kleineren Zimmern, weder elegant noch prächtig« in der Holzmarktstraße 2, wo er sich »Feder- und anderes Vieh« anschaffen konnte. Die Fenster seines Zimmers gingen auf die Spree, die Lage, »weit von den Haupt- und Glanzpunkten der Stadt entfernt«, schützte ihn vor »Besuchen, welche nur Langeweile oder Müßiggang herbeizuführen pflegen«. Während der Choleraepidemie, die ihn zur Muße zwang, schrieb er für seine Frau das Lokalstück »Ein Trauerspiel in Berlin«. Da das Ehepaar keine feste Anstellung am Königstädtischen Theater erlangen konnte, gab er die Bühne auf und zog sich mit seiner Familie in eine Sommerwohnung in Charlottenburg zurück, wo er 1837 den ersten und zweiten Band seiner achtbändigen Autobiographie »Vierzig Jahre« schrieb. »Fahre hin, du letzter meiner lang geträumten Jugendträume . . . Frau und Tochter will ich durch meine Feder schon ernähren«, dichtet er. Der ruhelose Schriftsteller, den Hoffmann von Fallersleben den »letzten Fahrenden« nennt, starb am 12. Februar 1880 im Hospiz der »Barmherzigen Brüder« zu Breslau. Sein »Mord in Riga« gilt als der erste deutsche Kriminalroman.

Raupachstraße Die Schriftstellerin Gabriele Tergit, die mit ihrem ersten Roman »Käsebier erobert den Kurfürstendamm« (1931) mit einem Schlag die literarische Szene Berlins um 1930 eroberte, kam am 4. März 1894 im Hause Nr. 9 als Elise Hirschmann zur Welt. Ihr Vater war der Gründer der Deutschen Kabelwerke in Berlin. Nach Abschluß ihres Studiums mit der Promotion zum Doktor der Philosophie im Jahre 1925 schrieb sie für das Feuilleton der Vossischen Zeitung und des Börsen-Courier. Im März 1928 heiratete sie den Architekten H. J. Reifenberg und bezog eine Wohnung im Siegmunds-Hof. Im Hause Nr. 16 derselben Straße wurde am 27. Mai 1892 die Malerin Beatrice Zweig, die Kusine Arnold Zweigs und seine spätere Frau, geboren. Im Herbst 1909 machte der Student Arnold Zweig, der das sechste Semester in Berlin verbringen wollte, hier seinen Antrittsbesuch und traf bei der Gelegenheit seine Kusine wieder, die er 15 Jahre hindurch nicht gesehen hatte. Onkel und Tante waren jedoch von weiteren Begegnungen nicht angetan und verboten jede Korrespondenz, als Zweig nach einem Semester wieder nach München zurückkehrte. Sie »erhoben dadurch das Postamt O 27 (Schlesischer Bahnhof) zum Mitwisser eines umfangreichen Briefwechsels«, wie Zweig sich erinnert.

Lange Straße Von Neukölln, wo er die ersten vierzehn Tage nach seiner Tat verbracht hatte, zog Wilhelm Voigt, der Titelheld in Zuckmayers »Hauptmann von Köpenick«, in den vierten Stock des Hauses Lange Straße zu den Eheleuten Karpeles, die Schlafstellen vermieteten. Hier wurden die Uniformstücke gefunden, die er in Köpenick getragen hatte, und von hier wurde er zum Verhör nach dem Polizeipräsidium gebracht.

Andreasstraße Im ersten Stock des Hauses Nr. 71 wurde am 10. April 1891 der Dramatiker, Rechtsanwalt und Richter Dr. Hans José Rehfisch als Sohn eines Arztes geboren. Ab 1923 leitete er mit Piscator das Zentraltheater, mit seinen zeitkritischen Komödien »Wer weint um Juckenack« (1924) und »Duell am Lido« (1928) sowie mit den Schauspielen »Affäre Dreyfus« (1929) und »Wasser für Canitoga« (1932) eroberte er sich die Bühne. 1933 wurde er von den Nationalsozialisten inhaftiert. 1936 emigrierte er über Wien und London in die Staaten. 1950 kehrte er nach Deutschland zurück. Am 9. Juni 1960 erlag er während eines Erholungsaufenthalts in der Schweiz einem Herzanfall. Auf dem Friedhof der Dorotheenstädtischen und Friedrich-Werderschen Gemeinde wurde er bestattet.

Kleine Andreasstraße Der am 10. Januar 1858 in Rendsburg geborene gesellschaftskritische Maler und Graphiker Heinrich Zille kam als Neunjähriger im Jahre 1867 mit seinen Eltern vom sächsischen Potschappel nach Berlin, wo die Familie im Hause Nr. 17 eine armselige Unterkunft bezog. Der Vater, Uhrmacher und Feinschlosser, kam seiner Schulden wegen ins Gefängnis, und Heinrich mußte zum Lebensunterhalt der Familie beitragen. Später wurde er Lithograph und Fotograf und, als er im Jahre 1907 seine Stelle verlor, freischaffender Künstler. Über Rummelsburg zog er 1882 in die Sophie-Charlotten-Straße.

Ostbahnhof Mit seinem Roman »Berlin – Schlesischer Bahnhof« setzt Julius Berstl dem Ostbahnhof und seinem »Wartesaal 3. Klasse« um 1930 ein literarisches Denkmal. Der Schlesische Bahnhof heißt heute Ostbahnhof.

Pillauer Straße Die Witwe Sophie Döblin bewohnte mit ihrem Sohn, dem Assistenzarzt Dr. Alfred Döblin, von 1907 bis 1909 eine Wohnung im zweiten Stock des Hauses Nr. 7. Im Oktober 1907 begann der Schriftsteller eine Beziehung zu der 16jährigen Krankenschwester Frieda Kunke, der vier Jahre später ein Sohn Bodo Kunke entsproß. Im Juni 1908 ging er an das Städtische Krankenhaus Am Urban, wo er bis September 1911 arbeitete. Hier machte er die Bekanntschaft der wohlhabenden Fabrikantentochter und Medizinstudentin Erna Reiß, die er am 23. Februar 1912 heiratete. Am 3. März 1910 gab sein Freund Herwarth Walden die erste Nummer der revolutionären Kunstzeitschrift »Der Sturm« heraus, in der Döblin seine ersten Novellen veröffentlichte.

Stralau Achim von Arnim schildert einen Besuch beim Stralauer Fischzug, dem ganz »dickgedrängten Volksfeste«, am 24. April in einem Brief an Bettina vom 5. September 1809. Postum erschien 1846 sein Lustspiel »Der Stralauer Fischzug«. 1822 besingt Julius von Voß das Volksfest in seiner ersten Berliner Lokalposse »Der Strahlower Fischzug«, und Erdmann Graeser beschreibt es in seinem Nachlaß-Roman »Spreelore« (1950). Schauplätze von Fontanes Roman »L'Adultera« (1882) bilden die Spreewiesen, wo Anastasia »an einer Wiesenranunkel die Blätter und die Chancen ihres Glücks« zählt, das Dorf und Löbbekes Kaffeehaus.

Stralauer Allee Der als ältester von sieben Geschwistern am 29. März 1895 in Heidelberg geborene Apothekenbesitzerssohn Ernst Jünger, der das Gymnasium mit der Fremdenlegion vertauscht hatte und nur mit Mühe zurückgeholt werden konnte, hatte bereits als Reichswehroffizier in Berlin Dienst geleistet. Im Jahre 1927 kehrte er mit seiner Frau, der Offizierstochter Gretha von Jeinsen, seiner »Perpetua«, und seinem 1926 geborenen Sohn Ernst von Leipzig wieder in die Reichshauptstadt zurück und mietete im ersten Stock des Hauses Nr. 36 in der Nähe der Warschauer Brücke, gegenüber vom Osthafen, eine Wohnung. Ernst von Salomon, mit dem er wie mit Ernst Niekisch und Bronnen befreundet war, besuchte ihn hier und erinnert sich in seinem »Fragebogen« (1951): »*Die Aussicht aus seinem Zimmer ging auf das Gleisgewirr der Stadt- und Reichsbahn, im Hause lärmten die Kinder, und es roch nach Kohl. Das Zimmer war nicht sehr hell, mit Büchern vollgestopft, mit Masken und seltsamen holzgeschnitzten Figuren geschmückt . . . Ernst Jünger war in einen Schlafrock gehüllt, auf dem Kopf trug er ein buntes Käppchen, an den Füßen Filzpantoffeln, und er rauchte aus einer langen Weichselrohrpfeife mit porzellanenem Kopf.*« Hier schrieb er »Das abenteuerliche Herz« (1929), seine Auseinandersetzung mit der Nachkriegszeit »Die totale Mobilmachung« (1931) und »Der Arbeiter«

(1932), eine Prognose des totalen Staats. Von hier zog er im Jahre 1932 in die Dortmunder Straße.

Alt-Stralau Von der Mommsenstraße übersiedelte Ludwig Renn im Jahre 1929 in das Haus Nr. 70. Hier wurde er in der Nacht des Reichstagsbrandes verhaftet und wegen Vorbereitung zum Hochverrat zu zweieinhalb Jahren Gefängnis verurteilt. Nach seiner Entlassung ohne Ausweispapiere konnte er in die Schweiz entkommen. Als Kommandeur des Thälmann-Bataillons und Stabschef der 11. Internationalen Brigade kämpfte er im spanischen Bürgerkrieg, ging danach nach Mexiko, kam 1947 zunächst in seine Geburtsstadt Dresden zurück und ließ sich in der damaligen Sowjetzone in Kaulsdorf in der Straße Am Kornfeld Nr. 78 nieder. Am 20. Juli 1979 starb der zweifache Nationalpreisträger und Ehrenpräsident der Akademie der Künste sowie des PEN-Zentrums der DDR, der noch in seinen letzten Lebensjahren als Kinderbuchautor Erfolge verbuchen konnte, im 91. Lebensjahr. In seinen in Mexiko geschriebenen Autobiographien »Adel im Untergang« (1947) und »Meine Kindheit und Jugend« (1957) hinterläßt der Autor, der von 1928 bis zu seiner ersten Verhaftung im Jahre 1932 Sekretär des Bundes Proletarisch-Revolutionärer Schriftsteller war, eine Chronik der Welt des Adels vor dem Ersten Weltkrieg.

Mitte April 1837 verließ Karl Marx auf Anraten seines Arztes die Stadt und mietete im Hause des Fischers und Gastwirts Gottlieb Köhler, Alt Stralau 11, ein Zimmer. Hier setzte er sich mit Hegels Werken auseinander, versäumte aber auch nicht, am »Fischzug« teilzunehmen. Seinem Vater konnte er bald mitteilen, »daß ich dort aus einem bleichsüchtigen Schwächling zu einer robusten Festigkeit des Körpers heranreifte«. Mit der Steigerung der Grundstückspreise verschwand das niedrige Fischergasthaus, und an seiner Stelle wurde ein Mietshaus gebaut, das die Nummer 18 erhielt, im Zweiten Weltkrieg jedoch den Bomben zum Opfer fiel. Jetzt befindet sich hier eine Grünanlage mit einem Gedenkstein.

d) Köpenick und Erkner sowie Grünheide (DDR)

In seinen »Wanderungen durch die Mark« beschreibt Fontane die uralte Fischersiedlung Köpenick. Ein Extrablatt des »Cöpenicker Dampfboots« vom 16. Oktober 1906 berichtet von der »Tat eines Wahnsinnigen oder Betrügers«, die als »Köpenickiade« bekannt werden sollte: *»Mit dem Vorortzuge 2.46 Uhr traf von Berlin eine 20 Mann starke Abteilung Soldaten unter Führung eines Hauptmanns auf dem Cöpenicker Bahnhof ein, marschierte nach der Stadt*

und besetzte das Rathaus. Vor dem Hauptportal nahm ein Doppelposten mit aufgepflanztem Bajonett Aufstellung, während die beiden anderen Eingänge – in der Böttcherstraße und am Rathauskeller – mit einfachen Posten besetzt wurden . . . Soweit wir uns über den Verlauf der Sache informieren konnten, hat der Hauptmann erklärt, daß er in höherem Auftrage (auf Befehl Seiner Majestät) das Rathaus und die Kasse zu besetzen habe. Er ließ sich dann die Kasse auszahlen – rund 4000 Mark – und verließ . . . mit dem Geld das Rathaus.« Das Rathaus Köpenick ebenso wie die Allmacht der Offiziersuniform des 57jährigen Schusters Wilhelm Voigt, der fast 30 Jahre seines Lebens hinter Gittern verbrachte, sind durch Carl Zuckmayers »deutsches Märchen« (1931) weltweit bekanntgeworden.
In der Dammvorstadt zwischen Spree und S-Bahn-Linie nach Erkner lagen Schloß und Park Bellevue. Das Schloß wurde im Kriege vernichtet, der Park ist erhalten. Hier wohnte Fontanes Lebensfreund und Vorgesetzter im Kaiser-Franz-Grenadierregiment Bernhard von Lepel, der 1848 als Premierleutnant den Dienst quittiert hatte und hier seine Dichterfreunde traf. Heyse weilte hier im Jahre 1852 mit den Kuglers, seinen künftigen Schwiegereltern, und schrieb hier das Gedicht »Michel-Angelo Buonarotti«. Fontane war oft im Schlößchen und soll es zum Vorbild für Schloß Wuthenow in seinem »Schach von Wuthenow« (1883) genommen haben: »*Das Schloß war nichts als ein weißgetünchtes und von einer schwarzgeteerten Balkenlage durchzogener Fachwerkbau, dem . . . Schachs Mutter durch ein Doppeldach . . . und eine prächtige, nach dem Muster von Sanssouci hergerichtete Terrasse das Ansehen allernüchternster Tagtäglichkeit genommen hatte.«* Nach anderer Meinung soll Fontane das Urbild in Schloß Wustrau gegenüber von Wustrau am Ostufer des Sees gefunden haben.

Seelenbinderstraße Die am 23. Februar 1899 im hessischen Alzey als Tochter eines Baurats geborene Dichterin Elisabeth Langgässer kam, nachdem sie an verschiedenen Schulen als Lehrerin tätig gewesen war, 1929 als Lehrerin nach Berlin. Kurze Zeit arbeitete sie hier an der sozialen Frauenschule und widmete sich dann ganz ihren schriftstellerischen Neigungen. Im Hause Nr. 44 der damals noch nach Kaiser Wilhelm benannten Straße fand sie mit ihrer Tochter Cordelia ». . . am Rande der Stadt, zwischen Schrebergärten, mit dem Blick auf Gärten und abschließendem Bach, auf Gänse und Enten . . .« endlich das, was sie suchte: »*Eine Vierzimmerwohnung im Erdgeschoß, mit Küche, Bad, Etagenheizung, Warmwasser, Kel-*

ler- und Bodenraum. Das Neubauhaus (kein Block) liegt in Hirschgarten, einer Station vor Friedrichshagen – 10 Minuten von der breit und prächtig dahinfließenden Spree entfernt, sieht mit Küche, Bad und Schlafzimmer nach der Straße (man kann es kaum ›Straße‹ nennen), mit den hintern drei Zimmern und der Loggia über Schrebergärten hinweg und ist in 40 Minuten mit der elektrischen Stadtbahn zu erreichen. Man ist richtig ›auf dem Lande‹.« Von hier übersiedelte sie 1933 an den Schwiegersteig.

Friedrichshagen In Friedrichshagen, einem Ortsteil des Bezirks Köpenick, befand sich nach Franz Mehring »jener Musenhof am Müggelsee, den angeblich Gerhart Hauptmann entdeckt hat«. Tatsächlich bildete sich hier um 1890 ein Kreis sozialistischer Dichter um die Brüder Hart sowie um Bölsche und Bruno Wille, die hier wohnten. Auch Gerhart Hauptmann gehörte zeitweise dieser Gruppe an. Peter Hille, Hartleben, Max Kretzer, Wedekind, Halbe, Mackay, Flaischlen, Carl Hauptmann und Strindberg fanden sich gelegentlich hier ein. Friedrichshagen bewahrt die Erinnerung an seine Dichter in einer Reihe von Straßennamen.

Müggelseedamm Das Haus Nr. 254 trägt eine Tafel zum Gedenken an den populären Naturwissenschaftler und Haeckel-Schüler Wilhelm Bölsche, seit 1887 Mitglied des Friedrichshagener Dichterkreises, der hier bis zu seiner Übersiedlung nach Oberschreiberhau wohnte. Am 2. Januar 1861 in Köln geboren, ging er 1885 nach Studien in Bonn und Paris nach Berlin, wo er sich naturwissenschaftlicher Publizistik widmete. Zwei Jahre später trat er dem Verein »Durch« bei und kam in Kontakt mit jungen Naturalisten wie Bruno Wille und Gerhart Hauptmann, dem er lebenslang freundschaftlich verbunden blieb. 1890 gründete er zusammen mit Bruno Wille und Otto Brahm die »Freie Volksbühne«, die sich als erste Bühne breiteren Schichten der Arbeiterbevölkerung öffnete, und trat in die Redaktion der »Neuen Rundschau« ein. Großstadtmüde, ging er um 1890 nach Friedrichshagen und nahm in der damaligen Wilhelmstraße 72 Wohnung. Hier schrieb er seinen Spreewaldroman »Die Mittagsgöttin« (1891) mit einer eingehenden Schilderung der Hauptstadt in den frühen achtziger Jahren. Neben ihm hing »in der Dachfensterwölbung . . . ein grell kolorierter Plan von Berlin; man sah den Koloß, wie er seine Spinnenarme weiter und weiter über das sandige Land ausspann.« 1892 heiratete er Adele Bertelt. Über den Zusammenbruch dieser Ehe, die drei Jahre später geschieden wurde, macht sich O. E. Hartleben in seiner Novelle »Das Ehefest« (1916)

lustig. Seinen Freunden bot Bölsche stets ein gastfreies Haus, wo »bei belegten Stullen und Lagerbier immer eine gehobene Stimmung herrschte«, wie Max Halbe berichtet, der die Nächte oft auf einem Sofa in Bölsches Wohnung verbrachte, wenn er den letzten Zug nach Berlin verpaßt hatte. 1918 ließ Bölsche sich mit seiner zweiten Frau, die er 1897 geheiratet hatte, in Oberschreiberhau nieder. Hier starb er am 31. August 1939. Sein populärwissenschaftliches Werk über das »Liebesleben in der Natur«, das um 1900 erschien, fand besonders in Arbeiterkreisen eine breite Leserschaft.
Gerhart Hauptmann soll eine Zeitlang im Hause Nr. 288, in dem heute das Clubhaus John Schehr untergebracht ist, gewohnt haben.

Ahornallee In einem Zimmer des Hauses Nr. 26 starb am 2. September 1965 der am 9. April 1917 in Tilsit geborene Erzähler, Essayist, Lyriker und christliche Widerstandskämpfer gegen den Nationalsozialismus Johannes Bobrowski. Seine Kindheit verbrachte er in Memel, seine Jugend in Ostpreußen. Nach Rückkehr aus sowjetischer Kriegsgefangenschaft wurde er Verlagslektor in Ost-Berlin und bezog seinen »stillen Ort in Grün«, in dem u.a. sein Roman »Levins Mühle« (1964) und seine »Litauischen Claviere« (1966) entstanden. 1962 erhielt er den Preis der »Gruppe 47«. In 15 Kapiteln hat Gerhard Wolf unter dem Titel »Beschreibung eines Zimmers« dem Dichter und Freund ein Requiem gewidmet, Gerhard Rostin gab 1978 unter dem Titel »Ahornallee 26« ein Epitaph für ihn heraus. Auf dem benachbarten Friedhof in der Aßmannstraße fand der Dichter der Landschaft zwischen Oder und Memel seine Grabstätte.
Strindberg wohnte im Spätherbst 1892 eine Zeitlang bei Bobrowski »auf der Ecke« im Hause seines im Friedrichshagener Exil lebenden Landsmanns, des Dichters Ola Hansson und seiner dänischen Frau, der Frauenrechtlerin Laura Marholm, die sich des Schriftstellers, der mit einem kleinen Koffer, unter Verfolgungswahn leidend, nach Berlin gekommen war, annahmen. Unvermittelt floh er eines Tages unter Zurücklassung seiner spärlichen Habe aus Friedrichshagen, das ihm zur »Friedrichshölle« geworden war, und ging in die Hauptstadt zurück, wo er sich in einem bescheidenen Hotel in einer Nebenstraße der Linden einmietete.
Im Hause Nr. 7 der Ahornallee hatte Erich Mühsam eine Wohnung; um 1900 wohnte Bölsche im Hause Nr. 19.

Moltkestraße Um 1890 übersiedelten die Brüder Hart nach Friedrichshagen und bezogen eine Wohnung im Hause Nr. 16. Hier trafen sie neben Bruno Wille und Bölsche mit den bedeutendsten Schrift-

stellern der Zeit wie Gerhart Hauptmann, Dehmel, Halbe, der sie die »westfälischen Feuerköpfe« nannte, und Strindberg zusammen. »Es war ein Miteinanderleben, wie es so intensiv und vielseitig Mutter Erde sicherlich nicht allzu oft kennengerlernt haben wird«, schreibt Heinrich Hart, und an anderer Stelle: »O Ihr Tage von Friedrichshagen! Ihr Wanderungen am Müggelsee und durch die Müggelberge. Ihr seligen Stunden verträumten Hindämmerns in der Kiefernheide, gemeinsamen Schaffens und Wirkens, fröhlicher Symposien und ernster Arbeit am eigenen Selbst.« Christian Morgenstern verbrachte mit seinem Freund, dem Schauspieler Friedrich Kayssler, die Sommermonate der neunziger Jahre des vergangenen Jahrhunderts in Friedrichshagen. Hier segelten die beiden und teilten sich »idyllisch in Arbeit und Naturgenuß«, wie er Clara Ostler schreibt.
Den Friedrichshagen benachbarten Müggelbergen und den »Urahnen, die hier im Eichwaldschatten / ihre Gottheitsstätten hatten«, widmet Fontane sein Gedicht »Semnonenvision«.

Erkner (DDR) Die Folgen einer Typhuserkrankung, die er sich in Rom zugezogen hatte, und ein Blutsturz veranlaßten Gerhart Hauptmann, im September 1885 sein möbliertes Zimmer in Moabit und das Leben in der Großstadt aufzugeben und mit seiner Frau in den Vorort Erkner zu übersiedeln. In der Villa Lassen, Gerhart-Hauptmann-/Ecke Friedrichstraße, damals noch am Rande eines Waldes gelegen, fand er eine Wohnung. »*Diesem Wechsel des Wohnorts*«, schreibt er, »*verdanke ich es nicht nur, daß ich mein Wesen bis zu seinen ersten Geistesleistungen entwickeln konnte, sondern daß ich überhaupt noch am Leben bin. Nicht nur meine ersten Geisteskinder, sondern auch drei von meinen vier Söhnen sind in Erkner geboren.*« In dieser Zeit änderte er das d seines Vornamens in t. Von hier kam er in Kontakt mit dem von Wille, Bölsche und den Brüdern Hart gegründeten Dichterverein »Durch« in Berlin und fand freundliche Aufnahme im Friedrichshagener Kreis. Seinem Hauswirt, dem Rentier Lassen, hat er im Rentier Krüger seiner Komödie »Der Biberpelz« (1893) ein Denkmal gesetzt. In Erkner lernte er Frau Heinze, das Urbild der Mutter Wolffen in seinem »Biberpelz«, die als Waschfrau in seinem Hause wirkte, ebenso wie den Amtsvorsteher von Busse, den Wehrhahn des Stücks, kennen. Hier entstanden seine ersten Novellen »Der Fasching« und »Bahnwärter Thiel«, wozu ihm der Tod eines Erkener Schiffbaumeisters im benachbarten Flakensee und Gespräche in einem Wärterhaus an der Strecke Erkner–Fangschleuse den Anstoß gaben, sowie sein erstes Zeitdrama »Vor Sonnenaufgang«, mit dem ihm der Durchbruch zur Bühne gelang. In seinem Lebensbericht »Abenteuer meiner Jugend« schreibt er: »*Ich machte mich mit den kleinen Leuten bekannt, Förstern, Fischern, Kätnerfamilien und Bahnwärtern, betrachtete eine Waschfrau, ein Spitalmütterchen eingehend mit der gleichen Liebe, als wenn sie eine Trägerin von Szepter und Krone gewesen wäre. Ich unterhielt mich mit den Arbeitern einer nahen chemischen Fabrik über ihre Freuden, Leiden und Hoffnungen . . .*« Im Sommer 1889 lernte er die 13jährige Schwester des Musikers Max Marschalk kennen, die 1904 seine zweite Frau wurde. Am 15. September 1889 übersiedelte er in die Berliner Schlüterstraße. Die Villa Lassen, an der 1957 eine Gedenktafel enthüllt wurde, ist heute eine Gerhart-Hauptmann-Gedächtnisstätte. In drei Räumen geben Originalausgaben, Manuskripte und Fotos des Schriftstellers sowie Graphiken von Käthe Kollwitz, Reproduktionen von Theaterplakaten und andere Einnerungsstücke Einblick in das Schaffen des Dichters. Später soll hier ein zentrales Gerhart-Hauptmann-Museum eingerichtet werden, in dem die Forschungsarbeit aller Hauptmann-Gedenkstätten und -Sammlungen der DDR konzentriert wird.

Grünheide In der Bahnhofstraße 1, einem am Peetzsee gelegenen Landhaus, wohnte in den zwanziger Jahren die Brasilianerin Elli Engelhardt, eine Freundin von Ernst Rowohlts zweiter Frau Hilda Pangust. Nach der Trennung der Ehe verbrachte der Verleger hier die Wochenenden. Hier konnte er Wassersport treiben, und hierher konnte er seine Autoren zu vergnügten Abenden einladen. 1933 heiratete er seine Gastgeberin. Fallada kam oft zu Besuch, ebenso Dorothy Thompson, die Frau des Nobelpreisträgers Sinclair Lewis. Ernst von Salomon berichtet, daß die trinkfreudige Gesellschaft allabendlich das Lied »Grün ist die Heide« mit der von ihnen erfundenen Zeile »Grünheide ist blau!« anstimmte. Der Dichter und Erzähler Friedo Lampe und Ernst von Salomon, die seit 1934 im Verlag lektorierten, lebten versteckt im Gasthof Crahé bzw. in einem abseits vom Gasthof gelegenen einzimmerigen Pavillon. Hier wurde Salomon eines Morgens um sechs Uhr verhaftet und in das Horst-Wessel-Haus, das frühere Karl-Liebknecht-Haus, und von dort zum Polizeipräsidium am Alexanderplatz gebracht, nach eingehenden Vernehmungen aber wieder entlassen. Lampe wurde bei der Eroberung Berlins von einem sowjetischen Soldaten, dem er seine Ausweispapiere vorweisen sollte, mit den Worten »Paß nix gutt, du SS«, erschossen.

1938 erhielt Rowohlt Berufsverbot und floh mit seiner Familie nach

Brasilien, wo er bei seinem Schwager unterkam und sich als Pferdehändler betätigte. 1940 trennte er sich von seiner dritten Frau und kam auf gefahrvollen Wegen nach Berlin zurück, von Erich Kästner mit den Worten »Die Ratten betreten das sinkende Schiff« begrüßt. Er stellte sich als Fliegerhauptmann der Wehrmacht zur Verfügung, wurde aber 1943 wegen politischer Unzuverlässigkeit entlassen. Mit der Schauspielerin Maria Pierenkämper, die er später heiratete, ließ er sich in seinem geliebten Grünheide nieder, wo er als Volkssturmführer den Krieg überlebte.

Im Mai 1921 wurde Georg Kaiser, der meistgespielte Dramatiker des deutschen Expressionismus, aus dem Gefängnis Stadelheim, wo er »wegen Unterschlagung, Betrug u.a.« ein halbes Jahr inhaftiert war – er hatte Möbelstücke einer gemieteten Villa verpfändet –, entlassen.

Nach einem Aufenthalt in Wien ließ er sich in der Villa Alexander, Waldeck 4, am gegenüberliegenden Ufer des Peetzsees, nieder. Durch Uferregulierungen hat er sich um Grünheide verdient gemacht. Am Luisenplatz in Berlin hatte er ein Absteigequartier. Am Peetzsee schrieb er seine bekanntesten Werke. Am 27. Oktober 1926 wurde er zum Mitglied der Sektion der Dichtung der Preußischen Akademie der Künste gewählt. Seine Freunde Yvan und Claire Goll sowie Bert Brecht waren oft bei ihm zu Gast. 1933 erhielt er »wegen jüdischer Tendenzen« Arbeits- und Publikationsverbot, seine Bücher wurden verbrannt. 1938 wurde er von dem Landjäger in Grünheide vor seiner drohenden Verhaftung gewarnt und floh mit leichtestem Gepäck über Amsterdam nach Ascona in der Schweiz, wo er am 4. Juni 1945 an einer Embolie starb. In seinem Tagebuch notiert er: »*Grünheide ist verlassen. Ich habe mich sehr schwer vom See und Wald getrennt. Mir blieb in Grünheide nur noch die Wahl: Hungertod oder Selbstmord. Aber ich wollte mein Werk nicht im Stich lassen und reiste ab ... Bis zum letzten Atemzug bleibe ich meinem Werk verpflichtet.*« Im Juli 1979 wurde zum Gedenken an den Schriftsteller, der 74 Dramen hinterließ, vor seinem ehemaligen Wohnhaus eine Tafel enthüllt. Der am 25. November 1878 in Magdeburg als fünfter von sechs Söhnen eines protestantischen Versicherungskaufmanns geborene Schriftsteller, der zwischen 1921 und 1933 die einmalige Zahl von 40 Uraufführungen erleben konnte, verließ das Gymnasium mit dem Zeugnis der Mittleren Reife – »das dürftige und ungeschickt vermittelte Wissen verdarb die Schullust« –, ging als Kohlentrimmer nach Buenos Aires, wobei er sich eine Malaria zuzog, arbeitete dort bei der

AEG als Kontorist und wandte sich im Jahre 1901, nach Deutschland zurückgekehrt, der Literatur zu. Mit seinem 1904 geschriebenen ersten Buch, der biblischen Komödie »Die jüdische Witwe«, gelang ihm 1911 der Durchbruch, der ihm zusammen mit der Mitgift seiner im Jahre 1908 geheirateten Frau Margarete Habenicht auch den wirtschaftlichen Rückhalt für seine Arbeit bot. Dennoch war er ständig in Geldschwierigkeiten, die ihn schließlich in Konflikt mit den Gesetzen kommen ließen.

Dem Peetzsee hat Kaiser mit seinem dreiaktigen Wintermärchen »Der Silbersee« (1932) ein literarisches Denkmal gesetzt.

Siebenter Spaziergang: Tiergarten

Tiergarten Der vom kurfürstlichen Jagdgebiet zum größten öffentlichen Park umgewandelte Tiergarten, den »der Berliner so gern zu Roß, zu Wagen und zu Fuß aufsucht, um dem ewigen Kalkstaub der Neubauten, dem penetranten Geruch der Rinnsteine und dem staubigen Flugsand zu entrinnen«, wie es im Jahr 1877 in der »Spenerschen« Zeitung heißt, die im selben Artikel eine »sofortige Entpestung« des Parks fordert, hat von jeher schriftstellernde Berliner und Berlin-Besucher angezogen.

James Boswell erging sich im September 1764 in dem »prachtvollen Park am Stadtrand mit Fahrwegen und Reitpfaden«, in dem auch für die gesorgt ist, »die sich selber Bewegung machen wollen«. Hier erlebte er die Exerzierübungen eines preußischen Regiments: *»Die Soldaten schienen ganz verängstigt; für das kleinste Versehen wurden sie wie Hunde geprügelt. Ich weiß aber nicht, ob solche Kerle nicht doch die besten Soldaten abgeben. Maschinen sind zuverlässiger als Menschen. . . . Auch sah ich einen Ausreißer Spießruten laufen, zwölfmal das Gasse auf und nieder. Er war arg zerschunden. Es wurde mir bei dem Anblick ganz übel.«*

E. T. A. Hoffmann streifte im Jahre 1808 ohne Mittel, verzweifelt und halb verhungert, durch den Tiergarten, »wo mir seit einiger Zeit die einsamen Partien sehr lieb sind, indem mich Lichtenbergs Abhandlungen von lichtscheuen Hasen und dergleichen jetzt etwas näher angehen als sonst«, wie er an »seinen einzigen, teuersten Freund« Hippel schreibt. Hier traf er »Elegants, Bürger mit der Hausfrau und den lieben Kleinen in Sonntagskleidern, Geistliche, Jüdinnen, Referendare, Freudenmädchen, Professoren, Putzmacherinnen, Tänzer, Offiziere«.

Chateaubriand ging während seiner Amtszeit als französischer Botschafter im Jahre 1821 oft im Tiergarten spazieren. Hier traf er Friedrich Wilhelm III., der mit ihm freundlich plauderte, und hier genoß er die Begleitung der Herzogin von Cumberland, der Schwester der Königin Luise und Witwe des Prinzen Louis Ferdinand.

Lieblingsgeschäftigung und zugleich eine herzerquickende Erholung waren für Geibel Spaziergänge im Tiergarten. Seiner Mutter berichtet er: *»Goldregen, Schneeball und Flieder drängen sich überall in seltener Fülle aus dem üppigen Grün, und wenn man den kleinen Steigen folgt, so kann man stille Plätze genug finden, um die Waldeinsamkeit zu genießen und den Stimmen der Vögel zu horchen.«*

Einem damals in der Nähe des »Großen Sterns« zwischen der Charlottenburger und der heutigen Großen-Stern-Allee gelegenen Labyrinth widmet Gleim im Jahre 1742 einen Preisgesang.
Für Scheffel, der sich hier 1846 erging, ist der Tiergarten »leider der einzige Ort, wo der Berliner sich hie und da überzeugen kann, daß es auch eine Natur und grüne Bäume und Waldesdunkel in der Welt gebe«.
Die Brüder Grimm, die von 1841 bis zu ihrem Tode immer in der Nachbarschaft des Tiergartens Quartier nahmen, pflegten hier jeder für sich ihre alltäglichen Spaziergänge zu machen, wobei sie sich bei gelegentlichen Begegnungen freundlich, aber wortlos begrüßten.
Der vagabundierende Dichter Peter Hille wählte gelegentlich Bänke des Tiergartens zum Nachtquartier. An einem regnerischen Morgen fand ihn Hartleben beim Heimweg von einem Kneipabend, in seinen Mantel gehüllt, weckte ihn und verschaffte ihm ein Zimmer in der Nähe des Nollendorfplatzes, für das er die Miete ein Vierteljahr im voraus entrichtete. Zu seinem Entsetzen traf er Hille am nächsten Morgen in derselben Situation wie tags zuvor auf derselben Bank. Der Dichter gestand, er habe sich am vergangenen Abend der Lage des Hauses nicht mehr erinnern können. Auch Hartleben war sie völlig aus dem Gedächtnis geschwunden.
»Im Tiergarten, auf einer Bank, / behaglich, / ein Knie über das andre, bequem-nachlässig / zurückgelehnt, / sitze ich / und rauche und / freue mich über die Vormittagssonne!«, so beginnt Arno Holz sein Gedicht »Brücke am Zoo«. Klabund besingt einen »Sommerabend«, Max Herrmann-Neiße einen »Maiabend im Tiergarten«. Walter Benjamin erinnert sich in seinen Prosastücken »Berliner Kindheit um Neunzehnhundert« der »braungebackenen Siegessäule / Mit Winterzucker aus den Kindertagen«, die »auf dem weiten Platz wie das rote Datum auf dem Abreißkalender« stand. »Am letzten Sedantag hätte man sie abreißen sollen.« Sie schmückte damals noch den Platz der Republik vor dem Reichstagsgebäude.
Marianne Eichholz besingt »die zweimal versehrte Standhaftigkeit des ›lieben Fräuleins von der Glorie‹«, und Arno Holz preist im »Phantasus« ein Mädchenpensionat, das »lachend in die Siegesallee schwenkt«.
Und wie es im Tiergarten im November 1947 aussah, steht in Max Frischs »Tagebuch 1946–1949«: *»Eine baumlose Steppe mit den bekannten Kurfürsten, umgeben von Schrebergärten. Einzelne Figuren sind armlos, andere mit versplittertem Gesicht. Einer ist offenbar vom*

Luftdruck gedreht worden und schreitet nun herrisch daneben. Anderswo ist es nur noch ein Sockel mit zwei steinernen Füßen, eine Inschrift: der Rest liegt im wuchernden Unkraut.«

Schloß Bellevue Der am 18. November 1772 in Friedrichsfelde geborene Louis Ferdinand, Prinz von Preußen, verbrachte im elterlichen Schloß Bellevue seine Jünglingsjahre. Fritz von Unruh huldigt dem Prinzen, der im Kampf gegen Napoleon den Reitertod stirbt, in einem gleichnamigen Theaterstück (1913), Fontane widmet dem »Abgott schöner Frauen« ein Gedicht.

John-Foster-Dulles-Allee Im Zuge der Allee verliefen etwa die berühmten »Zelten«, eine seit 1750 zunächst mit Zeltwirtschaften, dann mit Kaffeegärten und Bierlokalen, in denen Militär- und Tanzmusik geboten wurde, gesäumte Straße, die Schloß Bellevue mit dem Brandenburger Tor verband. Hier begegnet E. T. A. Hoffmann im Jahre 1808 in einem Lokal der gespenstischen Existenz des bereits 1787 verstorbenen »Ritters von Glück« in seiner gleichnamigen Novelle. Drei Jahrzehnte später wurde die Straße »In den Zelten« zu einer bevorzugten Wohngegend. Im Jahre 1847 bezog Bettina von Arnim, seit 1831 Witwe Achim von Arnims, das Haus Nr. 5, das unmittelbar an der Spree, etwa an der Stelle der Kongreßhalle, stand. Hier verfügte sie im Hochparterre über zehn Zimmer und einen Saal, von dessen Veranda aus der Blick in den Tiergarten ging. Im oberen Stockwerk befanden sich die Küche und die Zimmer für die Jungfer, die Köchin, den Diener und den Sekretär sowie Lagerräume ihres Verlags und ihr Atelier. Wie Unter den Linden sammelte die mutige und engagierte Demokratin auch hier einen illustren Kreis von Persönlichkeiten des literarischen und künstlerischen Lebens der Stadt um sich. Die Schriftstellerin, die sich für die Abschaffung der Todesstrafe einsetzte, als noch kein Mensch daran dachte, scheute sich nicht, Friedrich Wilhelm IV. zu empfehlen, statt des geplanten Baus des Berliner Doms eher 1000 Hütten für die notleidenden schlesischen Weber zu errichten. Hierher brachte man ihren jüngsten, hochbegabten Sohn Kühnemund, der bei einem Kopfsprung in die Spree verunglückt war und am nächsten Morgen in ihren Armen verschied, und hier starb sie selbst, das Bild ihres Gatten und das Gipsmodell des von ihr entworfenen Goethedenkmals, dessen Abguß sie im Jahre 1824 dem von ihr hochverehrten Dichter in Weimar überreicht hatte, vor Augen, am 19. Januar 1859 im Alter von 73 Jahren. Im Park des Gutes Wiepersdorf fand sie ihre letzte Ruhestätte. Ihr Freund Karl August Varnhagen von Ense notiert in seinem »Tagebuch«:

»Ein glücklicherer Ort als Berlin konnte für Bettina nicht gefunden werden. Berlin war das günstigste Fußgestell für ihre Erscheinung, in anderer Atmosphäre als der hiesigen würde sie bald erstickt sein.«

Um 1910 übersiedelte der Junggeselle Otto Brahm, Direktor des Lessing-Theaters, in seine letzte Wohnung im dritten Stock des Hauses Nr. 14. Seit langem an Magen- und Darmkrebs leidend, starb er am 28. November 1912 in einer Klinik. Seine sterblichen Überreste wurden im Krematorium Gerichtstraße eingeäschert und in seiner Geburtsstadt Hamburg beigesetzt.

Im Jahr 1905 bezog Max Reinhardt mit seiner Familie das Haus Nr. 21, das sog. Wesendoncksche Palais. Hier richtete er sich eine elegante Wohnung ein, und hier eröffnete er im Oktober desselben Jahres die Schauspielschule des Deutschen Theaters. 1906 gab er die Leitung des »Neuen Theaters« ab und begründete am 8. November die »Kammerspiele« mit einer Inszenierung von Ibsens »Gespenster«. 1908 schenkte ihm die Schauspielerin Else Heims, die er zwei Jahre später in England heiratete, seinen Sohn Wolfgang. 1911 übersiedelte er in seine letzte Berliner Wohnung am Kupfergraben.

Roonstraße Der am 13. März 1852 in Berlin geborene Theaterkritiker und produktive Lustspieldichter Dr. Oskar Blumenthal bezog um 1890 eine Wohnung im Hause Nr. 5 der heute verschwundenen Roonstraße, einer Verbindungsstraße der Fürst-Bismarck- mit der Ostberliner Ebertstraße. Von 1875 bis 1887 rezensierte der »blutige Oskar«, wie er wegen seiner häufig vernichtenden Kritiken genannt wurde, für das »Berliner Tageblatt«, im Jahre 1888 gründete er das Lessingtheater am Friedrich-Karl-Ufer. Hier errang er mit seinen Schwänken, die er zumeist in Gemeinschaftsarbeit mit G. Kadelburg verfaßte, enorme Publikumserfolge. Ihr Lustspiel »Im weißen Rößl« (1898), das in der Roonstraße entstand, findet noch heute ein begeistertes Publikum. 1894 übernahm er das »Berliner Theater«, das er drei Jahre lang leitete. Kurz vor Beginn des Ersten Weltkriegs übersiedelte er in die Kaiserallee. Im Hause Nr. 9 verbrachte Helene von Nostiz ihre Kinderjahre.

Kronprinzenufer Vor dem Umzug in seine letzte Wohnung In den Zelten lebte Otto Brahm im Hause Nr. 7.

Der Hamburger Adolph Aronsohn, der sich als Autor rührseliger, aber gewinnbringender Bühnenstücke L'Arronge nannte, wohnte um die Jahrhundertwende im Hause Nr. 11. Er kam im Jahre 1866 28jährig als Leiter des Krollschen Etablissements nach Berlin. 1881 erwarb er das Friedrich-Wilhelmstädtische Theater, damals noch eine

Operettenbühne, gab ihm 1883 unter neuer Spielplangestaltung den Namen »Deutsches Theater« und leitete es erfolgreich bis 1894. Sein Versuch, Schauspieler zur Mitbestimmung am Theater zu veranlassen, scheiterte. Mit seinen Volksstücken »Mein Leopold« (1873) und »Hasemanns Töchter« (1877) errang er den Beifall der Berliner und ein Vermögen. L'Arronge starb im Alter von 70 Jahren am 8. März 1908 in Kreuzlingen am Bodensee. Von ihm stammt das vielzitierte Wort: »Je preiser ein Stück gekrönt ist, desto durcher fällt es.«

Lehrter Straße Wegen Teilnahme an der Verschwörung vom 20. Juli 1944 wurde der Lyriker und Dramatiker Albrecht Haushofer im Zellengefängnis Moabit in der Lehrter Straße inhaftiert und beim Abtransport vor der anrückenden Roten Armee vor den Toren zusammen mit vierzehn Kameraden des Widerstands am 24. April 1945 von der Gestapo durch Genickschuß hinterrücks ermordet. In seinen verkrampften Händen fand sein Bruder die berühmten klagenden und anklagenden »Moabiter Sonette«, die er, an Händen und Füßen gefesselt, während seiner Haft geschrieben hatte. In der Abteilung des Johanniskirchhofs in der Wilsnacker Straße, die den im April und Mai 1945 Gefallenen und Umgekommenen vorbehalten war, fand er seine letzte Ruhestätte. Von dem berüchtigten Gefängnis stehen nur noch Reste.

Alt-Moabit Nach der Eheschließung mit Marie Thienemann in Dresden mietete Gerhart Hauptmann im Mai 1885 in einem Hause in der Straße Alt-Moabit, in der Nähe des Lehrter Bahnhofs, ein möbliertes Zimmer. »Die Aussicht war frei über die Stadtbahn hinweg und den ausgedehnten Güterbahnhof . . . eine niedre vierte Etage mit einer Mansarde . . .« Nach anderen Quellen lag die Wohnung in der Lüneburger Straße. Ein Blutsturz bewog den Schriftsteller, sich im September desselben Jahres im Vorort Erkner niederzulassen.

In einem Hause, das an der Stelle des im Kriege zerstörten Gebäudes Alt-Moabit Nr. 81a stand, wurde am 10. Januar 1923 die Schriftstellerin Ingeborg Drewitz, Dr. phil. und Mutter von drei Töchtern, als Tochter eines Ingenieurs geboren. In vielen ihrer Romane vom »Karussell« (1962) über »Das Hochhaus« (1975) bis zu »Gestern war heute« (1978) spielt sich die meist autobiographische Handlung vor der Kulisse Berlins ab. In ihrem Bericht »Berliner Salons« (1965) und in der Biographie »Bettina von Arnim« (1969) schildert sie Berliner emanzipatorische Vorkämpferinnen um 1800.

Der am 11. November 1854 als zweites von neun Kindern in Erwitzen, einem westfälischen Dorf, geborene Lehrerssohn Peter Hille kam nach fehlgeschlagenen Versuchen, in verschiedenen Berufen Fuß zu fassen und nach vagabundierenden Wanderungen durch mehrere Länder Europas mit einem großen Sack, in dem er seine Habe, vor allem seine auf alle möglichen Papierfetzen hingekritzelten Verse herumtrug, im Frühjahr 1885 nach Berlin, wo er im Hause Nr. 133 Wohnung nahm. Hier setzte er seine Freundschaft zu den Brüdern Hart fort, die er auf dem Gymnasium Münster kennengelernt hatte, und hier gab er im Oktober desselben Jahres eine Zeitschrift »Völker-Muse« heraus. Die Zeitschrift, deren Artikel er selbst schrieb, hatte zwei Abonnenten – einer davon war Liliencron – und brachte es auf zwei Nummern. Darauf zog er sich noch im selben Jahr in die Stille seines Heimatdorfes zurück. Erst 1891 kam er für kurze Zeit wieder nach Berlin.

Flemingstraße Zu Anfang der neunziger Jahre wohnten die Brüder Hart in der nach dem Berliner Arzt und Dichter Paul Fleming (1609–1640) benannten Straße. Von 1887 bis 1900 hatte Heinrich als Theaterkritiker an der »Täglichen Rundschau« gearbeitet und war dann zum »Tag« übergegangen.

Paulstraße In den achtziger Jahren wohnten die Brüder Heinrich und Julius Hart im ersten Stock des Hauses Nr. 32.

Calvinstraße Der Schriftsteller Hans Fallada kam im Januar 1930 auf Veranlassung von Ernst Rowohlt, der 1920 Falladas ersten Roman »Der junge Goedeschal« herausgebracht hatte, nach Berlin, wo er vormittags im Verlag arbeiten sollte und die Nachmittage für seine schriftstellerische Arbeit zur Verfügung hatte. Mit seiner Frau Suse mietete er in einem Hause in der Calvinstraße »bei zwei alten Leutchen« zwei möblierte Zimmer. *»Die Brandmauer des Hauses zeigte gegen den Bahnhof Bellevue, noch heute ist sie mit einer Reklame für Kupferberg-Gold bemalt . . . Hinter ›Gold‹ haben wir über ein Jahr gehaust, aber das war auch das einzige Gold, das wir in diesem Jahr zu sehen kriegten«,* schreibt er 1943 in seinen Erinnerungen »Heute bei uns zu Haus«. Hinter der Reklame wurde ihnen am 14. März ihr Sohn Ulrich, den sie Murkel nannten, geboren, und hier schrieb er den Zeitroman »Bauern, Bomben, Bonzen« (1931) sowie den autobiographischen Roman »Kleiner Mann – was nun?« (1932), die Geschichte vom arbeitslosen Textilverkäufer Pinneberg und Lämmchen, seiner Frau, und ihrem Söhnchen Murkel. Der Erfolg der Bücher ermöglichte ihm den Ankauf eines bescheidenen Zweieinhalbzimmerhauses mit Garten am Grünen Winkel 10 im Berliner Vorort Neuenhagen, das die Familie 1931 bezog. Von Berkenbrück bei Fürstenberg, wohin er 1933 übergesiedelt war, zog er noch im selben Jahr in ein geräumiges Haus in Carwitz bei Feldberg in Mecklenburg. Hier beendete er als schriftstellernder Landwirt die Romane »Wer einmal aus dem Blechnapf frißt«, die Geschichte eines Vorbestraften, und »Wir hatten mal ein Kind« (beide 1934), und hier schrieb er unter 15 anderen Romanen die Inflationsgeschichte »Wolf unter Wölfen« (1937). 1944 trennte er sich von Suse und heiratete am 1. Februar 1945 die Alkoholikerin und Morphinistin Ursula Loch. Nach viermonatiger Tätigkeit als Bürgermeister in Feldberg, die mit einem Nervenzusammenbruch endete, und einem weiteren Aufenthalt in einer Trinkerheilanstalt, wo in etwa zwei Wochen der sein eigenes, hoffnungsloses Schicksal darstellende Roman »Der Trinker« (1950) entstand, ließ er sich in Berlin-Niederschönhausen nieder.

Kleiner Tiergarten In seinem Roman »Kleiner Mann, was nun?« (1932) schildert Fallada den Kleinen Tiergarten: *»Er ist nie besonders hübsch gewesen, gar nicht zu vergleichen mit seinem großen Bruder jenseits der Spree, nur so ein notdürftiger Grünstreifen . . . Er ist nicht leer, nein, das ist er gar nicht. Massen von Menschen sind da, grau in der Kleidung, fahl in den Gesichtern. Arbeitslose, die warten, sie wissen selbst nicht mehr auf was.«*

Lübecker Straße Im Hause Nr. 13 wurde am 9. Januar 1890 Kurt Tucholsky als ältester von drei Geschwistern geboren. Unter seinem Geburtsnamen und den Pseudonymen Peter Panter, Theobald Tiger, Kaspar Hauser und Ignaz Wrobel sollte er mit Glossen, Essays, Kritiken, Chansons und Gedichten in der »Schaubühne«, der späteren »Weltbühne«, in der »Vossischen Zeitung« und im »Berliner Tageblatt« der bedeutendste deutsche Satiriker und Gesellschaftskritiker werden, der der politischen Publizistik der Weimarer Zeit ein einmaliges Gesicht zu geben verstand. Zwei Jahre nach der Geburt des beharrlichen Warners vor der Zerstörung Deutschlands durch Nationalismus und Nationalsozialismus übersiedelte der Vater, ein wohlhabender jüdischer Kaufmann, mit seiner Familie an das Holsteiner Ufer. Das Geburtshaus des Schriftstellers hat den Krieg unversehrt überstanden und trägt seit dem 70. Geburtstag Tucholskys im Jahre 1960 eine Gedenktafel. Es konnte vor dem Abriß bewahrt werden und wird als Tucholsky-Gedenkstätte der Öffentlichkeit zugänglich gemacht. Unter anderem werden hier Einrichtungsgegenstände aus seinem Haus im schwedischen Hindas wie sein Schreibtisch, sein Schreibtischstuhl, sein Schreibmaschinentisch, die noch aus dem Elternhaus stammen, rund 40 Bücher aus seiner Bibliothek sowie sein fast vollständiger Briefwechsel mit Ossietzky aus dem Jahre 1932 und Briefe von Walter Mehring und Roda Roda ausgestellt werden. Günter Kunert, der 1979 die DDR verlassen hat, widmet der »heimlich denkmalhaften Erscheinungsweise von Haus und Straße« ein Kapitel seiner »Spaziergänge« in »Tagträume in Berlin und anderswo« (1964): »Und aus welchem Fenster hat er geschaut, der einzige Satiriker, den die Deutschen im 20. Jahrhundert gehabt haben? ... Im Haus weiß es keiner ...«

Holsteiner Ufer Im Jahre 1892 übersiedelte der Fabrikant Alex Tucholsky mit seiner Familie in das Haus Nr. 46. Kurt, dessen schöne und ausdrucksvolle Augen auffielen, wie sein Biograph Klaus-Peter Schulz berichtet, war damals zwei Jahre alt. Ein Jahr später verlegten die Eltern ihren Wohnsitz nach Stettin. 1900 kehrten sie nach Berlin zurück und mieteten in der Dorotheenstraße eine Wohnung.

Im Parterre eines Gartenhauses am Holsteiner Ufer in einem halbdunklen, kaum heizbaren möblierten Zimmer mit Schimmel an den Wänden wohnte in den dreißiger Jahren der Student der neueren Geschichte Felix Hartlaub. »Unten, rechts und links, darüber sind Menschen hörbar, wühlen sich andere Leben vorwärts«, heißt es in seinen »Berliner Tagebuchblättern«, in denen er sich mit dem Nationalsozialismus auseinandersetzt. Im September 1939 wurde er eingezogen, 1942 bis 1945 arbeitete er in der Abteilung Kriegstagebuch des »Führerhauptquartiers«. Seit den Kämpfen um Berlin wird er vermißt.

Alfred Kantorowicz, dessen letztes Werk »Politik und Literatur im Exil« (1978) den Kampf deutscher Schriftsteller gegen den Nationalsozialismus zum Thema hat, verlebte seine Kinderjahre in einem Hause dieser Straße gegenüber der Meierei Bolle.

Der bedeutendste und einflußreichste Theaterkritiker der wilhelminischen Epoche und der Weimarer Republik, Alfred Kerr, wohnte um die Jahrhundertwende im Hause Nr. 17. Als Alfred Kempner am 12. Oktober 1867 in Breslau geboren, studierte der Weinhändlerssohn in seiner Geburtsstadt und in Berlin, wo ihm Otto Brahm den Weg zum freien Schriftsteller wies. Seine Verwandte Friederike Kempner, die »Schlesische Nachtigall«, die mit ihren biederen und skurrilen Versen Aufsehen und Heiterkeit erregte und die aus Angst, lebendig begraben zu werden, angeordnet hatte, eine Alarmklingel aus ihrem Grab zur Erdoberfläche zu legen, trug dazu bei, daß er seinen Vatersnamen zu Kerr zusammenzog. Stets stritt er mit aller

Entschiedenheit jede Verwandtschaft mit ihr ab. Mit seiner zu einem Buch erweiterten Dissertation »Godwi, ein Kapitel deutscher Romantik« (1898) liefert er einen literaturgeschichtlichen Beitrag zum Kapitel »Brentano« und errang erste schriftstellerische Erfolge. Schon früh setzte er sich für das moderne naturalistische Drama ein, insbesondere für Ibsen und Gerhart Hauptmann. Tilla Durieux meinte, daß er mit seinem Bart wie eine frisierte Wanze aussah und, um ein blendendes Bonmot anzubringen, sein Seelenheil verkaufte.

Claudiusstraße Von der Friedrichstraße übersiedelte Max Reinhardt im Jahre 1896 in das Haus Nr. 6. Da »in diesen naturalistischen Aufführungen fast immer auf der Bühne gegessen (wurde), meist Knödel mit Kraut, was zwar gut war, aber einem mit der Zeit auch über werden kann«, wie er in seinen 1975 postum herausgegebenen »Schriften« notiert, wandte er sich »vom immerwährenden Hantieren mit Mastix« ab und der Regie- und Lehrtätigkeit zu. 1900 zog er in die Bleibtreustraße.

Flensburger Straße Der 25jährige Schriftsteller und revolutionäre Staatsmann Wladimir Iljitsch Lenin hielt sich auf der Rückreise von der Schweiz nach Rußland von Anfang August bis Ende September 1895 in Berlin auf und wohnte unter seinem Namen W. J. Uljanow in einem möblierten Zimmer bei Frau Kureick im zweiten Stock des Hauses Nr. 12. Das Gebäude wurde abgerissen, heute steht das Haus Nr. 22 an seiner Stelle. An seine Mutter schreibt er am 10. August: »*Ich bin hier gar nicht schlecht untergekommen: es sind nur wenige Schritte zum Tiergarten . . . , zur Spree, in der ich täglich bade, und zur Stadtbahnstation. Die Bahn durchquert hier die ganze Stadt (über den Straßen): alle fünf Minuten fährt ein Zug, so daß die Verbindung mit der ›Stadt‹ (Moabit, wo ich wohne, gilt eigentlich schon als Vorort) sehr bequem ist. Nur in der Sprache bin ich sehr schwach: . . . Die Deutschen haben eine so ungewohnte Aussprache, daß ich nicht einmal bei öffentlichen Reden die Wörter richtig verstehe. . . . Vorgestern bin ich ins Theater gegangen; es gab Hauptmanns ›Weber‹. Obwohl ich vor der Aufführung das ganze Drama gelesen hatte, um der Vorstellung folgen zu können, habe ich nicht alles mitbekommen. Trotzdem verliere ich nicht den Mut und bedaure nur, daß mir für ein gründliches Sprachstudium die Zeit fehlt.*« Er arbeitete fleißig in der »Kommode«, der Königlichen Bibliothek Unter den Linden. Nach seiner Heimkehrt mußte er drei Jahre in sibirischer Verbannung ertragen.

Hanseatenweg Das 1960 erbaute Gebäude Nr. 10 beherbergt die

1954 neugegründete Akademie der Künste. Sie verwaltet u.a. den Nachlaß von Georg Kaiser, Bruckner, Kerr, Julius Hart und Horvarth.

Bartningallee Die Brückenallee verlief vom Holsteiner Ufer bis zur Einmündung in die Altonaer Straße und von dort zum Großen Stern. Der abgeknickte Teil der Allee wurde später in die Altonaer Straße einbezogen. Das Teilstück Holsteiner Ufer bis zur Altonaer Straße fiel den Bomben zum Opfer. Es trägt heute den Namen des Architekten Otto Bartning, der sich um den Wiederaufbau des Hansaviertels verdient gemacht hat.

Der am 4. Februar 1906 in Breslau als sechstes von sieben Kindern geborene Theologe, Widerstandskämpfer und Dichter Dietrich Bonhoeffer kam als siebenjähriger Junge mit seinen Eltern und Geschwistern im Jahre 1912 von Breslau nach Berlin, wo die Familie im Zwischengeschoß des Hauses Nr. 5 eine Wohnung mit Blick in den angrenzenden Park des Schlosses Bellevue bezog. Der Vater, der als Professor für Psychiatrie und Neurologie den wohl wichtigsten Lehrstuhl seines Faches im Kaiserreich, übernahm, richtete hier seine Praxis ein. Dietrich besuchte von 1913 ab das Friedrich-Werdersche Gymnasium. Im Frühjahr 1917 übersiedelte die Familie in eine geräumigere Unterkunft in einem Haus in der Wangenheimstraße. Im dritten Stock des Hauses Brückenallee 16 wohnte der Arzt Dr. Berthold Lasker, ein Bruder des Schachweltmeisters Emanuel Lasker. Um 1893 heiratete er die acht Jahre jüngere Dichterin Else Schüler, die sich als Schriftstellerin Lasker-Schüler nannte. 1899 wurde das Paar geschieden. Freunde des Ehemanns hatten nicht erfahren, daß er verheiratet war.

Im Hause Nr. 36 hatte Gustav Kadelburg (1851–1925) nach der Jahrhundertwende eine Wohnung. Er war zunächst Schauspieler und zeichnete sich dann als Autor von oft aufgeführten Lustspielen aus. Zusammen mit Oskar Blumenthal schrieb er den Publikumserfolg »Im Weißen Rößl« (1898). In den neunziger Jahren war er Direktor des Lessingtheaters.

Nach der Übersiedlung von Hannover nach Berlin bezog die Familie Sternheim eine Wohnung im Hause Nr. 37. Der Zeitungsverlegers- und Bankierssohn, spätere Dramatiker und Erzähler Carl Sternheim, am 1. April 1878 als ältestes von sechs Kindern in Leizpig geboren, begann seine Schulausbildung auf der Vorschule des Friedrich-Werderschen Gymnasiums in der Dorotheenstraße. In seiner Autobiographie »Vorkriegs-Europa im Gleichnis meines Lebens« (1936)

schreibt er: »*Was meine Eltern, nach Berlin überzusiedeln, Zeitung, Bankgeschäft aufzugeben, veranlaßte, weiß ich nicht ... Alsbald wohnten wir im ersten Stockwerk des Hauses Brückenallee 37 mit Blick vom Balkon nach vorn hinaus auf den prachtvollen Park des königlichen Schlosses Bellevue, in einem stillen, vornehmen, aus wenigen Häusern in der gleichen Straße bestehenden Stadtteil, fern allem Verkehr, ein paar hundert Meter vom Stadtbahnhof Bellevue entfernt ... Hinter dem Haus lag die Radrennbahn Berlin, dann unübersehbar weites, freies Feld ...*« Von hier zog die Familie in die Belle-Alliance-Straße.

Der 59jährige exilierte polnische Schriftsteller und Jurist Witold Gombrovicz, der von Juni 1963 bis Ende April 1964 als Gast des Berliner Künstlerprogramms des Deutschen Akademische Austauschdienstes in Berlin war, wohnte im 15. Stock des Hauses Nr. 1–13, »*... irgendwo in einem Park, Fahrstuhl, Korridor, großes Zimmer mit einem Riesenfenster, Treppe hinauf aus diesem Zimmer, dort ein zweites Zimmer, Balkon, Bett, Schrank ... Ich trat auf den Balkon hinaus: rechtwinklige Klötzchen von fünfzehnstöckigen Häusern im Grünen, eine Gartenstadt. Ich schwamm in diesen Weiten nach dem engen Pariser Hotelkabuff ...*« – »Betört von dieser Insel in einem kommunistischen Ozean«, stimmt er in seinen in Polen verbotenen »Berliner Notizen« (1965) einen Preisgesang an auf dieses »Glitzerding West-Berlin, letzte Koketterie des luxuriösen Europa ... vor der gigantischen Weite bis nach China.« Er hatte sein Heimatland 1939 verlassen müssen, lebte als Bankangestellter in Argentinien und starb am 24. Juli 1969 im südfranzösischen Vence.

Lessingstraße In der elterlichen Villa in der Lessingstraße Nr. 33 wuchs die Lyrikerin Nelly Sachs auf. Hier wurde sie von Privatlehrern unterwiesen, hier hatte sie Ausdruckstanz- und Musikunterricht. Zu ihrem 15. Geburtstag erhielt sie Selma Lagerlöfs Roman »Gösta Berling« als Geschenk, dessen Lektüre zu einem Briefwechsel mit der schwedischen Schriftstellerin führte. Als 17jährige schrieb sie ihre ersten Gedichte, 1921 erschienen ihre »Legenden und Erzählungen«, die sie ihrer Briefpartnerin widmete. Im letzten Augenblick empfingen Mutter und Tochter – der Vater war bereits 1930 verstorben – dank der Vermittlung der verehrten Schriftstellerin und mit Hilfe des schwedischen Königshauses am 16. Mai 1940 Ausreisevisa nach Schweden, denn mit derselben Post kam die Aufforderung, daß sich die stets kränkelnde, zerbrechliche Nelly in einem jüdischen Arbeitslager zu stellen habe. Alle ihre Familienangehörigen sowie der Mann, den sie liebte und nicht heiraten konnte, sind in den Konzentrationslagern der Nationalsozialisten umgebracht worden. In der Emigration übertrug sie moderne schwedische Dichtungen ins Deutsche, wofür sie den Literaturpreis des Verbandes schwedischer Lyriker erhielt, und hier entstanden ihre reifsten Werke, für die sie eine Reihe von Preisen empfing, so 1965 als erste weibliche Preisträgerin den Friedenspreis des deutschen Buchhandels und ein Jahr darauf den Nobelpreis zusammen mit dem israelischen Dichter Schmuel Josef Agnon. 1960 war sie zum erstenmal wieder in Deutschland. Hier nahm sie den Droste-Preis in Empfang, der ihr »für ihr lyrisches Werk, das mit unantastbarer Sprachgewalt den Bogen schlägt von der Prophetie des Alten Bundes zu den Erlebnisbezirken unserer Zeit«, zugesprochen war. 1967 wurde sie Ehrenbürgerin von West-Berlin. Ihr Leben war umschattet von Ängsten und Erschütterungen, die sie und ihre Glaubensgenossen durch den Nationalsozialismus erleiden mußten. Am 12. Mai 1970 starb sie in Stockholm.

Dortmunder Straße Von der Stralauer Allee übersiedelte Ernst Jünger im Jahre 1932 mit seiner Frau und seinem kleinen Sohn in das Haus Nr. 13. Mit dem wiedererweckten Revanchegedanken in der Weimarer Zeit wurden seine Kriegsbücher »Unter Stahlgewittern« (1920), »Der Kampf als inneres Erlebnis« (1922) und »Das Wäldchen 125« (1925) in nationalistischen Kreisen zu Bestsellern. Zum Ende des Jahres 1932 zog er in die Hohenzollernstraße.

Altonaer Straße Im Jahre 1894 übersiedelte die Familie Sternheim von Halberstadt wieder nach Berlin und bezog eine Wohnung im zweiten Stock des Hauses Nr. 28. Der sechzehnjährige Schüler Carl trat in die Obersekunda des Luisengymnasiums in der Straße Alt-Moabit ein und bestand hier drei Jahre später die Reifeprüfung. In München begann er sein Studium. Von Jugend an durch seinen Onkel, dem das Belle-Alliance-Theater gehörte, mit der Bühne verbunden, wurde er mit dem skandalumwitterten Komödienzyklus »Aus dem bürgerlichen Heldenleben« neben Kaiser zu dem meistgespielten Dramatiker Berlins und der Weimarer Republik. Franz Blei nennt den sozialkritischen expressionistischen Dramatiker und Erzähler in seinem »Bestiarium« den »berlinischen Hausgenossen«. 1900 heiratete er die Weinhändlerstochter Eugenie Hauth, in zweiter Ehe 1907 die reiche Industriellentochter Thea Bauer, mit der er in der 30zimmerigen »Bellemaison« bei München und bis 1918 auf seinem Herrensitz in La Hulpe bei Brüssel lebte, und 1930 in dritter Ehe Pamela, die Tochter des Dichters Frank Wedekind. Bei der Trauung fungierte der expressionistische Maler Conrad Felixmüller als Zeuge. Nach ihrer Scheidung wurde Pamela Wedekind die Frau des Schauspielers Regnier. Sternheim, der wegen eines Nervenleidens seine schriftstellerische Tätigkeit aufgeben mußte, starb am 3. November 1942 vereinsamt und von den Nationalsozialisten verfemt in Belgien, wo er seit 1911 mit Unterbrechungen gelebt hatte. Er hinterläß 13 Prosawerke und 27 Dramen. Sein Sohn wurde 1944 wegen abfälliger Bemerkungen über Hitler durch den Strang hingerichtet, seine Tochter 1945 todkrank aus dem Konzentrationslager Ravensbrück befreit.

Schleswiger Ufer Im Hause Nr. 15 wohnte im ersten Jahrzehnt unseres Jahrhunderts die am 30. Juni 1878 in Berlin geborene Schriftstellerin Alice Berend, die Schwester des Malers Lovis Corinth. In ihren vielgelesenen Romanen »Frau Hempels Tochter« (1913), »Die Bräutigame der Babette Bomberling« (1914), »Spreemann und Co.« (1916) und »Die Reise des Herrn Sebastian Wenzel« (o.J.) hat sie die Kleinbürgerwelt der Hauptstadt humorvoll und lebendig zu gestalten gewußt. Ihre letzte Berliner Wohnung hatte sie am Hochwildpfad.

Cuxhavener Straße Die Schriftstellerin und Revolutionärin Rosa Luxemburg, am 5. März 1871 in Zamość im ehemals österreichischen Galizien als Tochter eines Holzhändlers geboren, kam nach ihrer magna cum laude bestandenen Promotion in Zürich am 16. Mai 1898 nach Berlin. Hier ging sie mit dem als Tagelöhner arbeitenden Berliner Schreinermaschinisten Gustav Lübeck eine Scheinehe ein, womit sie deutsche Staatsangehörige wurde. Im ersten Stock des Gartenhauses Cuxhavener Straße 2 fand sie eine vorläufige Unterkunft. Der südliche Teil der Straße mit ihrem Wohnhaus jenseits der Stadtbahnbögen existiert nicht mehr. Ein Jahr später übersiedelte sie in die Friedenauer Wielandstraße.

Bachstraße Im Hause Nr. 10 lebte von 1905 bis 1925 Ludwig Marcuse mit seinen Eltern. In seinen Erinnerungen erzählt er, wie er auf seinem Schulweg vom Friedrich-Werderschen Gymnasium in der Dorotheenstraße zum S-Bahnhof Friedrichstraße im Schokoladengeschäft Wesenberg mit seinen Schulkameraden solange Süßigkeiten stahl, bis er ertappt wurde. Seine Schulzeit ist ihm nicht in angenehmer Erinnerung verblieben: »*Es gab viele Erzieher, aber keine Erziehung . . . Zu Hause herrschte die mehr oder weniger effektvolle Diktatur der Eltern, in der Schule regierte der Direktor als unumschränkter Polizeipräsident. Wurde das Ziel der Klasse nicht* *erreicht, so war dies ein kleiner Weltuntergang«*, heißt es in seiner Autobiographie »Mein 20. Jahrhundert« (1963). Bei seinem ersten Besuch in Berlin nach dem Krieg im Jahr 1949 stellte er fest, daß das Hansa-Viertel so wenig dem Viertel ähnelt, *»in dem ich lebte, wie Gustl F. dem Mädchen, mit dem ich Tanzstunde hatte«*, schreibt er in seiner Autobiographie und fährt fort: *»Heute ist das Haus ein Loch, das als solches nur deshalb nicht erscheint, weil daneben zu viele andere Löcher sind, die alle zusammen eher eine Einöde ergeben.«*

Siegmunds Hof Der Kgl. sächsische Husarenoffizier Georg Freiherr von Ompteda mußte als 29jähriger nach einem Sturz vom Pferde den Dienst quittieren und ging nach Berlin, wo er als freier Schriftsteller am Siegmunds Hof Nr. 15 eine Wohnung mietete. In seinen Romanen und Novellen, so in »Drohnen« (1893), in der Reihe »Deutscher Adel um 1900« (1897) und in »Der Skandal« (1914) erweist er sich als realistischer gesellschaftskritischer Schilderer der Berliner Aristokratie und des Bürgertums seiner Zeit. Er starb am 9. Dezember 1931 im Alter von 68 Jahren in seiner Münchener Wohnung.

Im Hause Siegmunds Hof 22 wohnte von 1928 bis zu ihrer Emigration die Schriftstellerin Gabriele Tergit mit ihrem Mann und ihrem Sohn Peter. Sie schrieb für das Feuilleton des Berliner Tageblatts und des Börsen-Couriers. Ihren ersten Roman »Käsebier erobert den Kurfürstendamm« (1931), die Geschichte eines kleinen Volkssängers vom Kreuzberg, hinter dem sich Erich Carow, der Meister der Lachbühne vom Weinbergsweg, verbirgt, verfaßte sie während eines Urlaubsmonats im mecklenburgischen Arendsee. Der Schriftsteller, der für Käsebiers Publicity sorgt, weist Züge Heinrich Manns auf. Den Hintergrund des Romans bilden die Krisenjahre in Berliner Presse- und Gesellschaftskreisen am Ende der Weimarer Zeit. Ihr Roman »Effingers« (1951), den sie noch in Berlin begann und »in 30 möblierten Zimmern in der Tschechoslowakei, Palästina und London« vollendete, schildert die Geschichte einer wohlhabenden Berliner Familie von der Kaiserzeit bis zum Hitlerregime. Am 4. März 1933 drang die SA in ihre Wohnung, um sie zu verhaften. Mit Hilfe eines bekannten Staatsanwalts konnte sie jedoch allen Verfolgungen entkommen. Die Schriftstellerin, die heute in London lebt, ist Sekretärin des PEN-Zentrums deutschsprachiger Autoren im Ausland.

Klopstockstraße Im Jahre 1912 hielt sich Lenin illegal in Berlin auf und wohnte bei der Witwe des Maurermeisters Rauchfuß im zweiten Stock des Hauses Nr. 22. Aus der Reichshauptstadt berichtet er:

»... an den Abenden schlendere ich gewöhnlich durch verschiedene Örtlichkeiten, wobei ich die Berliner Sitten studiere. Ja, und das Durchstreifen von abendlichen Volksveranstaltungen und Volksvergnügungen gefällt mir überhaupt besser als der Besuch von Museen, Theatern, Passagen usw. Ich habe mich so sehr eingelebt, daß ich mich fast wie zu Hause fühle und gern noch länger dableiben würde.«

Im Hause Nr. 24 im dritten Stock des Gartenhauses hatte Hans Baluschek im ersten Jahrzehnt des Jahrhunderts eine Wohnung.

Lovis Corinth, Sohn eines Lohgerbermeisters, wohnte von 1901 bis zu seinem Tode im Hause Nr. 48. Er starb am 17. Juli 1925 im Alter von 67 Jahren an einem Schlaganfall während eines Hollandaufenthalts. Der Maler war als Mitglied der Berliner Sezession 1900 von München in die Hauptstadt übergesiedelt und heiratete 1930 seine um 22 Jahre jüngere Schülerin Charlotte, die Schwester der Schriftstellerin Alice Berend. Seine Bildnisse Peter Hilles und des jungen Hauptmann sowie des Schauspielers Rittner in der Rolle des Florian Geyer gehören zu den bekanntesten Porträts der Zeit.

Südlich vom Tiergarten liegt die

Budapester Straße Der Straßenzug der Budapester Straße von der Gedächtniskirche bis zum Landwehrkanal gehörte ursprünglich zum Kurfürstendamm und erhielt erst 1925 seinen jetzigen Namen. So erklärt sich, daß die Numerierung der Häuser des Kurfürstendamms mit 11 beginnt. An der Stelle des Eden-Appartementhauses, Ecke Nürnberger Straße, stand das Eden-Hotel, damals Kurfürstendamm 246/247. Karl Liebknecht und Rosa Luxemburg wurden in dem Hotel von Offizieren der Gardeschützen-Division, die hier ihr Stabsquartier aufgeschlagen hatten, vernommen, zusammengeschlagen und auf dem Transport zum Untersuchungsgefängnis ermordet. Der Ostberliner Schriftsteller Karl Grünberg schildert in seinen drei Novellen »Aus Deutschlands schwerster Zeit – Es begann im Eden« (1951) die makabre Atmosphäre im Vestibül des Hotels am Abend des 15. Januar 1919.

Bei Verlegergesprächen und Lesungen in Berlin zwischen 1910 und 1930 pflegte Jakob Wassermann, Autor von seinerzeit vielaufgelegten und hochgeschätzten Romanen, im Eden-Hotel abzusteigen. Er versäumte dann nie, das gegenüberliegende Aquarium zu besuchen. 60jährig starb er in der Neujahrsnacht 1934 in seinem Landhaus im steiermärkischen Alt-Aussee. Seine Bücher wurden verboten und verbrannt. Vor 1900 hatte er, um leben zu können, als Sekretär Ernst von Wolzogens in München gearbeitet. In seinem Essay »Mein Weg

als Deutscher und Jude« (1921) schreibt er sich das zentrale Problem seines Lebens vom Herzen. Zur Premiere der Dramatisierung seines Romans »A Farewell to Arms« (1929) im Deutschen Theater kam Ernest Hemingway nach Berlin und stieg im Eden ab. Er war schon bei der Ankunft betrunken, erzählt Zuckmayer in seinen Erinnerungen, und erkundigte sich zunächst bei Käthe Dorsch, die die Rolle der Kat spielte, wie hoch der Preis für eine Nacht mit ihr sei. Als Maximum bot er ihr hundert Dollar. Die Schauspielerin verstand zum Glück kein Englisch. Der Autor mußte vom Theater in einem Taxi ins Hotel verfrachtet werden, wo er »den Rest der Nacht versoff« und am nächsten Tag »im gleichen Zustand, in dem er gekommen war«, nach Paris zurückfuhr.
In der Bar des Hotels hatten in den zwanziger Jahren Heinrich Mann, Remarque und Wilhelm Herzog ihren Stammtisch. Zu Ende der Weimarer Republik trafen sich hier Leonhard Frank, Alfred Polgar und Ferenc Molnár mit prominenten Schauspielern.
Am Schnittpunkt Budapester und Kurfürstenstraße, die bis 1863 Mühlenpfad hieß, »schräg gegenüber dem Zoologischen«, lagen in der Mitte der siebziger Jahre die Gärtnerei und das Gärtnerhaus der Dörrs in Fontanes Roman »Irrungen und Wirrungen« (1888). Hier spielt die bittersüße Liebesgeschichte der Weißnäherin Lene Nimpsch, der Pflegetochter der Dörrs, und des Leutnants Botho Baron Rienäcker.
Im Jahre 1934 wohnte Peter Bamm im fünften Stockwerk des Hauses Nr. 1. 1935 erschienen seine ersten philosophisch-heiteren Betrachtungen unter dem Titel »Die kleine Weltlaterne«, mit denen er sich als Meister der kleinen Form erwies. Sein Leben als möblierter Herr bei der Witwe Kullack beschreibt er in der Fortsetzung »Der i-Punkt« (1937). 1938 eröffnete er eine chirurgische Praxis in der Gartenstraße.
Von der Beerenstraße in Zehlendorf übersiedelte der erfolgreiche Romanschriftsteller Dr. jur. Walter Bloem 1934 in die Budapester Straße 24. Er verließ Berlin bei Kriegsende und ging nach Lübeck, wo er am 18. August 1951 starb.

Burggrafenstraße Von seiner Junggesellenwohnung in der Königgrätzer Straße zog der Verleger Samuel Fischer mit seiner Frau Hedwig Landshoff, die er am 1. Oktober 1893 geheiratet hatte, in das Haus Nr. 3. Hier las Carl Hauptmann, der dem Hause Fischer freundschaftlich verbunden war, im Winter 1897 einem größeren Kreis sein Stück »Ephraims Breite« vor, das ein Jahr darauf erschien.

Unter den Gästen befanden sich die Schriftstellerin Lou Andreas-Salomé und ihr Freund Rainer Maria Rilke. Im Jahr 1897 zog das Ehepaar Fischer in die Genthiner Straße. Vor der Eröffnung seines »Überbrettl« in der »höchst schmierenhaften Kunstscheune« am Alexanderplatz zu Neujahr 1901 übersiedelte Ernst von Wolzogen von einem möblierten Hinterhauszimmer am Kurfürstendamm in »eine hochherrschaftliche Etage mit großen repräsentativen Räumen« im Hause Nr. 1. Hier wohnte er mit seiner Familie in seinen Möbeln, die er aus München nach Berlin kommen ließ, hier probte er mit seinen Künstlern, und hier empfing er Kritiker und sachverständige Freunde, die in dem großen Berliner Zimmer vorgesehene Kabarettnummern bei Wein und kalten Platten beurteilen sollten. Da seine Ehe auch in Berlin nicht wieder ins Gleis kam, verließ ihn seine zweite Frau mit den Kindern nach kurzer Zeit. Im Januar 1902 heiratete er in dritter Ehe Elsa Laura Seemann, die sich auch als Dichterin und Vortragskünstlerin versuchte. Im September 1905 ging er nach dem Scheitern seiner Pläne und wirtschaftlich am Ende nach Darmstadt. Seine letzten Lebensjahre verbrachte er nach drei verfehlten Ehen allein, nur gelegentlich von seiner jüngsten Tochter betreut, auf seinem Besitz bei Wolfratshausen. Er starb am 30. August 1934 in München. Wolzogen hat sich stets als zur »Herrenklasse gehörig« eingeschätzt, die Juden und die Engländer hielt er für die gefährlichsten Feinde Deutschlands, den Krieg für ein Reinigungsbad, einen Jungbrunnen für schwache Nerven, eine Peitsche für einen müden Willen, Kriegsgegner für Dreckseelen und alte Weiber. An Berlin und seiner Sprache hat er nie Gefallen gefunden: »*Die Schnoddrigkeit der Ausdrucksweise, der ›nöhlende‹ Tonfall, die maulfaule Aussprache, verbunden mit einem herausfordernden Blick, der immer zu sagen schien: . . . Mir kann keener! – diese eigentümlich berlinerische Art ist mir immer auf die Nerven gefallen*«, schreibt er in seinen »Erinnerungen und Erfahrungen – Wie ich mich ums Leben brachte« (1922).

Landgrafenstraße Als vielbeschäftigter Rundfunkautor konnte Günter Eich nach seinem Aufenthalt in Paris und dem Studium der Sinologie im Jahre 1938 im Hause Nr. 12 seine erste eigene Wohnung beziehen. Kurz vor Ausbruch des Krieges übersiedelte er von hier in die Prinzenstraße.

Corneliusbrücke Am Abend des 15. Januar 1919 warfen Angehörige der Gardeschützen-Division die Leiche der ermordeten Rosa Luxemburg an der Corneliusbrücke in den Landwehrkanal. Am 26.

Juni 1971 wurde an der Brücke eine Tafel zum Gedenken an sie und Karl Liebknecht, »Vorkämpfer für Frieden, Demokratie und Sozialismus«, angebracht. Mit ihren »Briefen aus dem Gefängnis« gehört Rosa Luxemburg zu den großen politisch-literarischen Epistolographen unserer Zeit.

Corneliusstraße Von 1937 bis 1938 hatte die Schriftstellerin und Malerin Marie v. Bunsen im Hause Nr. 4a eine Wohnung. Von 1939 bis zu seinem Tode am 12. Juni 1943 wohnte Hanns Heinz Ewers im selben Haus.

Rauchstraße Im Mai 1876 übersiedelte der Geh. Finanzrat Adolf von Scholz mit seiner Familie von der Hohenzollernstraße in das kleine Haus Nr. 21, das mitten in einem Gartengrundstück gelegen war und sich bis zum Landwehrkanal erstreckte.

Nach drei Jahren zog die Familie in das Haus Nr. 2 der Hohenzollernstraße.

Klingelhöferstraße 1928 kam Franz Hessel mit seiner Frau und seinen beiden Jungen von Paris nach Berlin zurück und mietete im Hause Nr. 15 der Klingelhöferstraße, die damals noch Friedrich-Wilhelm-Straße hieß, eine Wohnung. 1927 war sein Roman »Heimliches Berlin« erschienen, zwei Jahre danach veröffentlichte er sein Buch »Spazieren in Berlin«, mit dem er, wie Ernst von Salomon sagt, die Hauptstadt »in einen verzauberten Ort voller verborgener Genüsse« verwandelte. 1933 erhielt er Schreibverbot, konnte aber bis zu seiner Emigration im Jahre 1938 als Lektor und Chefredakteur der von Rowohlt herausgegebenen Zeitschrift »Vers und Prosa« arbeiten. Seine mit Walter Benjamin unternommene Proust-Übersetzung blieb unvollendet. Er bezog in Sanary-sur-Mer in Südfrankreich ein Haus, das ihm Aldous Huxley überlassen hatte. Hier starb er am 6. Januar 1941 an den Folgen seiner Internierung in den französischen Lagern Les Milles und St. Nicolas.

Zu Ende des vergangenen Jahrhunderts lebte die am 2. Juli 1865 in Halberstadt als Generalstochter geborene Schriftstellerin Lily Braun, die 1890 nach Berlin gekommen war, mit ihrem zweiten Mann, dem Sozialpolitiker Dr. Heinrich Braun, im Hause Nr. 13. Ihr erster Mann und Lehrer, Professor Georg von Gizycki, der sie mit den Ideen der Frauenbewegung und des Sozialismus vertraut gemacht hatte, war nach zweijähriger Ehe 1895 verstorben. 1891 begann sie ihre literarische Tätigkeit mit der Herausgabe der Erinnerungen der Baronin von Gustedt, geb. von Papenheim, unter dem Titel »Aus Goethes Freundeskreis«. Am 8. August 1916 starb sie in ihrer Wohnung am

Zehlendorfer Erlenweg, nachdem sie bei einem Spaziergang von einem Unwohlsein befallen worden war.

Von-der-Heydt-Straße Der am 14. August 1837 als Sohn eines Kaufmanns in Danzig geborene Erzähler Johannes Trojan, von 1886 bis 1909 Chefredakteur des »Kladderadatsch«, wohnte in den achtziger Jahren des vergangenen Jahrhunderts mit seiner Frau und acht Kindern im Hause Nr. 2. In seinen 1903 erschienenen Erinnerungen »Wie ich Berliner wurde« erzählt er von seiner Freundschaft mit Heinrich Seidel. Im Jahre 1917 zog Eckart von Naso mit seiner Frau von der Kaiserin-Augusta-Straße in eine Wohnung im zweiten Stock des Hauses Nr. 7. Hier lebte und arbeitete er bis zu seinem Umzug an den Hohenzollerndamm im Jahre 1939.

Der am 6. Dezember 1864 in Heidelberg als Sohn eines auslandsdeutschen Großkaufmanns geborene vielgelesene Unterhaltungsschriftsteller Rudolf Stratz kam nach Studium und weiten Reisen 1890 nach Berlin und nahm im Hause Nr. 15 Wohnung. Hier entstand sein Roman »Unter den Linden« (1893). Berlin bildet weiterhin die Kulisse seiner »Berliner Novellen« (1903) und des Romans »Karussell Berlin« (1931), Bücher, die seine Vorliebe für Adels- und Künstlerkreise zeigen. 1895 übersiedelte er nach Ziegelhausen bei Heidelberg und 1906 auf sein Gut Lambelhof am Chiemsee, wo er am 17. Oktober 1936 am Herzschlag starb. Von März bis Ende Mai 1927 wohnte Robert Musil, der zu Verlagsbesprechungen mit Rowohlt in Begleitung seiner Frau Martha nach Berlin gekommen war, im Hochparterre des Hauses Nr. 16. Es wird berichtet, daß der fanatische Raucher, der sich schon frühzeitig eine Nikotinvergiftung zugezogen hatte, sich sogar im Nichtraucherwagen der Untergrundbahn seines Lasters nicht enthalten konnte.

Köbisstraße In den Jahren 1906/07 wohnten die Eltern der Schriftstellerin und Dichterin Luise Kaschnitz mit ihr und ihren drei Geschwistern im Hause Nr. 77 der Kaiserin-Augusta-Straße, die seit 1947 Köbisstraße heißt. Von 1933 bis 1947 trug sie den Namen eines Admirals von Schröder. Das damalige Haus Nr. 77 ist heute ein Teil des Grundstücks Köbisstraße 25/29. Luise Kaschnitz kam am 31. Januar 1901 als Tochter des späteren badischen Generalmajors von Holzing-Berstett und seiner Frau, einer geborenen Freiin von Soldeneck, in Karlsruhe zur Welt und wuchs in Potsdam und Berlin auf. Im Kapitel »Rennen und Trödeln« ihrer autobiographischen Aufzeichnungen »Atlas« (1965) schildert sie die Umwelt ihrer Kinderjahre und ihren Schulweg vom Tiergarten zum Wittenbergplatz, in

»Orte« (1973) den Weg zum Musikunterricht über die Herkulesbrücke, den Lützowplatz und den »häßlichen« Magdeburger Platz in einem Berliner Zimmer eines Hauses in der Genthiner Straße. In Rom, wo sie als gelernte Buchhändlerin in einem Antiquariat arbeitete, heiratete sie im Jahre 1925 den Wiener Archäologen Guido Freiherr Kaschnitz von Weinberg, der als Professor in Königsberg, Marburg und Frankfurt am Main lehrte und 1953 die Leitung des Deutschen Archäologischen Instituts übernahm. Er starb 1958 in Frankfurt/Main; die Lyrikerin verschied am 10. Oktober 1974 nach kurzer Krankheit an einer Lungenentzündung in Rom. Ihre letzte Ruhestätte fand sie in Bollschweil im Breisgau, dem badischen Stammsitz ihrer Vorfahren. Ihr erstes Buch, der Roman »Liebe beginnt«, erschien 1933, ihr Durchbruch gelang mit lyrischen Gedichten, Erzählungen, Essays und Hörspielen.

Von September 1905 bis zum April 1906 wohnte Gerhart Hauptmann mit seiner zweiten Frau und seinem Sohn Benvenuto im Hause Nr. 74 der Kaiserin-Augusta-Straße (heute Köbisstraße 31/35). Zu dieser Zeit begann seine Freundschaft mit Walther Rathenau, der ihm 1912 sein Buch »Zur Kritik der Zeit« widmet. Am 22. Januar 1906 schrieb der 42jährige Dichter von hier den ersten Brief an Ida Orloff, die er in der Titelrolle seines Dramas »Und Pippa tanzt« (1902) im Lessing-Theater kennengelernt hatte, und bat um ein Wiedersehen, »am liebsten in der freien Natur«. Mit diesem Brief begann die nur wenige Monate währende, aufwühlende Liebesaffäre mit der kaum 17jährigen Schauspielerin.

Im Jahre 1916 kam der am 2. Juni 1888 in Darmstadt als Sohn eines hohen Offiziers geborene promovierte Jurist Eckart von Naso, der infolge einer schweren Verwundung nicht mehr kriegsverwendungsfähig war, wieder nach Berlin. Sein Onkel, der Generalintendant der Kgl. Schauspiele Georg von Hülsen, hatte ihn als Sekretär eingestellt. Am 13. Januar 1917 heiratete er und bezog mit seiner Frau im dritten Stock eines Hauses in der Kaiserin-Augusta-Straße eine möblierte Fünfzimmerwohnung. »Hier war ich glücklicher als ein Perserkönig«, schreibt er in seinen Erinnerungen. Dennoch übersiedelte er noch im selben Jahr in die Von-der-Heydt-Straße. Nach Abschluß seines Studiums hatte er sich von 1913 bis zu seiner Einberufung als Offizier im Jahre 1914 schon einmal ohne feste Tätigkeit in Berlin aufgehalten. Damals wohnte er in der Anhalter Straße.

Graf-Spee-Straße Im Hause Nr. 3 der »guten vornehmen« Hohenzollernstraße, die seit 1933 Graf-Spee-Straße heißt, wurde am 15.

Juli 1874 der Schriftsteller Wilhelm von Scholz als Sohn des später geadelten Preußischen Geheimen Finanzrats Adolf Scholz geboren. Am 12. September desselben Jahres wurde er mit Jordanwasser getauft, das man für die Taufe eines Prinzen nach Berlin geschafft hatte und von dem ein Rest übriggeblieben war. Im Mai 1876 übersiedelte die Familie in die Rauchstraße. Nach drei Jahren kehrte sie in die Hohenzollernstraße zurück und nahm im Hause Nr. 2 eine »herrschaftlich-behagliche« Wohnung. Der benachbarte Zoologische Garten war für Wilhelm zu dieser Zeit der beliebteste Aufenthalt. 1881 bestand er die Aufnahmeprüfung für die »Oktava« des Wilhelmsgymnasiums in der Bellevuestraße. 1882 wurde sein Vater Reichsstaatssekretär und bezog mit seiner Familie eine Dienstwohnung in der Wilhelmstraße.

Im dritten Stock des Hauses Nr. 8 – heute trägt das unbebaute Grundstück die Nummer 28 – wohnte der Historiker Heinrich von Treitschke, der 1874 eine Professur in Berlin übernommen hatte, obwohl seine Frau nur ungern Heidelberg verlassen und ihre Kinder nicht als »Berliner Mauerratten« erziehen wollte. Treitschke dagegen schreibt an Gustav Freytag am 19. Dezember 1875: *»Ich habe den schweren Entschluß, mein schönes Heidelberg zu verlassen, noch keinen Augenblick bereut. Die akademischen Zustände sind ganz anders als am Neckar, wir Humanisten haben keinen leichten Stand gegenüber der Examensangst und dem brotwissenschaftlichen Philistersieren der Studenten . . . hinter der kritischen Altklugheit unserer Berliner steckt viel ehrenwerter Fleiß . . .«* Die »aufreibende Hetzjagd des großstädtischen Lebens« ist ihm neu: *»Wir wohnen 3/4 Stunden von der Universität, und wenn ich oft an einem Tage zweimal ins Colleg, ein- oder zweimal in den Reichstag muß, . . . so vergehen die Stunden wie im Taumel . . . Ich freue mich der großstädtischen Freiheit; in den Heidelberger Zank und Klatsch möchte ich nicht wieder zurück . . .«* Hier schrieb er sein großes Geschichtswerk, die fünfbändige »Deutsche Geschichte im 19. Jahrhundert«. Nach dem Tode Rankes wurde er Historiograph des preußischen Staates. Wegen seiner fast völligen Taubheit blieb ihm eine politische Karriere versagt. Das Idol des nationalen Bürgertums, der »Sozialistentöter«, wie ihn Franz Mehring nennt, starb am 28. April 1896. Auf dem Friedhof der St.-Matthäi-Gemeinde in der Großgörschenstraße wurde er begraben.

Am Hause Nr. 12 der Hohenzollernstraße wurde am 24. Februar 1929, dem hundertsten Todestag des einst viel gelesenen Schriftstellers Friedrich Spielhagen, der in den achtziger Jahren hier wohnte und seine größten literarischen Erfolge erlebte, eine Gedenktafel angebracht. Später stand an dieser Stelle das im Krieg zerstörte Haus Graf-Spee-Straße Nr. 23. Am 24. Februar 1829 in Magdeburg als Sohn eines Regierungsbaurats geboren, Student in Bonn, Greifswald und Berlin, Gymnasiallehrer in Leipzig, Feuilletonredakteur in Hannover, kam Spielhagen nach dem Erfolg seines Romans »Problematische Naturen« (1860), dessen Hintergrund die Berliner Märztage 1848 bilden, die der Autor als Student in Berlin miterlebt hatte, im Jahre 1862 wieder nach Berlin, wo er die »Deutsche Wochenschrift« redigierte, »Westermanns Monatshefte« herausgab und als freier Schriftsteller zum führenden Vertreter der Berliner Literatur seiner Zeit wurde. Aus seiner Kenntnis des Berliner Lebens und der Berliner Gesellschaft schöpfte er den Stoff zu seinem Gemälde der Gründerjahre, dem Roman »Sturmflut« (1876). Seine letzte Wohnung hatte der »Meister der Romandichtung« in der Kantstraße.

Das Haus Nr. 30, ehemals Hohenzollernstraße Nr. 14, jetzt Grundstücknummer 19, trug eine Bronzetafel zum Gedenken an Ernst von Wildenbruch, den »deutschen Mann und Patrioten im schönsten Sinne«, wie ihn der Lokal-Anzeiger lobte, und den »Hurrapatrioten und Hohenzollerndichter«, wie ihn seine Gegner schmähten. Der Dramatiker und Balladendichter lebte hier im ersten Stock mit seiner Frau, einer Enkelin Carl Maria von Webers, von 1885 bis 1900. Mit seinen vielgespielten patriotischen Stücken um die kaiserliche Familie, vor allem dem Drama »Die Quitzows« (1888) und der sentimentalen Erzählung vom preußischen Kadettenkorps »Das edle Blut« (1892) konnte er sich im wilhelminischen Deutschland einen weitgespannten Verehrerkreis schaffen. Alfred Kerr meinte: »Er ist nur ein Trompeter, und doch bin ich ihm gut.« Fontane urteilt härter über das Werk des Dichters: ». . . der helle Blödsinn, und dieser Mann behauptet, der wiedererstandene Kleist zu sein. Wenn Kleist nieste, fiel im Verhältnis zu Wildenbruch ein himmlischer Regen zur Erde.« Vorher hatte er im benachbarten Hause Hohenzollernstraße Nr. 9 gewohnt, das 1898 abgerissen wurde. Heute liegt hier das Grundstück Nr. 30. Er starb am 15. Januar 1909 an einer Erkältung, die er sich am 2. Weihnachtsfeiertag bei einem Besuch des Zoos zugezogen hatte. In Weimar, wo er seit 1900 lebte, wurde er bestattet.

Das Haus Nr. 15 – heute Nr. 17 – trug eine Tafel zum Gedenken an Berthold Auerbach. Der Schriftsteller hatte hier eine seiner vielen Wohnungen während seines zehnjährigen Aufenthalts in Berlin. Der

am 28. Februar 1812 in Nordstetten im Schwarzwald als Moyses Baruch geborene und zum Rabbiner bestimmte Talmudschreiber widmete sein Leben nach dem weltweiten Erfolg seiner ersten »Schwarzwälder Dorfgeschichten« (1843), die ihn in den Rang des populärsten deutschen Erzählers erhoben, ganz der Schriftstellerei und kam 1859 mit seiner Familie nach Berlin. Er hatte bald Zugang zu Kreisen des Hofes und der Literatur und erneuerte seine Freundschaft zu Max Duncker, dem Geheimen Rat im Staatsministerium. Jakob Grimm und Bettina von Arnim schätzten ihn ungemein. Seine Briefe geben ein anschauliches und eindrucksvolles Bild von den Berlinern und dem Leben in der Hauptstadt zu seiner Zeit.
Nach Rückkehr aus den USA im Jahre 1921, wo er seit 1914 lebte und wegen nationalistischer Kriegsgedichte interniert worden war, ging Hanns Heinz Ewers zunächst nach Düsseldorf und dann wieder nach Berlin. Hier nahm er im Zwischengeschoß des Hauses Nr. 21 (später Nr 15, jetzt Nr. 17) Wohnung. Hier schrieb der »alte Kämpfer« im Auftrage Hitlers als Hymne auf den aufdämmernden Nationalsozialismus den dokumentarischen Roman »Horst Wessel – ein deutsches Schicksal« (1932). Am 3. November 1871 als Sohn eines Kunstmalers in Düsseldorf geboren, ließ er sich nach juristischen Studien 1897 als freier Schriftsteller in der Hauptstadt nieder, nachdem er eine Freiheitsstrafe wegen eines Duells auf der Festung Ehrenbreitstein abgesessen hatte. Um 1900 debütierte er auf Einladung Wolzogens als Hausdichter in dessen literarischem Kabarett »Überbrettl«. Ausgedehnte Reisen durch Spanien, Marokko und die Antillen lieferten ihm die Themen für seine Feuilletons und Erzählungen. In der Nachfolge E. A. Poes schrieb er grotesk-makabre Bücher wie »Alraune« (1911) und »Der Vampir« (1921), die die Nationalsozialisten auf die Verbotsliste setzten. Kurz vor Ausbruch des Zweiten Weltkriegs übersiedelte er in die Corneliusstraße. Klaus Mann hatte im Jahre 1932 im Hause Nr. 23/24 eine möblierte Unterkunft.

Stauffenbergstraße Im Hause Nr. 19 der Stauffenbergstraße, die ehemals Bendlerstraße hieß, wohnte zu Beginn der neunziger Jahre der am 1. November 1868 in Leobschütz in Schlesien geborene Romanautor, Kritiker und Dramaturg Felix Hollaender. Sein Vater war nach Berlin übergesiedelt, um seinem Sohn eine gute Ausbildung zu ermöglichen. Dieser wurde 1902 Dramaturg am Deutschen Theater, das bis 1905 Otto Brahm leitete und das Reinhardt mit finanzieller Unterstützung Hollaenders am 19. Oktober desselben Jahres

übernahm. Voller Engagement deckt er in seinen nach 1890 erschienenen Romanen soziale Probleme der Hauptstadt auf, so in »Sturmwind im Westen« (1896), einem Sittenbild aus der Berliner Gesellschaft, und in »Der Weg des Thomas Truck« (1902), der Geschichte eines jungen Mannes, der mit den »Leiden des Volkes« in der Reichshauptstadt nicht fertig wird und sich von der Schloßbrücke in die Spree stürzt.
In seinem 1855 fertiggestellten Hause Nr. 18 wohnte der Ägyptologe Richard Lepsius mit seiner Frau Elisabeth, einer Urenkelin Friedrich Nicolais. Alexander von Humboldt und die Brüder Grimm gingen hier ein und aus. Ihr Sohn Bernhard, der hier heranwuchs, gab im Jahre 1932 die Tagebücher seiner Mutter, die den »geistigen Aufstieg Berlins zur Reichshauptstadt« widerspiegeln, unter dem Titel »Das Haus Lepsius« heraus.

Tiergartenstraße Nach Fertigstellung seines Sommerhauses am Kanonenweg, der heutigen Tiergartenstraße, das auf dem Grundstück Nr. 29 stand, hatte Iffland hier vom Jahre 1801 an sein ständiges Heim, dem er den Namen »Tranquillitati« gab. Jeden Morgen ging der Schauspieler und Regisseur, der um fünf Uhr aufzustehen pflegte, im Tiergarten spazieren, wobei er seine Rollen memorierte und seine Theaterpläne überdachte. Bei seinem Aufenthalt in Berlin im Mai 1804 wohnte Schiller hier zwei Tage lang mit seiner Frau und seinen beiden Söhnen. Charlotte Schiller war von dem Haus sehr angetan: »Allerliebst, ordentlich, ein Ideal von Gartenwohnung, sehr artig gebaut, und die waldige Hecke verbirgt den Sand.« Hier waren berühmte Persönlichkeiten, wie Henriette Herz, Schleiermacher, Fichte, Hegel, Schinkel und Schadow, zu Gast. Der eiserne Gitterzaun vor dem Haus trug eine bronzene Gedenktafel.
Im obersten Stockwerk des Hauses Nr. 19 lebte vom Jahre 1900 bis zu ihrem Tode Hedwig Dohm, die Großmutter von Katja Pringsheim, der Gattin Thomas Manns. In einer Reihe vielbeachteter Publikationen hat sich die Witwe Ernst Dohms erfolgreich für die Frauenbewegung eingesetzt. Das Gebäude gehörte dem Bankdirektor Hermann Rosenberg und seiner Frau Else, der Tante der Schriftstellerin. Sie bewohnten die anderen Stockwerke des Hauses. Im November 1904 machten Thomas Mann und seine Braut Katja Pringsheim hier ihre Aufwartung und versäumten nicht, bei späteren Berlin-Besuchen nach ihrer Eheschließung am 11. Februar 1905 auch mit ihren Kindern das Haus aufzusuchen. Klaus Mann berichtet in seinen autobiographischen Aufzeichnungen »Kind dieser Zeit«

(1932) von einem Besuch hier und erinnert sich, daß er als Fünfjähriger die Worte seines Vaters, der die Perspektive durch den Speisesaal und einen Salon in den Garten bewunderte, gehört habe: »Dieses ist doch entschieden ein sehr herrschaftlicher Durchblick.« Die »eifernde Verfechterin der Ehre ihres Geschlechts und seines unbedingten Anspruchs auf Gleichberechtigung« starb hier am 4. Juni 1919 im Alter von 86 Jahren. Sie gehörte noch, wie sie sich beklagt, »zu den Mädchen, die sich in glühendem Verlangen nach Wissen verzehrten und denen man Steine statt Brot gab, das heißt Nähnadel und Kochlöffel anstatt Lehrer und Unterricht«. In seinem Versidyll »Gesang vom Kindchen« (1919) zeichnet Thomas Mann ein unauslöschliches Bild seiner »Little Grandma«. Eine Realschule im Bezirk Tiergarten trägt seit Beginn der zwanziger Jahre ihren Namen.

Nach seiner Ernennung zum Geheimen Regierungsrat übersiedelte Joseph von Eichendorff im Jahre 1841 mit seiner Familie von der Bellevuestraße in die Tiergartenstraße 5. Immer noch sehnte er sich in Berlin nach Natur und Landleben, weiterhin trug er bei seinen Spaziergängen eine kleine zahme Schlange in der Brusttasche bei sich. Dennoch und obwohl nach seiner Ansicht seine dienstlichen Leistungen nicht gewürdigt wurden, bekannte er, daß ihm »von Preußen doch alles wahrhaft Anregende und Erfreuliche« seines Lebens gekommen sei. In der Tiergartenstraße wohnte er bis zu seinem Abschied vom Dienst, den er, gesundheitliche Gründe vortäuschend, wegen Zwistigkeiten mit seinem neuen Chef, dem Minister Eichhorn, zum 11. Juli 1844 nahm. Von nun an lebte er ganz seinen schriftstellerischen Neigungen. Er ging zunächst zu seiner verheirateten Tochter nach Danzig und dann nach Wien. Erst 1847 kam er wieder nach Berlin.

Hermann Sudermann setzt der Tiergartenstraße in seinem gesellschaftlichen Drama »Sodoms Ende« (1891) ein literarisches Denkmal.

Hildebrandstraße In Heinrich Manns satirischem Berlin-Roman »Unter feinen Leuten« »Im Schlaraffenland« (1900) bildet die damals durch Gitter von der Öffentlichkeit abgesperrte Hildebrandstraße und die Villa des neureichen Bankiers Türkheimer die Kulisse, vor der der verbummelte Student Andreas Zumsee, der Liebhaber der Frau Türkheimer und der Gatte der kleinen Berlinerin Matzke, der früheren Freundin des Bankiers, die höchsten Stufen der Gesellschaft erklimmt.

Reichpietschufer Im Hause Nummer 3 der Königin-Augusta-

Straße, die heute Reichpietschufer heißt, wohnte Berthold Auerbach mit seiner Familie im letzten Jahr seines Aufenthalts in Berlin. Am 20. September 1869 schreibt er seinem Freunde Jakob Auerbach: »*Ich habe eine Wohnung gefunden, freilich wieder drei Treppen hoch, und mir wird das Steigen bereits schwer, aber sonst überaus anmutend und bequem, mit dem Blick ins Freie und doch der Stadt nahe . . .*« Nach zehn Jahren in Berlin jedoch ist er der Stadt überdrüssig. Sechs Wochen später schreibt er: »*Wenn ich's bedenke, bin ich eigentlich hier fremder als in irgend einer andern Stadt. Es ist keine feste notwendige Beziehung von Haus zu Haus, und niemand kommt von selbst und muß bei mir sein und mit mir fortleben. Wenn ich über die Straße gehe, begrüßen mich auf Schritt und Tritt bedeutsame und auch von Alters her gut befreundete Menschen, man sagt einander ständig, man sehe sich so selten, es sei hier ein Sammelplatz u.s.w., dann ist es wieder vorbei, man geht weiter seinem einsamen Tagewerk nach. Es ist nicht bloß die große Stadt, die das bewirkt, ich bin hier fremd und werde es bleiben, und ich freue mich immer aufs neue mit der Erwartung, wenn es wieder grün wird, nach dem Süden ziehen zu können . . .*« Er starb am 8. Februar 1882 in Cannes in Südfrankreich.

Im damaligen Hause Nr. 19, bei der Potsdamer Brücke, lag das »Ristorante Vesuvio« von Carlo Dalbelli, wo Peter Hille Weihnachten 1902 seine »und andere dichterische Untaten von abends neun bis zwölf . . . einem geneigten Publikum zu Gemüte« führte. Später führte das Restaurant den Namen »Zum Peter Hille«.

Nach dem Tode ihrer Mutter verkaufte Marie von Bunsen das große Familienhaus in der Maienstraße und bezog mit Köchin und Jungfer eine Wohnung im ersten Stock des Gartenhauses Königin-Augusta-Straße 41 eine Wohnung. »Daß unser gnädiges Fräulein so herunterkommen mußte! Daß sie in einem Hinterhaus wohnt«, beklagt die Frau des Gärtners den Umzug.

Der Schriftsteller Wilhelm von Scholz wohnte als Student zu Beginn der neunziger Jahre im Hause Nr. 42. An der Stelle der damaligen Grundstücke Nr. 41 und 42 steht heute das Verwaltungsgebäude für Bundesämter, Reichpietschufer 72/76.

Sigismundstraße Von der Potsdamer Straße zog Adolph Menzel im Jahre 1875 mit der Familie seiner Schwester Emilie in das Haus Nr. 3, wo er im dritten und vierten Stock seine Wohnung und sein Atelier einrichtete. Auch hier hatte er unter seinem Namensschild an der Tür den Vermerk »Nicht zu Hause« angebracht. Allabendlich speiste er in der Weinstube Frederich in der Potsdamer Straße und begab sich dann zur Zeitungslektüre in das Café Josty am Potsdamer Platz. Erst um drei Uhr morgens ging er gewöhnlich zu Bett. Sein Atelier war »ein rot gestrichener, nüchterner, großer Arbeitsraum, in dem die reinigende und ordnende Hand einer guten Hausfrau durchaus fehlte«, notiert sein Freund Paul Meyerheim in seinen »Erinnerungen« (1906). Und Anton von Werner schreibt in seiner Autobiographie »Erlebnisse und Eindrücke« (1913): »*Tische und Stühle waren mit Haufen von Zeitungen und allerlei Heften und Büchern bedeckt, alles mit einer dichten Staubschicht überzogen, der weiße Kachelofen derart, daß man darauf schreiben konnte . . . Zum Leidwesen . . . seiner Schwester duldete er nicht, daß ein Staubtuch oder Wischtuch jemals in sein Heiligtum kam.*« Wenig mehr als 90 Jahre alt, starb die »kleine Exzellenz«, Professor Dr. von Menzel, hier am 9. Februar 1905. Auf dem Dreifaltigkeitsfriedhof in der Bergmannstraße wurde er bestattet. Zu seinem 70. Geburtstag huldigt ihm Fontane in seinem Gedicht »Auf der Treppe von Sanssouci«. Rechts vom Eingang seines Wohnhauses brachte die Stadt Berlin im Jahr 1907 eine Gedenktafel an. In seinem Testament steht der Satz: ». . . *glücklicherweise kann niemand auftauchen, irgendwelche Nachkommenrechte geltend zu machen. Nicht allein, da ich ehelos geblieben bin, habe ich auch lebenslang mich jederlei Beziehung zum anderen Geschlecht . . . entschlagen.*« Vom aufkommenden Impressionismus, den er die »Kunst der Faulheit« nannte, hielt er nichts, vor Beginn eines Bildes studierte er das Sujet »bis zum letzten Gamaschenknopf«.

Berthold Auerbach wohnte im Jahre 1868 im Hause Nr. 8. Dem Vorschlag, das Amt des Vertreters der jüdischen Gemeinde zu übernehmen, entsprach er nicht, da er den größten Teil des Jahres auf Reisen war. Immer aber kehrte er voller Sehnsucht in seine Wahlheimat zurück. Am 23. November 1868 schreibt er seinem Freund Jakob Auerbach: »*So ein erster Sonntag in Berlin hat seine Sonderlichkeiten, und es läßt sich schwer sagen, wie anspruchsvoll gespannt da alles ist. Wir gingen in den Tiergarten. Das herb stählende Winterwetter thut den Nerven gut, und es ist vergnüglich, die heiteren Menschen zu sehen und auch von vielen freundlich begrüßt zu werden.*« Allerdings fand er den Lärm in der Stadt recht störend, und das Klavierspiel im mittleren Stockwerk belästigte ihn. Nach dem Umzug in ein Hinterzimmer seiner Wohnung mußte er feststellen, daß das Zimmer zwar »einsam, aber nicht still« war: »*Ich höre ständig die Dampfmaschine aus der Marmorschneidefabrik. Ich hoffe, mich an das Geräusch zu gewöhnen, das doch wenigstens kein Klaviergeklimper ist.«* Nach einer längeren Reise bezog er seine letzte Berliner Wohnung in der Königin-Augusta-Straße.

Matthäikirchstraße Im Hause Nr. 1 wohnte der Kaufmann Heimann, dessen 1874 geborene Tochter Martha im Jahre 1911 Robert Musils Frau wurde.

In einer luxuriösen Wohnung im zweiten Stock des Hauses Nr. 4 wohnte der Schriftsteller und Literatur- und Kunsthistoriker Julius Elias. Er besaß eine der bedeutendsten privaten Gemäldesammlungen seiner Zeit, übersetzte und gab Ibsens Werke heraus und wurde später sein Testamentsvollstrecker. Er war Mitbegründer der »Freien Bühne« und schrieb eine Monographie Liebermanns. Nach Krell hatte er die »gesegnetsten Plattfüße«, Otto Flake lobt seine exquisite Kochkunst. Er starb hier am 2. Juli 1925 an einer Lungenentzündung im Alter von 66 Jahren. Sein Hausgenosse Zuckmayer, der bei dem »Erzvater des Berliner Kunstlebens« oft zu Gast war und ihm in seinen »Horen der Freundschaft« huldigende Seiten einräumt, hielt ihm die Grabrede.

Im Hause Nr. 4 der Matthäikirchstraße, »damals eine ruhige, gediegene Wohngegend, eigentlich mehr ein langgestreckter Platz mit alten, soliden Häusern, an dessen Ende die Backsteinkirche stand«, fanden Carl Zuckmayer und seine Freundin, die Schauspielerin Annemarie Seidel, von ihren Freunden Mirl genannt, die Schwester Ina Seidels und spätere Gattin Peter Suhrkamps, im Winter 1921/1922 »*eine erstaunlich billige Wohnung, denn sie lag im Keller, unter der Portiersloge. Sie bestand aus einem großen Zimmer, dessen vergitterte Fenster nur zur Hälfte über den Vorgarten aufragten, so daß es stets im Dämmer lag. Mirl besaß ein paar schöne Biedermeiermöbel, mit denen wir es ganz behaglich einrichteten, einen Teppich liehen wir uns aus. Ich hatte eine fensterlose Kammer mit nackter Deckenbeleuchtung neben dem Kohlenschuppen. Im Heizkeller, der genug Wärme ausstrahlte, um die Zimmer, falls man die Türen offen ließ, einigermaßen zu temperieren, stand eine alte Blechwanne, in die man heißes und kaltes Wasser schütten konnte; man mußte es nach Gebrauch in einen Ausguß kippen und die Wanne ausschrubben. Daneben lag ein Klosett, das auch von der Portiersfamilie benutzt wurde . . . In der Behausung, die wir als eine trouvaille empfanden, überwinterten wir, verlebten die Weihnachtstage und steuerten dem finsteren Vorfrühling von 1922 entgegen«*, heißt es in Zuckmayers Autobiographie »Als wär's ein Stück von mir« (1966). Eine schwere

Lungenkrankheit zwang seine Freundin, Berlin zu verlassen und in der Schweiz Heilung zu suchen. Nach schweren Wintermonaten, in denen Zuckmayer sein Geld als Schlepper für Nachtlokale in der Friedrichstadt und als Kokainhändler um den Wittenbergplatz herum verdienen mußte, zog er nach Mainz.

Fanny Lewald, aus einer ostpreußischen jüdischen Kaufmannsfamilie stammend, kam 1839 von Königsberg nach Berlin, wo sie sich bald als vielgelesene Romanautorin einen Namen machte. In Rom traf sie 1845 den verheirateten Prenzlauer Pfarrerssohn, Schriftsteller und Literaturkritiker Adolf Stahr, den sie nach seiner Scheidung 1855 heiratete. Das Ehepaar wohnte im Hause Nr. 21. Schon vor der Märzrevolution hatte sich die engagierte Schriftstellerin in ihren Romanen mit Fragen der Emanzipation auseinandergesetzt. Die Beziehung Rahel von Varnhagens und des Prinzen Louis Ferdinand bildet das Thema eines ihrer Romane (1849). In ihrer Wohnung trafen sich Künstler und Literaten wie Franz Liszt, Auerbach und Spielhagen, der sie und ihren Freundeskreis in seinem Altersroman »Freigeboren« (1902) nachzeichnet. Die englische Schriftstellerin George Eliot und ihr Lebensgefährte Lewes waren hier während ihres Berlin-Aufenthalts 1854/55 mehrmals zu Gast. Fanny Lewald starb am 5. August 1889 im Alter von 78 Jahren auf einer Reise in Dresden. Neben ihrem Gatten, den sie bereits 1876 verloren hatte, fand sie auf dem evangelischen Friedhof in Wiesbaden ihre letzte Ruhestätte. In der Geschichte der Frauenbewegung hat sie sich Verdienste erworben.

Nach dem Ableben ihres Mannes Ernst Dohm im Jahre 1883 bezog seine Witwe, die am 20. September 1833 in Berlin geborene Frauenrechtlerin Hedwig Dohm, zunächst das Haus Nr. 28, heute Nr. 5, und danach Nr. 13. Das Haus stand an der Stelle der Neuen Nationalgalerie. 1895 erschien ihr erster Roman »Sibilla Dalmar«. Um 1900 übersiedelte sie in die Tiergartenstraße.

Der reaktivierte Ulanenoffizier Fritz von Unruh, der durch das Erlebnis des Ersten Weltkriegs zum streitbaren Pazifisten geworden war, wohnte nach Kriegsende eine Zeitlang in einem möblierten Zimmer bei der Witwe und Hausbesitzerin Simon-Sonnemann im Hause Nr. 31. Am 10. Mai 1885 in Koblenz als Sohn eines Generals geboren, bekennt der Dramatiker und Erzähler in seinem autobiographischen Roman »Kaserne und Sphinx« (1969), in dem er das Offiziersdasein im Kaiser-Franz-Garde-Grenadierregiment in Berlin und in der Kaserne in der Blücherstraße vor dem Weltkrieg aus eige-

nem Erleben schildert: »*Elf Jahre gedrillt in Plön, dann sechs Jahre in der Kaserne in Berlin! Wenn das nicht Wahnsinn ist! ... Jeden Morgen höre ich die Wecktrompete aus der Infanteriekaserne dort drüben. Hast du dir mal klar gemacht, wozu die Soldaten geweckt werden jeden Morgen? ... Sie werden geweckt, um auf dem Kasernenhof Herz und Hirn in den Tierleib zurückgeprügelt zu bekommen. Und da soll ich länger mitmachen?*« 1911 quittierte er den Dienst und lebte als freier Schriftsteller. Seinen ersten großen Erfolg hatte er bei Reinhardt im Deutschen Theater mit seinem skandalumwitterten Drama »Offiziere« (1911), dem 1913 »Louis Ferdinand, Prinz von Preußen« folgte. Im Reinhardt-Kreis traf er die Schauspielerin Friederike Schaffer, die er 1940 heiratete. 1932 verließ der Hitlergegner und leidenschaftliche Mahner zum Frieden die Dichterakademie und Berlin, ging nach Italien, von dort nach Frankreich, wo er 1940 interniert wurde, und floh beim Einmarsch der deutschen Truppen in die Vereinigten Staaten. 1952 kehrte er zurück, ging aber verbittert drei Jahre später wieder nach Amerika, weil er, wie er sagt, auf »den Nullpunkt der öffentlichen Wirkungsmöglichkeit« geschoben war. 1962 verlor er Haus und Habe bei einer Flutkatastrophe und setzte sich auf dem Familiensitz Oranien bei Diez zur Ruhe, wo er am 28. November 1970 im Alter von 85 Jahren starb.
Der Matthäikirche, dem »Rendezvous der frommen Lebewelt, der Leutnants und Geheimratstöchter, die zusammen beteten und tanzten«, so Franz Hessel, die der Volksmund »Polkakirche« nannte, widmet Gottfried Keller ein spottendes Gedicht.

Margaretenstraße Im Hause Nr. 1 wohnte bis zu seinem Tode der am 26. Juni 1831 in dem kurhessischen Dorf Rodenberg geborene Jurist Julius Levy, der als Pseudonym für seine Publikationen den Namen seines Heimatortes wählte. Schon als Student in Heidelberg, Göttingen und Berlin, wo er den Brüdern Grimm, Varnhagen und Duncker begegnete, zog es ihn zur Literatur, nach weiten Reisen durch die europäischen Länder ließ er sich 1862 in Berlin, das ihm zur neuen Heimat wurde, nieder. Hier gründete er 1874 die liberale Zeitschrift »Deutsche Rundschau«, die länger als sechs Jahrzehnte ihre Wirkung ausstrahlte und – während der Hitler-Periode ein Organ des konservativen Widerstands – mit der Verhaftung ihres damaligen Chefredakteurs Rudolf Pechel im Jahre 1942 verschwand. Im Jahre 1888 brachte die Zeitschrift einen Vorabdruck von Fontanes »Effi Briest«; weitere Beiträge lieferten Keller, Meyer und Storm. In Rodenbergs Romanen »Die Grandidiers« (1879), einer Geschichte aus Berliner

Hugenottenkreisen, »Herrn Schellbogens Abenteuer« (1890) und »Klostermanns Grundstück« (1891) bildet die Reichshauptstadt den Hintergrund, Streifzüge durch die Stadt hinterlassen die »Bilder aus dem Berliner Leben« (1885–1887), ein liebevolles Porträt der Straßen und ihrer Bewohner. Zu seinem 80. Geburtstag erhielt er den Professorentitel, am 11. Juli 1914 starb er in seiner Wohnung. Auf dem Städtischen Zentralfriedhof Friedrichsfelde wurde er bestattet.

Viktoriastraße Im Hause Nr. 3 der Viktoriastraße, die ehemals die Margaretenstraße mit dem Kemperplatz verband und heute im Kulturzentrum am südlichen Rande des Tiergartens aufgegangen ist, wohnte der Student Walther Rathenau mit seinen Eltern. Im Jahre 1899 erschien er verspätet und im Frack zum Mittagessen und setzte sich zu Tisch mit der Entschuldigung, daß er gerade sein Doktorexamen bestanden habe. Emil Rathenau, dem Vater, Maschineningenieur und Gründer und Lenker der AEG, gebührt das Verdienst, das Telefon im öffentlichen Postdienst eingeführt zu haben. Im Herbst 1912 löste sich der »Elektrikerjunge«, wie Walther Rathenau sich nannte, von der elterlichen Wohnung und bezog ein eigenes Haus in der Koenigsallee.

Im Hause Nr. 35 lebte und arbeitete der Kunsthändler, Verleger und Mäzen Paul Cassirer mit seiner Frau, der Schauspielerin Tilla Durieux. Cassirer, der, nach Wilhelm II., »die Dreckkunst aus Paris zu uns bringen möchte«, hat sich um die Förderung des Impressionismus verdient gemacht, seine Frau, die Reinhardt 1903 von Paris nach Berlin holte, schildert in ihren Erinnerungen mit dem Titel »Meine letzten neunzig Jahre« (1971), das postum erschien, ihr bewegtes Leben und ihre Zeit. Die berühmtesten Maler und Bildhauer, wie Renoir, Corinth, Slevogt, Barlach und Liebermann, haben die Schauspielerin porträtiert. Das Haus Nr. 35 war ein Treffpunkt prominenter Künstler und Politiker. Die Kunsthandlung lag im Erdgeschoß, im ersten und zweiten Stock befanden sich die Büro- und Wohnräume.

Bellevuestraße Theodor Fontane feierte am 16. Oktober 1850 seine Hochzeit mit Emilie Rouanet in einem Hintersaal des kleinen Lokals »Bei Georges« mit dem Blick auf den Kaffeegarten im Eckhaus Bellevuestraße 8–9 und Lennéstraße 9–10, gegenüber dem damaligen Wilhelmsgymnasium. Zu seinen Gästen zählten Eggers und Heyse. »Ich habe viele schöne Hochzeiten mitgemacht, aber keine hübscher als meine eigene«, schreibt Fontane in seinen Erinnerungen. Während seines Auenthalts in London bezog Frau

Emilie im Jahre 1856 mit ihren Kindern eine Mansardenwohnung im Hause Nr. 16.
Im Eckhaus Bellevue- und Königgrätzer Straße wohnte von 1839 bis 1841 Joseph Freiherr von Eichendorff. Die Stadt Berlin ließ im Jahre 1906 an dem Haus, an dessen Stelle später das im Kriege zerstörte Kolumbushaus stand, eine Tafel zum Gedenken an den Dichter anbringen. Da ihm die Wohnung zu laut war, zog er 1841 in die ruhige Tiergartenstraße.
Im Januar 1859 bezog Ferdinand Lassalle im Hochparterre des Hauses Nr. 13 eine prächtige Wohnung, die er mit wertvollen Kunstgegenständen und kostbaren Büchern ausstattete. Der Gründer der sozialdemokratischen Bewegung in Deutschland gehörte zu den bevorzugten Mitgliedern der Berliner Gesellschaft, war ständiger Gast bei Varnhagen, bei den Montagsabenden Fanny Lewalds und vor allem im Salon Lina Dunckers und ihres Mannes, des Verlegers Franz Duncker; bei ihm erschienen sein wissenschaftlicher Erstling »Der italienische Krieg und die Aufgaben Preußens« (1859) und im gleichen Jahr seine historische Tragödie »Franz von Sickingen«. Er selbst gab aufwendige und gerühmte Empfänge in seiner Wohnung, in der gelegentlich auch Haschisch geraucht worden sein soll. Varnhagen, Ernst Dohm und Fürst von Pückler-Muskau gehörten zu seinen Gästen. Karl Marx wohnte bei ihm vom 16. März bis zum 12. April 1861. Bismarck, dem er Gegner und Helfer war, nannte ihn 1878 in einer Reichstagssitzung einen »der geistreichsten und liebenswürdigsten Menschen, mit denen ich je verkehrt habe. . . . Ich würde mich gefreut haben, einen ähnlichen Mann von dieser Begabung und geistreichen Natur als Gutsnachbarn zu haben.« Eine seiner vielen Frauengeschichten führte zum Duell mit einem rumänischen Bojaren in Genf, bei dem der 39jährige Schriftsteller und Lebemann am 31. August 1864 erschossen wurde. Das Haus trug eine Gedenktafel des Magistrats. Sie wurde 1933 von den Nationalsozialisten entfernt.
Das Haus Nr. 15 beherbergte das Kgl. Wilhelms-Gymnasium, das sog. »Lackstiebel-Gymnasium«, dessen Schüler aus dem »Geheimratsviertel« in Equipagen zur Schule gefahren wurden und Stiefel mit Lackspitzen trugen, wie Walter Mehring, selbst Schüler des Gymnasiums, berichtet. Die Lehrer waren nach seiner Meinung »verhinderte Instruktionsfeldwebel in Zivil«. In der nationalsozialistischen Zeit war hier der Volksgerichtshof unter Roland Freisler untergebracht.
Im Jahre 1920 reiste Georg Kaiser von München zu Verhandlungen

über Filmverträge nach Berlin und stieg trotz seiner ständigen finanziellen Schwierigkeiten im Hotel Esplanade Nr. 17–18a ab. Hier wurde er »wegen Unterschlagung, Betrugs u.a.« am 13. Oktober 1920 verhaftet und im Viehwagen gefesselt nach München transportiert. Nach der Heirat mit der wohlhabenden Tochter seines Zimmervermieters im Albrechtshof am Landwehrkanal bezog der am 23. Februar 1820 als Sohn jüdischer Eltern in Breslau geborene Schriftsteller David Kalisch, der 1847 von Paris nach Berlin gekommen war, im Hause Nr. 19 eine eigene Wohnung. Über Nacht erwarb er sich den Beifall der Berliner mit seinen Possen, vor allem mit »Einmal hunderttausend Taler«, das am 23. Dezember 1847 im Königstädtischen Theater seine Uraufführung erlebte und märchenhafte Erfolge erzielte. Stücke wie »Berlin bei Nacht«, »Berlin, wie es weint und lacht« und »Einer von unsere Leut'« folgten, von den Berlinern stürmisch begrüßt. Im Wallner-Theater steigerten sich noch seine Triumphe. Der häufig kränkelnde Klassiker des Berliner Witzes, der zusammen mit Ernst Dohm das politisch-satirische berlinische Witzblatt »Kladderadatsch« gründete, starb am 21. April 1872 an einer tückischen Krankheit und fand auf dem Friedhof der St.-Matthäi-Gemeinde in der Großgörschenstraße seine letzte Ruhestätte.

Lennéstraße Am 19. März 1841 kamen Jacob Grimm und sein Bruder Wilhelm mit Familie in Berlin an und bezogen nach einem kurzen Aufenthalt in einem Gasthof eine von Jacob gemietete Wohnung in der Lennéstraße Nr. 8. Am 27. Mai 1841 schreibt Jacob seinem Freunde und Mitstreiter, dem Professor Dahlmann: »*Wir wohnen in einer erst seit vier Jahren aufgebauten Straße an dem Rande des Tiergartens fast wie in einem Landhaus, auf der einen Seite von Gärten, auf der anderen von Eichbäumen umgeben . . . Was der Sandboden nicht vermag, wird durch die große Sorgfalt, mit welcher der ganze Tiergarten erhalten, gepflegt und geziert wird, ersetzt, und daß ich meinen Spaziergang machen kann, ohne die geräuschvolle heiße Stadt zu berühren, ist auch etwas wert. Der Weg nach dem Auditorium und zurück nimmt mir fast eine volle Stunde weg.*« Hoffmann von Fallersleben, der Jacob in Kassel kennengelernt hatte und eine gewisse Zeit in der benachbarten Linkstraße wohnte, war hier häufig eingeladen. Als Gastgeschenk hatte er Wilhelms Frau Fallerslebener »Knappwurst« überreicht, die Jacob mit den Worten begrüßte, daß die Widmung, die Lachmann den Brüdern in sein »Nibelungenlied« geschrieben habe, billiger sei als die Wurst. Bei dem Fackelzug, den Studenten zu Wilhelms 58. Geburtstag am 24. Februar 1844 brachten – der Portier fegte »zu diesem Anlaß aus eigenem Antrieb« die Straße vor dem Hause –, zeigte sich neben Jacob auch Hoffmann von Fallersleben auf dem Balkon des Hauses. Der von der Regierung gemaßregelte Dichter wurde von den Studenten erkannt und stürmisch begrüßt, worauf die Hausherren, die die politische Polizei zu fürchten hatten, ihn als »ungelegenen Gast« bezeichneten, der »alle Freude störte«. Trotz der zehn Zimmer, über die die Brüder hier verfügten, erschien ihnen die Wohnung zu klein. Anfang April 1846 übersiedelten sie in die Dorotheenstraße. Jacob und Wilhelm Grimm kamen in Hanau/Main am 4. Januar 1785 bzw. am 24. Februar 1786 zur Welt. Ihre Kinder- und Jugendtage verlebten sie in Steinau und in Kassel und studierten in Marburg die Rechtswissenschaften. Sie arbeiteten beide als Bibliothekare in Kassel und bis zu ihrer Entlassung im Jahre 1837 als Hochschullehrer und Bibliothekare in Göttingen.

Potsdamer Platz Im Frühjahr 1880 verlegte Josty seine Konditorei von der Stechbahn an den Potsdamer Platz, an der Ecke der Bellevuestraße. Onkel Eberhard, der pensionierte General aus dem schlesischen Adamsdorf, der in Fontanes Roman »Die Poggenpuhls« (1896) im Hotel »Fürstenhof« am Potsdamer Platz abzusteigen pflegt, schätzt den Blick aus seinem Hotelzimmer-Fenster auf Café Josty mit dem Glasvorbau, »wo sie schon von früh an sitzen und Zeitung lesen . . . da wird mir wohl, da weiß ich, daß ich mal wieder unter Menschen bin.« George Grosz verweilte vor dem Ersten Weltkrieg stundenlang »auf der Terrasse, skizzierte, beobachtete die Menschen oder ließ mir vom eigens dafür angestellten Zeitungskellner die neuesten Zeitschriften bringen – alles zum Preis einer Tasse Kaffee.« Der Dichter Paul Boldt (1886–1918) widmet der Caféterrasse und dem Platz ein Gedicht. »*Am Potsdamer Platz beginnen sich die Dinge hart im Raum zu stoßen, die Dinge einer üblen Nachgeburt von Adolf Hitlers preußischer Wiedergeburt. Nicht nur der Schutt seiner Reichskanzlei häufte sich hinein, auch eine Weltpolitik schien hier die Stelle gefunden zu haben, den Schutt ihrer Probleme abzuladen. Die umgelegten Eckhäuser haben den Leipiger Platz und die zerwalzten Flächen des ehemaligen Regierungsviertels zur uferlosen Einheit verschmolzen, deren Düsternis durch Ruinen des Bahnhofs, des Cafés Vaterland, Hotel Fürstenhof, Görings Stadtpalais, Wertheims Warenhaus von Regierungskünsten seit Bismarcks Einheitskriegen trauriges Zeugnis ablegen*«, so schildert August Scholtis die Atmosphäre des Platzes in den Nachkriegsjahren.

Linkstraße Der Kustos der Breslauer Universitätsbibliothek Hoffmann von Fallersleben, der im Dezember 1842 wegen seiner »Unpolitischen Lieder« aus dem Amt gejagt worden war, ging nach Berlin und mietete im Hause Nr. 6 eine Wohnung. Mit den Brüdern Grimm, die damals noch in der Lennéstraße wohnten, war er freundschaftlich verbunden. Wegen eines Lebehochs, das Studenten anläßlich eines Fackelzugs zum 58. Geburtstag Wilhelm Grimms am 24. Februar 1844 auf ihn ausbrachten, mußte er Berlin kurzfristig verlassen. Schon als 17jähriger Schüler konnte er seine »Freiheitslieder« veröffentlichen. Am 26. August 1841 entstand auf Helgoland sein »Deutschlandlied«; seine Kinderlieder »Alle Vögel sind schon da«, »Kuckuck, Kuckuck ruft 's aus dem Wald« und »Ein Männlein steht im Walde« werden noch heute gesungen. Von 1853 wohnte er, mit seiner Nichte verheiratet, in Weimar, von 1860 bis zu seinem Tode am 19. Januar 1874 als Bibliothekar in Corvey an der Weser. Im Frühjahr 1847 übersiedelten Jacob Grimm und sein Bruder Wilhelm mit seiner Familie von der Dorotheenstraße in den ersten Stock des Hauses Nr. 7, dicht am Potsdamer Platz, in eine Gegend, die bald den Namen »Geheimratsviertel« erhielt. Hier wohnten die Brüder bis an ihr Lebensende, und hier trafen sich die bedeutendsten Gelehrten der damaligen Zeit. Julius Rodenberg berichtet in seinen »Erinnerungen aus der Jugendzeit« (1899) von einem Besuch im November 1853 im Hause Grimm, wo er »einen sehr glücklichen Abend« verbrachte. Ranke und Schelling gehörten wie die Savignys zu den ständigen Besuchern. Christian Andersen war im Herbst 1844 und im Winter 1845/46 hier zu Gast und mußte zu seinem Leidwesen erfahren, daß die Brüder seine Märchen nicht kannten. Bettina von Arnim, deren Tochter Gisela Wilhelms Sohn Herman heiraten sollte, sprach hier fast täglich vor. Die Kasseler Apothekerstochter Henriette Dorothea Wild, die den Brüdern Beiträge zu ihrer Märchensammlung geliefert und die Wilhelm am 15. Mai 1825 geheiratet hatte, führte für Jacob und für ihre Familie das Haus. Die Brüder verfügten über nur eine Bibliothek, die in Jacobs Studierzimmer untergebracht war. Jacob beklagt sich in einem Brief an Dahlmann über seinen Bruder, der sich die Bücher, die er brauche, in sein Zimmer hole, »wo er sie auf Tische legte, daß man sie schwer wieder findet«. Falls er sie aber zurückbringe, werde er durch das Türklappen gestört. Zu Beginn der fünfziger Jahre gaben die Brüder ihre Vorlesungen auf und nahmen immer mehr Abstand vom gesellschaftlichen Leben, um sich ganz der »umfassendsten Arbeit unseres Lebens«, wie Jacob sagt, nämlich dem »Wörterbuch«, zu widmen, wobei ihnen etwa achtzig freie Mitarbeiter bei der Ausfüllung der Karteikarten zur Seite standen. »Frucht« war das letzte Wort, das Jacob noch bearbeiten konnte. Erst jetzt, 117 Jahre nach dem Erscheinen des ersten Bandes, liegt das 32 Bände zählende »Grimmsche Deutsche Wörterbuch« abgeschlossen vor. Nach dem unerwarteten Tode Wilhelms am 16. Dezember 1859 überließ die Witwe die Wohnung ihrem Sohn, dem Kunsthistoriker Herman Grimm, und seiner Frau und übersiedelte mit ihrer Tochter in die Schellingstraße. In tiefer Trauer schreibt Jacob: »*Ich war mit Wilhelm von Kindesbeinen an zusammen, unser Vermögen, unsere Bücher, unser Haushalt waren stets ungetrennt . . . Ich stehe jetzt allein, nur daß mich die Liebe seiner Frau und seiner Kinder tröstet . . .*« Und in der Gedenkrede vor der Akademie sagte Jacob: ». . . *So nahm uns denn in den langsam schleichenden Schuljahren ein Bett auf und ein Stübchen, da saßen wir an einem und demselben Tisch arbeitend, hernach in der Studentenzeit standen zwei Betten und zwei Tische in derselben Stube, im späteren Leben noch immer zwei Arbeitstische in dem nämlichen Zimmer, endlich bis zuletzt in zwei Zimmern nebeneinander . . . Auch unsere letzten Betten, hat es allen Anschein, werden wieder dicht nebeneinander gemacht sein.*« Jacob behielt seinen Wohnungsanteil bis zu seinem Tode am 20. September 1863. Auf dem Matthäifriedhof fanden die Brüder nebeneinander ihre Gräber. Sie ruhen an der schönsten Stelle des Kirchhofs, »an einer sanften Anhöhe, von welcher man gerade hier eine schöne Aussicht hat«, schreibt der Gießener Professor Karl Weigand, Freund und Mitarbeiter der Brüder, der an der Beerdigung Jacobs teilgenommen hatte. Das Wohnhaus der beiden Gelehrten trug eine Bronzetafel links vom Eingang zwischen zwei Fenstern des Erdgeschosses; die Aquarelle der nebeneinander liegenden Arbeitszimmer der beiden Gelehrten von Michael Hoffmann hängen im Germanischen Nationalmuseum in Nürnberg.

Der am 15. September 1834 in Dresden als Sohn eines sächsischen Generals geborene Historiker Heinrich von Treitschke, Vorkämpfer für die deutsche Einheit unter preußischer Führung, kam im Juli 1866 nach Berlin und bezog im Hause Nr. 10 eine Wohnung. Er hatte seine Professur im badischen Freiburg aufgegeben, um nicht in einem Rheinbundstaat leben zu müssen. In Berlin wurde er enger Mitarbeiter Bismarcks und gab mehr als zwanzig Jahre hindurch die »Preußischen Jahrbücher« heraus.

Im Hause Nr. 25 war von Oktober 1889 bis Dezember 1891 der Fischer-Verlag untergebracht. In einem Interview erklärte Ibsen im

März 1890: »Fischer in Berlin bringt die vornehmsten und kostbarsten Ausgaben meiner Werke.« Im April 1891 trat der zwanzigjährige Heinrich Mann als Buchhandlungsgehilfe in das Verlagsbüro ein. Er blieb nur neun Monate. Hier schrieb er auf Verlagsbriefbogen die ersten Entwürfe seines ersten Romans »In einer Familie«. Von hier übersiedelte der Verleger in die Köthener Straße.

Schellingstraße Dorothea Grimm zog nach dem Tode ihres Gatten Wilhelm am 16. Dezember 1859 mit ihrer Tochter Augusta von der Linkstraße in das Haus Nr. 9. Im Hause Nr. 10 wohnte von 1864 bis zu seinem Tode Rudolf Virchow. Schon in seinem Sterbejahr ließ die Stadt Berlin hier eine Tafel zum Gedenken an den Pathologen anbringen. 1856 wurde er Professor in Berlin, er war Mitbegründer und Vorsitzender der Fortschrittspartei und erwarb sich als solcher große Verdienste um das Berliner Gesundheitswesen. 1881 erschien sein Werk »Goethe als Naturforscher«. Der in Schivelbein in Pommern geborene Mediziner und Sozialhygieniker starb im Alter von 81 Jahren am 5. September 1902.

Am Karlsbad Im Frühjahr 1850 mietete Joseph von Eichendorff mit seiner Frau fern vom Lärm der Stadt ein Gartenhaus Am Karlsbad Nr. 4, wo er, wie er schreibt, »wie Robinson auf seiner Insel, auf der die Nachtigallen schlagen«, lebte. Fontane nennt die Straße »eine gartenreiche, idyllische Querstraße der Potsdamer Straße.«

Von 1880 bis 1895 bewohnte Heinrich Seidel mit seiner Frau und seinen Kindern Wolfgang, Helene und Werner den ersten Stock des Hauses Nr. 11, *»halb verfallen in einem gänzlich verwilderten Garten daliegend, wie ein vergessenes Überbleibsel aus alter Zeit . . . Aus den Vorderfenstern schaut ihr auf den Güterbahnhof der Potsdamer Bahn und habt das brausende Treiben des Weltverkehrs vor Augen, aus den Hinterfenstern blickt ihr in das Idyll friedlicher, blühender Gärten, wo lauter Grün und Vogelgesang ist.«* Mit seinen Freunden Johannes Trojan und Julius Stinde pflegte er bei der Heimkehr vom Stammtisch in der Weinstube Huth in der Potsdamer Straße an allen möglichen Stellen seltene Blumensamen auszusäen. Die Freunde freuten sich diebisch, wenn im nächsten Jahr die Zeitungen über kuriose Pflanzen in ihrer Wohngegend berichteten. Als der Bau des Anhalter Bahnhofs im Jahre 1880 beendet war, gab Seidel seinen Ingenieurberuf auf und widmete sich ausschließlich der Literatur. Rudolf Steiner wohnte nach seiner Übersiedlung von Weimar nach Berlin im Jahre 1897 kurze Zeit in dieser Straße.

Lützowstraße Nach dem Tode Samuel Fischers am 15. Oktober 1934

verblieb der Verlag noch zwei Jahre in der Bülowstraße und wurde dann im Hause Nr. 89/90 untergebracht.
In den beiden letzten Jahren seines Studiums in Berlin von 1885 bis 1887 vor seiner Promotion in München wohnte der Student der Rechtswissenschaften Max Halbe, der bald zur Germanistik überwechselte, im Hause Nr. 100. Ranke, Mommsen und vor allem Treitschke beeinflußten ihn stark. Mit Leistikow schloß er Freundschaft: »Sein Ehrgeiz war groß. Es hätte ihn zersprengt, im Dunklen bleiben zu sollen. Hierin begegneten sich unsere Gefühle und verschlangen sich dadurch noch um so enger . . .«, schreibt der Bromberger Maler.
Der Dramatiker und Erzähler Hermann Sudermann, der sich nach 1880 als Journalist, Redakteur und freier Schriftsteller in Berlin niederließ, wohnte zu Beginn der neunziger Jahre im Hause Nr. 102. Mit seinem Roman »Frau Sorge« (1889), einem treffenden Bild des Berliner Großstadtlebens, eroberte er sich die Bühne. Seine 1887 erschienenen Erzählungen »Im Zwielicht« haben das Berliner Salonmilieu zum Thema. Im Dezember 1890 machte er die Bekanntschaft der Witwe Clara Lauckner, die als Schriftstellerin mit drei Kindern in Königsberg lebte, und heiratete sie ein Jahr darauf. Das Ehepaar wohnte zunächst in Königsberg, dann in Dresden. Ende 1895 kam der Schriftsteller mit seiner Familie wieder nach Berlin zurück.
Der am 2. November 1831 in Hamburg geborene Journalist und Schriftsteller Julius Stettenheim, der Schöpfer virtuoser Wortspiele, der sich selbst »poeta kalaureatus« nannte, lebte von 1857 bis 1862 in Berlin, ging dann in seine Geburtsstadt zurück, wo er das satirische Witzblatt »Die Wespen« gründete. Im Jahre 1867 war er wieder in der Hauptstadt. Hier führte er seine Zeitschrift unter dem Titel »Berliner Wespen« bis 1894 weiter. In der Lützowstraße 110 hatte er in den beiden letzten Jahrzehnten des 19. Jahrhunderts eine Wohnung. Von 1878 bis 1905 erschienen die erdichteten Reportagen eines von ihm geschaffenen Journalisten namens Wippchen unter dem Titel »Wippchens sämtliche Kriegsberichte«. Stettenheim starb am 30. Oktober 1916 in einem Sanatorium in Groß-Lichterfelde. Während seiner letzten Tage hatte er nur noch den Wunsch, seinen eigenen Nekrolog in den Zeitungen zu lesen.

Körnerstraße Der amerikanische Schriftsteller Mark Twain hielt sich 1891 in Berlin auf und hatte im Hause Nr. 10 ein angenehmes Quartier. In seinen Essays hinterläßt er anerkennende Bemerkungen über die Reichshauptstadt: »Berlin ist ganz neu, die neueste Stadt, die mir je vorgekommen ist. Sogar Chikago würde altersgrau dagegen aussehen.« Besonderen Eindruck machte auf ihn ein Kommers, den 1000 Studenten zu Ehren der 70. Geburtstage von Virchow und Helmholtz gaben und bei dem jeder Teilnehmer soviel Bier trinken konnte, wie er wollte. Er schätzte sich glücklich, mit einem »Platz am Tisch der beiden Heroen« geehrt zu werden.

Pohlstraße Der am 15. Juli 1862 als Sohn eines Kohlenhändlers in Frankfurt/Main geborene Lustspielautor und geniale Nachdichter Ludwig Fulda, der schon 1881 als Student der Germanistik in Berlin gelebt hatte, ging nach seiner Promotion in Leizpig zunächst nach München und kam im Jahre 1888 wieder in die Hauptstadt. Im Hause Nr. 44 der Steglitzer Straße, die heute nach der im Jahr 1942 im Konzentrationslager Theresienstadt ermordeten Bezirksverordneten Ottilie Pohl benannt ist, mietete er eine Wohnung. 1893 konnte er mit seiner Märchenkomödie »Der Talisman« erste Erfolge erringen. Prominente Zeitgenossen, wie Paul Heyse, Gustav Freytag, der Historiker Treitschke und der Philosoph Dilthey, schlugen ihn für den staatlichen Schillerpreis vor, Wilhelm II. verweigerte jedoch seine Zustimmung. 1894 ging er wieder nach München; zwei Jahre später ließ er sich für immer in Berlin nieder.

Im Gartenhaus des erhalten gebliebenen Gebäudes Nr. 48 hatte der Maler Hans Baluschek eine Atelierwohnung.

Der am 12. Mai 1864 in Stuttgart als Sohn eines Majors geborene Lyriker, Schriftsteller und Redakteur, Dr. phil. Cäsar Flaischlen, der in Berlin (1886), Heidelberg und Leipzig Germanistik studiert hatte, ließ sich 1891 in der Hauptstadt nieder und mietete im zweiten Stock des Hauses Nr. 63 eine Wohnung. Hier entstand neben Dramen, Romanen und anderen Gedichten sein Poem »Hab' Sonne im Herzen, ob's stürmt oder schneit«, das Kasimir Edschmid mit den Zeilen »Schnittlauch auf allen Suppen, mit der Sonne im Herzen und der sublimen Idiotie im Hirn« verlästert. 1895 trat er als Nachfolger Bierbaums in die Redaktion der Zeitschrift »Pan« ein, die er bis zu ihrer Einstellung im Jahr 1900 leitete. Von hier übersiedelte er in die Kurfürstenstraße.

Kurfürstenstraße Der marxistische Kunst- und Literaturkritiker, Philosoph, Essayist, Dichter und Übersetzer Walter Benjamin, dessen »skandalöse Unbekanntheit« Ernst Bloch noch kurz vor seinem Tode beklagte, wurde am 15. Juli 1892 im zweiten Stock des Hauses Nr. 154 in einer »hochherrschaftlich möblierten Zehnzimmerwohnung« als Sohn einer wohlhabenden, großbürgerlichen, jüdischen

Familie geboren. Sein Vater war Bankkaufmann und später Antiquar. Im Nachlaß des Schriftstellers fand sein Freund Gershom Scholem die nach 1930 entstandenen, kaum zu entziffernden autobiographischen Prosanotizen der »Berliner Chronik«, die seine enge Verbundenheit zur elterlichen Wohnung und ihrer Umwelt widerspiegeln. In einer Rezension seines Berlin-Buches heißt es, daß er in einer Gegend aufwuchs, wo »aus Treppenhaus und Asphalt die Kindheit des Städters seit jeher so unverlierbare Substanzen gezogen hat wie der Bauernjunge aus Stall und Acker«. Von der Kurfürstenstraße übersiedelte die Familie in die Carmerstraße.

Der am 23. April 1858 in Kiel als Sproß einer ehrwürdigen schwäbischen Theologen- und Beamtenfamilie geborene Gründer der Quantentheorie und Nobelpreisträger (1918) Max Planck wurde 1889 von Kiel an die Berliner Universität berufen. Er wohnte im ersten Stock des Hauses Nr. 167. Später übersiedelte er in die Wangenheimstraße im Grunewald.

Potsdamer Straße Die angegebenen Hausnummern entsprechen der ursprünglichen Numerierung. Sie begann am Potsdamer Platz auf der Westseite der Straße und führte auf der gegenüberliegenden Seite zum Potsdamer Platz zurück. Das jetzige, 1937 eingeführte System beginnt ebenfalls am Potsdamer Platz und behält die ungeraden Zahlen der östlichen und die geraden der westlichen Seite vor.

Von 1871 bis 1876 wohnte Adolph Menzel mit seinem Schwager, seiner Schwester und deren Kindern in dem neuerbauten Wohnhaus Nr. 7, heute Nr. 16. Zu dieser Zeit begannen seine Einladungen zu den Festen und Empfängen am Hof, wo der nur einen Meter vierzig messende Maler auf Stühle oder Tische stieg, um Pracht und Glanz der Feierlichkeiten auf seinem Skizzenblock festzuhalten. Seine Abende verbrachte er bis an sein Lebensende in der Weinstube Frederich im Hause Nr. 12, heute Nr. 24, wo er einen für ihn besonders niedrig angebrachten Kleiderhaken benutzen konnte und ihm ein Zimmer zur Verfügung stand, wenn er nachts nicht nach Hause gehen wollte. Fontane traf er oft im Café Josty am Potsdamer Platz. Das Haus wurde im letzten Kriege zerstört. Von hier übersiedelte er in seine letzte Wohnung in der benachbarten ruhigeren Sigismundstraße.

In der Mitte der achtziger Jahre des vergangenen Jahrhunderts bewohnte der Kgl. Preußische Assessor Ernst von Wildenbruch im dritten Stock des Hauses Nr. 11 zwei kleine möblierte Zimmer. Hier las er seinen Freunden, vor allem den Brüdern Hart, »mit priesterlichem

Pathos« seine Dramen vor. Der am 3. Februar 1845 als Sohn des preußischen Generalkonsuls Ludwig Wildenbruch in Beirut geborene illegitime Hohenzollernsproß – seine Großeltern waren Prinz Louis Ferdinand und Henriette Fromm – kam als zweijähriges Kind nach Berlin. Als Schüler des Französischen Gymnasiums zeigte er keinerlei Begabung für den deutschen Aufsatz. Im Mai 1859 bezog er die Kadettenschule in Potsdam, wo man ihn für »dumm und faul« hielt und ihm »keine Anlage zum Versetztwerden« bescheinigte. Privat bereitete er sich mit Erfolg auf die Reifeprüfung vor und warf sich dann »mit viel Eifer . . . auf die Juristerei, mit noch größerem auf die Poesie . . . Immer deutlicher merkte ich, wie schwer Apollo und Themis sich vertragen.« Von 1877 bis zu seiner Pensionierung als Geh. Legationsrat im Jahre 1900 arbeitete er im Auswärtigen Amt. In der Hohenzollernstraße hatte er seine letzte Wohnung.

Vom Roßschen Haus in der Johannisstraße übersiedelte der Verlagsbuchhändler und liberale Abgeordnete Franz Duncker mit seiner Frau Lina im Spätherbst 1855 in das von ihm gekaufte Haus Nr. 20. Heute ist das Grundstück ein Teil der Fläche der Neuen Staatsbibliothek, Potsdamer Straße Nr. 33, 35 und 37. Der Illustrator und Feuilletonleiter der »Voss« Ludwig Pietsch, der um 1850 seine Jugend an der »Lietzower Wegstraße«, der heutigen Lützowstraße, an der Mündung von Blumes Hof verbrachte, war oft Gast des Ehepaars. Er erzählt von dem Haus und seiner Umgebung: »*Nie war ich durch diesen Teil der Potsdamer Straße gegangen, ohne von dem Anblick dieses Hauses ganz wundersam berührt zu werden. Es hatte in seiner ganzen Erscheinung etwas ›Verwunschenes‹. In seinem weiten Vorgarten standen einige hohe Platanen, Birken und schlanke Fichten. Gemeinsam woben sie im Sommer einen wehenden grünen Vorhang vor der dahinter aufsteigenden Hausfassade und warfen ihre tiefen Schatten über den Rasenplatz und die etwas verwilderten Beete an ihrem Fuß. Den Hintergrund bildeten . . . die hohen dichten Laubbäume des ausgedehnten parkartigen Gartens . . .*« Auch hier empfing Frau Lina »beinahe fürstlich«, wie Keller bewundernd vermerkt, das literarische Berlin der fünfziger und sechziger Jahre, und »Geist und Schönheit feierten wirkliche Triumphe«, so Pietsch. Zusammen mit Mommsen und Rudolf Virchow gründete Duncker im Jahre 1861 die Deutsche Fortschrittspartei, und im Jahre 1869 rief er die älteste gewerkschaftliche Arbeitergenossenschaft Deutschlands ins Leben.

Im dritten Stock des Hauses Nr. 27a, heute Nr. 72, wohnte im letzten

Drittel des vergangenen Jahrhunderts der am 24. Mai 1819 in Breslau geborene Publizist Ernst Dohm mit seiner Frau, der schriftstellernden Frauenrechtlerin Hedwig Dohm, die er 1855 geheiratet hatte. Hier unterhielt der Begründer und Schriftleiter des nationalen, echt berlinischen politisch-satirischen Witzblattes »Kladderadatsch«, das er von 1849 bis zu seinem Tode 1883 leitete, mit seiner Frau den letzten großen literarischen Salon der Hauptstadt und hier trafen sich um Henriette Dohm Varnhagen und Alexander von Humboldt und später Opponenten der Bismarckschen Politik, wie Bamberger und Lassalle. In seiner Zeitschrift brachte er Wortwitze unter, die er in der Stadt Kalau gehört hatte, wo er seine Ferien zu verbringen pflegte. Damit soll er den »Kalauern« zu ihrem Namen verholfen haben. Wegen Majestätsbeleidigung war Ernst Dohm in der Hausvogtei eingesperrt, sein Gnadengesuch legte Bismarck dem Kaiser vor, der dem Gesuch stattgab.

Nach Dohms Tode am 5. Februar 1883 übersiedelte seine Frau in die Matthäikirchstraße.

Wilhelm von Scholz verbrachte um 1880 im zweistöckigen Hause Nr. 35 (heute Nr. 90) seiner Großmutter, dessen Vorgarten mit der Laube und der Freitreppe ihn besonders anzogen, unbeschwerte Kindertage. »*Hier fand ich als Kind eine für meine Entwicklung bedeutsame Welt tüchtiger aufrechter Bürgerlichkeit. Von hier habe ich eine Gabe guten Berlinertums mitbekommen, Humor und Sich-nicht-dumm-machen-Lassen, die mir oft genug in Leben und Kunst zustatten gekommen ist*«, schreibt er. Besonders gern spielte er hier sonntagnachmittags, wenn seine Eltern die Großmutter besuchten und »draußen vor dem Gitter der Strom der nach Schöneberg hinauswandernden Familien, Kinderwagen, jungen Paare« vorbeizog. In einem Hause an der Ecke Lützowstraße kam am 11. Januar 1873 der Kritiker und Journalist Adolf Heilborn zur Welt. Zu Beginn der zwanziger Jahre schrieb er für eine Tageszeitung allsonntäglich die einzelnen Kapitel seiner »Reise nach Berlin«, die 1966 in einer Neuauflage als Buch erschienen.

Von Königsberg wurde Joseph von Eichendorff im Sommer 1831 zunächst als wissenschaftlicher Hilfsarbeiter an das Ministerium des Auswärtigen versetzt und später als Regierungsrat in der Abteilung für katholisches Kirchen- und Schulwesen angestellt. Er mietete mit seiner Frau Luise und seinen drei Kindern das »einsame Häuschen« Potsdamer Straße 41, heute Nr. 102. Da seine Frau sich hier vor »Räubern und Mördern« fürchtete und einen Beschützer im Haus

haben wollte, überließ er dem jungen, mit ihnen befreundeten Juristen Otto Freiherr von Wolfersdorff eine Dachstube des Hauses, »hell, geräumig und heizbar«. Seine Beziehungen zu Savigny, Raumer und Fouqué nahm er wieder auf, schloß Freundschaft mit Chamisso und Felix Mendelssohn-Bartholdy, der zu seinen Gedichten »Wer hat dich, du schöner Wald« und »O Täler weit, o Höhen« die Musik schrieb, und wurde Mitglied in Hitzigs Mittwochsgesellschaft. Im März 1832 starb sein fünftes Kind zwei Jahre nach der Geburt. In seinem Liederkranz »Auf meines Kindes Tod« gab er seinem Schmerz über den Verlust Ausdruck. 1826 hatte er seine Novelle »Aus dem Leben eines Taugenichts« veröffentlicht, 1837 erschien die erste Gesamtausgabe seiner Gedichte. 1839 übersiedelte er in das Haus Bellevuestraße Nr. 7.
Julius Stettenheim wohnte von 1904 bis zu seinem Tode im zweiten Stock des Gartenhauses Potsdamer Straße 52. Heute hätte das Haus, das auf Schöneberger Boden steht, die Nummer 130. Er starb am 30. Oktober 1916 nach kurzem Krankenlager im 85. Lebensjahr in einem Sanatorium in Groß-Lichterfelde.
Von der Auerbacher Straße zog Julius Bab im Jahr 1923 in eine Wohnung im vierten Stock des Hauses Nr. 68. Heute gehört das Grundstück zu Schöneberg und trägt die Nummer 160. Sieben Jahre später übersiedelte er in die Akazienallee. Im Juni 1929 bezog der Erzähler und Romancier Joseph Roth mit seiner Frau die erste und einzige feste Unterkunft, in der er sich je niedergelassen hat, ein möbliertes Zimmer bei Frau Tome im Hause Nr. 115a, heute Nr. 73. Sein Verleger Gustav Kiepenheuer, der ihm von der ersten Begegnung an freundschaftlich verbunden war, besuchte ihn hier und erinnert sich: ». . . ich sah ihn in dem düsteren, riesigen Berliner Zimmer, die Hände in den Manteltaschen, wie in einem Wartesaal auf- und abgehen, als lauere er auf das Abfahrtszeichen seines Zuges.« Dem Schriftsteller, der sein Leben lang mit einem großen und einem kleinen Koffer von Hotel zu Hotel zog, war nach kurzer Zeit bewußt geworden, daß er in einem festen Wohnsitz nicht schreiben könne; er mietete sich daher wieder in einem Hotel ein. Nach 1930 logierte er im »Habsburger Hof«, bei »Heßler«, im »Hotel am Zoo« und in der Hotelpension »Savigny«. 1924 war sein Roman »Hotel Savoy« erschienen, der Roman »Radetzkymarsch«, in dem er ebenso wie in der Emigration entstandenen »Kapuzinergruft« (1938) Glanz und Untergang der k.u.k. Donaumonarchie zum Thema gemacht hat, erschien 1932. Am 30. Januar 1933 verließ er bei Nacht und Nebel

Berlin und ging nach Paris, wo er verarmt und vereinsamt in einer kleinen Kammer des billigen Hôtel de la Poste vegetierte und sich zu Tode trank. Im Alter von 45 Jahren starb er am 27. August 1939 im Armenhospital Necker. Seine unheilbar kranke Frau, die er Ende der zwanziger Jahre in der Nervenheilanstalt Westend untergebracht hatte und die von dort in österreichische Irrenanstalten verlegt wurde, kam auf dem Transport in die Gaskammern am 15. Juli 1940 um.
Am 1. Februar 1919 eröffnete Ernst Rowohlt in einer Etagenwohnung des Hauses Nr. 123 B, heute Nr. 39, am Landwehrkanal und der Potsdamer Brücke seinen zweiten Verlag und bezog selbst das Berliner Zimmer sowie eine kleine Schlafstube. Von seiner Frau, der Schauspielerin Emmy Reye, mit der er 1912 die Ehe eingegangen war, hatte er sich bald wieder getrennt. 1921 heiratete er die Lettin Hilda Pangust. Auf der Liste der Rowohlt-Autoren finden sich in den zwanziger Jahren knapp 200 bekannte Namen, darunter die Nobelpreisträger Hemingway, Lewis, Faulkner und Thomas Wolfe. Ihm verdanken sie ihre sensationellen Erfolge in Deutschland. Ringelnatz und Musil wurden durch ihn berühmt. Der Verleger, der Sektgläser zu Pulver zerkaute und verschluckte und den seine Autoren »Väterchen« nannten, veranstaltete hier alle Vierteljahre seine berühmt gewordenen Autorenabende, bei denen er mit seinen Lektoren Paul Mayer und Franz Hessel präsidierte und an denen die bedeutendsten Schriftsteller der Zeit teilnahmen. 1925 übersiedelte er mit dem Verlag in die Passauer Straße.
Im Hause Nr. 130 wohnte von 1885 bis 1896 der Ingenieur, Schriftsteller, Begründer und Präsident der Deutschen Landwirtschaftsgesellschaft, Max Eyth. Im Jahre 1906 widmete er der Hauptstadt im Namen der deutschen Techniker die hymnischen Verse: »Du Stadt des Schaffens ruheloser Säfte, / Du Stadt der Arbeit voll lebendiger Kräfte, / Der Arbeit Söhne grüßen Dich, Berlin.« Von der Reichshauptstadt ging der am 6. Mai 1836 in Kirchheim am Teck geborene und 1906 geadelte Junggeselle zu seiner verwitweten Mutter nach Ulm, wo er sich bis zu seinem Tode am 25. August 1906 weiter literarisch betätigte. Mit seinen novellistischen Skizzen aus der Welt der Technik, »Hinter Pflug und Schraubstock« (1899) und dem Roman »Der Kampf um die Cheopspyramide« (1902) schuf er sich einen großen Leserkreis. »Der Schneider von Ulm« (1906), postum erschienen, setzt den historischen Flugversuchen des unglücklichen Handwerkers in der württembergischen Stadt ein literarisches Denkmal. Der am 11. April 1825 in Breslau als Sohn eines jüdischen

Kaufmanns geborene Politiker und Philosoph Ferdinand Lasal – nach einem Aufenthalt in Paris nannte und schrieb er sich Lassalle – kam im Frühjahr 1844 von Breslau nach Berlin, um hier sein Geschichtsstudium fortzusetzen. Er mietete ein höchst aufwendiges Zimmer in einem Hause Unter den Linden und widmete sich einem fruchtbaren Selbststudium, da ihn der Vorlesungsbetrieb an der Universität »dank der Langweiligkeit der Professoren« nicht immer befriedigte. Er traf mit Alexander von Humboldt, auf den er einen nachhaltigen Eindruck machte, und mit der Gräfin Sophie Hatzfeld zusammen, die er bei ihrem Scheidungsprozeß sachlich unterstützte und die ihm mit ihren finanziellen Zuwendungen das aufwendige Leben eines wohlhabenden Privatgelehrten gestattete. Im Sommer 1846 ging er in die Rheinprovinz. Nach politischen Verfolgungen und Haftstrafen kam Ferdinand Lassalle im April 1857 wieder nach Berlin und nahm im Hause Nr. 131 an der Ecke der früheren Eichhornstraße eine Wohnung. Wegen eines zu seiner Verteidigung vorgenommenen Angriffs auf einen Intendanturrat, der ihn, weil er sich durch ein Lächeln Lassalles beleidigt fühlte, mit der Reitpeitsche im Tiergarten überfiel, wurde er im Juli 1858 als »rheinischer Rebell« der Stadt verwiesen. Nach dem Regierungswechsel im Oktober konnte er in die preußische Hauptstadt zurückkehren. 1859 zog er von hier in die Bellevuestraße.

Im Juni 1913 bezog Herwarth Walden mit seiner zweiten Frau, der schwedischen Propsttocher Nell, geb. Roslund, eine Wohnung im Hause 134a. Im gleichen Hause war auch seine Galerie »Der Sturm« untergebracht, ebenso Redaktion und Verlag seiner seit 1910 erscheinenden Zeitschrift desselben Namens, die die gesamte progressive Schriftstellerprominenz der Zeit zu ihren Mitarbeitern zählte. In seinem »Ersten Deutschen Herbstsalon« im September 1913 stellte der Galerist der Öffentlichkeit hier zum erstenmal Werke von Kandinsky, Miró, Klee, Chagall, Henri Rousseau und Kokoschka vor und vermittelte damit einen umfassenden Überblick über die europäischen Avantgardisten im ersten Drittel des Jahrhunderts. Kokoschka verdankt die Nachwelt ein Bild des »strohgemähnten Waldschrats«, wie Franz Mehring ihn nennt. Zweimal in der Woche konnte man in seiner Wohnung seine private Kunstsammlung, die er der Propaganda für den »Sturm« dienstbar machte, besichtigen. Marinetti sprach hier über den Futurismus, Franz Marc und Apollinaire besuchten ihn hier. Er trank literweise schwarzen Kaffee und rauchte täglich 70 Zigaretten. Als Autor von Abhandlungen zur

Theorie der neuen Kunst und von expressionistischen Dramen und Romanen, in denen er vorzugsweise Berliner Milieu verwendet, als Herausgeber moderner Autoren und als Veranstalter von Dichterlesungen hat er sich literarische Verdienste erworben. August Stramm ließ er seine besondere Unterstützung angedeihen. Bis Ende der 20er Jahre hatte er fast alle Wohnungen des Hauses hinzugemietet.
Am 3. Oktober 1872 bezog Theodor Fontane mit seiner Frau Emilie und seiner Tochter Martha, die er Mete nannte – seine Söhne hatten sich selbständig gemacht – seine letzte Wohnung im sogenannten Johanniter-Haus, Potsdamer Straße 134c. Das graue Haus mit Vorgarten lag auf der Ostseite der Straße, zwischen Eichhornstraße und Potsdamer Platz, auf dem Grundstück der neuen Staatsbibliothek und trug seit 1899 eine Gedenktafel. Es mußte 1906 einem Geschäftshaus Platz machen, das 1938 die Nummer 15 erhielt und im Zweiten Weltkrieg den Bomben zum Opfer fiel. Seine »mehr als einfachen Wohnräume« lagen im obersten dritten Stock rechts. Hier lebte und arbeitete – »immer durch Geldrücksichten eingeengt« – der Schriftsteller, *»dessen Berlinertum durch das Gascognische sublimiert, raffiniert, europäisiert wurde wie dasjenige Liebermanns durch das Jüdische«*, wie Thomas Mann sagt. Hier flüsterte die skeptische Gattin Gerhart Hauptmann am 30. November 1893 bei einem »kleinen Abendbrot« ihre Meinung über das Werk ihres Mannes zu: »Wissen Sie, er ist ja kein Dichter.« Am 6. März 1876 wurde er »Erster ständiger Sekretär« der Akademie der Künste, »des durch und durch verlodderten, unsagbar elenden, von einem anständigen Menschen gar nicht zu tolerierenden Instituts« und kündigte die Stelle zum Entsetzen seiner Frau acht Wochen später wegen Schwierigkeiten, die sich für ihn aus dem Umgang mit dem Präsidenten ergaben. In der Potsdamer Straße 134c entstand der Großteil seiner Berlin-Romane, so »L'Adultera« (1882), »Schach von Wuthenow« (1883), »Irrungen und Wirrungen« (1888), »Stine« (1890), »Frau Jenny Treibel« (1892) und sein bedeutsamstes Werk, »Effi Briest«, 1895 nach einem Vorabdruck in der »Voss« als Buch erschienen, »ein einsamer Gipfel der deutschen historischen Erzählungskunst«, wie Georg Lukácz es einordnet. Den Besuchern der Reichshauptstadt deutet Fontane in einem Brief an Theodor Storm das Wesen des Berliners, »das einem auf der Straße und in der Kneipe, überhaupt im täglichen Leben, entgegentritt«, als *»anfangs ungenießbar. Schärfe, Unverschämtheit, Lieblosigkeit bringen den Fremden um. Aber hinter diesen trostlosen Erscheinungen, die sich aufdrängen, gibt es*

wohltuende, die sich verbergen und die man kennenlernen muß, um nicht voll ungerechter Vorurteile uns wieder zu verlassen.« Am 25. September 1894 saß er zum letztenmal auf seinem Parkettplatz 23 im Schauspielhaus und berichtete über die Aufführung von Hauptmanns »Weber«. Am 20. September 1898 starb der Dichter im Alter von 79 Jahren abends gegen 21 Uhr in den Armen seiner Tochter. Auf dem Französischen Friedhof in der Liesenstraße fand er seine letzte Ruhestätte. Das Märkische Museum zeigt Fontanes letztes Arbeitszimmer und Andenken an den Schriftsteller, im Tiergarten steht seit 1910 sein Marmordenkmal, Briefmarken tragen sein Bild; fünf Straßen im westlichen und zwei im östlichen Teil der Stadt sind nach ihm benannt. Nach Erich Kästner hat Fontane Berlin zum zweitenmal geschaffen: »Er schenkte uns die Stadt an der Spree, wie uns Balzac die Stadt an der Seine und Dickens die Stadt an der Themse schenkten.« Die Grundstücke Nr. 130, 131 und 134 erhielten bei der wechselseitigen Numerierung die Nummern 29, 25/27 und 15. Durch den Bau der Staatsbibliothek und durch die Verlegung der Potsdamer Straße entfielen die Nummern wegen der Entwidmung des öffentlichen Straßenlandes in diesem Bereich.

Schöneberger Ufer Um 1900 wohnte Julius Stettenheim im dritten Stock des Hauses Nr. 31.

Im »alten, zerfallenen Hause« Nr. 40 hatte Robert Walser in einem möblierten Zimmer bei einer »buckligen Wirtin, die eine Menge Kostgänger« beherbergte, seine letzte Berliner Bleibe. Ungesellig und zurückgezogen lebend, verkam er ohne den brüderlichen Einfluß immer mehr. Im Frühjahr 1913 trieb es ihn in seine Geburtsstadt zurück, 1915 kam er noch einmal zu einem kurzen Aufenthalt in die Reichshauptstadt. Die letzten 27 Jahre seines Lebens verbrachte der Lieblingsdichter Walter Rathenaus, zu Lebzeiten »bodenlos erfolglos«, in Nervenheilanstalten, schrieb keine Zeile mehr und starb am 25. Dezember 1956 bei einem Spaziergang um die Appenzeller Heil- und Pflegeanstalt Herisau am Herzschlag. Im Simon seines Romans »Geschwister Tanner« (1906) und im Titelhelden des »Gehülfen« (1907) hat er sich verewigt. Er hinterließ eine Reihe von Berliner Stimmungsbildern, wie »Aschinger« (1907), »Tiergarten« (1911) und die Gesellschaftsszene »Frau Bähni« (1916). Der am 12. März 1862 geborene ostpreußische Förstersohn und populäre Schriftsteller Richard Skowronnek, Dramaturg am Kgl. Schauspielhaus, wohnte um die Jahrhundertwende im Hause Nr. 43.

Eine Tafel am Hause Nr. 61 erinnert an den 1892 in Hamburg geborenen Schauspieler Hans Albers, der hier eine Zeitlang wohnte. Er starb am 24. Juli 1960 in Kempfenhausen in Bayern.

Lützowufer Am Lützowufer wohnte im Jahre 1873 nach ihrer Hochzeit mit einem preußischen Offizier Elisabeth Baronin von Ardenne, geb. Freiin von Plotho. Ihre Ehe- und Scheidungsgeschichte hat Fontane in seinem Roman »Effi Briest« (1895) unsterblich gemacht. In einem Brief Fontanes heißt es: »Es ist eine Geschichte nach dem Leben, und die Heldin lebt noch . . .« Friedrich Spielhagen behandelt in seinem Roman »Zum Zeitvertreib« denselben Vorwurf. Die Baronin, deren Familie sich in ihrem Enkel, dem Physiker Manfred, Baron von Ardenne, fortsetzt, arbeitete später als Oberin in der Heilanstalt Schweizerhof, die am Teltower Damm in Zehlendorf an der Stelle der Kennedy-Schule lag.

Ludwig Fulda übersiedelte im März 1896 von München wieder nach Berlin. Bis 1912 wohnte er am Lützowufer Nr. 13. Von hier zog er in die Kaiserallee.

Im Jahre 1893 kam Frank Thieß als Dreijähriger mit seinen Eltern und Geschwistern aus dem Baltikum nach Berlin, wo sein Vater, ein Baumeister, der »unter dem Druck der Russifizierung« emigiert war, im Hause Nr. 13 eine kleine Dreieinhalbzimmerwohnung mietete. Trotz der bedrängten wirtschaftlichen Lage abonnierte der Vater Zeitschriften wie »Velhagen und Klasings Monatshefte« und »Über Land und Meer«, die den ersten Lesestoff des Schülers Frank bildeten. Nach zwei Jahren übersiedelte die Familie in die Fasanenstraße.

Blumes Hof Im Hause Nr. 12 bewohnte Walter Benjamins Großmutter mütterlicherseits, eine »entschieden unternehmende Frau«, von der er seine Lust am Reisen und Schenken geerbt zu haben glaubte, eine Etage mit »zwölf bis vierzehn Zimmern und einer Loggia«. Hier verbrachte er viele Stunden seiner Kinderjahre. Ihr verdankte er eine Ansichtskarten-Sammlung, deren Verlust ihn in der Emigration tief betrübte. »Übrigens hieß es nicht Blumes Hof, sondern Blume-zoof«, erinnert er sich.

Kluckstraße Die volkstümliche Jugendschriftstellerin Frida Schanz, am 16. Mai 1859 in Dresden als Tochter dichtender Eltern geboren, war zunächst Lehrerin und betätigte sich nebenbei als Schriftstellerin. Im Jahre 1885 heiratete sie den Schriftsteller Ludwig Soyaux und übersiedelte mit ihm zehn Jahre später von Leipzig nach Berlin. Das Ehepaar wohnte im zweiten Stock des Gartenhauses Nr. 16 der Magdeburger Straße, die heute Kluckstraße heißt. Unter ihrem Mädchennamen wurde sie als Schriftstellerin und als Mitglied der Schriftleitungen der illustrierten Wochenschrift zur Belehrung und Unterhaltung »Daheim« und von »Velhagen und Klasings Monatsheften« bekannt.

Um 1912 zog der Schriftsteller Sigmar Mehring, der sich »französisch bis in die Barttracht« trug, mit seiner Familie in das Haus Nr. 20. Kurz vor dem Abiturium mußte sein Sohn Walter die Schule »wegen unpatriotischen Verhaltens« verlassen und die Reifeprüfung als Externer ablegen. Schon als Schüler konnte er seine ersten expressionistischen Gedichte in Waldens »Sturm« veröffentlichen. Ein kunstgeschichtliches Studium wurde 1916 durch seine Einberufung zum Kriegsdienst abgebrochen. Nach Kriegsende gehörte er zu den Begründern des Dada-Kreises, dessen Chronik er 1959 schrieb, wirkte an Hardens »Zukunft«, an der »Weltbühne« und am »Tagebuch« mit und machte Reinhardts Kabarett »Schall und Rauch« mit seinen aggressiven Gedichten, Bänkelliedern und Chansons zu einer hochliterarischen Anstalt. In seinem »Ketzerbrevier« (1921) finden sich »herrlich gereimte Lieder von einem in Deutschland fast nie gesehenen Wortreichtum«, wie Tucholsky urteilt. Von 1921 bis 1928 wirkte er als Korrespondent verschiedener deutscher Zeitungen in Paris. Nach seiner Rückkehr teilte er mit seiner 1915 verwitweten Mutter die Wohnung. In der Nacht nach dem Reichstagsbrand konnte der Freund Tucholskys, Einsteins, Döblins, Ossietzkys und Else Lasker-Schülers aus dem von der SA umstellten Hause über Wien in die Schweiz fliehen, überlebte das französische Konzentrationslager St. Cyprien und entkam mit knapper Not in die Vereinigten Staaten. Seine Bücher wurden verbrannt, er selbst wurde ausgebürgert und seine Mutter in Auschwitz umgebracht. Nach dem Kriege kam er nach Europa zurück und lebt jetzt vereinsamt und krank in einem bescheidenen Hotelzimmer in Zürich. 1976 verlieh ihm die Stadt Berlin ehrenhalber den Professorentitel. In seinem einzigen Bühnenstück »Der Kaufmann von Berlin« (1928) hinterläßt er ein satirisches Schauspiel aus der deutschen Inflation. In seiner »Autobiographie einer Kultur. Die verlorene Bibliothek« (1952) gedenkt er voller Wehmut der in der Katastrophe der Hitlerzeit zerstörten wertvollen Bibliothek und des väterlichen Arbeitszimmers mit dem »persischen Diwan und dem Eisbärfell davor« und dem »orthopädischen Patent-Lesepult«, an dem er seine Schularbeiten machte.

Lützowstraße Ernst Jünger, der als Kriegsfreiwilliger am Ersten Weltkrieg, in dem er mehrmals verwundet wurde, teilgenommen hatte, blieb zunächst widerstrebend als Leutnant bei der republikanischen Reichswehr. 1921 wurde er zum Reichswehrministerium nach Berlin abkommandiert und mietete, nachdem er eine Zeitlang in der Rathenower Straße »ein passables Kasernen-Quartier« bewohnt hatte, ein Zimmer in der Lützowstraße, dicht am Magdeburger Platz. »*Ich wohne . . . gegenüber den Markthallen, fahre aber abends oft noch um elf oder zwölf Uhr nachts in den Norden hinaus, um dort inmitten der Menschenmassen oder auch in den leeren Seitengassen spazieren zu gehen*«, schreibt er am 3. Dezember 1921 an seinen Bruder. 1923 nahm er seinen Abschied und ließ sich in Leipzig nieder, wo er studierte, ohne ein Abschlußexamen zu machen. 1927 kehrte er mit seiner Frau nach Berlin zurück.

Der am 6. November 1880 in Klagenfurt geborene, aus einer alten österreichischen Beamten- und Offiziersfamilie stammende Robert (Edler von) Musil, der sich nach Abbruch seiner militärischen Laufbahn dem Beruf eines Maschinenbauingenieurs zugewandt hatte, gab im Jahre 1903 seine Assistentenstelle an der Technischen Hochschule Stuttgart auf und begann ein geisteswissenschaftliches Studium an der Universität Berlin. Im Wintersemester 1904/05 und im Sommersemester 1906 wohnte der Student im Hause Nr. 106. Im März 1905 schloß er seinen Erstling, den Pubertätsroman »Die Verwirrung des Zöglings Törleß«, ab, in dem seine Nöte als Schüler in Internaten und k.u.k. Militärerziehungsanstalten ihren literarischen Niederschlag gefunden haben. Der Roman erschien im Jahre 1906 und wurde von Alfred Kerr in einer sechsspaltigen Kritik im »Tag« »als ein Buch . . . , das bleiben wird«, begeistert begrüßt. Immer war Musil in Berlin auf der Suche nach einem ihm zusagenden Zimmer, einem »Zimmer, so als ob es ein Mensch vor mir bewohnt hätte, der ich gerne geworden wäre«, wie es in seinem »Tagebuch« heißt.

Magdeburger Platz Walter Benjamin widmet der 1888 auf dem Platz erbauten und im Kriege zerstörten Markthalle – »man denke nicht, daß es Markt-halle hieß. Nein, man sprach Mark-Thalle« – eine seiner Miniaturen, die unter dem Titel »Berliner Kindheit um Neunzehnhundert« 1950 postum erschienen.

Genthiner Straße Der Politiker und Schriftsteller Hellmut von Gerlach wohnte im ersten Jahrzehnt des Jahrhunderts im dritten Stock des Hauses Nr. 15, dann im Hause Nr. 3 und von 1914 bis 1930 im Hause Nr. 22. Von hier übersiedelte er in die Halberstädter Straße.

Fedor von Zobeltitz hatte mit seiner zweiten Frau Martha seine erste Berliner Wohnung im letzten Jahrzehnt des vergangenen Jahrhunderts im Hause Nr. 13. Er wohnte zunächst im Erdgeschoß, zog dann

in den dritten Stock, »wo über mir keine Klavierspielerin die Tasten ruinieren und keine kleinen Kinder sich in Freuden- und Wehgeheul ergehen konnten«. Von hier übersiedelte er in die Uhlandstraße. Der Maler und Schriftsteller Julius Meier-Graefe, Sohn eines schlesischen Großindustriellen, »versnobt und extravagant«, wie ihn seine Feinde nannten, der im Jahre 1903 von Paris nach Berlin übergesiedelt war, bewohnte mit seiner Frau die zweigeschossige Villa 30i in dem nach dem Maler Adalbert Begas benannten Winkel hinter dem Hause Genthiner Straße 30. Sie gehört zu den sechs der zehn Villen, die einst die Privatstraße bildeten und die Kriegswirren unversehrt überstanden. Hier entstand eine Vielzahl seiner kunsthistorischen Artikel, und hier sammelte er das Material für spätere Bücher, vor allem für seine »Entwicklungsgeschichte der modernen Malerei«. Gerhart Hauptmann, Rilke mit seiner Frau Clara Westhoff, Dehmel und Hugo von Hofmannsthal waren hier zu Gast. Während des Krieges kam er in russische Gefangenschaft, seine Erlebnisse schildert er in »Der Tschainik« (= Teekessel). Er starb am 5. Juni 1935 in seinem Haus in Vevey in der Schweiz. 1890 erschien seine erste Novelle in Westermanns Monatsheften, fünf Jahre später gründete er mit Bierbaum und Dehmel die Zeitschrift »Pan«.
In Wohngemeinschaft mit dem Ehepaar lebte von 1905 bis 1908 Rudolf Alexander Schröder. In seiner berühmt gewordenen Liebeserklärung an Berlin zum Anlaß der Goethefeier 1949 führte er aus: *»Ich habe das Berlin des Großen Kurfürsten und des großen Königs, das Berlin der Befreiungskriege und der Romantik, der Stadt der Hegel und Grimm, der E. T. A. Hoffmann und Fontane, der Schadow und Menzel, die Stadt Bismarcks und seines Kaisers, geliebt, bevor ich als Zwanzigjähriger zum erstenmal die Linden entlang spazieren durfte . . . und diese Liebe hat sich dann nur erweitert und vertieft . . .«* Der am 26. Januar 1878 in Bremen als Sohn eines wohlsituierten Kaufmanns geborene konservative Lyriker, Essayist und Übersetzer gründete 1899 in München mit seinem Vetter A. W. Heymel und mit Bierbaum die Zeitschrift »Die Insel«, aus der sich 1902 der Insel-Verlag entwickelte. Theodor Heuss bemühte sich vergeblich, seine »Hymne an Deutschland« zur Nationalhymne zu machen. *». . . Die drei Jahre, wo ich Berliner unter Berlinern sein durfte, zähle ich zu den glücklichsten meines Lebens. Mir ist, als hätte ich nirgends so leicht, so rasch, so produktiv gearbeitet wie in jenen Jahren. Sie stehen unter dem Zeichen des gemeinsamen Haushalts, den ich mit dem mir schon von Paris her befreundeten Ehepaar Meier-Graefe führte.*

Wir hatten das Parterre inne, im Oberstock wohnte die Besitzerin, Louise Begas-Parmentier, eine alte Malerin, die allmonatlich zu Spaghetti und Würstchen einen Kreis erlauchter Geister um sich versammelte, darunter, neben angehenden Klaviervirtuosen, Bühnenstars, überalterten Sangesgrößen und literarischem Fußvolk aller Art auch Isidora Duncan und Alfred Kerr, damals noch in voller Lockenpracht.« In seinem »Genthiner Winkeldasein« schrieb er neben vielen Gedichten an seiner Übersetzung der Odyssee und übersetzte im Auftrag Reinhardts ein Stück von Shakespeare. Seine ablehnende Stellungnahme zu gewissen Gedichten Dehmels führte zum Krach mit seinen Gastgebern und zur Aufgabe der Wohngemeinschaft. Er ging nach Bremen, wo er sich als Innenarchitekt niederließ und sich als Ausstatter von Ozeandampfern einen Namen machte. 1936 zog sich der Gegner des Nationalsozialismus nach Bayern zurück, wo er am 22. August 1962 starb.

Die Mutter des am 21. November 1880 in Stettin geborenen Schriftstellers und Übersetzers Franz Hessel kam nach dem Tode ihres Mannes, eines wohlhabenden Bankiers, mit ihrem achtjährigen Sohn und seinen Geschwistern nach Berlin und nahm im zweiten Stock des Hauses Nr. 43 Wohnung. Nach dem Studium in München ging Hessel nach Paris und kehrte erst bei Kriegsausbruch nach Berlin zurück. Von 1925 bis 1928 lebte er mit seiner Frau wieder in der französischen Hauptstadt, wo er zusammen mit Walter Benjamin an der Übersetzung von Prousts »A la recherche du temps perdu« arbeitete. Zurück in Berlin, bezog er eine Wohnung in der Friedrich-Wilhelm-Straße und betätigte sich als Lektor für den Rowohlt-Verlag.

Derfflinger Straße Im Hause Nr. 3 wurde am 29. April 1896 der Lyriker und Dramatiker Walter Mehring geboren. Sein Vater, Sigmar Mehring, war der angesehene Schriftsteller, Villon-, Verlaine- und Whitman-Übersetzer und Redakteur des »Ulk«, der satirischen Wochenbeilage des Berliner Tageblatts, an dem u.a. auch Zille, Tucholsky und George Grosz debütierten, seine Mutter die Opernsängerin Hedwig Stein. In »Müller, Chronik einer deutschen Sippe« (1935) schildert der Dichter seine Schulzeit und seine Lehrer am Kgl. Wilhelms-Gymnasium in der Bellevuestraße, das er zusammen mit Richard Friedenthal, dem Autor einer vielbeachteten Goethe-Biographie (1963), besuchte. Um 1912 übersiedelte die Familie in die Magdeburger Straße.

Im Hause Nr. 4 hatte Wilhelm Herzog bis zu seiner Übersiedlung nach Sanary-sur-Mer in Frankreich im Jahre 1930 eine Wohnung.

Der am 12. Januar 1884 in Berlin als Sohn eines jüdischen Kaufmanns geborene sozial-pazifistische Dramatiker besuchte das Graue Kloster und studierte in Berlin Germanistik und Kunstgeschichte. Von 1910 bis 1911 leitete er zusammen mit Paul Cassirer die Halbmonatsschrift »Pan«. Zwischen 1904 und 1910 arbeitete er an einer Lichtenberg-Ausgabe, 1905 begann er eine Kleist-Biographie, die ihn sechs Jahre lang beschäftigte. Von 1914 an lebte er in München und Berlin. 1915 heiratete er die Filmschauspielerin Erna Morena. Die Ehe wurde 1921 geschieden. Nach Kriegsausbruch wurde er in Les Milles interniert, konnte aber in die USA entkommen. Seit 1952 lebte er in München, wo er am 18. April 1960 in einer Klinik starb.

In der Derfflinger Straße befindet sich der Neubaukomplex des ehrwürdigen Französischen Gymnasiums. Die vor der Schule liegende, 1872 erbaute Wuttkesche Villa dient dem Gymnasium als Bibliothek.

Der am 27. Februar 1846 in Schlawe (Pommern) als Sohn eines ehemaligen preußischen Offiziers geborene promovierte Publizist, Literaturhistoriker und Geschichtsforscher Franz Mehring – mit Walter Mehring nicht verwandt – kam nach Leipziger Studienjahren im November 1868 nach Berlin und wandte sich schon als Student dem Journalismus zu. In den neunziger Jahren wohnte er im Hause Nr. 23. Hier vollendete er sein Hauptwerk, die »Lessing-Legende« (1893), eine marxistische Analyse der Entwicklungsgeschichte des preußischen Despotismus und der klassischen Literatur. Von 1892 bis 1896 war er Leiter der »Freien Volksbühne«, ab 1884 Mitarbeiter, dann Chefredakteur der bürgerlichen »Volkszeitung«. Er starb am 29. Januar 1919.

Kielganstraße Der Bauer, Grundbesitzer und Spekulant Georg Friedrich Kielgan, der den sandigen Boden seiner Ländereien um die heutige Kielganstraße mit dem Inhalt der städtischen Senkgruben in fruchtbare Gemüseäcker verwandelt hatte, setzte sich in den sechziger Jahren des vergangenen Jahrhunderts zur Ruhe und parzellierte seinen Besitz, auf dem bald eine vornehme Villenkolonie und damit die beste Adresse im alten Westen entstand. Julius Rodenberg verwertet in seiner Novelle »Klostermanns Grundstück« (1891) die Entwicklung des Viertels literarisch.

Buchenstraße Im Hause Nr. 2 der Buchenstraße, einer im Zuge der Sanierung verschwundenen Querstraße der Derfflinger Straße, wohnte nach dem Ersten Weltkrieg die Schriftstellerin und Essayistin Mechtilde Fürstin von Lichnowsky, seit 1904 Gattin des Diplomaten

Karl Max Fürst von Lichnowsky. Nach Karl Kraus besaß sie mehr Geist als alle anderen deutschen Schriftsteller zusammen. 1928 erschienen ihre Novellen »Das Rendezvous im Zoo«, als ihr wichtigstes Werk wird ihr autobiographischer Roman »Kindheit« (1932) angesehen. Die Bücher der Urenkelin der Kaiserin Maria Theresia wurden von den Nationalsozialisten verbrannt. Durch ihre zweite Ehe Engländerin geworden, starb sie am 4. Juni 1958 in London. 54 Jahre nach seinem Erscheinen wurde ihr »Kampf mit dem Fachmann« (1978) als Kulturkuriosum wiederaufgelegt. Der Schriftsteller August Scholtis war in seiner Jugend von 1914 bis 1921 Schreiber in der Güterverwaltung des Fürsten Lichnowsky, der dem begabten Bauernjungen manche Förderung angedeihen ließ.

Kurfürstenstraße Im Hause Nr. 58, in dem die Filmschauspielerin Henny Porten viele Jahre lebte, befindet sich das Caféhaus EinStein, das sich die Verbreitung avantgardistischer Literatur und Musik zur Aufgabe gemacht hat.

Achter Spaziergang: Schöneberg

Kurfürstenstraße Die nördliche Seite der Kurfürstenstraße, bis 1863 Mühlenweg genannt, in Fontanes »Irrungen und Wirrungen« (1888) ein »stiller Wiesenpfad mit vereinzelten Bänken für die wenigen Spaziergänger und Liebespaare«, gehört zum Bezirk Tiergarten, der südliche zu Schöneberg.

Im Jahre 1881 bezog Johannes Trojan eine Wohnung im Hause Ansbacher Straße 2, an der Ecke der Kurfürstenstraße. Im Hause Nr. 83, heute ein Teil des Grundstücks Nr. 80–84, hatte der promovierte Kritiker und Literarhistoriker Ernst Heilborn, der in seinem Entwicklungsroman »Josua Kersten« (1908) voller Witz den Lebenslauf eines Journalisten und die Literatencliquen Berlins schildert, in den beiden ersten Jahrzehnten unseres Jahrhunderts eine Wohnung.

Nach seiner Eheschließung zog Wedekind im Oktober 1906 mit seiner Frau, der Schauspielerin Mathilde Newes, vom Schiffbauerdamm in eine Wohnung im dritten Stock rechts des Hauses Nr. 125. Hier richtete er sich mit seinen Münchener Möbeln elegant ein, sein Arbeitszimmer tapezierte er »mit einem dämonisch drohenden Rot« und mit an der Wand aufgehängten Peitschen, wie Tilla Durieux berichtet. Obwohl er eine Köchin engagiert hatte, speiste Wedekind allabendlich mit Freunden, zu denen Gerhart Hauptmann, Rathenau sowie Paul Cassirer und Tilla Durieux gehörten, im Restaurant. In der Kurfürstenstraße kam am 12. Dezember 1906 seine Tochter Pamela zur Welt, die als Schauspielerin den Wedekind-Stil fortsetzte, sich mit Klaus Mann verlobte und den alternden Dramatiker Carl Sternheim heiratete. Am 21. September 1908 kehrte der Schriftsteller mit seiner Frau nach München zurück. In Berlin hat er sich »nie recht heimisch« gefühlt. ». . . *Berlin ist keine Stadt, in der man selig werden kann . . . Hat Gott den Menschen geschaffen, damit er sein halbes Leben auf der Stadtbahn sitzt? Welchen Sinn hat das Leben eines Menschen, der keine Zeit hat? Berlin ist eben keine Stadt, sondern ein trauriger Notbehelf. Berlin ist ein Konglomerat von Kalamitäten*«, schreibt er seinem Freund Arthur Holitscher. Am 9. März 1918 starb er an den Folgen einer Blinddarm- und Bruchoperation mit den Worten »Tilly, Tilly« auf den Lippen. Bei seiner Beerdigung auf dem Münchener Waldfriedhof sprachen Max Halbe und Heinrich Mann. Der Lyriker Heinrich Lautensack bekundete seine Bindung zu dem Dramatiker dadurch, daß er in einem Anfall von Geistesverwirrung in die offene Grube sprang.

Um die Jahrhundertwende übersiedelte Cäsar Flaischlen von der Steglitzer Straße in den dritten Stock des Hauses Nr. 63. Das Haus lag auf dem Platz vor dem »Hotel Berlin«. Frank Thieß, der mit einer eingehenden Dissertation über den von ihm hochverehrten Dichter promovierte und ihn hier häufig aufsuchte, war peinlich berührt über die »faulen Eier politischer Phraseologie«, wie »welsche Tücke, englischer Krämerneid, italienische Falschheit, russische Barbarei und deutsche Nibelungentreue«, mit der der Dichter aufwartete, über einem Kupferstich Goethes, der im WC der Wohnung hing, und über die schwäbische Mundart, in der er mit qualmender Zigarre seine lyrischen Gedichte vorlas. 1910 heiratete er Edith Klapp und mietete eine größere Mansardenwohnung im Hause Nr. 51. Sein Leben lang hatte er schwer um seine wirtschaftliche Existenz zu kämpfen. Die letzten Jahre verbrachte er in Gundelsheim bei Heilbronn. Der Dichter starb am 16. Oktober 1920 im dortigen Sanatorium Hornegg. In Stuttgart wurde er beigesetzt.

Bayreuther Straße Im Hause Nr. 39 hatte der Galerist Herwarth Walden mit seiner dritten Frau Ellen Bork seine letzte Berliner Wohnung. 1931 emigrierte das Ehepaar in die Sowjetunion, das Land der politischen Sehnsucht Waldens. Am 13. März 1941 wurde er im Moskauer Hotel Metropol »wegen Verbreitung konterrevolutionärer, volksfeindlicher, formalistischer Irrlehren und eines unverbesserlichen Hermetismus« verhaftet und am 31. Oktober 1941 im Gefängnis von Saratow liquidiert. Seine Frau, die mit Hilfe der Deutschen Botschaft nach Berlin zurückgelangt war, schreibt in der Biographie ihres Gatten: »*Er fühlte sich nie als Jude, aber auch nicht als Deutscher. Er liebt zwar Berlin, aber nicht, weil er dort geboren war, sondern weil ihm die Art der Berliner gefiel: sachlich-drastischer Humor und ruhiges, gefaßtes Hinnehmen von Schicksalsschlägen, Eigenschaften, die er selbst besaß* . . .«

Wittenbergplatz Die neun Romane, die Vladimir Nabokov in Berlin schrieb und die zumeist autobiographische Züge tragen, spielen um den Wittenbergplatz, wo die russischen Emigranten, die vor der Oktoberrevolution in Westeuropa Zuflucht gesucht hatten, in armseligen Pensionen und möblierten Zimmern hausten. Dem am 23. April 1899 im zaristischen Petersburg als Sohn eines wohlhabenden Juristen, der bei einem Attentat in Berlin umkam, geborenen »großen Erzähler, dem Dichter der Liebe«, wie Marcel Reich-Ranicki ihn nennt, war dieser Lebensbereich aus eigenem Erleben wohlbekannt. Nachdem die Familie ihr Vermögen im Chaos der russischen Revolution verloren hatte, war er mit seinen Eltern nach England emigriert und kam nach Studien in Cambridge im Jahre 1923 nach Berlin. Seinen Lebensunterhalt verschaffte er sich als Tennislehrer. Seine Romane schrieb er in russischer Sprache, die er erst 1940 in der zweiten Emigration mit der englischen vertauschte. Lediglich die Liebesgeschichte »Maschenka« (1926) wurde in deutscher Sprache als broschiertes gelbes Ullsteinbuch veröffentlicht. 1937 verließ er Berlin und ging über die Schweiz in die Vereinigten Staaten. 1955 konnte in Frankreich der Roman »Lolita«, der seinen Weltruf begründete, erscheinen. Auch als Schmetterlingssachverständiger ist er bekannt geworden; ein Falter trägt seinen Namen. Am 2. Juli 1977 starb er in Montreux in der Schweiz.

Kleiststraße Im zweiten Hof des Hauses Nr. 6, fünf Treppen hoch, wohnte und arbeitete der Maler und Graphiker Melchior Lechner in zwei eigenwillig im Jugendstil eingerichteten Zimmern und einem Atelier. Mit Stefan George verband ihn eine enge Freundschaft. Hier schlug der Dichter sein Quartier auf, wenn er alljährlich von Oktober bis Dezember in Berlin weilte, und hier traf er sich mit seinem »Kreis«. Auf Melchior geht die Ausgestaltung vieler Bücher Georges, vor allem die der Titelblätter, zurück.

In der damals im Hause Nr. 22 gelegenen Pension Bayreuth fand die Dichterin Else Lasker-Schüler um 1914 für kurze Zeit eine Unterkunft.

Die Schriftstellerin Frida Schanz wohnte im zweiten Jahrzehnt unseres Jahrhunderts im zweiten Stock des Gartenhauses der Kleiststraße 30. Sie starb am 17. Juni 1944 in Bad Warmbrunn.

Im Hause Nr. 41 lag das »Nollendorfkasino«, in dem sich jeweils mittwochs um 10 Uhr abends in einem Hinterzimmer der Lyriker und Altphilologe Jakob von Hoddis, zuweilen auch der Dichter Ernst Blaß, vor allem aber der Präsident des »Neuen Clubs«, Dr. Kurt Hiller, mit ihren Freunden, den »Neopathetikern«, trafen und vor geladenen Gästen aus ihren Werken lasen. Hier wurde am 1. Juni 1910 das Neopathetische Cabaret gegründet, und hier trat Georg Heym am 6. Juli 1910 zum erstenmal öffentlich auf.

Keithstraße Im Hause Nr. 18 hatte Hanns von Zobeltitz im letzten Jahrzehnt des vergangenen Jahrhunderts seine erste Berliner Wohnung.

Ernst Heilborn, Schüler des Französischen Gymnasiums, Student der Germanistik in Jena und Berlin, Herausgeber der Halbmonatsschrift »Das Literarische Echo«, seit 1923 »Die Literatur«, hatte im selben

Haus seine letzte Wohnung. Als Jude im Jahre 1936 mit Schreibverbot belegt, wurden er und seine Frau bei dem Versuch, 1942 aus Deutschland zu entkommen, verhaftet. Der fünfundsiebzigjährige Literaturkritiker starb am 16. Mai 1942 im Gefängnis, seine Frau machte ihrem Leben vor dem Abtransport in ein Konzentrationslager ein Ende.

An der Urania Im Hause Nr. 24 der Nettelbeckstraße, die heute An der Urania heißt, wohnte Walter Benjamin um 1900 bei seinen Eltern.

Nollendorfplatz Der am 9. Dezember 1901 im damals österreichisch-ungarischen Sušak bei Fiume als Sohn eines Diplomaten geborene Schriftsteller Ödön von Horváth, der in Belgrad, Budapest, Preßburg, Wien und München aufwuchs, viermal die Unterrichtssprache wechselte und mit vierzehn Jahren den ersten deutschen Satz schrieb, ließ sich Ende 1924 als freier Schriftsteller in Berlin nieder. *»Es hat sich allmählich herumgesprochen, daß das Materielle unentbehrlich ist. Und das bietet dem jungen Schriftsteller nur Berlin, von allen Städten. Berlin, das die Jugend liebt und das auch etwas für die Jugend tut, im Gegensatz zu den anderen Städten, die nur platonische Liebe kennen. Ich liebe Berlin«*, schreibt er. Tatsächlich wurde Berlin die Stadt seiner ersten größeren Erfolge. Horváth, der nie einen festen Wohnsitz hatte, logierte, wie sein Biograph Dieter Hildebrandt berichtet, in kleinen Pensionen, »meist in der Gegend um den Nollendorfplatz, wo die Varieté-Künstler wohnten, die an der Skala oder anderen Etablissements auftraten«. Er arbeitete zunächst im Sekretariat der Liga für Menschenrechte in der Wilhelmstraße, freundete sich mit Mehring und Bruckner an und schrieb seine Volksstücke »Italienische Nacht« (1931) und »Geschichten aus dem Wienerwald« (1931), die beide lange Zeit die Bühnen des Theaters am Schiffbauerdamm und die des Deutschen Theaters beherrschten. 1931 wurde ihm auf Vorschlag Zuckmayers der Kleistpreis zuerkannt, 1933 mußte er fluchtartig die Reichshauptstadt verlassen, seine Bücher wurden verbrannt. Er verbarg sich im Landhaus seiner Eltern in Murnau, heiratete zu Weihnachten 1933 in Wien formal die Sängerin Maria Elsner, der er auf diese Weise den gewünschten ungarischen Paß verschaffte, und kam 1934 heimlich nach Berlin zurück.

Im Dachgeschoß des nicht mehr bestehenden Mietshauses Nr. 1 wohnte und arbeitete von etwa 1900 bis zu seinem Tode der impressionistische »Verherrlicher der Großstadt« Lesser Uri, der sich 1887 in Berlin niedergelassen hatte. Eine Gedenktafel erinnert an den

Maler, den die nächtlich beleuchteten, regennassen Straßen der Stadt faszinierten. Er starb am 7. November 1931; auf dem Jüdischen Friedhof in Weißensee wurde er beigesetzt. Das frühere Café Adler am Nollendorfplatz war der Treffpunkt von Döblin, Benn und Ludwig Marcuse. Berlin rund um den Nollendorfplatz in den frühen zwanziger Jahren bildet den Schauplatz von Bergengruens zwischen 1927 und 1930 geschriebenem Kriminalroman »Der goldene Griffel«.

Von 1927 bis 1930 lieferte Erwin Piscator in dem 1906 als »Neues Schauspielhaus« eröffneten Theater, das er »Theater am Nollendorfplatz« nannte, mit seinen Theatermaschinerie sowie Film und Bühne verbindenden Inszenierungen einen revolutionären Beitrag zur Geschichte des modernen Theaters. Tollers Politrevue »Hoppla, wir leben« erlebte hier am 3. September 1927 ihre Uraufführung. Nach Piscators wirtschaftlichem Zusammenbruch wurde aus dem Theater eine Filmbühne, der »Mozartsaal«. Hier sprengten protestierende Nationalsozialisten unter Führung von Arnolt Bronnen im Dezember 1930 die Premiere des amerikanischen Films »Im Westen nichts Neues« nach Remarques gleichnamigen Roman, indem sie Tausende von weißen Mäusen in das Parkett laufen ließen und Stinkbomben warfen. Nach dem Krieg wurde der Mozartsaal zum Filmtheater »Metropol« und jetzt zu einer der größten Diskotheken der Welt.

Maienstraße Im Hause Nr. 1 der nur aus fünf Häusern bestehenden Maienstraße wohnte die am 16. Januar 1860 in London geborene Diplomatentochter, Schriftstellerin und Malerin Marie von Bunsen. Mit ihrem Roman »Gegen den Strom« (1893) hinterläßt sie ein stimmungsvolles Bild des »neuen Berlin«. In ihren Erinnerungen »Die Welt, in der ich lebte« (1929) beschreibt sie das elterliche Haus im »Kielgansche Villenviertel«, das ihr Vater 1869 erwarb und in dem sie mehr als drei Jahrzehnte ihres Lebens verbrachte. »Auf dem heutigen Nollendorfplatz bauten wir Wasserfestungen, wir rasten pferdespielend auf dem Lützowplatz und fast bis zur Bendlerbrücke, fast bis zum Zoologischen Garten umher«, schreibt sie.

Mackensenstraße Vor der Jahrhundertwende übersiedelte Otto Erich Hartleben, Dichter und abenteuerlicher Pilsener-Vertilger, von der Karlstraße in das Haus Nr. 93 der Motzstraße, deren Verlängerung über den Nollendorfplatz hinaus im Jahre 1934 den Namen des Heerführers im Ersten Weltkrieg erhielt. Das Haus Nr. 93 trägt seitdem die Nummer 1. Die Einkünfte aus seiner schriftstellerischen Tätigkeit gestatteten dem energielosen Bohemien, sich im Jahr 1903 in seine Villa Halkyone in Salò am Gardasee zurückzuziehen, wo er, vom Alkohol ruiniert, am 11. Februar 1905 einundvierzigjährig starb. Der Leichnam des erfolggekrönten Autors der in wenigen Wochen geschriebenen Offizierstragödie »Rosenmontag« (1900) wurde im Weinkeller seiner Villa aufgebahrt, wo Angestellte die Totenwacht übernahmen. Diese veranstalteten eine Trinkerei am offenen Sarge, so daß der Transport der sterblichen Überreste am nächsten Tag mit peinlichen Zwischenfällen verbunden war. Seinem Wunsch, seinen Leichnam in Brescia einzuäschern und den Kopf vom Körper zu trennen und nach Deutschland zu bringen, wurde entsprochen. Ein Arzt trug den Schädel in Zeitungspapier eingewickelt nach Hause, verweilte jedoch auf seinem Weg in einer Osteria, wo der Schädel zum Entsetzen seiner Kumpane über den Fußboden rollte.

Bülowstraße In dem im letzten Krieg zerstörten Hause Nr. 1 hatte Georg Büchmann eine Wohnung. Nach dem Todes ihres Gatten im Jahre 1890 übersiedelte die Mutter des Schriftstellers Georg Hermann mit ihren vier Kindern von der Heiligegeiststraße in eine bescheidene Wohnung im zweiten Stock des an der Ecke Frobenstraße gelegenen Hauses Nr. 18, an dessen Stelle sich jetzt eine Autohandlung befindet. Nach dem Schulabschluß im selben Jahr arbeitete der zwanzigjährige Georg als Lehrling und Gehilfe in einem Krawattengeschäft und trat nach Ableistung seiner Militärdienstpflicht als Hilfsarbeiter in das Statistische Amt der Stadt Berlin ein. Ende 1896 erschien sein erster Roman »Spielkinder«, eine seiner »Selbstdarstellungen in fiktionaler Form«. Im nächsten Jahr wählte er den Vornamen seines Vaters als Pseudonym. Von 1896 bis 1899 besuchte er als Gasthörer die Universität, um sich »ein paar Löcher in den Mantel meiner Unbildung zu reißen«. Als Kunstkritiker fand er beim Ullstein-Verlag ein bescheidenes Einkommen, das ihm im Jahre 1901 gestattete, zu heiraten und eine eigene Wohnung in der Kaiserallee zu beziehen.

In der elterlichen Wohnung im zweiten Stock des Hauses Bülowstraße 82 und im umliegenden Bülowbogen verbrachte Erdmann Graeser seine Kinderjahre.

Im September 1897 bezog Samuel Fischer mit seinem Verlag das Doppelhaus Nr. 90/91, das die Bomben des Zweiten Weltkriegs überlebt hat. Peter de Mendelssohn beschreibt die Büroräume und den Verlag in seinem Werk »S. Fischer und sein Verlag« (1970). Dieses Haus blieb der Sitz des Fischer-Verlags zwei Jahre über den Tod seines Chefs im Jahre 1934 hinaus. Hier erschien, von Julius Elias und Paul Schlenther bearbeitet, die zehnbändige Ausgabe von Ibsens sämtlichen Werken in deutscher Sprache (1898–1904), »eine bemerkenswerte Leistung«, wie Thomas Mann feststellt. 1899 unterschrieb Hugo von Hofmannsthal, der Berlin die »große Affenstadt« nennt, seinen ersten Verlagsvertrag mit Fischer. 1913 arbeitete Rowohlt als Prokurist im Verlag.

Zietenstraße Im Parterre des Hauses Nr. 20 der Verlängerten Genthiner Straße, die heute Zietenstraße heißt, mietete der Sprachforscher Georg Büchmann in den achtziger Jahren des vorigen Jahrhunderts seine letzte Wohnung. Vorher hatte er in der Kommandantenstraße gelebt. Am 4. Januar 1822 als uneheliches Kind eines Militärangestellten und der Tochter eines Feldwebels in Berlin geboren, konnte er das Joachimsthalsche Gymnasium absolvieren und zunächst Theologie und dann Sprachwissenschaften studieren. Von 1854 bis 1877 war er als Sprachlehrer an der Friedrich-Werderschen Gewerbeschule tätig. 1872 erhielt der Doktor der Philosophie den Titel Professor. Der Verleger Friedrich Weidling, der damalige Inhaber der ältesten noch existierenden Haude- und Spenerschen Buchhandlung, veranlaßte ihn 1864 zur Herausgabe seiner »landläufigen Citate«, die unter dem Titel »Geflügelte Worte« zu einem Standardwerk der deutschen und europäischen Literaturwissenschaft wurden und bis heute 32 Auflagen erlebten. Am 24. Februar 1884 starb der Junggeselle in einer Nervenklinik. Auf dem Friedhof der St.-Matthäi-Gemeinde in der Großgörschenstraße steht sein Grabstein mit einem Pindar-Zitat: »Die Menschen sind eines Schattens Traum.«
Um 1930 wohnte der Schriftsteller Max Jungnickel im Hause Nr. 9. Vor Kriegsbeginn übersiedelte er in die Marschner Straße.

Frobenstraße Im Hause Nr. 13 der Frobenstraße – »kein Baum, kein Park, nur Hochbahngetöse, Omnibuslärm und düstere Zimmer« – wohnte Hildegard Knefs geliebter Großvater. Hier durfte die Schauspielerin als Kind zu ihrer größten Freude einmal in der Woche auf einem Sofa übernachten. Bei den donnernden Schlägen eines »Regulators« flog sie alle Viertelstunden vom Sofa, wie sie in ihren Erinnerungen »Der geschenkte Gaul« (1970) schreibt.

Der Österreicher Hermann Bahr, Verfasser etlicher Romane, über 30 publikumswirksamer Theaterstücke, von denen das Lustspiel »Das Konzert« (1902) noch heute auf den Spielplänen steht, und vieler Essays, kam 1890 als Mitarbeiter der Zeitschrift »Die freie Bühne« und als Lektor des Fischer-Verlags nach Berlin zurück und nahm im Hause Nr. 16 Wohnung. 1892 ging er wieder nach Wien. Bahr, am

19. Juli 1863 als Sohn eines Notars in Linz geboren, am Gymnasium der Benediktiner in Salzburg erzogen, studierte zunächst klassische Philologie und kam im Frühjahr 1884 als begeisterter Anhänger der Großdeutschen Bewegung nach Berlin, um hier sein Studium der Staatswissenschaften zu beenden. »*Noch heute kehrt mir, bei der bloßen Erinnerung, das Herzklopfen wieder, mit dem ich ... am Anhalter Bahnhof ausstieg: in derselben Stadt zu sein wie Bismarck, dieselbe Luft atmen zu dürfen mit Bismarck! ... Hier also wandelte Bismarck leibhaftig unter den Menschen herum! Die Steine dieser Stadt schienen mir geheiligt, und ich wundere mich nur, wie wenig doch eigentlich den Leuten von ihrer Seligkeit anzusehen war ...*«, schreibt er in seinem »Selbstbildnis« (1923). Trotzdem bekannte er sich zum Sozialismus, diskutierte die Nächte hindurch mit Kretzer und Arno Holz im Café Bauer und trank seinen Schoppen mit Liebknecht und Bebel im Weihenstephan. Zu dieser Zeit entstand sein Drama »Die neuen Menschen«, das eine Reihe erfolgreicher Aufführungen erlebte. Im Jahre 1888 ging er über Wien nach Paris, wo die Strömungen der Décadence, der Fin-de-siècle-Stimmung und des Symbolismus einen tiefen Eindruck auf seine weitere Entwicklung hinterließen. Nach dem Ersten Weltkrieg ließ er sich als Schriftsteller in Salzburg und im Jahre 1922 in München nieder, wo er am 15. Januar 1934 starb.

Nach seiner Heirat am 14. Mai 1875 bezog Heinrich Seidel, der seit 1872 am Bau des Anhalter Bahnhofs mitarbeitete, eine Fünfzimmerwohnung im Erdgeschoß des Hauses Nr. 36. Die Aussicht aus den Vorderfenstern der Wohnung ging auf die fensterlose Hinterseite der Stallungen der Berliner Omnibusgesellschaft. Hier wurde ihm am 28. August 1876 als ältester Sohn Heinrich Wolfgang geboren, der im Jahre 1907 seine Kusine, die Dichterin Ina Seidel, heiratete. 1880 übersiedelte die Familie in ein Haus Am Karlsbad.

Maaßenstraße Die Maaßenstraße verlief früher vom Winterfeldplatz über den Nollendorfplatz bis zum Lützowplatz. Seit 1934 trägt der nördliche Teil der Straße vom Nollendorfplatz ab den Namen des Generals von Einem. Am 21. April 1975 wurde am Hause Nr. 12 (früher Nr. 15) eine Gedenktafel für die Lyrikerin Nelly (eig. Leonie) Sachs angebracht, die hier am 10. Dezember 1891 als einziges Kind des gutsituierten jüdischen Fabrikanten Willi Sachs geboren wurde. Die Familie übersiedelte von hier in eine Villa in der Lessingstraße. Im Hause Nr. 33 hatte Helene von Nostiz, die 1918 mit ihrem Gatten in die Hauptstadt zurückgekommen war, in den zwanziger Jahren eine Wohnung. Das Haus stand an der Stelle des Grundstücks Einemstraße 18.

Nollendorfstraße Im Hause Nr. 17 befand sich die Fremdenpension von Fräulein Schröder, die »in Filzlatschen und geblümtem Morgenrock . . . den ganzen Tag durch die große düstere Wohnung watschelte«. Hier logierte der englische Schriftsteller Christopher Isherwood bei seinem Berlin-Aufenthalt von März 1929 bis zur »Machtübernahme«. »*Unter meinem Fenster die düstere Straße, eine massive Pracht, Kellerläden, in denen tagsüber Licht brennt, im Schatten gewaltiger balkongeschmückter Fassaden, schmutziger Stuckfronten, mit hervorquellenden Schnörkeln und heraldischen Symbolen. Das ganze Viertel ist so: straßauf, straßab von Häusern, gleich schäbigen Riesengeldschränken, die vollgestopft sind mit den verblichenen Kostbarkeiten und mit den zweitklassigen Möbeln einer bankrotten Mittelschicht. Ich bin eine Kamera mit offenem Verschluß, nehme nur auf, registriere nur, denke nichts* . . .«, heißt es in seinen autobiographischen »Berlin-Stories« (1935); weltweit bekannt wurde sein Roman »Goodbye to Berlin«, 1939 (»Leb' wohl, Berlin«), zunächst als Buch und später als Bühnenstück »I am a Camera«, auf das schließlich der Film und das Musical »Cabaret« zurückgehen. Auch Isherwoods Roman »Mr. Norris Changes Trains« (1935) spiegelt seine Berliner Jahre wider. Als Sohn eines 1915 bei Ypern gefallenen englischen Offiziers am 26. April 1904 in Disley/Cheshire geboren, ging er nach Medizinstudien als mittelloser Sprachlehrer für Englisch und »der Knaben wegen«, wie er sie sich im Prototyp seines Arbeiterjungen Otto Nowak ersehnt, nach Berlin. Seit 1939 lebt der 1946 Amerikaner gewordene Autor in Kalifornien. 1976 erschienen seine Memoiren unter dem Titel »Christopher and His Kind« (dt. »Christopher und seinesgleichen«), ein Bekenntnis zu seiner homosexuellen Veranlagung.

Nach seiner Identifizierung als Autor satirischer Geschichten und Anekdoten über die Schwächen der österreichischen Armee mußte der Reiteroberleutnant Alexander Roda Roda im Jahre 1902 nach elfjähriger Dienstzeit den Abschied nehmen. Er wandte sich ganz der Literatur zu, übersiedelte 1904 nach Berlin und mietete im Hause Nr. 18 eine Wohnung. Zwei Jahre später zog er nach München.

Der am 28. August 1884 in Brünn geborene Arzt Dr. Ernst Weiß ging nach dem Ersten Weltkrieg, an dem er als Regimentsarzt teilgenommen hatte, von Prag über München nach Berlin. Hier widmete er sich ganz der Literatur, nachdem er vorher schon mit seinen

Romanen wie »Die Galeere« (1913) und »Tiere in Ketten« (1918) Anerkennung erfahren hatte. Er wohnte im Hause Nr. 22a. Seine Gefährtin, die erfolglose Schauspielerin Rahel Sanzara, legte zu dieser Zeit ihren ersten Roman »Das verlorene Kind« vor, der überraschendes Aufsehen erregte. Als die Autorin den Kleist-Preis, für den sie vorgeschlagen war, ablehnte, verstärkte sich das Gerücht, Weiß habe den Roman für sie geschrieben. Im Jahre 1926 übersiedelte er in die Luitpoldstraße.

Um 1910 wohnte der politische Schriftsteller Kurt Hiller im Hause Nr. 34. 1909 gründete er zusammen mit Hoddis den Literaturverein »Neuer Club«, in dem sich die jungen Berliner Dichter sammelten, die später als Expressionisten und Futuristen bekannt wurden. Im Neopathetischen Cabaret rezitierte er selbst »kahlköpfig und wohlbefrackt« Gedichte und gab zwei Jahre später die erste Anthologie expressionistischer Verse, den »Kondor«, heraus. Am Ende des Ersten Weltkriegs übersiedelte er in die Hähnelstraße. Zusammen mit Franz Pfemfert gründete er im Jahre 1911 die Zeitschrift »Die Aktion«, die bald einen Kreis liberaler Demokraten wie Stadler, Heym, Hoddis, Becher, Carl Einstein, Rudolf Leonhard und Ernst Toller vereinte. Gottfried Benns frühe Prosa und erste Gedichte erschienen hier.

Habsburgerstraße Um 1900 hatte August Bebel im zweiten Stock des Hauses Nr. 5 eine Wohnung. Von hier aus zog er um 1910 in die Schöneberger Hauptstraße.

Eisenacher Straße Hermann Kesten, literarischer Leiter des Kiepenheuer-Verlags, hatte um 1930 eine Wohnung im Hause Nr. 98. Hier entstand »Glückliche Menschen« (1931), »ein richtiger Berliner Roman«. Auch seine Bücher »Ein ausschweifender Mensch« (1929) und »Der Scharlatan« (1932) spielen in der Reichshauptstadt. Am 21. März 1933 floh er aus Berlin, entkam im Mai 1940 einem französischen Konzentrationslager und fand in New York eine neue Heimat. Dabei wollte er, wie er sagt, nie Augenzeuge historischer Ereignisse werden. Sie rannten ihm aber nach, denn »als ich aus Deutschland nach Frankreich ins Exil ging, ist mir die halbe deutsche Armee nachgelaufen«. 1970 wurde ihm von der Stadt Dortmund der Nelly-Sachs-Preis »für seine Verdienste um Völkerverständigung und -versöhnung« zugesprochen. In seiner Laudatio nannte ihn Horst Krüger »Weltbürger, der keine Grenzen kennt«. Mit seinen literarischen Porträts »Meine Freunde, die Poeten« (1953), »Dichter im Café« (1959) und »Lauter Literaten« (1963) schuf Kesten eine amüsante und lebendige Geschichte der Literatur seiner Zeit.

Winterfeldstraße Im Hause Nr. 24 hatte Erdmann Graeser im letzten Jahrzehnt des vergangenen Jahrhunderts eine Wohnung. Das Haus trägt heute die Nummer 33 und ist erhalten geblieben.

Neue Winterfeldstraße Otto Julius Bierbaum hatte um 1900 eine Wohnung im dritten Stock des Hauses Nr. 38 der damaligen Neuen Winterfeldstraße, die vom Viktoria-Luise-Platz bis zur Maaßenstraße reichte und 1962 in die Winterfeldstraße aufgenommen wurde. Das Haus, das nicht mehr existiert, hätte heute die Nummer 71. 1899 brannte ihm seine Frau mit einem Berliner Komponisten durch, zwei Jahre später heiratete der 36jährige Dichter die achtzehnjährige Florentinerin Gemma Pruneti-Lotti. Seine Liebesbriefe gehören zu den schönsten Beispielen der Briefliteratur. Von Berlin übersiedelte er nach Eppan in Südtirol und von dort nach München. Er starb am 1. Dezember 1910 in Kötzschenbroda bei Dresden.

Luitpoldstraße Im ersten Jahrzehnt unseres Jahrhunderts hatte Erdmann Graeser im Hause Nr. 6 eine Wohnung. Hier entstand sein Roman »Lemkes selige Witwe« (1907). Im Jahre 1899 wurde der Landgerichtsrat Wilhelm Ditzen von Greifswald nach Berlin versetzt und bezog mit seiner Familie eine Etagenwohnung im Hause Nr. 11. An der Stelle des Hauses befindet sich heute ein Kinderspielplatz. Hier verbrachte sein als drittes von vier Kindern am 21. Juni 1893 in Greifswald geborener Sohn Rudolf, der sich als Schriftsteller Hans Fallada nannte, seine Kinder- und Schuljahre. In seinen Erinnerungen »Damals bei uns daheim« (1942) schildert er sein Leben in der Luitpoldstraße und seine Schuljahre, die er von 1901 bis 1906 auf dem Prinz-Heinrich-Gymnasium in der Schöneberger Grunewaldstraße verbrachte, einer Schule, die in erster Linie von Söhnen des Berliner Offiziers- und Beamtenadels besucht wurde. Er litt unter Lehrern und Mitschülern, die ihn seiner geflickten Hosen und seiner langen Locken wegen verspotteten. So trank er morgens oft Essig, bis ihm schlecht wurde und er zu Hause bleiben konnte. Nach einem mißglückten Versuch zu fliehen, um als Schiffsjunge dem Schulzwang zu entgehen, und nachdem sein Klassenlehrer für seinen weiteren Schulbesuch »eine Volksschule für das höchst Erreichbare, vielleicht noch richtiger eine Anstalt für geistig zurückgebliebene Kinder« empfohlen hatte, kam er 1906 auf das gesellschaftlich bescheidenere Bismarck-Gymnasium in Wilmersdorf. Im Jahr 1908 wurde sein Vater, der zu dieser Zeit am Kammergericht in der Lindenstraße tätig war, zum Reichsgerichtsrat ernannt und übersiedelte ein Jahr später mit seiner Familie nach Leipzig. Auseinandersetzungen mit dem ehr- und pflichtbewußten Vater ließen eine Trennung notwendig erscheinen. Rudolf kam auf das Gymnasium in Rudolstadt, wo er in einem Duell seinen Schulfreund erschoß. Nach einem Selbstmordversuch war er zwei Jahre lang in einer Anstalt interniert. Nach seiner Entlassung wurde er Gutseleve, 1916 – er war unter Zubilligung des § 51 vom Kriegsdienst befreit – kam er als wissenschaftlicher Hilfsarbeiter bei der Kartoffelbaugesellschaft wieder nach Berlin, wo er erstmalig mit Alkohol und Morphium in Berührung kam. Zu dieser Zeit entstand sein Roman »Der junge Goedeschal« (1920). Hier verwendete er zum erstenmal sein Pseudonym. Dann verstummte seine literarische Produktion für zehn Jahre. Das Kriegsende beendete seine Stellung, und er betätigte sich als Rendant und Inspektor auf verschiedenen Gütern. Nach zwei Gefängnisstrafen wegen Unterschlagung, nach Tätigkeit als Adressenschreiber, Annoncenwerber und Lokalreporter in Hamburg und nach seiner am 5. Juni 1929 erfolgten Eheschließung mit Margarethe Issel, die er Suse nannte, ging er 1930 als Angestellter des Rowohlt-Verlags wieder nach Berlin, das ihm in vielen seiner Bücher die Kulisse der Handlung liefert.

Im elterlichen Hause Nr. 18 verbrachte Alfred Kantorowicz seine Schülerjahre. Er besuchte die Hohenzollern-Oberrealschule am Rathaus Schöneberg. »Als vaterländisch begeisterter Freiwilliger« nahm er am Ersten Weltkrieg teil, schloß sein Studium der Rechtswissenschaften und der Literaturgeschichte mit der Promotion ab und arbeitete als Redakteur, Korrespondent und Literaturkritiker. 1931 bezog er eine Wohnung in der Kreuznacher Straße.

Im Hause Nr. 34 hatte der Prager Arzt und Schriftsteller Ernst Weiß von 1926 bis 1930 eine Wohnung. Hier arbeitete er an seinem Roman »Georg Letham – Arzt und Mörder« (1931).

Martin-Luther-Straße Von Hirschberg im Jahre 1900 als Militäranwalt nach Berlin versetzt, bezog der hohe Justizbeamte Heym, der von der seelischen Belastung durch Mitwirkung an Todesurteilen wiederholt in Sanatorien Heilung suchen mußte, mit seiner Familie eine Wohnung im Hause Nr. 5 an der Ecke der Neuen Winterfeldstraße. Sein am 30. Oktober 1887 in Hirschberg geborener Sohn, der nach seinen Worten in »diesem elenden preußischen Dreckstaat« aufwuchs, wurde im Oktober Schüler der Untertertia des Kgl. Joachimsthalschen Gymnasiums. Ostern 1905 mußte er die Schule »wegen Verstöße gegen die Schulordnung« verlassen und kam in ein Internat und in die Unterprima eines Gymnasiums in Neuruppin.

»Bis zu meinem Abiturientenexamen hat mich das consilium abeundi wegen nächtlicher Kneipgelage und Teilnahme an verbotenen Verbindungen nicht mehr verlassen«, schreibt er in seinem Lebenslauf. 1907 bestand er die Reifeprüfung, obwohl er im Deutschen nur die Note »mangelhaft, teilweise besser« erzielte. Er studierte in Würzburg, Jena und Berlin. Im Jahre 1910 konnte er seine ersten Gedichte im »Herold«, in der »Aktion« und im »Pan« veröffentlichen. Im Jahre 1909 zogen seine Eltern in die Neue Kantstraße.

Schwäbische Straße Das Haus Nr. 26 trägt eine Tafel zum Gedenken an Walter Kollo (1878–1940), den Komponisten der »Nationalhymne« des Bezirks: »Es war in Schöneberg, im Monat Mai.«

Hohenstaufenstraße Der am 29. April 1885 in Prag geborene Journalist Egon Erwin Kisch lebte von 1921 bis 1933 als Mitarbeiter von Zeitungen und Zeitschriften vom »Börsen-Courier« über die »Weltbühne« bis zur »Roten Fahne« in Berlin und hatte seine erste Wohnung im Hause Nr. 36. 1925 erschienen seine Reportagen unter dem Titel »Der rasende Reporter«, die ihm zu weltweitem Ruhm und zu seinem Spitznamen verhalfen.

Im Wintersemester 1906/07 wohnte der 26jährige Student der Philosophie Robert Musil im Hause Nr. 50. Zu Anfang des Jahres 1907 lernte er die um sieben Jahre ältere, von ihrem zweiten Gatten getrennt lebende Tochter des jüdischen Kaufmanns Benny Heimann, die Berlinerin, Corinth-Schülerin und Malerin Martha Marcovaldi, kennen, die mit ihren Kindern Gaetano und Annina bei ihrem Schwager, dem Kunsthändler Casper, und ihrer Schwester Hanna in der Viktoriastraße 4a wohnte. Sie wurde am 15. April 1911 seine Frau. In Agathe, der Schwester des »Mannes ohne Eigenschaften«, hat er sie unsterblich gemacht.

Münchener Straße Erdmann Graeser wohnte zu Beginn der zwanziger Jahre im Hause Nr. 36. 1921/22 erschien sein Roman »Koblanks Kinder«.

Heilbronner Straße Bis zu seiner Emigration im Jahre 1932 wohnte der Literatur- und Zeitkritiker Kurt Pinthus im Hause Nr. 2. Er schrieb Film- und Theaterkritiken für das »Berliner Tageblatt« und das »8-Uhr-Abendblatt«. Seine »Menschheitsdämmerung«, die noch heute gültige Anthologie expressionistischer Lyrik, vereint 23 prominente Vertreter der Epoche, in der überall »gebechert, gewerfelt und gezecht« wurde, wie Alfred Kerr witzelt. Von 1921 bis 1923 war er Dramaturg an den Reinhardt-Bühnen. Pinthus, der am 29. April 1886 in Erfurt geboren wurde und sich als Schlittschuhläufer

und Bergsteiger betätigte, starb am 11. Juli 1975 in den Vereinigten Staaten, wo er einen Lehrstuhl für Theaterwissenschaften besetzte.
Im Hause Nr. 21, das der Tischler Max Robert Marek verwaltete, verlebte sein am 20. Januar 1915 geborener Sohn Kurt seine Kindheit und seine Jugend. Unter dem Pseudonym C. W. Ceram und als Autor des ersten bedeutenden Sachbuchs »Götter, Gräber und Gelehrte« (1949), des »Romans der Archäologie«, mit einer internationalen Gesamtauflage von vier Millionen, wurde er weltberühmt. Schon als 16jähriger wandte er sich der Publizistik zu und schrieb Kritiken für Literatur, Theater und Film am »Berliner Börsen-Courier«. 1935 übersiedelte die Familie in die Akazienstraße.
Im Hause Nr. 6 hatte die aus Buenos Aires stammende Malerin Anita, geb. Gewelke-Diaz, eine Schülerin Leistikows, eine elegante Wohnung. Arno Holz, der seit 1910 von seiner Frau getrennt lebte, verbrachte sein bürgerliches Leben bei ihr; seine Dichterwerkstatt hatte er im »Dachstübchen« in der benachbarten Stübbenstraße. 1926 wurde seine Scheidung ausgesprochen, und am 1. Dezember desselben Jahres heiratete er die wohlhabende Witwe, die ihn mit den Worten zu wecken pflegte: »Arnochen, aufstehen, du mußt dichten.«

Bayerischer Platz An der Ecke Innsbrucker Straße lag das kleine Lokal, in dem Gottfried Benn allabendlich einzukehren pflegte, die Gäste beobachtete, sich mit Freunden traf, die Abendzeitung las und seine Gedichte schrieb. Hier sah er sich seinen *»letzten Abend« verbringen, »/ wo du noch ausgehen kannst; du rauchst die ›Juno‹, / ›Würzburger Hofbräu‹ drei, und liest die Uno, / wie sie der ›Spiegel‹ sieht, du sitzt allein / an kleinem Tisch, an abgeschlossenem Rund / dicht an der Heizung«*.

Landshuter Straße Von der Knesebeckstraße übersiedelte Hedwig Courths-Maler im Jahre 1902 mit ihrem Mann und ihrer mit dem Schauspieler Karl Elzer verheirateten Tochter Margarete in eine Wohnung im Hause Nr. 32. Das Grundstück ist unbebaut. Im Frühjahr 1934 gab sie Berlin auf und ließ sich auf ihrem Landsitz »Mutterhof« am Birkenweg in Rottach-Egern nieder, den sie sich mit ihren 209 Romanen, die eine Auflagenzahl von 40 Millionen erreichten und in 13 Sprachen übersetzt waren, erschrieben hatte. Aus »staatspolitischen Gründen« wurden ihre Bücher in der Nazizeit nicht mehr gedruckt. In ihrem Lehnstuhl mit dem Blick auf den Tegernsee starb sie am 2. November 1950 im Alter von 83 Jahren. Schon im Jahre 1925 bekannte sie stolz: »Machen wir uns doch nichts vor. Wenn ein

Arbeiter heute ein Buch in die Hand nimmt, so doch sicher keines von Wassermann oder Thomas Mann, sondern eines von mir.«

Treuchtlinger und Nördlinger Straße Die Haberlandstraße, deren Name verschwunden ist, heißt seit 1938 in ihrem von Norden nach Süden verlaufenden Teil mit den damaligen Häusern Nr. 1 bis 3 und 10 bis 13 Treuchtlinger und auf der west-östlichen Seite mit den Häusern 4 bis 9 Nördlinger Straße. Der promovierte Jurist Artur Landsberger, ein vielgelesener Autor von Romanen aus der Halbwelt des Berliner Westens wie »Lu, die Kokotte« (1914), »Raffke« (1924) und »Die Tiergartenvilla« (1925), hatte seine letzte Wohnung im Hause Nr. 4 der Haberlandstraße. Hier nahm er sich am 4. Oktober 1933 im Alter von 57 Jahren aus Angst vor nationalsozialistischen Verfolgungen das Leben. Heute steht das Haus Nördlinger Straße 6 an der Stelle seines Sterbehauses.

Der am 14. März 1879 in Ulm geborene Physiker Albert Einstein, der 1895 bei der Aufnahmeprüfung an der Eidgenössischen Technischen Hochschule in Zürich, an der er 1912 einen Lehrstuhl erhielt, durchfiel, folgte kurz vor Beginn des Ersten Weltkriegs einem Ruf an die Berliner Universität und bezog im Hause Nr. 5 der Haberlandstraße, an dessen Stelle heute das Haus Nördlinger Straße 8 steht, eine Wohnung. Bis zu seiner Emigration war er Leiter des Kaiser-Wilhelm-Instituts für Physik. Im Februar 1919 wurde er nach 16jähriger Ehe von seiner Studienkollegin Mileva Maric geschieden und heiratete im Juni desselben Jahres Elsa, die Tochter eines Vetters seines Vaters, die ihm zwei Töchter schenkte. Harry Graf Keßler besuchte die Familie hier und erwähnt in seinen Tagebüchern »das wirklich liebe, fast noch kindlich wirkende Ehepaar« und ihre »ruhige, hübsche Wohnung«. Hier vollendete Einstein seine »Allgemeine Relativitätstheorie«, die 1916 erschien, und hier erfuhr er 1921 von seiner Wahl zum Nobelpreisträger. Der allgemein beliebte und anspruchslos lebende Gelehrte, der keine Socken trug und bei Einladungen mit Schnürstiefeln zum Smoking erschien, wurde derart von Autogrammsammlern verfolgt, daß er mehr Briefe bekam als der Gerichtsvollzieher der Gegend, wie sein Briefträger behauptete. In seinem Testament verfügte er, seine Asche sei ins Meer zu streuen, um Ruhe im Tode zu finden. 1933 kehrte er von einer Auslandsreise nicht zurück und emigrierte in die USA, wo sein Atomenergieprojekt im Zweiten Weltkrieg verwirklicht wurde. »In Deutsch drangen die letzten Gedanken eines der größten Geister seit Newton aus der Bewußtlosigkeit an die Oberfläche«, sollen seine letzten Worte gewesen sein. Der Gelehrte starb am 18. April 1955 in der Universitätsstadt Princeton. Der »Spiegel« berichtet, daß Teile seines Gehirns in einem Einmachglas in einem Pappkarton unter einer Kühlbox für Bier im Büro eines Pathologen in Princeton bis zu ihrer endgültigen Erforschung aufbewahrt werden. Der 1921 errichtete Turm in der Fischerhüttenstraße 85, in dem er zu arbeiten pflegte, trägt seinen Namen. In der Grünanlage vor dem Hause erinnert eine Steintafel an den Nobelpreisträger, dem der Sprachschatz der Berliner das Wort »relativ« verdankt.

Kurt Tucholsky, der sich zwischen 1924 und seinem Freitod am 21. Dezember 1935 nur noch besuchsweise in Berlin aufhielt, wohnte nach 1927 häufig in der Sechszimmerwohnung seiner Freundin und Reisegefährtin von »Schloß Gripsholm«, Lisa Matthias, in der Haberlandstraße 13. Das Haus ist erhalten und hat heute die Anschrift Treuchtlinger Straße 1. In ihrem »Text aus dem Kintopp meines Lebens: Ich war Tucholskys Lottchen« (1962) berichtet sie: *»Ich bin mit Kurt Tucholsky vom 27. Januar 1927 bis Herbst 1931 so intim befreundet gewesen, wie man das als Frau mit einem Mann sein kann. Ich war ihm – seinen eigenen Worten nach – Mutter, Wiege, Kamerad. Während dieser Jahre sind viele seiner besten Artikel und Gedichte entstanden. Seine Sammelbände. Die Sommergeschichte ›Schloß Gripsholm‹, die mir gewidmet ist. Auf der ersten Vorsatzseite steht: ›Für I A 47 407‹ – das war meine Autonummer.«* In der Wohnung lebte früher die Filmschauspielerin Lia di Putti.

Bamberger Straße Der am 4. März 1879 in Fürth als Sohn eines kleinen Magistratsbeamten geborene, durch seinen Zukunftsroman »Der Tunnel« (1913), der 400 Auflagen erreichte und in 25 Sprachen übersetzt wurde, weltbekannt gewordene Schriftsteller Bernhard Kellermann kam im Jahre 1909 von München nach Berlin und bezog im Hause Nr. 28 eine Wohnung. 1904 trat er mit dem Liebesroman »Yester und Li« an die Öffentlichkeit, dem 1910 »Das Meer«, ein Roman unter bretonischen Fischern, folgte. Am Ersten Weltkrieg nahm er als Berichterstatter für das »Berliner Tageblatt« teil. 1915 heiratete er in erster Ehe die amerikanische Arzttochter Mabel Giberson. Von hier übersiedelte er zu Beginn der zwanziger Jahre in die Emser Straße.

Im Hause Nr. 42 hatte Alfred Kerr um 1905 eine Wohnung.

Stübbenstraße Nach der Trennung von seiner Frau im Jahre 1910 nahm Arno Holz in einer armseligen Kammer unter dem Dach des Hauses Nr. 5 »fern der Welt, nahe dem Himmel« Wohnung. Trotz baupolizeilicher Bedenken erwirkten Verehrer des Dichters, daß er sie überhaupt beziehen durfte. In dieser Umwelt, vollgekramt mit verstaubten Manuskripten, arbeitete er »unter materiell scheußlichen Sorgen« und »immer nur gehemmt, zertreten, erdrosselt, erstickt, gefoltert, zermartert und gemordet«, dabei stets äußerst korrekt in maßgeschneiderte Anzüge und blütenweiße steife Hemden gekleidet. Mit aggressiven Bettelbriefen überfiel er Arthur Schnitzler, den damaligen zweiten Bürgermeister und Schriftsteller Dr. Georg Reincke, den Generalintendanten der Kgl. Schauspiele Graf Hülsen, Thomas Mann, der den Vorschlag, ihn für die Verleihung des Nobelpreises vorzuschlagen, die »Propaganda einer Oberlehrer-Clique« nannte, und andere. In der Inflationszeit schreibt er an den Stettiner Dichter Hermann Plötz über seine psychischen Nöte: »Erst heute weiß ich, wie ungeheuer die Tragik ist, die auf meinem Leben lastet.« In seiner Dachkammer arbeitete er zurückgezogen – auch die 28 Jahre jüngere Witwe Anita, geb. Gewelke-Diaz, die er am 1. Dezember 1926 heiratete und in deren eleganter Wohnung in der Heilbronner Straße er ein durchaus bürgerliches Leben führte, durfte ihn hier nicht aufsuchen. Hier entstand ein großer Teil seiner Werke, so auch sein größtes und letztes Drama »Ignorabimus« (1913). 1926 wurde er neben Hauptmann, Thomas Mann und Fulda in die literarische Sektion der Akademie berufen. Zu Beginn des Jahres 1928 bezog er eine Wohnung in der Nachodstraße. Anläßlich seines hundertsten Geburtstags im Jahre 1963 ließ das Bezirksamt Schöneberg eine bronzene Gedenktafel mit einem Reliefporträt des Dichters und seinem Spruch »Hat auch das Leben Eile, / lang war mir manche Meile« links vom Hauseingang anbringen.

Bozener Straße Im Hause Nr. 17 wohnte in den zwanziger und dreißiger Jahren der in Basel am 14. November 1875 geborene, früh verwaiste Schuhmachergeselle und Erzähler Jakob Schaffner, der sich nach unstetem Umherschweifen durch viele Länder in Berlin niederließ. Die Begegnung mit der Großstadt wurde ihm zum »Großen Erlebnis«, so der Titel seines 1926 erschienenen Romans.

Zum Ende des Jahres 1937 gab der aktive Stabsarzt und Dichter Dr. Gottfried Benn sein möbliertes Zimmer in der Bundesallee auf und mietete im Hause Nr. 20 im Erdgeschoß rechts eine eigene Wohnung. Er wurde als Sachverständiger beim Oberkommando des Heeres in der Bendlerstraße eingesetzt. Am 22. Januar 1938 heiratete er die Sekretärin Herta von Wedemeyer, die er beim Generalkommando in Hannover kennengelernt hatte. Drei Monate später wurde er aus der

Reichsschrifttumskammer ausgeschlossen. Zu den wenigen Gästen, die er hier in seiner Wohnung empfing, gehörte Muschelkalk, die Witwe von Joachim Ringelnatz, die in zweiter Ehe einen Augenarzt geheiratet hatte. Im September 1943 wurde seine Dienststelle nach Landsberg a.d. Warthe verlegt; seine Frau, als Sekretärin wiedereingestellt, durfte den Oberstarzt begleiten. Die vorrückenden Sowjettruppen erzwangen eine Rückverlegung der Dienststelle nach Berlin, wo er seine Wohnung belegt und ohne Möbel vorfand. Das Ehepaar schlief auf bloßem Fußboden und deckte sich mit Zeitungspapier und seinem Militärmantel zu. Unmittelbar danach quartierte er seine an Arthritis leidende Frau aufs Land um, wo sie sich aus Furcht vor den Greueltaten der Besatzung das Leben nahm. Am 30. April 1945 drangen Sowjetsoldaten in seine Wohnung, verhafteten ihn, ließen ihn aber wegen des katastrophalen Ärztemangels bald wieder frei. Am 18. Dezember 1946 ging er eine dritte Ehe mit der 30jährigen Zahnärztin Dr. Ilse Kaul ein, die ihre Praxis in seine Wohnung verlegte. Thea Sternheim beschreibt er seine Wohnung: »*Es sind vier Zimmer, eines für meine Praxis, eines für die meiner Frau, ein gemeinsames Wohnzimmer und ein Hofzimmer, wo wir privat wohnen. Wenn mal jemand herkommt, was Gott sei Dank selten der Fall ist, ist er entsetzt über dies Hinterzimmer (parterre), wo im Hof die Wäsche des ganzen Hauses hängt und die Hühner gackern (die nicht einmal meine eigenen sind), aber mich stört das alles nicht, ich bin völlig unabhängig von äußeren Dingen . . .*« Hier entstanden nach 1949 seine reifsten Werke. 1951 erhielt er den Büchner-Preis. 1952 besuchte ihn hier Ernst Jünger. Nachdem ihm im Jahre 1953 eine Pension zugesprochen wurde, gab er seine Praxis auf und lebte zurückgezogen und für sich in diesem Zimmer. Nach einem erfolglosen Kuraufenthalt im Taunus starb der »einzige Bleibende der heutigen Lyrik«, wie Klabund ihn nennt, den er auch ärztlich betreute, in einem Berliner Krankenhaus am 7. Juli 1956; auf dem Waldfriedhof Dahlem am Hüttenweg wurde er bestattet. Das Haus trägt seit 1962 rechts vom Hauseingang eine Gedenktafel. Der Stadt Berlin, deren Sprache er sprach und »deren Glanz ich liebte, deren Elend ich jetzt heimatlich ertrage, in der ich das zweite, dritte und nun das vierte Reich erlebe und aus der mich nichts zur Emigration bewegen wird«, wie es in seinem »Berliner Brief, Juli 1948« heißt, hat er Gedichte und seine Novelle »Der Ptolemäer« (1949) gewidmet.

Salzburger Straße Von 1890 bis an sein Lebensende im Jahre 1946 wohnte der Unterhaltungsschriftsteller Heinz Tovote, den Kritiker den deutschen Maupassant nannten, im Hause Nr. 14. Mit seinem Erstling, dem 1890 erschienenen Berliner Sittenroman »Im Liebesrausch«, hatte er sich einen Namen gemacht. 1904 erschien sein Berliner Kleinbürgerroman »Die Sonnemanns«. Am 4. Februar 1946 starb er in Berlin.

Eisenacher Straße Bei seinen gelegentlichen Besuchen in Berlin stieg Kurt Tucholsky gewöhnlich bei seiner Freundin Lisa Matthias ab, die nach ihrem Umzug von der Haberlandtstraße in der Eisenacher Straße 76 wohnte.

Innsbrucker Straße Der am 13. April 1872 in dem slowenischen Dorf Puszta Zdenci geborene Reiteroberleutnant Sandor Friedrich Rosenfeld, der sich als Schriftsteller Alexander Roda Roda nannte und als der »Herr mit der roten Weste und dem Monokel« zwischen den beiden Weltkriegen in allen europäischen Kabaretts zu sehen war, lebte von 1920 bis 1933 meistens in Berlin. Im Hause Nr. 44 hatte er seine Wohnung. Im Romanischen Café, an einem Stammtisch mit Heinrich Mann, Hasenclever, Walter von Molo und anderen, pflegte er seine Anekdoten aus seiner k.u.k. österreichisch-ungarischen Militärzeit zu erzählen, jede Pointe verpatzend, wenn er sein Notizbuch nicht dabei hatte, wogegen er sie, auswendig gelernt und witzsprühend, auf der Bühne mit größtem Erfolg darbieten konnte. Mit seinem mehrmals verfilmten Lustspiel »Der Feldherrnhügel« (1910) konnte er alle deutschen Bühnen erobern. 1938 emigrierte er nach Amerika; er starb am 20. August 1945 in New York.

Fritz-Elsas-Straße In einem Gebäude, das an der Stelle des Hauses Nr. 18 der Fritz-Elsas-Straße stand, die damals noch »Am Park« hieß, lebte in einer Dachgartenwohnung etwa gegenüber dem Schöneberger Rathaus Carl Zuckmayer mit seiner Frau, der Wiener Schauspielerin Alice Frank, geb. von Herdan. Der Schriftsteller hatte sie in der Wohnung des Schauspielers Hubert von Meyerinck kennengelernt, dessen Ghostwriter sie war und der ihr seine Erinnerungen »Meine berühmten Freundinnen« (1967) widmet. »*Für uns bot die Wohnung alles, was wir brauchten, ein Arbeitszimmer für mich, ein kleines Speisezimmer, zwei Schlafkämmerchen wie Schiffskabinen, . . . ein Kinderzimmer, Küche und Bad. Dazu einen großen Dachgarten, von dem man über die ganze Stadt, vom Funkturm bis zur Kuppel des Domes, hinwegsehen konnte*«, heißt es in »Als wär's ein Stück von mir«. Hier lebte der Schriftsteller in den Wintermonaten von 1926 bis 1933 – den Sommer verbrachte das Ehepaar in der »Wiesmühl« in Henndorf bei Salzburg – und hier arbeitete er u. a.

an seinem »Schinderhannes« (1927), an seinem Zirkusspiel »Katharina Knie« (1928), am »Hauptmann von Köpenick« (1931) und am Drehbuch zum Film »Der blaue Engel« mit Marlene Dietrich. Im November 1926 wurde ihm seine Tochter Winnetou geboren. Hier traf er sich mit seinen Freunden Carlo Mierendorf, Theo Haubach, Severing und Max Krell, dem Lektor des Ullstein-Verlags. »Es war eine der fruchtbarsten Zeiten meines Lebens und wohl auch eine der glücklichsten«, bekennt er rückblickend im Jahre 1966. Seine politische Einstellung und die jüdische Abstammung seiner Mutter veranlaßten ihn, 1933 Berlin aufzugeben und sich ausschließlich ins österreichische Henndorf zurückzuziehen. Die Aufführung seiner Stücke wurde verboten. »Von keinem Ort Deutschlands, einschließlich der rheinhessischen Heimat, war es so schwer, sich zu trennen«, bekennt er, ». . . die Hälfte unseres Lebens blieb dort zurück.« Der Einmarsch der Deutschen in Österreich zwang die Familie zur weiteren Flucht, zunächst in die Schweiz und dann über Kuba in die USA. 1958 kehrte er in die Schweiz zurück. Drei Wochen nach seinem achtzigsten Geburtstag starb der Schriftsteller am 18. Januar 1977 im Krankenhaus zu Visp im Kanton Wallis. »*. . . drei Tage nach Weihnachten (1896), . . . in dem rheinhessischen Dörfchen Nackenheim, in dem mein Vater eine kleine Fabrik für Weinflaschenkapseln betrieb*«, kam er zur Welt. Mit dem »Fröhlichen Weinberg« (1925), dem »Hauptmann von Köpenick« und »Des Teufels General« (1946), das in einem Bauernhaus des amerikanischen Bundesstaats Vermont entstand und zu den meistgespielten deutschen Nachkriegsstücken gehört, hat sich der Autor einen einmaligen Platz in der Geschichte des zeitgenössischen deutschsprachigen Theaters erobert.

Hauptstraße Die Hauptstraße sowie die folgenden elf Straßen liegen im Ortsteil Friedenau, einem von Literaten besonders bevorzugten Bezirk. Morgenstern überschreibt ein Gedicht »Draußen in Friedenau«, Marin Kessel liebt »*Friedenau mit seinen skurrilen, tantenhaften Straßen, die schwer von Kastanien beschattet sind*«, *und Hedwig Rohde besingt die Amselwelt, die* »*sich gehalten (hat) / rein wie der First in Friedenau / gegen den unsichtbaren / aber vorhandenen Himmel*«.

Die letzten zehn Jahre seines Lebens wohnte August Bebel, der Begründer und Führer der deutschen Sozialdemokraten, in der Hauptstraße 97. Hier schrieb er an seiner dreibändigen Autobiographie »Aus meinem Leben«. Er starb am 13. August 1913 in Passug in der Schweiz.

Hähnelstraße Zu Ende des Ersten Weltkriegs hatte Kurt Hiller im Hause Nr. 9 seine Wohnung. 1918 war er Vorsitzender des »Politischen Rats geistiger Arbeiter« und präsidierte von 1926 bis 1933 die Gruppe Revolutionäre Pazifisten, zu der auch Tucholsky und Walter Mehring gehörten. Im März 1933 wurde er verhaftet, im Columbia-Haus grausam gefoltert und zu einer Zuchthausstrafe verurteilt. Nach seiner Entlassung emigrierte er über Prag nach London. 1955 kam er nach Deutschland zurück und starb am 1. Oktober 1972 in Hamburg. Mit dem Titel seiner Autobiographie »Leben gegen die Zeit« (1969) gibt sich der militante sozialistische Schriftsteller eine treffende Charakterisierung.

Stierstraße Nach seiner Rückkehr aus New York im Jahre 1968 bezog Uwe Johnson eine Wohnung im Hause Nr. 3. Seit Anfang 1975 lebt er mit seiner Frau, einer Indologin, in Sheerness-on-Sea auf der Insel Sheppey in der Themsemündung in England. Seine Wohnung in Friedenau hat er beibehalten.

Im Erdgeschoß des Gartenhauses Stierstraße 14/15 wohnte der Dichter Max Herrmann-Neiße mit seiner Frau Helene, der Tochter des Silberwarenhändlers und Uhrmachers Gebeck, die er 1917 geheiratet hatte, der er viele Gedichte widmete und die 1941 seine »Letzten Gedichte« herausgab. Die Ehe blieb kinderlos. »*Er war einer der schönsten, buckligen, grotesken Typen, die wir kannten – eine der elegantesten und mondänsten Frauen verfiel ihm so, daß sie ihn heiratete und daß sie ihm treu blieb bis zu seinem Tode in London und darüber hinaus. Er wanderte aus, ohne zwingende Not, gewiß ohne ›rassische Gründe‹*«, schreiben B. F. Dolbin und Willy Haas in ihrem Büchlein »Gesicht einer Epoche« (1962). Nach anderen Quellen verließ seine Frau ihn wegen eines Bankiers. Jedenfalls nahm sie sich nach dem Krieg das Leben. Am 23. Mai 1886 kam er in Neisse/Schlesien als Sohn eines Biergroßhändlers zur Welt. Noch als 30jähriger war er finanziell von seinen alten, unbegüterten Eltern abhängig. Nach dem Studium der Literatur- und Kunstgeschichte ohne Abschlußexamen arbeitete er als Kritiker, bis sich Fischer im Jahre 1916 seiner schwermütigen Gedichte annahm. Im Jahre seiner Hochzeit ging er als freier Schriftsteller von Neisse nach Berlin.

Sarrazinstraße Max Frisch wohnte als Stipendiat im Hause Nr. 8. In seiner autobiographischen Erzählung »Montauk« (1975) berichtet er von seinem Friedenauer Domizil und seiner Umgebung: ». . . *die Wohnung liegt in der Flugschneise Tempelhof; die Flugzeuge kommen niedrig, so daß es im Hinterhof dröhnt . . . dazwischen Stille,*

Friedenau . . . Genau die Art von Wohnung, die wir in Zürich vergeblich gesucht haben: einfach, aber mit hohen Zimmern. So sind wir denn in Berlin.« Er preist die »*unvergleichliche Luft der Stadt, in der man wacher ist als anderswo . . . Grunewald, Krumme Lanke, Schlachtensee, Wannsee, eine Landschaft, die mich schon heute . . . mit sicherem Heimweh erfüllt. Was ist es? Die Kiefern im Sand, der Himmel zwischen den Kiefern, die Luft, die spröde Weite – jedenfalls fühle ich mich unbändig wohl, man kennt sich selber nicht, oft versteige ich mich zu der fixen Idee, daß ich in dieser Luft ein ganz anderer, ein durchaus fröhlicher und sprühender Kerl geworden wäre.«*

Wilhelmshöher Straße Im Hause Nr. 18 wohnte der am 5. August 1943 als Widerstandskämpfer in Plötzensee hingerichtete Schriftsteller Adam Kuckhoff, Dramaturg und Regisseur an den Berliner Staatstheatern und Redakteur der Zeitschrift »Die Tat«. Nach der Aufgabe seiner Galerie »Zinke« und der Werkstatt »Rixdorfer Drucke« wohnte Günter Bruno Fuchs, »Trinker, Lyriker und Holzschneider«, wie ihn sein Freund Robert W. Schnell nennt, im Hause Nr. 6.

Rheingaustraße Am 1. Oktober 1897 übersiedelte der am 4. Dezember 1875 in Prag als einziger Sohn eines kleinen Beamten geborene und für die Offizierslaufbahn bestimmte Student Rainer Maria Rilke von München nach Berlin und mietete im dritten Stock des Hauses Nr. 8, an der Ecke der Schwalbacher Straße, ein möbliertes Zimmer. In München hatte er im Mai desselben Jahres die um 15 Jahre ältere, verheiratete Lou Andreas-Salomé, Tochter eines russischen Generals, kennengelernt, die als Verfasserin eines Werks über Nietzsche, der sich vergeblich um sie bemühte, und einer damals viel gelesenen Erzählung »Ruth« bekannt geworden war. Als sie im Herbst wieder zu ihrem Gatten, dem Orientalisten Friedrich Carl Andreas, nach Schmargendorf bei Berlin zurückkehrte, folgte ihr Rilke. In Berlin setzte er seine Studien fort, wurde aber eher vom kulturellen Leben der Reichshauptstadt in Bann geschlagen, in das ihn Lou einführte. Am 14. November 1897 machte er im Hause von Reinhold und Sabine Lepsius die Bekanntschaft Stefan Georges, später traf er Dehmel und Gerhart Hauptmann, dem er freundschaftlich verbunden blieb. Am 31. Juli 1898 übersiedelte er in die Hundekehlestraße, um dem Ehepaar Andreas näher zu sein. An der Stelle des Hauses liegt heute ein Spielplatz.

Stubenrauchstraße Im Jahre 1906 mietete Georg Hermann mit seiner Familie eine Wohnung im Hause Nr. 6. Ein an der Stelle des durch

Bomben zerstörten Wohnhauses angelegter Park wurde am 28. August 1962 auf den Namen des Schriftstellers getauft. Am selben Tage wurde hier ein Gedenkstein enthüllt. Heute nimmt ein Kindergarten den Platz ein. Der Stein wurde Anfang 1978 zwecks Restaurierung in Verwahrung genommen. Über seinen neuen Standort ist noch keine Entscheidung getroffen.

Illstraße Die Illstraße verlief ehemals von der Kaisereiche bis zur Dickhardstraße. Heute ist sie als Sackgasse nur noch von der Saarstraße zu erreichen. In den Jahren 1907/08 wohnte der am 2. Januar 1870 in Wedel (Holstein) als ältester Sohn eines Arztes geborene Bildhauer, Graphiker und Dichter Ernst Barlach im Hause Nr. 4. Das Haus existiert nicht mehr. Nach Studien in Dresden und Paris hatte er sich bereits von 1899 bis 1901, dann von 1904 bis 1906 in Berlin aufgehalten. Von hier trat er mit seinem Bruder die nachdrucksvolle Rußlandreise an. Mit Moeller van den Bruck, den Malern Begas und Gaul sowie dem Kunsthändler Cassirer, der ihn vertraglich an sich band, war er befreundet. Von den Nazis verfemt, starb er am 24. Oktober 1938 in Rostock. In seinem Romanfragment »Seespeck« (1913–1916) setzt er seinem Freunde Däubler ein literarisches Denkmal.

Niedstraße Im Hause Nr. 5 hatte Erich Kästner in den Nachkriegsjahren eine Zweitwohnung und ein Büro, das seine Sekretärin Elfriede Meschnig betreute. Sein Namensschild ziert noch heute die Wohnungsklingel.

Im dritten Stock des Hauses Nr. 10 wohnte der am 4. Oktober 1865 als Sohn eines Gutsbesitzers in Güttland bei Danzig geborene erfolgreiche Bühnenschriftsteller und Doktor der Geschichtswissenschaft Max Halbe mit seiner Frau Luise. 1894 übersiedelte er über Kreuzlingen in der Schweiz nach München. Nur noch gelegentlich kam er nach Berlin, das »in Hinsicht auf den Lokalpatriotismus nicht seinesgleichen in Deutschland findet«, wie er meint. Von 1910 an gab er das Stückeschreiben immer mehr auf. »*Eine große Theatermüdigkeit hatte mich erfaßt. Ich war es satt, mich wieder und wieder vor ein blasiertes, übersättigtes Publikum hinzustellen und von einer hochmütigen, boshaften Kritik abkanzeln zu lassen. War es nicht richtiger, das Stückeschreiben für eine Weile bleiben zu lassen und mich zur Abwechslung einmal auf die andere Seite zu legen? Riefen nicht Romane und Novelle schon längst nach mir?*« schreibt er in seiner Autobiographie »Jahrhundertwende«, die seine Tochter Anneliese 1976 neu herausbrachte. »*Ich wohne seit 1953, von einem längeren*

Frankreichaufenthalt abgesehen, in Berlin. Was immer mir an Berlin gefällt oder nicht gefällt, es gab Gelegenheit genug, es lachend oder schimpfend auszusprechen«, schreibt der Schriftsteller und Graphiker Günter Grass, der im Hause Nr. 13 mit seiner ersten Frau, einer Schweizer Tänzerin, und seinen vier Kindern lebte und arbeitete, bevor er in zweiter Ehe die Organistin Ute Grunert heiratete. Lange vor ihm hatte der Marinemaler Hans Bohrdt, der mit seinen »Seestükken« Kaiser Wilhelm II. und seinen Bruder Heinrich, die ihn hier gelegentlich aufsuchten, hell begeisterte, in diesem Hause gewohnt. Günter Graß, der sich selbst als »ausgesprochenen Autodidakten« bezeichnet, bei dem »mit 15 Jahren die Schule aufhörte« und der, als er »ernsthaft zum erstenmal ein längeres Manuskript zu schreiben begann, . . . nicht einmal die deutsche Rechtschreibung« beherrschte, wurde am 16. Oktober 1927 in Danzig geboren, war Schüler der Berliner Hochschule für bildende Künste und dann Bildhauer und Graphiker. In seinem »Tagebuch einer Schnecke«, das er für seine Kinder, die mit dem Vater berlinern und mit der Mutter Schwyzerdütsch sprechen, geschrieben hat, schildert er die allsonnabendlichen Besuche auf dem Friedenauer Wochenmarkt und die sonntäglichen Besteigungen des Kreuzbergs.

Der Schriftsteller Uwe Johnson, am 20. Juli 1934 in Cammin in Pommern als Sohn eines Landwirts und Gutsverwalters und einer pommerschen Bauerntochter geboren, in Pommern und Mecklenburg aufgewachsen, nach dem Kriege Student der Germanistik in Rostock und Leipzig, danach wegen seiner Haltung dem östlichen Regime gegenüber drei Jahre arbeitslos, ging im Juli 1959 nach West-Berlin. Im Hause Nr. 14 fand er im früheren Atelier des Malers Schmidt-Rottluff, der hier bis zu seinem Berufsverbot in der Nazizeit arbeitete, eine Unterkunft. 1959 erfuhr er mit seinem ersten Roman »Mutmaßungen über Jakob« (1960), einem literarischen Dokument der deutschen Teilung, ungewöhnliche Beachtung und erhielt 1960 den Fontane-Preis der Stadt Berlin. In der Niedstraße entstanden »Das dritte Buch über Achim« (1961), »Karsch und andere Prosa« (1964) und »Zwei Ansichten« (1965). Während eines zweieinhalbjährigen Aufenthalts in New York von 1966 bis 1968 überließ er die Wohnung seiner Schwägerin. Bei einem Brand des Dachgeschosses, den sie wahrscheinlich durch eine brennende Zigarette verursacht hatte, wobei Bücher und Arbeitsunterlagen Johansons vernichtet wurden, fand sie den Tod.

Im Hause Nr. 28 hatte Günther Weisenborn, einer der aktivsten gesellschaftspolitischen Schriftsteller seiner Zeit, seine letzte Wohnung. Der am 10. Juli 1902 in Velbert/Rheinland geborene Schriftsteller wandte sich nach dem Studium der Medizin und Germanistik der Literatur zu. Vier Wochen vor der mündlichen Doktorprüfung in Bonn erzielte er mit seinem Erstling »U-Boot S 4« (1928) bei der Uraufführung in der Berliner Volksbühne einen außergewöhnlichen Erfolg. Er verzichtete auf die Prüfung und blieb in Berlin. Von 1930 bis 1937 lebte er in Argentinien. Nach seiner Rückkehr schloß er sich einer Widerstandsgruppe an, wurde verhaftet, zu Zuchthaus verurteilt und nach drei Jahren in Luckau von sowjetischen Truppen befreit. 1945 kehrte er nach Berlin zurück und arbeitete als Chefdramaturg am Hebbeltheater, wo sein Drama aus dem deutschen Widerstand »Die Illegalen« (1946) seine Uraufführung erlebte. Der leidenschaftliche Streiter für eine bessere Welt starb nach schwerer Krankheit am 26. März 1969. Er hinterläßt einen nach dem Material Ricarda Huchs herausgegebenen Bericht über die Widerstandsbewegung des deutschen Volkes mit dem Titel »Der lautlose Aufstand« (1953).

Albestraße Der Hannoveraner Heinz Tovote (1864–1946), der in seinen erotischen Novellen und Erzählungen nach dem Vorbild Maupassants die Berliner mondäne Gesellschaft veranschaulicht, wohnte zu Ende des vergangenen Jahrhunderts im Hause Nr. 6. Schon mit seinem ersten Buch, dem Berliner Sittenroman »Im Liebesrausch« (1890) gewann er einen begeisterten Leserkreis.

Handjerystraße Von der Kulmer Straße übersiedelte Max Halbe im Jahre 1892 mit seiner jungen Frau in eine »hübsche Mansardenwohnung mit prächtiger Aussicht über die Dächerwelt« im Hause Nr. 86. Hier entstand sein bekanntestes Werk, das Drama »Jugend«, damals noch »Im Pfarrhof« betitelt, die Liebesgeschichte des Studenten Hans Hartwig und seiner Kusine Annchen: »*Es war ein Vormittag um die Mitte des Februars. Der Himmel war bedeckt, aber die Wolkenstimmung hatte einen zarten warmen Schimmer. Ein allererstes Frühlingsahnen lag in der Luft. Von einem der Nachbarhöfe, über die man hinwegsah, kam der Klang eines Leierkastens. Und plötzlich, ganz unvermittelt, stand vor mir die Erinnerung an einen Pfarrhof unter einem verhangenen Frühlingshimmel, in einer schwermütigen ostdeutschen Landschaft, und an zwei verliebte Menschenkinder mittendrin.*« In sechs Wochen brachte er das Werk in fieberhafter Arbeit zu Ende; nach manchen Ablehnungen – er nannte es das »abgelehnteste aller seiner Stücke« – erlebte er am 23. April 1893 mit außergewöhnlichem Erfolg im Residenztheater in der Blumenstraße seine Uraufführung. Von hier zog er in die Niedstraße.

Fregestraße Theodor Heuss, der 1908 in Straßburg Elly Knapp geheiratet hatte – die Trauung vollzog Albert Schweitzer –, kam nach dem Ersten Weltkrieg im Jahre 1918 wieder nach Berlin und bezog im Hause Nr. 80, gegenüber dem Rathaus Friedenau, eine Wohnung. Er übernahm die Schriftleitung der »Deutschen Politik – Wochenzeitung für Welt- und Kulturpolitik« und kam damit in Kontakt mit den führenden Schriftstellern und Journalisten der Zeit. Von 1919 bis 1929 war er Stadt- und Bezirksverordneter von Schöneberg, 1924 wurde er Reichstagsabgeordneter. Von hier übersiedelte er 1930 in die Kamillenstraße. Über der Tür des Hauses befindet sich eine Gedenktafel. Der am 11. November 1929 in Kaufbeuren geborene Lyriker Hans Magnus Enzensberger wohnte mit seiner Frau, einer Enkelin des sowjetischen Dichters Alexander Fadejew, die er in Moskau kennengelernt und 1967 in Norwegen geheiratet hatte, vorübergehend im Hause Nr. 19. Von 1949 bis 1954 studierte er Literaturwissenschaft, Sprachen und Philosophie und promovierte über »Clemens Brentanos Poetik«, war Redakteur und Dozent, besuchte die USA und Mexiko, ging dann nach Norwegen, wo er heute lebt.

Wielandstraße Von der Cuxhavener Straße zog Rosa Luxemburg im Herbst 1899 in das Haus Nr. 23. Hier mußte sie schon nachmittags die Lampe anzünden, »so eine Dunkelheit herrscht in Berlin im Winter . . . Dazu habe ich auch noch ein Verandazimmer mit einem Erker, so daß bei mir stets Dämmerung herrscht«, heißt es in einem der vielen Briefe, die sie an ihren Landsmann und Geliebten Leo Jogiches richtet. Ihr Biograph Peter Nettl nennt ihn die »beherrschende Gestalt« ihres Lebens. Mit dem im Hause Nr. 26 wohnenden Publizisten Karl Kautsky und seiner Frau Luise war sie eng befreundet, mit Bebel und Franz Mehring hatte sie Umgang. »In Berlin geht es mir gut, d. h. ich arbeite sehr viel, fast die ganze Zeit, schreibe, lerne und halte hie und da öffentliche Vorträge«, heißt es in einem Brief. Von hier zog sie im Frühjahr 1902 in die Cranachstraße.

Cranachstraße Im Frühjahr 1902 übersiedelte Rosa Luxemburg von der Wielandstraße in das Haus Nr. 58. Nach Inhaftierungen in Zwikkau, Warschau und Weimar begann sie im Herbst 1907 mit der Lehrtätigkeit an der SPD-Parteischule. Im Herbst 1911 zog sie in die Lindenstraße in Südende.

Semperstraße Im Torhaus der Straßenbahn-Siedlung in der Semperstraße hatte Hans Baluschek seine Wohnung und sein Atelier.

Hauptstraße In seinem Roman »Der Millionenbauer« (1891), einem Werk, das so geschätzt wurde, daß der Autor es für die Bühne bearbeiten mußte – selbst in den Vereinigten Staaten wurde das Stück 500mal aufgeführt –, schildert Max Kretzer einen der Schöneberger Bauern der Gründerjahre, der durch Verkauf seiner Äcker, die als Baugelände vorgesehen waren, zum Millionär wurde. Die »Millionenbauern« bauten ihre hochherrschaftlichen Villen zwischen dem Stadtbad und der alten Dorfkirche von 1764 und auf der Gegenseite um die Häuser 125 und 126 herum.

Im Hause Nr. 14–16 befand sich die 1862 eröffnete »Maison de santé«, eine private Nervenklinik; Georg Büchmann, der Autor der »Geflügelten Worte«, ein Werk, das nach Meinung seines Verfassers jedermann braucht, »der nicht ganz unbegründete Ansprüche auf Bildung zu machen sich für berechtigt halten darf«, starb hier am 14. Februar 1884 nach längerem Leiden an den Folgen eines Sturzes. Die Klinik wurde 1911 geschlossen, das Haus blieb erhalten.

Auf dem Grundstück Nr. 25–26 lag bis 1893 der von Heinrich Seidel besungene Gasthof zum »Schwarzen Adler«, auf dessen Sommergarten-Bühne Kalischs erste Berliner Possen gespielt wurden.

Akazienstraße Im Jahre 1935 übersiedelte der Tischler Max Robert Marek mit seiner Familie von der Heilbronner Straße in das Haus Nr. 31, wo er die Portierstelle verwaltete. Sein zwanzigjähriger Sohn Kurt, der unter dem Pseudonym C. W. Ceram weltberühmt wurde, erlernte den Verlagsbuchhandel und arbeitete als Feuilletonist bei Ullstein. Von 1938 bis 1945 war er Arbeitsdienstmann und Soldat, zuletzt Fliegerleutnant. Nach dem Krieg ließ er sich in Hamburg nieder, wurde Chefredakteur bei Rowohlt und heiratete 1952 die Bühnenbildnerin Hannelore Lassrich. Zwei Jahre später ging er aus steuertechnischen Gründen, wie man sagt, vom Allgäu in die USA. 1971 kehrte er nach Deutschland zurück und starb am Herzversagen im Alter von 57 Jahren am 12. April 1972 in einem Hamburger Krankenhaus. Auch sein letztes postum erschienenes Buch »Der erste Amerikaner« (1972) erwies sich als Bestseller.

Cheruskerstraße Der Maler und Graphiker Hans Baluschek, neben Zille, Nagel und Käthe Kollwitz der bedeutendste realistische Berliner Maler um die Jahrhundertwende, 1870 als Sohn eines Eisenbahners in Breslau geboren, wohnte von 1898 bis 1901 im Hause Nr. 5. Sein Freund Georg Hermann berichtet von der Straße, »*die nach irgendeinem vorsintflutlichen Germanenstamm benannt war und eine lange, kalte Fassadenreihe im Schwindelstil der ersten Hälfte der* *neunziger Jahre zeigte . . . Von seinem Fenster aus hatte man einen weiten Blick über ein endloses Gelände sich kreuzender Eisenbahnschienen. Und eingekeilt zwischen diesen Schienensträngen lagen die wirren Gebäude, lagen die Riesenkuppeln der Gaswerke, lagen all die seltsamen, maschinenartigen Anlagen . . .*« Der Maler der Berliner proletarischen Stadtviertel, der sich mit seinen Novellen aus dem Berliner Kleinbürgertum »Spreeluft« (1913/14) und seinen »Großstadtgeschichten« (1924) auch als Schriftsteller bewährt hat, starb am 28. September 1935 in Berlin.

Leberstraße Im Hause Nr. 25 der Sedanstraße, die seit 1947 den Namen des hingerichteten Sozialpolitikers und Widerstandskämpfers Julius Leber trägt, kam am 28. Dezember 1925 die Schauspielerin und Schriftstellerin Hildegard Knef zur Welt, die sich mit ihren Erinnerungen »Der geschenkte Gaul«, »Bericht aus einem Leben« (1970) und anderen autobiographischen Büchern einen riesigen Leserkreis eroberte. Von hier übersiedelte ihre Mutter, die als Sekretärin bei Siemens arbeitete, mit den Großeltern und ihr in die Bernhardstraße.

Wenige Häuser weiter, im Hause Nr. 53 der Sedanstraße, heute Leberstraße 65, wurde am 27. Dezember 1901 die Schauspielerin Marlene Dietrich geboren. Ihr Vater war der Polizeileutnant Louis Dietrich, ihre Mutter die Tochter Conrad Felsings, des Begründers eines berühmten Uhrmacher- und Juweliersgeschäfts Unter den Linden. Sie wurde auf die Namen Marie Magdalene getauft. Auch sie begeisterte ihre Bewunderer mit einer Autobiographie, der sie den Namen »Nehmt nur mein Leben« (1979) gab. Als Filmstar wohnte sie in der Bundesallee.

Naumannstraße Nach dem Ersten Weltkrieg bezog Paul Zech im Hause Nr. 22 Am Königsweg, der später den Namen des Theologen, Politikers und Mitbegründers der Demokratischen Partei erhielt, eine Wohnung. Der Expressionist der ersten Stunde arbeitete als Bibliothekar in der Berliner Stadtbibliothek im alten Marstallgebäude. In Pinthus' »Menschheitsdämmerung« (1919) ist er mit 13 Gedichten vertreten. Seine vernichtende Kritik des autobiographischen Romans »Michael« von Goebbels wurde nach der »Machtübernahme« mit Verfolgungen geahndet, denen er sich durch Emigration entzog. Seine letzte Berliner Wohnung hatte er im Hause Nr. 78. In Argentinien vegetierte er in Buenos Aires, von Heimweh gequält, in bitterer Armut als Nachtwächter, Hausierer und Pianist in Hafenkneipen. Am 7. September 1946 brach er vor seiner Wohnungstür in Buenos

Aires zusammen. Seine sterblichen Überreste wurden nach Berlin übergeführt und auf dem Friedhof am Südwestkorso in Friedenau neben seinem Sohn beigesetzt. Seine etwa 80 Gedichtbände sind heute vergessen, seine Nachdichtungen und Übersetzungen von Villon, Louize Labé, der schönen Lyoneser Seilerin, von Baudelaire, Mallarmé, Rimbaud und Verlaine haben noch immer Gültigkeit. Seiner Wahlheimat hat er in einer Reihe von Gedichten gehuldigt, die unter dem Titel »Berlin im Licht« im Jahre 1932 erschienen sind.
Im Hause Nr. 24 wohnte der Politiker und Schriftsteller Friedrich Naumann, der Mitbegründer der Deutschen Demokratischen Partei. Hier befand sich auch die Redaktion der von ihm gegründeten Wochenschrift »Die Hilfe«. Theodor Heuss arbeitete hier von 1905 bis 1912 als sein Angestellter.

Großgörschenstraße Nach dem Tode des Majors Pogge von Poggenpuhl auf dem Schlachtfeld von Gravelotte mußte die Majorin in Fontanes Roman mit ihren drei Töchtern von Pommersch-Stargard nach Berlin in eine recht bescheidene Wohnung ziehen. ». . . *in einem gerade um jene Zeit fertig gewordenen, also noch ziemlich mauerfeuchten Neubau der Großgörschenstraße, ein Eckhaus, das einem braven und behäbigen Manne, dem ehemaligen Maurerpolier, jetzigen Rentner August Nottebohm gehörte. Diese Großgörschenstraßen-Wohnung war . . . um der sogenannten ›wundervollen Aussicht‹ willen gewählt worden, die von den Vorderfenstern aus auf die Grabdenkmäler und Erdbegräbnisse des Matthäikirchhofs, von den Hinterfenstern aus auf einige zur Kulmstraße gehörige Rückfronten ging, an denen einer man, in abwechselnd roten und blauen Riesenbuchstaben, die Worte ›Schulzes Bonbonfabrik‹ lesen konnte. . . . Jedesmal, wenn Besuch kam, wurde denn auch von den großen Vorzügen dieser Wohnung gesprochen, deren einziger wirklicher Vorzug in ihrer großen Billigkeit und in der vor mehreren Jahren schon durch Rentier Nottebohm gemachten Zusicherung bestand, daß die Frau Majorin nie gesteigert werden würde . . .*«
Nach Rückkehr von einer dreijährigen Pazifik- und Arktis-Expedition auf dem russischen Forschungsschiff »Rurik« im Oktober 1818 erhielt Adelbert von Chamisso den Titel eines Ehrendoktors der Philosophie und die Stelle des Adjunkts und später des Kustos am Botanischen Garten. Mit dieser Position war eine Dienstwohnung in einem kleinen Landhaus in der Großgörschenstraße verbunden. Seine Einkünfte gestatteten ihm, am 25. April 1819 – »aufgelöst in lauter Wonne« – die achtzehnjährige Antoine Piaste, die er im Jahre

1808 im Hause seines Freundes Julius Eduard Hitzig kennengelernt hatte, zu heiraten. Chateaubriand besuchte im März 1821 Chamisso in der Großgörschenstraße und berichtet in seinen »Mémoires d'Outre-Tombe«, daß er bei späterem Gedenken an Chamisso »immer noch das leise Flüstern des Windes im Grase« hörte, »wie damals, als ich über die Heide nach Berlin zurückwanderte«. Im Sommer 1822 fiel das Häuschen einem Brand zum Opfer, und Chamisso übersiedelte mit seiner Familie in eine bescheidene Unterkunft in der Lindenstraße und danach in eine eigene Wohnung in der Friedrichstraße.

Nach Aufhebung des Sozialistengesetzes im Jahre 1890 kam der am 22. Februar 1840 als Sohn eines preußischen Unteroffiziers in Köln-Deutz geborene Drechsler, Politiker und Schriftsteller August Bebel nach Berlin und bezog im Hause Nr. 22a eine bescheidene Wohnung. 1867 war er Reichstagsabgeordneter geworden, 1869 hatte er zusammen mit Wilhelm Liebknecht, mit dem er im Jahre 1872 wegen Hochverrats zu zwei Jahren Gefängnis verurteilt worden war, die sozialdemokratische Arbeiterpartei gegründet. Im September 1893 wohnte Friedrich Engels mit seiner Frau Luise 13 Tage in Bebels Wohnung. Am 11. Oktober 1893 schreibt Engels an Victor Adler: ». . . *doch ist Berlin von außen wirklich schön, selbst in den Arbeitervierteln lauter Palastfronten. Was aber dahinter ist, davon schweigt man am besten . . . das, was mich überwältigt, ist das ›Berliner Zimmer‹, diese in der ganzen Welt unmögliche Herberge der Finsternis, der stickigen Luft und des sich darin behaglich fühlenden Berliner Philistertums . . . Augusts Wohnung hat keins, sie ist die einzige, die mir gefällt, in jeder anderen ging' ich kaputt.*« Später übersiedelte Bebel in die Schöneberger Hauptstraße.

Matthäuskirchhof Hinter dem S-Bahnhof liegt in der Großgörschenstraße 12–14 seit 1856 der Matthäuskirchhof. Hier ruhen u. a. Wilhelm (†1859) und Jacob Grimm (†1863) sowie Wilhelm, sein Sohn, der Kunstschriftsteller Herman Grimm (†1901), Franz Kugler (†1858), Kalisch (†1872), Ernst Dohm (†1883), Büchmann (†1884), Treitschke (†1896) und Virchow (†1902). Fontane schildert in dem Gedicht »Auf den Matthäikirchhof« die Atmosphäre bei einer Beerdigung auf diesem »anheimelnden Friedhof . . . beinahe ein Garten«.

Kulmer Straße Um 1890 mietete der Schriftsteller und Doktor der Geschichtswissenschaften Max Halbe eine im Erdgeschoß des Hauses Nr. 30 gelegene bescheidene Hofwohnung. Die Kulmer Straße trug damals noch den Namen Kulmstraße. Hier schrieb er sein erstes Bühnenwerk »Freie Liebe« (1890), die Geschichte einer Studentenliebe in Berlin, das nach seiner erfolggekrönten Uraufführung am 7. Februar 1892 im Belle-Alliance-Theater viele Bühnen im Reich erobern konnte. Halbe gehörte bald zu den regelmäßigen Gästen des Friedrichshagener Dichterkreises um Bruno Wille und Wilhelm Bölsche. Am 15. Januar 1891 heiratete er auf dem Standesamt in der Genthiner Straße Luise Christine Heck, die ihm drei Kinder schenkte und ihn um 13 Jahre überlebte. Im ersten Teil seiner Autobiographie »Scholle und Schicksal« (1933), den er seiner Frau »zum Zeichen seines lebenslangen Dankes« widmet, schildert er die Hochzeitstafel im Hinterhaus und den Ausblick von seiner Wohnung auf einen Pferdestall im Hofe. Im Jahre 1892 übersiedelte er in die Handjerystraße. Der dreißigjährige Historiker Friedrich Meinecke wohnte mit seinen Eltern in den neunziger Jahren im vierten Stock eines Hauses am Ende der Kulmstraße, »wo gegenüber der Großgörschenstraße noch ein herrlicher Park mit Nachtigallengesang damals lag . . . Mein freundliches einfenstriges Arbeitszimmer hatte den Blick . . . auf die Bäume.« Hier arbeitete er an seiner »Geschichte des Generalfeldmarschalls Hermann von Boyen«. 1895 heiratete er Antonie Delhaes, die Tochter eines Berliner Sanitätsrats.

Potsdamer Straße Im ersten Botanischen Garten Berlins, der 1679 aus dem Kurfürstlichen Küchen-, Hopfen- und Zwiebelgarten hervorgegangen war, arbeitete von 1819 bis 1838 Adelbert von Chamisso als Kustos und »Aufseher der Pflanzen«. Er hatte seine Wohnung schräg gegenüber an der Ecke Großgörschenstraße. Heute nimmt der Heinrich-von-Kleist-Park etwa die halbe Fläche des alten Gartens ein, der 1910 nach Dahlem verlegt wurde.

Elßholzstraße Im zweiten Stock des Hauses Nr. 13 hatte Clara Viebig nach der Jahrhundertwende mit ihrem Ehemann, dem Verlagsbuchhändler Fritz Th. Cohn, eine Wohnung. 1897 waren ihre Novellen »Kinder der Eifel« erschienen. Von hier übersiedelte sie in die Zehlendorfer Königstraße.

Die Goeben-, Pallas- und Hohenstaufenstraßen führen zur

Motzstraße Der am 28. Februar 1909 in London geborene linksradikale englische Dichter und Schiller-, Rilke- und Toller-Übersetzer Stephen Spender, der von 1930 bis 1933 jedes Jahr etwa sechs Monate in Deutschland, vor allem in Berlin, verbrachte, wohnte in der Motzstraße. Mit Christopher Isherwood war er befreundet. In seinen Erinnerungen »Welt zwischen Welten« (1951) schreibt er:

»Ich verließ mein möbliertes Zimmer ... und ging an den grauen Mietkasernen, deren Fassaden aus Backformen für riesige Betonbiskuits gepreßt schienen, vorbei zum Nollendorfplatz, einem Horst von Stuckadlern und verrußten Balkonen, von deren Busen sich verflossener Prunk abschuppte. Die Hochbahn hatte von dem Platz Besitz ergriffen, auch von den Straßen, die nach Westen, durch die Tauentzienstraße, über den Wittenbergplatz führten, und nach Osten in noch schmierigere Gegenden, die sich doch noch immer als Vertreter preußischen Geistes aufspielten, mit ihren Wappentieren, Helmen, Schilden und den pausbackigen Hinterteilen waffentragender Putten. Ein alles durchsetzender Geruch hoffnungslosen Verfalls drang aus diesen Häusern wie aus dem Innern einer alten Pappschachtel.« Seine bittere Enttäuschung über den Kommunismus – er war um 1937 einige Wochen lang Mitglied der Partei – protokolliert er in dem Sammelband »Der Gott, der keiner war« (1949).

Stefan Zweig, der im Jahre 1900, »zum Zeitpunkt des Übergangs von der bloßen Hauptstadt zur Weltstadt«, ein Semester an der Berliner Universität studierte, die Universität allerdings nur zweimal betrat, um sich immatrikulieren und zum Abschluß des Semesters die nicht besuchten Vorlesungen testieren zu lassen, fand Anschluß an »Die Kommenden«, einen von Rudolf Steiner geleiteten Diskussionsklub von Bohemiens, Dichtern, Zeitungsleuten und »jungen, ohne jede Eleganz gekleideten Künstlerinnen«. Besonders beeindruckte ihn Peter Hille in seinem »grauen Wettermantel, der einen ganz zerfransten Anzug und sehr schmutzige Wäsche verdeckte«. Steiner, der »Millionen Menschen Wegweiser« werden sollte, widmet er einen bewundernden Abschnitt seiner »Welt von gestern« (Stockholm 1944). Der Gegensatz zwischen seiner Wiener und Berliner Zimmerwirtin erscheint ihm äußerst charakteristisch: Die muntere, geschwätzige, nicht besonders saubere, aber stets gefällige Wienerin und die korrekte, saubere, jede Dienstleistung in Rechnung stellende Berlinerin – sie forderte für das Annähen eines Hosenknopfes drei Pfennige –, was jedoch mit sich brachte, daß Zweig bald dem preußischen Ordnungssinn erlag und ein Ausgabenbuch anlegte.

Robert Musil wohnte im Juni und Juli 1927 bei einer Frau v. Puttkamer im Hause Nr. 20. Seine wirtschaftliche Lage war verzweifelt; ein Jahr vor dem Erscheinen des ersten Bandes seines Romans »Der Mann ohne Eigenschaften« notiert er in seinem »Tagebuch«: »Wir haben nur für wenige Wochen zu leben.« Heute hat das Haus die Nummer 38.

Geisbergstraße Der Maler Walter Leistikow (1865–1908) hatte seine Wohnung und sein Atelier im Hause Nr. 33. Hier las sein Freund Max Halbe im Februar 1892 in engerem Kreis zum erstenmal sein Bühnenwerk »Jugend« vor.

Ansbacher Straße Seit 1888 wohnte Johannes Trojan im Hause Nr. 2.

Anfang 1890 mietete Arno Holz im Hause Nr. 53 seine erste Unterkunft im Westen der Stadt. Zu dieser Zeit arbeitete er einige Monate als Schriftleiter an der von Otto Brahm neugegründeten Zeitschrift »Freie Bühne für modernes Leben«. Am 7. April fand die Uraufführung des zusammen mit Schlaf geschriebenen Dramas »Familie Selicke« statt, das eine Zeitung schon vorher als »zu schlecht fürs Affentheater« bewertet hatte und mit dem die Zusammenarbeit der beiden Dichter zu einem haßerfüllten Ende kam.

Motzstraße Das Haus Nr. 30, ehemals 17, trägt eine Tafel zum Gedenken an Rudolf Steiner, den Begründer und Führer der anthroposohischen Bewegung. Am 27. Februar 1861 im damals ungarischen Kraljevec auf der Mur-Insel als Sohn eines österreichischen Bahnbeamten geboren, erwarb er sich Kenntnisse der klassischen Sprachen im Selbstunterricht und lernte als neunjähriger Junge in der Dorfschule »an der Geometrie das Glück zuerst kennen«. Nach Studien in Wien über Weimar kam er im Jahre 1897 nach Berlin, wo er zunächst eine Wohnung Am Karlsbad nahm, dann zu Anna Eunike, die er 1899 heiratete, zog und schließlich in die Motzstraße übersiedelte. Hier wohnte er bis zu seiner Übersiedlung nach Dornach im Jahre 1923. In Berlin hatte er seine größten Erfolge. Hier gab er mit O. E. Hartleben das seit 1832 erscheinende »Magazin für Literatur« heraus und wurde Generalsekretär der deutschen Sektion der Theosophischen Gesellschaft. Bei einem der vielen Vorträge, die er in Berlin hielt, lernte er seinen treuesten Jünger, Christian Morgenstern, kennen. 1912 löste er sich von der Gesellschaft und gründete 1913 die Anthroposophische Gesellschaft, der Morgenstern sein Spätwerk widmet und deren Kultstätte der Johannistempel, das spätere Goetheanum in Dornach in der Schweiz, wurde. Nach dem Tode seiner ersten Frau heiratete er zu Weihnachten 1914 Marie von Sivers, die ihm als Sekretärin und Rezitatorin schon jahrelang zur Seite stand. 1919 gründete er in Stuttgart die nach dem Geldgeber, dem Zigarettenfabrikanten Waldorf, benannte Schulbewegung. Am 30. März 1925 starb er nach langem Leiden in Dornach.

Von 1924 bis zu ihrer Emigration am 19. April 1933 wohnte Else

Lasker-Schüler in einem bescheidenen Hofzimmer des damaligen Hotels »Koschel«, des heutigen »Sachsenhof«, im Hause Nr. 78 (heute Nr. 7). Georg Zivier schildert ihr Zimmer: »*Eine Karawane von Glastieren stand auf dem Mitteltisch ihres Pensionszimmers, kompaßgenau in der Richtung nach Jerusalem aufgestellt, wo sie die letzte Phase ihres Lebens auch zubringen wollte.*« Peter Hille, Trakl, Benn, Werfel, Dehmel, George Grosz, Däubler, Schickele und Kokoschka nannte sie ihre Freunde, in der Boheme des Cafés des Westens war sie der Mittelpunkt. Als Mitarbeiterin des »Sturm« und der »Aktion« verdiente sie so wenig, daß sie, wie sie erzählt, in Berlin immer am Rande der Häuser unter den Balkonen entlang ging, damit ihre Eltern im Himmel nicht sähen, wie arm sie war. Das Bezirksamt Schöneberg ließ zum 300. Gründungstag der Jüdischen Gemeinde in Berlin am 10. September 1971 ein Gedenktafel am Hotel anbringen. Nachdem sie von Nazis auf der Straße überfallen und zusammengeschlagen worden war, ging sie über Zürich nach Jerusalem, wo sie völlig verwirrt eine Woche lang Tag und Nacht in einer Parkanlage verbrachte, bis man ihr Hilfe zuteil werden ließ. Anfang 1949 erkrankte sie an Angina pectoris und starb am 22. Januar desselben Jahres. Am Fuße des Ölbergs, auf der arabischen Seite der geteilten Stadt, liegt sie begraben. Die Dichterin, am 11. Februar 1869 als jüngstes von sechs Kindern des jüdischen Bankiers Aaron Schüler in Elberfeld geboren, heiratete um 1893 den Berliner Arzt Dr. Berthold Lasker und ging mit ihm in die Reichshauptstadt. 1899 wurde das Paar geschieden. Zu dieser Zeit erschienen ihre ersten Gedichte in Zeitschriften. 1899 wurde ihr Sohn, dem sie den Namen ihres früh verstorbenen Bruders Paul gab und den die Schwindsucht 1927 dahinraffte, geboren. Er entstammte einer Verbindung mit einem Griechen, einem »Plebejerzigeuner, der Tag und Nacht in verräucherten Cafés spielte«, den sie Alcibiades nannte und dessen wahren Namen sie nie bekanntgab. Die unstete »gräßliche Person«, wie Graf Keßler sie nannte, die sich selbst nach ihrem 1914 erschienenen Geschichtenbuch den Namen Jussuf, Prinz von Theben, gab, hatte in den 40 Jahren, die sie in Berlin lebte, eine Reihe armseliger Unterkünfte. Zur Zeit der Veröffentlichung ihres ersten Lyrikbandes »Styx« wohnte die Dichterin, die sich über alle Normen der bürgerlichen Gesellschaft hinwegsetzte, »in einem ehemaligen Flaschenraum, in einem der Käfige des Kellers, den der Portier mir geheimnisvoll, aber großzügig für 75 Pfennige monatlich auf seine Rechnung und Gefahr vermietet hatte«.

Nach Rückkehr aus dem Kriege mietete Ernst Rowohlt im Hotel »Koschel« ein Zimmer. Zu dieser Zeit wohnten hier auch sein Freund Walter Hasenclever, Theodor Däubler und Oskar Kokoschka. Rowohlt legte im Hotel den Grundstock für einen neu zu gründenden Verlag, den er am 1. Februar 1919 in der Potsdamer Straße eröffnete. Hasenclever, der als Freiwilliger am Weltkrieg teilnahm und seine Begeisterung in einem Sanatorium in Dresden-Loschwitz verlor, trat Ende 1918 in seinem Erfolgsstück »Der Sohn« bei Reinhardt in den Kammerspielen auf und bezahlte mit der Gage die Hotelrechnung für sich und seinen Freund Rowohlt, dem er eine »Ode« widmete. Er verließ das Hotel im Herbst 1920.

Auch Hasenclevers Freund Oskar Kokoschka, der den Schriftsteller mehrfach gemalt hatte, wohnte hier. Der am 17. August 1876 im damals österreichischen Triest als Sohn eines begüterten Großkaufmanns geborene expressionistische Lyriker Theodor Däubler, dessen Leben in unsteter Wanderschaft verlief, lebte von 1916 bis 1919 als Kunstkritiker in Berlin und logierte einige Zeit vor seiner Übersiedlung in die Schweiz im Hotel. George Grosz berichtet, daß Else Lasker-Schüler genüßlich zu schnarchen pflegte, wenn Däubler aus seinem lyrischen Epos »Nordlicht« (1910) vorlas. Georg Zivier erinnert sich an einen jungen Mann, einen Stammgast des Romanischen Cafés, der das dreibändige Werk mit seinen über 30000 Versen von der ersten bis zur letzten Zeile gelesen haben soll. 1916 erschienen seine Essays »Der neue Standpunkt«, die erste Buchpublikation in deutscher Sprache über den Expressionismus in der Malerei.

Kalckreuthstraße Im November 1908 kam Christian Morgenstern von Obermais wieder nach Berlin und mietete in der Kalckreuthstraße ein Zimmer. Schon zu Ende des Monats hatte er die Stadt satt und schreibt von Liechtenstein an Margareta Gosebruch, die er im März 1910 heiratete: »Alles ist hier auf Elefantennaturen mit Nerven aus Schiffstauen berechnet.« Zum Jahresende zog er nach Schlachtensee, und im April 1909 wohnte er wieder »bei Kayßler im Turmzimmer, sehr behaglich«. In den ersten Januartagen eröffnete sich ihm bei Vorträgen, die er von nun an regelmäßig besuchte, die Geisteswelt Rudolf Steiners.

Im Hause Nr. 8 hatte Herbert Ihering in den zwanziger Jahren eine Wohnung. Er hat dem »Theater, das zu den Atmungsorganen der Stadt (gehört) . . . , notwendig wie die Spree, wie der Wannsee und der Grunewald, notwendig wie Arbeit, Fabriken und Potsdam«, seine Lebensarbeit gewidmet.

Wormser Straße Johannes Trojan wohnte im letzten Jahrzehnt des vergangenen Jahrhunderts im Hause Nr. 3.
1893 mietete Arno Holz eine Wohnung im Hause Nr. 10. Am 4. Dezember des Jahres heiratete er Emilie Wittenberg, in erster Ehe verehelichte Barczus, die er Milli oder Jungfrau nannte. Im Frühling 1894 übersiedelte er mit seiner Frau, die ihm drei Söhne schenkte und von der er sich nach vier Jahren trennte, in die Gravelottestraße.

Lietzenburger Straße Der am 17. Oktober 1890 in Berlin als Sohn eines wohlhabenden Fabrikanten geborene frühexpressionistische Dichter Ernst Blaß wohnte in den zwanziger Jahren im Hause Nr. 5. Kurt Hiller rechnet ihn zu den »Profilen aus einem Vierteljahrhundert«, wenn er 1950 schreibt: »*Vergessen dürfte mein Freund Ernst Blaß sein. Er ist es zu Unrecht. Dieser begnadete Dichter (ein echter Berliner) starb, nicht lange vor der Entfesselung des Zweiten Weltkriegs, mit 48 Jahren an der Tuberkulose. Man wird ihn wiederentdecken.*« Tatsächlich sind im Jahre 1975 seine ersten, unter dem Titel »Die Straße komme ich entlang geweht« im Jahre 1912 veröffentlichten Großstadtgedichte – »und die Sonne knallt / herunter auf den singenden Asphalt« – als Handpressendruck wieder erschienen. Nach Abschluß seines Studiums und der Promotion arbeitete der Jurist zunächst bis 1920 als Archivar an der Dresdener Bank und wurde dann Mitarbeiter am Berliner Tageblatt und am Börsen-Courier. Im Jahre 1924 übernahm er das Lektorat des Paul-Cassirer-Verlags. In Heidelberg hatte er schon als Student von 1914 bis 1917 eine bemerkenswerte Monatsschrift, »Die Argonauten«, herausgegeben, in der Autoren wie Sternheim, Musil, Walter Benjamin, Blei, Bloch und Kornfeld zu Wort kamen. In Berlin gehörte er zu den Begründern des »Neuen Clubs« und zu den Mitarbeitern an Waldens »Sturm«. Mit der »Machtübernahme« der Nationalsozialisten traf ihn ein Berufsverbot. Seit 1926 quälte ihn ein Augenleiden. Seine völlige Erblindung und eine Knochentuberkulose retteten ihn vor der Deportation. Er starb am 23. Januar 1939 im Jüdischen Krankenhaus in Berlin.
Im Hause Nr. 8 hatte Ernst Toller eine Zeitlang eine Wohnung. Seine Vortragsreisen durch die Sowjetunion und die Vereinigten Staaten haben in seinem Bericht »Quer durch« (1930) ihren Niederschlag gefunden. Der Verhaftung durch die SA in der Nacht nach dem Reichstagsbrand entkam er dadurch, daß er sich auf einer Vortragsreise in der Schweiz befand. Er ging über Frankreich in die Staaten, seine Bücher wurden verbrannt. Daß der Schriftsteller mit seiner Aussage »Das Heldenideal ist das dümmste der Ideale« auf die Abschußliste

der Nationalsozialisten kommen würde, hatte ihm sein Freund Ernst Niekisch vorausgesagt. Von seiner Frau, der Schauspielerin Christiane Grauthoff, verlassen, von Depressionen und Schlaflosigkeit gequält, erhängte er sich am 22. Mai 1939 im Hotel Mayflower in New York. Der »proletarische Dichter« hinterläßt das expressionistische Drama »Masse Mensch« (1921), die die Ausbeutung des englischen Frühkapitalismus anklagenden »Maschinenstürmer« (1922) und das Antikriegsstück »Hinkemann« (1923), alle während seiner Haft geschrieben, ebenso wie das in mehr als zwei Dutzend Sprachen übersetzte »Schwalbenbuch« (1923), die lyrische Geschichte des in seiner Zelle nistenden Schwalbenpärchens. In der Emigration erschien sein autobiographisches Werk »Eine Jugend in Deutschland« (1933). Im ersten Stock des Hauses Nr. 14 hauste Zuckmayer zu Beginn der zwanziger Jahre in einem möblierten Zimmer. Die wenigen Honorare für Arbeiten in der Weltbühne, im Tageblatt und im Börsen-Courier sowie ein kleiner Zuschuß seiner Eltern reichten kaum für die Miete billiger Zimmer, die er häufig wechselte. So kam er in einer ungeheizten Dachkammer eines Hauses im Bayerischen Viertel unter, in dem seine Freundin Annemarie Seidel, eine Schauspielerin am Staatstheater, die Mirl genannt wurde, eine Wohnung hatte. Der Schriftsteller Heinrich Seidel war ihr Onkel, ihre ältere Schwester war die Pastorenfrau Ina Seidel, die damals in Eberswalde lebte.

Bayreuther Straße Von 1913 bis zum Ausbruch des Ersten Weltkriegs lebte der am 29. April 1885 in Prag als Sohn eines Tuchhändlers geborene Schriftsteller Erwin Kisch, der 1905 in Berlin eine Journalistenschule besucht und seine journalistische Laufbahn als Lokalreporter in seiner Geburtsstadt begonnen hatte, wieder in Berlin. Er betätigte sich als Publizist beim Berliner Tageblatt und in der Nachfolge Gerhart Hauptmanns als Dramaturg am Deutschen Künstlertheater. Er wohnte im Hause Nr. 10. 1921 kam er zum drittenmal nach Berlin.

Im selben Hause hatte Günther Weisenborn mit der Schauspielerin Joy Schnabel, die er 1941 geheiratet hatte, eine Atelierwohnung. Hier wurde er an einem Sommermorgen des Jahres 1942 von der Gestapo wegen seiner Tätigkeit in der Widerstandsgruppe Harro Schulze-Boysen verhaftet. Drei Jahre später befreiten ihn sowjetische Truppen aus dem Zuchthaus Luckau, wo er auf Tütenpapier Teile seines Zuchthaus-Tagebuchs geschrieben hatte, das er 1948 mit dem Titel »Memorial« veröffentlichte. Bei seiner Rückkehr in die Bayreuther Straße fand er an der Stelle seines Wohnhauses nur noch Trümmer.

Seine Frau traf er durch Zufall auf einer Straße in Potsdam wieder. Schon im Sommer 1945 erschienen seine Dialoge zwischen dem Tod und den Überlebenden, der »Berliner Totentanz«.

Passauer Straße Im Hause Nr. 3 hatte der von Wieland Herzfelde gegründete, nach dem von Else Lasker-Schüler für Franz Marc geschriebenen und von ihm herausgebenen Roman »Der Malik« (1919) benannte Verlag von 1917 bis zu seinem Verbot im Jahre 1933 seine Räume. Hier wurde auch die Zeitschrift »Neue Jugend« verlegt. Axel Eggebrecht arbeitete hier in der Inflationszeit als Packer und Bücherbote. Else Lasker-Schüler, Theodor Däubler, George Grosz und Johannes R. Becher zählten zu den Mitarbeitern der Zeitschrift, die 1917 wegen ihrer antimilitaristischen und gesellschaftskritischen Artikel verboten wurde. Der »Malik-Verlag«, der sich der sowjetischen Literatur, der Sozialwissenschaften sowie der modernen Graphik annahm, galt als der repräsentativste Verlag der Linken. Wieland Herzfelde (eig. Herzfeld), Universitätsprofessor und Schriftsteller, am 11. April 1896 in Weggis/Schweiz geboren, gehörte mit Richard Huelsenbeck, dem »Oberdada« Baader und Walter Mehring zu den Gründern der Dada-Bewegung in Berlin. Sein Martyrium als Häftling der Berliner Ordnungstruppen im Jahr 1919 schildert Herzfelde in seiner Reportage »Schutzhaft«.

Im Zuge der Wirtschaftskrise im Jahre 1927 mußte Ernst Rowohlt seinen Verlag von der Potsdamer Straße in das Haus Nr. 8–9 verlegen. Hier verfügte er selbst nur über ein kleines Schlafzimmer, die Wochenenden verbrachte er in Grünheide. Im Hinterhof des Hauses lag die Verlagsdruckerei, in der der frühere kommunistische Maurer und jetzige Vorsitzende des Ministerrats der DDR, Willy Stoph, mit Genehmigung Rowohlts Flugblätter drucken lernte. 1930 trat Heinrich Maria, sein Sohn, mit der Schauspielerin Maria Lee, die eigentlich Ledig hieß und eine Ehe mit dem Vater ihres Sohnes nicht auf sich nehmen wollte, als Gehilfe in den Verlag ein. Beide gaben vor, daß der andere von ihrer Vater-Sohn-Beziehung nichts wisse. Heinrich Maria Ledig übernahm 1940 den Verlag und führte ihn in Stuttgart bis 1943. Nach dem Krieg begann er dort wieder, während Ernst Rowohlt ihn in Hamburg neu gründete. Am 1. Dezember 1960 starb der am 23. Juni 1887 als Sohn eines Maklers in Bremen geborene Verleger und Herausgeber der auf dürftigstem Holzpapier gedruckten Ro-Ro-Ro-Hefte, der Vorläufer des deutschen Taschenbuchs, der nach dem Kriege in vierter Ehe die Schauspielerin Maria Pierenkämper geheiratet hatte, an den Folgen eines Herzinfarkts.

Der Arzt und Schriftsteller Carl Ludwig Schleich hatte im zweiten Jahrzehnt des Jahrhunderts im selben Hause Wohnung und Praxis. Von hier übersiedelte er in die Jenaer Straße.

Nach seiner Entlassung aus dem Heeresdienst im Jahre 1917 ging Gottfried Benn nach Berlin zurück und richtete sich in der Belle-Alliance-Straße 12 eine Praxis und eine Wohnung ein. Für seine Frau, seinen Stiefsohn und seine Tochter Nele mietete er eine elegante Wohnung im dritten Stock des Hauses Nr. 19, in der er sich nur besuchsweise aufhielt. Nach dem Ableben seiner Frau, die an einer Gallenoperation im Jahre 1922 in Jena verstarb, behielt er die teure Wohnung noch vier Jahre.

Augsburger Straße Der am 28. Januar 1900 als Sohn eines Kaufmanns in Nürnberg geborene gesellschaftskritische Erzähler, Essayist und Dichter Hermann Kesten kam zwei Tage nach seiner Hochzeit am 27. Dezember 1928 von Nürnberg nach Berlin und mietete in der Augsburger Straße Nr. 2 »bei Frau Anna Hilscher, die wunderbar kochte«, eine möblierte Unterkunft. Er war zunächst Lektor, dann literarischer Leiter des Kiepenheuer-Verlags, als der er im Jahre 1927 Anna Seghers entdeckte. Später hatte er eine Wohnung in der Eisenacher Straße. 1927 war sein erster Roman »Josef sucht die Freiheit«, der mit dem Kleist-Preis ausgezeichnet und in zwanzig Sprachen übersetzt wurde, erschienen.

Nürnberger Straße Im Hause Nr. 13 wohnte um 1930 Ernst Heilborn.

Bis zu seiner Übersiedlung nach München im Jahre 1893 wohnte der am 23. April 1855 in Breslau geborene Schriftsteller Ernst von Wolzogen, erfolgreicher Verfasser humorvoller Gesellschaftsromane und gewinnbringender Komödien, im Hause Nr. 26. Der Sohn eines Regierungsassessors und späteren Theaterintendanten war nach Studium und Vorlesertätigkeit beim Großherzog von Sachsen-Weimar 1882 als Verlagsdirektor nach Berlin gekommen. Im selben Jahr erschien seine Tragikomödie »Lumpengesindel«, ein Zeitbild um die Brüder Hart und ihre Freunde in ihrer Bohemestube in der Luisenstraße.

In der damals im zweiten Stock des Hauses Nr. 46 gelegenen Pension Benecke wohnte die unstete Else Lasker-Schüler zu Ende des Jahres 1914.

Um 1915 logierte Otto Flake in einem der berühmten Biedermeierzimmer der Pension Bruhn mit dem bis zur Decke reichenden Berliner Kachelofen im Hause Nr. 65. In den Jahren davor hatte er in der

Georg-Wilhelm-Straße, in der Haberlandstraße und in einer Pension in der damaligen Kaiserallee gewohnt. Ende 1917, im sog. Kohlrübenwinter, und 1921 zog er wieder zu Bruhn: »Gerade wurde die Untergrundbahnstrecke nach der Uhlandstraße gebaut, mit großem Aufwand von Kränen, Erdhaufen und Rammpflöcken.« In der »Lady« seines Romans »Montijo« (1931) hat er seiner Wirtin ein Denkmal gesetzt. Nach seiner Scheidung heiratete er 1921 Erna, eine Tochter des Hauses, von der er sich ein Jahr später wieder trennte. Hier übersetzte der Schriftsteller Romane Balzacs für den Rowohlt-Verlag.

Tauentzienstraße Bei einem Spaziergang durch die Tauentzienstraße im Sommer 1931 erhielt Bergengruen den Anstoß zu seinem Berlin-Roman »Im Himmel und auf Erden« (1940). In einer Zeitung, die er hier erstand, las er mitten im Gewühl der Passanten in einer der als Fortsetzungen unter dem Thema »Berlins aufregendste Tage« veröffentlichten historischen Reportagen von der Sündflutpanik, die die Stadt im ersten Drittel des 16. Jahrhunderts ergriff. Schon Willibald Alexis erwähnt die Ängste und Nöte der Einwohner Berlins und Cöllns vor der prophezeiten Vernichtung ihrer Heimat durch eine Flutkatastrophe in seinem Roman »Der Werwolf« (1846), und Wilhelm Schäfer nimmt das Thema in einer seiner Anekdoten auf. Gustav Stresemann, der 1903 Käte Kleefeld, die Tochter einer wohlhabenden Berliner Bürgerfamilie, geheiratet hatte, bezog im Jahr 1910 mit seiner Frau und seinen Söhnen Joachim und Wolfgang eine Etagenwohnung des Hauses 12 A, das – im Kriege zerstört – auf dem Gelände des Europa-Center stand. Von 1923 an hatte er seine Wohnung im Auswärtigen Amt. Stresemann starb am 3. Oktober 1929, seine Frau mußte 1933 aus »rassischen Gründen« emigrieren. In einem der Eingänge zum Europa-Center hängt eine Tafel zum Gedenken an den »Vorkämpfer für ein geeintes Europa und den großen Staatsmann der Weimarer Republik«. Bei der Beerdigung des Friedensnobelpreisträgers auf dem Luisenstädtischen Friedhof in der Kreuzberger Bergmannstraße wurden auf seinen Wunsch vier Lieder gesungen: der Choral »Harre meine Seele«, das Volkslied »Am Brunnen vor dem Tore«, das Freimaurerlied »Brüder, streckt nun die Gewehre« und die Nationalhymne »Deutschland, Deutschland über alles«.

Von Dresden übersiedelte Hermann Sudermann Ende 1895 mit seiner Frau Clara, ihren zwei Kindern und seiner Tochter Hede nach Berlin und bezog im zweiten Stock des erhalten gebliebenen Hauses

Nr. 13, gegenüber der damaligen Kaiser-Wilhelm-Gedächtniskirche, eine Etagenwohnung. Hier arbeitete er an einem »Schicksalsroman« »Es war«, der 1894 erschien, und hier entstand die Tragödie »Sodoms Ende« (1891), das »Drama der Tiergartenstraße«, dessen Aufführung untersagt wurde. Oskar Blumenthal erzählt in seinem Buch »Verbotene Striche«, daß auf seine Frage nach den Gründen der Polizeipräsident von Jagow mit dem berühmt gewordenen Satz antwortete: »Die janze Richtung paßt uns nich.« Im Jahre 1915 bezog der Schriftsteller, dessen wohlgepflegter schwarzer Vollbart die Bewunderung der weiblichen Welt erregte, seine Villa in der Bettinastraße.

Neunter Spaziergang: Kreuzberg, Tempelhof und Neukölln

Kreuzberg, der kleinste der Westberliner Bezirke, mit der höchsten Bevölkerungsdichte und dem höchsten Anteil an Gastarbeitern, ist aus dem Südteil der Friedrichstadt, der Luisenstadt und der Tempelhofer Vorstadt hervorgegangen.

Ingeborg Bachmann meint in ihrem »Ort für Zufälle« (1965), daß »der Kreuzberg, die feuchten Keller und die alten Sofas ... die Ofenrohre, die Ratten, der Blick auf den Hinterhof ... zwischen dem Halleschen Tor und dem Böhmischen Dorf ...« wieder gefragt sind, und Horst Krüger glaubt in seinen »Stadtplänen« (1967), daß es jetzt an der Zeit sei, »nach Kreuzberg zu fahren«, in das »Armenhaus von Berlin« mit »Proletarierwelt, Kleinbürgermief, Zillefiguren, Hinterhöfen mit blaßgrünen Görengesichtern«. Hier hat sich die »Berliner Luft« am »reinsten« erhalten, hier haben Schriftsteller und Maler von heute ihre »Szene« und ihre Quartiere, Kneipen und Galerien, und hier, in diesem stadtgeschichtlichen Museum, ist die Nationalhymne des Bezirks, »Kreuzberger Nächte«, am ehesten zu Haus.

Friedrichstraße In einem für die »Gartenlaube« im Jahre 1867 geschriebenen Aufsatz unter dem Titel »Ein Liebling der Musen« (= Paul Heyse) spricht Theodor Fontane von der wohltuenden Stille, die den Kreuzberger Teil der Friedrichstraße bestimme, wenn man die Kochstraße in Richtung Hallesches Tor überquert. Die Kochstraße »*zog eine Grenze zwischen Stadt und Vorstadt; diesseits lag der Lärm, jenseits die Stille. ... Aus der Zone des Rollwagens war man in die der schlafenden Droschken getreten. Die Läden hörten auf, die Jalousien fingen an.*« Hier hatten Ludwig Tieck, Kopisch, Chamisso, Eduard Hitzig und sein Schwiegersohn Franz Kugler ihre Wohnungen. Ende 1842 gab der seit seinem 30. Lebensjahr an Gicht leidende und verkrüppelte, seit 1837 verwitwete Dichter Ludwig Tieck, der den Tod seiner Tochter, der Shakespeare-Übersetzerin Dorothea, zu beklagen hatte, seinen Posten als Dramaturg des Dresdener Hoftheaters auf und übersiedelte auf Einladung Friedrich Wilhelms IV., bei dem er sich als Vorleser und Berater der königlichen Schauspiele betätigen sollte, nach Berlin. An der Rückseite des Parks von Sanssouci in der Obeliskenstraße Nr. 1 überließ ihm der König eine vollständig eingerichtete Wohnung, im Winter bewohnte Tieck ein geräumiges Stockwerk des Hauses Friedrichstraße 208. Rudolf Köpke beschreibt in seiner Biographie (1855) des Dichters die Wohnung: »*Auf der Hausflur und der breiten Treppe herrschte noch die be-*

queme Raumverschwendung früherer Zeiten. Das Geländer der Treppe lief in eine kolossale Lyra aus, auf welche der Blick des Eintretenden zuerst fiel. Seine Wohnung war weitläufig, die ganze Zimmerreihe eines Stockwerkes hatte er inne. Schon seine große Bibliothek erforderte einen bedeutenden Raum; Bücher waren sein Hauptbesitzthum und ein Hauptschmuck der Zimmer. Bis zur Decke hinan erfüllten sie die Wände. Die seltenern waren in dem eleganten Salon aufgestellt, in welchem er abends die Vorlesung hielt . . . Über dem Schreibtisch hing das jugendliche Gemälde von Novalis . . . daneben ein Gypsmedaillon Wackenroders, eine der ersten Arbeiten seines Bruders, auf der andern Seite ein Bild seiner Tochter Dorothea . . .« Hier empfing er seine Freunde, vor allem Alexander von Humboldt und Raumer, hier ging er seiner Lieblingsbeschäftigung, dem Bleisoldatenspiel, nach, wofür er sich besondere Tische hatte anfertigen lassen, und hier starb er am 28. April 1853. In seinen letzten Lebensjahren zwangen ihn seine bedrängten Vermögensverhältnisse, seine wertvolle Bibliothek zu verkaufen. Auf dem Dreifaltigkeitsfriedhof fand er neben Schleiermacher seine letzte Ruhestätte.

Der Dichter, Maler und Wiederentdecker der Blauen Grotte bei Capri, August Kopisch, mit Platen in Freundesliebe verbunden, lebte von 1833 bis 1847 in Berlin und wohnte im Hause Nr. 218. 1842 erschien seine Übersetzung von Dantes »Göttlicher Komödie«, sechs Jahre danach entstand sein noch heute zitiertes Gedicht von den »Heinzelmännchen von Köln«. Von 1847 an lebte der Beamte im Hofmarschallamt und als Schloßkonservator in Potsdam. Am 6. Februar 1853 starb er in Berlin, auf dem Dreifaltigkeitsfriedhof wurde er bestattet. Seine »Geschichte der königlichen Schlösser und Gärten bei Potsdam« wurde postum veröffentlicht.

Von der Lindenstraße übersiedelte Adelbert von Chamisso im Jahre 1822 mit seiner Frau und seinen sieben Kindern in das Haus Nr. 235. Hier besuchte am 23. Oktober 1833 Karl Immermann den Dichter und berichtet: »*Chamisso empfing mich als weiß- und langhaariger Erzvater in einer tabakdurchräucherten Stube und fing gleich nach den Einleitungsreden in seiner holprigen Sprechweise über den Verfall der Poesie und Literatur zu klagen an. Da mich nun diese höchst ungerechten Nänien immer aufbringen, so fuhr ich ihn ebenso holprig an: ›Ihr denkt immer, weil in Eurem sandigen Berlin nichts entsteht, so sei überall die Laterne ausgegangen.‹ Hierauf versetzte er, ohne es übelzunehmen, gutmütig: ›Es ist wahr. Jeder pfeifet nur aus dem Loche, worin er sitzet!‹*« Der junge Geibel suchte ihn im Jahre 1836 während seiner Studienzeit in Berlin auf und erzählt ehrfurchtsvoll von den angeregten Stunden, die er in seinem Hause verbrachte: »*Das Studierzimmer war höchst eigenartig, nämlich ein hohes, etwas düsteres Gemach und von einer einzigen Lampe kaum erhellt. An den Wänden hingen Landkarten, Globen, Bücher und chemische Instrumente standen umher, und in dieser eigentümlichen Umgebung saß der weißglockige Dichter, in einen langen, faltenreichen Schlafrock gehüllt, der fast dem Talar eines Zauberers gleichen mochte ...*« Chamissos wehmütige Erinnerungsstrophen auf das Schloß seiner Väter und sein Gedicht von der »Alten Waschfrau«, deren Vorbild, eine Frau Schulz, in einer Dachstube im Hinterhause lebte, gehörten jahrzehntelang zum Bildungsgut der Gymnasiasten. Das Honorar für das Gedicht auf die »rüstigste der Wäscherinnen« ließ er ihr zukommen. Ihm verdankt die Nachwelt auch das erste Lied auf die Eisenbahn, »Das Dampfroß« (1830). Auf Vorschlag Alexander von Humboldts wurde der Dichter, der bis an sein Lebensende Schwierigkeiten im Gebrauch der Sprache seiner Wahlheimat hatte, im Frühjahr 1835 Mitglied der Akademie der Wissenschaften. Der Tod seiner erst 37jährigen geliebten Frau am 20. Mai 1837 erschütterte ihn tief; er folgte ihr kurz nach seiner Pensionierung am 21. August 1838. Auf dem Friedhof vor dem Halleschen Tor fand er neben ihr seine letzte Ruhestätte. Die Stadt Berlin ehrte ihren Mitbürger mit einer Büste vor dem Schloß Monbijou. Am 26. Juni 1880 wurde an seinem Wohnhaus ein Bronzerelief mit dem von einem Eichenkranz umgebenen Kopf des Dichters angebracht. Zur gleichen Zeit fand im Garten des Hauses unter Obst- und Kastanienbäumen eine Gedächtnisfeier für ihn statt. Beim Abriß des Hauses wurde das Relief sichergestellt, es befindet sich jetzt im Botanischen Museum in Dahlem. Adelbert von Chamisso, am 30. Januar 1781 als Sproß eines alten lothringischen Adelsgeschlechts auf Schloß Boncourt in der Champagne geboren, mußte im Jahre 1790 nach Einäscherung des Stammsitzes und der Konfiszierung der Güter mit seinen Eltern und seiner Schwester und zwei jüngeren Brüdern Frankreich verlassen. Die Familie kam zunächst nach Bayreuth und erhielt durch Vermittlung von Chamissos älterem Bruder Prudens, der in Berlin eine neue Heimat gefunden hatte, im Juli 1796 die Erlaubnis, sich in der Hauptstadt niederzulassen. Mit dem Verkauf von Papierblumen, die er selbst herstellte, trug Adelbert zum Lebensunterhalt der Familie bei und fand dann als Fünfzehnjähriger eine Stelle als Page im Hofstaat der Königin Luise. Hier erhielt er seinen ersten Unterricht. Von

1796 bis 1798 hospitierte er am Französischen Gymnasium und trat dann widerwillig in die Armee ein. Während seiner Soldatenzeit gab er von 1804 bis 1806 zusammen mit Varnhagen und einem Kreis von Freunden den »Musenalmanach« heraus, in dem neben Versen von Heinrich Heine, Ferdinand Freiligrath auch seine eigenen veröffentlicht wurden. Von 1812 bis 1815 studierte er Botanik. 1814 war sein bekanntestes Werk »Peter Schlemihls wundersame Geschichte«, das Märchen vom verkauften Schatten, erschienen, das den Autor mit einem Schlag berühmt machte. Im Jahr 1819 wurde er Adjunkt und später Kustos am Botanischen Garten.

Im Hause Nr. 242 wohnte der Kammergerichtsrat, Verleger und Schriftsteller Eduard Hitzig, der im Jahre 1807 mit seiner Frau Jeannette Meyer, deren frühen Tod er sieben Jahre später zu beklagen hatte, und seinen Kindern. Nach dem Sturz der preußischen Regierung und der Besetzung der Stadt durch die Franzosen hatte er seine Stellung in Warschau verloren und war nach Berlin gekommen. Als Sohn des kunstverständigen jüdischen Bankiers Itzig am 26. März 1780 in Berlin geboren, trat er als Einunddreißigjähriger zum Christentum über und änderte seinen Namen. 1824 gründete er die »Neue Mittwochsgesellschaft« als gesellschaftlichen Sammelpunkt der Berliner Schriftsteller, zu denen Chamisso, Eichendorff, Alexis, der als Sekretär fungierte, Gaudy und andere gehörten. Mit E. T. A. Hoffmann, Fouqué und Zacharias Werner, deren erste Biographien er schrieb, war er befreundet. In seinem Novellenzyklus »Die Serapions-Brüder« (1819–1821) hat E. T. A. Hoffmann den literarischen Zusammenkünften in Hitzigs Haus ein Denkmal gesetzt. Hoffmann, der während seines zweiten Aufenthalts in Berlin im Sommer 1808 eine Zeitlang hier wohnte und später in derselben Straße eine Unterkunft bezog, hatte jederzeit das Klavier des Hausherrn zur Verfügung. Als Kriminaldirektor am preußischen Kammergericht gab Hitzig zusammen mit Alexis von 1842 bis zu seinem Tode den »Neuen Pitaval«, eine Sammlung der interessantesten Kriminalfälle, heraus. Der Autor, der seine letzten Lebensjahre schwer leidend im Krankenstuhl verbringen mußte, starb hier am 26. November 1849. Auf dem Friedhof der Dorotheenstädtischen und Werderschen Gemeinde in der Chausseestraße wurde er bestattet.

Im Jahre 1833 heiratete der am 19. Januar 1808 in Stettin geborene Kunsthistoriker und Dichter Franz Kugler Klara, die jüngste Tochter Hitzigs, deren Schönheit Geibel besingt, und bezog mit seiner jungen Frau das Obergeschoß des schwiegerväterlichen Hauses. Er war 1826

nach Berlin gekommen und wurde im Jahre seiner Eheschließung Professor für Kunstgeschichte an der Akademie und zwei Jahre später an der Universität. 1830 hatte er seine ersten Gedichte mit eigenen Radierungen und Noten zu seinen Kompositionen unter dem Titel »Skizzenbuch« mit dem volkstümlichen Lied »An der Saale hellem Strande« und einer Zeichnung der Rudelsburg herausgegeben. Sein Salon befand sich in einem großen Mansardenraum, der durch drei Efeuwände in vier Teile geteilt war. Hier trafen sich die bekanntesten Schriftsteller der Zeit zu Diskussionen und Vorlesungen bei englischem Tee und Landbrotschnitten und nachfolgendem Bier aus einer kleinen Wirtschaft am Halleschen Tor. »*Lauter stille Häuser, aber eines war ein allerstillstes: gelb, zweistöckig und mit einer Mansarde auf dem Dach. Auf dem Flur . . . , auch an heißesten Tagen, lag eine schattige Kühle, weißgescheuerte Stufen führten in den ersten Stock, und durch die offenstehende Tür, die in den altmodischen, nach hinten hinaus führenden Torweg eingeschnitten war, sah man, über den Hof weg, in einen wenig gepflegten, aber desto behaglicheren Garten hinein.*« So beschreibt Theodor Fontane das Wohnhaus des Nachfolgers von Eichendorff im Kultusministerium.
Im September 1853 kam Theodor Storm zum zweitenmal von Husum nach Berlin, um sich nach seiner Entlassung in Holstein um einen Posten im preußischen Justizdienst zu bewerben. Dieses Mal nahm ihn Kugler in seinem Hause auf, das »einen so anmutigen Eindruck« hinterließ. Kugler führte ihn in den »Tunnel« ein und feierte den Geburtstag seines Gastes am 14. September mit Freunden in seinem Haus. Im Dezember wurde Storm zum Assessor am Kgl. Kreisgericht in Potsdam ernannt. Dort wohnte er bis zu seiner Übersiedlung nach Heiligenstadt im Oktober 1856.
Victor Scheffel stattete Kugler im Januar 1846 einen Besuch ab und berichtet seinem Vater von der »mit Kupferstichen, Gipsabgüssen, Mappen reich geschmückten Studierstube des Hausherrn«. Jacob Burckhardt und Felix Dahn machten dem Hausherrn ihre Aufwartung, Chamisso kam von seinem benachbarten Haus herüber, Heyse, der 1854 Kuglers einzige Tochter Margaretha ehelichte, gehörte zum engeren Kreis. Zu Eichendorffs 64. Geburtstag, der hier gefeiert wurde, hielt er eine improvisierte Festrede in Versen, bei der er so aufgeregt war, daß Fontane, wie er berichtet, »durch den zwischen uns befindlichen Tischfuß sein Zittern fühlte«. In seinen »Jugenderinnerungen und Bekenntnissen« schildert Heyse die Menschen und die Atmosphäre im Kuglerschen Hause. Storm wohnte 1853 fast

einen Monat hier und war später oft zu Gast, ebenso wie Geibel, der fast täglich hierher kam, mit Kugler weite Spaziergänge durch den Tiergarten machte und ihm seine Gedichte vorlas. Kugler starb hier am 18. März 1858 und wurde auf dem Friedhof der St.-Matthäi-Gemeinde in der Großgörschenstraße beerdigt. Er hinterläßt eine Reihe kunstgeschichtlicher Werke, eine »Beschreibung der Kunstschätze von Berlin und Potsdam« und eine von Menzel illustrierte »Geschichte Friedrichs des Großen«. Das Haus Hitzigs und Kuglers wurde 1893 abgerissen. Im Jahre 1889 ließ sich der Arzt und Schriftsteller Carl Ludwig Schleich in Berlin nieder und eröffnete im ersten Stock des Hauses Nr. 250 eine Privatklinik für Chirurgie und Frauenheilkunde und heiratete ein halbes Jahr später Hedwig Oelschläger, die er seit Schülerzeiten kannte. Hier erfand er wenige Jahre später ein bahnbrechendes Mittel für die Lokalanästhesie, mit dem sein Name für immer verbunden bleibt, und hier trafen sich Hartleben, Scheerbart und Richard Dehmel »mit seinem eigenartig ausdrucksvollen, ganz und gar zerhackten Gesicht und mit Augen, die intensiv und zugleich gütig leuchteten«, wie der polnische Dichter Stanisław Przybyszewski in seinen »Erinnerungen an das literarische Berlin« (dt. 1965) schreibt, der hier an einem Abend auf Schleichs Steinway Chopin spielte und seine Zuhörer zu Beifallsstürmen hinriß. Um 1890 begann Schleichs enge Freundschaft mit Strindberg, den er ein Jahr lang täglich in seiner Wohnung empfing oder mit ihm im »Schwarzen Ferkel« zechte. Ihm widmet er im Jahre 1917 seine Erinnerungen und ein ausführliches Kapitel in seiner »Besonnten Vergangenheit« (1921). Seine Ehe war nicht glücklich, nicht zuletzt wegen einer halbirren Schwägerin, die in seinem Hause lebte. Seine Neigung zum Alkohol ließ ihn immer aushäusiger werden. Mehrere Male wurde er in der Trunkenheit ausgeraubt, so daß seine Frau seine Hosen versteckte, um ihn am Verlassen des Hauses zu hindern.

Kochstraße In seinen »Stadtplänen« (1967) entrollt Horst Krüger ein Bild der Kochstraße: »*Die Kochstraße war einmal Berlins Pressezentrum, so lebendig und wild wie heute die Fleet Street in London oder das Time and Life Building in New York. Hier wurde von Mosse, von Ullstein und Scherl deutsche Weltpresse gemacht. Hier war die kritische Intelligenz der Nation zusammen. Von Maximilian Harden bis Kerr und Tucholsky: hier schrieben sie mit spitzer und böser Feder. Und heute? Heute ist hier Staatsgrenze, Grenzniemandsland, die Kochstraße ist nur noch ein Ruinenrest an der Mauer mit einigen Flachbauten der Berliner Lokalpresse . . . sie ist nur noch ein*

Ort der Trauer für Kenner – bis auf das neue Springer-Hochhaus. Ein strahlender Wolkenkratzer mit zwanzig Stockwerken, der wie ein goldenes Feuerzeug direkt in den Himmel Deutschlands ragt . . . das größte Zeitungsdruckhaus des europäischen Kontinents.«

In der Urkunde zur Grundsteinlegung des Verlagshauses, das auf dem alten Grundstück des Scherl-Hauses errichtet wurde und über dessen Eingang die Namen »Ullstein – Axel Springer« stehen, heißt es: »*Von dieser historischen Stätte aus, die durch die Begriffe Kochstraße, Zimmerstraße und Jerusalemer Straße gekennzeichnet wurde, sind geistige Impulse der Metropole in das ganze Land hinausgegangen. Hier schlug das Herz des Berliner Zeitungsviertels. Hier sammelte sich die Elite des deutschen Journalismus . . .«*

Am 2. November 1827 wurde der nationalistische Kulturphilosoph, Orientalist und Antisemit Paul Bötticher, der sich als Autor Paul de Lagarde nannte, als Sohn des Oberlehrers und späteren Professors am Friedrich-Werderschen Gymnasium J. F. B. Bötticher im Hause Nr. 13 geboren. Er starb am 22. Dezember 1891. Bei den Nationalsozialisten stand er in hohem Ansehen.

Im Hause Nr. 14 wohnte der Verleger und Vater von 17 Kindern Georg Andreas Reimer, ein gebürtiger Pommer, bei dem sich von 1806 bis 1813 seine Autoren Schleiermacher, Fichte, Kleist, Savigny, Varnhagen und Chamisso im geheimen trafen, um Preußens Weg aus dem Zusammenbruch vorzubereiten. Nach den Befreiungskriegen übersiedelte er in die Wilhelmstraße.

Im Jahre 1820 zog die Mutter des Schriftstellers Willibald Alexis mit ihren Kindern vom Hause ihres Bruders in der Jägerstraße in eine Wohnung im Hause Kochstraße 20. Alexis amtierte damals als Referendar am Kammergericht in der Lindenstraße. Im Jahre 1822 veröffentlichte er das scherzhafte Epos »Die Treibjagd« und befolgte 1824 den Rat Fouqués, sein Leben ganz der Schriftstellerei zu widmen. Aus einer Hugenottenfamilie stammend, die ihren bretonischen Namen Harenc in Häring »verdeutscht« hatte, nannte sich der Schriftsteller schon als Verbindungsstudent nach der lateinischen Entsprechung seines Namens »alex« Alexis. Seinen Familiennamen machte er im Namen des von ihm viel besuchten Seebades Heringsdorf auf der Insel Usedom unsterblich, dessen Badeanlagen auf seine Veranlassung eingerichtet wurden und das ihm zu Ehren seinen jetzigen Namen bekam. Im Hause Kochstraße schrieb er seinen Roman »Walladmor«, dem er den entfremdenden und ironisierenden Untertitel »Frei nach dem Englischen des Walter Scott« gab und mit dem ihm der Durchbruch gelang. Von hier zog er im Jahre 1825 in die Zimmerstraße. In der Kochstraße 65–66 lag bis zu seiner Zerstörung im Zweiten Weltkrieg das Friedrich-Wilhelm-Gymnasium. Hanns Fechner schildert in seinem »Spreehanns« die Jahre, die er dort im letzten Drittel des vergangenen Jahrhunderts verbrachte. Von 1834 bis zu seinem Tode am 14. Juni 1873 wohnte Friedrich von Raumer im Hause Nr. 67. Der am 14. Mai 1781 in Wörlitz geborene Historiker, mit Achim von Arnim Schüler des Joachimsthalschen Gymnasiums, war von 1819 bis 1859 Professor für Staatswissenschaften in Berlin und Lehrer von Heine und Alexis. Er starb am 14. Juni 1873 in Berlin, auf dem Dreifaltigkeits-Friedhof in der Bergmannstraße wurde er bestattet.

Im November 1831 verließ der zwanzigjährige Karl Gutzkow sein Vaterhaus und mietete eine Wohnung im Hause Nr. 70 der Kochstraße, wo damals noch »ländlich-ungestörtes Gras« wuchs. Im Nachbarhaus wohnte »der Gegenstand meiner Liebe«, Rosemalie Scheidemantel, mit der er sich verlobte, die er aber nicht heiratete. Im Sommer 1832 bestand er in Jena das Doktorexamen. 1835 in Preußen unter Polizeiaufsicht gestellt, ging er 1838 nach Hamburg, wo er die Schriftleitung des »Telegraph für Deutschland« übernahm. Er lebte bis 1861 in Dresden und widmete sich dann nur noch der Schriftstellerei. Bis zum Ausbruch eines Nervenleidens im Jahre 1864 schrieb er unermüdlich Roman um Roman und erfolgreiche Bühnenwerke. »Die Ritter vom Geist« (1850–1852), ein achtbändiger Berliner Zeitroman, in dem sich Tempelhof hinter »Tempelheide« und Berlin hinter der »Hauptstadt« verbirgt, seien besonders hervorgehoben. In seinen letzten Lebensjahren kam er, krank und an Verfolgungswahn leidend, noch einmal für kurze Zeit nach Berlin zurück.

Wilhelmstraße Im zweiten Stock des Hauses Nr. 3a befanden sich die Verlagsräume der Zeitschrift »Die Zukunft« vom Tage ihrer Gründung im Jahre 1892 bis zum Weggang ihres Herausgebers Maximilian Harden von Berlin im Jahre 1922. Ihr streitsüchtiger Verleger und Autor bekämpfte darin mit allen journalistischen Mitteln Wilhelminismus und Nationalismus. Berühmtheit erlangten seine Artikel, in denen er die homosexuellen Umtriebe in der nächsten Umgebung des Kaisers aufdeckte. Im Hause Nr. 12 kam am 17. August 1885 der politische Schriftsteller Kurt Hiller als einziges Kind eines Krawattenfabrikanten zur Welt. Er war Schüler des Askanischen Gymnasiums. Nach dem Studium der Rechtswissenschaften und der Philosophie promovierte er in Heidelberg zum Dr. jur. und ließ sich

1908 als freier und kämpferischer Schriftsteller für eine bessere Welt in Berlin nieder. Ein Zeitgenosse nannte ihn »das Schandmaul der Weimarer Zeit«.
Im Hause Nr. 23 wohnte der am 7. Januar 1903 geborene Lyriker und Dramatiker Dr. Albrecht Haushofer, seit 1933 Leiter des geopolitischen Seminars der Berliner Hochschule für Politik, seit 1940 Professor für politische Geographie und Geopolitik an der Universität Berlin. Als Widerstandskämpfer wurde er bei den letzten Straßenkämpfen am 24. April 1945 von der Gestapo vor den Toren des Moabiter Zellengefängnisses ermordet.
Im Jahre 1830 übersiedelten die Eltern des am 8. Dezember 1815 geborenen Adolph Menzel von Breslau nach Berlin, um ihrem Sohn die Möglichkeit einer gediegenen Ausbildung zu geben. Zwei Jahre danach starb der Vater, ein früherer Schulleiter, der eine lithographische Anstalt eröffnet hatte, so daß der an Epilepsie leidende Knabe den Lebensunterhalt für seine Mutter, seine beiden Geschwister und für sich im lithographischen Gewerbe verdienen mußte. Er wohnte zu dieser Zeit mit seinen Angehörigen im Hause Nr. 39. Mit einer Folge von Illustrationen zu Goethes »Des Künstlers Erdenwallen« begann er im Jahre 1833 seine künstlerische Laufbahn. 1839 übertrug ihm Franz Kugler die Illustrationen seiner »Geschichte Friedrichs des Großen«, woran er 14 Jahre lang intensiv arbeitete. 1839 übersiedelte er mit den Seinen in die Zimmerstraße. Wie hier, hielt er auch später immer wieder die Umgebung seiner Wohnungen in Bildern und Skizzen fest.

Puttkamerstraße Im Jahre 1888 wohnte der promovierte Student Max Halbe für kurze Zeit in der Puttkamerstraße. Von hier zog er in die Kulmer Straße. Fontane, der am 16. Oktober 1850 geheiratet hatte, bezog mit seiner jungen Frau, die ihm sieben Kinder schenkte, die erste seiner etwa zwanzig Wohnungen in Berlin im Hause Nr. 6. In einem Brief an seinen Freund Friedrich Witte vom 1. November 1850 spricht er von der reizenden Wohnung, dem täglichen Gemüse und Fleisch und den bequemen Betten, »nichts Unerhebliches im Ehestand«. Er hatte seinen Beruf als Apotheker aufgegeben und hoffte, von Einkünften als freier Schriftsteller leben zu können. Eineinhalb Monate nach seiner Hochzeit verlor er seine Stellung als Lektor im Literarischen Kabinett des preußischen Innenministeriums. Im August 1851 wurde ihm hier sein erster Sohn George, ein »krebsrotes, aber doch ganz allerliebstes Kind«, geboren, das er wie auch seine Frau in Berlin zurückließ, als er am 5. April 1852 als Korrespondent für die »Preußische Zeitung« nach London ging. 1854 erschien sein erstes Reisebuch »Ein Sommer in London«. Seine Frau gab die Wohnung auf und bezog eine kleinere in der Bellevuestraße. 1859 kehrte er von seinem England-Aufenthalt zurück und wohnte mit seiner Familie in der Luisenstraße.

Niederkirchner Straße In der jetzt nach einer von der SS erschossenen Widerstandskämpferin benannten Prinz-Albrecht-Straße Nr. 9 lag das Prinz-Albrecht-Hotel. Hier stiegen die Dichterin Virginia Woolf und ihr Mann Leonard, führende Persönlichkeiten der Londoner Bloomsbury-Gruppe, bei ihrem Berlin-Aufenthalt im Jahr 1929 ab, und hier trafen sie Virginias engste Freundin, die Schriftstellerin Sackville-West und ihren Mann, Sir Harold Nicolson, der als Botschaftsrat in der Hauptstadt arbeitete. Die Freundschaft Virginia Woolfs mit seiner Mutter schildert Nigel Nicolson, der Sohn des Diplomaten, in seinem »Porträt einer Ehe« (1973).

Stresemannstraße Die Ende der zwanziger Jahre nach dem Reichskanzler und Außenminister Gustav Stresemann benannte Straße, die ursprünglich Hirschelstraße hieß, war um die Mitte des vergangenen Jahrhunderts so einsam, »daß das Quaken der Frösche an lauen Abenden weithin gehört wurde«, wie Paul de Lagarde berichtet. Fünfmal hat sie in der Zwischenzeit ihren Namen gewechselt. »*Wenn man erst anfängt umzutaufen, ist der Bestand der getauften Sache schon in Frage gestellt*«, meditiert Hans Scholz in seinem Roman »Am grünen Strand der Spree« (1955). »*Preußen nach 66 – Königgrätzer Straße. Kaiserreich, Weltkrieg, Nibelungentreue – Budapester Straße. Weimarer Republik halbiert die Zeile in Friedrich Ebert und Saarland. Dieser Teil später Stresemannstraße. Drittes Reich – der Ebertteil in Hermann Göring, der Stresemann wieder in Saarland. Und Göring und Saarland?*«

Effi Briest, die Heldin des gleichnamigen Romans von Theodor Fontane, zieht sich als »Verstoßene und Geschiedene« in eine im dritten Stock gelegene kleine Wohnung ». . . zwischen Askanischem Platz und Halleschem Tor« zurück, »ein Vorder- und Hinterzimmer und hinter diesem die Küche mit Mädchengelaß, alles so durchschnittlich und alltäglich wie nur möglich«. Der alte Geheimrat Rummschüttel, ihr Arzt, bewundert die Aussicht vom Hinterzimmer mit dem Zugverkehr auf den »drei, nein vier Bahndämmen, und wie es beständig darauf hin und her gleitet«.

In einem Hinterhause in der Hirschelstraße 9, drei Treppen hoch – »und zwar sind es infame steile und glatte Steinwendeltreppen von

so kurzer Wendung, daß man das Gefühl hat, in das Haus hinaufgeschraubt zu werden«, so schildert Heinrich Seidel in der »Sperlingsgeschichte« seiner »Vorstadterzählungen« die Wohnung des Professors der Kunstgeschichte an der Berliner Kunstakademie und Referenten für Kunstangelegenheiten im Unterrichtsministerium Friedrich Eggers, der sich auch als Dichter schottischer und englischer Balladen einen Namen gemacht hat. Am 27. November 1819 in Rostock als Sohn eines angesehenen Kaufmanns geboren, war er 1844 nach Berlin gekommen, wo er sich zunächst an der Mühlengracht niederließ. Storm, der ihn einen »Schablonenpoeten« nennt, übernachtete bei seinen Fahrten von Potsdam in die Hauptstadt bei ihm. Felix Dahn widmet dem »teuren unvergeßlichen Fritz« ein bewunderndes Kapitel in seinen Erinnerungen, Fontane führte ihn 1847 in den »Tunnel« ein, Seidel, sein Schüler und bester Freund, sowie Heyse und Fontane, gingen hier ein und aus.
Am 5. Mai 1870 kam der Romancier und langjährige Mitarbeiter des Ullstein-Verlags, Erdmann Graeser, der sich mit seinen Geschichten aus dem Berliner Leben Verdienste um die Literatur der Reichshauptstadt erworben hat, als Sohn eines Geh. Kanzleirats im preußischen Finanzministerium in der damaligen Königgrätzer Straße zur Welt. In der Bülowstraße verbrachte er seine Kinderjahre.
Von der Alten Jakobstraße übersiedelte Fontane am 1. Oktober 1863 in das Haus Hirschelstraße 14, an der Ecke der Dessauer Straße. Die Hirschelstraße erhielt sechs Jahre später den »volltönenden Siegesnamen« Königgrätzer Straße, wie er schreibt. Bald beklagte er sich über die »Commodité«, die nicht seinen Vorstellungen entsprach. Er hatte zwar eine Toilette in der Wohnung, die mit einem Eimer ausgestattet war, den ein Hausmädchen zum Hof beförderte, seine Kinder aber mußten die im Hof befindliche Toilette aufsuchen. »Der Hof sieht aus, als könnte er das ganze Geheimratsviertel mit Typhus versorgen«, schreibt Fontane. In der Hirschelstraße kam am 5. Februar 1864 sein Sohn Friedrich zur Welt, hier entstand der größte Teil seiner »Wanderungen«, und hier begann er seinen ersten Roman »Vor dem Sturm«, ein Geschichtsbild des Winters 1812/13. An den Kriegen 1864, 1866 und 1870 nahm er als Kriegsberichter teil, 1870 wurde er als mutmaßlicher Spion von französischen Soldaten verhaftet, in Besançon und auf der Insel Oléron eingesperrt und dank einer Intervention Bismarcks wieder befreit. Im April 1870 kündigte er seine Stellung bei der erzreaktionären »Kreuzzeitung« und begann seine Tätigkeit als Kritiker. Von nun an pilgerte er all-

abendlich von hier auf seinen Eckplatz 23 im Kgl. Schauspielhaus und schrieb seine Kritiken für die »Voss«. Am 3. Oktober übersiedelte er in die letzte Wohnung seines Lebens in der Potsdamer Straße. Das Haus Königgrätzer Straße Nr. 88 trug über dem Hauseingang eine Bronzetafel mit der Inschrift: »Hier stand die Bismarck-Linde im Garten der Plamannschen Lehr- und Erziehungsanstalt, deren Zögling der Fürst von 1822 bis 1827 war.« Friedrich Ludwig Jahn war 1810 hier als Hilfslehrer tätig.
Der 1859 im ungarischen Lipto St. Miklos in Ungarn als drittes von fünf Kindern eines wohlhabenden Salzhändlers geborene Verleger Samuel Fischer, der sein Leben lang Sami genannt wurde, kam als Zwanzigjähriger über Wien nach Berlin und begann seine Laufbahn als Buchhandlungsgehilfe in der Buchhandlung von Hugo Steinitz, dessen Partner er 1883 werden sollte, im Erdgeschoß des Central-Hotels in der Friedrichstraße. In der Königgrätzer Straße hatte er eine Junggesellenwohnung. Am 1. Oktober 1886 trennte er sich von seinem Mitarbeiter, gründete einen eigenen Verlag und wurde der Hauptförderer der Dichtung des deutschen Naturalismus und der Verleger der bedeutendsten Schriftsteller des 20. Jahrhunderts. Gerhart Hauptmann las hier im August 1893 vor einem kleinen Kreis seine Traumdichtung »Hanneles Himmelfahrt«. Nach seiner Heirat mit Hedwig Landshoff am 1. Oktober 1893 übersiedelte er in die Burggrafenstraße.
Günter Eich kehrte im Jahr 1928 mit seinen Eltern von Leipzig nach Berlin zurück, wo die Familie im Hause Saarlandstraße 55 eine Wohnung mietete. Nach dem Studium der Jurisprudenz und der orientalischen Sprachen, vor allem Chinesisch, in Berlin, Leipzig und Paris schrieb er 1929 sein erstes Hörspiel »Weizenkantate« und publizierte ein Jahr danach seinen ersten Band »Gedichte«. 1938 bezog der Schriftsteller seine erste eigene Wohnung in der Landgrafenstraße.
Der entlassene Marineleutnant Joachim Bötticher kam im November 1918 mit Frau Werner, seinem Hund, dem er zu seinem Tode am 22. Juni 1930 ein Gedicht widmet, von seinem Standort Cuxhaven in das von Unruhen erschütterte Berlin. In der Wohnung des Tapezierers Wilhelm Oertner und seiner Frau in der Königgrätzer Straße 77 fand er »ein behagliches Stübchen«. Hier entstanden seine ersten Gedichte, hier fiel ihm der Künstlername Ringelnatz ein, und hier verlobte er sich mit Leonharda Pieper, die er Muschelkalk nannte.
Im »Excelsior« in der Königgrätzer Straße 112/113, an der Ecke der Anhalter Straße, dem einstmals größten Hotels Europas, ließ sich

Vicki Baum zu Ende der zwanziger Jahre für ein Vierteljahr als Zimmermädchen einstellen, um die für ihren geplanten Roman »Menschen im Hotel« notwendige Atmosphäre von Grund auf zu studieren. Kurt Kluge läßt hier seinen Herrn Kortüm im gleichnamigen Roman (1938) Quartier nehmen.

Askanischer Platz Die Südwestseite des Askanischen Platzes wird durch die Ruine eines Teils der Frontfassade mit dem Portikus des Anhalter Bahnhofs abgeschlossen. Der Schriftsteller-Ingenieur Heinrich Seidel ist mit dem Bau des Bahnhofs verbunden. In seinen Erinnerungen schreibt er voller Stolz: »*Später, als ich im Jahre 1872 auf das Neubaubüro der Berlin-Anhalter Bahn übersiedelte, begünstigte mich das Glück noch mehr, und ich erhielt eine Aufgabe, die in dieser Ausdehnung auf dem ganzen Kontinent noch nicht vorgekommen war, nämlich die Konstruktion des eisernen Daches der mächtigen Ankunftshalle, das eine Spannweite von 62 1/2 Meter besitzt. Wem die Straße Unter den Linden in Berlin bekannt ist, der kann sich davon eine Vorstellung machen, denn die Breite dieser Straße beträgt 60 1/2 Meter.*« Dem Frühlingsanfang auf einer Bank vor dem Bahnhof widmet Ringelnatz ein Gedicht. Walter Benjamin nennt den Anhalter Bahnhof die »Mutterhöhle der Eisenbahnen«.

Franz Kafka pflegte in den Jahren 1913/14 zu Ostern und Pfingsten im »Askanischen Hof« in der Königgrätzer Str. 21 abzusteigen, wenn er die Berlinerin Felice Bauer besuchte, die er 1912 bei Max Brod kennengelernt hatte und die bei der Parlographen-Firma Lindström in der Großen Frankfurter Straße 137 angestellt war. Am 1. Juni 1914 verlobte er sich mit ihr – »gebunden wie ein Verbrecher . . . mit wirklichen Ketten in einen Winkel gesetzt« –, bereute aber unmittelbar danach seinen Schritt und entschied sich für die Literatur statt für das »Leben«. So kam es am 12. Juli 1914 im Askanischen Hof zum Entlobungsgespräch, dem »Gerichtshof im Hotel«, bei dem er sich vor Felices Freundin und seinem Freunde Ernst Weiß verantwortete. Das »Gericht« hat er im letzten Kapitel seines Romans »Der Prozeß« (1914) verdichtet dargestellt. Auch eine zweite Verlobung mit ihr Ende Dezember 1917 führte nicht zur Ehe, ebensowenig wie die dritte mit Julie Wohryzek, der Tochter eines Prager Synagogendieners, im April 1919. 1923 ließ sich Kafka endgültig in Berlin nieder.

Anhalter Straße In dem teilweise unzerstört gebliebenen Hotel »Stuttgarter Hof« stieg Gerhart Hauptmann bei seinen Berlin-Besuchen oft ab. Das von ihm bevorzugte Zimmer im 4. Stock ist erhalten.

Köthener Straße Bettina von Arnim bezog im Jahre 1844 in dem neu angelegten Viertel im zweiten Stock des Hauses Köthener Straße 9–10, gegenüber dem Potsdamer Bahnhof, eine Wohnung. »Das ist ja gar nicht mehr Berlin«, seufzten die entsetzten Töchter. Zum 1. Oktober 1846 kündigte Bettina die Wohnung, weil »der dumme Hauswart die Miete plötzlich um hundert Thaler gesteigert hatte«, wie Maximiliane vermerkt. Von hier übersiedelte sie nach drei Jahren in das Haus Nr. 5 in den Zelten.

Nach seiner Heirat mit der Schauspielerin Josefine Katarine Joost aus Münster im Jahre 1888 wohnte Maximilian Harden im zweiten Stock des Hauses Nr. 27. 1892 gab er unter dem Titel »Apostata« eine Serie von politischen und literarischen Essays heraus, die seinen Namen allgemein bekannt machten. Im selben Jahr gründete er die kulturpolitische Wochenschrift »Die Zukunft«, den »Spiegel« der wilhelminischen Zeit, wie ein Journalist die Zeitschrift nannte. Mit diesem Organ wurde Harden zu einem der gefürchtetsten Publizisten seiner Zeit. »Er stürzte Minister, brachte die Eulenberg-Affäre zur Explosion, ließ das kaiserliche Palais jede Woche vor anderen Attacken und Enthüllungen zittern«, schreibt Stefan Zweig. 1892 empfing der von ihm hochverehrte, entlassene Altkanzler Otto von Bismarck den sozialdemokratischen Schriftsteller zu einem ersten Meinungsaustausch. Sein publizistischer Widersacher Alfred Kerr nannte ihn »Schminkeles Harden«. Um die Jahrhundertwende kaufte Harden das Haus Wernerstraße Nr. 16 im Grunewald, das er nach seiner Scheidung mit seiner zweiten Frau bezog.

Im Jahre 1900 bezog Harry Graf Keßler mit seinem Diener, der ihn bestahl und an die Nazis verriet, im Hause Nr. 28 eine von seinem Freunde, dem Belgier Henry van de Velde, dem Schöpfer des Jugendstils, ausgestattete Wohnung, die auf seine Besucher einen sensationellen Eindruck machte. Die schönsten Werke der jüngsten französischen Schule, so »Die Hockende«, die Steinplastik eines sitzenden Mädchens, von Aristide Maillol, mit dem der Graf befreundet war und den er in jeder Hinsicht förderte, ebenso wie eine ausgewählte, wertvolle Bibliothek schmückten sein Arbeitszimmer. Hier waren Virginia Woolf und ihr Mann am 22. Januar 1929 zum Tee; mit Stresemann, dem »unersetzlichen« Rathenau, dem er 1928 eine Biographie widmet, mit Harden, Max Reinhardt, Hellmut von Gerlach, Paul Cassirer und Albert Einstein, der mit Schnürstiefeln zum Smoking bei seinen Einladungen erschien, und mit vielen Schriftstellern war er befreundet. Bei seinem Aufenthalt in Berlin im Herbst 1932 dinierte André Gide wiederholt bei ihm, zur gleichen Zeit logierte Rudolf Alexander Schröder hier. Shaw, Martin du Gard und François-Poncet machten ihre Aufwartung. Seine »Tagebücher« schildern Begegnungen mit der politischen, wirtschaftlichen und künstlerischen Prominenz, Premieren in den besten Theatern und Diners bei Adlon, Hiller, Peltzer, im Fürstenhof und Esplanade, den damals berühmtesten Lokalen Berlins. 1933 ließ der große Europäer, Mäzen und Kunstkenner seine wertvolle Wohnungseinrichtung zurück und ging nach Frankreich, wo er in Fournels am 30. September 1937 seine »Tagebücher 1918 bis 1937« abschloß und am 4. Dezember desselben Jahres starb. Seine Tagebücher wurden 24 Jahre nach ihrem Entstehen publiziert. Im letzten deutschen Kaiser sah er einen »Hohlkopf und Aufschneider, der Deutschland ins Unglück gestürzt« habe, in der Wahl Hindenburgs zum Reichspräsidenten eine Katastrophe, die eines der dunkelsten Kapitel der deutschen Geschichte einläutete und für das seine Wähler, der deutsche Kleinbürger, verantwortlich zeichneten. Harry Graf Keßler kam am 23. Mai 1868 in Paris als Sohn eines von Kaiser Wilhelm I. 1897 geadelten Bankiers und seiner aus irischem Landadel stammenden Frau, der der Kaiser in Liebe zugetan war, zur Welt. In deutschen, französischen und englischen Schulen ausgebildet, ging er vor dem Ersten Weltkrieg in den diplomatischen Dienst. Er war Mitherausgeber der Zeitschrift »Pan«, langjähriger Präsident der Deutschen Friedensgesellschaft und Verfechter der Völkerbundsidee. 1912 gründete er in Weimar die Cranachpresse, in der er bibliophile Kostbarkeiten drucken ließ. Der Diplomat und Memoirenschreiber Friedrich von Holstein, am 24. April 1837 als Abkömmling einer alten Offiziers- und Gutsbesitzersfamilie in Schwedt an der Oder geboren und seit 1876 als »Graue Eminenz« für die Politik des deutschen Kaiserreichs verantwortlich, wohnte von 1881 bis 1889 in einer bescheidenen Dreizimmerwohnung im ersten Stock des Hauses Nr. 36 an der Ecke der Bernburger Straße. Von hier übersiedelte er in das erste Stockwerk des Hauses Nr. 44. Das Haus wurde 1908 abgebrochen. Seine letzte Wohnung lag in der Großbeerenstraße.

Von Dezember 1891 bis Herbst 1893 befand sich der Fischer-Verlag im Hause Nr. 44, das das schwedisch-norwegische Reichswappen über der Eingangstür zeigte. Hier arbeitete Samuel Fischer, der als Belohnung für die Herausgabe der Gedichte König Oskars den Titel »Kgl. Schwedischer Hofbuchhändler« trug. Später wurde der Verlag in der Steglitzer Straße untergebracht.

Hafenplatz In das Haus Nr. 7a des nördlich vom früheren Hafen gelegenen Straßenzuges, eines Verbindungswegs von der Schöneberger zur Köthener Straße, verlegt Fontane die Wohnung des Ehepaars St. Arnaud in seinem Roman »Cécile«. Vor der Anlage des Hafenplatzes befand sich hier der berühmte »Bauplatz mit Weiden« vom Menzel. Günter Eich besingt den Platz in seinem Gedicht »Abgelegene Gehöfte«. Das trockengelegte Hafenbecken nimmt heute eine Grünanlage ein.

Dessauer Straße Der am 6. Dezember 1827 in Berlin geborene Romancier und Kritiker Karl Frenzel hatte seine letzte Wohnung im Hause Nr. 19. Im Jahre 1877 war seine »Berliner Dramaturgie« erschienen. Er starb am 10. Mai 1914. Auf dem Invalidenfriedhof wurde er bestattet. Der Chefredakteur des »Berliner Tageblatts« Theodor Wolff, der seiner Zeitung ein internationales Gesicht zu geben verstand, wohnte zu Zeiten der Weimarer Republik im Hause Nr. 28.

Bernburger Straße Von 1901 bis 1906 wohnte Julius Bab im Hause Nr. 19. Von hier übersiedelte er in die Kaiserallee. 1904 erschien sein Roman »Berliner Bohème«.

Schöneberger Straße Im Hause Nr. 10 wohnte Theodor Mommsen vor seiner Übersiedlung in sein Haus in der Marchstraße im Jahre 1873.

Von April 1845 bis Frühjahr 1847 lebte Adolf Menzel mit seiner Mutter und seinen Geschwistern im zweiten Stock des vierstöckigen Hauses Nr. 18 (später 32), der 1843 angelegten Straße »vor dem Anhalter Tor . . . , wo ich nun mehr Platz und einen zweckmäßigen Raum zum Malen haben werde . . .« Den Blick aus dem Fenster der Wohnung auf die Gleise, Anlagen und Schuppen der Anhalter Bahn und das damals noch unbebaute Gelände um den Hafenplatz und den Schafgraben sowie sein berühmtes »Balkonzimmer« hat er im Bilde festgehalten.

Hier starb im Jahre 1846 seine schon lange kränkelnde Mutter. Von hier zog der Künstler in die Ritterstraße.

Hallesches Ufer Im Jahre 1929 übersiedelte der am 23. Mai 1889 in Trebnitz/Schlesien als Sohn eines Feilenhauers geborene Politiker und Publizist Ernst Niekisch mit seiner Frau und seinem Sohn von Dresden nach Berlin und mietete im Hause Nr. 16 eine Wohnung. Als Herausgeber der Zeitschrift »Widerstand« und Autor des Buches »Hitler, ein deutsches Verhängnis« (1932) galt er als einer der Hauptgegner des Nationalsozialismus. »*Jeden Tag rechnete ich da-*

mit, verhaftet zu werden. Ich fühlte mich als Feind des Dritten Reichs; ich lebte gewissermaßen seelisch unausgesetzt auf dem Kriegsfuß mit ihm, ich sah in ihm schlechthin die Inkarnation des Bösen«, schreibt er in seinen Erinnerungen »Gewagtes Leben« (1958). Tatsächlich wurde er am frühen Morgen des 22. März 1937 von sechs Gestapoleuten verhaftet und wegen des Manuskripts seines im Jahre 1953 veröffentlichten Werks »Das Reich der niederen Dämonen«, worin er mit den zur Macht gekommenen unfähigen Kleinbürgern und Kriminellen abrechnet und das man in seiner Wohnung fand, zu lebenslänglichem Zuchthaus mit dem Vermerk »Rückkehr unerwünscht« in seinen Papieren verurteilt. 1945 wurde er, fast erblindet und gelähmt, aus dem Zuchthaus Brandenburg befreit, arbeitete von 1948 an als Professor an der Ostberliner Humboldt-Universität, sprach sich 1945 öffentlich gegen die Politik der SED aus und übersiedelte nach West-Berlin, wo er am 23. Mai 1967 starb.

Hallesche Straße Im Oktober 1919 übersiedelte Klabund von München nach Berlin und bezog im ersten Stock des Hauses Nr. 21 ein möbliertes Zimmer. Hier, bei Frau Hertz, war auch an den hellsten Tagen das Fenster dicht verhängt, da der Dichter Lampenlicht und Abgeschlossenheit für seine Arbeit benötigte. Diese Wohnung sollte seine einzige in Berlin bleiben. Als Alfred Henschke und Sohn eines Apothekers am 4. November 1890 in Crossen/Oder geboren und schon als 16jähriger an unheilbarer Tuberkulose leidend, besuchte er das Gymnasium in Frankfurt/Oder. Hier nahm über den Stubengefährten Stephan Benn die lebenslange Freundschaft mit dessen Bruder Gottfried ihren Anfang. Von München ging er 1910 zur Fortsetzung seines Studiums nach Berlin, wo er »in der völlig proletarischen Gegend zwischen Ackerstraße und Frankfurter Allee« wohnte. 1912 schickte er aus München, wo er studierte, drei auf Telegrammformulare geschriebene Gedichte an Alfred Kerr mit der Bitte, sie in seiner Zeitschrift »Pan« zu veröffentlichten, und fügte hinzu: »Ich habe überhaupt nichts, weder Papier noch Geld, noch Beruf noch eine richtige Wohnung.« Das erste der Gedichte begann mit den Worten: »Es hat ein Gott mich ausgekotzt, / Nun lieg ich da, ein Haufen Dreck . . .« Die Gedichte brachten ihm eine Anzeige wegen Gotteslästerung ein. 1918 heiratete er eine schwer lungenkranke Frau, die er in einem Sanatorium kennengelernt hatte – »ganz Tier, ganz Schmetterling« – und die noch im selben Jahr bei der Geburt einer Tochter starb. Um diese Zeit verwandte er zum erstenmal sein Pseudonym, für dessen Ursprung er zwei Deutungen gibt. Im Gesang »Irene oder die Gesinnung« verkündet er: »Mein Name sei Klabund, / das heißt Wandlung«, und an anderer Stelle erklärt er den Namen aus der Zusammenziehung der ersten und letzten Silben der Wörter Klabautermann und Vagabund. In Berlin heiratete der »Kettenraucher der Liebe«, wie ihn ein Zeitgenosse nennt, am 5. Mai 1925 die Schauspielerin Carola Neher, die er in München in der Straßenbahn kennengelernt hatte und die ihn überlebte. Sie emigrierte 1933 in die Sowjetunion, wo sie 1936 zu zehn Jahren Zuchthaus verurteilt und am 28. Juni 1942 als Spionin hingerichtet wurde. Der rastlos arbeitende Lyriker, Erzähler und Nachdichter fernöstlicher Lyrik, der sich selbst einen »Schriftstellereibesitzer« nennt, galt als einer der bekanntesten Autoren des Expressionismus. Für das Kabarett »Schall und Rauch« schrieb er glänzende Chansons und Bänkellieder, die er im Münchener »Simplicissimus« vortrug; Berliner Atmosphäre widerspiegeln seine Gedichte »Im Keller bei Lutter und Wegener«, »In Lichterfelde-Ost«, »Die Harfenjule«, »Ick baumle mit de Beene«, »Berliner Weihnacht 1918« und andere. 1919 erschien seine märkische Eulenspiegelgeschichte »Bracke«. Der ungewöhnliche Erfolg seiner Nachdichtung des alten chinesischen »Kreidekreises« (1924), die über alle Bühnen ging und Brecht, der sich an seine Themen großzügig anlehnt, dessen schmutzige Fingernägel ihn anekeln und mit dem ihn seine Frau betrog, den Anstoß zu seinem »Kaukasischen Kreidekreis« (1945) gab, brachte ihm finanzielle Unabhängigkeit. Am 14. August 1928 wurde seine Asche beigesetzt, viele Berliner Literaten erwiesen ihm die letzte Ehre, Gottfried Benn hielt ihm die Grabrede.

Gleisdreieck Dem Kreuzungspunkt von Hoch- und Untergrundbahnstrecken widmen Walter Mehring und Hans Kern Gedichte. Günter Graß gab 1960 einen Gedichtband »Gleisdreieck« heraus. Der Schauspieler Fritz Kortner, der vor dem Ersten Weltkrieg von Mannheim nach Berlin kam, notiert voller Bewunderung, daß hier die Hochbahn »mitten durch die Mauer eines Wohnhauses« fährt. Ringelnatz dichtet: »Da fährt die Hochbahn in ein Haus hinein / und auf der anderen Seite wieder 'raus.«

Tempelhofer Ufer Im Sommer 1904 übersiedelten die Freunde René Schickele und Otto Flake von der Marienstraße an das Tempelhofer Ufer. Schickele, der die Neuauflage des bereits 73 Jahre bestehenden »Magazins für Literatur und Kunst« des Verlegers Jacques Hegner unter dem Titel »Das neue Magazin« übernahm, bezog mit seinem Dobermannpinscher im obersten Stock des Verlagshauses am Tempelhofer Ufer 29 eine Wohnung, »dort, wo die Hochbahn, vom Gleisdreieck her kommend, das Nachbarhaus durchfährt«, wie Flake schreibt. Mit ihm und weiteren Freunden kostete der Schriftsteller hier eine Haschisch-Pastete, die Hanns Heinz Ewers aus Marseille mitgebracht hatte. Seine Einkünfte gestatteten ihm, am 30. August 1904 Anna Brandenburg, die Schwester eines Studienfreundes, zu heiraten. Der Zeitschrift war keine lange Lebensdauer beschieden. Sie ging nach einem halben Jahr ein, und Schickele bezog im Herbst 1905 eine kleine Wohnung in der Suarezstraße. Der am 29. Oktober 1882 im damals deutschen Metz geborene Schriftsteller Otto Flake, den Tucholsky für unseren bedeutendsten Essayisten hält, mietete in einem Nebenhaus ein möbliertes Zimmer. Er hatte seinen Freund begleitet, um ihm bei der Herausgabe der neuen Zeitschrift zur Seite zu stehen. »*Meine Wirtin war eine Dame von der Bar, vielleicht auch nur von der Friedrichstraße gewesen, lebte nun in ihren Möbeln und gab das Hauptzimmer ab. Ich hatte immer Angst vor ihrer Neigung, mich zu betreuen, aber es ging alles leidlich*«, schreibt er in seinem »Bericht aus einem langen Leben – Es wird Abend« (1960), einer Bestandsaufnahme seiner ständig wechselnden Amouren und Schriftsteller-Enttäuschungen. Im Frühjahr 1905 ging Flake nach Straßburg zurück.

Zu Beginn des Wintersemesters 1905/06 mietete Robert Musil im Hause Nr. 35 ein Zimmer. Zu dieser Zeit arbeitete er an seiner Dissertation. Seine Freizeit gehörte dem Romanischen Café, mit Franz Blei schloß er Freundschaft.

Großbeerenstraße Das Haus Nr. 7 trug eine Tafel zum Gedenken an den Wortführer des »Jungen Deutschland«, Karl Gutzkow. Hier wohnte der Schriftsteller und Publizist, der 22 Romane und ein Dutzend Theaterstücke hinterließ, nach ruhelosen Irrfahrten durch Deutschland, ständig verfolgt von Polizei und Gerichten, in seinen von Verfolgungswahn und zunehmendem Nervenleiden getrübten letzten Lebensjahren. Im Jahre 1887 übersiedelte er nach Sachsenhausen bei Frankfurt, wo er am 16. Dezember 1878, von schmerzstillenden Mitteln betäubt, im Qualm einer umgeworfenen brennenden Lampe erstickte. »Es gibt ein Wort, das man nur in Berlin versteht. Aber auch nur in Berlin«, schreibt er 1854, »finden sich Erscheinungen, die man damit bezeichnen muß. Es ist dies der Ausdruck ›Quatsch‹.«

Im Jahre 1890 übersiedelten die Eltern Carl Sternheims mit ihrem neunjährigen Sohn von der Belle-Alliance-Straße in das Erdgeschoß des Hauses Nr. 9 an der Ecke vom Halleschen Ufer. Noch im selben Jahr verließ die Familie Berlin, und Carl setzte seinen Schulbesuch in Halberstadt fort. 1894 kamen sie in die Hauptstadt zurück und bezogen eine Wohnung in der Altonaer Straße.

Im Jahre 1889 zog Friedrich von Holstein, die »Graue Eminenz« der wilhelminischen Epoche, von der Köthener Straße in eine düstere Wohnung des Hauses Nr. 40. Hier lebte er bis zu seinem Tode, von seiner langjährigen Freundin Helene v. Lebbin betreut. Maximilian Harden illustriert in seinem Nekrolog auf Holstein das Wohnviertel und die denkbar bescheidene Behausung des Politikers, wo Diplomaten und Publizisten ständig zu Gast waren: ». . . *Kleinbürgerhäuser, Kleinbürgerläden . . . Hier zwischen der Hagelberger und der Kreuzbergstraße ist's still. Altberlin . . . Ein schmaler Korridor, der kaum zum Umdrehen Raum gewährt. Drei Zimmerchen. Alte, ganz schlichte Möbel, die auf den Westberliner wie Urväter-Hausrat wirken . . . Im Schlafzimmer das Bett eines Försters oder Landlehrers; daneben, auf dem Nachttischchen, ein Leuchter mit Kerze . . . Kachelöfen. Petroleumlampen. Kein Gas. Kein Telephon. Und doch war's in dieser Parterrewohnung behaglich. An Winterabenden besonders, wenn dichte Vorhänge vergessen ließen, daß draußen, hinter der nächsten Ecke, das Leben des Proles brandete . . . In diese Parterrewohnung lieferte das Postamt SW 47 gewiß die interessantesten Briefe ›Seiner Exzellenz dem Wirklichen Geheimen Rat Baron Fritz von Holstein‹.*« In einem der ältesten Lokale Berlins, im Großbeerenkeller in der Großbeerenstraße 90, heute ein von Prominenten viel besuchtes, kleines Künstlerlokal, erfreute er sich an dem nach ihm benannten Schnitzel. Holstein starb am 8. Mai 1909 in Berlin. Auf dem Invalidenfriedhof in der Scharnhorststraße wurde er bestattet.

Herbert Eulenberg begann im Jahre 1897 sein Studium der Rechtswissenschaften in Berlin. Er bezog zunächst eine im zweiten Stock eines Hauses der Großbeerenstraße gelegene Bude, die »von zahllosen Wanzen bevölkert war, deren Geruch mir fast noch unangenehmer war als die Stiche«. In seinen Erinnerungen »So war mein Leben« (1948) schildert er die Studentenkneipen der nördlichen Friedrichstadt, Embergs Ballhaus in der Schumannstraße und das Café National an der Ecke der Friedrich- und Jägerstraße. Hier pflegte er die Nächte bis zum Morgengrauen zu verbringen, um den Wanzen zu entgehen, »die ihre grausame Tätigkeit erst in den helleren Morgenstunden einstellen«, wie er schreibt. Er konnte sein Zimmer kontraktmäßig nach fünf Wochen aufgeben und fand bei einem

Freund in Charlottenburg eine angenehmere Unterkunft. In den ersten Jahren des neuen Jahrhunderts wurde er von Düsseldorf an das Deutsche Theater in Berlin berufen.

Kreuzbergstraße Am Ende des Weinmeisterwegs, der heutigen Kreuzbergstraße, lag ehemals ein Gutshaus mit dem Grunowschen Garten, wo Wissenschaftler und höhere Beamte gern ihren Sommerurlaub verlebten. Im obersten Stock eines im Garten stehenden Türmchens, dem sog. Schlößchen, pflegte sich Hegel mit seiner Familie allsommerlich einzuquartieren. Hier verbrachte er auch die letzten Wochen vor seinem Tode.

Der **Kreuzberg** Am Abhang des 66 m hohen Kreuzbergs, der höchsten Erhebung um den Stadtkern Berlins, an der bis 1740 Wein angebaut wurde, breitet sich der um 1890 angelegte Viktoria-Park aus. Der Kreuzberg und später der Park waren und sind beliebte Ausflugsziele und Erholungsstätten der Berliner. In Fontanes Erzählung »Schach von Wuthenow« (1883) ging es bei dem Kutschenausflug nach Tempelhof »in raschem Trabe die Friedrichstraße hinunter, erst auf das Rondell und das Hallesche Tor zu, bis der tiefe Sandweg, der zum Kreuzberg hinaufführte, zu langsamerem Fahren nötigte«.

Eichendorff quartierte sich in den Sommermonaten der Jahre 1850 bis 1855 mit seiner Familie in einem Hause am Fuße des Kreuzbergs ein.

Glaßbrenner hinterläßt eine humorvolle Beschreibung der »Besteigung des Monte Croce«, Heinrich Seidel berichtet von einer Besteigung der Anhöhe mit seinen beiden älteren Kindern, die nie geglaubt hätten, daß es so hohe Berge gibt.

Zur Brauerei »Tivoli«, der jetzigen Schultheiß-Brauerei, am Kreuzberg pilgern die »Koblanks« in Erdmann Graesers gleichnamigem Roman.

Ernst Blaß gedenkt der Aussicht vom Kreuzberg: »Da liegt die graue Stadt: schwer, grau und weiß . . . / Da unten rollen meine Autobusse!«

Maximilian Harden ergötzt sich am »Rauschen des Wasserfalls«, und Franz Hessel widmet dem Berg und dem Park mit den Hermen der Freiheitsdichter Rückert, Körner und Heinrich von Kleist in »Spazieren in Berlin« ein Kapitel. Günter Graß liebt Sonntagsausflüge mit der Familie hierher: ». . . *Immer die Gußeisengotik eines Denkmals im Rücken, das einst populäre Schlachten der Befreiungskriege aufzählt, sahen wir rundum, daß sich Berlin mit seiner in Stilfragen hemmungslosen Architektur und seinem Hang, zwar immer noch auf*

Sand, aber neuerdings stockwerkreich gen Himmel zu bauen, dem Betrachter wie ungeteilt darstellt.«

Methfesselstraße Nachdem Hanns von Zobeltitz den Offiziersrock ausgezogen hatte, um sich ganz der Schriftstellerei zu widmen, übersiedelte er von Dresden nach Berlin, wo er eine Redaktionsstellung zu finden hoffte. Von seiner Bohemezeit in Berlin, den »vergnügtesten Stunden meines Lebens«, die er zusammen mit seinem Bruder Fedor im ersten Hause der damals noch nach Lichterfelde benannten Straße, »linker Hand ganz unbebaut ..., rechts mit armseligen Restaurationslokalen garniert«, in einem möblierten Zimmer mit einem Alkoven verbrachte, berichtet er in seiner Berliner Zigeunergeschichte »Lichterfelder Straße N°1« (1899). In seinem Roman »Die Unverantwortlichen« schreibt Fedor von Zobeltitz, beeindruckt von seiner unmittelbaren Nachbarschaft: »*Der Vesuv hat sicher seine Reize, aber der Kreuzberg ist das, was ich am Zopfstil schätze – er ist der Gipfel der Einfachheit.«*

Bayernring Elisabeth Langgässer wohnte im Jahre 1935 kurze Zeit im Hause Nr. 26. Nach ihrer Eheschließung übersiedelte sie nach dem Eichkatzweg.

Mehringdamm Im dritten Stock des Hinterhauses der Belle-Alliance-Straße Nr. 53 lebte Leopold Wölfling, gebürtiger Erzherzog Leopold Ferdinand von Österreich und Neffe Kaiser Franz Josephs, der 1902 auf seine Fürstentitel verzichtet hatte, mit seiner dritten, um 30 Jahre jüngeren Frau Klara, der Tochter des Berliner Eisenbahners Pawlowski. Die Belle-Alliance-Straße hieß ehemals Tempelhofer Straße und trägt seit 1945 den Namen des Historikers Franz Mehring. Mit seinen »freimütigen Aufzeichnungen eines ehemaligen Erzherzogs«, die er unter dem Titel »Habsburger unter sich« (1921) herausgab, und mit Beiträgen für die »Morgenpost« konnte er einen größeren Leserkreis gewinnen. Völlig verarmt starb der schriftstellernde Eigenbrötler hier am 4. Juli 1935. Ilse Nicolas widmet ihm in ihren »Kreuzberger Impressionen« (1969) ein Kapitel.

Nach seiner Heirat bezog George Grosz mit seiner Frau einige Zimmer der Wohnung einer angeheirateten Tante im Hause 47 der Belle-Alliance-Straße. Im August 1920 schreibt er seinen programmatischen Aufruf an die Künstler mit dem Angriff gegen den traditionellen Kunstbegriff: »*Geht aus euren Stuben heraus, ... laßt euch von den arbeitenden Menschen erfassen und helft ihnen im Kampf gegen die verrottete Gesellschaft.«* Im Frühjahr 1921 zog das Ehepaar in eine eigene Wohnung am Hohenzollerndamm.

Im Jahre 1887 übersiedelte die Familie Sternheim von der Brückenallee in das dritte Stockwerk des Hauses Belle-Alliance-Straße 16. Der neunjährige Schüler Carl beobachtete vom Balkon der Wohnung, wie er sich später erinnert, mit seinen Eltern den Aufmarsch der Truppen bei den Paraden auf dem Tempelhofer Feld. Von hier zog die Familie im Jahre 1890 in die Großbeerenstraße.
Nach seiner Entlassung aus dem Heeresdienst mietete Gottfried Benn im Hause Belle-Alliance-Straße 12 an der Ecke der Yorckstraße (heute Mehringdamm 38) eine Vierzimmerwohnung und eröffnete hier als Facharzt für Haut- und Geschlechtskrankheiten eine Praxis. »*Von diesen Räumen gingen drei auf die Straße, einer in den Hof. In den Hof ergoß ein Musikcafé, das belauschte ich oft, entführende Weisen. Manchmal, wenn ich nachts in mein Schlafzimmer trat, ertönte Musik. Ich öffnete das Fenster, ich löschte das Licht. Ich stand und atmete den Laut . . .*«, erinnert er sich. Hier entstanden seine Gedichte »auf dem Tisch, auf dem die Uringläser standen und die Tripperspritzen lagen«, wie sein Freund, der Verleger Heinz Ullstein, in seinen Erinnerungen »Spielplatz des Lebens« (1961) schreibt. Seiner Frau und seinen Kindern richtete er in der Passauer Straße eine Wohnung ein, in der er nur als Besucher erschien. Am 19. November 1922 verlor er seine 44jährige Frau bei einer Gallenoperation in Jena. Sein Stiefsohn kam in ein Internat, seine Tochter zu einer Freundin seiner Frau nach Dänemark. Zu dem kleinen Freundeskreis des Dichters, der – wie er ausgerechnet hat – mit seiner schriftstellerischen Tätigkeit monatlich durchschnittlich 4.50 Mark verdiente, gehörten u. a. Klabund und Carola Neher, George Grosz, Carl Einstein, Thea Sternheim, die Witwe Wedekinds, die Bildhauerin Renée Sintenis, der Verleger Heinz Ullstein und nach 1931 auch Klaus Mann und Bernard von Brentano. Im Juli 1931 stattete ihm André Gide hier einen Besuch ab, am 5. April 1932 erfolgte seine Aufnahme in die Dichterakademie. Seine Begeisterung für den Nationalsozialismus hatte der expressionistische »Gehirnlyriker« und Vertreter des Nihilismus als fatalen Irrtum erkannt, längst bevor ihn beim Erscheinen der »Ausgewählten Gedichte« (1936) das »Schwarze Korps« und der »Völkische Beobachter« als »Ferkel«, »Judenjungen« – der Balladendichter B. v. Münchhausen hatte die Behauptung aufgestellt, daß Benn »Nichtarier« sei – und »entarteten Asphaltliteraten und Kulturbolschewisten« beschimpfte. Um Nachstellungen der Nazis zu entgehen, beschloß er, sich reaktivieren zu lassen und Berlin zu verlassen. Am 1. Januar 1935 gab er Wohnung, Praxis und Berlin auf

und trat seinen Dienst als Oberarzt am Generalkommando Hannover an. Hier konnte er seine Freundschaft mit dem Bremer Kaufmann F. W. Oelze vertiefen, dessen Briefwechsel mit ihm 1978 veröffentlicht wurde. 1937 wurde er nach Berlin versetzt und fand in der Bundesallee eine private Unterkunft. Unter seiner damaligen Wohnung befindet sich heute die Belle-Alliance-Apotheke.

Yorkstraße Heinrich Seidel, der 1866 nach Berlin gekommen war und als Ingenieur bei der Potsdamer Bahn arbeitete, bewohnte vor seiner Eheschließung ein möbliertes Zimmer in einem Hause der Yorkstraße.

Ernst Barlach wohnte bei einem seiner Aufenthalte in Berlin in einer Stube im Hintergebäude eines Hauses, das an der Stelle des heutigen Kreuzberger Rathauses in der Yorkstraße 10–11 stand.

Bergmannstraße An der Ecke der Straße »Am Tempelhofer Berg«, des heutigen Mehringdamms, und der Bergmannstraße lag seit 1810 »in einer wunderbaren romantischen Felsschlucht«, wie der »Spreehanns« Fechner berichtet, der »Düstere Keller«, ein viel besuchtes Gartenlokal, das wegen seines Weißbiers berühmt war. Ludwig Tieck war eines Tages mit einem Buch in der Tasche zum Halleschen Tor hinausgewandert und hier zu einem Glas Milch eingekehrt. Eine französisch sprechende Gesellschaft lud ihn ein, an ihrem Tisch Platz zu nehmen. Hier präsidierte Mirabeau, der sich mit Hugenotten getroffen hatte, um Unterlagen für seine Berichte an die französische Regierung zu sammeln. Auch Chamisso und Kugler kamen gelegentlich in die Wirtschaft. Willibald Alexis erwähnt sie in seinem Roman »Cabanis« (1832) und Spielhagen in »Problematische Naturen« (1861).

Nostizstraße Max Halbe, der im Mai 1888 in München promoviert hatte, ging im Juli desselben Jahres nach Berlin zurück, wo er sich als freier Schriftsteller niederließ. In der Nostizstraße fand er für kurze Zeit eine Unterkunft. Von hier zog er in die Sebastianstraße.

Die Kreuzberger Friedhöfe Auf der Ostseite des Mehringdamms gegenüber der Yorkstraße und der damaligen, unter Denkmalschutz stehenden Dragonerkaserne und an der Bergmannstraße liegen vier für die Kultur- und Literaturgeschichte Berlins bedeutsame Friedhöfe, die Begräbnisplätze der Dreifaltigkeits-, Jerusalems-, Brüder- und Luisenstädtischen Gemeinde. Ihre letzte Ruhestätte haben hier gefunden: Iffland (†1814), Rahel (†1833) und Karl August Varnhagen (†1858), Schleiermacher (†1834), Chamisso (†1838), Gaudy (†1840), Felix Mendelssohn-Bartholdy (†1847), Henriette Herz

(†1847), August Kopisch (†1853), Ludwig Tieck (†1853), Friedrich von Raumer (†1873), Glaßbrenner (†1876), Theodor Mommsen (†1903) und Stresemann (†1929). Am 13. Februar 1905 wurde Adolph Menzel auf dem Dreifaltigkeitsfriedhof bestattet. Oskar Loerke, der an der Beerdigung teilnahm, notiert in seinem Tagebuch:

»*Menzels Begräbnis. Der Zug war groß und prunkthaft. Eine Anzahl Gesandte und Botschafter waren erschienen, der Kaiser hatte einen schönen Kranz gespendet, den ich im Schaufenster Unter den Linden sah. Prächtig machte sich die Reihe der Wagen mit studentischen Abordnungen. Uniformen und Fahnen in allen Farben; freilich glich der Aufzug mehr einer karnevalistischen Vue als einer Leichenfeier. Empfindungen hatte ich nicht, weil sie durch das unerwartet lange Warten in der Kälte ertötet waren.*«

Oft wird der Dreifaltigkeitsfriedhof auch der Schauspielerfriedhof genannt; viele bekannte Darsteller des 19. Jahrhunderts sind hier begraben worden.

Mehringdamm Anfang 1859 war Fontane von seinem dritten England-Aufenthalt nach Berlin und zu seiner Familie zurückgekehrt, mit der er für kurze Zeit in der Luisenstraße wohnte und dann in eine Sommerwohnung in der Potsdamer Straße 33 übersiedelte. Im Oktober mietete er eine Parterrewohnung im Hause Tempelhofer Straße Nr. 51 (später Belle-Alliance-Straße, heute Mehringdamm 3–5), das an der Stelle des Parkplatzes der Berliner Zentralbibliothek (Amerika-Gedenkbibliothek) gegenüber dem Warenhaus Hertie stand. Das Haus gehörte einem kinderfeindlichen Holzhändler Degebrodt, dem die bedrängte wirtschaftliche Lage des Schriftstellers von Anfang an nicht paßte. An seine Mutter schreibt Fontane am 26. Oktober 1859: »*Wir sind nun allgemach in Ordnung . . . Emilie ist etwas matt und angegriffen (zum Teil infolge des Umzugstroubels) . . . George geht seit gestern in die Schule (Friedrich-Wilhelm-Gymnasium) und scheint sich sehr zu gefallen. Der Engländer ist völlig aus- und der Berliner angezogen; in sechs Wochen wird man an seinem Sprechen nicht mehr merken, daß er auf der hohen Schule des Anstands und der guten Sitte (England) so lange gelebt hat. Der Kleine kränkelte acht Tage lang infolge der feuchten Wohnung, der Dunst und Schimmel hat sich nun aber ziemlich verloren, und mit der besseren Luft ist auch der Kleine wieder besser geworden. Er ist possierlich und sehr zärtlich, aber ein furchtbarer Bock und bedarf der bekannten Vorlesungen aus Kloppstock.*« 1860 konnte er eine Stellung als Redakteur an der »Kreuzzeitung« übernehmen. Von hier unternahm er an allen Sonn- und Urlaubstagen seine »Wanderungen in die Mark«, und hier schrieb er den ersten Band des Werks, der Ende 1861 herauskam. Am 21. März 1860 wurde ihm hier Martha, genannt Mete, sein Lieblings- und Sorgenkind, geboren, die nach kurzer Tätigkeit als Lehrerin in den Jahren 1880 bis 1884 ihr Leben nur noch im Elternhaus verbrachte. Eine Verlobung, die sie als 38jährige mit einem 22 Jahre älteren Architekten und Witwer einging, endete mit dessen Tode neun Monate danach. In der Gestalt der Corinna Schmidt in »Frau Jenny Treibel« hat ihr der Vater ein literarisches Denkmal gesetzt. Sie starb am 10. Januar 1917. Im April 1863 kündigte ihm der Hauswirt wegen seiner vielen Kinder – er hatte zu dieser Zeit drei – und da ihm die »Commodité« im Hause sowieso nicht ausreichte, gab er die Wohnung gern auf und übersiedelte in die Alte Jakobstraße. Das Wohnhaus Fontanes in der Tempelhofer Straße wurde 1910 abgerissen.

Mehringplatz Über den 1743 als »Rondell« angelegten, heute nach dem sozialistischen Historiker Franz Mehring benannten Platz, der von 1815 bis 1945 den Namen Belle-Alliance-Platz trug und von dem 1879 abgerissenen Halleschen Tor gegen den Landwehrkanal abgegrenzt war, gelangt man zur

Lindenstraße Das im Krieg schwer beschädigte und seit 1963 restaurierte »Berlin-Museum« mit seinen stadt- und kulturgeschichtlichen Sammlungen wurde 1735 unter Friedrich Wilhelm I. als erstes preußisches Dienstgebäude errichtet und beherbergte bis zum Ersten Weltkrieg das Alte Kgl. Kammergericht Berlins, das, wie Professor Willibald Schmidt aus der Adlerstraße in Fontanes Roman »Frau Jenny Treibel« meint, »Gott sei Dank immer literarisch war«. E. T. A. Hoffmann fand nach dem Zusammenbruch Preußens im Jahre 1806 wieder eine Anstellung im preußischen Justizdienst und war hier von 1816 bis kurz vor seinem Tode im Jahr 1822 als Kammergerichtsrat tätig. Sein Freund Julius Eduard Hitzig, der auch als Verleger und Schriftsteller hervortrat, wurde hier im Jahr 1801 als Referendar ausgebildet, wirkte hier um 1814 als Kriminaldirektor und war von 1820 bis 1823 der Vorgesetzte von Willibald Alexis. Von 1826 bis zu seiner Entlassung wegen eines Gedichts auf die Juli-Revolution 1830 arbeitete der Lyriker und Germanist Karl Simrock hier. Im Jahre 1911 unterzog sich der expressionistische Lyriker Georg Heym der zweiten juristischen Staatsprüfung, die in den Räumen des Kammergerichts abgelegt wurde und die er bestand.

Gewiegte Juristenfreunde des jungen Dichters hatten sich in der Lindenstraße in unmittelbarer Nähe des Kammergerichts ein Zimmer gemietet, wo sie mit Hilfe von Fachbüchern die Klausuraufgaben lösten, deren Themen der Kandidat, in eine Papphülse gesteckt, durch das Fenster des Prüfungszimmers auf die Straße warf. Die gelösten Aufgaben spielten sie dem Prüfling in einer Tüte mit Obst wieder zu.

Enckestraße Nach einem kurzen Besuch in Berlin im Sommer 1842, bei dem er Ludwig Tieck aufsuchte und mit seinem Verleger die Herausgabe seiner Übersetzung spanischer Volkslieder besprach, zog Emanuel Geibel die Sehnsucht nach alten Freunden wieder in die Hauptstadt, »berühmt durch Tee, Paraden, Weißbier, Sand / und tausend Dichter, welche niemand kennt«. Im Winter mietete er einige möblierte Zimmer im dritten Stock eines Hauses, das an der Einzäunung der damaligen Sternwarte lag, die unter der Leitung des Astronomen und Direktors der Sternwarte, Johann Franz Encke, nach Plänen von Schinkel 1835 fertiggestellt war. Der Platz, der später den Namen des Direktors der Sternwarte erhielt, war damals nur zur Besselstraße hin an das Straßennetz angeschlossen. 1927 wurde die Sternwarte abgerissen und der Platz zu einer Verbindungsstraße zwischen der Bessel- und Lindenstraße ausgebaut. Sie erhielt den Namen Enckestraße. Geibels Wohnhaus, ursprünglich Enckeplatz 3, erhielt dann die Anschrift Enckestraße 10. Zu Weihnachten wurde Geibel unter dem Namen Bertran de Born Mitglied des »Tunnel«. Im Herbst besuchte der 16jährige Primaner Heyse »das stille Haus« und berichtet in Dankbarkeit über seinen Förderer, der seine dichterische Begabung erkannt hatte, in seinen »Jugenderinnerungen«. Der Berliner Magistrat brachte an dem heute verschwundenen Hause eine Gedenktafel an. Nach der Märzrevolution 1848 ging der nationalistische, königstreue Dichter nach Lübeck zurück. Wiederholt kam er zu kürzeren Besuchen nach Berlin zurück, so auf seiner Hochzeitsreise 1852 und zum letztenmal im März 1868, wo er Auerbach besuchte. Seinen Eindruck von der Hauptstadt faßt er dahin zusammen: »*Berlin, die Stadt der Gegenwart und des Lebens, mit ihren graden prosaischen Straßen und hellen Häusern, mit ihren Volksmassen und Wachtparaden! Aber eben diese weißen Häuser bilden für Deutschland den Brennpunkt, in dem sich alle Strahlen höherer geistiger Bestrebung vereinigen, diese Soldatenhaufen sind die Stütze, auf denen die politische Sicherheit des Vaterlandes ruht.*« Im Frühjahr 1853 wurde er von Maximilian II. nach München berufen. 1868 kam er nach Lübeck zurück, wo er am 6. April 1884 an einer schweren

Darmerkrankung starb. Mit seinen Liedern »Der Mai ist gekommen« (1841), »Wer recht in Freuden wandern will«, der ersten Zeile seines Gedichts »Der Zigeunerbube im Norden« (1834), »Fern im Süd' das schöne Spanien« und dem überheblichen Wort aus seinen »Heroldsrufen« (1861) »Und es mag am deutschen Wesen / Einmal noch die Welt genesen«, wird er noch heute zitiert.

Neuenburger Straße Im Hause Nr. 31 hatte Theodor Mommsen, der im Jahre 1858 einem Ruf an die Berliner Universität folgte, seine erste Wohnung in der preußischen Hauptstadt.

Blücherplatz Gutzkows Berliner Zeitroman »Der Ritter vom Geist« (1850–1852) berichtet von einer Fuhrmannsherberge vor den Toren »Zum Pelikan«, die an der Stelle der Amerika-Gedenkbücherei stand.

Blücherstraße Nach Assistententätigkeit am Städtischen Krankenhaus Am Urban eröffnete Alfred Döblin im Oktober 1911 im Hause Nr. 18 zunächst als praktischer Arzt, dann als Neurologe und Internist eine eigene Praxis. Else Lasker-Schüler schreibt im November 1911 im »Sturm«: ». . . Auf seinem Schild . . . steht geschrieben, daß er Oberarzt am Urban war. So eine Reklame!« Am 23. Januar 1912 heiratete er die zehn Jahre jüngere Medizinstudentin Erna Reiß, die ihm vier Söhne schenkte. Herwarth Walden fungierte als Trauzeuge. 1913 veröffentlichte er eine Reihe phantastischer und grotesker Erzählungen, die unter dem Titel der ersten Novelle »Die Ermordung einer Butterblume« als Buch zusammengefaßt wurden. Im März 1916 erschien sein Roman »Die drei Sprünge des Wang-lun«, »in acht Monaten geschrieben, überall geschrieben, geströmt, auf der Hochbahn, in der Unfallstation bei Nachtwachen, zwischen zwei Konsultationen, auf der Treppe beim Krankenbesuch, fertig Mai 1913«, so der Autor. Im Jahre 1913 übersiedelte Döblin mit Frau und Sohn in die Frankfurter Allee.

Auf der Nordseite der Blücherstraße Nr. 46 erstreckte sich das Kasernengelände des Kaiser-Franz-Gardegrenadierregiments Nr. 2, in dem der Schriftsteller in Offiziersuniform Fritz von Unruh von 1905 bis 1911 diente. Heute liegt hier die Gesamtoberschule Kreuzberg. Am 10. April 1885 als Sohn eines Generals in Koblenz geboren, kam Fritz von Unruh als Elfjähriger auf die Kadettenanstalt Plön, wo er Duzfreundschaft mit dem kaiserlichen Prinzen Oskar von Preußen schloß, wurde nach Lichterfelde versetzt und trat als 16jähriger Page in den Dienst der Kaiserin, bevor er Offizier wurde. Der Kasinobetrieb, die Saufereien und die zweideutigen Liebesaffären widerten den jungen Offizier, der die Erfüllung seines Lebens in der Literatur sah, an. Als der Erfolg seines Erstlingsdramas »Offiziere« (1911), das bei Reinhardt im Deutschen Theater seine Uraufführung erlebte, ihn vor die Alternative stellte, das Stück zurückzunehmen oder den Dienst zu quittieren, verzichtete er auf seine soldatische Laufbahn und widmete sich von nun an ganz der Schriftstellerei. Seine Teilnahme an den Materialschlachten des Weltkriegs machten ihn vollends zum Pazifisten. In seinem Roman »Kaserne der Sphinx« (1969) schildert er seine Dienstzeit als Gardeleutnant U2 in der Kaserne in der Blücherstraße – »Elf Jahre gedrillt in Plön, dann sechs Jahr in der Kaserne in Berlin! Wenn das nicht Wahnsinn ist« –, die Zeit seiner ersten schriftstellerischen Erfolge und der Begegnungen mit der kaiserlichen Familie, mit Rathenau und vor allem mit Reinhardt und seinem Kreis. Hier traf er die Schauspielerin Friederike Schaffer, die er 1940 heiratete. Für sein Drama »Louis Ferdinand, Prinz von Preußen« (1913) erhielt er 1915 den Kleistpreis; die Aufführung des Stückes war »auf allerhöchsten Befehl« jahrelang verboten.

Gitschiner Straße Der Theaterkritiker, Dramaturg und Schriftsteller Julius Bab wurde am 11. Dezember 1880 im Hause 106a geboren. Seinen zahlreichen Veröffentlichungen verdankt die Nachwelt ein anschauliches Bild des Theaters der Zeit. Auch als Verfasser von Dramen und vor allem von Dichter- und Schauspielerbiographien hat er sich einen Namen gemacht. Im Jahre 1901 verließ er das Elternhaus und nahm sich eine eigene Wohnung in der Bernburger Straße.

Skalitzer Straße Im Hause Nr. 4 hat sich das bemerkenswerte Lokal »Zum nassen Dreieck« erhalten, als dessen berühmtester Gast Zille zu nennen ist. Hier kehrt die »Familie Buchholz« in Stindes gleichnamigem Roman ein.

Adalbertstraße Der naturalistische Erzähler Max Kretzer, als Sohn eines in Konkurs geratenen Hoteliers am 7. 6. 1854 in Posen geboren, verließ mit seinen Eltern als 13jähriger seine Geburtsstadt und kam nach Berlin, wo sich sein Vater als Handwerker seßhaft machte und der Sohn als Fabrikarbeiter zum Lebensunterhalt der Familie beitragen mußte. Ein Arbeitsunfall warf ihn nach zwölf Jahren auf das Krankenlager, und er begann unter den persönlich gewonnenen Eindrücken des sozialen Elends, in dem seine Kumpel lebten, zu schreiben. Die ersten Versuche des Autodidakten publizierte Franz Dunkker in der von ihm herausgegebenen »Berliner Volkszeitung«. Kretzer gab seinen Beruf auf und lebte von nun an von seiner Feder.

1880 erschien sein erster Roman »Die beiden Genossen«. »Meister Timpe« (1883), die Geschichte eines biederen Drechslermeisters, dessen kleiner Betrieb in der Gegend zwischen der Frankfurter Straße und der Spree lag und der der fortschreitenden Industrialisierung zum Opfer fiel, wurde das Hauptwerk des Autors. Im gleichen Jahr erschienen sein Mietskasernenroman »Die Verkommenen« und seine »Berliner Skizzen«. Zu dieser Zeit wohnte der Schriftsteller im zweiten Stock des Hauses Adalbertstraße 17. Hier pflegte Gerhart Hauptmann zu übernachten, wenn er bei längeren Sitzungen des literarischen Vereins »Durch« seinen letzten Zug nach Erkner versäumte.

Naunynstraße Im Hause Nr. 1 starb am 15. Mai 1832 Karl Friedrich Zelter, auf dem Sophienfriedhof wurde er bestattet. Bei der Nachricht von Goethes Tod äußerte der einzige Duzfreund des Dichters aus seiner Spätzeit: »Exzellenz haben natürlich den Vortritt, aber ich folge bald nach.« In Zelters Wohnung trafen sich die prominentesten Vertreter des geistigen Lebens seiner Zeit. Fouqué erinnert sich an die Besuche bei dem »kraftvollen Tönemeister von treulich altpreußischem Wesen . . . Das waren Stunden der Fülle, die ich mit ihm in seinen, wie magisch von Melodien und Harmonien durchhallten schönen Wohnräumen durchlebt habe.« Goethe, der ihn bei seinem Berlin-Besuch noch nicht kannte, verdankt ihm sein Wissen über die Hauptstadt. Zelter versorgte ihn regelmäßig mit Teltower Rübchen, die auch Friedrich der Große schätzte. Goethe schickte ihm zum Ausgleich Spaniolschnupftabak. Nach einem Essen mit Zelter am 4. Dezember 1823 in Weimar äußert sich Goethe vor J. H. Eckermann über seinen Besucher: *»Er kann bei der ersten Bekanntschaft etwas sehr derb, ja mitunter sogar etwas roh erscheinen. Allein das ist nur äußerlich. Ich kenne kaum jemand, der zugleich so zart wäre wie Zelter. Und dabei muß man nicht vergessen, daß er über ein halbes Jahrhundert in Berlin zugebracht hat. Es lebt aber, wie ich an allem merke, dort ein so verwegener Menschenschlag beisammen, daß man mit der Delikatesse nicht weit reicht, sondern daß man Haare auf den Zähnen haben und mitunter etwas grob sein muß, um sich über Wasser zu halten.«* 1810 hatte Zelter an Goethe geschrieben: *»Endlich, ganz ehrlich gesprochen, wißt Ihr Herren in der Ferne doch alle nichts von Berlin, wo, wie aller Orten, eine lebendige Vergangenheit jede Vorstellung und Gedanken Lügen straft.«*

Der 1939 in Istanbul geborene Türke Aras Ören, der Anfang der sechziger Jahre nach Deutschland und neun Jahre danach nach Berlin kam, wo er als Hilfsarbeiter, Bierzapfer, Schauspieler und jetzt als Schriftsteller sein Geld verdient, hat der Straße und seiner Kreuzberger Zimmerwirtin in seinem Poem »Was will Niyazi in der Naunynstraße« ein literarisches Denkmal gesetzt: »*Und die Naunynstraße wurde / voll von frischem Thymiangeruch, / voll von frischem Haß, / voll Sehnsucht, / voll mit Hoffnung, / bedeckt mit Steppenduft / ... so daß heute / die Naunynstraße ohne Türken / zwar noch die Naunynstraße wäre, / aber in ihren alten Tagen / ohne neuen Anfang.*«

Mariannenplatz »*Der Mariannenplatz läuft in einem spitzen Winkel auf die Mauer zu, so daß die St.-Thomas-Kirche gerade noch ein wenig Spielraum hat. In ihrer Nähe liegt das Kranken- und Diakonissenhaus Bethanien: ein breiter Mittelbau mit zwei frei daneben gestellten Flügeln*«, so Kurt Ihlenfeld. Im Juni 1848 gab Fontane seine Stellung als Provisor in der Jungschen Apotheke in der Neuen Königstraße auf und übersiedelte »höchst vergnüglich« in zwei Zimmer in dem hinter dem Hauptgebäude gelegenen Ärztehaus des 1847 eröffneten Krankenhauses und Diakonissenheims Bethanien, einer Schöpfung Friedrich Wilhelms IV. »*Meine Übersiedlung*«, schreibt Fontane, »*fand gerade an dem Nachmittage statt, wo Bürgerwehr und Volk auf dem Köpenicker Feld herumbataillierten, so daß ich, ich war mit einem Male mitten in einer Schützenlinie, unter Flintengeknatter meinen Einzug ... hielt.*« Im letzten Zimmer des Erdgeschosses im Hauptgebäude rechts liegt noch heute das hohe Eckzimmer, das damals als Apotheke eingerichtet war und »besonders um seiner Höhe willen einen wundervollen, halb mittelalterlichen Eindruck machte«. Hier sollte er zwei Schwestern auf das Pharmazeuten-Examen vorbereiten. Die Offizin mit dem Rezeptiertisch und den Möbeln aus der Zeit Fontanes sowie der angrenzende Raum, das Wohnzimmer einer der beiden Schülerinnen, sind erhalten. An Bernhard v. Lepel schreibt Fontane am 17. September 1848: »*Ein Sonnenstrahl des Glücks hat mich getroffen. Ich bin in Bethanien bei freier Wohnung und Station mit 20 Reichstalern monatlich angestellt. Nur während zweier Mittagsstunden hab ich in der Apotheke zu arbeiten; die übrige Zeit ist mein. Du kannst Dir denken, wie viele Pläne und Hoffnungen ich an diese Muße knüpfe.*« In drei Kapiteln seiner Erinnerungen »Von Zwanzig bis Dreißig« erzählt er von diesem glücklichen und idyllischen Abschnitt seines Lebens vom Sommer 1848 bis Ende September 1849. Mit der Beendigung seines Lehrauftrags in Bethanien gab Fontane seinen Beruf auf und widmete sein Leben ganz der

Schriftstellerei. In der Luisenstraße mietete er ein möbliertes Zimmer. Zu seinem 80. Todestag enthüllte der Bürgermeister von Kreuzberg eine Gedenktafel an dem unter Denkmalschutz stehenden Hause Nr. 3, das heute als Künstlerhaus, Seniorenheim und Museum sowie für pädagogische Institutionen genutzt wird.

Oranienstraße Im Jahre 1967 kehrte Victor Otto Stomps aus Stierstadt/Taunus, wo er von 1949 ab die »Eremitenpresse« geleitet hatte, nach Berlin zurück und brachte die alte Handpresse und den Verlag »Rabenpresse« unter dem Namen »Neue Rabenpresse« im Hinterhof des Hauses Nr. 27, wo er auch wohnte, wieder zum Leben. Am 4. April 1970 starb er, 72 Jahre alt, im Städtischen Krankenhaus am Kreuzberg, auf dem Städtischen Friedhof Zehlendorf, Onkel-Tom-Straße, wurde er begraben. Er hinterläßt neben Gedichten und Aufsätzen ein Theaterstück, einen Roman und die »Poetische Autobiographie – Gelechter« (1962), die ihren Namen einem Peter Lech verdankt, hinter dem sich sein Alter ego verbirgt. 1965 erhielt er den Berliner Fontane-Preis. Im selben Hause befand sich bis 1962 die 1959 von dem 1977 verstorbenen Dichter, Zeichner und Holzschneider Günter Bruno Fuchs gegründete Hinterhofgalerie »Die Zinke«, in der Günter Graß um 1960 mit seinen Dichterlesungen begann.

Der in der Oranienstraße am 7. November 1866 als Sohn einer Weißnäherin geborene Komponist und Dirigent Paul Lincke, der Schöpfer der neuen Berliner Operette, wohnte den größten Teil seines Lebens im zweiten Stock des Hauses Nr. 64. Hier befand sich auch sein Apollo-Musikverlag. Sein Lied von der »Berliner Luft«, das sich John F. Kennedy bei seinem Berlin-Besuch als Begrüßungsmusik gewünscht hatte, gehört noch heute zum Repertoire volkstümlicher Musikveranstaltungen. Der Ehrenbürger von Berlin, der von sich sagen konnte, daß er der einzige Linke sei, der im Dritten Reich noch Rechte habe, starb am 3. September 1946 in Clausthal-Zellerfeld. Sein Wohnhaus wurde im Kriege zerstört. Das Haus, das an seiner Stelle errichtet wurde, trägt eine Gedenktafel.

Im ersten Stock des Hauses Nr. 83/84 hatte Erwin Piscator in den zwanziger Jahren eine von Gropius eingerichtete Wohnung, »sachlich, aber ansprechend«, wie Harry Graf Keßler schreibt, der hier Brecht kennenlernte. Der Regisseur und Theaterleiter, ein Nachfahre des protestantischen Theologen Johann Fischer, der nach den Gewohnheiten der humanistischen Zeit seinen Namen latinisierte, wurde am 17. Dezember 1893 in Ulm bei Wetzlar in einem Bauernhaus geboren und kam nach dem Studium und dem Kriege nach Berlin, wo er sich zunächst dem Dada-Kreis anschloß und an verschiedenen Theatern Regie führte. 1927 eröffnete er, von Tilla Durieux finanziell unterstützt, im Theater am Nollendorfplatz die nach ihm benannte Bühne. Mit seiner Inszenierung von Hašeks »Soldat Schwejk«, in der er mit Tricks, filmischen Mitteln und dem laufenden Band neue dramaturgische Möglichkeiten schuf, begeisterte und schockierte er sein Publikum. 1929 war das Theater nicht mehr lebensfähig, und Piscator übernahm die Leitung anderer Theater, an denen er weiterexperimentierte. So modernisierte er klassische Stücke, indem er sie in zeitgenössischen Kostümen und Kulissen spielen ließ. Kurze Zeit war er mit Hildegard, der ersten Frau Plievers, verheiratet. 1931 ging er zur Verfilmung von Anna Seghers Novelle »Der Aufstand der Fischer von St. Barbara« (1928) in die Sowjetunion. Die Schauprozesse und Liquidationen drängten ihn über Paris, wo er die wohlhabende Choreographin Maria Ley heiratete, nach New York. 1951 trieb ihn McCarthys Kommunistenjagd nach Europa zurück und er übernahm 1962 die Intendanz der Freien Volksbühne in Berlin.

Prinzessinnenstraße Im fünften Stock des zweiten Hinterhofs im Hause Nr. 20 ist die »Berliner Handpresse« untergebracht, die sich mit der Herausgabe seltener und wertvoller älterer und zeitgenössischer literarischer Texte Verdienste erworben hat.

Alte Jakobstraße Theodor Mommsen wohnte um 1864 mit seiner Familie im Hause Nr. 126. Von hier übersiedelte er in die Schöneberger Straße.

Von April bis Ende September 1863 lebte Theodor Fontane mit seiner Familie im Hause Nr. 171. Von hier verzog er zur Hirschelstraße. In seinem 1892 erschienenen Roman »Frau Jenny Treibel« wohnt Kommerzienrat Treibel vor seinem Umzug in die Köpenicker Straße in der »unvornehmen und aller frischen Luft entbehrenden« Alten Jakobstraße in einem Haus, »das von Gontardh, ja nach einigen von Knobelsdorff herrühren sollte«.

In der Alten Jakobstraße lag das Central-Theater, das Piscator von 1922 bis 1924 gemeinsam mit Rehfisch leitete. Mit seinem Proletarischen Theater hatte er Schiffbruch erlitten. Aber auch das Central-Theater brachte keinen wirtschaftlichen Erfolg, und Piscator ging als Regisseur an die Volksbühne.

Ritterstraße Von März 1847 bis Ende 1860 wohnte Adolph Menzel mit Bruder Richard und Schwester Emilie im dritten Stock des Hauses Nr. 43. Hier konnte man zu seiner Zeit im Sommer aus den offenen Fenstern »die Kanarienvögel und die Pianofortes« schlagen hören. Bilder vom typisch berlinischen Treppenhaus sowie von seinem schlichten Zimmer mit Bett, Schreibtisch und Bücherregal und dem Blick vom Fenster auf die Hinterhäuser hinterlassen einen Eindruck von der Umwelt des Malers. Fontane berichtet, daß der Hauswirt hier eigenhändig die Knäufe am Treppengeländer absägte, als Menzels übergroßes Hochkirch-Gemälde sich nicht die engen Treppen hinunter transportieren ließ. Nach der Heirat Emilies zog Menzel mit ihr und seinem Bruder in das Haus des Schwagers Krigar in die Marienstraße.

Im Hause Nr. 45 hatte der Graveur und Bildhauer Albert Emil Brachvogel, der sich später als Theaterschriftsteller und Unterhaltungsromancier auszeichnete, in der zweiten Hälfte des vergangenen Jahrhunderts eine Wohnung. Am 29. April 1824 als Sohn einer geisteskranken Mutter in Breslau geboren, kam er nach Studien in seiner Geburtsstadt 1848 nach Berlin, lebte eine Zeitlang in Thüringen und von 1871 an in Berlin-Lichterfelde, wo er am 27. November 1878 starb. Auf dem Domfriedhof an der Müllerstraße 72/73 im Wedding wurde er begraben. Mit einem Trauerspiel »Narziß« (1857) und seinem ersten Roman »Friedemann Bach«, der Geschichte von Johann Sebastians Sohn, errang er Erfolge. Seine »Geschichte des Königlichen Theaters von Berlin« (1877/78) wird noch heute als ein Beitrag zur Berliner Theatergeschichte gewertet.

Feilnerstraße Im Jahre 1793 kam der Töpfergeselle Tobias Christoph Feilner aus der Oberpfalz nach Berlin und erwarb sich hier als Fabrikant von farbigen Backsteinen, Terrakotten und Öfen ein Vermögen. Er gilt als der Erfinder der weißen Berliner Kachelöfen, von denen sich Goethe einen nach Weimar senden ließ. Im Jahre 1829 konnte er sich in der damals noch Hasenhegergasse genannten Straße neben seinen Werkstätten ein nach den Plänen seines Freundes Schinkel erbautes eigenes zweistöckiges Haus, neun Fenster breit, jedes mit einem Terrakottafries darunter, leisten. Die bekanntesten Bildhauer seiner Zeit wie Schinkel, Rauch, Schadow und sein Lieblingsschüler Ludwig Wichmann, der sein Schwiegersohn wurde, waren hier gern zu Gast. Feilner und später Wichmann, ein Freund der Musik, empfingen hier Meyerbeer, Liszt, Mendelssohn und nicht zuletzt die »schwedische Nachtigall« Jenny Lind, die 1844/45 an der Berliner Oper engagiert war und hier wohnte und zur Freude der Gäste sang. Auch den Märchenerzähler Andersen und Bettina von Arnim zählten sie zu ihren Gästen. Nach Wichmanns Tode erwarb der Maler Wilhelm Gentz das Haus, der seinen Schulkameraden aus Neuruppiner Tagen, Theodor Fontane, und Adolph Menzel gern bei sich sah. Später hatte Ernst Dohm eine Wohnung im Feilner-Hause, das 1945 von Bomben zerstört wurde. Die Fassade des Hauses wird jetzt nach alten Bauplänen originalgetreu wiederhergestellt.

Jerusalemer Straße Im Hause Nr. 65 hatte der am 28. Januar 1881 in Berlin geborene Theaterkritiker Jacobsohn (1881–1926) im ersten Jahrzehnt des Jahrhunderts eine Wohnung.

Markgrafenstraße Nach seinem Verzicht auf die militärische Karriere zugunsten des Lebens als freier Schriftsteller kam Franz von Gaudy 1833 auf Empfehlung Chamissos, der für seinen »Musenalmanach« Mitarbeiter suchte, von Potsdam nach Berlin. Der am 19. April 1800 in der Oderstraße 13 in Frankfurt/Oder als Sohn eines dort in Garnison stehenden Majors geborene Dichter war zunächst Schüler der Fürstenschule Schulpforta und danach des Französischen Gymnasiums. Seine Offizierszeit verbrachte er in Potsdam. In Berlin wohnte er in der Fischer-, dann in der Kanonierstraße. Seine letzte Wohnung, die durch seine Humoreske »Besuch bei einem Dichter« (1837) unvergänglich geworden ist und in der er sich selbst in der dritten Person vorstellt, fand er in einem möblierten Zimmer »mit einem Sofa und fünf Stühlen« im Hause Nr. 17: »*Dieser Herr Franz Freiherr Gaudy ... wohnt auf gleicher Erde, wie ich dies auch im Berliner Wohnungsanzeiger ausnahmsweise richtig bemerkt fand. Sein Name steht auf einem rotlackierten Blech an der äußersten Stubentür – das Zimmer hat nämlich Doppeltüren ... Die Wände des Zimmers waren mit Familien-Porträts in goldenen Rahmen dekoriert. Der Schreibtisch war mit Büchern, sehr unleserlichen Manuskripten und anderm Schriftsteller-Handwerkszeug belastet. Ein blanker Dolch zog meine Aufmerksamkeit auf sich. Herr Gaudy bemerkte meine Befremdung und erklärte: dies sei sein Radiermesser. Ich verhörte mich anfänglich und verstand Rasiermesser. Er mußte über meinen Irrtum lachen ... Einen zufällig vorsprechenden und um ein Trinkgeld bittenden Kurrendejungen warf er aus der Tür. ›Der verdammte Singsang hat mich bereits aus einem halben Dutzend Häuser, in denen ganz hübsche Töchter waren, vertrieben; jetzt ist man sich nicht einmal auf der Straße mehr seines Trommelfells sicher‹, murmelte er.*« Chamisso, bei dessen Sohn er 1835 Pate stand, führte ihn in die Mittwochsgesellschaft ein, wo er Freundschaft mit Eichendorff, Motte-Fouqué, Kopisch und anderen schloß. Am Abend des 3. Februar 1840 erlitt er auf dem Wege zu einem Rezitationsabend

Karl von Holteis einen Herzanfall und starb drei Tage danach in seiner Wohnung. Auf dem Friedhof der Jerusalems- und Neuen-Kirchen-Gemeinde wurde er bestattet. Im Jahre 1890 ließ die Stadt Berlin an seinem Sterbehaus eine bronzene Gedenktafel anbringen. In seiner Prosaschrift »Der Stumme« hinterläßt er der Nachwelt die Schilderung einer alten Berliner Weinstube, in seinem »Tagebuch eines wandernden Schneidergesellen« zieht der in Italien bummelnde Handwerker aufschlußreiche, humorvolle Vergleiche mit seiner Heimatstadt und ihren Bewohnern.

Tempelhof Ursprünglich ein ausgedehntes Rittergut, eine Gründung des Ordens der Tempelherren, wird Tempelhof bereits 1247 als Dorf erwähnt. Um 1750 schufen sich hier Berliner Bürger, Beamte und Offiziere bescheidene Landsitze und Sommerfrischen. Schon Friedrich Nicolai lobt in seiner 1769 begonnenen »Beschreibung der Kgl. Residenzstädte Berlin und Potsdam« die »angenehme Lage des Dorfes . . . mit seiner sehr schönen, fünffachen Lindenallee«, der sich auch Fontanes Geschöpfe in seiner »Erzählung aus der Zeit des Regiments Gensdarmes«, »Schach von Wuthenow« (1883) bei ihrem Kutschenausflug nach Tempelhof erfreuen.

Adolf Glaßbrenner begrüßt 1842 in seiner Posse »Ein Sonntag in Tempelhof« das »*freundliche Kartoffel-, Getreide-, Milch- und weiße Rübenfeld mit deinen zierlichen Sommerwohnungen wohlhabender Residenzler und deinen stattlichen Bauernhöfen . . . nördlich jelejen an einem sich weit dahinschlängelnden Sandfelde, den Blick auf das Moment (Monument) vom sojenannten Freiheitskrieje und die Hasenheide, südlich an einem kleinen, unschuldigen Walde und einem stillen Badejewässer jrenzend und östlich und westlich ja nicht jrenzend . . .*« Willibald Alexis, der im Mai 1838 Lätitia Perceval geheiratet hatte, verbrachte den Sommer mit seiner jungen Frau in Tempelhof und schrieb hier für die »Voss« eine Artikelserie über die Vergangenheit seiner Sommerfrische. Karl Gutzkow erzählt in seinem neunbändigen Roman »Der Ritter vom Geist« (1851) die Geschichte der Frau von Trompetta, die in Tempelhof, das der Autor Tempelheide nennt, lebt. Clara Viebig berichtet in ihrem Roman »Die vor den Toren« (1910) vom Schicksal Tempelhofer Kleinbürger, die zu »Millionenbauern« wurden, und Bergengruens »Am Himmel wie auf Erden« (1940) hat ein Kapitel aus der Geschichte des Bezirks zum Thema.

Manfred-von-Richthofen-Straße Im Hause Nr. 68 des Hohenzollernkorsos, der heute den Namen des Kampffliegers aus dem Ersten

Weltkrieg trägt, wohnte in »zwei Zimmern, einer Kammer und drei sonstigen Räumen« die Lyrikerin Mascha Kaléko mit ihrem Mann, dem Wissenschaftler Dr. Saul Kaléko. 1938 wurde die Ehe geschieden. Die Dichterin emigrierte mit ihrem zweiten Mann und beider kleinem Sohn in die Vereinigten Staaten.

Röblingstraße Am 10. Mai 1904 wurde Peter Hille auf dem Friedhof der St.-Matthias-Gemeinde bestattet.

Neukölln Der benachbarte Bezirk Neukölln, ursprünglich das Dorf Rixdorf, eig. Richardsdorp, 1899 zur Stadt geworden, 1912 in Neukölln umbenannt, seit 1920 Stadtbezirk von Groß-Berlin, bietet dem Literaturfreund nur wenige Besuchsziele.

In der Neuköllner Hasenheide, die Louis Angely in seinem Singspiel »Alle fürchten sich oder Die Hasen in der Hasenheide« um 1830 auf die Bühne des Königstädtischen Theaters brachte und in der Friedrich Ludwig Jahn 1811 den ersten öffentlichen Turnplatz anlegte, wurden zu kurfürstlichen Zeiten zwecks Aufbesserung der Mahlzeiten der Berliner Hasen gehegt, was nicht zuletzt durch den früheren Namen der Feilnerstraße, nämlich Hasenhegergasse, belegt ist. In volkstümlichen Musikveranstaltungen erklingt heute noch gelegentlich die Neuköllner Nationalhymne, die Polka »In Rixdorf spielt Musik«.

Kopfstraße Im Juni des Jahres 1906 wurde der Schuster Wilhelm Voigt, der Held in Zuckmayers »deutschem Märchen« »Der Hauptmann von Köpenick«, von Wismar ausgewiesen. Kurz vor seinem Handstreich kam er nach Berlin, wo seine verheiratete Schwester, Frau Menz, im Hause Nr. 27 der Kopfstraße, einer Querstraße der Hermannstraße, eine kleine Seifenhandlung betrieb. Im Nachbarhaus Nr. 26 wohnte eine alte Freundin Voigts. Bei ihr und bei seiner Schwester verbrachte er die ersten vierzehn Tage nach seiner Tat und übersiedelte dann in die Lange Straße im Bezirk Friedrichshain.

Uthmannstraße Die Uthmannstraße bildet die Kulisse für einige Szenen des Films »Die Blechtrommel«, die im Roman von Günter Graß am Danziger Labesweg spielen und 1978 hier gedreht wurden. Die einzige Kneipe dieser Straße wurde zum »Kolonialwarenladen Alfred Matzerath« umfunktioniert.

Richardplatz Um den Richardplatz, die einstige Dorfaue von Deutsch-Rixdorf, herum liegt das »fast deplacierte Idyll« des böhmischen Dorfes, wie Egon Erwin Kisch es nennt. Hier fanden die von den habsburgischen Katholiken vertriebenen herrnhutischen Protestanten im Jahre 1737 eine neue Heimat.

Lichtenrader Straße Im Hause Nr. 16a der Lichtenrader Straße, einer Querstraße des Columbia-Damms, wohnte der Philosoph Ernst Bloch kurze Zeit vor seiner Emigration im Jahre 1933 in die Tschechoslowakei.

Dörchläuchtingstraße Im Hause Nr. 48 der Dörchläuchtingstraße, in der Hufeisensiedlung Britz, wohnte von 1930 bis zu seiner Verhaftung am 28. Februar 1933, morgens um fünf Uhr, der Dichter, Kabarettist und politische Publizist Erich Mühsam mit seiner Frau Zenzl. Mühsam wurde am 6. April 1878 als Sohn eines Apothekers in Berlin geboren, besuchte wie Thomas Mann das Katharineum in Lübeck, wurde wegen »sozialdemokratischer Umtriebe« relegiert, war dann Apothekengehilfe in Lübeck und von 1899 in Berlin. Zehn Jahre später ging er nach München. Nach fünfeinhalbjähriger Haft wegen seiner Teilnahme an der Münchener Räterepublik kam er Ende 1924 wieder nach Berlin, wo er als Dichter und Bohemien vegetierte. Nur wenn sein Vater seinen Besuch ansagte, pflegte er sein rötliches, wirres, gesträubtes Haupt- und Barthaar abzuschneiden und an einen Perückenmacher zu verkaufen. Am Tage nach dem Reichstagsbrand verschleppten ihn Nationalsozialisten über die Zuchthäuser Sonnenburg und Brandenburg in das Konzentrationslager Oranienburg. Hier wurde er nach grauenerregenden Schikanen und Folterungen am 10. Juli 1934 ermordet. So hatte man ihm beide Daumen gebrochen, als er um die Erlaubnis bat, seiner Frau zu schreiben. Am 16. Juli 1934 wurde er auf dem Dahlemer Waldfriedhof begraben, die Trauergemeinde bestand aus vierzehn Freunden, die den Mut hatten, ihre Sympathie mit dem erschlagenen Schriftsteller öffentlich zu zeigen. An der Stelle des im Kriege zerstörten Wohnhauses wurde im Jahr 1947 zum Gedenken an den »Dichter der Freiheit und Menschlichkeit« ein Stein errichtet. Seine Frau, die am Tage der Beerdigung über Prag in die Sowjetunion floh, verbrachte fünfzehn Jahre in stalinistischen Lagern. Sie starb 1962 in Ost-Berlin.

Stubenrauchstraße (Ortsteil Rudow) Der am 1. Februar 1907 in Lebus in der Mark Brandenburg als Sohn eines Landwirts geborene Lyriker und Hörspielautor Günter Eich kam als Zehnjähriger mit seinen Eltern über Finsterwalde nach Berlin, wo der Vater sich als Bücherrevisor niederließ. Die Familie wohnte bis zum Jahre 1922 in der nicht mehr existierenden Stubenrauchstraße 1. Nach einem Aufenthalt in Leipzig, wo Günter die Reifeprüfung ablegte, ging sie 1928 nach Berlin zurück und bezog in der Saarlandstraße eine Wohnung.

Zehnter Spaziergang: Steglitz

Hermann-Ehlers-Platz »*Übrigens ist hier in Steglitz das Leben friedlich, die Kinder wohl aussehend, die Bettelei nicht beängstigend, der Fundus aus früheren reichen Zeiten immer noch großartig und in gegenteiligem Sinne beschämend. Vor der inneren Stadt freilich halte ich mich zurück, war nur dreimal dort, mein Potsdamer Platz ist der Platz vor dem Steglitzer Rathaus, noch er mir zu lärmend, glücklich tauche ich dann in die wunderbar stillen Alleen*«, schreibt Franz Kafka am 16. Oktober 1923 seinem lebenslangen Freund Robert Klopstock. Im nicht mehr existierenden Ratskeller des 1898 eingeweihten Rathauses wurde am 4. November 1901 der »Ausschuß für Schülerfahrten« gegründet, der auf eine von dem Steglitzer Gymnasiasten Karl Fischer ins Leben gerufene Schülerwandergruppe zurückging und als »Wandervogel« bis zu ihrer Auflösung im Jahr 1933 zu den führenden Gruppen der deutschen Jugendbewegung gehörte. Hans Breuer, ebenfalls Steglitzer Gymnasiast, bewahrte in seinem »Zupfgeigenhansl« (1908) das Liedgut vergangener Zeiten vor dem Vergessen.

Friedrich Georg Jünger, der, um seinem Bruder Ernst näher zu sein, zu Beginn des Jahres 1928 nach Berlin gekommen war, mietete sich zunächst »in einem neuen Haus« in Steglitz bei einer jungen Blumenhändlerin ein. »*Ihr Laden lag unter der Wohnung, und der Geruch von Blumen, Pflanzengrün und Sprengwasser drang die Treppe herauf . . . Weil sie das Zimmer zu sehr überheizte, . . . zog ich aus, einige Straßen weiter zu einer strengen, altpreußischen Jungfer, in deren Umkreis sich nichts anderes regte als trockene Rechtschaffenheit.*« Hier beobachtete er jeden Morgen auf der gegenüberliegenden Straßenseite ein »weibliches Wesen«, das sich dort »frei von jeder lästigen Hülle« sekundenlang in einem Fenster zeigte. Im benachbarten Botanischen Garten ging er mit seinem Bruder gern und häufig spazieren. In seinem Erinnerungsbuch »Spiegel der Jahre« (1958) widmet er dem Garten einen »kleinen Denkstein«. Von hier verlegte er sein Domizil in die Werdersche Rosenstraße.

Grunewaldstraße Um die Mitte der fünfziger Jahre bezog der Schriftsteller August Scholtis im Hause Nr. 10 eine Mansarde. »*Aus meinen Fenstern genieße ich das gleiche baumumstandene Bild zwischen evangelischer Kirche und Fichtenberg, mit dem Botanischen Garten im Hintergrund, wie Franz Kafka es dankerfüllt in seinen Tagebüchern schildert, der eine Hausnummer weiter wohnte. Natür-*

lich lese ich hier auch bewundernd Gottfried Benn. Mein Zeitungshändler hatte vor der Währungsreform ein Klavier, Marke Schwechten, erwerben können, welches er mir leihweise zur Verfügung stellte. Auf diesem Klavier versuche ich meine Gemütsverfassung zu stabilisieren, ich übe vornehmlich Schumann und freue mich ungemein, wenn mir eine Figuration gelingt. Gottlob kann mir niemand zuhören, denn über mir befindet sich nur das Dach und neben mir ein geräumiger Wäscheboden«, so Scholtis in seiner Autobiographie »Ein Herr aus Bolatitz« (1959), die hier entstand und die ein Kritiker eine »glänzende Kulturgeschichte Oberschlesiens« genannt hat. 1962 erschien sein Bericht »Reise nach Polen«, mit dem er sich um die Aussöhnung des polnischen und deutschen Volkes bemüht. In bitterer Armut vereinsamt starb der »geborene und gelernte Preuße« hier unmittelbar vor einer Mitgliederversammlung der Akademie der Künste am 26. April 1969.
Die Stadt Berlin stiftete ihm auf dem Friedhof Heerstraße ein Ehrengrab. Knapp drei Monate nach der Hochzeit seiner Eltern, eines Bäkkergesellen und einer Bauerntochter, kam der Schriftsteller am 7. August 1901 in Bolatitz in Oberschlesien »zwischen dem Zwiebelturm der Kirche und der Schnapsbrennerei, etwa drei Kilometer vom Geburtsort Eichendorffs entfernt«, zur Welt. Er war als Schreiber in der Güterverwaltung des Fürsten Lichnowsky, danach als Angestellter bei der Behörde und in Banken tätig. Als Arbeitsloser ging er 1928 »mit einem Pappkarton voll Notizzetteln« nach Berlin, wo er sich zunächst mit Unterstützungen durchschlug, bis er als freier Schriftsteller zu kargen Einkünften kam. Im Kriege war er als Polizist in Spandau eingesetzt.
Am 15. November 1923 übersiedelte Franz Kafka mit Dora Diamant von der Wilmersdorfer Miquelstraße in zwei kleine, bescheidene Zimmer der Seifertschen Villa in der Grunewaldstraße 12. Bis auf die Erzählungen »Beim Bau der chinesischen Mauer«, die 1931 postum erschienen, ist alles, was Kafka hier schrieb, verschollen. Sein Interesse galt neben seiner schriftstellerischen Arbeit Vorlesungen in der Hochschule für Wissenschaft des Judentums. Sein Biograph Max Brod, der ihn mehrmals besuchte, berichtet über die gute Stimmung seines Freundes, aber auch über sein körperliches Befinden, das sich zusehends verschlechterte. Im benachbarten Schloßparktheater sprach Brod zu dieser Zeit über die literarische Entwicklung seines Freundes. Am 28. Januar 1924 schreibt dieser an den Prager Philosophen Felix Welsch, mit dem er seit 1904 befreundet war, daß »die

entsetzlich hohe, für die Wohnung zwar gar nicht ungebührliche, für mich aber in Wirklichkeit unerschwingliche Miete« ihn zwang, in eine billigere Unterkunft umzuziehen. Er fand sie in der Heide Straße in Zehlendorf. Eine Gedenktafel, die die Notgemeinschaft der deutschen Kunst aus Anlaß seines 30. Todestages an seinem Wohnhaus anbrachte, trägt die Inschrift: »Die Guten gehn im gleichen Schritt / Ohne von ihnen zu wissen, / tanzen die andern um sie die Tänze der Zeit.«
Im Hause Nr. 22 wohnte und komponierte Paul Lincke, dem die Berliner ihre Nationalhymne von ihrer »Luft« verdanken. Eine Uferstraße im Bezirk Kreuzberg trägt den Namen des Ehrenbürgers der Stadt.

Gritznerstraße Im Hause Nr. 40 der Arndtstraße, die jetzt nach dem Bibliothekar und Schöpfer des Steglitzer Ortswappens, Maximilian Gritzner, benannt ist, wohnte im Jahre 1915 der Schriftsteller René Schickele mit seiner Frau und seinen zwei Söhnen. Von hier verlegte er 1916 seinen Wohnsitz und die Schriftleitung der »Weißen Blätter«, des wichtigsten Organs der expressionistischen Bewegung, in die Schweiz. Im selben Jahr erschien sein Drama »Hans im Schnakenloch«, dessen Uraufführung 1917 verboten wurde.

Wulffstraße Im Parterre des Hauses Nr. 6 der Hohenzollernstraße, die heute den Namen des ersten Direktors der Steglitzer Blindenanstalt trägt, hatte Ernst Jünger mit seiner Frau und seinem neunjährigen Sohn Ernst seine letzte Berliner Wohnung. Von hier übersiedelte der »Stoßtruppkämpfer der Nazidiktatur oder der Heros des Widerstands«, wie Walter Schmiele den umstrittenen Autor charakterisiert, im Dezember 1933 nach Goslar, nachdem er die Wahl in die »neue« Preußische Akademie abgelehnt hatte und seine Wohnung von der Gestapo durchwühlt worden war. Nach seiner Entlassung aus dem Heeresdienst im Jahre 1944 wegen Wehrunwürdigkeit siedelte er sich in Kirchhorst bei Hannover an.

Unter den Eichen Im Hause Nr. 127 hatte Arthur Moeller van den Bruck, einer der führenden Schriftsteller der Rechten und militanter Gegner der Weimarer Republik, seine letzte Wohnung. Er beendete sein Leben am 30. Mai 1925 durch Selbstmord.

Kamillenstraße Im Jahre 1930 übersiedelte Theodor Heuss mit seiner Frau Elly Heuss-Knapp von der Freyestraße in das Haus Nr. 3, das mit der Umstellung der Numerierung der Häuser die Nummer 6 erhielt. Es wurde im Zuge der Verbreiterung der Straße Unter den Eichen abgerissen. Das Haus trug eine Gedenktafel, die heute im

Rathaus Steglitz angebracht ist. Mit Beginn des Dritten Reichs erhielt er Veröffentlichungsverbot, seine Bücher wurden verbrannt. Dennoch konnte er unter dem Pseudonym Thomas Brackwein weiterhin publizieren, 1943 verließ er Berlin und ging nach Heidelberg. »An keinem anderen Ort habe ich so dauerhaft gewohnt und gearbeitet, wie in Berlin; immerhin 33 Jahre«, schreibt der erste Präsident der Bundesrepublik Deutschland in seinen »Erinnerungen 1905–1933«. Er starb am 31. Januar 1963 in Stuttgart.

Moltkestraße Der am 14. November 1875 im sogenannten Scheunenviertel nördlich vom Alexanderplatz als Sohn eines Arbeiters geborene populär-astronomische Schriftsteller Bruno H. Bürgel, der seine Eltern schon als Kind verlor, wohnte bis zum Ersten Weltkrieg im Hause Nr. 19. 1910 erschien »Aus fernen Welten«, das erste und bekannteste Buch des Autors, der es vom Schuhmacher und Buchdrucker zum Aufsichtsbeamten an der »Urania« und zum schriftstellernden Astronomen gebracht hatte. Seinen Lebensweg schildert er in seinem Buch »Vom Arbeiter zum Astronomen« (1919). Er starb am 8. August 1948 in Potsdam.

Auf dem Alten Friedhof Lichterfelde-West an der Moltkestraße liegt das Ehrengrab des 1906 verstorbenen Ingenieurs, Dichters und Schriftstellers Heinrich Seidel.

Spindelmühler Weg Im Hause Nr. 7 wohnte der am 28. März 1906 in Breslau als Sohn eines Rechtsanwalts geborene Regisseur und Theaterintendant Boleslaw Barlog, der nach dem Zusammenbruch das Schloßpark-Theater und seit 1950 das Schillertheater zu den führenden Bühnen Deutschlands gemacht hat. Er kam als Junge nach Berlin und besuchte die Körner-Oberrealschule bis zur Obersekundareife. Nach einer Buchhändlerlehre wurde er 1930 Regieassistent, von 1933 bis 1936 als »unerwünscht« arbeitslos, fand aber dann wieder als Regieassistent und Filmregisseur Beschäftigung. 1972 gab er seine Intendantentätigkeit auf. Schon ein Jahr vorher war sein Erinnerungsbuch »Meine Freunde, die Kritiker« erschienen.

Luzerner Straße Auf dem Parkfriedhof Lichterfelde in der Luzerner Straße sind der Friedrichshagener Religionsphilosoph Bruno Wille, der Begründer der Volksbühne (†1928), Arthur Moeller van der Bruck, der 1925 Selbstmord beging, und der Mitbegründer der Dichtervereinigung »Charon«, Otto zur Linde (†1938), begraben.

Dessauer Straße Vor seiner Übersiedlung als Korrespondent des »Berliner Tageblatts« nach Paris im Jahre 1894 wohnte der am 2. August 1868 als Sohn einer jüdischen Berliner Familie geborene

Theodor Wolff, der vorzeitig das Gymnasium verließ, um Dichter zu werden, im Hause Nr. 28. Er gilt als der glänzendste Journalist der Weimarer Zeit und ist mit dem Ruf des 1871 gegründeten »Tageblatts« untrennbar verbunden. 1933 mußte er Deutschland verlassen, ging nach Frankreich, fiel nach der Besetzung des Landes in die Hände der Nationalsozialisten, wurde in Sachsenhausen interniert und starb am 23. September 1943 im Jüdischen Krankenhaus in Berlin.

Goethestraße Der am 13. November 1933 in Chemnitz geborene lyrische Dichter Peter Härtling lebte im Hause Nr. 31 und gedenkt in seinen »Notizen zu einem Gedicht« des Ortsteils Lichterfelde-Ost und seiner Wohnstraße »im Süden der Stadt. Am Rande.« Klabund singt von einem Mädchen, das ihn »mit Lust und Liebe gelabt (hat) / In Lichterfelde Ost«.

Lindenstraße Im Herbst 1911 bezog Rosa Luxemburg eine Wohnung im Hause Nr. 2. Während des Weltkriegs war sie die meiste Zeit im »Kgl.-Preußischen Weibergefängnis in der Barnimstraße« inhaftiert. Am 9. November 1918 wurde sie aus der Haft entlassen und am 15. Januar 1919 in der Wohnung eines Gesinnungsgenossen namens Markussohn in der Mannheimer Straße 43 zusammen mit Karl Liebknecht verhaftet, zum Eden Hotel am Zoo, dem Stabsquartier der Gardeschützendivision, verschleppt, auf dem Wege ins Untersuchungsgefängnis in Moabit zusammengeschlagen, erschossen und an der Corneliusbrücke in den Landwehrkanal geworfen. Neben den Briefen aus dem Gefängnis hinterläßt sie ihr in der Breslauer Haft niedergeschriebenes berühmt gewordene Wort von der persönlichen Freiheit, die immer die Freiheit des Andersdenkenden ist.

Boothstraße Vom 9. April 1895 bis zu seinem Tode bewohnte Heinrich Seidel, der seinen Ingenieurberuf aufgegeben hatte, das von einem Bauerngarten umgebene Haus Nr. 29. Seine Freunde Trojan, Fontane und Menzel gingen hier ein und aus. Von hier konnte man »nach einer Eisenbahnfahrt von 18 Minuten« in Berlin sein, wie der Schriftsteller berichtet. Es war ihm stets ein besonderes Vergnügen, *»daß bei dieser Fahrt der Zug nur über Brücken geht, die von mir konstruiert worden sind, und daß, wenn ich in die mächtige Halle einfahre, alles Eisen, das man sieht, von dem riesigen Dache bis zu den nicht minder stattlichen Fenstern sowie den unterirdischen Gepäckaufzügen einmal, sozusagen, durch meinen Kopf gegangen ist, und daß in dem ganzen Gewirr von Stangen, Platten und Sprossen und dergleichen kein Teilchen ist, dem nicht einst von mir der Platz ange-*

wiesen worden wäre«, heißt es in »Ein Tag aus dem Büroleben«. Den Garten rühmt der Schriftsteller in seinen Erzählungen, so in »Neues vom Wirtshaus zur Stranddistel«, »Ein Tag aus dem Büroleben« und in den »Berliner Skizzen«. Heinrich Seidel starb am 7. November 1906 im Krankenhaus Groß-Lichterfelde an den Folgen einer Operation, auf dem Lichterfelder Friedhof in der Moltkestraße wurde er begraben. Mit der Geschichte des Steglitzer Lebenskünstlers »Lebrecht Hühnchen« (1882), dessen Vorbild der Autor in einem Studienfreund fand, erwarb er sich eine dankbare Leserschaft. Ernst von Wolzogen allerdings ist der Meinung, daß die Konstruktion der Anhalter Bahnhofshalle »entschieden ruhmwürdiger« sei als der Roman. Den Weg von seinem Geburtsort in seine Wahlheimat schildert er in seiner Autobiographie »Von Perlin nach Berlin« (1894). Am 30. Juni 1907 wurde sein Sohn Wolfgang, der gerade zum zweiten Pfarrer am Lazarus-Kranken- und Diakonissenhaus in der Bernauer Straße gewählt worden war, mit seiner Kusine Ina Seidel in der Lichterfelder Pauluskirche getraut.

Marschnerstraße Im zweiten Jahrzehnt unseres Jahrhunderts wohnte Paul Scheerbart im ersten Stock des Hauses Nr. 15. Mit Dehmel, Holz, Wilhelm Schäfer und Otto Erich Hartleben war er befreundet. Er wäre in Lumpen herumgelaufen, wenn ihn Hartleben nicht am Erbe seines verstorbenen, fetten Onkels beteiligt hätte. So trug der Dichter bei seinen Gängen durch Berlin einen viel zu weiten und bis auf die Knöchel reichenden Gehrock. »Des Weltalls großer Weiser, auf der Erden nur zu Gaste, weil es da immerhin Kognak gibt«, wie ihn Ferdinand Hardekopf charakterisiert, starb im Alter von 52 Jahren, arm und vom Alkohol vergiftet, am 15. Oktober 1915. Der groteske Versuch des »vom Bier aufgedunsenen Märchenfroschs«, wie Walter Mehring ihn nennt, mit Hilfe eines Perpetuum mobile Berge zu versetzen und den Montblanc zu einem Kristall umzubauen, beschäftigte ihn bis in seine letzten Tage. In seinem Roman »Tarub, Bagdads berühmte Köchin«, hinterläßt er ein Bild seiner Frau.

Von der Zietenstraße zog Max Jungnickel vor Kriegsbeginn in das Haus Nr. 18. Seit den letzten Kriegstagen ist über seinen Verbleib nichts zu ermitteln.

Hindenburgdamm Im Hause Nr. 21 der Chausseestraße, die heute Hindenburgdamm heißt, erblickte am 27. Juni 1882 der Psychologe und Pädagoge Eduard Spranger das Licht der Welt. Mit seiner Typologie der »Lebensformen« (1914) und der »Psychologie des Jugend-

alters« (1925) gelangte er zu beträchtlichem Ansehen in seinem Fachbereich. Bei der Erklärung der Berliner Studenten im Jahre 1933, sie erkennen nur noch Professoren an, »die aus dem Geist der SA schaffen und lehren«, gab der konservative und zunächst dem Führerprinzip anhängende Hochschullehrer bekannt, daß er unter diesen Umständen »den Zugang zu der neuen Generation wohl nicht mehr finden werde« und ging für mehrere Jahre nach Japan. 1944 wurde er in Berlin verhaftet und in Moabit inhaftiert. 1946 übersiedelte er nach Tübingen, wo er am 17. September 1963 starb.
Im ersten Stock des Hauses Nr. 32 wurde am 3. April 1903 der Lyriker Peter Huchel als Sohn eines preußischen Kanzleisekretärs geboren. »Der Himmel war vom Schnee noch wund, / ich kam auf die Welt, es regnete still / in der dritten Nacht im April.« Auf dem Bauernhof seines Großvaters in Alt-Langerwisch wuchs er auf. Seiner »Kindheit« in dem märkischen Dorf sowie der Havellandschaft gedenkt er in vielen Gedichten, die sich, wie er sagt, »mit dem landarmen Proletariat, mit Zigeunern, Schnittern, Mägden, Ziegelstreichern« beschäftigen. Nach Rückkehr aus sowjetischer Gefangenschaft wurde der Dichter, der während der Nazizeit geschwiegen hatte – »noch herrscht der Glanz der Finsternis, / noch geht der Würger um« –, Sendeleiter des Ostberliner Rundfunks. Von 1948 bis 1962 leitete er die Ostberliner Literaturzeitschrift »Sinn und Form«, den »Versuch eines Brückenschlags über die Demarkationslinie hinweg«, so Bundespräsident Walter Scheel. Über die Entwicklung in der damaligen Sowjetzone tief enttäuscht, verließ der Nationalpreisträger im Mai 1971 sein Haus am Hubertusweg 43–45 in Wilhelmshorst. Da er sich geweigert hatte, den Westberliner Fontane-Preis abzulehnen, hatte man bei Nacht und Nebel sein persönliches Archiv aufgebrochen und ausgeräumt, ihn selbst kaltgestellt; er ließ sich in Staufen i.B. nieder, im »freisten Staat, den es überhaupt auf der Welt gibt«, so der Dichter. »Leute meiner Generation, wie Arnold Zweig, Anna Seghers, J. R. Becher, mit denen ich früher befreundet war, haben mich von heute auf morgen nicht mehr gekannt ...« 1977 überreichte ihm König Baudouin in Brüssel den Großen Literaturpreis der »Europalia«, seinen »bisher schönsten Preis«.

Albrechtstraße An der Albrecht- und Schützenstraße stand ehemals ein efeu- und weinumranktes Bauernhaus, das Heinrich Seidel zum Schauplatz seiner Idyllen um »Leberecht Hühnchen« (1882) macht. *»Ein reizendes Häuschen ... Ich hab's von einem Schuster gekauft, der nach Amerika geht. Es riecht darin ziemlich nach Leder und Pech,* *aber das gibt sich, wenn ich es erst tapeziert habe. Der Garten ist entzückend, das heißt, wie ich ihn mir denke, wenn ich ihn erst bepflanzt habe . . .«*, so beschreibt der Held, der im sich auswachsenden Berlin der Gründerjahre sein Wohlgefallen in der Selbstbescheidung findet.

Im Hause Nr. 22 hatte Franz Mehring seine letzte Wohnung. Im Jahre 1916 wurde er im Zuchthaus Brandenburg als »Schutzhäftling« inhaftiert, seit 1917 war er Abgeordneter im Preußischen Landtag. Am 28. Januar 1919 starb er an den Folgen einer Lungenentzündung und an Herzschwäche in einem Grunewalder Sanatorium. 1919 erschien seine Lebensgeschichte von Karl Marx. Die frühere Belle-Alliance-Straße trägt seinen Namen, ebenso wie eine Brücke und ein Platz im Bezirk Kreuzberg. Der Stadtbezirk Friedrichshain taufte den Küstriner Platz in der Nähe des Ostbahnhofs, ein Zentrum des »roten Ostens« in der Weimarer Zeit, im Jahre 1972 in Franz-Mehring-Platz um.

Lauenburger Straße Von 1921 bis 1925 wohnte Werner Bergengruen, der bereits als Student das siebente Semester im Sommer 1914 in Berlin verbracht hatte, mit seiner Frau im Hause Nr. 9. Er hatte 1919 geheiratet. Zu dieser Zeit erschienen sein erster, von autobiographischen Zügen geprägter Roman »Das Gesetz des Atum« (1923), der ein Jahr zuvor in der »Frankfurter Zeitung« abgedruckt war, und der Novellenband »Rosen am Galgenholz« (1923). »Beide sind mit Recht vergriffen«, urteilt der Schriftsteller in seinen »Schreibtischerinnerungen« (1961).

Beymestraße Im Hause Nr. 7 hatte Franz Mehring um 1900 eine Wohnung.

Stephanstraße Im Mai 1915 wurde George Grosz als kriegsuntauglich aus dem Militärdienst entlassen und mietete im Juli im Hause Nr. 15 ein Atelier. In seiner Autobiographie »Ein kleines Ja und ein großes Nein« (1955) heißt es: *»Es lag im Dachgeschoß eines Mietshauses . . . Die Möbel bestanden aus Kisten, die ich teilweise angestrichen, mit brauner Leinwand bespannt oder sonstwie wohnlich hergerichtet hatte.«* Wieland Herzfelde, Däubler und Walter Mehring waren hier oft zu Gast. Aus Begeisterung für Amerika änderte er 1916 seinen Namen Georg Groß in George Grosz. Im gleichen Jahr wurden seine Gedichte und Zeichnungen in der von Wieland Herzfelde herausgegebenen radikalen und kriegsfeindlichen Zeitschrift »Neue Jugend« veröffentlicht; auch Else Lasker-Schüler, die ihm ein Gedicht widmet, sowie Däubler, Trakl und Edschmid, mit denen er sich regelmäßig im Café des Westens traf, publizierten ihre Arbeiten in der Zeitschrift. Im Winter 1917/18 machten ihn Huelsenbeck und Tristan Tzara mit der Dada-Bewegung bekannt, er wurde zum »Propagandada« ernannt. »Wir verhöhnten alles, wir spuckten auf alles, und das war ›Dada‹«, so definiert er die Bewegung. Im Oktober 1918 übersiedelte er in die Nassauische Straße.

Borstellstraße Nach dem Besuch der Dresdener Akademie kam George Grosz Anfang 1912 nach Berlin zurück und bezog mit einem Freund eine bescheidene Wohnung im Hause Nr. 36 der Lichterfelder Straße, die heute Borstellstraße heißt. Bis zu seiner Meldung als Kriegsfreiwilliger im November 1914 besuchte er als Schüler Emil Orliks die Berliner Kunstgewerbeschule.

Sembritzkistraße Im April 1932 zog Jochen Klepper mit seiner Familie von der Fasanenstraße in eine Mietwohnung im zweiten Stock des Hauses Nr. 20 der Berliner Straße in Südende, die heute den Namen eines Bezirksbürgermeisters trägt. »Drei und ein halbes Jahr haben wir in ihr gelebt, vier Jahre bin ich nun in Berlin – und dreimal haben wir in dieser Wohnung den jähen und völligen Zusammenbruch meiner Existenz durchgemacht«, notiert er in seinem Tagebuch, das mit dem Titel »Unter dem Schatten seiner Flügel« 1951 erschienen ist. Hier entstand sein erster, seiner Frau gewidmeter Roman »Der Kahn der fröhlichen Leute« (1933), mit dem er seiner Geburtsstadt Beuthen huldigt. Von hier verlegte er im Herbst 1935 seine Wohnung in die Südender Karlstraße.

Oehlertring Im Herbst 1935 bezog Jochen Klepper das Eigentumsgrundstück Nr. 6 der Karlstraße, die heute in den Oehlertring einbezogen ist. »Das ist das Traumhaus meiner Träume, die ja mehr waren: eine große Sehnsucht«, steht in seinem nachgelassenen Tagebuch. Hier konnten seine beiden Stieftöchter jede ein kleines eigenes Zimmer beziehen, die Familie stand jedoch ständig unter dem Druck der drohenden Deportation seiner Stieftöchter. Hier vollendete er »im Anblick des Christbaums« zum Jahresende 1936 seinen »schmerzensreichen« Roman »Der Vater«, eine Darstellung des Soldatenkönigs Friedrich Wilhelm I. von christlicher Warte. Drei Wochen nach dem Erscheinen des Romans wurde der »christliche Dichter« aus der Reichsschrifttumskammer ausgeschlossen. In seinem Hause traf er sich im geheimen mit Gesinnungsgenossen aus dem Eckart-Kreis, wie Kurt Ihlenfeld, den Klepper in seinen Studentenjahren in Breslau kennengelernt hatte, und Rudolf A. Schröder. Da Südende im Zuge der hitlerischen Neubaupläne zum Abbruchsgebiet erklärt wurde, mußte Klepper das Haus im Jahre 1938 aufgeben. Er übersiedelte in ein Haus in der Teutonenstraße in Nikolassee. Das selbstgebaute Südender Haus hatte sich als ein »tragisches Idyll«, »die mühsam erkämpfte Insel zweier ständig in ihrer Existenz bedrohter Menschen«, erwiesen.

Thorwaldsenstraße Um 1911 hatte der Dichter Paul Scheerbart eine Wohnung im Hause Nr. 20. Am 15. Oktober 1915 starb er im Alter von 52 Jahren.

Kantstraße Im ersten Jahrzehnt unseres Jahrhunderts wohnte Franz Mehring im Hause Nr. 16. 1912 übersiedelte er von hier in die Albrechtstraße.

Südendstraße August Scholtis wohnte um 1950 im Hause Nr. 9.

Lessingstraße Um 1930 bezog der Mitbegründer des Dadaismus und Monokelträger Dr. med. Richard Huelsenbeck eine Wohnung im Hause Nr. 12. Der am 23. April 1892 in Frankenau in Hessen als Sohn eines Apothekers geborene Schriftsteller, der in Zürich, Paris und Berlin studiert hatte, emigrierte während des Ersten Weltkriegs in die Schweiz, wo er zu den engsten Vertretern des »Cabaret Voltaire« und Mitbegründern des Dadaismus in Zürich gehörte. Auf ihn geht das Wort Dada zurück, das er zufällig in einem deutsch-französischen Lexikon entdeckte, und das »Holzpferdchen« bedeutet. 1916 kam er nach Berlin. Hier gründete er nach dem Züricher Vorbild den Dada-Club, dem sich die rebellisch-revolutionären Brüder Herzfelde, Walter Mehring, George Grosz, Carl Einstein und der Architekt Johannes Baader, der sich zum Ober-Dada ernannte, anschlossen. Das Programm des Dadaismus entwickelt Huelsenbeck in einem Brief an seinen Freund: »*Wir huren hier herum, um die Tauentzienstraße, wir trinken, auch sitzen wir manchmal in den Tavernen und den Liqueurstuben, zwei Tage lang, bis uns die Polizei hinauswirft. Wir halten alles das für Expressionismus, da wir weniger auf die Bilder sehen als auf den Lebensstil. Wir wollen ein neues Leben, wir wollen eine neue Aktivität, wir wollen eine neue Hautfarbe, vielleicht eine neue Bügelfalte, vielleicht auch ein neues Steuergesetz. Wir hassen die Regierung, den Kaiser, diesen krachbeinigen Minister . . . , die Offiziere mit den hohen Kragen und der hohen Stimme, die stramm stehenden Sklaven, die schießenden Kanonen (von denen wir träumen), den Kunsthonig, die Rüben und alles andere . . .*« Im Februar 1918 hielt Huelsenbeck seine erste programmatische Dada-Rede im Saal der »Neuen Sezession«, 1920 erschien im Malik-Verlag sein Manifest »Dada siegt«. In der Lessingstraße wohnte er bis zu seiner

Emigration im Jahre 1936 nach New York, wo er sich als Psychiater niederließ, und hierher kehrte er nach dem Kriege für kurze Zeit zurück. Er starb am 20. April 1974 in Muralto (Tessin).

Menckenstraße Der am 7. Juni 1891 geborene, aus einer Juristenfamilie stammende Literat und Journalist Willy Haas kam nach dem Ersten Weltkrieg mit seiner Frau, der Witwe eines tschechischen Dichters, der aus Kummer über den Treubruch seiner Frau Selbstmord begangen hatte, nach Berlin und mietete im Hause Nr. 4 eine Wohnung. Wie sein Freund Werfel, wie Max Brod, Hugo von Hofmannsthal, Kafka und Rilke hatte er die Piastenschule in der Prager Herrengasse und das dortige Stephansgymnasium besucht. 1913 gab er sein juristisches Studium auf und trat in das Lektorat des Kurt-Wolff-Verlags in Leipzig ein, wo er Werfel, Hasenclever und Pinthus als Kollegen begrüßen konnte. In Berlin arbeitete er zunächst als Redakteur und Kritiker am »Filmkurier« und gründete 1925 zusammen mit Ernst Rowohlt die Zeitschrift »Die literarische Welt«, die angesehenste Literaturzeitung seiner Zeit, die Werfel, Rilke, Hofmannsthal, Döblin, Hesse, Musil, Thomas Mann u. a. zu ihren Mitarbeitern zählte. Von der Menckenstraße verlegte er seinen Wohnsitz in ein Bauernhäuschen in der Borsigstraße 64 im osthavelländischen Falkensee. Hier lebte er bis zu seiner Emigration über Prag und Indien nach England. Nach dem Krieg kehrte er als Pressevertreter der britischen Militärregierung nach Deutschland, jedoch nicht nach Berlin, zurück: »Ich hatte Angst . . . als sich endlose Ruinen vor mir ausbreiteten . . . ich, der ich dreizehn Jahre lang, die besten Jahre meines Lebens, in Berlin gelebt hatte.« Er starb am 4. September 1973 in Hamburg.

Holsteinische Straße Der am 23. April 1876 in Solingen geborene Schriftsteller Arthur Moeller van den Bruck hatte um 1910 im Hause Nr. 31 eine Wohnung. 1907 erschien seine achtbändige Porträtserie »Die Deutschen«, 1916 schrieb er als Soldat sein Hauptwerk »Preußischer Stil«, und 1923 erschien »Das dritte Reich«, eine Kampfansage gegen den Liberalismus der Weimarer Republik. Den Titel des Buchs adoptierten die Nationalsozialisten als zugkräftiges Leitwort für ihren Staat. Von hier übersiedelte er in die Straße »Unter den Eichen«.

Opitzstraße Margret Boveri, die »große Dame des politischen Journalismus«, wie Karl Korn sie nennt, hatte seit 1920 eine Viereinhalbzimmerwohnung im Hause Nr. 8. Nach der »Machtübernahme« arbeitete sie, in der inneren Emigration lebend, im Redaktionskomitee des Berliner Tageblatts. Nach dessen Gleichschaltung im Jahr 1937 ging sie als Auslandskorrespondentin der Frankfurter Zeitung nach Stockholm, New York und schließlich nach Lissabon. Im Frühjahr 1944 kam sie nach Berlin zurück.

Elfter Spaziergang: Zehlendorf

Königin-Luise-Straße Auf dem Friedhof der St.-Annen-Kirche an der Ecke der Pacelliallee in Dahlem ruht neben vielen bekannten Schauspielern der Historiker Friedrich Meinecke (†1954).

Am Hirschsprung Im Jahre 1914 übersiedelte der Historiker Friedrich Meinecke von Freiburg nach Berlin und wohnte bis zu seinem Tode im Hause Nr. 13. 1928 wurde er eremitiert, 1948 wurde der kompromißlose Gegner des Nationalsozialismus zum ersten Rektor der von ihm mitbegründeten Freien Universität gewählt. Am 6. Februar 1954 starb er.

Thielallee Das Haus Nr. 63, das alte Chemische Institut, trägt eine kleine Tafel zum Gedenken an die erste Kernspaltung des Urans, die dem Wissenschaftler Otto Hahn und seinem Mitarbeiter Fritz Straßmann hier im Jahre 1938 gelang. 1945 erhielt er den Nobelpreis für diese Leistung.

Im Schwarzen Grund Mit ihrer im Jahre 1951 erworbenen, auf dem Grundstück Nr. 18 aufgestellten Wehrmachtbaracke mit »16 Fenstern und acht Türen« übersiedelte die Schriftstellerin, Kritikerin, politische Publizistin und Junggesellin Margret Boveri auf das von ihr gekaufte Grundstück Nr. 16. Hier wohnte und arbeitete sie in dem inzwischen umgestalteten Bauwerk bis zu ihrem Krebstod am 6. Juli 1975. Sie kam am 14. August 1900 als Tochter eines Biologieprofessors und seiner amerikanischen Kollegin in Würzburg zur Welt, wuchs zweisprachig auf, studierte und promovierte in Berlin, arbeitete als Assistentin an einer neapolitanischen zoologischen Station, lebte als Korrespondentin der »Frankfurter Zeitung« im Ausland und kam im Frühjahr 1944 nach Berlin zurück, »um am Schicksal der Stadt teilzuhaben«. Dem Zusammenbruch Berlins mit Bombennächten, sowjetischer Besatzung und Hunger widmete sie ihr auf eigenen Erlebnissen basierendes Buch »Tage des Überlebens« (1968). Mit ihrem Buch »Wir lügen alle« (1965), der Geschichte des in der Zeit des Nationalsozialismus schwer bedrängten Berliner Tageblatts, dessen Redaktionskomitee ebenso wie dem der nationalsozialistischen Wochenschrift »Das Reich« sie angehörte, bekennt sie sich zur Kollektivschuld am Hitlerismus. Der vierbändige Dokumentarbericht »Der Verrat am XX. Jahrhundert« (1956–1960), ihr wichtigstes Werk, erfuhr insbesondere durch Übersetzungen internationale Resonanz. Ihre autobiographischen Aufzeichnungen »Verzweigungen«, in denen sie von ihrer einzigen Liebe erzählt, gab Uwe

Johnson drei Jahre nach ihrem Tode heraus, nicht ohne ihre gefährdete Haltung während der Hitler-Zeit – sie war eine Zeitlang im Gestapogefängnis in der Prinz-Albrecht-Straße inhaftiert – in Frage zu stellen und zu beanstanden, daß sie nicht emigriert sei.

Faradayweg Aus ihrer möblierten Wohnung im Tiergartenviertel übersiedelte die am 22. August 1897 im polnischen Drohobycz geborene Schauspielerin Elisabeth Bergner mit ihrer schweizerischen Freundin Viola in ein eigenes Haus mit Garten, Köchin und Chauffeur am Faradayweg 15. Hier lebte sie bis zu ihrer Übersiedlung nach London, wo sie am 9. Januar 1933 den Regisseur Paul Czinner heiratete. Ihr Haus wurde mit allem Bestand darin beschlagnahmt. Man ließ sie wissen, daß sie, wenn sie nach Deutschland zurückkehre, mit »arischen« Papieren ausgestattet und »die Sache in Ordnung« gebracht werde. Ihre 1978 erschienenen »unordentlichen Erinnerungen – Bewundert viel und viel gescholten« stellen einen lesenswerten Beitrag zur Berliner Theatergeschichte der Weimarer Zeit dar. Berlin schulde sie »von allen Städten der Welt die größte Liebe und Dankbarkeit«, bekennt die Schauspielerin.

Hüttenweg Die Asche Ludwig Fuldas, der nach niederträchtigen nazistischen Verfolgungen 1939 freiwillig aus dem Leben schied und dessen Grab und Urne auf dem Dahlemer Friedhof am Hüttenweg nicht gekennzeichnet werden durften, hat jetzt ein würdiges Denkmal bekommen. Der im Konzentrationslager Oranienburg ermordete Dichter Erich Mühsam wurde hier am 16. Juni 1934 bestattet. Nur etwa 20 Freunde hatten den Mut, sich um seinen Sarg zu versammeln. Auf seinem Grabstein stehen die Worte »Hier ruht unser Erich Mühsam«. Gottfried Benn, der am 7. Juli 1956 »mit den Rosen« starb, hat hier seine letzte Ruhestätte gefunden.

Am Hegewinkel Der Verfasser auf sorgfältiger Beobachtung beruhender Tiergeschichten Paul Eipper (1891–1964) wohnte um 1930 im Hause Nr. 4. Hier entstand sein bekanntetes Buch »Tiere sehen dich an« (1928). Er starb am 22. Juli 1964 in Lochham bei München.

Hochwildpfad Im Hause Nr. 1 hatte Alice Berend ihre letzte Berliner Wohnung. Ende 1935 mußte die jüdische Schriftstellerin die Hauptstadt verlassen. Sie starb im italienischen Exil am 2. April 1938.

Argentinische Allee Nach Rückkehr aus dem amerikanischen Exil im Jahre 1947 lebte Alfred Kantorowicz mit seiner Frau Friedel eine Zeitlang in einer vom Kriege mitgenommenen Anderthalbzimmerwohnung im Hause Nr. 162b. Vor ihm war hier der Schriftsteller

Günther Birkenfeld nach der Ausbombung seiner Wohnung notdürftig untergekommen. Zur gleichen Zeit verfügte Kantorowicz in der Pankower Westerlandstraße 15 neben einer Wohnung auch über die Redaktionsräume seiner Zeitschrift »Ost und West«, der vergebliche Versuch eines Brückenbaus. Klaus Mann besuchte ihn hier zwei Jahre vor seinem Freitod, ebenso Anna Seghers, die in der Nachbarschaft wohnte. In seinem »Deutschen Tagebuch« (1961) schildert der vom Kommunismus tief enttäuscht Schriftsteller und Literaturwissenschaftler seinen Weg bis zu seiner Flucht vor der »fluchwürdigen Gewaltherrschaft« in die Bundesrepublik im Jahre 1957. Er starb am 20. März 1979 im 79. Lebensjahr in Hamburg.

Riemeisterstraße Der am 16. September 1892 im damals zaristischen Riga als Sohn eines aus baltischer Familie stammenden Arztes geborene Schriftsteller Werner Bergengruen kam 1927 zum drittenmal nach Berlin und erwarb das Reihenhaus Nr. 107, in dem er bis 1936 lebte und arbeitete. Außer seinem siebenten Semester im Sommer 1914 verbrachte Bergengruen »manche längere prallgefüllte und fruchtbare Zeitspanne« in Berlin. »*In Berlin erlebte ich das Erscheinen meiner ersten Bücher. Berlin war für mich die erste Begegnung mit dem Phänomen der wirklichen Großstadt, nicht nur der großen Stadt; es war mir die Großstadt schlechthin, die scheinbar geschichtslose, in Wahrheit die ihre Geschichtlichkeit verhüllende, manchmal sogar ein wenig geniert, als habe sie sich einer romantischen Rückständigkeit zu schämen. Vieles an Berlin habe ich geliebt, am meisten wohl das prachtvolle Klima und den behenden Mutterwitz des Volkes, der für jede Situation augenblicks die unübertrefflich kennzeichnende, auch wohl entlarvende, aber nur selten durchaus ungültige Formulierung findet. Wieviel Dankbarkeit ich in meiner Vorliebe für das Abseitsliegende, Ausgefallene und Verschollene der Berliner Staatsbibliothek schulde, kann ich kaum abschätzen. Sie hat mich nie enttäuscht, nie im Stich gelassen*«, heißt es in seinen drei Jahre vor seinem Tode erschienenen »Schreibtischerinnerungen«. In Berlin entstanden und spielen sein 1930 im »Berliner Tageblatt« abgedruckter, 1931 erschienener Roman »Der goldene Griffel«, sein Kinderbuch »Zwieselchen« (1938) und vor allem der Roman »Am Himmel wie auf Erden« (1940). Als »nicht geeignet, durch schriftstellerische Veröffentlichungen am Aufbau der deutschen Kultur mitzuarbeiten«, wurde er 1936 aus der nazistischen Reichsschrifttumskammer ausgeschlossen. Im gleichen Jahr gab er sein Haus auf und übersiedelte nach Solln bei München. Am 4. September 1964 starb er in Baden-

Baden. Zum 80. Geburtstag des baltischen Schriftstellers, der die Erfindung des Telefons für verhängnisvoll hielt, erhielt die im Ortsteil Schlachtensee gelegene Lagardestraße, die ehemals Adalbertstraße hieß und die die Nationalsozialisten im Jahre 1937 nach dem antisemitischen Orientalisten benannt hatten, seinen Namen.
Als Untermieter des Zeitungshändlers Marx Schwarzbach bewohnte der am 6. Oktober 1904 in Liegnitz geborene Schriftsteller Horst Lange mit seiner Verlobten Oda Schaefer, die er am 12. Juli 1933 heiratete, zwei möblierte Zimmer im Hause Nr. 123. Nach der »Machtübernahme« wurde ihre Unterkunft von der Gestapo nach staatsfeindlichen Dokumenten durchsucht. Die Erzählungen »Die Leuchtkugeln« und »Auf den Hügeln vor Moskau« (1944), die Zuckmayer als die beste deutsche Prosadichtung aus dem letzten Kriege bewertet, entstanden aus dem unmittelbaren Kampferlebnis im Rußlandfeldzug und wurden im Lazarett geschrieben. Der schwerverwundete und auf dem linken Auge erblindete Pionier ließ sich nach dem Kriege mit Oda Schaefer zunächst in Mittenwald und dann in München nieder, wo er am 6. Juli 1971 starb.

Am Fischtal Im Hause Nr. 21 hatte der aus Cottbus stammende promovierte Erzähler und Dramatiker Günther Birkenfeld, der mit seinen Romanen »Dritter Hof links« (1929) und »Wolke, Orkan und Staub« (1955) einen beachtenswerten Beitrag zum literarischen Gesicht der Hauptstadt geleistet hat, seine letzte Wohnung. Er starb am 22. August 1966.
Im Hause Nr. 61 wohnte bis zu seinem Ende der Kritiker Herbert Ihering. Er starb am 14. Januar 1977. Obwohl in Ost-Berlin tätig, hatte er die Genehmigung seiner Arbeitgeber, seinen Wohnsitz in West-Berlin zu nehmen.

Biesalskistraße Der am 28. Juli 1885 in Ludwigshafen geborene Philosoph Ernst Bloch, der Hauptvertreter des »utopischen Materialismus«, wohnte in den zwanziger Jahren im Hause Nr. 7 der Elfriedenstraße, die seit 1938 den Namen des langjährigen Direktors des Oskar-Helene-Heims trägt. Der 1949 aus der Emigration zurückgekehrte Gelehrte, der 1957 in der DDR zwangseremitiert wurde, amtierte seit 1961 als Professor in Tübingen, wo er am 4. August 1977 starb. Der Bundeskanzler nannte Ernst Bloch in einer Trauerkundgebung einen »herausragenden Beweger im europäischen Geistesleben« und einen »Philosophen des Aufbruchs in die Zukunft«.

Onkel-Tom-Straße Auf dem Gemeindefriedhof Zehlendorf sind Julius Hart (†1930), Erdmann Graeser (†1937), Hans Oswald

(†1940) und Otto Victor Stomps (†1970) begraben.

Schweitzerstraße Der in Sternberg in Mähren am 14. Juni 1880 geborene, aus altem schwäbischem Adel stammende Erzähler Reichsritter Walter von Molo kam nach dem Studium der Elektrotechnik und beruflicher Betätigung als Diplomingenieur im Jahre 1915 nach Berlin, wo er sich als freier Schriftsteller mit seiner ersten Frau zunächst in Frohnau und 1923 in der Schweitzerstraße Nr. 7 niederließ. Hier traf er sich mit seinen Freunden Kasack und Loerke, und hier schrieb er den Roman »Die Scheidung« (1929), ein Bild der bürgerlichen Gesellschaft Berlins in der Nachkriegszeit. Von 1928 bis 1930 war er Präsident der Preußischen Akademie der Dichtkunst, der er ein Kapitel in seiner Autobiographie »So wunderbar ist das Leben« (1957) widmet. 1930 heiratete er zum zweitenmal und flüchtete mit seiner Frau vor den Nationalsozialisten. 1934 zog er sich auf seinen Hof im oberbayerischen Hechendorf bei Murnau zurück, wo er am 27. Oktober 1958 starb. Historische Romane um berühmte Persönlichkeiten der deutschen Vergangenheit brachten dem Schriftsteller starke Beachtung und weite Resonanz.

Vopeliuspfad Um 1910 wohnte Paul Scheerbart mit seiner Frau im Hause Nr. 5 der Annastraße, die 1934 nach dem Mitglied der Kaiser-Wilhelm-Gesellschaft Max von Vopelius benannt wurde. Ernst Rowohlt besuchte den Dichter hier öfter und erinnert sich: »*Scheerbart wohnte damals in einer Souterrainwohnung in Zehlendorf. Ich habe ihn dort immer nur in Pantoffeln und ohne Kragen getroffen. Er arbeitete den ganzen Tag in seinem ›Laboratorium‹ an der Erfindung des Perpetuum mobile. Sofort bei Beginn jeden Besuchs . . . wurde zunächst auf meine Kosten ein Kasten Schultheiß-Bier geholt, und dann begannen die Erklärungen Scheerbarts . . .*« Über das Perpetuum mobile schrieb er ein Buch, das Rowohlt verlegte.

Teltower Damm Am 4. Mai 1904 fand man um Mitternacht auf einer Bank auf dem Bahnsteig Zehlendorf den blutüberströmten, knapp fünfzig Jahre alten hochgebildeten Dichter Peter Hille, der seit Anfang Juni 1903 in der »Neuen Gemeinschaft« in der Zehlendorfer Seestraße lebte. Zweifellos befand er sich auf dem Heimweg von seinem Kabarett im Restaurant Dalbelli an der Potsdamer Brücke. Heinrich Hart berichtet in seiner Monographie über seine letzten Stunden: ». . . *Nachts um elf traf ihn Frau H., eine unserer Schlachtenseerinnen, auf dem Bahnsteig in Zehlendorf; er saß blutend auf einer Bank. Frau H. nahm ihn mit nach Hause. Schon am anderen Tage war er wieder auf den Beinen und wanderte im Garten umher.*

Ein Ohnmachtsanfall aber zeigte, wie bedenklich es um ihn stand. Damit er die rechte Pflege finde, ließ ihn mein Bruder ins nächstgelegene Krankenhaus (Kreiskrankenhaus Lichterfelde) bringen. Als wir ihn besuchen wollten, wurde uns gesagt, er liege bewußtlos. Zwei Tage später erhielten wir die Nachricht, er sei gestorben . . .« Auf dem Friedhof der St.-Matthias-Gemeinde in Berlin-Mariendorf fand Sanctus Peter Hille, wie ihn seine große Liebe Else Lasker-Schüler nannte, die ihm eine Biographie (1906) widmete und die er seinerseits als den »Schwarzen Schwan Israels« apostrophierte, zunächst in einem Reihengrab, dann nach einer Umbettung im Jahr 1938 in einem Ehrengrab seine letzte Ruhestätte. Lovis Corinth hat ihn als »Boheme« porträtiert.

Auf dem Grundstück Nr. 87–93, auf dem heute die deutsch-amerikanische John-F.-Kennedy-Schule ihr Domizil hat, lag das Sanatorium für Nervenkranke von Prof. Laehr. Hier wurde Georg Kaiser, dessen Leben nach seiner Rückkehr aus Argentinien und einer Malariainfektion von Angstzuständen und Depressionen bestimmt war, vom 6. August bis zum 23. Dezember 1902 behandelt.

Busseallee Von der Grunewaldstraße zog der fieberkranke Franz Kafka am 1. Februar 1924 mit Dora Diamant in eine »überschöne« Wohnung im Hause in der Heidestraße 25/26, heute Busseallee 7–9, das der Witwe des 1918 verstorbenen Schriftstellers Dr. Carl Busse gehörte. Gelegentlich besuchte ihn hier Ernst Blaß, und hier verbrannte seine Lebensgefährtin auf seine Weisung eine Reihe seiner Manuskripte. Anfang März ging er über das Elternhausu in Prag in Begleitung von Dora Diamant und seinem Freund, dem Arzt Robert Klopstock, in das Sanatorium Kierling bei Klosterneuburg, wo er am 3. Juni 1924 an einer Kehlkopftuberkulose starb. Am 11. Juni wurde er auf dem Neuen Jüdischen Friedhof in Prag bestattet. Der Bezirk Spandau hat ihm zu Ehren eine Straße benannt. Am 3. Juni 1883 als ältestes von sechs Kindern eines jüdischen Kaufmanns und Vorstehers der Synagoge in Prag geboren, wurde Kafka im Juni 1906 an der deutschen Karl-Ferdinands-Universität zu Prag zum Doktor der Rechte promoviert und arbeitete dann, von Krankheiten und längeren Beurlaubungen unterbrochen, bis zu seiner Pensionierung im Juli 1922 bei der Arbeiter-Unfall-Versicherungsanstalt in Prag. 1917 traten die ersten Anzeichen einer Tuberkulose auf. Seinem Freund Max Brod hatte er kurz vor seinem Tode auferlegt, »alles, was sich in meinem Nachlaß . . . findet, restlos und ungelesen« zu verbrennen. Brod setzte sich über Kafkas Willen hinweg und publizierte seine drei großen Roman-Fragmente »Der Prozeß« (1925), »Das Schloß« (1926) und »Amerika« (1927). Viele Manuskripte, die Dora Diamant gehütet hatte, wurden bei der Durchsuchung ihrer Berliner Wohnung von der Gestapo beschlagnahmt und blieben verschollen. Kafkas drei Schwestern wurden bei der Besetzung der Tschechoslowakei verhaftet und in Konzentrationslagern ermordet. Auch seine aus alter Patrizierfamilie stammende, unglücklich verheiratete Freundin, die Schriftstellerin Milena Jesenská, die 1920 in sein Leben trat, der er in seinen »Briefen an Milena« (1952) ein literarisches Denkmal setzt und die in Solidarität zu ihren jüdischen Freunden den Judenstern trug, fiel in die Hände der Gestapo und kam nach langer Haft in einem Konzentrationslager um.

Königstraße Clara Viebig, am 17. Juli 1860 als Tochter eines Regierungsrats in Trier geboren, lebte nach dem Tode ihres Vaters auf einem westpreußischen Gut, kam 1883 zum Musikstudium nach Berlin, begann ein Jahr später zu schreiben und heiratete 1896 den Verlagsbuchhändler Fritz Th. Cohn, dem Fontane in seinem Gedicht »An meinem Fünfundsiebzigsten«, das mit der Zeile schließt: »Kommen Sie, Cohn!« ein literarisches Denkmal setzt. Sie wohnte mit ihrem Mann bis zu ihrem Tode im »Haus Clara«, Königstraße 3. Hier schrieb sie »Das tägliche Brot« (1900), den Roman vom Schicksal eines Berliner Dienstmädchens, »Die vor den Toren« (1910), den Roman über die Bodenspekulationen der Tempelhofer Millionenbauern in den Gründerjahren, und »Eine Handvoll Erde« (1915), eine Geschichte vor dem Hintergrund einer Berliner Laubenkolonie. In erster Linie aber ist sie seit ihrem Erstling »Kinder der Eifel« (1897) die Dichterin ihrer Heimatlandschaft geblieben. 1935 erschien ihr letztes Buch, »Die Vielgeliebte und die Vielgehaßte«, die Liebesgeschichte Friedrich Wilhelms II. und der Tompeterstochter Wilhelmine Encke. Nach dem Tode ihres Mannes ging die erfolgreiche Schriftstellerin, die sich zum Befremden einiger ihrer Freunde zum Nationalsozialismus bekannte, nach Schlesien. 1946 kehrte sie ohne jede Habe in »Haus Clara« zurück, wo der neue Besitzer ihr und ihrer treuen Haushälterin Mariechen zwei Zimmer einräumte. Hier starb sie am 31. Juli 1952, in Düsseldorf fand sie ihre letzte Ruhestätte.

Schrockstraße Im Hause Nr. 24 hatte der Berliner Volksschriftsteller Hans Ostwald, der wegen seiner »Lieder aus dem Rinnstein« (1903–1908), seines »Wörterbuchs der Rinnsteinsprache« (1906) und seine Werke über die Berliner Sittengeschichte Erwähnung verdient, seine letzte Wohnung. Als wandernder Handwerksbursche hatte er sich mit dem Milieu und der Sprache der Landstreicher, Obdachlosen und Prostituierten vertraut machen können. Er starb am 8. Februar 1940 im Alter von 67 Jahren und wurde auf dem Städtischen Friedhof Zehlendorf in der Onkel-Tom-Straße begraben.

Heimat In einem Gartenhaus des Grundstücks Nr. 85 wohnte seit Kriegsende der Schriftsteller und promovierte Pfarrer Kurt Ihlenfeld. Er kam am 26. Mai 1901 in Colmar im Elsaß zur Welt, war bis 1933 Pfarrer in Breslau, wo er Freundschaft mit Jochen Klepper schloß, und bis 1943 Leiter des Eckart-Verlags, Redakteur der gleichnamigen Zeitschrift und führendes Mitglied eines Kreises von oppositionellen Theologen und christlichen Schriftstellern, zu dem Ricarda Huch, Reinhold Schneider, Rudolf Alexander Schröder und nicht zuletzt Jochen Klepper gehörten. Die Februartage 1945 im halbzerstörten Berlin bilden den Hintergrund seines Romans »Wintergewitter« (1951), sein Jochen Klepper gewidmetes Hauptwerk, für das er den Fontane-Preis erhielt, und das »Kompendium dessen, was wir alle in den hinter uns liegenden Dezennien erlebt haben«, wie R. A. Schröder das Epos charakterisiert. Der Roman »Kommt wieder, Menschenkinder« (1954) schildert die Geschichte des zehnjährigen Peter, der 1951 in einem alten, verdeckten Brunnenschacht auf einem Weddinger Schulhof sein Leben verliert. Seine »kritischen Gänge in Berlin«, die 1964 unter dem Titel »Stadtmitte« erschienen, sein dichterisches Entdecken der geteilten Stadt in »Loses Blatt Berlin« (1968) und seine sieben Miniaturen »Das Fest der Frauen«, eine historische Berliner Bilderfolge, sprechen von der Liebe Ihlenfelds zu seiner Wahlheimat. Der Erzähler und Essayist starb am 25. August 1972 an einem Herzleiden.

Düppelstraße Zu Begin des Ersten Weltkriegs mietete Julius Hart eine Wohnung im Hause Nr. 19. In der Mitte der zwanziger Jahre zog er in seine letzte Wohnung in der Derfflinger Straße, der heutigen Wolzogenstraße.

Beerenstraße Walter Bloem, der sich 1923 von seiner ersten Frau getrennt und seine Kusine Judith geheiratet hatte, kam um 1930 von Burg Rieneck in Unterfranken wieder nach Berlin und bezog im Hause Nr. 49 eine Wohnung. Hier schrieb er den Roman »Faust in Monbijou« (1931). Seine nationalsozialistische Gesinnung zeigt ein offener Brief an Heinrich Mann vom Jahre 1933, in dem es heißt: »Das aber . . . scheint Ihnen bisher entgangen zu sein: Daß Michel erwacht ist und sich anschickt, in seinem Hause Großreinemachen zu veranstalten . . .« Von hier übersiedelte er 1934 in die Budapester Straße.

Der populär-astronomische Schriftsteller Bruno Bürgel wohnte von etwa 1913 bis zur Mitte der zwanziger Jahre im Hause Nr. 39. Von hier zog er nach Neubabelsberg, wo er in der Merkurstraße Nr. 1 am 8. Juli 1948 starb.

Wolzogenstraße Von der Düppelstraße übersiedelte Julius Hart um die Mitte der zwanziger Jahre in das Haus Nr. 27 der Derfflinger Straße, die heute Wolzogenstraße heißt. Hier starb er am 7. Juli 1930 an den Folgen einer Grippe und fand auf dem Gemeindefriedhof Zehlendorf an der Onkel-Tom-Straße sein Grab.

Bogotastraße Hans Dominik, am 15. November 1872 als Sohn eines Verlagsbuchhändlers in Zwickau geboren, ließ sich nach seiner Tätigkeit als Elektroingenieur im Jahre 1924 als freier Schriftsteller und Journalist in Berlin nieder und bezog eine Wohnung im Hause Nr. 2 der Herderstraße, die heute Bogotastraße heißt. Hier entstanden seine seinerzeit viel gelesenen Jugendbücher, populärwissenschaftlich technische Werke und Zukunftsromane nach dem Vorbild von Jules Verne. 1942 erschien seine Autobiographie mit dem sprechenden Titel »Vom Schraubstock zum Schreibtisch«. Der erfolgreiche Schriftsteller starb am 9. Dezember 1945. Auf dem Städtischen Friedhof Zehlendorf in der Onkel-Tom-Straße wurde er bestattet.

Goethestraße Im Hause Nr. 10 wohnte in den dreißiger Jahren die am 18. November 1878 in Berlin geborene Generalstochter Helene von Nostiz, eine geborene von Beneckendorff und von Hindenburg. Seit 1918 lebte sie mit ihrem Mann in Berlin. 1938 veröffentlichte die dem nationalsozialistischen System freundlich gegenüberstehende Schriftstellerin ihr Werk »Berlin, Erinnerung und Gegenwart«. Die Herrin eines berühmten musikalischen und literarischen Salons, zu dessen prominenten Gästen Harry Graf Keßler, Harden und Reinhardt gehörten, starb nach einer schweren Operation im Hause ihrer verwitweten Tochter in Bassenheim bei Koblenz am 17. Juli 1944. Ihr Sohn Oswalt, der sich als Essayist einen Namen gemacht hat, gab den Briefwechsel zwischen seiner Mutter und Rilke heraus. Zu Rilke, Rodin, Hofmannsthal, die sie in ihrer Pariser Zeit kennengelernt hatte, unterhielt sie freundschaftliche Beziehungen. Wolfdietrich Schnurre wohnte nach Rückkehr aus dem Kriege – »Sechseinhalb sinnlose Jahre . . . auf unseren Koppelschlössern die Lästerung ›Gott mit uns‹ – zuletzt Strafkompanie wegen ›Untergrabung der Manneszucht‹« – im Hause Nr. 29 dicht am Schlachtensee. In »Ob Ulbricht weiß, wie der Brachvogel pfeift«, einer engagierten Dankadresse an Berlin, heißt es: »*Ich kenne nun allmählich jeden Schilfhalm mit Namen, von den Bleßhühnern, Enten und weiter oben den Kiefern, Buchen und Brombeerbüschen zu schweigen. Aber jetzt kommt etwas Seltsames: Wieviel tausendmal wir auch schon immer denselben Grunewaldzipfel durchstreiften, man kriegt diese arme, karge, von einer S-Bahnlinie abgegrenzte Kiefernlandschaft nicht über. Sie wartet nicht mit der mindesten Überraschung auf, es sei denn im Juli mal mit einem heiseren Goldammernruf; und doch trägt man sie wie den kostbarsten Besitz mit sich herum.*« Der Schriftsteller arbeitete kurze Zeit als Redaktionsvolontär bei Ullstein und wurde dann freier Schriftsteller, der zu den wenigen Autoren gehört, die für Erwachsene und Kinder schreiben. 1952 heiratete er. Aus der Ehe »sind elf Bücher hervorgegangen, keines denkbar ohne meine Frau, keines denkbar ohne Berlin«, so Schnurre. Im Dezember 1965 beging seine Frau Selbstmord.

Matterhornstraße Der am 10. November 1887 als Sohn eines Sattlermeisters im niederschlesischen Groß-Glogau geborene Schriftsteller Arnold Zweig, in »dessen Persönlichkeit Deutschtum, Judentum und Preußentum zu einer Einheit zusammengefunden haben«, so M. Reich-Ranicki, lebte nach seinem Studium und der Teilnahme als Freiwilliger am Ersten Weltkrieg zunächst als freier Schriftsteller in Starnberg und kam 1923 nach Berlin. Mit seinem Liebesroman »Novellen um Claudia« (1912) hatte er seinen ersten Erfolg errungen. Im Hause Nr. 68 der Waldemarstraße, die heute Matterhornstraße heißt, hatte er mit Beatrice, seiner Kusine und Frau, die er am 5. Juli 1916 geheiratet hatte, bis 1929 eine Wohnung. Hier wurde ihm sein zweiter Sohn Adam geboren. Das Haus trägt heute die Nummer 67. 1927 erschien sein erfolgreicher pazifistischer Roman »Der Streit um den Sergeanten Grischa«, das Hauptbuch des mehrbändigen Zyklus seiner Weltkriegsromane, die unter dem Titel »Der große Krieg der weißen Männer« zusammengefaßt sind und in denen er seine eigene Entwicklung vom Kriegsfreiwilligen zum Kriegsgegner in der Gestalt des Armierungssoldaten und Kompanieschreibers Werner Bertin aufdeckt.

Ahrenshooper Zeile Der volkstümliche Chronist des Berliner Lebens um die Jahrhundertwende, Erdmann Graeser, wohnte von 1925 bis zu seinem Tode in seinem bescheidenen Landhaus, dessen Erwerb ihm die Tantiemen für seine Berlin-Romane ermöglicht hatten, in der Friedrich-Wilhelm-Straße Nr. 34, heute Ahrenshooper

Zeile. Er starb am 7. Juli 1937 an den Folgen eines Herzleidens und wurde auf dem Städtischen Friedhof Zehlendorf in der Onkel-Tom-Straße bestattet. Am 1. September 1976 wurde der Verbindungsweg von der Argentinischen Allee zur Goethestraße nach dem Schriftsteller benannt, dessen Romane »Lemkes sel. Witwe« (1907), »Die Koblanks« (1921), »Koblanks Kinder« (1929), »Eisrieke« (1931) und »Spreelore« treffende Bilder des alten Berlin und seines Kleinbürgertums widerspiegeln.

Kirchblick Im Hause Nr. 12 wohnte im Jahr 1964 der französische Schriftsteller Michel Butor, ein namhafter Vertreter des »nouveau roman«, als einer der ersten Gäste des Berliner Künstlerprogramms der Ford-Stiftung, die im Jahre darauf durch den Deutschen Akademischen Austauschdienst abgelöst wurde, mit seiner Frau und drei kleinen Töchtern. In seiner hymnischen Einleitung zu dem Berliner Bildband »Die ganze Stadt« bekennt er seine Liebe zu der geteilten Stadt mit »den neuen, schon gealterten Stadtvierteln, den alten Vierteln, die modernisiert werden, mit ihren alten oder neuen oder noch unvollendeten Kirchen, . . . den Dorfkirchen, den Kleinstadtkirchen, den großstädtischen Kirchen.«

Kaiserstuhlstraße Im Jahre 1909 mietete Walter Bloem mit seiner Frau eine Wohnung im Hause Nr. 16 der Luisenstraße, die heute Kaiserstuhlstraße heißt. Mit seiner Roman-Trilogie vom Kriege 1870/71, deren Titel »Das eiserne Jahr«, »Volk wider Volk« und »Die Schmiede der Zukunft« (1911–1913) von seiner chauvinistischen Gesinnung künden, erschrieb er sich die Herzen eines begeisterten Publikums. Bis Ende März 1911 war er als Dramaturg am Neuen Theater tätig und übernahm dann die gleiche Tätigkeit am Stuttgarter Hoftheater. Im Jahre 1929 kam er wieder nach Berlin zurück.

Am Schlachtensee Um die Jahrhundertwende pachteten die Brüder Heinrich und Julius Hart in der Seestraße 35 ein früheres Kindersanatorium mit einem Garten und anschließendem Wald, der sich bis zum See erstreckte. Die Seestraße heißt heute Am Schlachtensee. Hier richteten sie sich nach ihrem persönlichen Geschmack ein und schufen ein Begegnungszentrum, das sie die »Neue Gemeinschaft« nannten und in dem sie mit ihren Dichterfreunden leben und diskutierten konnten. Im Juli 1903 zog der mittellose Peter Hille mit wenigen Büchern und einem Karton voller Manuskripte als einziger Habe in zwei Zimmer des Wirtschaftsgebäudes, und hier entstanden seine besten Werke. Am 29. Juli las er hier aus seinen Dichtungen im Rahmen der »Waldspiele«. Wilhelm Oeke, der an der Veranstaltung seines Freundes teilnahm, schildert in seinen Erinnerungen die Atmosphäre der »Gemeinschaft«: »*Unten, im Gesellschaftszimmer stehen einige Wackeltische. Sind gewiß Geschenke von Begönnern. Ein muffiger Gemüseduft hockt in den Ecken. Spötter nennen dieses Land- und Sandhaus ›Spinatschiff‹. An den Wänden hinter Glas und Rahmen die literarischen Produkte der Gemeinschaftsjünger und solcher, die ihnen nahestehen ... Hierbleiben können, wochen-, monatelang, in Gesellschaft von Dichtern und Damen – ich vermöchts nicht ...*« Hille befreite seine mittellose Freundin Else Lasker-Schüler aus ihrem Kellerloch in der Uhlandstraße und beschaffte auch ihr hier ein menschenwürdiges Unterkommen. Mit der Auflösung der »Gemeinschaft« im Jahre 1905 übersiedelte Heinrich Hart von hier in die Rönnestraße, und Julius bezog eine Wohnung in der Moltkestraße 16 in Wilhelmshagen.

In einem in der Nähe auf einer Halbinsel liegenden Park, der den Namen Paul Ernsts trägt, steht ein Stein zum Gedenken an den Dichter.

Krottnaurer Straße Vor dem Ausbruch des Zweiten Weltkriegs zog Kurt Kluge von der Halberstädter Straße in das Haus Nr. 64. Im Jahre 1938 erschien sein Hauptwerk, der humoristische Roman »Der Herr Kortüm«, dessen Titelheld sich nur einen Tag in Berlin aufhält. Am 27. Juli 1940 starb der Autor auf einer Frontreise im Fort Eben Emael bei Lüttich am Herzschlag. Auf dem Friedhof Nikolassee wurde er bestattet.

Kirchweg Auf dem 1907 angelegten Friedhof Nikolassee am Kirchweg 12 liegt links vom Eingang das Grab Kurt Kluges (†1940). Hier fanden auch Jochen Klepper, seine Frau Hanna und ihre 20jährige Tochter im Dezember 1942 ihre letzte Ruhestätte. Ein schlichter Stein erinnert an die drei »Opfer des nationalsozialistischen Rassenwahns«.

Potsdamer Chaussee Auf dem Waldfriedhof Zehlendorf zwischen Potsdamer Chaussee und Königsweg befinden sich die Gräber von Ernst Reuter (†1953), Erwin Piscator (†1966) und Kurt Ihlenfeld (†1972).

Auf dem im Gebiet der DDR liegenden Südwestfriedhof in Stahnsdorf liegen Carl Ludwig Schleich (†1922) und Heinrich Zille (†1929) begraben.

An der Rehwiese Ödön von Horváth kam zu Ende des Jahres 1934 inkognito nach Berlin zurück und mietete in der Villa Nr. 4 zwei

Zimmer und eine Garage. In Berlin wollte er ein Stück über die SA schreiben, den zweiten Teil zu seiner erfolgreichen »Italienischen Nacht«, und mit Filmarbeit Geld verdienen. Zu dieser Zeit verband sich der Schriftsteller, der inzwischen geschieden war, mit der Schauspielerin Wera Liessen. Im folgenden Jahr verließ er mit ihr Berlin und ging über Wien, Budapest und Zürich nach Amsterdam. In Amsterdam prophezeite eine Hellseherin dem abergläubischen Dichter, daß ihm in Paris sein größtes Erlebnis bevorstehe. Tatsächlich wurde er am 1. Juni 1938 bei einem Aufenthalt in der französischen Hauptstadt während eines Unwetters von einem herabstürzenden Ast erschlagen. Klaus Mann, dem er in Paris begegnet war, hatte er offenbart, daß er weniger Angst vor den Nazis als vor Straßen habe: »Straßen können einen vernichten. Straßen machen Angst.« Zuckmayer widmet den besonderen Umständen seines Todes mehrere Seiten seiner Autobiographie. Der Vielschreiber, den Richard Schaukal einen »Balkanliteraten nennt, der mit seinem gebrochenen Deutsch die Ohren eines perversen Berliner Publikums kitzelt«, hinterließ vier Romane, einige Gedichtbände und 22 Theaterstücke.

Teutonenstraße Von Südende übersiedelte Jochen Klepper mit seiner Familie im Mai 1939 in sein »stilles Haus« in der Teutonenstraße 23, das er sich aus dem Erlös seines erfolgreichen Romans um Friedrich Wilhelm II., »Der Vater« (1937), hatte erbauen können. In der Südwestecke des Hauses ließ er die Sprüche Haggai 2,9; Korinther 5,1 und Korinther 3,11 einmauern. Im Jahre 1940 erhielt er den Einberufungsbefehl, wurde aber ein Jahr darauf wegen seiner »nichtarischen« Frau für wehrunwürdig erklärt. Die Aufforderung, am nächsten Tage auf dem Reichssicherheitsamt zu erscheinen und die Ankündigung der unmittelbar bevorstehenden Deportation der geliebten zwanzigjährigen Stieftochter Reni – seine ältere Stieftochter war aus Angst vor den Verfolgungen der Nationalsozialisten im Frühjahr rechtzeitig nach England emigriert – bestimmten ihn, mit ihr und seiner Frau in der Nacht vom 10. zum 11. Dezember 1942 aus dem Leben zu scheiden. In seinem Tagebuch steht als letzte Eintragung: »*. . . Wir gehen heute nacht gemeinsam in den Tod. Über uns steht in den letzten Stunden das Bild des segnenden Christus, der um uns ringt, in dessen Anblick endet unser Leben.*« Auf dem Friedhof am Kirchweg in Nikolassee fanden die drei ein gemeinsames Grab. Im Jahre 1961 errichtete die evangelische Kirchengemeinde des Kirchenkreises Zehlendorf am Anfang des Weges, der den Namen des Dichters trägt, einen Gedenkstein. Seine unter dem Titel »Unter dem Schatten deiner Flügel« 1956 veröffentlichten Tagebücher enthalten einen Bericht über die Verfolgungen, die ihn mit den Seinen zum Freitod führten.

Am Sandwerder In der Villa auf dem Grundstück der Friedrich-Karl-Straße 5 – die Straße heißt heute Am Sandwerder – schrieb Carl Zuckmayer im Sommer 1925 sein rheinisches Volksstück »Der fröhliche Weinberg«. Dr. Ernst Goldschmidt, ein Vetter seiner Mutter, der das »Schloß am Wannsee« gemietet hatte, gab ihm Gelegenheit, hier in Ruhe zu arbeiten. In seiner Autobiographie »Als wär's ein Stück von mir« (1966) erinnert sich der Schriftsteller: »*Es war ein gräßlicher Kasten im Stil einer imitierten Ritterburg, aber es hatte einen Park mit Seegrund und ein großes, achteckiges Turmzimmer, von dem man einen prächtigen Ausblick über die Landschaft hatte ... Der Hausherr durfte nicht ahnen, wie meine finanzielle Lage bestellt und daß ich auf seine Einladung angewiesen war ... Küche und Keller waren vorzüglich, die Zigarren standen offen zum Gebrauch ... Wenn ich in die Stadt mußte, lieh mir der Kammerdiener Paul ... das Fahrgeld. Auch versorgte er mich mit den von seinem Herrn nur einmal gebrauchten Rasierklingen ... und mit anderen notwendigen Artikeln ...*« Heute hat hier das »Literarische Kolloquium« seine Heimstätte gefunden.

Königstraße In der Königstraße Nr. 4 lag seit 1791 »Stimmings Neuer Krug«. Hier quartierten sich am Nachmittag des 20. November 1811 Heinrich von Kleist und Henriette Vogel, die krebskranke Ehefrau eines Berliner Rendanten, in zwei Zimmern des oberen Stockwerks ein. Nach dem Kaffee durchstreiften die beiden die Umgebung, nahmen dann das Abendbrot in ihren Zimmern und verbrachten einen Teil der Nacht mit der Abfassung von Abschiedsbriefen. An seine Lieblingsschwester Ulrike schreibt Kleist, »daß mir auf Erden nicht zu helfen war«. Am nächsten Morgen ließen sich die beiden den Kaffee an die Stelle des bewaldeten Hügels am Seeufer bringen, an der heute der Grabstein des Dichters steht. Von 1870 bis zum Abriß im Jahr 1970 befand sich an der Stelle des alten Gasthofs die »Villa Alsen«, das erste Haus der neugegründeten Villenkolonie Wannsee. Heute nimmt ein Appartementhaus die Stelle ein.

Am Großen Wannsee Auf dem Grundstück Nr. 42 liegt das Städtische Krankenhaus Wannsee. Hier steht auch die 1909 für Max Liebermann erbaute klassizistische Villa, die er ebenso wie den Garten mehrmals mit dem Pinsel festgehalten hat.

Bismarckstraße Neben dem Grundstück Nr. 3 führt ein Weg zum

Südufer des Kleinen Wannsees mit der Grabstätte Heinrich von Kleists. Es wird berichtet, daß der Dichter schon zweimal an dieser Stelle, »wo der Mord und Selbstmord« geschah, gewesen war. Im Jahr 1801 hatte er hier mit Freunden über die unfehlbare Methode eines Freitods gesprochen, und am 15. August 1810 war er mit Fouqué und anderen Freunden hier, wobei Kleist wieder das Gespräch auf das Thema brachte. Am Morgen des 21. November 1811 tranken der Dichter und Henriette Vogel hier Kaffee und amüsierten sich damit, »Butterstullen« über das Wasser zu werfen. Am späten Vormittag fand man die beiden erschossen auf. Im Stahnsdorf-Machnower Kirchenbuch vermerkte der zuständige Geistliche: *»Am (21.) einundzwanzigsten November (1811) eintausendachthundertundelf erschoß in der Klein-Machenower Haide nahe an der Berliner Chaussee Bernd Heinr. Wilhelm von Kleist die Ehefrau des Generalrendanten der kurmärkischen Landfeuersozietät und Landschaftsbuchhalters Herrn Friedrich Ludwig Vogel, Adolphine Sophie Henriette geb. Keber, alt 31 Jahr, und dann sich selbst in seinem 34. Jahre. Beide sind auf der Stelle, wo der Mord und Selbstmord geschah, in zwei Särge und in ein Grab gelegt worden: o tempora! o mores!«* Zum 50. Todestag des Dichters wurde ein verwitterter Grabstein durch einen marmornen Gedenkstein ersetzt, dessen Inschrift »Er lebte, sang und litt / in trüber schwerer Zeit; / er suchte hier den Tod / und fand Unsterblichkeit« von dem Berliner Arzt und Schriftsteller Max Ring stammt. Im Jahre 1936 entfernten die Nationalsozialisten den Denkstein wegen des »nichtarischen« Autors der Verse und ersetzten ihn durch einen rötlichen Stein, der die Worte aus Kleists »Prinz von Homburg« trägt: »Nun, O, Unsterblichkeit / bist Du ganz mein.« Der Grabstein mit Rings Versen wurde im Märkischen Museum aufbewahrt, der Name von Kleists Gefährtin wurde niemals vermerkt. Ernst Moritz Arndt besuchte das Grab im Oktober 1814 und pflückte sich »einige Stengelchen Quendel«, 1889 weilte Fontane mit seiner Tochter Anna hier und berichtet darüber im Kapitel »Fünf Schlösser« seiner »Wanderungen durch die Mark Brandenburg«. Er fand »einen abgestumpften Obelisken aus älterer und einen pultartig zugeschrägten Marmor aus neuerer Zeit«. Rainer Maria Rilke suchte das Grab mehrmals auf: *»Damals wars noch eine Wildnis herum, obwohl die Bahn nahe vorübergeht, ein Kreuz von der Sorma war dort, aber das Gitter rostete in der Vergangenheit . . .«*, schreibt er an Fürstin Maria von Thurn und Taxis. In sein Taschenbuch notiert er: *»Wir sind keiner klarer oder blinder, / wir sind alle Suchende, du weißt, –*

/ und so wurdest du vielleicht der Finder, / ungeduldiger und dunkler Kleist . . .« Auch Georg Heym gehörte zu den Besuchern des Grabes. In jüngerer Zeit siedelt Alfred Andersch die elterliche Wohnung des Helden seines Romans »Efraim« (1967) im Hause Bismarckstraße 12 an und schildert einen Besuch des Kleistgrabs in unseren Tagen. Durch den Forst von Dreilinden gelangt man nach der an der Grenze zur DDR gelegenen Siedlung

Kohlhasenbrück Hier soll unter der Bäkebrücke der Berliner Roßhändler Hans Kohlhase, der Held in Heinrich v. Kleists Erzählung »Michael Kohlhaas« (1810), einen Silbertransport überfallen und die Beute versenkt haben. Seine Hinrichtung verhinderte die spätere Bergung des Schatzes. Nach Kleist besaß Kohlhaas »in einem Dorf, das noch von ihm den Namen führt, einen Meierhof«.

Zwölfter Spaziergang: Wilmersdorf

». . . Gestern war ich nach so langer Zeit wieder einmal in einem Dorfe. Der Frühling ist schön, und ich muß Lerchen hören, und die singen auch über dem Sandboden, in dem sich's freilich schwer geht. Ich war in Wilmersdorf, einem Taglöhner-Orte in meiner Nachbarschaft; der Weg durch die Saaten that mir gar wohl, ich saß eine Stunde lang unter einem Weidenbaume am Wegraine, und das war eine glückliche Stunde, ich konnte doch wieder einmal in die Unendlichkeit hinein träumen. Im Dorfe hörte ich doch auch wieder einmal ein lebendiges Huhn gackern, sah lebendige Gänse und Schweine; man vergißt in Berlin ganz, daß Derartiges auch lebt, man sieht es immer nur gebraten. Man sollte nicht spotten über die übertriebene Naturbegeisterung der Berliner, wenn sie hinauskommen; wenn man in dieser künstlich gemachten Stadt lebt, erscheint alle Natur, das Alltäglichste wie ein Wunder. Im Dorfe ist, wie in Norddeutschland fast immer, das Rittergut die Hauptsache, es ist stattlich in Viehstand und Maschinen«, schreibt Berthold Auerbach, der Autor der »Schwarzwälder Dorfgeschichten«, am 10. April 1863 seinem Freunde Jakob Auerbach. Auch Fedor von Zobeltitz schildert das ländliche Wilmersdorf als einen »Vorort, wenig bebaut, reich an feuchten Wiesen-Erlen und Akazienwäldchen, untermischt mit Ackerland für Kartoffeln und Rüben, eines der vielen Ziele, wenn der Berliner ›ins Jrüne‹ wollte«.

1906 erhielt der Ort Stadtrechte, 1920 wurde er zusammen mit den Landgemeinden Schmargendorf und Grunewald in die Reichshauptstadt eingemeindet.

Rankeplatz Hier hatte zu Beginn der dreißiger Jahre August Scholtis, der »Herr aus Bolatitz«, seine erste eigene Wohnung. In seinen Erinnerungen schreibt er: *»Aus zurückgelassenen Möbeln meiner Freundin gelang es mir, eine eigene Wohnung einzurichten, zur Hälfte allerdings mit einer alten Dame und früheren Zimmerwirtin meiner Freundin. Einige Regale verschaffte mir meine Freundin beim Tischler Irrgang, der auch für Bert Brecht arbeitete, wie sie betonte. Mein Wohnhaus gehörte der Karlsruher Lebensversicherungsbank und war am Rankeplatz gelegen, schräg gegenüber dem Westsanatorium. In diesem Haus existierte die ›Roxibar‹, wo viele Nazigrößen zu verkehren pflegten. Nachdem ich im Mai 1933 eine schriftliche Aufforderung der neugegründeten Reichsschrifttumskammer eindeutig ablehnte, eine Sympathieerklärung für Adolf Hitler zu unterzeichnen, reagierte man postwendend mit dem Schreibverbot. Darum machte* *ich mir bei meiner Romanarbeit keine Illusionen. Vielmehr nährte ich aufgrund meines selbständigen Wohnverhältnisses mehr und mehr die Absicht, den Beruf zu wechseln. Ich fühlte mich stark genug, binnen kurzem mein Klavierspiel genügend zu vervollkommnen, um in einem Tanzlokal Klavierspieler zu werden. Soweit es die Räumlichkeit betraf, war das kein Problem, sich ein altes Klavier zu mieten, ich zögerte damit nur, weil ich nicht wußte, ob ich die Monatsmieten regelmäßig aufbringen könne . . .«*

Mit dem Ausbau der Lietzenburger Straße zwischen dem Rankeplatz und der Nürnberger Straße verschwand die Achenbachstraße. Hier wohnte viele Jahre lang im Hause Nr. 2 der zu seiner Zeit namhafte Dichter und Jugendschriftsteller Victor Blüthgen (1844–1926), kurzfristig Schriftleiter der »Gartenlaube«, mit seiner Frau Clara, die sich auch als Schriftstellerin betätigte. Im Hause Nr. 14 bewohnte um 1920 Carl Zuckmayer ein möbliertes Zimmer.

Nürnberger Platz Der am 19. August 1895 in Wien als Sohn des Gymnasialprofessors und Schriftstellers Ferdinand Bronner geborene expressionistische Dramatiker und Erzähler, der sich Arnolt Bronnen nannte, kam 1920 nach Berlin, wo er zunächst als Verkäufer im Warenhaus Wertheim arbeitete. Ende 1921 traf er Bert Brecht, mit dem er eine Arbeitsgemeinschaft bildete und Freundschaft schloß. Er mietete zuerst in der Regensburger Straße eine Unterkunft, wechselte dann in die Grunewaldstraße, wo er in der Wohnung der Schauspielerin Dagny Servais eine Bleibe fand, zog dann in die Passauer Straße und von dort im Herbst 1923 in eine eigene Wohnung im dritten Stock des Hauses Nürnberger Platz 3. Von seinen Fenstern konnte er »in die Schräge von Helene Weigels Atelierfenster« sehen. ». . . auch an jener Stelle steht heute kein Stein mehr auf dem andern«, notiert er in seinen Erinnerungen. Nachdem er 1926 Mitarbeiter und 1928 Dramaturg des Berliner Rundfunks geworden war, schwenkte er von der politischen Linken zum Rechtsradikalismus über, brach mit seinen Freunden Brecht und Becher und schloß nach dem Erscheinen seines faschistischen Romans »O. S.« (1929), einer Erzählung von den Kämpfen um den Annaberg in Oberschlesien, mit dem Berliner »Gauleiter« Joseph Goebbels Freundschaft. Um 1930 zwang er seine Mutter, schriftlich zu bekennen, daß er nicht der Sohn ihres Mannes, sondern unehelich und »arischer Abstammung« sei. Vom Nürnberger Platz übersiedelte er um 1930 in die Helmstedter Straße.

Schaperstraße Im Hause Nr. 2–3 hatte Heinrich Mann im Jahre

1931 eine Wohnung. Gemeinsam mit seinem Freund Wilhelm Herzog durchstreifte er die Elendsquartiere Berlins, das Scheunenviertel, die Hinterhöfe um den Stettiner Bahnhof und die Warschauer Straße. Zu seinem 60. Geburtstag fand in der Akademie der Künste eine Feierstunde statt, in der Gottfried Benn die Geburtstagsrede hielt. Zwei Jahre später war der Jubilar bereits des Landes verwiesen und verfemt. »Der Festredner . . . sympathisierte mit denen, die ihn ausbürgerten«, so Wilhelm Herzog, der Benn den »Medizyniker« nennt, in seinen Erinnerungen »Menschen, denen ich begegnete« (1959).

Im Hause Nr. 4 hatte Else Lasker-Schüler, die auffällig oft ihr Domizil wechselte, im Jahre 1914 eine Unterkunft.

Spichernstraße Im Hause Nr. 8/9 wohnte Ernst Toller eine Zeitlang im Jahre 1927. Nach dem Bestehen der ersten juristischen Staatsprüfung im Februar 1911 löste sich Georg Heym vom Elternhaus in der Neuen Kantstraße und bezog im Hause Nr. 14 bei der Witwe Kleinert ein möbliertes Zimmer. Bereits einen Monat später kehrte er in den Schoß der Familie zurück.

Anfang September 1924 trennte sich der am 10. Februar 1898 in Augsburg als Sohn des kaufmännischen Angestellten Berthold Friedrich Brecht und seiner Ehefrau Sofie Brezing geborene Schriftsteller Bertolt Brecht von München und von seiner Frau, der Wiener Schauspielerin Marianne Zoff, die er am 3. November 1922 geheiratet und die ihm vier Monate später eine Tochter Hanne geschenkt hatte, und ging nach Berlin. Helene Weigel, die schon früher in die Hauptstadt gekommen war, überließ ihm ihre Atelierwohnung im Hause Nr. 16 und zog mit ihrem Sohn Stefan in die Babelsberger Straße. Brecht betätigte sich neben Zuckmayer als dramaturgischer Mitarbeiter am Deutschen Theater Max Reinhardts und traf sich mit ihm im Künstlerlokal bei Schwannecke und mit Bronnen und Neher bei Aschinger. In literarischen Kreisen der Hauptstadt erregte er mit dem »Profil eines Jesuiten, der Drahtbrille eines Oberlehrers, dem kurzgeschorenen Haar eines Sträflings und der zerschlissenen Lederjacke eines alten Parteibolschewisten« – so beschreibt ihn Willy Haas – allgemeines Aufsehen. Harry Graf Keßler, der ihn am 30. Oktober 1928 bei Piscator kennenlernte, charakterisiert ihn: »Auffallender Dekadentenkopf, fast schon Verbrecherphysiognomie . . . fast typisch Ganove«, doch »ein ›Kopf‹, wenigstens äußerlich, und nicht unsympathisch (wie Bronnen)«. 1927 erschien seine »Hauspostille«, ein Band lyrischer Gedichte. Der einmalige Erfolg der Uraufführung der »Dreigroschenoper« am 31. August 1928 im Theater am Schiffbauerdamm machte den Namen des Dichters in der gesamten Welt bekannt. Im November 1928 nahm er sich eine größere Wohnung in der Hardenbergstraße.

Regensburger Straße Im Wintersemester 1908/09 wohnte Robert Musil im Hause Nr. 15. Am 27. Februar 1908 hatte er an der Friedrich-Wilhelms-Universität sein Doktorexamen abgelegt.

Nachodstraße Zu Beginn des Jahres 1928 bezog Arno Holz mit seiner Frau Anita eine Wohnung im Hause Nr. 9. Mitte August ging er zur Heilung seiner Albuminose in die Steiermark und dann nach Wien. Am 26. Oktober 1929 starb der immer mehr vereinsamte, sich selbst überschätzende und rechthaberische Dichter und Ehrendoktor der Universität Königsberg, der bis zu seinem Tode mit der Verleihung des Nobelpreises, zu dem er fünfmal vorgeschlagen war, rechnete, in seiner Wohnung in Berlin. Nach einer Trauerfeier, die die Preußische Akademie der Künste im Krematorium Wilmersdorf veranstaltete, wurde er provisorisch in einem Kindergrab auf dem Friedhof an der Dorfkirche Schöneberg bestattet und 1933 in ein Ehrengrab der Stadt Berlin auf dem Friedhof an der Heerstraße übergeführt. Aus dem gebürtigen Ostpreußen war ein Dichter Berlins geworden; die Mehrzahl seiner Werke sind mit der Hauptstadt verbunden, Gedichte wie »Berliner Himmelfahrtstag – auf den Grunewald«, »Brücke am Zoo« und »Tiergarten« sprechen von der Liebe zu seiner Wahlheimat.

Seit Ende 1912 wohnte der Student Kurt Tucholsky, der im Jahr 1911 mit erlangter Volljährigkeit aus dem Judentum ausgetreten war, im Hause Nr. 12. 1912 war sein »Bilderbuch für Verliebte – Rheinsberg« erschienen, und im selben Jahr eröffnete er mit dem Grafiker Kurt Szafranski eine berühmt gewordene »Bücherbar« am Kurfürstendamm. Im Februar 1915 promovierte er in Jena zum Doktor der Jurisprudenz. Von 1915 bis 1918 war er Soldat, als Vizefeldwebel kehrte er in die Heimat und in die Nachodstraße zurück. An Mary Gerold schreibt er: »*Auf den Straßen ist es ganz ruhig – aber die Stadt hat das Aussehen einer ärmlichen Provinzstadt; sie sieht aus wie ein Wartesaal vierter Klasse und ist nicht mehr zum Wiedererkennen.*« Er übernahm die Redaktion des »Ulk« und schrieb für die »Weltbühne« und andere Zeitungen. Am 3. Mai 1920 heiratete er die Studentin der Medizin Else Weil, die er als Claire in »Rheinsberg« poetisch verklärt, und bezog mit ihr in der Kaiserallee eine Wohnung.

Prager Straße Die angegebenen Hausnummern entsprechen der ursprünglichen Numerierung. Sie begann auf der rechten Seite an der Nachodstraße und führte vom Prager Platz zur Nachodstraße auf der gegenüberliegenden Seite zurück. Das jetzige, 1930 eingeführte System beginnt ebenfalls an der Nachodstraße und behält die ungeraden Zahlen der östlichen, die geraden der westlichen Seite vor. Im Jahre 1959 wurde der Straßenabschnitt zwischen Geisberg- und Nachodstraße in Grainauer Straße umbenannt.
Im ersten Jahrzehnt unseres Jahrhunderts wohnte der Erzähler und Dramatiker Wilhelm Meyer-Förster im Hause Nr. 2. 1886 hatte er als Student unter dem Pseudonym Gregor Samarow den satirischen Roman »Die Saxo-Saxonen« veröffentlicht, der ihm die erste Anerkennung verschaffte. 1890 heiratete er die Schriftstellerin Elsbeth Blasche und ging mit ihr nach Paris. In Paris entstand der Roman »Alltagsleute« (1897), in dem er die bürgerliche Gesellschaft der wilhelminischen Zeit schildert; 1893 errang er seinen größten Erfolg mit der Dramatisierung seines sentimentalen Romans »Karl Heinrich« (1899), die unter dem Namen »Alt Heidelberg« (1903) als Schauspiel, Singspiel, Revue, Film und Tonfilm die Zuschauer weltweit zu Tränen rührte. Außer Riesentantiemen brachte ihm das Theaterstück die Ehrenbürgerschaft der Stadt Heidelberg ein. 1898 kam er nach Deutschland zurück. Seine mehr und mehr fortschreitende Erblindung und der Tod seiner Frau belasteten den Rest seiner Tage. Von der Prager Straße übersiedelte er im Jahre 1910 in sein Landhaus in der Beymestraße.
Der überaus erfolgreiche Unterhaltungsschriftsteller Rudolf Herzog, der von 1890 bis 1893 in Berlin Philosophie studiert hatte, lebte von 1899 bis 1905 wieder in der Reichshauptstadt. Im Hause Nr. 11 hatte er seine Wohnung. Als Sohn eines Buchbindereibesitzers am 6. Dezember 1869 in Barmen geboren, war er, nachdem er kurze Zeit gezwungenermaßen als Farbentechniker gearbeitet hatte, bis 1903 als Feuilletonleiter bei den »Berliner Neuesten Nachrichten« tätig und schrieb nebenbei seine Erfolgsromane »Die vom Niederrhein« (1903) und »Die Wiskottens«, die Geschichte einer Bonner Industriellenfamilie. Der »Leihbibliotheksdichter«, wie ihn Tucholsky in einem vernichtenden Essay nennt, der den aufkommenden Nationalsozialismus enthusiastisch begrüßte und nicht nur von seinen Vertretern gern gelesen wurde, erzielte eine Gesamtauflage von über sieben Millionen Büchern, die »Herrenmenschen« seiner Romane fanden den Beifall seiner Leser. Mit seinem Roman »Die Stoltenkamps und

ihre Frauen« (1917), der Geschichte des Kruppschen Hauses, konnte er noch einmal Riesenauflagen erzielen.
Nachdem Erich Kästner im September 1927 zusammen mit Erich Ohser wegen des Gedichts »Nachtgesang des Kammervirtuosen«, das zufällig im hundertsten Todesjahr Beethovens in der »Plauener Volkszeitung« erschienen und die Konkurrenzpresse wegen des »frevelhaften« Inhalts auf den Plan rief, fristlos entlassen worden war, gingen die beiden nach Berlin. Erich Ohser hieß eigentlich E. O. Plauen, illustrierte Kästners Bücher und nahm sich in einem Nazi-Zuchthaus das Leben. Kästner mietete sich im zweiten Stock des Hauses Nr. 17 bei der Witwe Gertrud Ratkowski ein möbliertes Zimmer. *»Berlin war damals die interessanteste Großstadt der Welt, und wir bereuten den Tausch keine Stunde. Wir entdeckten Berlin auf unsere Weise und berichteten davon in illustrierten Reportagen, die uns die Provinzpresse abkaufte. Wir saßen täglich stundenlang in unserem Café (= Café Carlton) am Nürnberger Platz und erfanden politische und unpolitische Witze, die Ohser graphisch umsetzen konnte«*, erinnert sich der promovierte Lyriker und Verssatiriker. Mit seinem grauen Hut, einen hellen Regenmantel über dem Arm und einem auch bei Regen meist eingerollten Schirm gehörte er bald zu den bekanntesten Persönlichkeiten der Berliner literarischen und publizistischen Kreise. Sein erster Gedichtband »Herz auf Taille« (1927) machte ihn über Nacht weit über die Hauptstadt hinaus berühmt. Im Herbst 1931 zog er in eine eigene Wohnung in der Roscherstraße.
Der am 20. Juni 1868 als Sohn eines Geheimen Justizrats, Rechtsanwalts und Notars in Elberfeld geborene promovierte Jurist Walter Bloem, der sich als Rechtsanwalt in Barmen niedergelassen hatte und sich nebenbei als Schriftsteller betätigte, gab nach dem Erfolg seines Schauspiels »Caub« (1904) den Beruf auf und übersiedelte als freier Schriftsteller mit seiner Frau, der Tochter eines Reichsbankdirektors, nach Berlin, wo er einige Semester studiert hatte. Bis 1909 hatte er im Hause Nr. 26 eine Wohnung. Die Adresse des Hauses wäre heute Grainauer Str. 19. Hier entstand eine Reihe von Studentenromanen, so »Der krasse Fuchs« (1906). Von hier zog er in die Luisenstraße in Schlachtensee.

Prinzregentenstraße Kurz vor dem Kriege übersiedelte Günter Eich von der Landgrafenstraße in eine Wohnung im Hause Nr. 96. Er war sechs Jahre lang Soldat und kam in amerikanische Gefangenschaft. Nach seiner Entlassung im Jahre 1946 ließ er sich in Geisenhausen bei Landshut nieder, ging dann nach seiner Heirat mit der österreichischen Lyrikerin Ilse Aichinger im Jahre 1953 nach Lenggries und endlich nach Bayerisch Gmain, wo seine Witwe noch heute lebt. 1947 trat er als einer der ersten Schriftsteller der »Gruppe 47« bei, deren Preis er 1950 erhielt. In den folgenden Jahren erreichte er mit seinen über zwanzig Hörspielen den Gipfel seines Schaffens und Ruhms. 1948 erschien sein lyrisches Hauptwerk »Abgelegene Gehöfte«, das die Lebenshaltung der Nachkriegsgeneration widerspiegelt, ein Jahr danach kam die Gedichtsammlung »Untergrundbahn« heraus. 1958 publizierte er seine Prosaskizzen »Maulwürfe« mit dem schwermütigen Lied auf Niederschönhausen. Wenige Wochen vor seinem 66. Geburtstag starb er nach zwei Herzinfarkten am 20. Dezember 1972 in einem Sanatorium in Salzburg.

Güntzelstraße Im Hause Nr. 3 hatte Egon Erwin Kisch mit seiner Frau Gisel Liesner seine letzte Wohnung in Berlin, in der es, wie Pem sich erinnert, stets mehr Gäste als Stühle gab und man auf der Erde sitzen mußte. Nach seinen Besuchen im »Romanischen Café« pflegte er seine Freunde zu einem nächtlichen Kaffee einzuladen, für dessen Zubereitung Liesel, wie seine Frau genannt wurde, in Berliner Literatenkreisen berühmt war. In der Nacht nach dem Reichstagsbrand wurde er von den Nazis verhaftet und in das Spandauer Gefängnis verbracht. Auf Intervention der tschechoslowakischen Regierung mußte er zwei Wochen später entlassen und abgeschoben werden. Seine Bücher landeten als Werke eines »Asphaltliteraten« auf dem Scheiterhaufen. Nach Emigrationsjahren in Mexiko kehrte der »rasende Reporter«, der zeitlebens eine ambivalente Beziehung zum Kommunismus hatte, im Juni 1946 in die tschechoslowakische Hauptstadt zurück. Hier wurde er fünf Wochen nach dem Machtantritt der Kommunisten zum Stadtrat gewählt, und hier starb er am 31. März 1948, nachdem er in der sowjetischen Botschaft zuviel Gänsebraten gegessen hatte, wie Hermann Kesten gehässig vermerkt. Seine Leiche wurde im Pantheon des Prager Museums aufgebahrt und auf dem Ehrenfriedhof, dem sagenumwobenen Vysehrad, bestattet, auf dem auch Jan Neruda (†1891), Anton Dvořák (†1904) und Karel Čapek (†1925) ihre Gräber gefunden haben. Bevor André Gide nach Moskau reiste, hielt er ihn für den größten lebenden Dichter. Als er 1936 aus Moskau enttäuscht zurückkehrte, nannte er ihn einen »koketten, vergreisten Bourgeois«. Seine Hinterlassenschaft beläuft sich auf 30 Bände Reportagen, Erzählungen, einen Roman und einige Theaterstücke.

Helmstedter Straße Um 1930 mietete der inzwischen zum Rechtsradikalen gewordene Schriftsteller Arnolt Bronnen mit seiner Frau, der Tochter eines hohen Kosakenoffiziers, die er 1929 geheiratet und die ihn mit Goebbels bekannt gemacht hatte, eine Wohnung im Hause Nr. 6. Zu dieser Zeit bemühte er sich als Dramaturg des Berliner Rundfunks um die weitere Gestaltung des Hörspiels. 1933 wurde er Dramaturg am Rundfunk und Programmleiter des Deutschen Fernsehens. Aus »rassischen« Gründen erhielt er 1936 trotz des mütterlichen Bekenntnisses seiner unehelichen Geburt Berufs- und Publikationsverbot und zog nach Kladow. 1944 wurde er wegen Hochverrats inhaftiert und beim Zusammenbruch von amerikanischen Truppen befreit. Nach Kriegsende bekannte er sich zum Kommunismus, ging zunächst nach Österreich und ließ sich 1955 in Ost-Berlin nieder. Im Hause Nr. 24 wohnte bis zu ihrer Emigration im Jahre 1933 die Schriftstellerin Anna Seghers. Als Netty Reiling am 19. November 1900 in Mainz geboren, studierte die Tochter eines wohlhabenden Kunsthändlers in Heidelberg und Köln Kunst- und Kulturgeschichte sowie Sinologie, promovierte 1922 mit einer Arbeit über »Jude und Judentum im Werke Rembrandts«, heiratete 1925 den aus Ungarn geflohenen Gesellschaftswissenschaftler Dr. Laszlo Radvanyi, der sie in die kommunistische Ideologie einführte, und ging als freie Schriftstellerin nach Berlin. Hier erhielt sie für ihre ersten beiden Erzählungen »Grubetsch« und »Der Aufstand der Fischer von St. Barbara«, die sie mit dem Namen des niederländischen Malers und Zeitgenossen Rembrandts Seghers ohne Vornamen signierte, den Kleistpreis des Jahres 1928. In ihrer ersten Erzählung »Die Toten auf der Insel Djal« erklärt sie den Grund für die Wahl ihres Pseudonyms. Im selben Jahr trat sie der KPD bei. 1933 emigrierte sie mit ihren beiden Kindern über Frankreich nach Mexiko, ihre Bücher wurden verboten und verbrannt. Mit ihrem in viele Sprachen übersetzten Roman »Das siebte Kreuz« (1942), dessen Manuskript ein Pariser Lehrer während der deutschen Okkupation versteckte und so rettete, wurde ihr Name in der ganzen Welt berühmt. 1947 ließ sie sich in Ost-Berlin nieder.

Jenaer Straße Carl Ludwig Schleich hatte im ersten Stock des Hauses Nr. 5 seine letzte Wohnung. Hier entstanden seine vielgelesenen Werke über die Grenzprobleme zwischen Medizin und Psychologie, vor allem aber seine Lebenserinnerungen, die er ein Jahr vor seinem Tode unter dem Titel »Besonnte Vergangenheit« herausgab und die mit ihren Riesenauflagen zu einem der größten Bucherfolge wurden. Am 7. März 1922 starb er im 63. Lebensjahr – nicht zuletzt an seiner übermäßigen Neigung zum Alkohol. In Stahndorf wurde er bestattet.

Babelsberger Straße Im Hause Nr. 13 hatte der am 19. Februar 1881 im westpreußischen Briesen als Sohn eines Landschullehrers geborene Lyriker, Dramatiker und Übersetzer Paul Zech in den zwanziger Jahren eine Wohnung. Er kam nach Studium und zweijähriger Arbeit als Bergarbeiter in den Gruben des Ruhrgebiets, Frankreichs und Belgiens, der er sich aus sozialem Engagement unterwarf, nach Berlin. Hier ließ er sich als Kommunalbeamter nieder, betätigte sich aber in erster Linie literarisch. Mit Dehmel, Heym und Stefan Zweig war er freundschaftlich verbunden, seine Jugendfreundin Else Lasker-Schüler huldigt ihm in einem Gedicht: »Paul Zech schreibt mit der Axt seine Verse / Man kann sie in die Hand nehmen / so hart sind sie.« Ihr widmet er die »Terzinen für Thino« (1932).

Das Haus Nr. 49 trägt eine Gedenktafel für Engl, Massolle und Vogt, die hier den Tonfilm ins Leben riefen. Nach jahrzehntelangem Wanderleben – so als Clochard in Paris –, immer das Manuskript seines »Nordlicht« in drei dicken Paketen bei sich, kehrte Theodor Däubler 1926 schwerkrank nach Berlin zurück, wo er sich als Kunstkritiker am Börsen-Courier und freier Mitarbeiter an einigen Zeitschriften betätigte. Im dritten Stock des Gartenhauses Nr. 50 hatte er eine Wohnung. Im Frühling 1932 erlitt er einen Schlaganfall, ein Jahr darauf mußte seine Schwester Edith Bell den lungenkranken Junggesellen in ein Sanatorium in St. Blasien begleiten, in dem er im Alter von 58 Jahren mittellos und einsam am 13. Juni 1934 starb. Sein gewaltiges Lebenswerk hat kaum ein Echo gefunden. Auf dem Friedhof Heerstraße wurde der »Mittelmeermensch« bestattet.

Im September 1924 überließ Helene Weigel ihre Atelierwohnung in der Spichernstraße Bert Brecht, dem sie am 23. September 1922 bei der Premiere von »Trommeln in der Nacht« in München zum erstenmal begegnet war, und mietete Anfang 1925 eine Wohnung im Dachgeschoß des Hauses Nr. 52. Am 3. November 1924 war Stefan, ein Sohn Brechts, zur Welt gekommen. Nach seiner Scheidung von Marianne Zoff im November 1927 heiratete sie Brecht und zog mit ihm in die Hardenbergstraße.

Prinzregentenstraße Nachdem sich Walter Benjamin von seiner Frau getrennt hatte, kam er zunächst bei Freunden in Grünau unter und mietete sich im Spätherbst 1930 eine eigene Wohnung im Hause Nr. 66. Hier entstanden seine autobiographischen Prosaminiaturen »Berliner Kindheit um 1900«. Diese Skizzen erschienen einzeln seit

1932 in der Vossischen und Frankfurter Zeitung. 1950 wurden sie zum erstenmal geschlossen publiziert. Im März 1933 floh Benjamin vor den nationalsozialistischen Machthabern und ließ einen Teil seiner umfangreichen Bibliothek, »deren Wert weniger in ihrer Größe als in ihrer Exklusivität« bestand, wie sein Freund Brecht sagt, in Berlin zurück. Der zweite Teil mit den seltensten Ausgaben der Barockliteratur gelangte noch nach Paris, wo er im Jahre 1940 der Gestapo in die Hände fiel und für immer verschwand. Nach dreimonatiger Internierung in Nevers konnte Benjamin vor den einrückenden deutschen Truppen nach Südfrankreich fliehen, wurde aber beim Versuch, die spanische Grenze zu überschreiten, von der französischen Polizei mit weiteren Flüchtlingen in Port Bou zurückgehalten. Die Gruppe durfte in der »Fonda España« übernachten und wurde angewiesen, am nächsten Tage das Grenzgebiet zu verlassen. In einem Zimmer des bescheidenen Gasthofs nahm sich Walter Benjamin aus Furcht vor einer Auslieferung an die Deutschen in der Nacht zum 7. September 1940 das Leben und wurde in der Zelle 563 des Columbarien-Friedhofs bei Port Bou bestattet. Die Überreste des Philosophen ruhen heute im Beinhaus des Friedhofs. Sein Bruder starb in einem Konzentrationslager, seine Schwägerin Hilde überlebte das Vernichtungslager und war eine Zeitlang Justizminister in der DDR.

Bernhardstraße Hildegard Knef wohnte als junges Mädchen mit ihrer Mutter und ihrem Stiefvater, »Herrn Wulfestieg«, bis zur Zerstörung des Mietshauses durch Bomben in der Bernhardstraße. In ihren Memoiren widmet sie der merkwürdig verlaufenden Straße, die heute zum Teil einer Umgehungsstraße Platz machen mußte, ein liebevolles Gedenken: »*Die Bernhardstraße war ein Hufeisen ohne Rundungen, ein Quadrat mit drei Schenkeln, eine Straße, die nach drei Himmelsrichtungen ging: nach Süden, nach Osten, nach Westen. Das unvollständige Quadrat wurde im Norden durch die Wexstraße vervollständigt. Die Wexstraße war eine laute, eine großstädtische Straße und lief vom Kaiserplatz bis zum Innsbrucker Platz. Die Bernhardstraße war Fußballplatz, Radrennbahn, ein Dorf mit achtzehn vierstöckigen Häusern. Wir wohnten erst Nr. 5 in zwei Zimmern, einige Jahre später Nr. 6 in vier.*« An der Ecke der Süd- und Westseite, gegenüber vom Eingang zum S-Bahnhof Wilmersdorf, lag die »Besohlanstalt« ihres Stiefvaters. Der Umzug von Nr. 5 erfolgte nach Zerstörung des Hauses in der Silvesternacht 1943/44. Auch die zweite Wohnung fiel den Bomben zum Opfer.

Bundesallee Nachdem Georg Hermann eine Anstellung als Kunstkritiker beim Ullstein-Verlag gefunden hatte, heiratete er im Jahre 1901 die Professorentochter Martha Heynemann und bezog eine Wohnung im Hause Nr. 108 der Kaiserallee, die seit dem 18. Juli 1950 Bundesallee heißt. Den Charakter seiner Wohnung bestimmten Biedermeiermöbel aus Familienbesitz, Kunstgegenstände und Antiquitäten, die er in »Jettchen Gebert« schildert. Über seinem Schreibtisch hing, wie in jeder seiner vielen Wohnungen, eine von Liebermann geschaffene Lithographie Theodor Fontanes. Hier wurden dem Schriftsteller vier Töchter geboren, deren erste elf Monate nach der Geburt starb: ». . . der härteste Stein, der auf ein Menschenherz fallen kann, hat auf mein Herz geschlagen . . .« Während seiner schriftstellerischen Arbeit »krabbeln«, wie seine Tochter Hilde später in der Emigration in Holland schreibt, »seine Kinder unter und auf seinem Schreibtisch herum«. 1906 erschien sein Erfolgsroman »Jettchen Gebert«, die Liebesgeschichte einer jungen Jüdin aus der Biedermeierzeit, die als Vollwaise im Hause ihres reichen Onkels Salomon und ihrer Tante Riekchen, Gestalten aus dem Familienkreis des Autors, in der Klosterstraße aufwächst. Drei Jahre später veröffentlichte er die Fortsetzung »Henriette Jacoby«. 1906 übersiedelte er mit seiner Familie für kurze Zeit in die Berliner Straße.
Im November 1920 bezog Kurt Tucholsky mit der Studentin der Medizin Else Weiß, die er am 3. Mai 1920 geheiratet hatte, eine Wohnung im Hause Nr. 79. »Meine Gattin Gemahlin läßt danken«, beantwortet er Grüße, die Freunde ihr und ihm schickten. Und er scheint glücklich zu sein: »Berlin spielt Sommer – so mit heißem Wind und Gestank und Rauschen in den getrockneten Pferdeäpfeln – kurz: hervorragend. Und ick immer mittendrin«, heißt es in einem Brief vom 9. Juli 1923. Doch schon im Sommer 1924 kam es zur Trennung, Tucholsky verließ die Wohnung und mietete in der Windscheidstraße eine Junggesellenunterkunft. Else Weiß, die ihr Studium inzwischen abgeschlossen hatte, wurde von den Nationalsozialisten ermordet. Von der Wohnung ihrer Eltern zog Marlene Dietrich mit ihrem Mann, dem Aufnahmeleiter Rudolf Sieber, den sie am 17. Mai 1923 geheiratet hatte, und ihrer Tochter Heide in den obersten Stock des Hauses Nr. 54. »Ihrem Haus gegenüber lag ein winziger Park, in dem sie mit . . . der kleinen Heidele spazierenging. Sie beugte sich zu dem Kind herab, drückte es an sich und küßte es. Und das Kind sagte so etwas wie ›Laß mich los, du alte Ziege‹«, berichtet ihr Biograph Charles Higham. Nach dem Erfolg als »fesche Lola« in dem nach

Heinrich Manns Roman »Professor Unrat« von Zuckmayer geschriebenen Film »Der blaue Engel«, der sie und den Autor des Romans weltberühmt machte, verließ sie im April 1930 Deutschland aus Protest gegen den aufkommenden Nationalsozialismus. Nach Kriegsende kehrte sie an der Spitze der französischen Ehrenlegion durch den Arc de Triomphe nach Europa zurück.
An der Ecke Bundesallee/Berliner Straße stand die im Wartburg-Stil erbaute Villa des Warenhausbesitzers Hermann Tietz, dessen literaturinteressierte Frau Ernst Toller verehrte und unterstützte. Als das Ehepaar eine dreiwöchige Reise unternahm, bot sie dem Dichter, der nach seiner Entlassung aus der Festungshaft äußerst dürftig in der benachbarten Spichernstraße untergekommen war, an, während ihrer Abwesenheit sich der angenehmen Atmosphäre ihres Hauses zu erfreuen. Toller nahm das Angebot mit Begeisterung an und lud seinen Freund Walter Hasenclever ein, der als Untermieter in der Albrecht-Achilles-Straße wohnte, ihm hier Gesellschaft zu leisten. Wie Walther Huder berichtet, verführten die goldumrandeten und gehämmerten Einladungskarten des Hausbesitzers die Freunde, eine Party zu veranstalten, zu der sie die Hautevolee des Berliner Westens baten und bei der sie Sekt und Kartoffelpuffer, die sie selbst brieten, servieren ließen. Die Party fand ein allzu frühes und fürchterliches Ende, da sie als Bratfett Rizinusöl verwandten.
Erdmann Graeser wohnte um 1912 im Hause Nr. 157.
Nach einer Verwundung als dienstuntauglich entlassen, kehrte Frank Thieß im September 1915 nach Berlin zurück, wo er seine Laufbahn als außenpolitischer Redakteur am »Berliner Tageblatt« begann. Er wohnte zunächst in einem verwanzten möblierten Zimmer am Kaiserplatz, dem heutigen Bundesplatz. Im November heiratete er und bezog mit seiner jungen Frau eine Wohnung im Hause Nr. 170 der damaligen Kaiserallee. Im Januar 1920 wurde die Ehe geschieden, und Thieß ging als Dramaturg und Regisseur nach Stuttgart. Im Jahre 1910 logierte der Doktor der Philosophie Robert Musil in einem Zimmer des Hauses Nr. 177. Seine Bemühungen, an einer Berliner Zeitung eine Stellung als Kritiker zu finden, blieben erfolglos. Mitte September ging er schweren Herzens mit seiner Verlobten Martha Marcovaldi, die in der Martin-Luther-Straße 68 wohnte und ein Jahr später seine Frau wurde, nach Wien zurück. In Wien erwartete ihn eine Stellung als Bibliothekar, die ihm sein Vater verschafft hatte. In einem Brief bezeichnete er sich mit dieser Lösung seiner wirtschaftlichen Lage »als endgültig unter die Räder gekommen«.

Drei Jahre später wurde ihm seine Tätigkeit unerträglich; er nahm das Wagnis auf sich, als freier Schriftsteller in Berlin zu leben.
Der aktive Oberstabsarzt und Dichter Dr. Gottfried Benn wurde im Sommer 1937 von Hannover »in die Stadt meines Lebens, meines Schicksals, meiner schönsten Jahre« versetzt und mietete im Hause Nr. 28 bei einer Frau von Zechau ein möbliertes Zimmer. Zum Jahresende fand er eine eigene Wohnung in der Bozener Straße. Der am 2. Januar 1910 als Sohn eines Rechtsanwalts in Berlin geborene Schriftsteller Ulrich Becher lebte um 1930 als Student zur Zeit seiner ersten Publikationen im Hause seiner Eltern im Hause Nr. 27. Seine Kurzgeschichten »Männer machen Fehler« verbrannten die Nazis. Dramatische Werke von ihm wurden in der Schweiz aufgeführt. In Wien heiratete er eine Tochter Roda Rodas. Er emigrierte nach Brasilien und kehrte nach dem Kriege nach Wien zurück. Als sein Hauptwerk gilt seine tragische Posse »Der Bockerer«, einer der größten Theatererfolge der Nachkriegszeit in Wien. Er lebt seit 1954 in Basel. Vor Beginn des Ersten Weltkriegs übersiedelte der Lustspielautor und Feuilletonist Dr. Oskar Blumenthal, der mit seinen Schwänken ein Vermögen verdient hatte, von der Roonstraße in das Haus Nr. 20. Hier starb er nach kurzer Krankheit am 24. April 1917. Auf dem Jüdischen Friedhof in Weißensee in der Lichtenberger Straße, der heutigen Herbert-Baum-Straße, fand er seine letzte Ruhestätte. Seine oft persönlichen und sarkastischen Theaterkritiken trugen ihm den Beinamen »Der blutige Oskar« ein. 1888 erbaute er das Lessing-Theater und leitete es zehn Jahre hindurch. Sowohl seine eigenen Lustspiele als auch die Stücke, die er auf seiner Bühne vorstellte, standen oft in auffälligem Gegensatz zu dem, was er in seinen Kritiken gefordert hatte. Berlinisch war sein Humor und die Schlagfertigkeit seines Witzes. Ludwig Fulda wohnte von 1912 bis 1914 im selben Hause. Von hier übersiedelte er in seine letzte Wohnung in der Miquelstraße.
In den Jahren 1906 bis zum Sommer 1908 wohnte Julius Bab im Hause Nr. 19. »Im zweiten Gartenhaus des mit mächtigen Karyatiden geschmückten Hauptbaus in der Kaiserallee 205« kam am 21. Dezember 1900 die Schriftstellerin Oda Schaefer als Oda Kraus zur Welt. »Meine Mutter lag noch im Wochenbett, als mein Vater eintrat und kurz sagte: ›Das Kind heißt Oda‹«, so die Lyrikerin und Erzählerin, die in erster Ehe mit dem Maler Schaefer-Ast verheiratet war, in ihren Lebenserinnerungen »Auch wenn du träumst, gehen die Uhren« (1970).

Der Komplex Bundesallee 1–12 wurde vom Joachimsthalschen Gymnasium eingenommen, das 1880 von der Burgstraße auf die »Wilmersdorfer Feldmark« und 1912 in das uckermärkische Städtchen Templin verlegt wurde. Im Jahre 1947 wurde es aufgelöst. Das Gymnasium verdankt seinen Namen der märkischen Stadt, in der es Kurfürst Joachim Friedrich zu Anfang des 17. Jahrhunderts gründete. Heute ist das Gebäude Sitz der Berliner Festspiele GmbH und weiterer Kulturinstitute. Im Januar und Februar 1927 logierte Robert Musil in der Pension Rinkel in der damaligen Kaiserallee 222. Am 16. Januar hielt er im Renaissance-Theater seine vielgerühmte Rede auf den Tod Rilkes.

Im selben Hause hatte der am 4. Juli 1868 in Frankfurt a.M. geborene Dichter Rudolf Presber in den zwanziger Jahren eine Wohnung. Er starb am 1. Oktober 1935 in seiner »Villa Eva« in der Saarmunder Chaussee in Rehbrücke bei Potsdam. Von Ende 1914 bis Anfang 1915 wohnte Otto Flake in der damaligen Kaiserallee in einer Pension, deren Inhaber sich mit »Herr Regierungsbaudirektor« anreden ließ. Der Haushalt lag in den Händen von »Tante Röschen mit Wattebäuschchen in den Ohren, die gelegentlich in den Suppenteller fielen«, wie er in seinen Erinnerungen »Es wird Abend« (1961) schreibt.

Schaperstraße Von seiner teuren Unterkunft in der Joachimsthaler Straße zog Leonhard Frank im Herbst 1910 in ein möbliertes Zimmer in der Schaperstraße »für fünfzehn Mark im Monat, die vorausbezahlt werden mußten«, was er indigniert und widerwillig zur Kenntnis nahm. »In Berlin schien das Leben nicht so warm und familiär behaglich zu sein wie in der Malerstadt München«, berichtet Michael Vierkant, sein anderes Ich, in seinem autobiographischen Roman »Links, wo das Herz ist« (1952). Im Café des Westens, »das er erst fünf Jahre später auf längere Zeit verließ«, lernte er Lisa, seine zukünftige Frau, kennen. Sie lebte äußerst bescheiden in einem möblierten Zimmer in Halensee. Um ihr näher zu sein, übersiedelte er von hier in die Katharinenstraße.

In der Wohnung des Schriftstellers Bernard von Brentano in der Schaperstraße 22 trafen sich im Februar 1933 Heinrich Mann, Johannes R. Becher, Bert Brecht, Leonhard Frank, Hermann Kesten und Ernst Glaeser, um zu beraten, wie man der nationalsozialistischen Regierung, »einer Kollektion sturer Nationalisten und Mörder«, Widerstand leisten könnte. Brentano, als Abkömmling der alten Dichterfamilie und Bruder des ehemaligen Außenministers am

15. Oktober 1901 in Offenbach/Main geboren, lebte nach seinem Studium von 1925 bis 1930 als Korrespondent der »Frankfurter Zeitung« in Berlin und wohnte im Hause Nr. 8. Mit kämpferischen Schriften, wie der Sozialreportage »Der Beginn der Barbarei in Deutschland«, zog er sich den Haß der Nationalsozialisten zu, die seine Bücher verboten und verbrannten und ihn in die Emigration trieben. 1949 kehrte er nach Deutschland zurück und ließ sich in Wiesbaden nieder, wo er am 29. Dezember 1964 starb. In der Emigration veröffentlichte er u.a. seine »Berliner Novellen« (1934), die Novelle »Prozeß ohne Richter«, die 1937 zum erstenmal in Amsterdam gedruckt und 1978 neu aufgelegt wurde, den Berliner Eheroman »Die ewigen Gefühle« (1939) sowie eine Biographie A. W. Schlegels (1943). 1979 inszenierte Klaus Gruber seine Erzählung »Rudi« im Hotel »Esplanade« in der Bellevuestraße; im selben Jahr zeigte das Fernsehen die achtteilige Serie »Theodor Chindler«, die Geschichte der Zerstörung einer großbürgerlichen Familie, nach seinem gleichnamigen Roman (1936).

Meierottostraße Im Hause Nr. 7 hatte Mascha Kaléko, die ihr Domizil oft wechselte, um 1933 eine Wohnung. Am 7. Juni 1907 im damals russischen Schidlow (heute Chrzanow) als Tochter eines russischen Vaters namens Fischel Engel und einer österreichischen Mutter geboren, kam sie als Kind nach Berlin und nach dem Besuch einer höheren Schule ohne Abschlußexamen in eine kaufmännische Lehre in der Auguststraße, wo sie sich nicht zuletzt durch perfekte Beherrschung der Berliner Sprache auszeichnete. Bald fand sie Kontakt zur literarischen Boheme des Romanischen Cafés. 1926 heiratete sie Dr. Saul Kaléko, Dozent für Hebräisch und Verfasser hebräischer Lehrbücher, von dem sie sich bald wieder trennte. Um 1930 erschienen ihre ersten elegisch-zynischen Großstadtgedichte in der Vossischen Zeitung und im Berliner Tageblatt, die von Polgar, Thomas Mann, Einstein und Hesse gerühmt wurden. 1933 und 1934 konnte noch »Das lyrische Stenogrammheft«, nach der Reclam-Ausgabe von Goethes Gedichten das zweite Buch auf der Bestsellerliste der deutschen Lyrik, und ihr »Kleines Lesebuch für Große« erscheinen. Sofort danach wurden ihre Bücher verboten. 1937 heiratete sie in zweiter Ehe den Dirigenten und Komponisten Chemjo Vinaver und emigrierte ein Jahr darauf mit ihm und ihrem Sohn in die Vereinigten Staaten, von wo sie 1966 nach Israel übersiedelte. Am 21. Januar 1975 starb die Lyrikerin, die »einst im preußischen Dichterwald, Abteilung für Großstadtlyrik, sang«, bei einem Aufenthalt in Zürich,

nachdem sie ihren Mann und ihren Sohn verloren hatte. Ihre letzten Jahre waren von Heimweh nach dem verlorenen Berlin erfüllt. In dem Gedicht »Wiedersehen mit Berlin« aus ihrem 1968 erschienenen Buch »Das himmelgraue Poesie-Album der Mascha Kaléko« besingt sie voller Sehnsucht die Stadt, in der sie ihre großen Erfolge hatte: »Wie vieles seh ich, das ich nicht mehr seh!«
In der Grünanlage zwischen Meierotto- und Schaperstraße wurde im Jahre 1966 zum 20. Todestag Gerhart Hauptmanns und zum Gedenken an den Schriftsteller der Neuguß seines Bronzebildnisses von Fritz Klimsch eingeweiht und die Parkanlage auf seinen Namen getauft. Im Bodenplattenbelag der Büste steht das Wort aus »Florian Geyer«: »Der deutschen Zwietracht mitten ins Herz.« Der Schriftsteller hatte den Berlinerinnen bereits im Jahre 1924 ein überaus charmantes Denkmal gesetzt: *»Die Berlinerin ist das lebendigste, lustigste, liebenswürdigste, klügste, treueste, pikanteste, edelste, verständnisvollste, schönste und reizvollste Geschöpf der ganzen bewohnten Erde.«*

Fasanenstraße Im Hause Nr. 9 der Gravelottestraße, die seit 1901 dem Teil der Fasanenstraße entspricht, der zwischen Lietzenburger und Pariser Straße liegt, wohnte um die Mitte der neunziger Jahre Gerhart Hauptmann mehrere Monate. Der Giebelbau, 1903 unter Verwendung zahlreicher Teile eines Hauses errichtet, das vorher dort gestanden hatte und nach Beseitigung von Kriegsschäden wiederhergestellt wurde, hat heute die Anschrift Fasanenstraße 39. Zweifellos hat der Dichter sein Wohnhaus durch die erhalten gebliebene Eingangstür betreten. Der Architekt des Hauses ist zufälligerweise auch der Erbauer von Hauptmanns »Wiesenstein« in Agnetendorf (im Riesengebirge). Im vierten Stock des Hauses Gravelottestraße Nr. 41 bezog Arno Holz mit seiner jungen Frau im Frühjahr 1894 eine Wohnung. Ende 1896 übersiedelte er in die Pariser Straße. Das Wohnhaus von Arno Holz entspricht dem Haus Fasanenstraße 65.
Heinrich Mann zog am 1. Dezember 1932 von der Trautenaustraße in eine Wohnung des Hauses Nr. 61, seine letzte Berliner Unterkunft vor der Flucht aus dem nationalsozialistischen Deutschland. Heute befindet sich ein Parkplatz an der Stelle des Hauses. Im selben Jahr hatte ihn Kurt Hiller mit Zustimmung weiter Kreise des geistigen Lebens Deutschlands als Kandidaten gegen Generalfeldmarschall von Hindenburg für das Amt des Reichspräsidenten namhaft gemacht, eine Ehre, die der Schriftsteller mit Entschiedenheit zurückwies. Am 15. Februar 1933 mußte er den Vorsitz der Sektion für

Dichtung in der Preußischen Akademie der Dichtung niederlegen und die Akademie verlassen, da er ebenso wie Albert Einstein und Käthe Kollwitz einen warnenden Aufruf vor den Gefahren des Nationalsozialismus unterzeichnet hatte. Von den Mitgliedern der Sektion sprachen sich nur Döblin und Fulda für sein Verbleiben aus. In seinen autobiographischen Aufzeichnungen »Ein Zeitalter wird besichtigt« (1945) erinnert er sich an seine Flucht aus Berlin: »*Ich sei unter den ersten, hatte man mir gesagt, denen der Paß abgenommen werden sollte . . . Das Haus, in dem ich mir unklugerweise eine Wohnung eingerichtet hatte, wurde ständig bewacht . . . Als ich am 21. Februar wirklich abreiste, hätten Gepäck, Wagen und andere Anzeichen des versuchten Entkommens mich ohne weiteres ausgeliefert. Indessen trug ich nichts anderes als einen Regenschirm . . . Zu Fuß ging ich nach der Haltestelle der braven anonymen Straßenbahn. Keine unanständige Eile, den Zug nach Frankfurt zu besteigen . . .*« Seine damalige Geliebte, die rotblonde Niendorfer Fischerstochter Nelly Kroeger, die er 1929 in einer Nachtbar am Kurfürstendamm kennengelernt hatte, blieb zunächst in Berlin. 1939 heiratete er sie in Sanary-sur-Mer, aus Angst vor einem Prozeß wegen eines Autounfalls floh sie 1944 in Los Angeles in den Selbstmord. Die Geschichte der Beziehung Heinrich Manns und seiner Frau hat Joachim Seyppel in seinem im Aufbau-Verlag erschienenen Buch »Abschied von Europa« (1976) geschildert. Seine erste Frau, die Prager Schauspielerin Maria Kanovas, starb an den Folgen einer fünfjährigen Inhaftierung in Theresienstadt. Der am 27. März 1871 in Lübeck geborene, drei Jahre ältere Bruder Thomas Manns hatte sich nach einer Buchhändlerausbildung in Leipzig von 1890 bis 1892 schon einmal als Volontär bei S. Fischer und als Gasthörer an der Universität in Berlin aufgehalten. Danach lebte er bei seinen Eltern in München. 1933 fand er zunächst ein Unterkommen bei seinem Bruder Thomas in Sanary-sur-Mer. Vor den anrückenden deutschen Truppen floh er mit seinem Neffen Golo über die Pyrenäen und Portugal in die Staaten. In Santa Monica starb der »Aristokrat der Menschenwürde«, wie sein Bruder Victor ihn nennt, am 12. März 1950. Seine 1961 nach Berlin übergeführte Urne wurde auf dem Dorotheenstädtischen Friedhof bestattet. Das Grab ziert eine Büste des »großen geistigen Vorkämpfers und Mitbegründers unseres sozialistischen deutschen Nationalstaats«, wie Alexander Abusch bei einer Feierstunde und Kranzniederlegung zum 100. Geburtstag des Schriftstellers verkündete.

Ludwigkirchstraße Im Jahre 1901 bezog der Schriftsteller, Kritiker und Verleger Herwarth Walden mit seiner Frau Else Lasker-Schüler, die er im selben Jahr in London geheiratet hatte und die sich bald wieder von ihm trennte, eine Parterrewohnung im Hofgebäude des Hauses Nr. 12. Als Georg Levin, Sohn eines Arztes, am 16. September 1878 in Berlin geboren, studierte er Musikwissenschaft in Italien und Berlin und gab sich von 1900 an den von seiner Frau geprägten Namen Herwarth Walden. 1910 gründete er nach verschiedenen Fehlschlägen als Redakteur eine eigene Zeitschrift »Der Sturm«, ein Kampfblatt für die Freiheit in Literatur und Kunst, ein Jahr darauf einen eigenen Verlag gleichen Namens und 1913 seine eigene Galerie. 1911 wurde seine Ehe getrennt, von 1912 bis 1924 war er mit der Schwedin Nell Roslund verheiratet. »*Er fühlte sich nie als Jude, aber auch nicht als Deutscher. Er liebte zwar Berlin, aber nicht, weil er dort geboren war, sondern weil ihm die Art der Berliner gefiel: sachlich-drastischer Humor und ruhiges gefaßtes Hinnehmen von Schicksalsschlägen, Eigenschaften, die er selbst besaß*«, so seine zweite Frau.

Pfalzburger Straße Klaus Mann hatte Ende 1928 im Hause Nr. 83 eine möblierte Unterkunft.

Ludwigkirchplatz Um 1900 wohnte Karl Bleibtreu mehrere Jahre im Hause Nr. 2. 1908 übersiedelte er nach Zürich. Am 30. Januar 1928 starb er in Locarno.

Der am 9. Mai 1876 im westpreußischen Graudenz geborene Offizierssohn Ernst Stöckhardt, der sich als Schriftsteller Ernst Hardt nannte, verließ im Jahre 1898 die Kadettenanstalt in Lichterfelde, um sich einem freien Schriftstellerleben zu widmen; schon vorher hatte er sich mit Gedichten und Novellen versucht. Im Hause Nr. 9 mietete er eine Wohnung. Zu Beginn des neuen Jahrhunderts übersiedelte er in die Düsseldorfer Straße. Das Ehepaar Lepsius war von dem »ganz jungen, bildschönen«, von George tief beeindruckten Schriftsteller und seiner späteren Frau, der Halbgriechin Polyxene, sehr angetan und sah die beiden oft zu Gast in seinem Hause. Der am 22. August 1869 in Budapest geborene Journalist und Erzähler Arthur Holitscher wohnte von 1915 bis zu seiner Emigration im Hause Nr. 12. Er starb am 14. Oktober 1941 und hinterläßt eine zweibändige »Lebensgeschichte eines Rebellen« (1924–1928).

Emser Straße Zu Beginn der zwanziger Jahre bezog Bernhard Kellermann eine Wohnung im Hause Nr. 21. 1925 erschien sein Berlin-Roman über das Fieber der Inflationsjahre, »Die Brüder Schellenberg«. Ein Jahr danach starb seine erste Frau, und im selben Jahr wurde er in die Preußische Akademie der Künste, Sektion für Dichtung, gewählt. Als Gegner des Nationalsozialismus trat er im März 1933 wieder aus. Um 1930 übersiedelte er nach Werder an den Scheunhornweg 37. Er starb am 17. Oktober 1951 in Klein-Glienicke. Sein Roman »Der 9. November« (1920), eine Berlin-Geschichte vor dem Hintergrund der Revolution von 1918, wurde verbrannt, sein Name in der Literaturgeschichte totgeschwiegen.

Pariser Straße Ende 1896 zog Arno Holz mit seiner Frau und zwei Kindern in die Pariser Straße und wohnte bis Ende 1897 im Hause Nr. 23 und danach im dritten Stock des Hintergebäudes im Hause Nr. 52. Wie später in der Stübbenstraße, zog er sich auch hier von seiner Familie zurück und richtete sich im Dachboden eine »Dichterstube« ein. Hier werkte er an der Verfertigung von Kinderspielzeug, um seine Familie durchbringen zu können, und hier setzte er die Arbeit an seinem Zyklus »Berlin. Das Ende einer Zeit in Dramen«, fort, der, wie er schreibt, »zehn Kleists wert sein« werde. Am 15. Juni 1897 wurde unter seiner Regie im Central-Theater als privates Unternehmen das erste Stück der Reihe, die Literaturkomödie »Socialaristokraten«, aufgeführt, in dem er John Henry Mackay ein Denkmal setzt.

Nach dem Tode seiner Frau Wera Kossenka, die bei der Geburt eines Kindes gestorben war, kehrte Paul Ernst, der seit seiner ersten Berliner Zeit mit Holz in Verbindung stand, im Jahre 1897 von Nordhausen in die Hauptstadt zurück. In seinen Berliner Studentenjahren hatte er engere Beziehungen zu Literatenkreisen aufgenommen und Freundschaft mit Holz geschlossen. »Wir beschlossen, zwei kleine Wohnungen, jede von drei Zimmern mit Küche und Baderäumen, zu mieten, die in demselben Hause lagen, und ich sollte mich zu Holz für einen festen Preis in die Kost geben«, schreibt Ernst. »Die Wohnungen lagen im Hof, dort ›Garten‹ genannt, aber sie hatten von der Rückseite einen stundenweiten Blick . . . drei Treppen hoch. Da hatte ich nun das ungeheure, rauschende Berlin im Rücken«, schreibt er. Im Herbst trennten sich die beiden, da der nervöse und reizbare Arno Holz auf die Dauer literarisch niemanden neben sich dulden konnte und Ernst sich als Dichter wesentlich höher einschätzte als ihn. Holz übersiedelte zum Jahresende 1901 in die Uhlandstraße. 1899 heiratete Paul Ernst in zweiter Ehe in Rudow bei Berlin Lilli von Benda. 1903 übersiedelte er nach Weimar, 1904 kam sein Entwicklungsroman »Der schmale Weg zum Glück« heraus, eine Chronik des Berliner Lebens der neunziger Jahre um die Rosenthaler Straße. Von 1914 bis 1918 lebte er wieder in Berlin. 1916 ließ er sich von seiner zweiten Frau scheiden und heiratete im selben Jahr in Schmargendorf die Erzählerin und Übersetzerin Else, verw. v. Schorn, in dritter Ehe. Am 13. Mai 1933 starb der Schriftsteller, der sich vom sozialistischen Naturalisten zum konservativen Neuklassizisten gewandelt hatte, auf seiner Besitzung St. Georg in der Steiermark, »wo endlich das Eis gebrochen wurde, das die liberalistische Literaturclique gegen ihn aufgerichtet hatte«, meldet die »Tägliche Rundschau«. Nach der »Machtübernahme« wurde er kurz vor seinem Tode in die Preußische Dichterakademie berufen.

Vor der Jahrhundertwende hatten die Brüder Hart im Hause Nr. 53 eine Wohnung.

Hohenzollerndamm Im Frühsommer 1921 bezog George Grosz mit seiner Frau eine Wohnung im Hause Nr. 201. Im Hinterhaus, im früheren Domizil seiner Schwester, richtete er sein Atelier ein. Walter Mehring, Tucholsky und Brecht waren hier oft zu Gast, hier besuchte ihn sein Freund, der Flame Frans Masereel, zum erstenmal. Zu dieser Zeit publizierte der Malik-Verlag eine Reihe seiner Werke, vor allem sein wichtigstes Œuvre »Ecce homo« (1923), das ihm einen seiner vielen Prozesse einbrachte. 1926 erschienen seine Zeichnungen zum erstenmal im »Simplicissimus«.

Nassauische Straße Nach Wiedereinberufung und endgültiger Entlassung aus dem Kriegsdienst mietete George Grosz im Oktober 1918 eine Wohnung im Hause Nr. 4. Harry Graf Keßler, seit 1916 sein Helfer und Mäzen, besuchte ihn hier mehrmals und unterstützte ihn durch Ankauf seiner Bilder. Zur gleichen Zeit gründete er »Die Pleite« und zwei weitere Zeitschriften, denen keine lange Lebensdauer beschieden war. Am 26. Mai 1920 heiratete er Eva Peter, die er als Student der Kunstgewerbeschule kennengelernt hatte, und zog mit seiner jungen Frau in die Wohnung einer angeheirateten Tante in der Belle-Alliance-Straße.

Der am 20. November 1879 in Lötzen/Ostpreußen geborene linksradikale Journalist Franz Pfemfert, mit Karl Liebknecht und Rosa Luxemburg befreundet, verlebte seine Jugend in Berlin und bekannte sich in der von ihm und Kurt Hiller im Jahre 1911 gegründeten Berliner literarisch-avantgardistischen Wochenschrift »Die Aktion« zu den »Ideen der großen deutschen damaligen Linken«. Zu seinen Mitarbeitern gehörten Vertreter der frühexpressionistischen Lyrik wie Georg Heym, Ernst Blaß, Ernst Stadler, van Hoddis, Max Brod, Benn, Max Herrmann-Neiße, Kerr, Schickele, Becher, Hasenclever,

Kasack und Hans Johst, der sich später zum Nationalsozialismus bekannte und von 1935 bis 1945 die Reichsschrifttumskammer leitete. Im obersten Stockwerk des Gartenhauses Nr. 17 hatte Pfemfert seinen Verlag und seine Wohnung. Nach dem Reichstagsbrand konnte er mit seiner Gefährtin Alexandra Ramm fliehen und über die Tschechoslowakei nach Mexico City gelangen, wo er ein Fotoatelier betrieb und in dürftigen Verhältnissen am 25. Mai 1954 an Lungenkrebs starb.

Trautenaustraße Vom Hohenzollerndamm übersiedelte George Grosz im Jahre 1928 in das Haus Nr. 12. Anfang Januar 1933 flüchtete er mit seiner Frau aus Deutschland. »Daß ich da lebend davongekommen wäre, darf ich wohl bezweifeln«, berichtet er in seiner Autobiographie. Er ließ sich in New York nieder, wo er einen Lehrstuhl an einer Kunstschule übernahm. 285 seiner Arbeiten wurden aus den deutschen Museen entfernt, er selbst wurde ausgebürgert. 1959 kehrte der inzwischen amerikanischer Staatsbürger gewordene Künstler nach Deutschland zurück.

Im ersten Stock desselben Hauses hatte Heinrich Mann im März 1932 eine »neue« Wohnung, wie er seinem Freund und Biographen Karl Lemke mitteilt. Hier vollendete er seinen Roman »Ein ernstes Leben«, der die Geschichte der Tagelöhnerstochter Marie Lehning aus einem Ostsee-Fischerdorf erzählt und in Fortsetzungen in der Frankfurter Zeitung erschien. Im Dezember übersiedelte er von hier in seine letzte Berliner Wohnung in der Fasanenstraße.

Nikolsburger Platz Ernst Josef Aufricht berichtet in seinen Erinnerungen »Erzähle, damit du dein Recht erweist« (1966), die Bühnenvertriebsstelle Bloch Erben habe ihm den »Hasenfellhändler«, ein Stück von Hermann Sudermann, dem »sentimentalen und verlogenen Modeautor unserer Eltern«, zur Uraufführung angeboten, er habe es aber in einen Papierkorb am Nikolsburger Platz, wo damals der Verlag untergebracht war, geworfen. Aufricht fährt fort: »*Neben dem Papierkorb stand eine Bank. Als ich die ›Dreigroschenoper‹ zur Uraufführung angenommen hatte, übernahm Bloch Erben den Vertrieb dieses Werkes. Auf dem Wege, ihren Vertrag zu unterzeichnen, veranlaßte Brecht den Weill, sich auf diese Bank zu setzen und handelte von der zehnprozentigen Tantieme den abgesprochenen Anteil Weills von zweieinhalb auf eineinhalb herunter.*«

Landhausstraße Um 1910 wohnte der Kritiker, Schriftsteller und seit 1895 Lektor des Fischer-Verlags, Moritz Heimann, mit seiner Frau Gertrud Marschalk, der Schwester von Hauptmanns zweiter Frau, im

Hause Nr. 53 (heute Nr. 43). Jakob Wassermann, der ihm seinen Roman »Das Gänsemännchen« (1915) widmet, spricht von ihm als dem großen Gewinn seiner Besuche in Berlin. Von hier übersiedelte Heimann in die Württembergallee. Hedwig Fischer erzählt in ihren Erinnerungsskizzen von dem jungen Mann aus Kagel, der die »Neue Rundschau« und jedes Buch des Fischer-Verlags gelesen habe: *»Er blieb unser Lektor bis zu seinem Tod, und er wurde unser Freund, er wurde der Freund und Vertraute unserer Autoren.«*

Berliner Straße Im Jahre 1906 wohnte Georg Hermann kurze Zeit im Hause Nr. 11–12. Von hier übersiedelte er in die Stubenrauchstraße. Im gleichen Jahr erschien der Roman »Jettchen Gebert«, der erste Teil des Familienromans aus der Berliner Biedermeierwelt, mit dem er die ersten Lorbeeren erntete.

Im Jahre 1895 ließ sich Peter Hille wieder in Berlin nieder und wohnte im dritten Stock des Hauses Nr. 146 bei Frau Franziska Hirsch. Seine Zimmerwirtin teilte im Januar 1896 seinem Bruder, den er als Bürgen angegeben hatte, mit, daß der Dichter bis zum 1. Dezember 1895 bei ihr gewohnt habe; sie ersuche ihn, seinen Koffer abzuholen und die Restmiete von Mk 5.– zu bezahlen.

Wilhelmsaue Von der Uhlandstraße übersiedelte Arno Holz mit seiner Familie Ende 1902 in das Haus Nr. 16. Hier arbeitete der geräuschempfindliche Dichter unter schweren Bedingungen: »Mein Schreibtisch steht stets mitten auf einem Kinderspielplatz, umtost von Lastwagen und Klavieren!« schreibt er seinem Verleger Piper. Ende 1903 kehrte er in die Uhlandstraße zurück.

Volkspark An der Stelle des zwei Kilometer langen Volksparks erstreckte sich die nach und nach verlandende Kette des Wilmersdorfer Sees, an dessen Ufer um die Jahrhundertwende in einem »10000 Personen fassenden, schattigen Parkgarten« das sehr beliebte Ausflugslokal »Schramms Seebad Wilmersdorf« lag. Max Kretzer in seinem Roman »Der Millionenbauer« (1891) und Georg Hermann in der Geschichte vom kleinen Berliner Friseur »Kubinke« (1910) haben Atmosphäre und Lustbarkeit dieses »Etablissements« überliefert.

Bachestraße Der am 9. Juni 1877 in Königsberg geborene Schriftsteller und Dichter Rudolf Borchardt, der seine Kindheit und ersten Schuljahre in Berlin verbrachte – von 1885 bis 1887 war er Schüler des Französischen Gymnasiums –, kam als Student wieder in die Hauptstadt und wohnte bei Frau von Verzar im Hause Nr. 3. Die meiste Zeit seines späteren Lebens verbrachte er in der Toscana. Hier wurde er 1944 von der SS verhaftet und erlag nach seiner Freilassung am 10. Januar 1945 in einem Tiroler Versteck einem Herzschlag. Mit Georg Hermann war er blutsverwandt. Mit R. A. Schröder und Hofmannsthal war er befreundet. 1926 gab er die Gedichtsammlung »Ewiger Vorrat deutscher Poesie« heraus, das »poetische Vermögen der Volksgesamtheit«, damit es nicht verlorengehe, wie er sagt. Seine Übertragung von Dantes »Göttlicher Komödie« gilt als Meisterwerk.

Livländische Straße Um 1925 kam der am 24. September 1887 in Hubertusburg als Sohn eines Arztes geborene Schriftsteller Max Krell von Weimar, wo er als Dramaturg gearbeitet hatte, in der Nachfolge Paul Wieglers als literarischer Berater und Lektor des Ullstein-Verlags nach Berlin und mietete im Hause Nr. 24 eine Wohnung. Als erster erkannte er den einmaligen Rang von Remarques Roman »Im Westen nichts Neues« (1930) und ebnete ihm den Weg zum Weltruhm. In seiner Autobiographie »Das alles gab es zweimal« (1961) schildert er das literarische Leben der »goldenen zwanziger Jahre«. Mit seinem letzten Roman »Orangen in Ronco« (1930) konnte er sich vor seiner Emigration noch eine zahlreiche Leserschaft erobern. Er starb am 11. Juni 1962 in Florenz, wo er die letzten 24 Jahre seines Lebens verbracht hatte.

Ahrweilerstraße Im Hause Nr. 34 hatte der aus Bernburg stammende Schauspieler, Chefdramaturg des Kleinen Theaters und Schriftsteller Julius Berstl seine letzte Wohnung vor seiner Emigration. Im Jahre 1911 veröffentlichte er unter dem Titel »Zehn Jahre Kleines Theater« einen aufschlußreichen Beitrag zur Berliner Theatergeschichte, ebenso wie in seinen in der Emigration geschriebenen Erinnerungen aus sieben Jahrzehnten, der »Odyssee eines Theatermanns« (1963). In seinem Roman »Berlin – Schlesischer Bahnhof« stellt er die Berliner Unterwelt um 1930 vor der Kulisse des Wartesaals des Bahnhofs vor.

Landauer Straße Der Schriftsteller Hans Bethge, am 9. Januar 1876 in Dessau als Landwirtssohn geboren, wohnte im zweiten Jahrzehnt im Hause Nr. 5. Im Jahr 1920 erschien seine Übersetzung lyrischer Gedichte, »Pfirsichblüten aus China«. Der am 14. April 1901 in Plauen im Vogtland geborene Lyriker, Erzähler und Aphoristiker Martin Kessel kam nach germanistischen, musik- und kunstwissenschaftlichen Studien in Berlin, München und Frankfurt im Jahre 1923 wieder in die Hauptstadt, wo er sich mit seiner Frau zunächst in der Mittenwalder Straße im Kreuzberg und dann in Wilmersdorf niederließ, das ihn als Wohngegend besonders anzog. In einem Atelier des Hauses Nr. 16, in dem der Maler Ludwig Meidner gewohnt hatte, fand er ein Domizil. Hier entstand seine Erzählung »Eine Frau ohne Reiz« (1929); 1926 erhielt er den Kleist-Preis, den er mit Lernet-Holenia und Alfred Neumann teilen mußte. Um 1927 übersiedelte er aus seinem kalten, schwer zu heizenden Atelier an den Südwestkorso.

Südwestkorso Martin Kessel bezog im Jahre 1927 eine Wohnung im Hause Nr. 46. Hier arbeitete er an seinem, vor dem Hintergrund der Berliner Wirtschaftskrise spielenden Büroroman »Herrn Brechers Fiasko«, der 1932 erschien, in den Wirren der »Machtergreifung« vergessen und 1956 neu aufgelegt wurde. Von hier zog er an den Laubenheimer Platz.

Laubenheimer Straße Johannes R. Becher bezog 1930 eine Wohnung im Hause Nr. 2. Im Hause Nr. 5 wohnt seit 1975 Martin Kessel, der mehr als ein halbes Jahrhundert in Berlin lebt und dem Berlin zur Heimat geworden ist. *»Berliner ist man, weil man es wurde. Fragen der Herkunft spielen hier kaum eine Rolle, weil Berlin eine Art platonische Idee ist, eine Sache des Wesens und der Geistesart und weil jeder, der den Geist Berlins in sich hat, am Schliff und an der Vergegenwärtigung dieses Geistes mitwirkt«,* sagt er in seiner Aphorismensammlung »Gegengabe« (1960). Seine Lebensanschauung umreißt er in seinem Gedicht »Omnia mea« (1971) mit den Versen: »Mehr hast du nicht zum Leben, / als in erwirkter Zeit / dein Bestes hinzugeben, / das namenlos gedeiht.«

Im August 1931 kehrte Georg Hermann von Neckargemünd mit der Asche seiner Frau, die sich immer nach ihrer Heimatstadt zurückgesehnt hatte und nach einjähriger Ehe gestorben war, nach Berlin zurück und bezog mit seinen Töchtern Hilde und Ursula eine Wohnung in der Laubenheimer Straße. Seine erste Frau, von der er geschieden war, mit der er aber in freundschaftlicher Verbindung blieb, wohnte in der Nachbarschaft. Mit ihr und seinen Töchtern floh er nach dem Reichstagsbrand nach Holland, wo seine Bücher auf den Lehrplänen für den Deutschunterricht in vielen Schulen standen. Seine Kunstschätze konnte er retten. In Holland schrieb er seinen letzten Roman »Rosenemil« (1935), ein Sittenbild Berlins zu Beginn des 20. Jahrhunderts. Beim Einmarsch der deutschen Truppen in die Niederlande wurde der 72jährige, herz- und zuckerkranke Schriftsteller verhaftet, verschleppt und wahrscheinlich am 19. November 1943 in Auschwitz vergast.

Bonner Straße Im Hause Nr. 4 wohnte August Scholtis um 1933.

Steinrückweg Martin Kessel kehrte nach dem Krieg in die zerstörte Hauptstadt zurück und bezog im Hause Nr. 9 eine *»spartanisch eingerichtete Zweizimmerwohnung im alten ›Künstlerviertel‹ am Breitenbachplatz, ein Zimmer geht auf die Schrebergärten, das Fenster meines Arbeitszimmers blickt zum Hof hinaus«*. Am Stehpult schrieb er hier an »Lydia Faude« (1965), einen Roman aus der Berliner Künstlerkolonie am Laubenheimer Platz. 1958 verlor er hier seine Frau Elisabeth, die sich als Übersetzerin ausgezeichnet hat, und hier erhielt er 1961 den Fontane-Preis der Stadt Berlin. 1975 vertauschte er die Wohnung mit einer in der Laubenheimer Straße.

Kreuznacher Straße Von 1928 bis zum Zusammenbruch des Nazi-Regimes wohnte Martin Kessel im Hause Nr. 48, das die Kinder wegen der vielen arbeitslosen Küsntler, die hier lebten, »Stempelburg« nannten. Zwei weitere Wohnblocks der Nachbarschaft erhielten die Spitznamen »Tinten- und Wanzenburg«. In der »Stempelburg« vollendete Kessel seinen Roman »Herrn Brechers Fiasko« (1932). Nach der »Machtübernahme« wurde seine Wohnung zweimal durchsucht, der Schriftsteller selbst blieb unbehelligt. Kurz vor Kriegsende schoß russische Artillerie ein Loch in die Wand, so daß er mit seiner Frau in der Küche hausen mußte. Nach Kriegsende mietete er eine unversehrt gebliebene Bleibe am benachbarten Steinrückweg.

Von 1931 bis zu seiner Emigration wohnte Alfred Kantorowicz im selben Haus. 1933 mußte er seine Wohnung verlassen und ging nach Frankreich, wo er unter dem Protektorat von Heinrich Mann, Romain Rolland und H. G. Wells den »Schutzverband deutscher Schriftsteller im Exil« und die »Freiheitsbibliothek« gründete. Er kämpfte als Offizier der Internationalen Brigaden im Spanischen Bürgerkrieg, dessen Historiker er in »Tschapaiew« (1938) und seinem »Spanischen Tagebuch« (1951) wurde, wurde im berüchtigten Lager Les Milles in Frankreich interniert, konnte fliehen und ließ sich in New York nieder. Nach dem Krieg kam er nach Berlin zurück und bezog eine Wohnung in der Argentinischen Allee.

Zur selben Zeit wie er wohnte sein Freund Peter Huchel mit seiner ersten Frau Dora und seiner Tochter »Muckelchen« im Nachbarhaus.

Ludwig-Barnay-Platz In den als »Roter Block« bekannt gewordenen drei Häusergruppen, die in den zwanziger Jahren als Siedlung der Bühnengenossenschaft und des Schriftstellerschutzverbandes am Laubenheimer Platz errichtet wurden und die die Bomben des Krieges überstanden, lebten bis zur »Machtübernahme« etwa 300 Schriftsteller, Journalisten und Künstler. Hier, wo »*einmal der Geist der wachen, streitbaren Freiheitsliebe sich behauptete, als er ringsum in der großen Stadt, weithin im Lande sich schon aufgegeben hatte . . . , bewiesen diese verspielten Künstler und individualistischen Intellektuellen, daß sie gar nicht so weltfremd waren, wie man ihnen nachsagt. Sie verstanden die Zeichen der Zeit viel besser als sehr viele andere, die dazu berufen wären, diese Zeichen zu verstehen*«, schreibt Axel Eggebrecht, der hier wohnte, ebenso wie der Lyriker und Publizist Erich Weinert (1890–1953), der Sänger Ernst Busch und der Philosoph Ernst Bloch. Der Laubenheimer Platz trägt heute den Namen eines 1924 verstorbenen Schauspielers und Theaterleiters.

Auch der am 6. April 1897 in Mainz geborene ehemalige Maschinenschlosser, Schriftsteller und Regisseur Fritz Erpenbeck und seine Frau, die Schriftstellerin Hedda Zinner, lebten bis zur Emigration in die Sowjetunion im Künstlerblock. Nach Kriegsende kehrten sie nach Ost-Berlin zurück und bezogen als hochgeschätzte und hochdekorierte Autoren in Niederschönhausen eine Wohnung.

Der am 5. September 1905 in Budapest als Sohn eines ungarischen Vaters und einer österreichischen Mutter geborene Schriftsteller Arthur Koestler, der als Journalist im Ullstein-Verlag arbeitete, wohnte bis zu seiner Flucht über Paris in die Schweiz ebenfalls hier. 1931 bekannte er sich zur kommunistischen Partei und nahm als Korrespondent am Spanischen Bürgerkrieg teil. Als er 1938 als Gefangener Francos in Erwartung des Todesurteils von der Liquidierung unschuldiger Freunde in Moskau hörte, erkannte er die kommunistische Partei als einen »Gott, der keiner war«, und verließ sie, »wie man sich aus einem vergifteten Fluß rettet, in dem die Trümmer überschwemmter Städte und die Leichen der Ertrunkenen treiben«. Er konnte nach Frankreich entkommen, wurde dort 1940 interniert und erkaufte sich die Freiheit mit dem Eintritt in die französische Armee. Nach dem Krieg ließ er sich in England nieder und erwarb die Staatsbürgerschaft des Landes, in dem die Maxime gilt »Sei freundlich zu einem Ausländer, der arme Kerl kann nicht dafür«, wie er schreibt, und in dem er »selig weiterleben« wird, »bis der Große Pilz am Himmel erscheint«. In autobiographischen Werken wie »Sonnenfinsternis« (1940), »Der Yogi und der Kommissar« (1945), »Pfeil ins Blaue« (1953) und in seiner bisher zwei Bände umfassenden »Geheimschrift« (1954) setzt sich der Schriftsteller, der durch eine

Unzahl europäischer Gefängnisse gegangen ist, mit dem bolschewischen Mythos auseinander.
Von Paris, wo er als Korrespondent für das Berliner »8-Uhr-Abendblatt« gearbeitet hatte, kam Walter Hasenclever im Jahre 1930 wieder nach Berlin und mietete im Hause Nr. 3 eine Wohnung. 1933 mußte er Berlin verlassen, seine Staatsbürgerschaft wurde ihm abgesprochen, seine Bücher landeten auf dem Scheiterhaufen. Über Nizza, wo er seine Lebensgefährtin Edda Schäfer kennenlernte, Jugoslawien und London floh er nach Italien. Er kehrte nach Frankreich zurück und wurde zu Beginn des Zweiten Weltkriegs in seiner kleinen Villa St. Hilaire in Cagnes-sur-Mer verhaftet und im Lager Les Milles eingesperrt. Aus Angst vor den näherrückenden deutschen Truppen schluckte er Veronal und starb am 21. Juni 1940. Der nationalsozialistische »Stürmer« bezeichnete den Selbstmord als »das einzige, was an Hasenclever als lobenswert vermerkt werden kann«. Im naheliegenden Aix-en-Provence fand der Schriftsteller, der 18 Bühnenwerke und fünf Gedichtbände hinterläßt, seine letzte Ruhestätte.

Binger Straße Erwin Piscator, 1962 zum Intendanten der Berliner Freien Volksbühne berufen, lebte allein in einer großen Wohnung im Hause Nr. 34. Der Theatermann, der einen »geradezu erotischen Genuß« empfand, nach dem morgendlichen Aufstehen erst einmal eine Zeitlang Kopf zu stehen, verfügte hier über eine »schöne Bibliothek und eine Kitschecke mit einem rosa erleuchteten Springbrunnen aus Kunststoff, und wenn er nach Hause kam, setzte er zuerst einmal diesen Springbrunnen in Gang«, berichtet sein Biograph Heinrich Goertz. Am 30. März 1966 starb er im Alter von 72 Jahren, mitten aus den Vorbereitungen für eine »Schwejk«-Aufführung herausgerissen, nach einer Gallenoperation in einem Krankenhaus am Starnberger See. Auf dem Waldfriedhof an der Potsdamer Straße in Zehlendorf wurde er bestattet.

Mecklenburgische Straße Der am 25. Januar 1876 in Mühlheim/Rhein als Sohn eines Fabrikanten geborene Schriftsteller Herbert Eulenberg wurde zu Beginn des Jahrhunderts als Dramaturg des Deutschen Theaters nach Berlin berufen. Er hatte bereits als Student in der Hauptstadt gelebt. Mit seiner Frau Hedda, zu der er schon Beziehungen unterhielt, als sie noch die Gattin Moeller van den Brucks war, und seinem Stiefsohn mietete er im Hause Nr. 72 der Mecklenburgischen Straße, »die damals nur aus wenigen neuen Häusern bestand«, eine Wohnung. Die Aussicht war *»durch einen riesigen düsteren Gasbehälter, der einige Meter von uns entfernt am*

Schienenstrang der Eisenbahn lag«, behindert, »*die nächste Umgebung mit der Landstraße zum Grunewald war ziemlich trostlos ... Und die Wanderungen, die ich nach meiner Gewohnheit nachmittags unternahm, stimmten mich eher schwermütig als heiter, wie ich mich denn überhaupt niemals mit der nüchternen Gegend um Berlin habe anfreunden können. Nie, auch selbst an den oft gepriesenen märkischen Seen, verläßt mich das Gefühl einer unendlichen Traurigkeit, die mich in dieser flachen sandigen, düster gefärbten Gegend ergreift«*, so der Schriftsteller in seiner Autobiographie »So war mein Leben« (1948). Mit einer Reihe von Dramen, seinen »Schattenbildern« (1910), in denen er feuilletonistisch-dichterisch Porträts von Dichtern, Malern und Musikern aufzeichnet, mit Romanen wie »Katinka, die Fliege« (1911) und mit den nach 1945 erschienenen Biographien Heines und Freiligraths hat sich der Doktor beider Rechte einen Namen in der Literaturgeschichte geschaffen. In Berlin machte er die Bekanntschaft Hardens und durch diesen der Rathenaus und Schleichs. Die Schauspieler Moissi, Paul Wegener und Paul Bildt, dem er sein Lustpiel »Der Spion« widmet, waren in der Mecklenburgischen Straße oft zu Gast. Von Berlin ging er im Jahre 1906 an das Düsseldorfer Schauspielhaus Louise Duponts. Im »Dritten Reich« wurde es um den aufrechten Demokraten still. Er starb am 4. September 1949 an den Folgen einer Kopfverletzung, die ein aus einem Trümmerhaus gefallener Stein verursacht hatte, in seinem Haus »Freiheit« in Kaiserswerth.

Misdroyer Straße Von Worpswede kam Rainer Maria Rilke am 5. Oktober 1900 nach Berlin zurück und mietete im Hause Nr. 1 ein Zimmer. Am 28. April 1901 heiratete er in Bremen die Bildhauerin Clara Westhoff und ließ sich mit ihr in einem Bauernhaus in Westerwede nieder, wo am 12. Dezember seine Tochter Ruth geboren wurde. Schon nach gut eineinhalb Jahren lebte er meist getrennt von Frau und Kind, übersiedelte zu Rodin nach Paris und führte danach ein unstetes Dasein auf Reisen sowie auf Schlössern und Gütern seiner Freunde. Er starb am 29. Dezember 1926 im Sanatorium Valmont in der Schweiz.

Pücklerstraße Nach seiner Befreiung aus dem Zuchthaus Luckau, wo er drei Jahre lang gefangen saß, wurde der Widerstandskämpfer Günther Weisenborn dort zunächst als Bürgermeister eingesetzt und ging dann nach Berlin zurück, wo er im Hause Nr. 22 eine Wohnung fand. Die Pücklerstraße liegt im Bezirk Zehlendorf. »*Als ich in die Stadt kam, die ich seit Jahren nicht gesehen hatte, blieb ich stehen. Die* *riesige Stadt war wie ein grauer Gigant in die Knie gegangen, die Dächer lagen im Parterre. Ein Wald von Ruinen umgab den Wandernden. Ausgebrannte Panzer lagen an den Straßenecken. Berge von Schutt und Scherben. In Vorgärten standen rohe Holzkreuze aus Brettern über Verscharrten. Darauf stand mit Blaustift gekritzelt: ›Drei deutsche Soldaten . . .‹ ›Ein russischer Soldat . . .‹ ›Fräulein Schmidt, Erna . . .‹*«, notiert er in den »Aufzeichnungen eines Außenseiters – Der gespaltene Horizont« (1964). Mit Karl-Heinz Martin begründete er erneut das Hebbel-Theater und konnte 1946 mit seinem Drama aus dem deutschen Widerstand, »Die Illegalen«, seinen ersten Nachkriegserfolg buchen. 1946 erschien sein episches Gefängnistagebuch »Memorial«. Von 1945 bis 1947 gab er die Zeitschrift »Ulenspiegel« heraus. Um 1950 übersiedelte er in die Selchowstraße.

Miquelstraße Im Sommer 1923 lernte Franz Kafka bei seinem Aufenthalt im Ostseebad Müritz die aus einer geachteten jüdischen Familie stammende Dora Diamant aus Berlin kennen und schätzen. Die junge Frau arbeitete dort während ihres Urlaubs als Helferin in einer Ferienkolonie des Berliner jüdischen Volksheims. Um ein Wiedersehen bemüht, reiste Kafka Ende September nach Berlin, wo er bereits 1913 und 1914 mit seiner damaligen Verlobten Felice Bauer einige Tage verlebt hatte. Schon damals sprach er von der »stärkenden Wirkung von Berlin« und von dem Gedanken, sich hier einmal ganz niederzulassen. Im Hause eines Moritz Hermann in der Miquelstraße 8 mietete er ein möbliertes Zimmer, das er bald mit Dora Diamant teilte. Seinem Freund und Biographen Max Brod schreibt er am 25. Oktober: ». . . *Du mußt . . . bedenken, daß ich hier halb ländlich lebe, weder unter dem grausamen, noch aber unter dem pädagogischen Druck des eigentlichen Berlin. Das ist auch verwöhnend . . . Von fast allen meinen Ausflügen nach Berlin in diesen vier Wochen kam ich elend zurück und tief dankbar, daß ich in Steglitz wohne . . .*« Tatsächlich gehört das Haus Miquelstraße 8 zum Bezirk Wilmersdorf. Seinem Freund Felix Weltsch teilt er mit: »*Meine Gasse ist etwa die letzte halbstädtische, hinter ihr löst sich das Land in Gärten und Villen auf, alte üppige Gärten. An lauen Abenden ist ein so starker Duft, wie ich ihn von anderswoher kaum kenne . . .*« Hier empfing er am 8. Oktober 1923 den ersten Besuch seines Prager Freundes Ernst Weiß, und hier schrieb er die Erzählung »Eine kleine Frau«, in der er seine Zimmervermieterin porträtiert. Da die Anwesenheit Dora Diamants im Zimmer ihres Untermieters das Mißfallen der

Wirtin erregte, bezog Kafka zum 1. November eine passendere Unterkunft in der Grunewaldstraße.
Von 1914 bis zu seinem Tode wohnte Ludwig Fulda in seiner Villa in der Miquelstraße 86. Das Haus gehört zum Bezirk Zehlendorf. Mit seinen etwa 50 Theaterstücken, mit denen er von 1900 bis in die Zeit des Ersten Weltkriegs hinein auf den deutschen Bühnen dominierte, und mit seinen kongenialen Übertragungen Molières, Ibsens, Rostands und der Spanier schrieb er sich ein Vermögen zusammen. 1932 zeichnete ihn Reichspräsident v. Hindenburg mit der Goethe-Medaille aus, 1933 überreichte ihm das Wiener Burgtheater als seinem meistgespielten lebenden Bühnenautor den Burgtheater-Ring. Im selben Jahr schlossen ihn die Nationalsozialisten aus der Preußischen Akademie der Künste aus und verboten ihm jedwede Publikation. Den Burgtheater-Ring mußte er im Verfolg der »Schmuckablieferung« zu seinem größten Schmerz zurückgeben. Nach brutalen Verfolgungen erhängte sich der 76jährige Lustspielautor am 30. März 1939 in seinem Hause. In einem hinterlassenen Lebenslauf schreibt er: »Meine Vorfahren sind seit Jahrhunderten in Deutschland ansässig gewesen, Zeit meines Lebens war ich ein deutscher Patriot.« Seine Urne durfte keine Inschrift tragen, sein Grab auf dem Dahlemer Friedhof war nicht gekennzeichnet. Heute ruht seine Asche auf dem Waldfriedhof Dahlem.

Selchowstraße Um 1950 hatte Günther Weisenborn im Hause Nr. 6 eine Wohnung. 1951 verlegte er seinen Wohnsitz nach Hamburg, wo er bis 1953 als Chefdramaturg der Kammerspiele tätig war.

Hundekehlestraße An der Stelle des Mietshauses Nr. 11 stand bis 1910 das von einem kleinen Garten umgebene zweigeschossige Landhaus des Maurerpoliers Müller mit einem Erker und drei Fenstern zur Straßenseite, die Villa »Waldfrieden«, in der der Student Rainer Maria Rilke vom 1. August 1898 bis Anfang Oktober 1900 ein möbliertes Zimmer bewohnte. Ein bescheidener Wechsel seines Vaters gestattete ihm den Berlin-Aufenthalt. Auf der gegenüberliegenden Straßenseite begann damals noch, durch ein Holzgitter abgegrenzt und durch einige Pforten zugänglich, der Grunewald. »Ein zauberhaftes Waldland, dessen Charakter nicht einmal durch die überflüssige Straße verunstaltet wird«, schreibt der Dichter. Er war von der Rheingaustraße hierher übergesiedelt, um seinen Freunden Lou Andreas-Salomé und ihrem Gatten, die in unmittelbarer Nachbarschaft wohnten, näher zu sein. In ihrer Biographie des Dichters schreibt Lou im Jahre 1928: »*Rainer teilte ganz unsere bescheidene*

Existenz am Schmargendorfer Waldrande bei Berlin, wo in wenigen Minuten der Wald in Richtung Paulsborn führte, vorbei an zutraulichen Rehen, die uns in die Manteltaschen schnupperten, während wir uns barfuß ergingen – was mein Mann uns gelehrt hatte.« Um Ostern 1899 reiste der Dichter mit dem Ehepaar zum erstenmal nach Rußland, ein Jahr später im Mai mit der um 15 Jahre älteren Lou allein zum zweitenmal. In der Villa »Waldfrieden« entstand »beim Hinziehen von Wolken über den Mond« die erste Fassung seiner »Weise von Liebe und Tod des Cornets Christoph Rilke«, »das unvermutete Geschenk einer einzigen Nacht . . . in einem Zuge hingeschrieben bei zwei im Nachtwind wehenden Kerzen«, wie er am 17. August 1924 in einem Brief an den Literarhistoriker Hermann Pongs schreibt. Auch der erste Teil des »Stunden-Buchs«, »gelegt in die Hände von Lou«, das »Buch vom mönchischen Leben« sowie die ersten Gedichte zum »Buch der Bilder«, wurden hier geschrieben. Im Spätsommer gab er die Wohnung auf und reiste zu einem Besuch des Malers Heinrich Vogler nach Worpswede, wo er seiner zukünftigen Frau Clara Westhoff begegnete. Anfang Oktober 1900 kehrte er für kurze Zeit nach Berlin zurück und mietete in der Misdroyer Straße ein Zimmer. Im Jahr 1910 mußte die »Villa Waldfrieden« einem Mietshaus weichen.

Hohenzollerndamm Im Jahre 1939 übersiedelte der Schriftsteller Eckart von Naso von der Von-der-Heydt-Straße in eine Wohnung im Hause Nr. 91. »*Die neue Wohnung war ein D-Zug – Die fünf geräumigen Zimmer lagen hintereinander, nicht dem Hohenzollerndamm, sondern der Karlsbader Straße zugekehrt. Hohenzollerndamm 91 war ein Eckhaus in einem kleinen Vorgarten, nahe dem Roseneck gelegen – mit zwei Balkons, einem Kiefernwäldchen gegenüber*«, schreibt er in seinen Erinnerungen aus fünf Jahrzehnten, »Ich liebe das Leben« (1953). Bis zu seiner Einberufung zur Wehrmacht am 22. April 1945 war er Chefdramaturg am Staatlichen Schauspielhaus. Nach seiner Entlassung aus englischer Gefangenschaft, in der er erfahren mußte, daß seine Frau wenige Tage nach seiner Einberufung ihrem Leben ein Ende gesetzt hatte, ließ er sich in Frankfurt/Main nieder, wirkte dann als Chefdramaturg in Stuttgart und lebt seit 1957 als freier Schriftsteller, zuletzt in München. Er starb am 13. November 1976 im Alter von 88 Jahren in Frankfurt/Main. In seiner Erzählung »Die Preußische Legende« (1939) schildert er die tragische Liebesgeschichte Anna Amalias, Prinzessin von Preußen, zum Freiherrn von Trenck, sein Roman »Eine charmante Person« (1962)

hat das Leben von Heinrich Heines »Mouche« zum Thema.

Teplitzer Straße Zu Beginn der dreißiger Jahre übersiedelte der Verleger und Fotograf Martin Hürlimann mit seiner »Bücherfrau« Bettina von der Pommerschen Straße in das Haus Nr. 25 beim Roseneck. Bettina beschreibt in ihren Aufzeichnungen »Sieben Häuser« das Haus, das den ersten Verlag ihres Mannes beherbergte. Margret Boveri arbeitete hier eine Zeitlang als Angestellte. Hier wohnte er bis zu seiner Rückkehr in die Schweiz im Jahre 1939. Das Haus fiel den Bomben zum Opfer.

Hubertusbader Straße Der englisch-amerikanische Lyriker und Essayist Wystan Hugh Auden wohnte vom 1. Oktober 1964 bis März 1965 als Gast des Berliner Künstlerprogramms des Deutschen Akademischen Austauschdienstes im Hause Nr. 43. Der am 21. Februar 1907 in York als Sohn eines Schularztes geborene Dichter, der als Oxford-Student wie seine Freunde Stephen Spender und Isherwood linksgerichteten Intellektuellenkreisen angehörte und sich bereits um 1930 als Privatlehrer in Berlin aufgehalten hatte, heiratete 1935 Erika, die Tochter Thomas Manns, um ihr zu einem britischen Paß zu verhelfen, nahm als Republikaner am Spanischen Bürgerkrieg teil und übersiedelte bei Kriegsausbruch in die Vereinigten Staaten, deren Staatsbürger er wurde. Seine letzten Lebensjahre verbrachte er auf einem Bauernhof im niederösterreichischen Kirchstetten und in Oxford. Der Dichter und Professor für Poetik in Oxford starb am 28. September 1973 an einem Herzanfall wenige Stunden nach einer Lesung aus seinen Arbeiten in einem Wiener Hotel. Für Igor Strawinsky schrieb er das Libretto zur Oper »The Rake's Progress« und für H. W. Henze »Elegie für junge Liebende«. Ernst Toller und Brecht übersetzte er ins Englische. Rückblickend auf seinen ersten Berliner Aufenthalt fragt er sich, was von diesen Jahren wohl übriggeblieben sei: »*Diese Zeit ist zu einem Symbol geworden. Es war das letzte Mal, daß von Berlin etwas ausging – dann kamen die Nazis . . . Diese zwölf Jahre haben die deutsche Sprache ruiniert, und es wird lange dauern, bis sie sich davon erholt.*«

Furtwänglerstraße Von der Prager Straße übersiedelte der erblindete Schriftsteller Wilhelm Meyer-Förster im Jahre 1910 in sein Landhaus Nr. 7 der Zeymestraße, die heute Furtwänglerstraße heißt. Hier starb der am 12. Juni 1862 in Hannover geborene Autor des Rührstücks »Alt-Heidelberg« (1903) am 17. März 1934.

Delbrückstraße Vor dem Ersten Weltkrieg übersiedelte die Familie Benjamin mit ihrem Sohn Walter von der Carmerstraße in die Villa

Delbrückstraße 23, mit einem Treppenhaus, »deren es kein halbes Dutzend mehr gibt«. Nach dem Bestehen der Reifeprüfung am Friedrich-Wilhelm-Gymnasium studierte Walter in Freiburg und Berlin Philosophie. Seit 1914 betätigte er sich als Vorsitzender der »Freien Studentenschaft«. 1917 heiratete er Dora Sophie Polack und ging mit ihr nach Bern, um dort sein Studium zu beenden. Nach seiner Promotion kehrte er im Jahre 1920 mit seiner Frau und seinem in Bern geborenen Sohn Stefan in das elterliche Haus zurück. Nach dem Scheitern seiner Habilitation mit einer Arbeit über den »Ursprung des deutschen Trauerspiels«, die 1928 als Buch erschien, arbeitete er an der »Voss« und an der »Frankfurter Zeitung«, die von 1925 bis 1935 114 Artikel von ihm veröffentlichte, sowie an der ersten deutschen Proust-Übersetzung. Seine Aphorismensammlung »Einbahnstraße« (1928) widmete er der lettischen Regisseurin Asja Lacis, die er 1924 auf Capri kennengelernt hatte und die ihm die Wege zum Marxismus wies. Zu dieser Zeit lernte er Bert Brecht kennen. Zum Ende der zwanziger Jahre trennte er sich von seiner Frau, zog zunächst zu Freunden nach Grünau und dann in eine eigene Wohnung in der Prinzregentenstraße.

Wernerstraße Um die Jahrhundertwende erwarb und bezog Maximilian Harden mit seiner zweiten Frau Selma und seiner Tochter Maximiliane die kleine, »in stumpfer Ockerfarbe getünchte« Villa in der Wernerstraße Nr. 16. Das von Alfred Messel, dem Architekten des Warenhauses Wertheim in der Leipziger Straße, errichtete Haus gehörte der Politikerin Lily Braun, Tochter eines preußischen Generals und Urenkelin des napoleonischen Königs Jérôme von Westfalen, die durch ihr Buch »Memoiren einer Sozialistin« (1909–1911) Aufsehen erregt hat. Hier, in seinem stillen Grunewaldhäuschen, lebte der mit einem ungewöhnlichen Wissen über alle Gebiete der Publizistik ausgestattete Schriftsteller, unabhängig von jedem Zettelkasten, einfach und ungesellig, zwischen Bergen von Büchern. Nur engste Freunde, wie Hermann Bahr, Fritz Mauthner, Theodor Wolff und Max Liebermann, besuchten ihn hier. Mit seinem Nachbarn Rathenau machte er Spaziergänge durch den Grunewald. Über dem Hauseingang hatte er den Spruch Ulrich von Huttens anbringen lassen, daß, wenn er die Wahrheit verschwiegen hätte, ihm mehr Freunde erwachsen wären. In der Veranda des Hauses hing ein Bismarck-Porträt von Lenbach. Am 3. Juli 1922, neun Tage nach dem Rathenau-Mord, wurde er vor der Haustür von zwei Rechtsradikalen mit Eisenstangen so brutal zusammengeschlagen, daß er unter den

Verletzungen bis an sein Lebensende leiden mußte. Er stellte die Weiterführung der »Zukunft« ein und übersiedelte in die Schweiz. Am 30. Oktober 1927 erlag er in Gegenwart Pfemferts in Montana/Wallis einem Bronchialleiden. Sein Leichnam wurde nach Berlin übergeführt und auf dem Friedhof Heerstraße bestattet. Am Totensonntag desselben Jahres wurde ihm zu Ehren im Deutschen Theater eine Gedenkfeier veranstaltet, bei der Emil Ludwig die Trauerrede hielt. Seine große Zeit lag in den Jahren des Erscheinens der »Zukunft« von 1892 bis 1922, in der er sich den Titel »Censor Germaniae« erwarb.

Regerstraße Im Jahre 1930 übersiedelte Lion Feuchtwanger vom Hohenzollerndamm in die von ihm erbaute Villa Nr. 8 der Mahlerstraße, die heute den Namen des Komponisten Reger trägt. Im selben Jahr erschien sein Schlüsselroman »Erfolg«, in dem er persiflierend die Politik des Nationalsozialismus zur Weimarer Zeit in München anklagend aufzeichnet. Mit diesem Roman zog er sich den besonderen Haß Hitlers und seiner Leute zu. Im November 1932 ging er auf eine viermonatige Vortragsreise durch die USA, von der nicht mehr in seine Heimat zurückkehrte. Mit der Ausbürgerung wurde ihm die Doktorwürde abgesprochen, sein Vermögen beschlagnahmt, sein schriftstellerisches Werk verbrannt. In Sanary in Frankreich, wo er sich niederließ, wurde er 1940 verhaftet und als »feindlicher Ausländer« im Lager Les Milles in der Provence interniert. In seinen Aufzeichnungen »Unholdes Frankreich«, auch als »Der Teufel in Frankreich« (1942) erschienen, berichtet er von den Nöten in diesem Lager und seiner Flucht nach den USA. Am 21. Dezember 1958 starb er nach zwei Krebsoperationen in Los Angeles. In Amerika entstanden u. a. seine Romane »Goya« (1951), »Narrenweisheit oder Tod und Verklärung des J.-J. Rousseau« (1952) und die »Spanische Ballade« (1955).

Höhmannstraße Von der Mitte der zwanziger Jahre bis 1930 wohnte Alfred Kerr mit seiner »vulgären kleinen Frau«, wie Harry Graf Keßler sie nennt, im Hause Nr. 6. Nach ihm bezog Ernst Wiechert das Haus.

Ernst Wiechert, der wegen seiner unverhohlenen Beziehung zu der verheirateten Paula Juncker, der Tochter eines memelländischen Rittergutsbesitzers, seine Stellung als Studienrat an einem Königsberger Gymnasium verloren und einen neuen Arbeitsplatz in Berlin gefunden hatte, bezog im Frühjahr 1930 mit seiner Gefährtin eine aufwendige Siebenzimmerwohnung im Hause Nr. 6. »Sie kostete drei Viertel meines Gehalts«, schreibt er in »Jahre und Zeiten« (1949), so daß er den weiten Weg von seiner Wohnung zum damaligen Staatl. Kaiserin-Augusta-Gymnasium in der Cauerstraße Nr. 37 und zurück zu Fuß gehen mußte, »weil ich die Straßenbahn nicht bezahlen konnte«. »*Aber die Kiefernäste reichten bis auf den Balkon, und die Eichhörnchen kamen später bis auf die Nachttische, um die Apfelreste zu holen . . . Nun begann eine Periode, in der sich Tag und Nacht nur insofern unterschieden, als der einen Hälfte das Amt und der anderen meine Manuskripte gehörten.*« Bald jedoch stiegen die Einkünfte aus seiner schriftstellerischen Tätigkeit, so daß er zum 1. April 1933 den ihm lästig gewordenen Schuldienst aufgeben konnte. Er übersiedelte nach Ambach am Starnberger See, denn »es war nun Zeit für mich, in die Stille zu gehen, um meinen Acker zu bestellen«. Nach der Scheidung von ihrem »alten, reichen Mann« konnte er Paula Juncker zu Weihnachten 1932 heiraten und »in die Bereiche der bürgerlichen Sittlichkeit heimkehren«. Seine Frau Meta hatte sich 1929 vor Gram das Leben genommen. Das Leben des schwermütigen Schriftstellers begann am 18. Mai 1887 in einem Forsthaus im ostpreußischen Kleinort. Seinen Namen begründete er mit den Romanen »Die Magd des Jürgen Doskocil« (1932), »Die Majorin« (1934) und seinen autobiographischen Schriften. Der Verehrer des wilhelminischen Deutschlands und Antipode der Weimarer Republik, die er als eine »schmähliche Komödie« bezeichnete, wurde zum Gegner Hitlers. Wegen seiner mahnenden Ansprachen vor Studenten, die vervielfältigt unter der Hand weitergereicht wurden, und seines Einsatzes für Pastor Niemöller wurde er am 6. Mai 1938 auf seinem Hof Gagert bei Wolfratshausen von der Gestapo verhaftet und knappe vier Monate im Gefängnis zu München und als Häftling Nr. 7188 im Konzentrationslager Buchenwald eingesperrt. Bis 1945 stand er unter der Aufsicht der Gestapo. In seinen Aufzeichnungen »Der Totenwald« (1945), die er in seinem Garten vergrub, berichtet er über die Zeit des Schreckens. 1947 verließ er Deutschland und ließ sich auf dem Rütihof bei Uerikon in der Schweiz nieder, wo er am 24. August 1960 an einem Rückenmarkstumor verstarb.

Koenigsallee Am 6. September 1912 bezog Walther Rathenau das Landhaus Nr. 65, das er sich nach der Jahrhundertwende nach eigenen Entwürfen und dem Vorbild Schinkels hatte erbauen lassen. In diesem Haus, in dem Angestellte in Livree und Escarpins bedienten, empfing der Junggeselle, dem 1914 die Leitung der Rohstoffabteilung des Kriegsministeriums übertragen und der im Mai 1921 Minister des Wiederaufbaus und am 1. Februar 1922 Reichsaußenminister wurde, alle Persönlichkeiten des öffentlichen Lebens, vor allem aber die bedeutendsten zeitgenössischen Schriftsteller und Künstler, wie Gerhart Hauptmann, Wassermann, Wedekind, Dehmel, Rilke, Musil, Stefan Zweig, Liebermann, Harry Graf Keßler, Kerr, Harden, Einstein sowie die prominenten Schauspieler seiner Zeit. Am Vormittag des 24. Juni 1922, auf der Fahrt im offenen Auto von seinem Haus ins Außenministerium an der Ecke Koenigsallee/Wallotstraße, wurde der Philosoph, Wirtschaftstheoretiker und Politiker von drei nationalistischen Fanatikern mit Pistolenschüssen und einer Handgranate meuchlings ermordet. In Höhe der Mordstelle wurden ein Gedenkstein und eine Gedenkstätte errichtet, die an das erschütternde Ende des europäischen Politikers erinnerten, der »in einer der tragischsten Epochen das Schicksal des Deutschen Reichs zu meistern hatte . . . und den der eigentlich erste Mordschuß der Nationalsozialisten elf Jahre vor Hitlers Machtergreifung getroffen hat«, wie Stefan Zweig in seinen Erinnerungen »Die Welt von gestern« (1944) schreibt. Nach einer Feierstunde im Reichstagsgebäude wurden seine sterblichen Überreste durch die Straßen der Stadt, die von einer unübersehbaren Menschenmenge trauernder Bürger gesäumt waren, nach dem Waldfriedhof Wuhlheide bei Oberschöneweide übergeführt und im Erbbegräbnis der Familie an der Seite seiner Eltern bestattet. Einer seiner Mörder fand bei der Verfolgung den Tod, ein anderer verübte im Augenblick der Festnahme Selbstmord. Auf ihren Gräbern ließ Hitler einen Gedenkstein errichten. Der Fahrer des Mordwagens wurde 1933 nach seiner Befreiung aus dem Zuchthaus als Held gefeiert. Eine Gedenktafel an Rathenaus Wohnhaus wurde im April 1933 entfernt, seine gesamte Habe, seine umfangreiche Bibliothek und seine Manuskripte wurden beschlagnahmt, über ihren Verbleib ist nichts bekanntgeworden. Alfred Kerr widmet ihm 1935 eine Biographie mit dem Untertitel »Erinnerungen eines Freundes«, Musil setzt ihm in seinem Roman »Der Mann ohne Eigenschaften« (1940–1943) in der Gestalt des Preußen Arnheim ein literarisches Denkmal.

In der ausgebauten Mansarde, den ehemaligen Dienstpersonalräumen »einer prächtigen, palastartigen Villa mit Garten, Privatsee und einem lecken alten Ruderkahn« in der Koenigsallee 45 lebte von 1926 bis 1931 die am 24. Januar 1888 in Wien als Tochter eines Beamten geborene Schriftstellerin Vicki Baum mit ihrem zweiten Mann, dem Dirigenten Richard Lert, und ihren beiden Söhnen. Nach dem Musikstudium wurde sie durch den Großherzog von Hessen als Harfenistin nach Darmstadt berufen, wo sie Lert heiratete. Dieser ging im Jahre 1926 zunächst als Gastdirigent nach Berlin und wurde später Generalmusikdirektor an der Staatsoper. Vicky Baum, die bereits seit 1914 als Autorin einen Namen hatte, fand zunächst als Lektorin, dann als Redakteurin der »Dame« beim Ullstein-Verlag einen Arbeitsplatz. »Das war der Auftakt zu den glücklichsten, interessantesten und fruchtbarsten Jahren meines Lebens, 1926 bis 1931, Ullsteinhaus, dritter Stock«, schreibt sie in ihren Erinnerungen »Es war alles ganz anders« (1962). Sie arbeitete im Hotel »Excelsior« und studierte an der Universität, um die Welt eines Hotels und einer Hochschule in ihren Romanen »Menschen im Hotel« und »stud. chem. Helene Willfuer« (1929) treffend wiedergeben zu können, und hier schrieb sie die Bühnenfassung ihres Romans »Menschen im Hotel«. Die Verfilmung des Romans mit Greta Garbo und Joan Crawford bei Metro-Goldwyn-Mayer führte sie 1931 nach den Vereinigten Staaten, wo sie in Erkenntnis der Gefahren des aufkommenden Nazismus mit ihrer Familie verblieb. 1938 erwarb sie die amerikanische Staatsbürgerschaft und schrieb weitere Werke mit Millionenauflagen in englischer Sprache. Mit Thomas Mann war sie freundschaftlich verbunden. Am 29. August 1960 starb sie in Hollywood.

Fontanestraße Ende 1902 nahm sich Max Reinhardt im Hause Nr. 8 eine Wohnung. Am 23. Januar 1903 schuf er die berühmt gewordene Aufführung von Gorkis »Nachtasyl« in seinem »Kleinen Theater«, 1904 übernahm er die Leitung des »Neuen Theaters« am Schiffbauerdamm. Im selben Jahr genehmigte ihm das ungarische Innenministerium, anstelle seines Familiennamens Goldmann auch offiziell den Namen Reinhardt zu tragen. 1905 konnte er mit seiner ersten Inszenierung des »Sommernachtstraums« Presse und Publikum zu Begeisterungsstürmen hinreißen, erwarb das Deutsche Theater und übersiedelte in das »Palais Wesendonck« In den Zelten.

Die Unterführung am Bahnhof Grunewald führt in das »zauberhafte Waldland«, wie Rilke das größte zusammenhängende Waldgebiet Berlins nennt. Frau Jenny Treibel in Fontanes gleichnamigem Roman macht mit Familienmitgliedern und Freunden eine »Landpartie« von Halensee mit seinem »von Spargelbeeten und Eisenbahndämmen durchsetzten Wüstenpanorama« nach Paulsborn, und der Dichter selbst gedenkt angesichts des im Jahre 1845 auf einer Landzunge in Form eines Baumstammes mit Schild und Kreuz errichteten Denkmals der Sage von »Schildhorn, wo bezwungen im Streite / Fürst Jazko dem Christgott sich weihte«.

Arno Holz besingt einen Ausflug in den Grunewald an einem »Berliner Himmelfahrtstag«, und Max Frisch, der 1949 in Berlin lebte, preist den Grunewald in seinen »Tagebüchern«: *»Der Grunewald, Krumme Lanke, Schlachtensee, Wannsee, eine Landschaft, die mich schon heute mit sicherem Heimweh erfüllt. Was ist es? Die Kiefern im Sand, der Himmel zwischen den Kiefern, die Luft, die spröde Weite? Jedenfalls fühle ich mich unbändig wohl, man kennt sich selber nicht, oft versteige ich mich zur fixen Idee, daß ich in dieser Luft ein ganz anderer, ein durchaus fröhlicher und sprühender Kerl geworden wäre . . .«*

Bettinastraße Der am 30. September 1857 als Sohn eines Landwirts und Bierbrauers im memelländischen Matziken geborene verdienstvolle Theaterschriftsteller und Erzähler Hermann Sudermann, fast zwei Jahrzehnte hindurch der meistgespielte Autor, wohnte in den Wintermonaten von 1915 bis zu seinem Tode in der 1894 von Otto March erbauten, mit Antiquitäten ausgestatteten Villa Nr. 3. Den Sommer verbrachte er auf seinem Schloß Blankensee bei Trebbin, Krs. Teltow. Seine letzten Lebensjahre wurden ihm nach einer unglücklichen Ehe durch die Freundschaft mit der Musikschriftstellerin Irmgard Leux verschönt. Im Franziskuskrankenhaus starb der Wahlberliner nach einem Schlaganfall am 21. November 1928; auf dem Friedhof Halensee-Grunewald in der Bornstedter Straße wurde er neben seiner Frau begraben. Nach ihm bewohnte sein Stiefsohn, der Dramatiker Rolf Lauckner, das Haus, dann lebte der Kritiker Florian Kienzl (†1972) hier. Die Arbeitsräume des Schriftstellers, »maßlos bewundert und bitter befehdet«, sind als Sudermann-Gedenkstätte erhalten. Max Slevogt hat ihn für die Nationalgalerie im Bilde festgehalten. Sein ganzes Leben war er von Selbstmordgedanken gequält. In seinen Romanen des ostpreußischen Volkslebens und vor allem in den blutvollen vier »Litauischen Geschichten« (1917) hinterläßt er wehmütige Erinnerungen an seine Heimat.

Douglasstraße Im Jahre 1930 bezog Alfred Kerr das Haus Nr. 10, seine letzte Berliner Wohnung. *». . . zwei ausgestopfte Seehunde, eine Totenlampe aus einer punischen Grabkammer, ein vertrockneter Strauß Feldblumen aus dem Heiligen Lande Palästina, mindestens ein halbes Hundert Pfeifen aus aller Herren Ländern, viele Kupferstiche des ›Aiglon‹, ein klobiger Stein vom Colosseum in Rom, der ganze*

Kosmos war um ihn«, so schildert Kurt Pfeiffer sein Arbeitszimmer. Lange Zeit war ihm hier nicht beschieden. Am 15. Februar 1933 emigrierte der 65jährige Berliner Starkritiker mit seiner zweiten Frau Julia, der Tochter eines Staatssekretärs im Preußischen Innenministerium, und seiner neunjährigen Tochter Judith über die Tschechoslowakei, die Schweiz und Frankreich nach England, wo er als Mitarbeiter des »Pariser Tageblatts« und des »Daily Telegraph« arbeitete. Am 14. Juli 1933 wurde er der deutschen Staatsbürgerschaft für verlustig erklärt, weil er »durch ein Verhalten, das gegen die Pflicht zur Treue gegen Reich und Volk verstößt, die deutschen Belange geschädigt« hatte. Seine Tochter veranschaulicht das unmenschliche Naziregime und die Flucht in ihrem Roman »Als Hitler das rote Kaninchen stahl« (1974), der auch verfilmt worden ist. Seinen 80. Geburtstag verlebte Kerr in London. Für die Glückwünsche hielt er Danksagungen mit Versen bereit, die mit den Zeilen enden »Man stirbt einen Tod; man weiß nicht, welchen; / vielleicht ein schmuckes Schlaganfällchen«. Was er vorausahnte, geschah: Bei seiner ersten Reise in das Nachkriegsdeutschland erlitt er während einer Theateraufführung in Hamburg einen Schlaganfall und starb vier Wochen später, am 12. Oktober 1948, in einem englischen Lazarett. »Unweit von der Pfaueninsel / hart am holden Havelstrome« wollte er »mit Musik, doch ohne Pfaffen« begraben sein, wie es in seinem Gedicht »Testament eines Berliners« heißt. Zum 300. Gründungstag der Jüdischen Gemeinde ließ das Bezirksamt Wilmersdorf an seinem letzten Wohnhaus in Berlin am 10. September 1971 eine Gedenktafel anbringen.

Auerbacher Straße Von 1908 bis 1923 wohnte Julius Bab im Hause Nr. 17. 1910/11 erschien sein »Der Mensch auf der Bühne«, 1913 sein »Fortinbras oder der Kampf des europäischen Geistes mit der Romantik«. Von hier übersiedelte er in die Potsdamer Straße.

Trabener Straße Höhere Einkünfte gestatteten Gerhart Hauptmann, im Jahr 1898 die bescheidene Unterkunft in der Boothstraße aufzugeben und eine größere Wohnung im Hause Nr. 54 in der neuen Villenkolonie zu mieten. Er trat in Beziehungen zu seinen Nachbarn Sudermann, Meyer-Förster, Alfred Kerr und Planck, und arbeitete hier an seinen Versdramen »Schluck und Jau« (1900) und »Der arme Heinrich« (1902). Am 1. Juni 1900 schenkte ihm Margarete Marschalk seinen Sohn Benvenuto, erst am 18. September 1904, nach der Ehescheidung, konnte er seine Freundin im neuerbauten »Haus Wiesenstein« bei Agnetendorf im Riesengebirge heiraten. Im Dezember

1900 schuf Lovis Corinth sein Porträt, im August 1901 bezog er den Wiesenstein.

Vor 1918 hatte Engelbert Humperdinck, der sich mit seinen Schauspielmusiken für die Literatur verdient gemacht hat, im selben Hause eine Wohnung. Er war 1900 an die der Akademie der Künste angegliederte Meisterschule für Komposition berufen worden. 1920 zog er sich nach einem Schlaganfall aus dem Staatsdienst zurück. Am 27. September 1921 starb er in Neustrelitz.

Der am 4. Juli 1868 in Frankfurt/Main geborene, als Autor heiterer Romane, Skizzen und Lustspiele hervorgetretene Dichter Rudolf Presber, der 1899 nach Berlin übersiedelte und von dem das Wort stammt, die echtesten Berliner seien gar nicht aus Berlin, wohnte bis zu Beginn der zwanziger Jahre im Hause Nr. 24. Er war Schriftleiter der »Lustigen Blätter« und Chefredakteur von »Über Land und Meer«. Von hier übersiedelte er in die Kaiserallee.

Von der Uhlandstraße zog Georg Hermann mit seiner Familie im Jahre 1911 in den ersten Stock der Villa Nr. 19. Als 1913 seine Bühnenfassung der Jettchen-Romane aufgeführt wurde, stellte er seine Biedermeiermöbel für die Dekoration zur Verfügung, um die Inszenierung möglichst echt zu gestalten. Zu Beginn des Ersten Weltkriegs verließ er mit seiner Familie Berlin und ließ sich in Neckargemünd nieder. 1918 trennte er sich von seiner Frau und heiratete Lotte Samter, eine um 25 Jahre jüngere Redakteurin im Ullstein-Verlag, die ihm eine Tochter Ursula in die Ehe brachte. Lotte Samter starb 1926, mit seiner ersten Frau und den Kindern aus der ersten Ehe blieb er in freundschaftlicher Verbindung. Im August 1931 ging er mit seinen Töchtern Hilde und Ursula nach Berlin zurück und bezog in der Künstlerkolonie in der Laubenheimer Straße eine Wohnung.

Wißmannstraße Vom Juli 1903 bis zum Spätherbst 1905 bewohnte Samuel Fischer das Haus Nr. 3. Während dieser Zeit entstand auf eigenem Grundstück sein Haus in der Erdener Straße.

Hasensprung Die am 25. Juni 1926 in Klagenfurt geborene österreichische Schriftstellerin Ingeborg Bachmann lebte 1965 in Berlin, dem »Ort für Zufälle«. So nannte sie ihre letzte Erzählung (1964), die Günter Graß mit Zeichnungen ausstattete und in der sie den verklärenden Hymnen auf Berlin die »beschädigte Stadt« gegenüberstellt. Die geräuschempfindliche, promovierte Lyrikerin wohnte in ihren Biedermeiermöbeln am Hasensprung 2, damals noch unter der Einflugschneise, wo »jede Minute ein Flugzeug durchs Zimmer fliegt« und »im nächsten flugfreien Augenblick . . . alle Kirchenglocken von

Berlin (lärmen); es steigen die Kirchenglocken aus dem Boden, die ganz nahe herankommen, lauter neue kahle ungefärbte Kirchen mit Glockentürmen und protestantischen Tonbändern.« Ingeborg Bachmann, die ein vierbändiges Werk von 2397 Seiten hinterläßt, starb am 17. Oktober 1973 in ihrer römischen Wohnung an den Wunden, die sie bei einem von ihr selbst verursachten Zimmerbrand erlitten hatte; sie war mit einer brennenden Zigarette in der Hand eingeschlafen.

Gneiststraße Während des Weltkriegs hatte Alfred Kerr im Hause Nr. 9 eine Wohnung. Wilhelm Herzog beschreibt in seinen Erinnerungen »Menschen, denen ich begegnete« (1959) die Junggesellenunterkunft des Kritikers, der »in seinem Anzug mit karierten Hosen, einer bunten Weste und einer Art Gehrock ... etwas Affiges hatte ...« Im Jahre 1917 erschien Kerrs fünfbändiges Hauptwerk »Die Welt im Drama«.

Erdener Straße Im Spätherbst 1905 verlegte Samuel Fischer seinen Wohnsitz und seinen Verlag von der Wißmannstraße in ein eigens für ihn erbautes weißes Jugendstilhaus in der Erdener Straße 8. Der Verleger und seine Frau Hedwig, deren Urteil über die eingereichten Manuskripte entscheidend für ihre Annahme war, führten hier ein großes Haus. Tennisplatz, Gärtner, Chauffeur, Gesellschafterin, Köchin und Dienstboten bestimmten den großbürgerlichen Charakter der Villa, deren Halle Karl Walser, der Bruder des Schriftstellers Robert Walser, ausgemalt hatte. Flake, der häufig Gast seines Verlegers war, schildert Ausstattung und Atmosphäre in seiner Autobiographie »Es wird Abend« (1961). Hier trafen sich die Autoren des Verlags, Thomas und Heinrich Mann, Wassermann, Rilke, Einstein, der hier als Violonist brillierte, Schleich, Kerr, Harry Graf Keßler, Benn, Brecht sowie Schauspieler von Rang und Namen mit ihrem verehrten »Sami«. Tilla Durieux preist »das friedliche Haus und die hübschen Abende, die ich darin verbracht habe, die lieben und förderlichen Unterhaltungen, die wir geführt«. Im Jahre 1911 fand hier nach der Premiere des »Rosenkavaliers« ein Ball statt, bei dem der Gastgeber neben der Prominenz des kulturellen Lebens Berlins Richard Strauss und dessen Librettisten Hugo von Hofmannsthal begrüßen konnte. Wie Peter de Mendelssohn in seiner Fischer-Monographie (1970), einem »bedeutenden Stück Literatur- und Kulturgeschichte«, erzählt, wurde hier zum erstenmal der Rosenkavalier-Walzer getanzt. Meier-Graefe führte die Polonaise an. Am 15. Oktober 1934 starb der Verleger. »*Die Beerdigung fand am 18.*

Oktober auf dem Jüdischen Friedhof in Weißensee statt; Loerke und Hausmann sprachen . . . Der Börsenverein schickte niemand an das Grab eines Mannes, der zu seinen prominentesten Mitgliedern gehörte . . .«, notiert Flake, einer der vielen Trauergäste. Brigitte B. Fischer, die Tochter des Verlegers und Frau Gottfried Bermanns, von ihren Freunden Tutti genannt, berichtet in ihren Erinnerungen »Sie schrieben mir – Oder was aus meinem Poesiealbum wurde« (1978) von ihren Begegnungen mit Autoren und Freunden des Verlegers in seinem Haus. Das Haus, das eine Gedenktafel trägt, überstand die Wirren des Krieges. In den sechziger Jahren bewohnte der am 12. November 1908 als Sohn eines Fischers in Bansin auf Usedom geborene Schriftsteller Hans Werner Richter mit seiner Frau ein Stockwerk des Hauses. Nach dem Besuch einer pommerschen Volksschule war er zunächst in Swinemünde, dann seit 1927 in Berlin als Buchhändlergehilfe tätig. Nach Krieg und amerikanischer Gefangenschaft begann er seine literarische Laufbahn zusammen mit Alfred Andersch mit der Herausgabe der zeitkritischen Schrift »Der Ruf. Unabhängige Blätter der jungen Generation«. Ihr Verbot durch die amerikanische Militärregierung führte im September 1947 zur Gründung der »Gruppe 47« in München, der berühmten losen Vereinigung prominenter Schriftsteller und Kritiker ohne Satzung und Programm, die Richter zwanzig Jahre hindurch leitete und 1977 noch einmal zu einem Abschiedstreffen zusammenrief. Zweifellos hat der Freundeskreis, zu dem Graß, Böll, Andersch, Günter Eich, Ingeborg Bachmann, Schnurre, Martin Walser, Lenz und Uwe Johnson gehörten, die sich hier um ihren Mentor scharten, einen bemerkenswerten Einfluß auf das literarische Geschehen in den ersten beiden Dekaden der Nachkriegszeit in der Bundesrepublik ausgeübt.

Zum 70. Geburtstag des Leiters der Gruppe, die 1956 in dem unbekannten Zeichner und Graphiker Günter Graß den Schriftsteller entdeckt hatte, schreibt dieser seine Erzählung »Das Treffen in Telgte« (1979). Graß schildert darin, wie sich auf Einladung des Königsberger Dichters Simon Dach, hinter dessen Gestalt sich Hans Werner Richter verbirgt, im Sommer 1647 im Brückenhof zu Telgte im Münsterland über zwanzig Dichter, Kritiker und Verleger zu Lesungen aus ihren Manuskripten, Gedankenaustausch und derber Lustbarkeit treffen.

Für den ersten Kriegsroman »Die Geschlagenen« (1949) wurde Richter mit dem Fontane-Preis ausgezeichnet, der Roman »Rose weiß, Rose rot« (1971) schildert – ebenso autobiographisch wie fast

alle seine Bücher – die politischen Auseinandersetzungen in den letzten Jahren der Weimarer Republik in Berlin.
Der am 3. Juni 1839 in Magdeburg geborene Pfarrerssohn Dr. Paul Lindau, Kritiker, Feuilletonist, Romancier und Autor von Salonstücken nach französischem Muster, verstarb am 31. Januar 1919 nach mehrtägiger Krankheit in seiner letzten Berliner Wohnung im Hause Nr. 9 an Herzschwäche. In seinen Romanen »Der Zug nach dem Westen« (1886), »Arme Mädchen« (1887) und »Spitzen« (1888), die »mit Gier« verschlungen wurden, wie die »Voss« in ihrem Nekrolog verkündet, schildert er das Leben in der jungen Reichshauptstadt. Von 1899 bis 1903 leitete er das Berliner Theater, später war er wenig erfolgreicher Intendant des Deutschen Theaters und danach Dramaturg der Königlichen Schauspiele. Mit Lassalle, Ibsen, O. E. Hartleben und Ernst Dohm war er befreundet. Als meisterhafter Übersetzer der Komödien Molières hat er noch heute einen Namen.

Hubertusallee Bei einem Aufenthalt in Berlin im Jahre 1906 wohnte Rainer Maria Rilke kurze Zeit im Hause Nr. 16. Von 1912 bis zum Ende des Ersten Weltkriegs verlegte Gerhart Hauptmann in den Wintermonaten seinen Wohnsitz vom »Wiesenstein« nach Berlin, wo er im Hause Nr. 25 eine Wohnung gemietet hatte. Engelbert Humperdinck, Professor an der Akademischen Meisterschule für Komposition in Berlin, der sich mit seinen Schauspielmusiken auch um die Literatur verdient gemacht hat, bezog im Jahr 1918 eine Wohnung in diesem Haus. Er starb drei Jahre später in Neustrelitz.

Humboldtstraße Gerhart Hauptmann, der sich von seiner Familie getrennt und der jungen Schauspielerin Margarete Marschalk zugewandt hatte, mietete im Dezember 1894 ein möbliertes Zimmer im Hause Nr. 9 der Boothstraße, die im Februar 1900 in Humboldtstraße umgetauft wurde. »*Seit gestern bewohne ich ein möbliertes Zimmer . . . Es ist frostig, wie diese Räumlichkeiten zu sein pflegen. Ich gelange zu meinem Tuskulum durch einen engen, nach Mänteln und Schuhwerk riechenden Korridor, den meistens fettige Dünste schwängern. Auf diese Weise fängt ein besonderes Martyrium für mich an . . . Ich weiß nicht, was für einen entsetzlichen Stil diese schwarzlackierten, mit gepreßtem rotbraunen Plüsch überzogenen Möbel darstellen wollen. Ich weiß überhaupt nicht, warum sie da sind und die Öldrucke an den Wänden, in protzigen Goldleisten, die Papierblumen mit dickverstaubten Makartbuketts und das schreckliche Bric-à-brac an Nippes, kleinen Vasen, japanischen Fächern, gestickten Decken und so fort; denn ich würde lieber in der gutgescheu-*

erten Stube eines Kätners wohnen als in dieser Räumlichkeit«, schreibt er am 18. Dezember 1894. Die »wundersame Verjüngung«, die ihm die Begegnung mit Margarete Marschalk bescherte, die Spaziergänge mit ihr an »die weitgedehnten, zugefrorenen Havelseen« und das Schlittschuhlaufen, »losgelöst von der ganzen, überflüssigen Welt« ließen ihn jedoch die Kalamität seines möblierten Zimmers vergessen. Seine wachsenden Einkünfte gestatteten ihm außerdem Anfang 1898 einen Umzug in eine eigene Wohnung in der Trabener Straße.

Von der Katharinenstraße übersiedelte Else Lasker-Schüler um 1913 in ein möbliertes Zimmer bei Frau Enderlein im zweiten Stock des Hauses Nr. 13.

Wangenheimstraße Bis um die Jahrhundertwende wohnte der am 22. November 1849 im böhmischen Horitz geborene Schriftsteller und Philosoph Fritz Mauthner, seit 1876 in Berlin, im Hause Nr. 46 und von 1904 an im Hause Nr. 36. Hier, in seinem stillen Grunewald-Heim, entstand sein bedeutendstes Werk »Die Kritik der Sprache«. 1886 war »Quartett«, der erste Teil seines dreibändigen Romanzyklus »Berlin W«, eine frühe Geschichte des ehelichen Partnertauschs, erschienen. In seinem Roman »Die bunte Reihe« hinterläßt der Autor satirische Bilder der Berliner Bühnen- und Börsenwelt, in den parodistischen Studien »Nach berühmten Mustern« (1879) Porträts zeitgenössischer Schriftsteller. Der enge Mitarbeiter des »Berliner Tageblatts« starb am 29. Juni 1923 nach langem Leiden in seinem Meersburger Haus.

Bis zu seiner Zerstörung bei einem Bombenangriff war das Haus Nr. 21 das Heim des Physikers und Nobelpreisträgers (1918) Max Planck und seiner Familie. Am 14. Dezember 1900 hatte er der Berliner Physikalischen Gesellschaft seine Quantentheorie vorgetragen, 1909 verlor er seine erste Frau. 1912 wurde er ständiger Sekretär der naturwissenschaftlich-mathematischen Sektion der Preußischen Akademie der Wissenschaften. Sein ältester Sohn fiel im Ersten Weltkrieg, ein weiterer, der Staatssekretär a.D. Dr. Erwin Planck, wurde im Zweiten Weltkrieg schwer verwundet und als Widerstandskämpfer gegen den Nationalsozialismus kurz vor dem Zusammenbruch von der Gestapo gehängt. Nach der Vernichtung seines Hauses mit dem größten Teil seiner Habe, seiner unersetzlichen Bibliothek und seines schriftlichen Lebenswerks fand er mit seiner zweiten Frau in Göttingen eine bescheidene Unterkunft. In Kassel starb er am 4. Oktober 1947 im Alter von 89 Jahren, nachdem er bei einem der letzten Luftangriffe nur durch einen Zufall aus den Trümmern eines Hauses gerettet werden konnte. Drei Jahre vor seinem Tode erschien das letzte Werk des Begründers des modernen naturwissenschaftlichen Weltbildes, »Wege zur physikalischen Erkenntnis – Religion und Naturwissenschaft«.

Im März 1916 übersiedelte Prof. Dr. Karl Bonhoeffer, der Vater des Theologen und Dichters Dietrich Bonhoeffer, mit seiner Familie von der Brückenallee in das große Einfamilienhaus Nr. 14. Das Gebäude hat den Krieg überstanden. Hier übte er auch seine psychiatrische und neurologische Praxis aus. Dietrich besuchte mit seinen Geschwistern das Grunewald-Gymnasium; hier freundete er sich mit Hans und Grete von Dohnanyi an, die später seine Geschwister Christine und Karl-Friedrich heirateten. Er studierte in Tübingen, Rom und von 1924 bis 1927 in Berlin, promovierte und übernahm von 1928 bis 1929 zunächst ein Vikariat in Barcelona, danach im Berliner Wedding. In Berlin habilitierte er im Jahre 1931 und leitete dann einige Predigerseminare, war Privatdozent an der Universität und Studentenpfarrer an der Technischen Hochschule. Im Oktober 1935 übersiedelte sein Vater mit der Familie in die Marienburger Allee. Auch mit den Kindern des Historikers Hans Delbrück (1848–1929), der in der benachbarten Kunz-Buntschuhstraße wohnte, war er befreundet. Emmi wurde seine Frau; mit ihrem Bruder Justus war er später in Tegel eingesperrt.

Paulsborner Straße Im Hause Nr. 3 hatte der Romancier und Essayist Manès Sperber seine letzte Wohnung in Berlin. Sperber, am 12. Dezember 1905 in Ostgalizien geboren und in Wien aufgewachsen, kam 1927 nach Berlin, wo er Mitglied der KPD wurde, an der Hochschule für Politik und an Fachschulen für Sozialpädagogie lehrte und Freundschaft mit Döblin und Brecht schloß. ». . . *nicht in Jahren lebte ich da, sondern in Tagen und Nächten, in Stunden – so dicht folgten einander Tun und Geschehen, Begegnungen und Bindungen, Absichten und Verwirklichungen. Das lag nicht nur an mir, sondern an der Stadt* . . .«, heißt es im zweiten Band seiner Autobiographie »Die vergebliche Warnung« (1975). Am 15. Mai 1933 wurde er verhaftet und in »Schutzhaft« genommen. Nach seiner Entlassung als österreichischer Staatsbürger emigrierte er über Jugoslawien nach Paris, wo er heute lebt. 1937 sagte er sich von der kommunistischen Partei los. In seinen dreibändigen Memoiren »Bis man mir Scherben auf die Augen legt . . . / All das Vergangene« (1977), in denen er »das Geschehen nicht subjektiviert, sondern mein eigenes

Geschichtserlebnis objektiviert, so gut es mir gelingen wollte«, schildert er seinen erregenden Lebensweg von dem galizischen Städtel Zabłotow bis zu seinen Spaziergängen im Jardin du Luxembourg in Paris.

Hohenzollerndamm Im Hause Nr. 52 wohnte die am 27. Dezember 1888 in Tauperlitz bei Hof geborene Schauspielerin und Schriftstellerin Thea von Harbou mit ihrem Mann, dem Regisseur Fritz Lang. Zwischen 1917 und 1926 erschienen ihre Romane »Das indische Grabmal«, »Nibelungenbuch« und »Metropolis«, die von Lang verfilmt wurden. Im Jahre 1933 wurde die Ehe aufgelöst, und Thea von Harbou trat als Konventualin in das St.-Johannes-Kloster in Schleswig ein. Um 1950 kam sie nach Berlin zurück und bezog in der Charlottenburger Frankenallee eine Wohnung.

Sesselmannweg Im Hause Nr. 9 hatte Hugo Hartung, promovierter Kunsthistoriker, Schauspieler, Dramaturg und Autor vielgelesener und verfilmter Romane wie »Ich denke oft an Piroschka« (1954) und »Wir Wunderkinder« (1957), seine letzte Berliner Wohnung. In seinen »Stillen Abenteuern – Begegnungen mit Menschen und Landschaften« (1963) bekennt er sich enthusiastisch zu Berlin, wo er 25 Jahre lebte: *»Manchmal meint man am Kurfürstendamm, mitten in Autolärm und Auspuffdünsten, etwas von dieser unbeschreiblich reinen Wald- und Seewürzluft zu spüren, die schon vor Paul Lincke als ›Berliner Luft‹ medizinischen und poetischen Weltruf genossen hat: Eine rechte Aufatme- und notorische Frühlingsabendluft, die flimmernd impressionistisch leuchtet – Boulevardluft – Weltstadtluft . . . Das ist der Frühling in Berlin!«* Der Schriftsteller starb am 2. Mai 1972 im Alter von knapp siebzig Jahren in München.

Halberstädter Straße Hellmut von Gerlach hatte von 1930 bis 1933 im Hause Nr. 2 seine letzte Berliner Wohnung. Es gelang ihm, den Nationalsozialisten zu entkommen und in Paris eine neue Heimat zu finden. Er wurde ausgebürgert, seine Bücher landeten auf dem Scheiterhaufen. Am 1. August 1937 starb er in der französischen Hauptstadt. Der Bildhauer, Erzgießer und Schriftsteller Kurt Kluge, am 29. April 1886 als Sproß einer langen Ahnenreihe von Schmieden in Leipzig geboren, kam im Jahre 1921 als Professor für Erzguß an der Akademie für bildende Künste von seiner Geburtsstadt, wo er eine Erzgießerei gegründet hatte, nach Berlin. Um 1930 wohnte er in der Halberstädter Straße Nr. 4. Von hier übersiedelte er in die Krottnaurer Straße.

Joachim-Friedrich-Straße Oskar Loerke, Schriftsteller und Dramaturg beim Bühnenvertrieb F. Bloch, wohnte von Ende Mai 1912 bis 1930 im vierten Stock im Hof des Hauses Nr. 34. 1913 erhielt er den Kleistpreis, 1917 wurde er als Nachfolger seines Freundes Moritz Heimann Lektor im Verlag S. Fischer, 1926 ordentliches Mitglied der Preußischen Akademie der Künste, 1928 Sekretär der Sektion für Dichtkunst. Aus einer Begegnung mit Kasack bei einer Dichterlesung am Ende des Ersten Weltkriegs entwickelte sich eine enge Freundschaft. Im Jahre 1930 bezog er mit seiner Lebensgefährtin Clara Westphal, der er seinen autobiographischen Roman »Oger« (1921) widmet, ein eigenes Haus in der Kreuzritterstraße in Frohnau.

Westfälische Straße Horst Krüger, Schüler des Grunewald-Gymnasiums, das heute Walther-Rathenau-Schule heißt, schloß 1936 als Obertertianer Freundschaft mit Wanja, dem Sohn eines »Fräulein Arbeiterin aus Halensee«. Vom elterlichen Hause in Eichkamp besuchte er Wanja oft, der mit seiner Mutter in der Westfälischen Straße »in einem schäbigen und düsteren Hinterhaus« wohnte. »*Nie war ich bisher in solche Straßen gekommen. Es roch überall nach Armut und Alter. Schwere, knarrende Türen, ausgetretene Treppen, Kohlgeruch im Hause; man mußte vier Etagen hoch steigen und stand vor einer blinden, altmodischen Glastür, an deren Pfosten viele Visitenkarten mit Reißzwecken befestigt waren . . .*«, erinnert sich der Schriftsteller in seiner Autobiographie »Das zerbrochene Haus – Eine Jugend in Deutschland« (1966). Im Hause Nr. 59 wohnte um 1930 der am 9. August 1882 in Berlin geborene Schriftsteller Reinhold Conrad Muschler, der mit Biographien und Unterhaltungsromanen wie »Bianca Maria« (1924) und »Der Weg ohne Ziel« (1926) bekannt geworden ist. Er starb in Berlin am 10. Dezember 1957 und wurde auf dem Waldfriedhof Zehlendorf bestattet.

Bornstedter Straße Auf dem 1892 angelegten Friedhof Halensee-Grunewald wurde Hermann Sudermann im Jahre 1928 begraben.

Ringbahnstraße Christian Morgenstern, der 1903 nach einer Kur in Davos von Rom nach Berlin zurückgekommen war, fand im Mai in der Wohnung seines Freundes Friedrich Kayßler im Hause Nr. 126 eine behagliche Unterkunft. Die Freundschaft der beiden Männer ging auf ihr auf dem Breslauer Gymnasium gemeinsam verbrachtes letztes Schuljahr zurück. Kayßlers einziger, aus seiner ersten Ehe stammender Sohn Friedrich war Morgensterns Patenkind. Schon im Mai schreibt Morgenstern seinem Freunde Landshoff: »*Mein Hauptwunsch ist es nur, mir möglichst bald irgendwo ein eigenes Zimmer einrichten zu können, damit die regelmäßige systematische*

Arbeit endlich losgehen kann; denn natürlich ist auch mein Zimmer in Fritzens Wohnung nur ein Zwischenzustand . . . am liebsten mietete ich mich in der Kgl. Bibliothek ein . . .« Am 1. August fand er eine Stelle als Dramaturg im Hause von Felix Bloch Erben, am 15. September übernahm er die Leitung von Bruno Cassirers neugegründeter Zeitschrift »Theater«, und im Oktober fand er eine eigene Wohnung im Hause Nr. 126. Im ersten Stock des Gartenhauses richtete er sich mit eigenen Möbeln zwei Zimmer ein. Ihm behagte diese »kleine, nette Wohnung, aus der ich sobald nicht wieder heraus will, obwohl zur Miete (d.h. möbliert) zu wohnen, vielleicht rentabler wäre. Aber ich war dieser Mietszimmer müde.« Im März 1905 erschienen seine »Galgenlieder« und ein Jahr später das Bekenntnis seiner Liebe zur Reichshauptstadt: »Ich liebe dich bei Nebel und bei Nacht«, eines der schönsten Gedichte auf Berlin. Im Frühjahr 1904 zog Morgenstern wieder in Kayßlers Wohnung, der auf Tournee war, um sich besser um den kleinen Friedrich kümmern zu können. Im Herbst 1905 mietete er sich in einem Sanatorium in Birkenwerder ein, wo er seine Gesundheit wiederzufinden hoffte. Friedrich Kayßler wurde bei den Kämpfen um Berlin ermordet, als er eine Frau vor der Vergewaltigung bewahren wollte.

Katharinenstraße Nach ihrer Trennung von Herwarth Walden bezog Else Lasker-Schüler im Parterre des Gartenhauses Katharinenstraße Nr. 5 ein möbliertes Zimmer. Um 1912 begann ihre kurze Bindung zu dem zwanzig Jahre älteren Gottfried Benn, den sie im Café des Westens kennengelernt hatte. Der Dichter widmet seiner Geliebten ein kleines Gedichtheft mit den Worten »E. L.-S. – ziellose Hand aus Spiel und Blut«, sie ihrerseits gibt einem Abschnitt ihrer 1917 erschienenen »Gesammelten Geschichten« die Überschrift »Dr. Benn«. Benn schreibt später über sie: ». . . *Man konnte weder damals noch später mit ihr über die Straße gehen, ohne daß alle Welt stehen blieb und ihr nachsah, extravagante weite Hosen oder Röcke, unmögliche Obergewänder, Hals und Arme behängt mit Schmuck. Sie war immer arm, schlief manchmal auf Bänken. Das war der Prinz von Theben, der schwarze Schwan, die größte Lyrikerin, die Deutschland je hatte.«* Von der Schaperstraße zog Leonhard Frank in ein möbliertes »Parterrezimmerchen« mit eigenem Eingang von der Straße im selben Haus. Seine Freundin Lisa konnte ihn hier ungestört besuchen, zumal auch Frau Krause, seine Wirtin, taub war. Vier Wochen nach ihrer Bekanntschaft heirateten sie am 4. Februar 1915, Lisa gab ihre Wohnung auf und teilte sein Zimmer bis zu seiner Flucht in die

Schweiz. Als Pazifist entzog er sich auf diese Weise dem Militärdienst. In der Schweiz gab er mit Schickele die »Weißen Blätter«, eine pazifistische Zeitschrift, heraus. 1920 kehrte er mit seiner Frau über München nach Berlin zurück. Nach dem Erfolg seines Erstlings »Die Räuberbande« (1913), an dessen erstem Satz er wochenlang und an dessen erster Seite er ein Vierteljahr feilte und für den er 1914 den Fontane-Preis erhielt, konnte er sich eine eigene Wohnung in der Bismarckstraße einrichten. Von Hannover, wo er als Theaterkritiker und Feuilletonchef gearbeitet hatte, kam Frank Thieß im Jahre 1924 wieder nach Berlin und mietete bei einer Frau von Beerfelde im dritten Stock des Hauses Nr. 6 drei möblierte Zimmer, nachdem er drei Monate in einer Pension gelebt hatte. Die Sommermonate verbrachte er bis 1933 in Steinhude.

Kurfürstendamm Nach der Rückkehr aus Argentinien im Jahre 1937 bezog Günther Weisenborn im Hause Nr. 110 eine Atelierwohnung. Die Reichsschrifttumskammer hatte ihm die Genehmigung erteilt, sich unter einem Pseudonym wieder schriftstellerisch zu betätigen.

Karlsruher Straße Der am 16. Januar 1912 in Gries bei Bozen als Sohn eines Gymnasialprofessors geborene Lyriker und Erzähler Franz Tumler, der seit den fünfziger Jahren Berlin zu einer zweiten Heimat gemacht hat, wohnt im Hause Nr. 7. In seinen Erinnerungen »Hier in Berlin, wo ich wohne«, einer Hymne auf die Stadt, bekennt er: »Man weiß, daß der Ort dieses vielversprechenden Lebens eine Insel ist. Aber diese Vorstellung hat nichts Beklemmendes, eben weil auf ihr der Herzschlag der Welt zu pochen niemals aufgehört hat.«

Kurfürstendamm Im Hause Nr. 97/98 hatte der am 17. Mai 1883 in Temesvár im Banat geborene Offizier und Unterhaltungsschriftsteller Franz Xaver Kappus, an den Rilke seine »Briefe an einen jungen Dichter« (1929) adressiert, seine letzte Wohnung. Nach dem Ersten Weltkrieg, an dem er als Kriegsberichterstatter teilnahm, wandte er sich der Literatur zu. Im Jahre 1925 berief ihn der Ullstein-Verlag nach Berlin, wo er am 9. Oktober 1966 starb.

Johann-Georg-Straße Zum 300. Gründungstag der Jüdischen Gemeinde in Berlin ließ das Bezirksamt Wilmersdorf in der Johann-Georg-Straße 20 am Wohnhaus des Schriftstellers und Philosophen Salomo Friedlaender, der unter dem Pseudonym Mynona, eine Umstellung der Buchstaben des Wortes »anonym« bekannt geworden ist, am 10. September 1971 eine Gedenktafel anbringen. Mynona wirkte besonders durch seine Grotesken auf seine Leser. Der aus Posen stammende Schriftsteller lebte seit 1906 in Berlin. 1933 entging er durch Zufall den Nachstellungen der Nazis und ließ sich in Paris nieder, wo er am 9. September 1946 im Alter von 79 Jahren starb.

Albrecht-Achilles-Straße In den zwanziger Jahren kam der am 8. Juli 1890 geborene Schriftsteller Walter Hasenclever von Dresden häufiger nach Berlin. Seinem Vater, einem Sanitätsrat, der »seine Patienten wie ein Engel, seine Kinder aber wie ein Wachtmeister behandelte«, wie sein Freund Kurt Pinthus sagt, hat er in seinem Drama »Der Sohn« (1914) ein unrühmliches Denkmal gesetzt. Kurze Zeit wohnte der Wegbereiter des literarischen Expressionismus als Untermieter bei der Witwe Kobe in der Albrecht-Achilles-Straße Nr. 85 an der Ecke Paulsborner Straße. 1924 ging er als Korrespondent für das »8-Uhr-Abendblatt« nach Paris, wo er Freundschaft mit Tucholsky und Jean Giraudoux schloß. Im Februar 1925 heiratete er Lili Turel, die Schwester des Schweizer Philosophen Adrien Turel. Die Ehe ging noch im selben Jahr auseinander. Im Sommer 1926 entstand in Nizza seine erste und erfolgreichste Komödie »Ein besserer Herr«, die ihm finanzielle Unabhängigkeit einbrachte, auch die beiden Stücke »Ehen werden im Himmel geschlossen« (1929) und »Napoleon greift ein« (1930) erfuhren weite Beachtung. 1928 schreibt er sich seine Sehnsucht nach Berlin vom Herzen: *»Ich lebe seit Jahren in Paris, habe manches erzählt, was mir dort sehr gefallen hat. Aber wenn ich drei Monate die Luft der Boulevards geatmet habe, wo die Männer noch Zeit haben, die Frauen zu lieben, bekomme ich plötzlich Sehnsucht nach Berlin. Ich weiß nicht, warum. Ich möchte auf der Brücke in Halensee stehen, die grünen Vorortbäume sehen, den Lindenduft im Grunewald atmen, am Alexanderplatz Zeitungen lesen. Ich möchte durch märkische Wälder fahren, nachts auf dem Wannsee rudern, im Wellenbad familiär sein. Ich möchte fünfzigmal am Tage angerufen werden und keine Nacht schlafen. Schlagt mich tot. Ich liebe Berlin.«* 1930 konnte er seine Sehnsucht erfüllen und nach Berlin zurückkehren. Am Laubenheimer Platz mietete er eine Wohnung.

Ravensberger Straße Während des Zweiten Weltkriegs hatte der schweizerische Erzähler Jakob Schaffner, der sich dem nationalsozialistischen Mythos von Blut und Boden verschrieben hatte, im Hause Nr. 7 eine Wohnung. Am 25. September 1944 kam er bei einem Luftangriff in Straßburg ums Leben.

Zähringer Straße Der am 11. Dezember 1889 in Prag geborene Dramatiker, Erzähler und Essayist Paul Kornfeld wohnte bis 1933 im

Hause Nr. 26. Er lebte von 1916 bis 1925 als freier Schriftsteller in Frankfurt und ging von dort als Dramaturg an Reinhardts Deutsches Theater und Mitarbeiter von Zeitschriften nach Berlin. Von 1928 bis 1929 arbeitete er als Dramaturg am Hessischen Landestheater und kam dann nach Berlin zurück. 1933 floh er vor Hitler nach Prag. 1941 wurde er dort verhaftet, ins Konzentrationslager Lodz verschleppt und im Januar 1942 ermordet. Er begann mit expressionistischen Theaterstücken, wie den Erlösungsdramen »Die Verführung« (1913) und »Himmel und Hölle« (1919), und schrieb später Gesellschaftskomödien wie »Palme oder der Gekränkte« (1924), ein Stück, das noch heute gespielt wird. Mit seinem Essay »Der beseelte und psychologische Mensch« (1918) trug er entscheidend zur Entwicklung des expressionistischen Theaters bei.

Brandenburgische Straße Nach seinem Bruch mit Arno Holz mietete Paul Ernst im Jahre 1897 im vierten Stock des Hauses Nr. 103 eine Unterkunft. Von hier übersiedelte er nach kurzer Zeit in die Charlottenburger Wielandstraße. Um 1904 wohnte er im Hause Nr. 16.

Pommersche Straße Der am 18. Januar 1871 in Wien als Sohn eines später wohlhabend gewordenen analphabetischen Schusters geborene bibliophile Schriftsteller Franz Blei kam 1925 nach Berlin und bezog mit seiner Frau eine Wohnung im Haus Nr. 6. Als Herausgeber kostbarer Zeitschriften und als Übersetzter Paul Claudels, André Gides, Oscar Wildes und anderer machte er sich einen Namen. Mit seinem »Großen Bestiarium der modernen Literatur« (1920), einer satirischen Darstellung der gesamten Gegenwartsliteratur, in der er bekannte Schriftsteller in Form von Tierbildern vorstellt und sich selbst witzig und karikierend schildert – ». . . der sich geschmeidig in allen frischen Wassern tummelt und seinen Namen – ahd.blio-licht, klar - von der außerordentlich glatten und dünnen Haut trägt . . .« –, konnte er sich einen interessierten Leserkreis schaffen. Im Jahre 1933 mußte er emigrieren und fand schließlich in New York seine letzte Zuflucht. Hier starb der promovierte Schriftsteller am 14. Juli 1942. Im selben Hause wohnte der Verleger Gustav Kiepenheuer (1880–1949), der Betreuer von Brecht, Benn, Feuchtwanger, Toller, Kaiser, Joseph Roth und anderen. Im Herbst 1928 verlegte der 1897 in Zürich geborene Schweizer Fotograf, Musiker und Verleger Dr. Martin Hürlimann seinen Wohnsitz in die »faszinierende Reichshauptstadt«, in der er bereits als Student gelebt hatte. Auch er fand in diesem Hause eine Wohnung. Ein Jahr später heiratete er Bettina, die Tochter Kiepenheuers. Im Verlag Ernst Wasmuth konnte er seine verlegerische Begabung entfalten. Später übernahm er selbständig den Atlantis-Verlag und die gleichnamige Zeitschrift, deren erste Nummer im Januar 1929 erschien und die Ricarda Huch, Theodor Däubler, Huelsenbeck und Alfons Paquet zu ihren Mitarbeitern zählte. Sie konnte sich rühmen, als einziges Publikationsorgan der Nazizeit bis zu ihrer Auflösung im Jahre 1945 kein Hitlerbild veröffentlicht zu haben.

Wittelsbacher Straße Am 22. Juni 1972 wurde am Hause Nr. 5 eine Tafel zum Gedenken an Erich Maria Remarque enthüllt, der hier im dritten Stock mit seiner ersten Frau, der Tänzerin und Schauspielerin Jutta Ilse Zambona, von 1925 bis 1930 wohnte. Hier schrieb er im Herbst 1927 nach seinem Dienst als Redakteur der im Scherl-Verlag erscheinenden Zeitschrift »Sport im Bild« in wenigen Wochen sein erfolgreichstes Buch, den Anti-Kriegsroman »Im Westen nichts Neues«, den er der Generation widmet, die »vom Krieg zerstört wurde, auch wenn sie seinen Granaten entkam«. Der Roman, mehrmals abgelehnt, erschien 1928 als Vorabdruck in der Vossischen Zeitung und erzielte als Buchausgabe in knapp fünfzig Sprachen eine Gesamtauflage von etwa 30 Millionen. Aus steuerlichen Gründen übersiedelte der Autor 1930 nach Ronco bei Ascona in der Schweiz, wo er die ehemalige Böcklin-Villa »Monte Tabor« erwarb. Seine Frau, der er sich immer mehr entfremdet hatte, ließ er in Berlin zurück. Am 22. Juni 1898 als Sohn des Buchbinders Peter Franz Remark in Osnabrück geboren, mußte er 1916 seine Lehrerausbildung aufgeben und als Soldat in den Ersten Weltkrieg ziehen. Nach Kriegsende war er zunächst als Dorfschullehrer und danach in verschiedenen Berufen tätig, bevor er ab 1922 als Werbeleiter an einer von den Continental-Werken in Hannover herausgegebenen Zeitschrift arbeitete. Zu dieser Zeit besann er sich auf die hugenottische Abstammung seiner Familie und gab seinem Namen die französische Form zurück. Seinen zweiten Vornamen Maria, der den eigentlichen Namen Paul ersetzte, glaubte er den lyrischen Gedichten, die er damals schrieb, schuldig zu sein. 1933 ließ er seine Frau in die Schweiz nachkommen, um ihr ein Leben im Nationalsozialismus zu ersparen. 1951 wurde die Ehe offiziell geschieden. Seine Bücher wurden in Deutschland verbrannt, 1938 verlor er die deutsche Staatsbürgerschaft. Seine Schwester Elfriede, die sich als Verkäuferin in einem Leipziger Modewarengeschäft mißfällig über die Herrschenden geäußert hatte und von einer Kundin denunziert worden war, wurde 1943 hingerichtet. Nach längerem Aufenthalt in den Vereinigten

Staaten kam Remarque als amerikanischer Staatsbürger in die Schweiz zurück und bezog sein altes Heim. 1948 heiratete der enge Freund Greta Garbos, Marlene Dietrichs und Elisabeth Bergners die Schauspielerin Paulette Goddard, die geschiedene dritte Frau Chaplins. Seit 1963 an einer Herzkrankheit leidend, starb er am 25. September 1970 in einem Hospital zu Locarno. Auf dem Friedhof in Ronco fand er seine letzte Ruhestätte.

Fehrbelliner Platz Manfred Hausmann, der 1927 kurze Zeit in Berlin lebte und in der Linienstraße wohnte, schildert in der »Berliner Legende« seines »Lampioon« (1928) den Platz mit den neben den »Mietskasernen und Palästen« liegenden fruchtbaren Gärten mit Obstbäumen, Zäunen und Schlackenwegen und allerlei Hütten aus Dachpappe und dem abgebrochenen Pfirsichbaum im Schrebergarten des ehemaligen Hofschauspielers Prof. Böhm-Fratelli.

Sächsische Straße Von 1939 bis 1943 wohnte der als Arztsohn am 10. Januar 1899 in Leipzig geborene Schriftsteller Axel Eggebrecht im Hause Nr. 10/11. Wegen seiner Gegnerschaft zum Nationalsozialismus wurde er 1933 in ein Konzentrationslager eingewiesen und bis 1935 mit Schreibverbot belegt. Danach schrieb er »ungefährliche« Drehbücher. Die Chronik eines Berliner Hauses in den Jahren 1930 bis 1934 veröffentlicht er unter dem Titel »Volk ans Gewehr«.

Hohenzollerndamm Im Jahre 1927 übersiedelte der am 7. Juli 1844 in München als Sohn eines jüdischen Fabrikanten geborene promovierte Dramatiker und Romanschriftsteller Lion Feuchtwanger von seiner Geburtsstadt nach Berlin und bezog mit seiner Frau Martha eine Wohnung im Hause Nr. 34. Er hatte schon um die Jahrhundertwende einige Semester in Berlin studiert und war während der Revolutionszeit als Mitkämpfer der radikalen und sozialistischen Arbeiter wieder in der Hauptstadt. Mit den Romanen »Die häßliche Herzogin« (1923), »Jud Süß« (1923), dem größten Erfolg eines deutschen Buchs im Ausland, und seiner angelsächsischen Trilogie (1977), vor allem mit dem Drama »Kalkutta, 4. Mai«, das er mit Brecht zusammen schrieb, hat er sich Millionen Verehrer erworben. Nach seinen Worten verdankt er seinem älteren Freund Heinrich Mann, dem er die Grabrede hielt, die Diktion, Alfred Döblin die epische und seinem Jugendfreund Bertolt Brecht die dramatische Form. W. J. Siedler bezeichnet ihn als den einzigen historischen Romancier von Rang, den dieses Jahrhundert bis jetzt hervorgebracht hat. Seine Einkünfte gestatteten ihm den Erwerb einer Villa in der Mahlerstraße, der heutigen Regerstraße, die er 1930 bezog.

Berliner Straße Am 30. Oktober 1929 fand im Krematorium Wilmersdorf die Einäscherung von Arno Holz statt, dessen Werk aufs engste mit der Reichshauptstadt verbunden ist. Oskar Loerke notiert in seinem Tagebuch: »*Zur Bestattung Arno Holzens ins Krematorium Wilmersdorf. Freunde sprachen, am besten Hans W. Fischer. Persönlich ein unsympathischer Tänzer. Sehr ausfällig Döblin. Nannte Stefan George einen Epigonen, natürlich uns, die wir uns gegenwärtig bemühen, erst recht. Das war sehr verstimmend. Natürlich bekam auch Hauptmann sein Teil, ohne Namensnennung. Von der Sektion auf reservierten Plätzen außer mir: Fulda, von Molo, Kellermann, von den Auswärtigen niemand.*« In der ersten Reihe saß Max Liebermann neben der Witwe. Die Urne mit der Asche des Verstorbenen, über die sich die Fahnen des Königstädtischen Gymnasiums senkten, wurde an der Dorfkirche von Schöneberg beigesetzt und an seinem 70. Geburtstag in ein Ehrengrab übergeführt. Die Grabplatte des von der Stadt Berlin gestifteten Denkmals trägt in gotischen Buchstaben ein Porträtrelief, seinen Namenszug und die ausklingenden Verse seines »Phantasus«: »Mein / Staub verstob, / wie / ein Stern strahlt mein / Gedächtnis.« In der Amerika-Gedenkbücherei werden Teile seines Nachlasses sowie 60 Porträtgrafiken des Dichters von so bedeutenden Künstlern wie Liebermann, Corinth und Pechstein aufbewahrt, ein Bildnis des Dichters, von Lovis Corinth 1907 gemalt, hängt im Foyer des Schiller-Theaters. Seine Frau Anita, die eine siebenbändige Ausgabe seiner Werke und eine Briefsammlung besorgt hat, starb 1975 in ihrer Wohnung in der Salzburger Straße Nr. 17.

Auf dem Friedhof Wilmersdorf liegt Fedor von Zobeltitz (†1934) begraben.

Hohenzollerndamm Im Hause Nr. 25 hatte Gerhart Hauptmann in den Wintermonaten der neunziger Jahre eine Wohnung.

Emser Straße Vom Kaiserdamm übersiedelte Ferdinand Bruckner im Jahre 1929 in das Haus Nr. 1–2. Zur Zeit des Reichstagsbrandes war er mit seiner Frau Betty und seinen zwei Kindern zur Vorbereitung der Uraufführung seiner Kleist-Dramatisierung »Die Marquise von O.« in Wien und kehrte nicht mehr in seine Wohnung zurück. Über die Schweiz und Frankreich emigrierte er nach Amerika, wo sein Schauspiel »Simon Bolivar« (1943) und die »Heroische Komödie«, ein Spiel um Madame de Staël (1948), entstanden. 1951 kam er nach Berlin zurück, wo er in der Bregenzer Straße seine letzte Wohnung hatte.

Pfalzburger Straße Paul Scheerbart, der am 8. Januar 1863 in Danzig als Sohn eines Zimmermanns geborene Erzähler phantastischer und grotesker Geschichten und Autor von 47 Theaterstücken, die keine bekannte Bühne je gespielt hat – sein Vater hatte ihm unter Entbehrungen das Studium der Philosophie und Kunstgeschichte ermöglicht –, kam 1887 nach Berlin. Hier lebte er unter ständigen Geldsorgen als freier Schriftsteller und als Bohemien. In den ersten Jahren des Jahrhunderts wohnte er im Hause Nr. 52. 1898 war sein phantastischer Königsroman mit dem bezeichnenden Titel »Na prost!« erschienen.

Uhlandstraße Von Ende 1901 bis zum Herbst 1902 wohnte Arno Holz mit seiner Familie im Hause Nr. 106. Er übersiedelte dann in die Wilhelmsaue und kehrte Ende 1903 hierher zurück. 1903 erschien das volkstümlichste seiner Werke, die »Freß-, Sauff- und Venus-Lieder des berühmten Schäffers Dafnis«. Drei Jahre hatte der Dichter die Barocklyrik und ihre Sprache studiert, um sie in diesem Werk wieder lebendig werden zu lassen. 1904 konnte er mit dem von allen deutschen Bühnen übernommenen Theaterstück »Traumulus«, der Tragikomödie eines verträumten Gymnasialprofessors, einen bedeutenden Erfolg erringen, ohne daß sich jedoch seine wirtschaftliche Lage wesentlich änderte. Das Werk war in Zusammenarbeit mit seinem Jugendfreund, dem Juristen und Dichter Oskar Jerschke, entstanden. Von hier zog er im Herbst 1905 in die Holsteinische Straße.

Im Jahr 1909 übersiedelte Georg Hermann mit seiner Familie von der Stubenrauchstraße in die erste Etage im Seitenflügel des Hauses Nr. 114/115. Heute steht hier ein Neubau. Bitter beklagt sich der Schriftsteller: *»Die Kinder wurden nie darauf aufmerksam gemacht, daß der Vater einen Beruf hätte, der auch nur für wenige Minuten Stille verlangte. Das Haus wurde mir außerdem ständig unter Leute gesetzt.«* 1909 erschien die Fortsetzung seines Jettchen-Gebert-Romans unter dem Titel »Henriette Jacoby«, 1910 sein Roman »Kubinke«, die Geschichte eines kleinen Berliner Friseurgehilfen aus dem neuen Westen um 1908, für die Heinrich Zille, mit dem er befreundet war, den Buchumschlag zeichnete. Hermann dagegen schrieb für Zilles Bilderbuch »Mein Milljöh« ein Vorwort. Um 1912 übersiedelte er in eine Villa in der Trabener Straße.

Der am 18. November 1906 als zweites Kind von Thomas Mann geborene Schriftsteller Klaus Mann kam im Herbst 1924 mit seiner Schwester Erika, der er engstens verbunden war, nach Berlin und fand in einer Pension im Hause Nr. 78 eine Unterkunft. In seinem

Lebensbericht »Der Wendepunkt«, der 1944 zuerst in englischer Fassung erschien, schildert er Quartier und Wirtin: »*Erika, zu der zuweilen Pamela aus Hamburg kam, und ich logierten alle zusammen in einer schäbig-prunkvollen Flucht von möblierten Stuben . . . , einer typisch Berliner Wohnung im schlechtesten Geschmack der Gründerjahre, dabei nicht ohne eine gewisse verstaubte Gemütlichkeit. Unsere Wirtin, Frau Schmidt, . . . die hurtig durch die muffig dunklen Zimmer und Korridore ihres Etablissements watschelte . . . war ein Juwel – wir nannten sie Puffmütterchen und hingen von Herzen an ihr.*« Erika war an den Reinhardt-Bühnen engagiert, Klaus hatte eine Stellung als zweiter Theaterkritiker am »12-Uhr-Mittagsblatt«. Außerdem erschienen seine Arbeiten in der »Weltbühne«, in der »Voss« und in Fischers »Neuer Rundschau«. Berlin, das ihm seitdem zur Heimat geworden war, »ist das Hirn, aus dem die Emotionen und Intuitionen, die Sehnsüchte und Ressentiments des deutschen Volkes mit wissenschaftlicher Exaktheit und journalistischem Schwung formuliert werden«, schreibt er. Mit Pamela, Frank Wedekinds Tochter, war er eine Zeitlang verlobt. Am 30. Januar 1933 verließ er früh am Morgen die Reichshauptstadt, »verschlafen, schlecht gelaunt, hatte ich kaum Zeit für die morgendliche, schläfrige Stadt. Es wäre mein letzter Blick auf Berlin gewesen, der Abschied . . .« Den vielen möblierten Zimmern, Pensionen und kleinen Hotels, in denen er gewohnt hat, widmet er das Gedicht »Dank an das hundertste Hotelzimmer«. 1936 entstand in der Emigration sein Roman »Mephisto«, die kaum verschlüsselte, prozeßumstrittene, haßerfüllte Geschichte des Intendanten Hendrik Höfgen, hinter dem sich sein früherer Freund, der Schauspieler, Intendant der Staatlichen Schauspielhäuser von Görings Gnaden und Mann seiner Schwester Erika, Gustaf Gründgens, verbirgt. Auch Elisabeth Bergner, Carl Sternheim und Max Reinhardt sind in dieser packenden Darstellung der kulturellen Szene Berlins zwischen 1925 und 1936 unschwer wiederzuerkennen. Der Schatten seines Vaters, in dem er stand, seine homoerotische Neigung und seine Drogenabhängigkeit belasteten den sensiblen Künstler derart, daß er am 22. Mai 1949 in Cannes in den Freitod ging. Sein Bruder Golo hat ihm »Erinnerungen« gewidmet.

Nach der Trennung von seiner Frau, der Prager Schauspielerin Marie Kanova, die er am 12. August 1914 geheiratet hatte, übersiedelte Heinrich Mann, den sein Bruder Thomas abwertend den »Zivilisationsliteraten« nennt, im Januar 1930 von München nach Berlin und nahm nach einem kurzen Aufenthalt in der Pension »Oliva« im

Hause Nr. 126 Wohnung. Das Haus hat den Krieg überlebt. Schon 1921 sah er die Entwicklung Berlins in den »goldenen Zwanzigern« voraus, wenn er in seinem Essay »Berlin« schreibt: ». . . *Die ungeheure Menschenwerkstatt Berlin wird das kommende Geschlecht Deutschlands an sich ziehen in nie gesehenem Maße, und die nach seinem Geist Geformten bis in die entferntesten Reichsteile zurückschieben . . . Ja, Berlin wird, so wenig es sich dies je träumen ließ, die geliebte Hauptstadt sein.*« Bei einer Probe im Lessingtheater lernte er die Soubrette Trude Hesterberg kennen, der er in leidenschaftlicher Zuneigung verbunden war. Für sie schrieb er das Singspiel »Bibi«, das im Spätsommer 1928 in einem literarischen Kabarett in der Joachimsthaler Straße mit ihr in der Hauptrolle uraufgeführt wurde. 1930 wurde sein erstes Meisterwerk »Professor Unrat« (1905) mit Marlene Dietrich unter dem Titel »Der blaue Engel« verfilmt, womit er und die Schauspielerin weltweit berühmt wurden. 1931 wurde er zum Präsidenten der Sektion für Dichtkunst in der Preußischen Akademie der Künste nominiert. Hermann Kesten, der über ihn promovieren wollte, erzählt, daß sein Professor an der Frankfurter Universität erst beim preußischen Kultusminister die Erlaubnis zur Bearbeitung des Themas einholen mußte. Von hier zog der Schriftsteller im Frühjahr 1931 für kurze Zeit in die Schaperstraße und im Frühjahr 1932 in seine letzte Wohnung in der Trautenaustraße.

Holsteinische Straße Nach der Reifeprüfung in Aschersleben im Jahre 1909 kam Frank Thieß in das Elternhaus zurück. Die Familie wohnte inzwischen im vierten Stock des Hauses Nr. 34. »Es war eine hübsche Wohnung in der stillen Straße; die Stelle, wo das im Kriege zerstörte Haus stand, ist heute eine Wiese. Von dem großen, mit Geranienkästen bepflanzten Balkon sah man den Hohenzollernplatz«, schreibt der Erzähler 1965 in seiner Autobiographie »Freiheit bis Mitternacht«. Sein Studium der Germanistik, in Berlin begonnen, schloß er im Sommer 1913 mit der Promotion in Tübingen ab. Vom Herbst 1905 bis November 1910 hatte Arno Holz mit seiner Familie im Hause Nr. 31 eine Wohnung. Seine Ehe erschien ihm immer unerträglicher, so daß er sich von seiner Frau trennte und in die Stübbenstraße zog.

Düsseldorfer Straße Ernst Hardt wohnte vor seiner Übersiedlung nach Weimar im Jahre 1907 im Hause Nr. 9. Hier entstand seine mit dem Schillerpreis gekrönte Dramatisierung »Tantris der Narr« (1907), mit der er einigen Erfolg hatte. Als Intendant des Westdeutschen Rundfunks, wo er sich, wie Walter von Molo berichtet, alle Türen öffnen ließ, seine Mitarbeiter mit herablassender Geste behandelte und auf die Frage, warum er so arrogant sei, antwortete: »Aber das ist doch alles nur Verlegenheit«, wurde er 1933 von den Nationalsozialisten entlassen und zeitweilig inhaftiert. Er starb am 3. Januar 1947 in Ichenhausen bei Augsburg. Eine Tafel am Hause Nr. 47 erinnert an den Operettenkomponisten Leon Jessel, der am 22. Januar 1942 als Einundsiebzigjähriger nach Gestapohaft verstarb. Besonderen Erfolg erzielte er mit der Operette »Das Schwarzwaldmädel« (1917).

Uhlandstraße Im Hause Nr. 159, an dessen Stelle heute ein Neubau steht, wohnte Herwarth Walden nach seiner Trennung von Else Lasker-Schüler für kurze Zeit. Im Jahre 1910 bezog Fedor von Zobeltitz mit seiner Frau Martha eine Wohnung im dritten Stock des Hauses Nr. 33. »Das war damals eine stille Straße und das Haus neu erbaut, das letzte auf Charlottenburger Gebiet, ein paar Schritte davon war man schon in Wilmersdorf«, schreibt der Schriftsteller. Hier wohnte er 32 Jahre lang und wäre gern länger geblieben, wenn der Hauseigentümer einen Aufzug eingebaut hätte und er den Lärm des nahen Kurfürstendamms nicht als immer störender empfunden hätte. »Ging man rechts um die Ecke, so stand man zwischen Gärten, Wiesen und Feldern«, heißt es in seinen Erinnerungen. Im Laufe der Jahre entstanden ringsherum Mietshäuser, und »mit dem Frieden von einst war es vorbei«. Von hier übersiedelte er 1932 in die Bregenzer Straße. Zu Beginn des Ersten Weltkriegs kam der am 22. Februar 1886 in Pirmasens geborene Lederhändlerssohn, Reinhardtschüler und Lyriker Hugo Ball nach Berlin und bezog mit seiner Lebensgefährtin, der dänisch-holsteinischen Kabarettistin und Dichterin Emmy Hennings, die er in einem Tingeltangel kennengelernt hatte, eine Wohnung im Hause Nr. 32. Am 18. Dezember 1914 schreibt er seiner Schwester: »Es ist hier ganz gemütlich in Berlin . . . Die Stadt hat Initiative, Energie, Intellekt. Es gibt Menschen, die an der Spitze stehen und mit denen man sich auseinandersetzen kann.« Sein Plan, ein Theater zu eröffnen, scheiterte. Als erbitterter Kriegsgegner floh er nach Zürich, wo er das »Cabaret Voltaire« in der Spiegelgasse mitbegründete und sich dem Dada-Kreis anschloß. In seiner abgelegenen Weinbauernwohnung in Sorengo bei Lugano in der Nachbarschaft seines Freundes Hermann Hesse entstand sein bedeutendstes Buch »Byzantinisches Christentum«. Am 14. September 1927 starb er an Krebs. Neben seinem Pamphlet »Zur Kritik der deutschen Intelli-

genz« (1919) haben seine dokumentarischen Aufzeichnungen »Die Flucht aus der Zeit« (1927) Beachtung gefunden.
Der am 9. Juli 1902 im schlesischen Trachenberg geborene Schriftsteller Gerhart Pohl, mit Gerhart Hauptmann lange Jahre hindurch freundschaftlich verbunden, kehrte nach dem Tode des Dichters am 6. Juni 1945 vom Wiesenstein nach Berlin zurück und mietete im Hause Nr. 173/74 eine Wohnung. Hauptmanns letztes Wort »Bin ich noch in meinem Haus?« gab ihm den Titel für sein Buch (1966) über die letzten Tage seines Freundes und die Überführung seiner sterblichen Hülle nach Berlin und Hiddensee. Vor 1932 hatte er im Hause Uhlandstraße 108/09 gewohnt. Nach seinen Studien war Pohl nach Berlin gekommen und betätigte sich hier als Verlagsdirektor. Nach dem Ausschluß aus der Reichsschrifttumskammer im Jahre 1933 zog er sich in seine Geburtsstadt zurück, wo er Kleppers jüdische Tochter in seinem Hause verbarg. Pohl starb am 15. August 1966 in Berlin.
Im Parterre des Seitenflügels im selben Hause hatte Else Lasker-Schüler, die sich häufig von ihrem Mann Herwarth Walden trennte, zu Beginn des Jahres 1903 ein möbliertes Zimmer. Ihre gemeinsame Wohnung lag in der Ludwigkirchstraße. Zu dieser Zeit unterhielt sie Beziehungen zu dem »Plebejerzigeuner, der Tag und Nacht in verräucherten Cafés spielt«.

Dreizehnter Spaziergang: Charlottenburg

Breitscheidplatz An der Stelle des Europa-Centers lag in einem im neoromanischen Stil erbauten Hause mit der Front zur Gedächtniskirche von der Jahrhundertwende bis zu seiner Zerstörung im Bombenhagel des Zweiten Weltkriegs das »Romanische Café«. Es wurde nach dem Ende des Ersten Weltkriegs der Sammelpunkt von Literaten, Kritikern, Schauspielern, Malern, Politikern und der Berliner Boheme. Hier »traf sich alles, was zwischen Reykjavik und Tahiti von Beruf oder aus Liebhaberei mit den Musen und Grazien in irgendeiner Beziehung stand«, schreibt Günther Birkenfeld, der das Café den »Wartesaal des Genius« nannte. Kaum ein bedeutender Schriftsteller der zwanziger Jahre, Berliner, Deutscher oder Ausländer, war nicht gelegentlicher oder ständiger Gast in diesen Räumen. André Gide, T. S. Eliot, Sinclair Lewis, Thomas Wolfe, Pirandello, Franz Werfel und der Wiener Anton Kuh verweilten hier, Alfred Polgar sammelte hier seine Verehrer um sich, wenn er in Berlin war; die Dadaisten um George Grosz, die Maler Orlik und Slevogt und die vielen Schriftsteller, die das »Café des Westens« verließen, als es zum Kurfürstendamm 26 umzog und »vornehm« wurde, dazu Roda Roda, Toller, Brecht, Bronnen, Heinrich Mann, Mühsam, Roth, Hasenclever und Zuckmayer sowie »Dichter, die als Dichter verkleidet waren«, wie Hermann Kesten sagt, schlugen hier ihr Hauptquartier auf.
Wolfgang Koeppen, der in den zwanziger Jahren von Greifswald nach Berlin kam, ging vom »pommerschen Acker« her fast direkt ins »Romanische« und »lauschte den Dichtern und Philosophen, hörte den Malern und Schauspielern zu, begegnete den klugen Herren der großen und mächtigen Zeitungen. Seinem 1972 erschienenen Band erzählender Prosa gibt er den Titel des ersten Stücks, das von dem zur Legende gewordenen Etablissement handelt.

Rankestraße Im Hause Nr. 4 befanden sich bis zu ihrer Zerstörung durch Bomben die Weinstuben Victor Schwanneckes und seiner Frau Stephanie, in der neben den großen Schauspielern der Zeit auch bedeutende Schriftsteller verkehrten. Für Karl Kraus, der bei seinen Berlin-Besuchen im »Adlon« abstieg, stand hier immer ein Seitenzimmer zur Verfügung, in dem er sich mit seinen Freunden traf. Ringelnatz widmete dem Wirt zu seinem Tode am 9. Juni 1931 ein Gedicht.

Marburger Straße Johannes Trojan hatte im ersten Jahrzehnt des Jahrhunderts seine letzte Berliner Wohnung im Hause Nr. 12. Von seinen Fenstern hatte er, wie er schreibt, bei seinem Zuzug den Blick noch frei auf kleine Kartoffel- und Roggenfelder. Auch hier gehörte er, wie bei allen seinen Wohnungen in Berlin, zur »schwebenden Bevölkerung, die ein oder zwei oder auch drei Treppen über dem Boden im fremden Hause, dessen Besitzer sie zinspflichtig sind, siedelt«. 1907 wurde er mit dem Titel Professor ausgezeichnet, 1909 schied er aus der Redaktion des »Kladderadatsch« aus und übersiedelte im selben Jahr nach Warnemünde und später nach Rostock. Hier starb der Dichter, der wegen Majestätsbeleidigung zwei Monate in der Festung Weichselmünde verbringen mußte, am 23. November 1915 in den Armen seiner ältesten Tochter. »Gedanken auf der Straße nachzuhängen und dabei doch aufzupassen, daß man nicht von Pferdebahnen oder Omnibussen umgefahren wird oder selbst alte Herren umrennt, das ist eine Kunst, die in Berlin gelernt wird«, schreibt der Danziger in seinen Erinnerungen »Wie ich Berliner wurde« (1912).

Eislebener Straße Von der Passauer Straße verlegte Ernst Rowohlt seinen Verlag in das Haus Nr. 7. Auch hier hatte er nur ein kleines Schlafzimmer zur Verfügung, die Wochenenden verbrachte er in Grünheide. Auch hier hingen an den Wänden die Fotografien all der Autoren, die er verlegt hatte und deren Werke inzwischen verboten und verbrannt waren. Im »Berliner Zimmer« hatte Ernst von Salomon als Angehöriger des Verlags seinen Schreibtisch aufgestellt. Seit der Machtübernahme war mindestens die Hälfte aller Titel des Verlags ausgemerzt worden. 1938 erhielt auch Rowohlt ein Berufsverbot. Zu Beginn des Jahres 1939 reiste er mit seiner Familie nach Brasilien, wo er bei seinem Schwager ein Unterkommen fand. 1940 übernahm Heinrich Maria Ledig den Verlag und führte ihn bis 1943 in Stuttgart weiter, wo er nach dem Kriege wieder eröffnet werden konnte. Ernst Rowohlt gründete den alten Verlag in Hamburg im März 1946 – zunächst nur für die britische Besatzungszone – zum drittenmal.

Gegenüber, in dem im Bezirk Wilmersdorf gelegenen Hause Nr. 13, wohnte der Publizist Frank Warschauer. Hier stieg der Medizinstudent Bert Brecht bei seinem ersten Aufenthalt in Berlin im Frühjahr 1920 ab. In der Hauptstadt hoffte er eine Basis für ein Leben als freier Schriftsteller zu finden. Auf der Fahrt von München in die Hauptstadt entstand das Gedicht »Erinnerung an die Marie A.«, eine Hymne auf seine erste Liebe, die 15jährige Friseurstochter Rose Marie Amann aus seiner Geburtsstadt. Auch in den beiden folgenden

Jahren wohnte er bei Berlin-Besuchen hier. »Berlin ist eine wundervolle Angelegenheit«, schreibt er seinem Münchener Freund Caspar Neher. Im Dezember 1921 traf er bei dem Literaten Otto Zarek zum erstenmal Arnolt Bronnen; beide waren überzeugt, gemeinsam Berlin erobern zu können. Zunächst aber bestand Brechts einzige Mahlzeit am Tage aus Löffelerbsen und Gratisbrötchen bei Aschinger. Am 3. November 1922 heiratete der Zweiundzwanzigjährige in München die Wiener Sängerin Marianne Zoff, die er in Augsburg kennengelernt hatte. Lion Feuchtwanger war Trauzeuge. Vier Monate später wurde die Tochter Hanne geboren, die sich unter dem Namen Hanne Hiob als Schauspielerin einen Namen machte. Die Ehe war von Anfang an zum Scheitern verdammt; 1927 wurde sie geschieden. Einer Beziehung zu Rose Marie Amanns Freundin Paula Banholzer entstammt sein Sohn Frank, der 1943 in einem Frontkino im Osten ums Leben kam. Bei der Premiere seines Stücks »Trommeln in der Nacht« im Herbst 1923 – Brecht konnte mit diesem Werk, wofür er den Kleistpreis erhielt, mit »Baal« und mit »Im Dickicht der Städte« seine ersten Erfolge verbuchen – begegnete er der Schauspielerin Helene Weigel, die ihm mehr als dreißig Jahre lang verbunden blieb. Im September 1924 ließ er sich endgültig in Berlin nieder.

Joachimsthaler Straße Nach seiner Übersiedlung von München nach Berlin mietet Michael, der Held des autobiographischen Romans »Links, wo das Herz ist« (1952), hinter dem sich der Autor Leonhard Frank verbirgt, in einem Haus in der Joachimsthaler Straße ein Zimmer, »das acht Mark im Tag kostete, beträchtlich mehr in einem Monat, als er in München in vier Jahren Miete gezahlt hatte«. Ein paar Tage später fand er in der Schaperstraße eine erheblich billigere Unterkunft. Am 4. September 1882 als viertes Kind eines Schreinergesellen geboren, kam er als 13jähriger in die Schlosserlehre, arbeitete als Fabrikarbeiter, Chauffeur, Anstreicher und Krankenwärter, um sich das Honorar für das Studium der Malerei an der Münchner Akademie zu verdienen. Im Herbst 1910 faßte er in Berlin Fuß.

Der Schriftsteller und Rechtsanwalt Dr. Martin Beradt übersiedelte zu Beginn des Ersten Weltkriegs von der Dahlmannstraße in die Joachimsthaler Straße 25/26. Die Erlebnisse des Pazifisten als Schipper im Ersten Weltkrieg veröffentlichte er im Jahre 1919 unter dem Titel »Erdarbeiter – Aufzeichnungen eines Schanzsoldaten«. Das Buch, in den Wirren der ersten Nachkriegszeit vergessen, fand erst als Neuauflage mit dem Titel »Schipper an die Front« im Jahre 1928 Beachtung und machte den Namen des Autors bekannt. Zu dieser

Zeit wohnte er im Hause Nr. 15. 1933 mußte er aus dieser Wohnung fliehen, am 26. November 1949 starb er fast erblindet im New Yorker Exil. Seit Beginn der dreißiger Jahre hatte er an seinem bedeutsamsten Roman »Die Straße der kleinen Ewigkeit« gearbeitet, den seine Frau Charlotte 1966 aus dem Nachlaß herausgab.
Um 1940 hatte August Scholtis im selben Hause eine bescheidene Unterkunft.
Die Häuser Nr. 15 und 25/26 gehören zum Bezirk Wilmersdorf.
An der Ecke der Joachimsthaler Straße und des Kurfürstendamms, wo sich heute ein größeres Geschäftshaus mit Passagen im Erdgeschoß und einem Wachsfigurenkabinett in einem der oberen Stockwerke erhebt, etablierte sich zu Anfang des Jahrhunderts das »Kleine Café«, das später den Namen »Café des Westens« erhielt und das der Volksmund »Café Größenwahn« nannte.
Erich Mühsam schildert 1903 aus eigener Anschauung die Gäste des Etablissements für die »Berliner Illustrirte«: »*Was in München das Café Stefanie, das ist in Berlin das Café des Westens . . . Da sitzen sie – die Bohemiens und die, die sich dafür halten. Was sie tun? Nun – sie trinken schwarzen Kaffee oder auch Absinth, rauchen Zigaretten, reden über Ästhetik und Weiber, stellen neue Lehren auf und paradoxe Behauptungen, schimpfen über den Staat und die Banausen, pumpen sich gegenseitig an und bleiben die Zeche schuldig . . . Das sind catilinarische Existenzen, Dichter, Maler, Bildhauer, Architekten oder was noch immer – man muß doch für sein Nichtstun einen Namen haben . . .*« Aber auch Herwarth Walden, der hier im Jahre 1910 das Konzept für seine Zeitschrift »Der Sturm« entwickelte, um die sich die Wortführer des Expressionismus sammelten, war Stammgast des Cafés, ebenso wie Franz Pfemfert, dessen »Aktion« hier aus der Taufe gehoben wurde. An Waldens Tisch fanden sich der italienische Futurist Marinetti und die Maler Chagall, Klee, Franz Marc und Kokoschka ein.
Im Jahre 1912 fand Gottfried Benn im Café Zugang zu den jungen expressionistischen Dichtern und verbrachte hier die Abende mit Else Lasker-Schüler, seiner Geliebten. Walter Mehring machte hier die Bekanntschaft Däublers, und Leonhard Frank, der seine »Räuberbande« an einem Tisch des Cafés schrieb, sah hier seine Lisa, die er vier Wochen später heiratete, zum erstenmal. Wolzogen machte sich hier um dieJahrhundertwende Gedanken über die Gründung seines »Überbrettl« und Max Reinhardt über die des Kabaretts »Schall und Rauch«.

Mit seinem Umzug zum Kurfürstendamm 26 verlor das Café seinen Charakter und seine Gäste, die sich nach dem Ersten Weltkrieg in dem bis dahin kaum beachteten »Romanischen Café« niederließen.

Kurfürstendamm Der Kurfürstendamm ist die einzige Straße auf der Welt, deren Hausnumerierung nicht mit Nr. 1 beginnt. Er verlor im Jahre 1925 die Häuser Nr. 1 bis 10 an die Budapester Straße. Die Anlage des 3,5 km langen Boulevards, einst Reitweg der Hohenzollern zu ihrem Jagdschloß im Grunewald, Berlins eleganteste Geschäfts- und Vergnügungsstraße, im Kriege weitgehend zerstört, geht auf Bismarck zurück, der 1896 äußert: »*Wenn mir die Berliner ein Denkmal setzen wollen, so wünsche ich es mir nur am Kurfürstendamm ... Aber das eine kann ich wohl für mich in Anspruch nehmen: ich habe den Berlinern Luft verschafft. Den Kurfürstendamm und die Villenkolonie Grunewald, die damit zusammenhängt, habe ich allein durchgekämpft.*«

Zehn Jahre vorher plaudert Frau Wilhelmine in Julius Stindes Romanfolge »Familie Buchholz« von einer Landpartie nach dem Grunewald: »*Es läßt sich ja leider nicht leugnen, daß der Kurfürstendamm dort, wo die Häuser aufhören, ziemlich versandet ist und sein Staub eine ganz besondere Flugkraft entwickelt ... Wenn uns auch bei jedem kräftigen Luftzug etwas von der Gegend zwischen die Zähne wehte, daß es knirschte, so kümmerten wir uns nicht viel darum, denn wir wußten: in Paulsborn winkte die Kaffeekanne mit ihrem lindernden Inhalte*«, und sie fährt fort: »*Wie lange wird es dauern, bis der Kurfürstendamm ganz bebaut ist? Dann erstreckt sich Berlin bis an den Grunewald, der Zoologische Garten liegt mitten in der Stadt ...*«

1931 erschien Gabriele Tergits Roman »Käsebier erobert den Kurfürstendamm«, die vor dem Hintergrund des von der »Luft aus Freiheit, Frechheit und Benzin« durchwehten Kurfürstendamms spielende Geschichte eines kleinen Unterhaltungssängers aus Neukölln, der in den späten zwanziger Jahren von Spekulanten zum Star »aufgebaut« wird und in der Anonymität einer Kellerkneipe wieder verschwindet. Hinter dem Titelhelden verbirgt sich Erich Carow, der geniale Komiker der »Lachbühne« am Weinbergsweg, und hinter dem Schriftsteller Lambeck Heinrich Mann.

Im Frühjahr 1899 kam Ernst von Wolzogen wieder nach Berlin und mietete ein »anständiges Zimmer« im Hofgebäude des Hauses Nr. 14/15. Hier schrieb er den zweibändigen Roman »Die arme Sünderin«. Der Gedanke, ein französisches Kabarett in Deutschland einzu-

führen, veranlaßte ihn, eine repräsentative eigene Wohnung zu suchen, die er in der Burggrafenstraße fand.
In der im selben Hause im Jahre 1917 eingerichteten, mit ihrem kostbaren Inventar erhalten gebliebenen »Mampes Guten Stube«, die die sowjetischen Kampftruppen 1945 zu einem Pferdestall umfunktionierten, schrieb Joseph Roth in »seiner Ecke« den Roman »Radetzkymarsch« (1932), hier traf er sich mit seinem Verleger Kiepenheuer und seinen Freunden Ludwig Marcuse, Ernst Weiß und Hermann Kesten, der seine Briefe herausgab, und hier fiel im Juni 1932 Roths prophetisches Wort: »Es ist Zeit wegzugehen. Sie werden unsere Bücher verbrennen und uns damit meinen.« Hier erfuhr Ludwig Marcuse durch Roth vom Reichstagsbrand und verließ noch vor Mitternacht unter Zurücklassung all seiner Habe Deutschland. Stunden darauf wurden Mühsam, Ossietzky und viele Freunde Roths verhaftet. Der Dichter Wolfgang Leonhard hatte zu Beginn der zwanziger Jahre eine Wohnung in diesem Hause. Der amerikanische Romancier Thomas Wolfe, der den Kurfürstendamm das »größte Caféhaus Europas« nennt, wird bei seinem Aufenthalt in Berlin im Jahr 1925 besonders beeindruckt von den vielen Buchhandlungen, die »die leidenschaftliche Anteilnahme des deutschen Volkes am intellektuellen und kulturellen Leben« widerspiegeln. »*Der Bestand einer deutschen Buchhandlung verriet eine Weite des Blicks und der Interessen, neben der ein französischer Buchladen in seiner sprachlichen und geographischen Enge armselig und provinziell anmutete.*« Im Jahre 1936 dagegen verrieten die Buchläden, wie er schreibt, »*die Tragödie des deutschen Geistes in der entstellten, zur Unaufrichtigkeit verdammten Form*« und »*die Merkmale der Zersetzung und des Schiffbruchs eines großen Geistes. Die giftigen Ausstrahlungen von Unterdrückung, Verfolgung und Angst verpesteten die Luft wie ansteckende Miasmen und besudelten, verseuchten und vernichteten das Leben aller Menschen ...*« Max Krell berichtet in seinen Erinnerungen »Das alles gab es einmal« (1961) von Tucholskys »Bücherbar«, die dieser um Weihnachten 1912 zusammen mit dem Zeichner Kurt Szafranski, der sein »Bilderbuch für Verliebte – Rheinsberg« (1912) illustrierte, in einem kleinen Laden am Kurfürstendamm aufmachte: »*Sie brauchten Geld und warfen ihre Bücher in diesen Laden, auf die Schaufensterscheibe schrieben sie in weißer Farbe: ›Wer Bücher kauft, kriegt auch Likör.‹ Hinter der Scheibe saß ein hübsches junges Mädchen bei einer Batterie von Flaschen. Nach wenigen Wochen schloß die Bücherbar, sie war restlos ausverkauft.*«

In dem zu Beginn der neunziger Jahre erbauten Wohnhaus Nr. 25 hatte der Bakteriologe und Nobelpreisträger (1905) Robert Koch, Mitglied des kaiserlichen Gesundheitsamts und Ehrenbürger der Stadt Berlin, eine hochherrschaftliche Wohnung. Das Gebäude wurde 1911 zum »Hotel am Zoo« umgestaltet, ein in den zwanziger Jahren besonders von Schriftstellern bevorzugtes Haus.

Joseph Roth, obwohl gut verdienend, stets in finanziellen Nöten, logierte oft und längere Zeit in dem Hotel. »Ich glaube, daß ich nicht schreiben könnte, wenn ich einen ständigen Wohnsitz hätte«, erwidert er auf eine Anfrage der »Literarischen Welt« im Jahre 1930, und in seinen Feuilletons über sein »Hotelleben« (1929) heißt es: »Wie andere Männer zu Heim und Herd, zu Weib und Kind heimkehren, so komme ich zurück zu Licht und Halle, Zimmermädchen und Portier.«

Thomas Wolfe, dessen Tantiemen vom Rowohlt-Verlag wegen der nationalsozialistischen Devisengesetze nicht in die USA überwiesen werden durften, brachte sie bei einem Besuch der Olympiade im Jahre 1936 in Berlin durch. »Der riesenhafte, verlegene Mann, knabenhaft fröhlich«, der immer denselben braunen Anzug trug, logierte in einem Zimmer im zweiten Stock des Hotels. Von Berlin war er begeistert, nur die für seine Länge von fast zwei Metern zu kurzen Betten gaben ihm Anlaß zu Mißbehagen. In seinem Roman »Es führt kein Weg zurück« (dt. 1942), in dem er in der Gestalt des Verlegers Karl Lewald seinem Freund Rowohlt ein Denkmal setzt, schildert er den Blick aus seinem Hotelfenster am Morgen seiner Abreise über »die schönen Baumkronen, die in der Mitte des Fahrdamms die Straßenbahnschienen überwölbten«, auf »das intensive Dunkelgrün der deutschen Bäume, das grünste Grün auf Erden, das ein Gefühl von märchenhaftem Waldesdunkel und von zauberhafter Kühle erweckt«, auf die »saubere, kremfarbene Straßenbahn«, die tadellos sauberen »kleinen Pflastersteine zwischen den Schienen« und die »Grasstreifen zu beiden Seiten der Schienen . . . so samtweich wie ein Oxforder Rasenplatz«. Tief beeindruckte ihn ein Verkäufer in einem sehr eleganten Kurfürstendamm-Geschäft. Nirgends in Berlin konnte er ein für seine Größe passendes Frackhemd erstehen, das er bei einem Empfang der Ozeanflieger auf der amerikanischen Botschaft benötigte. Hier ließ der gewandte junge Mann einfach ein Hemd am Rücken aufschneiden und die Ärmel verlängern, während er auf die Änderung warten konnte. Der Schriftsteller starb im Alter von 38 Jahren am 15. 9. 1938 in einem Hospital in Baltimore.

Nach seiner Befreiung aus dem Zuchthaus Luckau kam Günter Weisenborn im Sommer 1945 in die zerstörte Stadt zurück und fand im »Hotel am Zoo« ein Obdach. In seinen »Aufzeichnungen eines Außenseiters« »Der gespaltene Horizont« (1964) schreibt er: ». . . *Zwar waren die Glasfenster durch Pappe ersetzt, es gab keine Bettlaken und nur stundenweise Licht, aber im Vorgarten servierte man bereits eine unbeschreibliche Mischung von gekochtem Wasser und Chemie mit Namen ›Heißgetränk‹. Von irgendwo drang klapprig-hartes Geräusch. Trümmerfrauen warfen die Ziegelreste zuhauf* . . .« Hier besprach er mit Karl Heinz Martin, den er durch Zufall traf, den Wiederaufbau des »Theaters in der Stresemannstraße«, das sie »Hebbeltheater« nannten und an dem Weisenborn als Chefdramaturg wirkte.

Im erhalten gebliebenen Hause Nr. 26 befand sich um die Jahrhundertwende die »Pension Stern«. Hier logierte im Jahre 1906 Heinrich Mann, der zu einer Lesung im »Verein für Kunst« nach Berlin gekommen war. In derselben Pension wohnte der Dramatiker und Lyriker Wilhelm Herzog als ständiger Mieter. Auf ihre Begegnung hier geht die 40 Jahre währende Freundschaft der beiden Schriftsteller zurück. In der später hier eingerichteten »Pension Fasaneneck« stieg Klaus Mann in den Jahren 1929 bis 1931 häufig ab.

Vor die Terrrasse des Hotels »Kempinski«, Kurfürstendamm 27, verlegt Günter Graß die Kernszene seines dritten Romans »Örtlich betäubt« (1967).

Fasanenstraße Im Jahre 1895 bezog der Vater des Erzählers Frank Thieß mit seiner Familie im Hause Nr. 15, »neben dem backsteinroten Künstlerhaus an der Stadtbahn«, eine Wohnung. »Unweit dehnten sich Wiesen- und Sandfelder, sogar ein kleines Kastanienwäldchen, in dem meine Brüder Indianer spielten, befand sich in der Nähe«, erinnert sich Frank Thieß in seiner Autobiographie »Verbrannte Erde« (1965). Mit diesem Buch hinterläßt der Schriftsteller ein Dokument des Martyriums seiner Schulzeit am Dorotheenstädtischen Gymnasium – er blieb in den ersten drei Gymnasialklassen jeweils ein halbes Jahr sitzen –, aber auch eine sehnsuchtsvolle Erinnerung an seine Kindertage auf den Straßen des westlichen Berlins, auf denen er aufwuchs: »– *wieder lief ich stundenlang auf ihrem Steinpflaster, dessen Quadern dem Schuljungen als Fragen an das Schicksal gedient hatten. Altes Kinderorakel: wenn ich drei auf einmal nahm, ohne auf den Strich zu treten, würde ich die Lateinstunde le-*

bend überstehen . . . Von diesen Straßen und Plätzen, vom roten Backstein der Ludwigskirche, von der Kaiser-Wilhelm-Gedächtniskirche mit ihrer falschen Gotik, vom Tiergarten, dem Großen Stern, der Rousseau-Insel, dem Neuen See (ging) ein verblichenes Glück aus, das dem dunklen Lächeln einer Göttin glich, deren Unsterblichkeit mich erschütterte. Ewig still steht die Vergangenheit . . .« Auch auf dem Bismarck-Gymnasium, wo er »zu aufheulender Vaterlandsliebe« erzogen wurde, war ihm kein Erfolg beschieden. Sein Klassenaufsatz »schien von Wunden zu bluten«, so wühlte sein Deutschlehrer in seinem Heft herum. Die ständige Angst vor der Schule veranlaßte die Eltern, ihren Sohn auf ein kleines Gymnasium in Aschersleben zu schicken. Obwohl ihn sein Lateinlehrer als »einen schwachsinnigen und zu jeder Leistung unfähigen Gesellen« klassifizierte, bestand er hier das Abiturium und kehrte zum Studium nach Berlin zurück.

Bleibtreustraße Nach der »Machtübernahme« hatte Mascha Kaléko mit ihrem ersten Mann, dem Dozenten und Lehrbuchautor Saul Kaléko, in der Bleibtreustraße eine Wohnung. »Hier kam mein Kind zur Welt. Und mußte fort. / Hier besuchten mich meine Freunde / und die Gestapo«, schreibt sie in ihrem Gedicht »Bleibtreu heißt die Straße«.

In den fünfziger Jahren wohnte die Schauspielerin Tilla Durieux im Hause Nr. 24; später übersiedelte sie in ihre letzte Wohnung im Hause Nr. 15. Hier zog sie sich bei einem Sturz einen Oberschenkelhalsbruch zu. An den Folgen der Operation starb sie im Oskar-Helene-Heim, über neunzig Jahre alt, am 21. Februar 1971. Die berühmtesten Maler, wie Renoir, Liebermann, Corinth, Slevogt, Barlach und Orlik, haben sie porträtiert.

Im Jahre 1900 mietete Max Reinhardt eine Wohnung im Hause Nr. 42. Zu dieser Zeit war er als Lehrer an der Sternschen Schauspielschule tätig, 1901 gründete er das »Schall und Rauch«-Theater in den damaligen »Arnims Festsälen«, Unter den Linden Nr. 44, und trat aus dem Ensemble des Deutschen Theaters aus. 1902 übersiedelte er in die Fontanestraße im Grunewald.

Mommsenstraße Nach seiner Heirat in Wien im Jahre 1922 kehrte der österreichische Prosaist Joseph Roth mit seiner Frau Friederike, geb. Reichler, nach Berlin zurück, wo das Ehepaar zunächst von dem Schauspieler Alfred Beierle in dessen Wohnung im Hause Nr. 66 freundschaftlich aufgenommen wurde. Kurz darauf bezog der ehemalige Fähnrich und Freiwillige des Weltkriegs, der im Sommer 1920 zum erstenmal nach Berlin gekommen war, für die »Neue Berliner Zeitung 12-Uhr-Blatt« und seit Anfang 1921 für den »Börsen-Courier« geschrieben hatte, in der Potsdamer Straße die einzige eigene Wohnung, die er je gehabt hat. Im März 1914 bezog Robert Musil mit seiner Frau Martha im Hause Nr. 64 eine »schöne« Wohnung. Er hatte das Wagnis auf sich genommen, auf seine Wiener Beamtenstelle zu verzichten und in Berlin, wo »die Spannungen und Konflikte des deutschen Geisteslebens fühlbarer waren« und er seinem Verleger Rowohlt näher war, von seiner Feder zu leben. Bis zu seiner Einberufung als österreichischer Offizier in die »fünfjährige Sklaverei des Krieges« arbeitete er als Redakteur an S. Fischers »Neuer Rundschau«, wobei ihm hinreichend Zeit blieb, sich seiner schriftstellerischen Arbeit zu widmen.

Vor dem Ersten Weltkrieg hatte der Sachse Erich Heckel, einer der fünf Maler der »Dresdener Brücke«, die als Begründer des Expressionismus angesehen werden, in einem Dachraum des Hauses Nr. 60 sein Atelier.

Im selben Hause wohnte Max Kretzer, der erste Vertreter der naturalistischen Großstadtdichtung, vom Beginn der dreißiger Jahre bis zu seinem Tode. Hier entstanden seine »Berliner Erinnerungen« (1933), ein persönliches Bild des Alltags der Wahlheimat des Poseners. Der »deutsche Zola« und »Bahnbrecher des Berliner Romans«, wie ihn Karl Bleibtreu in seiner »Revolution der Literatur« (1886) nennt, beschloß hier am 15. Juli 1941 im Alter von 87 Jahren sein stets von wirtschaftlichen Nöten bedrängtes Leben. Auf dem alten Friedhof der Luisengemeinde am Lerschpfad in Charlottenburg wurde er bestattet.

Um 1910 wohnte Felix Hollaender im Hause Nr. 22. 1902 war sein Zeitroman »Der Weg des Thomas Truck« erschienen, einer der acht Romane, die Fischer zwischen 1891 und 1905 mit großem Erfolg veröffentlichte. 1911 kam sein autobiographischer Roman »Unser Haus« heraus, ein Bild seiner Jugendjahre und gleichzeitig eine Darstellung des deutschen Judentums zu Ende des 19. Jahrhunderts.

Ludwig Renn, am 22. April 1889 in Dresden als Arnold Vieth von Golßenau und Sproß einer alten sächsischen Adelsfamilie geboren, Fahnenjunker des Sächsischen Leib-Grenadier-Regiments und Bataillonskommandeur im Ersten Weltkrieg, kam 1928 von Wien nach Berlin und mietete im Hause Nr. 51 bei Frau Reiß eine Unterkunft. Nach Kriegsende und kurzer Tätigkeit in seiner Geburtsstadt bei der Schutzpolizei hing er seinen Offiziersrock an den Nagel und wandte sich in Wien dem Studium und der Literatur zu. Unter seinem Pseudonym erschien 1928 der Anti-Kriegsroman »Krieg«, der, in 40 Sprachen übersetzt, den Autor über Nacht berühmt machte. Im selben Jahr war er der kommunistischen Partei beigetreten. Von der Mommsenstraße zog er 1929 nach Alt-Stralau.

Im Hause Nr. 44 hatte Mascha Kaléko, die ihre Wohnungen häufig wechselte, ein möbliertes Zimmer. Im Jahre 1938 schrieb sie hier ihr Abschiedsgedicht »Das letzte Mal«, mit dem sie der »Mommsenstraße 44« ein Denkmal setzt.

Waitzstraße Mit seiner zweiten Frau, der Schauspielerin Gina Meyer, bezog Felix Hollaender vor dem Ersten Weltkrieg eine Wohnung im Hause Nr. 8. Von 1920 bis 1925 war er Dichter an den Reinhardt-Bühnen, danach Theaterkritiker am »8-Uhr-Abendblatt«. Er starb am 29. Mai 1931 an einer Lungenentzündung in Berlin. Zur Zeit seines Todes lief sein letztes Buch »Mit dem Kopf durch die Wand« als Fortsetzungsroman in der »Berliner Illustrirten«.

Clausewitzstraße In einer kleinen Zweizimmerwohnung im Hinterhaus der Clausewitzstraße 5 – »der Portier hieß Cetteler und neben dem Portal befand sich ein Milchladen« – wohnte von der Mitte der dreißiger Jahre bis zum Kriegsende Ernst von Salomon mit seiner Frau Ille, die er 1936 geheiratet hatte. Als Putzfrau betätigte sich bei ihm die »Soßjaldemokratin« Imming aus der Heidelberger Straße 4 in Treptow, die bei einem Fliegerangriff ums Leben kam; der Schriftsteller setzt ihr in seinem autobiographischen Buch »Der Fragebogen« (1951) ein Denkmal. Er verdiente damals sein Brot mit der Arbeit an Drehbüchern und Filmentwürfen. Auf dem Heimweg am Abend des 10. November 1938 wurde er Zeuge der sog. Kristallnacht mit den organisierten Progromen gegen die Juden, an einem Tag, »der nie vorübergeht, der immer wiederkehrt, der meldet in der Geschichte immer wieder seinen Anspruch an, der trägt den Fluch mit sich, nie vergessen zu werden«, so Ernst von Salomon.

Dahlmannstraße Der am 26. August 1881 in Magdeburg geborene Schriftsteller Martin Beradt kam früh nach Berlin, wo er sich als Rechtsanwalt niederließ. Als Anwalt am Kammergericht, Syndikus, Mitbegründer des Schutzverbandes deutscher Schriftsteller und Experte auf dem Gebiet des Urheberrechts erwarb sich der Doktor beider Rechte vielschichtige Verdienste. Bis zum Beginn des Ersten Weltkriegs wohnte er im Hause Nr. 32. 1909 erschien sein erster Roman »Go«, die Geschichte »eines empfindsamen Knaben«, 1910 folgte »Eheleute«, eine Erzählung um die Ehegeschichten der Berlinerin Susanne Stern. Von hier übersiedelte er in die Joachimsthaler Straße.

Roscherstraße Aus einem möblierten Zimmer in der Prager Straße zog Erich Kästner im Hause 1931 in eine Vierzimmerwohnung im vierten Stock des Seitenflügels im Hause Nr. 16. Zwischen 1928 und 1932 erschienen die vier Bände seiner »kleinen Versfabrik«, »Herz auf Taille«, »Lärm im Spiegel«, »Ein Mann gibt Auskunft« und »Gesang zwischen den Stühlen«. In seinem autobiographischen Zeitroman »Fabian, die Geschichte eines Moralisten« (1931), porträtiert der Dichter die Zustände zu Ende der berühmten »goldenen Zwanziger« in Berlin: *»Im Osten residiert das Verbrechen, im Zentrum die Gaunerei, im Norden das Elend, im Westen die Unzucht und in allen Himmelsrichtungen wohnt der Untergang.«* Am 10. Mai 1933 wurden seine Bücher auf Anordnung des »Ministers für literarische Feuerbestattung« auf dem Opernplatz verbrannt, wobei Kästner aus einem Versteck zusah; er erhielt Publikationsverbot, wurde zweimal verhaftet, durfte aber im Ausland heitere Unterhaltungsromane veröffentlichen. Mit Berlin blieb seine Arbeit immer verbunden. Wehmutsvoll widmet er der Yorkstraße, dem Kaiserdamm, der Steglitzer Schloßstraße und der Landsberger Allee, wo sich überall die gutgehenden Geschäfte der Fleischersfamiliendynastie Külz befinden, in seinem Roman »Die verschwundene Miniatur« (1935) ein Gedenken. Nicht zuletzt seiner Mutter zuliebe verblieb er in Deutschland. 1942 erhielt der verfemte Autor den Auftrag, das Drehbuch für »Münchhausen«, einen Jubiläumsfilm zum 25jährigen Bestehen der Ufa, zu schreiben. Sein Name durfte im Vorspann nicht erwähnt werden. Als Hitler von seiner Mitarbeit erfuhr, erging gegen ihn ein absolutes Publikationsverbot. Am 15. Februar 1944 trafen Brandbomben sein Wohnhaus: *»Ein paar Kanister ›via airmail‹ eingeführten Phosphors aufs Dach, und es ging wie das Brezelbakken . . . Dreitausend Bücher, acht Anzüge, einige Manuskripte, sämtliche Möbel, zwei Schreibmaschinen, Erinnerungen in jeder Größe und mancher Haarfarbe, die Koffer, die Hüte, die Leitzordner . . . die Krawatten, die mir Mutter allweihnachtlich schenkte. Die Schlüssel habe ich noch. Wohnung ohne Schlüssel ist ärgerlich. Schlüssel ohne Wohnung ist geradezu albern. Ich wollte die Dinger wegwerfen. In eine passende Ruine. Und ich bring's nicht fertig . . . Mir wär's, als würfe ich frisches Brot auf den Müll«*, schreibt er in seinen »Berliner Tageblättern«. Seine 72jährige, heißgeliebte Mutter konnte den Verlust seiner »Aussteuer« – sie hatte ihn »wie ein heiratsfähiges Mädchen« ausgestattet – nicht begreifen. Bei Freunden in der Sybel-/Ecke Giesebrechtstraße fand er eine Notunterkunft. Mitte März 1945 gelang es ihm, mit gefälschten Papieren aus Berlin hinauszukommen. Er überlebte das Kriegsende, von Ufa-Freunden gedeckt, im Zillertal und wohnte bis zu seinem Tode in München. In den sechziger Jahren hatte er in Frohnau eine Zweitwohnung. Am 29. Juli 1975 starb der Junggeselle, der mit seiner Gefährtin und Biographin Luiselotte Enderle zusammenlebte, die Existenz eines Sohnes verheimlichte und dessen Tod die nichtdeutsche Presse bereits einmal im Mai 1942 verkündet hatte, einsam und allein im Neuperlacher Krankenhaus. Der promovierte Schriftsteller, Kinderbuchautor und Dichter der »neuen Sachlichkeit«, dessen Leben und Werk von Humanismus und Pazifismus bestimmt waren, wurde am 23. Februar 1899 in Dresden als Sohn eines Sattlers und einer Heimarbeiterin und späteren Friseuse geboren und zum Volksschullehrer ausgebildet. Er war Soldat im Ersten Weltkrieg, studierte in Leipzig und Berlin, war Redakteur in Leipzig und ging 1927 nach Berlin, um »Augenzeuge zu sein am Verbrechen, das in Deutschland geschah«.

Oskar Loerke kam zum Sommersemester 1903 von Graudenz als Student nach Berlin und fand im Gartenhaus des Hauses Nr. 3 eine Unterkunft. »Unter wahren Qualen« wartete er hier täglich auf den Briefträger und die Nachricht, daß seine romantische Erzählung »Vineta« gedruckt werde. »*Man dehnt das Kaffeetrinken, um in nichts Ernstes zu versinken. Man dreht die Zeitung und kommt nicht zur Sammlung. Die Fenster stehen offen, damit man hört, wenn er im Vorderhaus die Treppen emporsteigt und klingelt. Jetzt, rechts, links, man sieht hinaus – wieder: rechts, links, man sieht das weiße Beinkleid hinter den buntgemalten großen Treppenfenstern steigen, höher, rechts, links. Die verschiedensten Glockentöne, hohe, harte, klirrende, schnarrende. Dann kommt der Bote über den Hof, die Ungeduld ist beruhigt, man trinkt einen Schluck, liest einen Aufsatz. Endlich klingelt es* . . .«, so Loerke in seinem »Tagebuch«. Als »Vineta« im Jahre 1907 als seine erste literarische Veröffentlichung erschien, brach er sein Studium der Germanistik und der Philosophie ab und betätigte sich von da an nur noch als Schriftsteller.

Kurfürstendamm Um 1910 hatte Alfred Kerr eine Wohnung im Hause Nr. 145. Das Haus liegt auf Wilmersdorfer Gebiet.

Im Hause Nr. 161, an der Ecke der Eisenzahnstraße, ebenfalls im Bezirk Wilmersdorf gelegen, bewohnte der Schriftsteller Ernst von Salomon bei Fräulein Toni Uebel ein möbliertes Zimmer. »Nichts

Bedeutendes war in ihm zu sehen als die Standuhr, in deren Gehäuse ich Fräulein Uebels kleinen Pekinesen zu sperren pflegte, wenn er gar zu sehr kläffte«, schreibt er in seinem »Fragebogen« (1951). Am 25. September 1902 als zweiter von vier Knaben eines aus einer Hugenottenfamilie stammenden Polizeioffiziers geboren – im September 1929 saßen alle vier einmal gleichzeitig hinter Gittern –, von der ersten Kommunion wegen sittlicher Unreife um ein Jahr zurückgestellt, »weil ich als Ministrant heimlich den Meßwein ausgetrunken hatte«, in Karlsruhe und Lichterfelde als Kadett erzogen, wurde er nach dem Kriege Baltikumkämpfer und als rechtsradikaler Helfershelfer beim Rathenaumord zu fünf Jahren Zuchthaus verurteilt. Es habe eigentlich kein besonderer Grund vorgelegen, diesen kultivierten Rathenau umzubringen, bekennt er später. Während der Haft wurde er zum Schriftsteller und zum Ende der Weimarer Zeit von seinem Freund Ernst Rowohlt als Lektor in seinem Verlag angestellt. In den Hitlerjahren hielt er sich politisch zurück, nach dem Kriege bekannte sich der nationalistische Revolutionär zum Pazifisten und Atomgegner. Am 9. August 1972 starb er in seinem Haus in Stöckte bei Winsen an der Luhe am Hirnschlag. Mit seinen autobiographischen zeitgenössischen Romanen »Die Geächteten« (1930), »Die Stadt« (1932) und »Die Kadetten« (1933) verschaffte er sich einen großen Leserkreis. In seinem »Fragebogen«, einer ironisierenden Verwendung der 131 Fragen des Fragebogens der amerikanischen Militärregierung, Rowohlts Bestseller nach dem Kriege, schildert er sein Leben von 1919 bis zum Zusammenbruch Deutschlands im Jahre 1945.

Auf der gegenüberliegenden Seite, im Hause Nr. 59/60, wohnte Heinrich Mann im Sommer 1929.

Konstanzer Straße Im zweiten Stock des Hauses Nr. 2 hatte der Arzt und Schriftsteller Ernst Weiß seine letzte Berliner Wohnung. Der Freud-Schüler und Freund Kafkas und Brods floh 1933 vor den Nazis nach Prag und nach der Okkupation nach Paris. Hier entstand sein letzter Roman »Ich – der Augenzeuge«, die Geschichte eines Feldarztes, der die hysterische Blindheit Hitlers heilt und damit das Unheil über die Welt bringt. Beim Einmarsch der deutschen Truppen beging der Schriftsteller in seinem Hotelzimmer am 14. Juni 1940 Selbstmord. Sein Schicksal gab Anna Seghers den Vorwurf für ihren Roman »Transit« (1943).

Bregenzer Straße Im obersten Stockwerk des Hauses Nr. 4 der Bregenzer Straße, die ebenso wie die Konstanzer Straße zum Bezirk Wilmersdorf gehört, hatte der erfolgreiche Gesellschaftsromancier Fedor von Zobeltitz mit seiner Frau Martha seine letzte Wohnung. In der Bibliothek neben seinem Dachgarten »mit wirklichem Rasen« – wie er in seinen Erinnerungen »Ich hab so gern gelebt« (1934) schreibt – arbeitete er bis zu seinem Tode am 10. Februar 1934. Wie sein vier Jahre älterer Bruder Hanns wurde er auf Herrenhaus Spiegelberg in der Neumark geboren. In Plön ging er zur Schule, in Berlin war er Kadett und Page am Kaiserhof. Der Vater der beiden Schriftsteller hatte 1865 das Herrenhaus verpachtet und war mit seiner Familie nach Berlin in eine Wohnung in »Neu-Amerika« vor dem Halleschen Tor gezogen. In der Inflation verlor er das väterliche Gut und seine kostbare Bibliothek und schuf sich als freier Schriftsteller eine neue Existenz. Sein Werk spiegelt 50 Jahre deutschen gesellschaftlichen und kulturellen Lebens wider. Auf dem Städtischen Friedhof in Wilmersdorf ruht er in einem Ehrengrab. Ferdinand Bruckner, der 1951 aus der amerikanischen Emigration nach Berlin zurückkam, mietete im Hause Nr. 5 eine Wohnung. Seine sensationellen Erfolge in der Zeit vor der »Machtübernahme« konnte er nur bedingt fortsetzen. Kurze Zeit betätigte er sich als dramaturgischer Berater an den Barlog-Bühnen. In der Bundesrepublik und in Berlin erlebten seine »Heroische Komödie« und »Schauspiele nach heroischen Stoffen« Achtungserfolge. Nach langem Leiden starb er am 5. Dezember 1958 im Martin-Luther-Krankenhaus, auf dem Friedhof Heerstraße an der Trakehner Allee wurde er bestattet.

Wielandstraße Nach seiner Eheschließung mit der wohlhabenden Lilli von Benda im Jahre 1899 bezog der Schriftsteller Paul Ernst eine Wohnung im Hause Nr. 23. Ein Jahr danach ging das Ehepaar auf eine längere Italienreise und ließ sich 1903 in Weimar nieder. Von 1914 bis 1918 lebte Ernst wieder in Berlin.

Kurfürstendamm Von 1922 bis 1932 wohnte der am 8. April 1878 in der Nähe des Alexanderplatzes geborene und groß gewordene Komponist und Kabarettist Rudolf Nelson mit seiner Frau, der Kabarettistin Kaethe Erlholz, im Hause Nr. 186. Er trat in Wolzogens »Überbrettl« auf und leitete eine Zeitlang das Kabarett »Chat noir« in der Friedrichstraße. In den zwanziger Jahren gründete er das Nelson-Theater, für das er vielgespielte Revuen und Operetten schrieb. Es stand bis zu seiner Schließung an der Stelle des Astor-Kinos an der Ecke der Fasanenstraße. Der damalige Senator für Volksbildung, Professor Tiburtius, nannte den Altmeister des Berliner Chansons, der eigentlich Lewysohn hieß, bei der Übergabe des Bundesverdienstkreuzes im Jahr 1953 den Mann, »der Musik gemacht hat aus der tausendfältigen Melodie Berlin«. Nelson starb am 5. Februar 1960 in Amsterdam. 1963 wurde an seinem Wohnhaus eine Tafel zum Gedenken an den volkstümlichen Komponisten, der etwa 4000 Chansons und Lieder hinterließ, angebracht.

Schlüterstraße An der Ecke Schlüterstraße/Kurfürstendamm lag die Konditorei Schneider, wo der Essayist und Biograph Ludwig Marcuse zu schreiben und sich mit seinem Freunde Joseph Roth zu treffen pflegte. Hier verliebte er sich in die Kellnerin Erna, »ein kleiner bunter Kreisel, der seine Farben oft wechselte«. Er übersiedelte mit ihr nach Frankfurt und heiratete sie. Ihr abenteuerliches Deutsch brachte Roth auf den Gedanken, sie als russische Prinzessin auszugeben und Sascha zu nennen. Von Frankfurt kam Marcuse mit ihr kurz vor der »Machtübernahme« wieder nach Berlin und bezog das Haus Im Eichkamp 31.

Der nach Kriegsende aus Moskau zurückgekehrte Dichter und Kommunist Johannes R. Becher hatte im zweiten Stock des Hauses Nr. 45 seine Wohnung. Hier hatte er auch das Büro des Kulturbundes zur demokratischen Erneuerung Deutschlands installiert.

Knesebeckstraße Der Schriftsteller, Kritiker, Essayist und seit 1896 literarische Berater des Fischer-Verlags Moritz Heimann, am 19. Juli 1868 in Werder bei Berlin geboren, wohnte im ersten Jahrzehnt unseres Jahrhunderts im Hause Nr. 45. Von hier zog er in die Landhausstraße. Wassermann, der ihn 1900 kennenlernte, schreibt: »*Sein Tag war von Konferenzen und Audienzen ausgefüllt wie der eines großen Arztes und Ministers. Wenn man zu ihm in die Wohnung kam, saß oft ein halbes Dutzend männliche und weibliche Autoren um ihn herum . . . Leute aus allen Teilen des Reichs oft, die sich eine weite Reise nicht verdrießen ließen, um ein paar Stunden mit ihm beisammen zu sein . . . Von der ersten Begegnung an war ich bei meinen jeweiligen Aufenthalten viele Stunden mit ihm zusammen, ja, diese Reisen, zwei- oder dreimal jährlich, hatten im Grunde keinen anderen Zweck, als mit ihm zu sein . . . Er war der Mensch der vollendeten Cortesia, ihr werdet nimmer seinesgleichen sehen.*«

Kurfürstendamm Im Hause Nr. 206 hatte Erwin Piscator in den sechziger Jahren eine Wohnung. An der Stelle eines »Garten-Kinematographen« auf dem Grundstück Nr. 206/207 ließ Max Reinhardt seine »Komödie« errichten, die er am 11. November 1924 mit Goldonis Lustspiel »Der Diener zweier Herren« eröffnete. In den Logen sah man den damaligen Reichskanzler Marx und den Außenminister Stresemann. Im Nachbarhaus befanden sich die 1905 eröffneten Ausstellungsräume der 1898 gegründeten »Sezession«, einer Vereinigung von Berliner Künstlern, wie Liebermann, Slevogt, Lesser Ury, Corinth, Leistikow und Käthe Kollwitz, die den Kampf gegen die konventionelle akademische Kunst auf ihre Fahnen geschrieben hatten. Richard Huelsenbeck veranstaltete hier im Winter 1917/18 die zwei ersten Dada-Soireen, bei denen er, vom Publikum verhöhnt, seine »Phantastischen Gebete« rezitierte. 1921 wurden die Räume zum »Theater am Kurfürstendamm« umgestaltet.

Am Hause Nr. 215 wurde am 23. Mai 1956 zum 70. Geburtstag des Lyrikers, Romanciers und Dramatikers Max Herrmann-Neiße eine Gedenktafel enthüllt. Der Dichter, den Gerhard Pohl in der Feierstunde einen »träumenden Poeten auf der Weltstadtstraße« nannte, lebte hier zehn Jahre hindurch im zweiten Stock des Gartenhauses mit seiner Frau Leni von der Mitte der zwanziger Jahre ab, bis er nach dem Reichstagsbrand freiwillig über die Schweiz nach London emigrierte. Seine dort entstandene Gedichtsammlung »Heimatfern« ist von tiefer Sehnsucht nach Deutschland erfüllt und der Anklage derer, die »sein Dasein, ein ganzes Volk, die ganze Welt« zerstörten, erfüllt. Der »arische«, aus einer alten schlesischen Bauernfamilie stammende Gastwirtssohn-Dichter, dem die Nationalsozialisten die deutsche Staatsbürgerschaft abgesprochen hatten, starb verarmt und vereinsamt am 8. April 1941 in London. Stefan Zweig sagte bei seinem Tode: »Die Verse des großen Schlesiers sind vielleicht die schönsten, die seit Heinrich Heine im Exil geschrieben worden sind.« Dem Bahnhof Zoo, den »vielen Omnibussen nach Nedlitz, Kladow, Pichelsdorf, Schildhorn« sowie dem »herbstlichen Tiergarten« hat er eindrucksvolle Verse gewidmet. Otto Dix, George Grosz und anderen verdankt die Nachwelt Porträts des Dichters.

An der rechten Wand desselben Hauses erinnert eine Tafel an Gerd Rosen, der hier von 1945 bis 1961 wohnte. Er hat in diesen Jahren das Gesicht des Kunsthandels und des Auktions- und Ausstellungswesens seiner Geburtsstadt entscheidend geprägt.

Fasanenstraße Im Hause Nr. 34, an der Ecke Lietzenburger Straße, befand sich die Jockey-Bar des Herrn Heymann. Hier trafen sich in einer gewittrigen Aprilnacht des Jahres 1954 vier Stammgäste und Freunde, die Helden des Novellenromans »Am grünen Strand der Spree« (1955) von Hans Scholz, dem Hans Schott des Buches, zum erstenmal wieder nach dem Krieg. Die lebendigen Schilderungen ihrer Kriegs- und Nachkriegserlebnisse gehören zu den wesentlichen erzählerischen Dokumenten der deutschen Zeitgeschichte. Benn hat den Roman des Fontanepreisträgers ein »Buch mit roten Streifen an der Hosennaht« genannt. Im ersten Jahrzehnt unseres Jahrhunderts wohnte Ernst von Wolzogen, den ein zeitgenössischer Kritiker ein »Familienblattunterhaltungsromanfabrikanten« nennt, im Hause Nr. 72/73. Er war 1899 von München, wo er sich im Herbst 1894 des 22jährigen verzweifelnden Jakob Wassermann angenommen hatte, ihn als Sekretär beschäftigt und dem Verlag Albert Langen weiterempfohlen hatte, wieder in die Hauptstadt gekommen. Im Herbst 1901 machte er sich einen Namen als Gründer des Kabaretts »Überbrettl«, einer literarischen Kleinkunstbühne am Alexanderplatz. Der überraschende Erfolg seines Unternehmens veranlaßte ihn, sich ein eigenes Theater in der Köpenicker Straße bauen zu lassen. Hier erlitt er jedoch Schiffbruch. Nach seiner Heirat mit Elsa Laura Seemann im Jahre 1902 ging er auf Kunstreisen, lebte in Darmstadt und Oberbayern und starb am 30. August 1934 in München. Jochen Klepper, am 22. März 1903 in Beuthen/Oder als Sohn eines Pastors geboren, kam im November 1931 nach einem abgebrochenen Theologiestudium von Breslau nach Berlin, um sich hier eine Existenz als Schriftsteller zu schaffen. Er fand im zweiten Stock des Hauses Nr. 70 eine Unterkunft. Gegen den Willen seiner Familie hatte er am 28. März desselben Jahres die um zwölf Jahre ältere Witwe eines Rechtsanwalts, die Jüdin Johanna Stein, geb. Gerstel, in Breslau geheiratet, die ihm ihre beiden Töchter Brigitte und Renate mit in die Ehe brachte. Die Verbindung führte zum Bruch mit seinem Elternhaus. Im April des folgenden Jahres ließ er seine Familie nachkommen und bezog mit ihr ein Haus in der Berliner Straße in Südende.

Kurfürstendamm Eine Tafel am Hause Nr. 217 erinnert an Robert Musil, der am 19. November 1931, von Wien kommend, mit seiner Frau Martha zwei kleine, im dritten Stock zum Hof gelegene Zimmer der damaligen Pension Stern bezog. Hier schrieb er, dank der Vorschüsse Rowohlts und Spenden seiner Freunde durch journalistische Terminarbeit ungehindert, an seinem Haupt- und Lebenswerk, dem Roman »Ein Mann ohne Eigenschaften«, dem er über zwanzig Jahre seines Lebens widmete. Anfang März 1933 erschien der zweite Band, im Sommer deselben Jahres ging er nach Wien zurück. Nach dem »Anschluß« Österreichs emigrierte er über Italien in die Schweiz. Seine in Wien zurückgelassene Bibliothek sowie seine Möbel fielen Kriegszerstörungen und Plünderungen zum Opfer. Unbekannt und in bitterer Armut starb er am 15. April 1942, dem 31. Jahrestag der

Hochzeit mit seiner innigst geliebten Martha, an einem Schlaganfall in Genf. Der musilschen Familientradition entsprechend verstreute die Witwe die Asche des Schriftstellers in einem benachbarten Wald. Drei Jahre vor seinem Tode äußerte Thomas Mann über ihn: »*Es gibt keinen anderen lebenden deutschen Schriftsteller, dessen Nachruhm mir so gewiß ist.*« In seinen Skizzen zu einer Autobiographie bekennt Musil: »*Ich halte es für wichtiger, ein Buch zu schreiben, als ein Reich zu regieren. Und auch für schwieriger.*«

Auch Heinrich Mann war im Spätherbst 1932 Gast der Pension. Von hier zog er in seine letzte Berliner Wohnung in der Fasanenstraße.

Das Astor-Kino im Hause Nr. 217 beherbergte im Jahre 1927 das »Nelson-Theater« bis zu dessen Bankrott.

Vom 16. Juli bis zum 1. August 1922 wohnte Robert Musil bei seiner Schwägerin Hanna, der Frau des Kunsthändlers Casper, im Hause Nr. 233. Er war in die Reichshauptstadt gekommen, um in seiner Eigenschaft als Offizier des österreichischen Staatsamts für Heereswesen mit dem Reichswehrministerium über Fragen der Psychotechnik im Heere zu verhandeln. Gleichzeitig wollte er mit der »Tribüne« über die Bühnenfassung seines Schauspiels »Die Schwärmer« Gespräche führen. Mitte Januar 1923 und im Juli/September war er wieder »wegen meiner zwei Stücke« (»Die Schwärmer« [1921] und »Vinzenz und die Freundin bedeutender Männer« [1924]) in Berlin, und wieder gewährte ihm die Schwester Quartier. »Ich trage mich sehr mit dem Gedanken, nach Berlin überzusiedeln«, schreibt er zu dieser Zeit. Heute befindet sich das Kaufhaus Wertheim an der Stelle des Hauses.

Kantstraße Im zweiten Stock des Hauses Nr. 10 befand sich der Kiepenheuer-Verlag. Im März 1933 wurden die Räume von Nationalsozialisten völlig ausgeplündert sowie Akten und Archive vernichtet. Nur durch einen Zufall entging ein Pappkarton mit Manuskripten, den Joseph Roth einen Tag nach der »Machtübernahme« im Verlag sicherstellen wollte, der Verwüstung und konnte gerettet werden. Er enthielt unter anderem den Anfang eines Romans, der unter dem Titel »Perlefter« 1979 veröffentlicht wurde. Von der Jahrhundertwende bis zu seinem Tode lebte Friedrich Spielhagen, einer der erfolgreichsten Romanciers der zweiten Hälfte des vergangenen Jahrhunderts, im dritten Stock des Hauses Nr. 165. Hier starb er, von seiner Tochter Toni in den letzten Lebensjahren unterstützt und gepflegt, im Alter von 82 Jahren am 25. Februar 1911. Auf dem Friedhof der Kaiser-Wilhelm-Gedächtniskirchen-Gemeinde am Neuen

Fürstenbrunner Weg wurde er bestattet. Von den 80 Büchern seines Lebenswerks wird heute als geflügeltes Wort nur noch der Titel »Problematische Naturen« (1861) zitiert. Er fand ihn in Goethes »Kunst und Altertum«. Marie von Bunsen war der Schriftsteller wenig sympathisch: »*Was er mir erzählte, immer drehte sich alles um ihn, den Poeten, den bekanntesten Literaten Berlins, der bei allen öffentlichen Gelegenheiten, die sich auf sein Gebiet beziehen, zündend das Wort führte, der die öffentliche Meinung eigentlich macht. Dann brüstete er sich der vornehmen Herkunft seiner Frau, mit der hohen Stellung seines Vaters, mit den seltenen Talenten seiner Töchter, mit seiner intimen Kenntnis des pommerschen Adels, die er allerdings seiner dortigen Hauslehrertätigkeit verdankte, die er verschwieg.*«
Im Hause Nr. 162 lag die elegante Wohnung des Malerehepaars Reinhold und Sabine Lepsius. Hier war Stefan George, dem jeder feste Wohnsitz lästig war – »unser Leben kann nicht seßhaft sein« – bei seinen regelmäßigen spätherbstlichen Besuchen in der Reichshauptstadt zu Gast, und hier las er im letzten Jahrzehnt des vergangenen Jahrhunderts wiederholt vor einem Kreis seiner Verehrer. Sabine Lepsius hat ihm in ihrer »Geschichte einer Freundschaft« (1935) ein Denkmal gesetzt, Reinhold Lepsius hinterließ ein Gemälde des Dichters, der nach der Meinung seiner Frau aussah wie »Dante, wie aus einer anderen Zeit«. Im Hause Lepsius machte er die Bekanntschaft Rilkes, dem Ehepaar Lepsius widmet er sein Gedicht »Die blaue Stunde«. Der Dichter, den seine Freunde den »königlichen Priester« nannten, kam am 12. Juli 1868 in Büdesheim bei Bingen als Sohn eines vermögenden Gastwirts zur Welt und studierte von 1889 bis 1891 in Berlin. Ein ererbtes Vermögen und die Gunst seiner Freunde gestatteten ihm ein von wirtschaftlichen Sorgen unbelastetes Leben. Nach einer unglücklich ausgegangenen Beziehung zu Ida Coblenz, seiner Frau Isi, spielten Frauen in seinem Dasein keine Rolle mehr. Der Dichter und Umdichter Dantes, Mallarmés, Baudelaires, Verlaines und der Sonette Shakespeares, der nach der »Machtübernahme« Hitlers Deutschland verlassen und sich im Schweizer Tessin niedergelassen hatte, starb am 4. Dezember 1933 an einem Steinleiden in Locarno. Neben anderen Mitgliedern des George-Kreises hielt Claus Graf von Stauffenberg, der später wegen eines Attentats auf Hitler gehenkt wurde, die Totenwacht. Auf dem Friedhof des Vororts Minusio fand der Dichter seine letzte Ruhestätte. Das Haus Nr. 152 trägt seit 1959 eine Tafel zum Gedenken an den am 3. Oktober 1889 in Hamburg geborenen Publizisten Carl von Ossietzky; als Heraus-

geber der »Weltbühne« lebte er hier seit dem 1. April 1927, bis er am Morgen nach dem Reichstagsbrand verhaftet und in das Konzentrationslager Sonnenburg und später nach Papenburg verschleppt wurde. In der Weimarer Zeit war er wegen angeblichen Landesverrats bereits einmal sieben Monate in Tegel inhaftiert. Den ihm im Jahre 1936 verliehenen Friedensnobelpreis durfte er nicht annehmen. Er starb am 4. Mai 1938 an den Folgen unmenschlicher Quälereien in den Lagern in der Privatklinik Nordend in Niederschönhausen. Sein letztes Wohnhaus in der nach ihm benannten Straße Nr. 24 trägt eine Gedenktafel; auf dem Friedhof Niederschönhausen in der Buchholzer Straße wurde er bestattet. Im Carl-von-Ossietzky-Park, dem sog. Generalsgarten in Tiergarten, Alt Moabit 117/118, findet sich eine weitere Tafel zum Gedenken an den unerschrockenen Kämpfer gegen jede Inhumanität, den sein Biograph Kurt R. Großmann einen »deutschen Patrioten« nennt. Im September 1905 hatte Siegfried Jacobsohn die Vorläuferin der »Weltbühne« als »Schaubühne« gegründet und diese 1918 mit der Umwandlung von einer Theaterzeitschrift in ein politisches Kampfblatt »Weltbühne« genannt. Nach seinem Tode am 2. Dezember 1926 übernahm Kurt Tucholsky das »Blättchen« und gab es nach zehn Monaten an Ossietzky weiter. Die letzte Nummer erschien am 7. März 1933 unter der Redaktion von Walter Karsch.
Kurt Tucholsky, der seit 1924 als Korrespondent in Paris lebte, bewohnte bei seinen Berlin-Besuchen eine möblierte Zweizimmerwohnung im Hause. Nach der Jahrhundertwende bezog der am 9. September 1853 wie sein Bruder Fedor auf Schloß Spiegelberg in der Neumark geborene Schriftsteller Hanns von Zobeltitz eine Wohnung im Hause Nr. 151. Der Hauptmann a. D. hatte sich zunächst als Redakteur der Zeitschriften »Daheim« und »Velhagen und Klasings Monatshefte« betätigt und sich dann mit Unterhaltungsromanen um Hof, Offizierskorps und Zirkus sowie autobiographischen Schriften einen Namen gemacht. Die Boheme der preußischen Metropole seiner Tage schildert er in der »Berliner Zigeunergeschichte«. Der Schriftsteller starb am 4. April 1918 in Bad Oeynhausen.
Im ersten Jahrzehnt unseres Jahrhunderts hatte Max Kretzer im Hause Nr. 19 eine Wohnung.

Savignyplatz Nach der Rückkehr aus der Emigration bezog George Grosz mit seiner Frau eine Wohnung im vierten Stock des Hauses Nr. 5. Hier lebte seine Schwiegermutter, und hier hatte er am 26. Mai 1920 seine Hochzeit gefeiert. Am 7. Juli 1959 meldete die »Berliner

Zeitung«: »*Noch am Sonntagabend saß Grosz fröhlich in Franz Dieners Künstlerlokal. Er sagte immer wieder: ›Berlin ist die schönste Stadt der Welt!‹ Er ist gestern im Morgengrauen nach Hause gekommen und muß im Flur des Hauses am Savignyplatz, in dem er mit seiner Frau eine provisorische Wohnung hatte, zusammengebrochen sein. Eine Zeitungsfrau entdeckte ihn im Hausflur. Er lebte noch. Sofort darauf kam ein Eismann. Dieser verständigte Maurer, die zur Arbeit gingen. Sie wollten ihn in eine Wohnung schaffen – aber da hatte ein Herzschlag seinem Leben ein Ende gesetzt...*« Am 6. Dezember 1977 enthüllte das Bezirksamt Charlottenburg hier zum Gedenken an den »traurigsten Menschen in Europa«, wie sich der Künstler schon 1918 in seinem Gedicht »Gesang an die Welt« selbst genannt hat, eine Tafel, die der englische Karikaturist Ronald Searle entworfen hatte. Auf dem Charlottenburger Waldfriedhof am Olympiastadion fand er neben seinem Freunde Däubler die letzte Ruhestätte.

Kantstraße Nach seiner Rückkehr aus dem Weltkrieg ging Erwin Piscator nach Berlin und schloß sich der Dada-Bewegung an. Im Hause 26b hatte er eine Wohnung. Da sein Versuch, als Schauspieler an der Volksbühne unterzukommen, scheiterte, ging er für einige Monate nach Königsberg, wo er spielen und inszenieren konnte. 1920 heiratete er die Schauspielerin Hilde Jurczyk und gründete im selben Jahr das »Proletarische Theater«.

Schlüterstraße Nach vierjährigem Aufenthalt in Erkner kehrte Gerhart Hauptmann am 15. September 1889 mit seiner Familie nach Berlin zurück und mietete im Hause Nr. 78 eine Wohnung. Hier begann er die Niederschrift seiner »Weber«, die erst nach zwei Verboten des Polizeipräsidenten am 25. September 1894 unter Brahm im Deutschen Theater öffentlich aufgeführt wurden und die Kündigung der Kaiserloge sowie Pressekampagnen zur Folge hatten. Ibsen, der im Februar 1891 in Berlin weilte, besuchte ihn und erinnert sich, daß er mit ihm »eines denkwürdigen Tages wie mit einem wandelnden Turm die Friedrichstraße« hinunterging. Im März 1891 verließ er Berlin und ging nach Mittel-Schreiberhau, wo er die Fertigstellung seines Hauses erwartete. Auf dem Wiesenstein verbrachte er von nun an die Sommermonate, im Winter lebte er meist in Berlin. Im Sommer 1891 hatte er in Erkner die dreizehnjährige Schwester Margarete des Musikers Max Marschalk kennengelernt, die er 1893 auf der Bühne wiedersah. Diese Begegnung führte zur Trennung seiner Ehe; Hauptmann mietete eine kleine Wohnung in der Boothstraße.

Um 1910 wohnte der Assistenzarzt Alfred Döblin mit seiner Mutter im ersten Stock des Hauses Nr. 20. Er arbeitete zu dieser Zeit am Urban-Krankenhaus in Kreuzberg. Hier machte er die Bekanntschaft der wohlhabenden Fabrikantentochter und Medizinstudentin Erna Reiß, die er am 23. Januar 1912 heiratete. Im Oktober 1911 wurde ihm von seiner Geliebten, der Krankenschwester Frieda Luise Kunkel, die er als Sechzehnjährige während seiner Tätigkeit als Arzt an der Irrenanstalt Buch kennengelernt hatte, ein Sohn Bodo geboren.

Wielandstraße Um 1902 hatte Else Lasker-Schüler im Hause Nr. 3 eine Unterkunft. Im selben Jahr erschienen ihre ersten Gedichte in der Sammlung »Styx«.

Kantstraße Von 1902 bis 1907 wohnte der am 12. Januar 1884 in Berlin geborene Dramatiker, Lyriker und Publizist Wilhelm Herzog im Hause Nr. 49. Hier arbeitete er an seiner Lichtenberg-Ausgabe und an seiner Kleist-Biographie. Dann übersiedelte er nach München. Während des Ersten Weltkriegs kam er wieder nach Berlin zurück.

Stuttgarter Platz Nach seiner Rückkehr aus Norwegen im Herbst 1899 wohnte Christian Morgenstern kurze Zeit im Hause Nr. 4. Von hier zog er in die Schloßstraße in Charlottenburg.

Pestalozzistraße Nach seiner Übersiedlung von München nach Berlin mietete der politische Schriftsteller Prof. Dr. Ernst Niekisch, der mit Ernst Toller befreundet war und zu den Führern der Bayerischen Räterepublik gehörte, eine Wohnung im Hause Nr. 61. Hier verbrachte Toller einige Wochen, nachdem man ihn am 15. Juli 1924 aus dem Zuchthaus Niederschönenfeld entlassen hatte; dort sind seine populärsten Theaterstücke, »Masse Mensch« (1919), »Die Maschinenstürmer« (1921) und »Hinkemann« (1922) entstanden. »Ich fasse nicht das Leid, das der Mensch dem Menschen zufügt«, schrieb er als 30jähriger nach der Haft. »Sind die Menschen von Natur so grausam, sind sie nicht fähig, sich hineinzufühlen in die Vielfalt der Qualen, die stündlich, täglich Menschen erdulden?« In seinen Erinnerungen »Gewagtes Leben« (1958) schildert Ernst Niekisch die Tage mit Toller, der »nach dem pulsierenden Leben« dürstete. »Ich erinnere mich einer höchst fröhlichen Nacht zusammen mit Ringelnatz und eines schönen Verlagsfestes bei Kiepenheuer in Potsdam.«

Mit Niekischs zehnjährigem Sohn verband Toller eine väterliche Freundschaft. Der Dichter zog von hier in ein möbliertes Zimmer in der Spichernstraße. Niekisch übersiedelte im Sommer 1926 nach Dresden und kam erst 1929 nach Berlin zurück.

Windscheidstraße Nach der Trennung von seiner ersten Frau bezog Kurt Tucholsky Anfang 1924 eine Wohnung im Hause Nr. 34. Zu dieser Zeit volontierte er im Bankhaus Bett, Simon und Co. in der Mauerstraße. Am 30. August 1924 heiratete er in zweiter Ehe die Baltin Mary Gerold, die er als Dienstverpflichtete in Kurland kennengelernt hatte und die als Flüchtling nach Berlin gekommen war, und zog nach Paris, wo er als Korrespondent arbeitete. Am 21. August 1933 wurde auch diese Ehe getrennt. Mary Tucholsky leitet heute das Tucholsky-Archiv in Rottach-Egern.

Suarezstraße René Schickele, am 4. August 1883 im elsässischen Städtchen Obernheim, dem heutigen Obernay, als Sohn eines Polizeikommissars und späteren Weingutbesitzers und einer französischen Mutter geboren, gab die Zeitschrift »Das neue Magazin« heraus. Als sie im Herbst 1905 einging, zog er, nunmehr als freier Schriftsteller, vom Tempelhofer Ufer mit seiner jungen Frau, seinem Sohn Rainer Wolfgang und dem Dobermannpinscher in eine billigere Wohnung im dritten Stock des Hauses Nr. 39. 1909 erschien sein erster Roman »Der Fremde«, im selben Jahr ging er mit Flake nach Paris. 1912 und 1915 war er jeweils kurze Zeit wieder in Berlin. In seiner Erzählung »Trimpopp und Manasse« (1914) schildert er das wilhelminische Berlin mit seinen Beamten, Reserveoffizieren und altjüdischen Familien. Während des Krieges gab er in Zürich die expressionistischen »Weißen Blätter« heraus, ein Magazin gegen Krieg und für Völkerverständigung, »ein Labsal im Geschrei der Haßfanatiker aller Länder«; in ihm erschienen Werfels frühe Gedichte, Leonhard Franks Novelle »Der Vater«, Heinrich Manns Essay über Zola und sein eignes Elsässer-Drama »Hans im Schnakenloch« (1916), das den Unsinn der deutsch-französischen Gegnerschaft anklagt und verboten wurde. Bei Kriegsende kam er wieder nach Berlin, wo er den Ausbruch der Revolution miterlebte. 1922 ließ er sich in Badenweiler nieder, 1929 erschien sein Gesellschaftsroman »Symphonie für Jazz«, der zu einem Teil in Berlin spielt. 1932 floh er vor dem aufkommenden Nationalsozialismus nach Südfrankreich, seine Bücher wurden verboten und verbrannt. In seiner letzten Wohnung in Vence starb er am 31. Januar 1940 an einer Rippenfellentzündung. 1956 wurde seine sterbliche Hülle vom Friedhof in Vence nach dem bei Badenweiler gelegenen Friedhof zu Lipburg überführt. In der Nähe seines ehemaligen Hauses in Badenweiler wurde ein Gedenkstein enthüllt, der die Worte Kasimir Edschmids trägt: »Sein Herz trug die Liebe und Weisheit zweier Völker.«

Rönnestraße Nach der Auflösung der »Neuen Gemeinschaft« im Jahre 1905 mietete Heinrich Hart eine Wohnung im Hause Nr. 4. Von hier übersiedelte er zu seinem Bruder Julius in die Moltkestraße in Wilhelmshagen. 1906 kam er nach Berlin zurück und mietete im Hause Nr. 11 sein letztes Berliner Domizil. Am 11. Juni desselben Jahres starb er nach monatelangem, schwerem Leiden in seiner westfälischen Heimat in Tecklenburg bei Münster. Er hinterließ seine Frau und seine Tochter. Adele Gerhard, die bei der Trauerfeier im Deutschen Theater die Gedenkrede hielt, gedenkt seiner im »Bild meines Lebens« (1948): *»Auf den Höhen des Teutoburger Waldes ruht ein einsamer Findling. Er trägt nichts als die einfach-stolzen Worte: Heinrich Hart.«* Julius schreibt über ihn: *»Ein Krug mit edlem Wein gefüllt warst Du . . . Nun ist der Wein ausgeflossen bis zum letzten Tropfen. Der Krug ist zerbrochen. Aber der Duft des Weines schwebt noch um die Scherben. Und vielleicht ist dieser Duft alles und das Beste . . .«*

Herbartstraße Im Hause Nr. 15 wohnt der am 20. Februar 1911 in der Motzstraße als Sohn eines Rechtsanwalts geborene Maler, Schriftsteller und Fontanepreisträger Hans Scholz, dessen Bücher, vor allem sein Berliner Decamerone »Am grünen Strand der Spree« (1955) und »Berlin, jetzt freue dich« (1960) Geschichte und Wirklichkeit seiner Geburtsstadt widerspiegeln.

Lietzenseepark Hier erhebt sich das im Jahr 1868 von Begas entworfene Marmorstandbild Schillers, das 1881 am Gendarmenmarkt vor dem Kgl. Schauspielhaus enthüllt wurde. Bei Umbauarbeiten des Theaters wurde es 1935 beschädigt und fand 1952 hier einen neuen Platz. »Die rote Sandsteinbrücke packt / staubig die andere Seite vom schwärzlichen Tümpel«, singt Jakob von Hoddis in seinem Gedicht »Am Lietzensee«, das er Georg Heym widmet. Marie von Bunsen erinnert sich in der »Welt, in der ich lebte«: ». . . *der langgestreckte See, von uralten Bäumen umgeben, ein kleiner Pfad führte am Ufer entlang, an einem Ende zeigte sich das weiße Landhäuschen, das Prinz Adalbert seiner morganatischen Gemahlin, Freifrau von Barnim, der Tänzerin Therese Elßler, erbaut hatte. Diese Romanstimmung paßte zur weltverlorenen Stille, nur in weiter Ferne zeigten sich die Charlottenburger Häuserreihen.«*

Lietzensee-Ufer Franz Blei wohnte vor dem Ersten Weltkrieg im Hause Nr. 2 A.

Wundtstraße Ende September 1911 zogen die Eltern des Kammergerichtsreferendars und expressionistischen Lyrikers Georg Heym mit ihrem Sohn von der Neuen Kantstraße in das Haus Nr. 31 des Königswegs, der heute den Namen Wundtstraße führt. Der junge Dichter hatte seine Berufswahl als Fehlgriff erkannt und studierte am Seminar für orientalische Sprachen. Er wollte Offizier und Dolmetscher werden. Mit hymnischen Großstadtvisionen, wie »Vorortbahnhof«, »Berlin« und »Sommerabend«, die er bei seinen Streifzügen durch Berlin auf Rückseiten von Zigarettenschachteln und auf Schokoladenpapier notierte, hatte er in literarischen Kreisen Beachtung erfahren. Am frühen Morgen des 16. Januar 1912 traf er sich mit Ernst Balcke, mit dem er seit seiner Schulzeit durch den Tennisklub Blau-Weiß und gemeinsame Tanzstunden befreundet war und der gerade sein Staatsexamen in Romanistik und Anglistik bestanden hatte, zum Eislauf am Stadtbahnhof Charlottenburg, von wo sie nach Pichelsberge fuhren. Zwischen Lind- und Schwanenwerder brach sein Freund in das leicht zugefrorene Eis eines von den Fischern geschlagenen Lochs für Fische und Wasservögel ein. Heym versuchte, ihn zu retten. Beide ertranken nach einem verzweifelten Kampf mit dem brechenden Eis. Am 24. Januar fand die Beisetzung des Dichters auf dem Friedhof der Luisenkirchen-Gemeinde am Fürstenbrunner Weg 32/39 in Anwesenheit der Eltern, der Freunde vom Neopathetischen Club, der »Aktion« und von Fachkollegen statt. Nach Ablauf der 30-Jahre-Frist wurde sein Hügel von der Friedhofsverwaltung eingeebnet und der Grabstein entfernt. Heym hinterläßt zwei Gedichtbände, »Der ewige Tag« (1911), die einzige Publikation, die er noch erlebte, den von seinen Freunden postum herausgegebenen Band »Umbra Vitae« (1912) sowie eine Novellensammlung »Der Dieb« (1913). Alfred Kerr und Jakob von Hoddis widmen ihm Gedichte.

Im Hause Nr. 33 wohnte in den zwanziger Jahren der Publizist Siegfried Jacobsohn. Auch hier war wieder die Redaktion der »Weltbühne« seines »geronnenen Herzbluts« untergebracht. Ernst Niekisch berichtet in seinen Erinnerungen »Gewagtes Leben« (1958) von einem Besuch: *»Ich betrat einen großen Parterreraum ... am Schreibtisch, der neben dem Fenster stand, saß in Decken eingewickelt der kleine schmächtige Mann. Jeden Aufsatz überprüfte er mit Sorgfalt, keine stilistische Nachlässigkeit ließ er durchgehen, er merzte sie mit eigener Hand aus ...«* Am 3. Dezember 1926 starb Siegfried Jacobsohn im 46. Lebensjahr an einem Gehirnschlag. »Tag für Tag,

Heft für Heft hat er sein Erbe errichtet«, ruft ihm Tucholsky nach, der ihn bei einer Trauerfeier im Deutschen Theater einen »Nicolai auf Flügeln« nannte und von seiner Liebe zu Deutschland sprach sowie von seinem Wissen daß seine schlimmsten Feinde nicht jenseits, sondern diesseits des Rheins wohnen. Später versammelte die Witwe Jacobsohns zu ihren »Weltbühnentees«, den Fortsetzungen der Verlagsbesprechungen, die Mitarbeiter der Weltbühne »zu dünnem Tee und antikollegialen Gesprächen«, wie Hermann Kesten erzählt, in ihrer Wohnung. Hier trafen sich Carl von Ossietzky, Tucholsky, Walter Mehring, Ernst Toller, Arnold Zweig, Kästner, Feuchtwanger, Polgar und viele andere. Knapp ein halbes Jahrhundert nach ihrem Verbot erschien ein vollständiger Faksimile-Nachdruck der Wochenschrift und damit ein Kompendium der Geschichte der Weimarer Republik.

Soorstraße Im Hause Nr. 28 wohnte zu Beginn der dreißiger Jahre der am 18. November 1889 in Leipzig geborene Schriftsteller, Satiriker, Parodist und Literarkritiker Hans Reimann. Er starb am 13. Juni 1969 in Schmalmbeck bei Hamburg. 1918 hatte der ehemalige »Bücherkarrenhändler« die satirische Zeitschrift »Das Stachelschwein« und ein Kabarett gegründet. Seine Autobiographie erschien 1959 unter dem Titel »Mein blaues Wunder«.

Kaiserdamm Der am 26. August 1891 als Sohn eines wohlhabenden Fabrikbesitzers und einer Französin in Wien geborene Lyriker, Essayist und Dramatiker Theodor Tagger, der sich später das Pseudonym Ferdinand Bruckner beilegte, übersiedelte im Jahre 1923 mit seiner Frau Betty, einer hochgebildeten Philologin, nach Berlin und bezog im Hause Nr. 102 eine Wohnung. Mit seiner Frau gründete er im selben Jahr das Renaissance-Theater als Versuchsbühne für junge Autoren. Das Theater existierte unter der Leitung des Ehepaars bis 1928. Frau Tagger war von einem ihr unter dem Titel »Krankheit der Jugend« vorgelegten Manuskript, als dessen Autor ein unbekannter Autor Ferdinand Bruckner zeichnete, so begeistert, daß sie es an ihren Mann weitergab. Ihr gegenüber bekannte sich dieser als Autor und erklärte sein Pseudonym als Huldigung an seine von ihm hochverehrten Landsleute Ferdinand Raimund und Anton Bruckner. Das Stück erlebte 1926 unter strengster Wahrung des Künstlernamens überaus erfolgreiche Aufführungen in Hamburg und Wien sowie im April 1928 im Renaissance-Theater in Berlin. Bruckner hatte in Wien und Berlin studiert und wollte eigentlich Musiker werden. Er wandte sich jedoch dem Theater zu und gründete in seiner Geburtsstadt die Literaturzeitschrift »Marsyas«, in der er unter anderem Frühwerke von Gottfried Benn und Alfred Döblin veröffentlichen konnte. Im selben Jahr wie die »Krankheit der Jugend« kamen »Die Verbrecher« und 1930 sein Schauspiel »Elisabeth von England« heraus, mit dem er sich weltweiten Ruhm erwarb. Vom Kaiserdamm übersiedelte der Schriftsteller mit seiner Frau im Jahre 1929 in die Emser Straße.

Nach dem großen Erfolg seines Romans »Berlin – Alexanderplatz« verlegte Alfred Döblin Wohnung und Praxis von der Frankfurter Allee in das Haus Nr. 28. »Die Notverordnung betr. Krankenkassen hat mir die halbe Praxis genommen – da versuche ich es wie andere einmal woanders«, schreibt er. Hier führte er jeweils donnerstags Diskussionsabende über die in »Wissen und Verändern« behandelten Probleme durch, im Oktober 1931 erschien die Verfilmung seines Romans mit Heinrich George als Franz Bieberkopf und am 8. Oktober desselben Jahres wurde Döblin in den Senat der Preußischen Akademie der Künste gewählt. In der Nacht nach dem Reichstagsbrand verließ er Berlin und konnte so seiner drohenden Verhaftung entgehen. Seine Bücher wurden am 10. Mai 1933 verbrannt. Über Zürich ging er nach Paris. Hermann Kesten, mit dem er sich hier mehrmals in der Woche traf, berichtet, daß er flott auf französisch berlinerte, halbe Tage in der Bibliothèque Nationale verbrachte und den Inhalt ganzer Bibliotheksräume in seine Romane »schaufelte«. Mit seiner Frau und den vier Söhnen erhielt er die französische Staatsbürgerschaft und konnte dank der Fürsprache Robert Minders im Informationsministerium unter Jean Giraudoux arbeiten. Über Lissabon gelangte er nach New York. Schon im Spätherbst 1945 kam er nach Frankreich zurück und arbeitete bis 1951 als Berater der Kulturabteilung der französischen Militärregierung erst in Mainz und dann in Baden-Baden. Hier gab er die Zeitschrift »Das goldene Tor« heraus. Die letzten Jahre seines Lebens verbrachte er verbittert über die restaurativen Tendenzen in Deutschland, krank und in wirtschaftlicher Not in Mainz, Paris und in verschiedenen Kliniken in Deutschland. Der Schriftsteller starb, knapp 79 Jahre alt, am 26. Juni 1957 im Landeskrankenhaus Emmendingen. Schon 1951 schrieb er: »*Eine Masse Bücher, alles in die Luft geredet, aber zur Verfügung der Literaturhistoriker und Totengräber. Es ist eine Lust zu sterben.*« Seinem Wunsch entsprechend, fand er seine letzte Ruhestätte auf dem Friedhof von Housseras bei Rambervillers in Lothringen, an der Seite seines jüngsten Sohnes Vincent, eines hochbegabten Mathematikers, der als französischer Soldat Selbstmord beging, um nicht den deutschen Soldaten in die Hände zu fallen. Auch seine Frau, die sich am 15. September 1957 in ihrer Pariser Wonung das Leben nahm, wurde hier bestattet. Günter Graß hat ihm in seiner Rede »Über meinen Lehrer Alfred Döblin« in Dankbarkeit ein literarisches Denkmal gesetzt. Als nachträgliche Ehrung wurde zum hundertsten Geburtstag des Dichters am 10. August 1978 ein Straßenzug an der Luckauer Straße in Kreuzberg auf seinen Namen getauft.

Fredericiastraße In der Fredericiastraße Nr. 1 wohnte der Schriftsteller und Schauspieler Curt Goetz, bevor er sich vor der drohenden Nazigefahr in sein Landhaus Châtel Valerie am Thuner See in der Schweiz zurückzog. Am 17. November 1888 in Mainz als Sohn eines Kaufmanns geboren, kam er über die Bühnen von Rostock und Nürnberg im Jahre 1911 an das Kleine Theater Unter den Linden und von dort ans Lessingtheater. Als Bühnenautor trat er zum erstenmal mit einer Groteske »Nachtbeleuchtung« (1918) hervor. Im Jahre 1923 heiratete er die Schauspielerin Valerie von Martens, Tochter eines österreichischen Admirals, die von nun an seinen Stükken zum Publikumserfolg verhalf. Von 1939 bis 1946 lebte das Paar in Hollywood, ernährte sich sieben Jahre lang vom Ertrag einer Hühnerfarm und ließ sich nach dem Krieg in Merlingen/Schweiz nieder. 1951 erschien sein Roman »Die Tote von Beverly Hills«, 1953 seine Komödie »Das Haus in Montevideo«. Am 12. September 1960 starb er im Krankenhaus von Grabs im Schweizer Kanton Sankt Gallen an einem Darmleiden. Sein Sarg wurde im Renaissance-Theater in Berlin öffentlich aufgebahrt, seine Kollegen veranstalteten eine Trauerfeier in der Halle des Wilmersdorfer Krematoriums.

Neue Kantstraße Während seines Studiums in Würzburg zogen die Eltern Georg Heyms im Jahre 1909 von der Martin-Luther-Straße in das Haus Nr. 12. In den Semesterferien, die der Student in Berlin verbrachte, wurde er als expressionistischer Dichter in den »Neuen Club« eingeführt und las am 6. Juli 1910 als Mitglied des Neopathetischen Kabaretts im Nollendorf-Casino in der Kleiststraße bei einem öffentlichen Vortragsabend. Im Januar 1911 bestand er mit Hilfe guter Freunde die zweite juristische Staatsprüfung; seine Abneigung gegen die Juristerei bekundete er dadurch, daß er seine Lehrbücher auf einem der elterlichen Wohnung gegenüberliegenden Grundstück verbrannte. Mitte Februar wurde der Referendar dem Amtsgericht Lichterfelde zugewiesen. Er mietete ein möbliertes Zimmer in der Spichernstraße, das er nach einem Monat aufgab, und kehrte in die

Wohnung der Eltern zurück. Von Lichterfelde wurde er nach Wusterhausen strafversetzt, weil er eine Akte, deren Bearbeitung ihm nicht lag, in die Toilette geworfen hatte. Ende September 1911 verlegten die Eltern ihren Wohnsitz an den Königsweg, der heute den Namen Wundtstraße trägt.

Dernburgstraße Im Hause Nr. 6 wohnte der am 4. Oktober 1892 in Sankt Ulrich im Grödnertal geborene Filmschauspieler und Schriftsteller Luis Trenker.

Am 1. Januar 1920 bezog Siegfried Jacobsohn eine Wohnung im Hause Nr. 25. Hier befand sich auch die Redaktion seiner »Weltbühne«. Im Jahre 1918 hatte er seine 1905 unter dem Titel »Schaubühne« gegründete kritische Theaterrevue unter dem Eindruck des Kriegsgeschehens in eine allgemeinere politische Monatsschrift umgewandelt und ihr den Titel »Weltbühne« gegeben.

Eichkatzweg Von Frankfurt, wo er als Theaterkritiker gewirkt hatte, ging Ludwig Marcuse im Jahre 1929 mit seiner Frau Mascha nach Berlin zurück und faßte im Hause Nr. 31 »in Eichkamp . . . , einem lichten Berliner Dörfchen mit kindlich-schlichten Straßen und Häuschen, . . . Wurzeln – wie eine Eiche«, heißt es in seiner Autobiographie »Mein 20. Jahrhundert« (1960). Am Tage nach dem Reichstagsbrand mußte er emigrieren. »Die kleine Siedlung, zwanzig Minuten vom Romanischen Café entfernt, hätte meine Heimat für die nächsten fünfzig Jahre werden können«, schreibt er. Marcuse wurde am 8. Februar 1894 in Berlin als Sohn eines Fabrikbesitzers geboren. Sein Vater, der sich aus größter Armut zu einem wohlhabenden Kaufmann emporgearbeitet hatte, gern Pilsener trank, Eisbein aß und Zigarren rauchte, war tagelang ungehalten, wenn er das »Berliner Tageblatt« auf seinem Tisch schon entfaltet vorfand. Seinen Sohn ließ er in Berlin und Freiburg Philosophie studieren. »*Das Vaterland behielt mich kaum vier Jahrzehnte; dann wurde ich in die Fremde gegangen: zuerst nach Sanary, dem kleinen Fischerdorf an der Côte d'Azur, welches übervölkert war von deutschen Schriftstellern, weshalb die amerikanische Staatspolizei es für eine deutsche Kolonie hielt. Ostern 1939 kam ich in den Vereinigten Staaten an. 1945 wurde ich (erstens) Bürger und (zweitens) Professor der Germanistik und Philosophie an der University of Southern California (Los Angeles). Von Kalifornien aus fahre ich fast jedes Jahr in die Fremde – sehr oft in die heimatlichste, nach Deutschland. Ich habe zwölf Bücher veröffentlicht. Das gelesenste und übersetzteste hat den Titel: ›Ignatius von Loyola, Soldat der Kirche.‹ Das ungelesenste und* *bei weitem beste heißt: ›Pessimismus. Ein Stadium der Reife‹«*, berichtet der Schriftsteller, der außerdem auch Biographien von Büchner (1922), Hauptmann (1923), Strindberg (1924), Heine (1932), Freud (1956) und Wagner (1963) sowie zwei Autobiographien geschrieben hat. Sein Freund Kesten, der seine Briefe herausgab, meint, daß er keinen zweiten Menschen kenne, der sogar auf englisch derartig berlinere wie Marcuse. 1962 kehrte er als amerikanischer Staatsbürger nach Deutschland zurück und ließ sich in Wiessee nieder. Nach längerer Krankheit starb der lebensfrohe Pessimist am 2. August 1971 in einem Münchener Krankenhaus. In Wiessee wurde er begraben.

Eichkatzweg »*Zum 1. Oktober 1935 haben wir ein wunderschönes 6½-Zimmerhäuschen mit Garten und verglaster Veranda in Eichkamp gemietet, einer entzückenden Siedlung im Westen hinter der Heerstraße*«, schreibt Elisabeth Langgässer. Oda Schaefer, die sie hier im Hause Nr. 33 öfters besuchte, erinnert sich: »*Vor dem Fenster ihres Zimmers im Erdgeschoß breitete sich die leuchtende Fülle eines kleinen Gartens aus . . . Es war der anmutigste Raum des Hauses, mit altrosa Taftgardinen, Barockleuchten, den Porträts der Großeltern.*« Hier lebte sie mit ihrem Mann, dem Philosophen Wilhelm Hoffmann, den sie im Jahre ihres Umzugs geheiratet hatte und Reinhold nannte, mit »2½« Kindern, ihrem Bruder, ihrer betagten Mutter und zwei Angestellten. 1936 wurde ihr als »Halbjüdin« jede Berufsausübung verboten, ihre aus einer Verbindung mit einem Juden stammende Tochter Cordelia, die den Judenstern tragen mußte, kam in Auschwitz um. Horst Krüger, ihr Hausnachbar, schildert sie in seinen Erinnerungen: »*Die Langgässer tritt an den Zaun. Sie ist klein, untersetzt, französisch geschminkt und trägt eine dicke Hornbrille. Wenn sie durch unsere Straße geht, rufen ihr die Kinder nach: ›Der Tuschkasten kommt‹ . . .*«

1944 wurde sie zwangsdienstverpflichtet. Sie überlebte Bomben und Verfolgungen, stieg »aus dem Reich der Kröte / . . . des Totenführers Flöte / gräßlich noch im Ohr« empor und übersiedelte Ostern 1948 mit ihrer Familie nach Rheinzabern. Hier starb die der katholischen Tradition verpflichtete Lyrikerin am 25. Juli 1950 einundfünfzigjährig an multipler Sklerose, an der sie seit der Mitte der dreißiger Jahre litt. Wenige Monate nach ihrem Tode erschien ihr Roman »Märkische Argonautenfahrt«, in dem sie dem Schicksal von sieben Überlebenden des Krieges nachgeht, die die zertrümmerte Reichshauptstadt verlassen, um in einem südmärkischen Frauenkloster Vergessen von ihren belastenden Erlebnissen im Nazireich und Gnade zu finden.

Am Eichkatzweg Nr. 35 in Eichkamp, dem Ort, dem er ein liebevolles Kapitel seines »Zerbrochenen Hauses« (1966) widmet, da, »wo die Luft nach Sand und Kiefern, nach dem Großen Kurfürsten und nach selbstgebackenem Kuchen am Sonntag riecht«, verbrachte der am 17. September 1919 in Magdeburg geborene Schriftsteller Horst Krüger seine Kindheit und Jugend. Hier wurde der Philosophiestudent im Dezember 1941 wegen »Vorbereitung zum Hochverrat« verhaftet und mit der »Grünen Minna« in das Zellengefängnis nach Moabit, »Station fünf, Zelle einhundertdrei«, gebracht.
Seine Freundschaft zu einem früheren Klassenkameraden, der kommunistischen Kreisen nahestand, hatte ihn in schweren Verdacht gebracht. Nach vier Monaten wurde er entlassen und zur Wehrmacht eingezogen. In seinem ersten Buch, dem autobiographischen Bericht »Das zerbrochene Haus« (1966), erinnert er sich seiner Jugendtage: *»Arnold Zweig wohnte damals in Eichkamp. Sein modisches Flachdach war undeutsch und mußte gleich nach seiner Flucht germanisch gegiebelt werden. Ludwig Marcuse wohnte drei Häuser neben uns und war auch 33 geflohen. Man merkte das alles nicht. Direkt neben uns wohnte Elisabeth Langgässer. Sie kam manchmal zu uns, Beromünster zu hören. Sie sagte immer, der Hitler habe in drei oder vier Monaten ›abgewirtschaftet‹. Das sei doch klar. Sie glaubte das zwölf Jahre lang. Und blieb bis zum Schluß.«* Das kleinbürgerliche Haus seiner Eltern mit seinem Pilztisch und der Spitzendecke, den Zuckerschnecken für fünf Pfennige und dem ersten Fahrradwimpel mit dem Hakenkreuz, noch aus dem Warenhaus Tietz, wurde im März 1945 durch Bomben zerstört. 1949 verließ Horst Krüger Berlin, um sich nie wieder »so ganz und gar froh, so richtig zu Hause, so vollkommen heimisch« zu fühlen, denn »von Berlin kommt man nicht los«. In seinen »Stadtplänen« (1967) widmet er dem »Ghetto im Licht« ein Kapitel.

Zikadenweg In seinem Hause in der Straße G 7 Nr. 59 in der Siedlung Eichkamp, heute Zikadenweg, wohnte Arnold Zweig mit seiner Familie in den letzten Jahren vor seiner Flucht vor den Nationalsozialisten im März 1933. Am Kühlen Weg 9, unmittelbar hinter seinem Haus, ließ er sich, der in »einem zu kleinen Siedlungshaus saß, mitten zwischen Speisezimmer und Veranda, seiner Familie zur Last und von ihr gestört«, ein Atelierhaus errichten, für das wegen seines Augenleidens soviel Glas wie möglich verwendet werden sollte. *»Dort sollen auch die Bücher aus ihren Verstecken und Verliesen, aus Boden und Keller, Schlafzimmer und Arbeitsraum, endlich einmal an* *den Tag gebracht werden . . . So wird es also ein Bau aus Platten, die auf einem Holzskelett aufmontiert sind. Die Platten der inneren Verkleidung dienen gleichermaßen als Baumaterial und als Tapete. Der Fußboden wird mit chinesischen Matten ausgelegt, die Wände von Büchergestellen gebildet. Die Decke wirft das Licht der balkenförmigen Beleuchtungskörper zurück. Die Südfront besteht fast ganz, die Westfront aus zwei Fünfteln aus Glastüren. Sie öffnen sich auf ein Gärtchen, das zum Teil mit rötlichen Kalkplatten ausgelegt ist . . . So steht der weiße Würfel des Ateliers am Rande der großen Stadt Berlin, zwischen kleinen Gärten und dem Wald, Spielplätzen und Kiefern. Nachts tastet der Scheinwerfer des Funkturms an seine Ostwand, tags überfliegen ihn Flugzeuge . . .*«, heißt es in Zweigs Vorwort zu einem Artikel über seine »Werkstatt« in den Monatsheften für Baukunst und Städtebau, Heft 3, 1932. Im Frühjahr 1931 konnte er das Atelier beziehen. Hier arbeitete er an »Junge Frau von 1914« (1931); der erste Band aus dem Zyklus »Der große Krieg der weißen Männer«, »Erziehung vor Verdun« (1935) und »Einsetzung eines Königs« (1937), entstanden in der Emigration. Mitte März 1933 verließ er sein Haus und Deutschland; er floh über Prag und Südfrankreich, wo er von Feuchtwanger, Heinrich Mann, René Schickele und Julius Meier-Graefe begrüßt wurde, nach Palästina und wurde dort mit seiner Frau und seinen zwei Söhnen vereint. Seine Bücher wurden verbrannt, sein Haus am Zikadenweg im Oktober 1933 von den Nationalsozialisten beschlagnahmt. 1948 kehrte er nach Deutschland zurück und fand im Ostberliner Stadtteil Niederschönhausen seine letzte Heimat.

Marienburger Allee In seinem nach eigenen Plänen errichteten Hause Nr. 43 wohnte seit 1935 der Neurologe Prof. Dr. Karl Bonhoeffer mit seiner Familie. In einem Mansardenzimmer fand sein Sohn Dietrich, dem 1936 die Venia legendi entzogen worden war, der 1940 Rede- und Publikationsverbot erhalten hatte und nach Auflösung der Predigerseminare der Bekennenden Kirche aus Berlin ausgewiesen wurde, eine geheime Unterkunft. Hier hatte er einen Teil seiner Bibliothek und seiner Manuskripte untergebracht – der größte Teil war in Finkenwalde verlorengegangen –, hier entstand die aus dem Nachlaß herausgegebene Schrift »Ethik« (1949), in der er die Mitschuld der Kirche am Ausmaß der Verbrechen des »tyrannischen Menschenverächters« aufdeckt. »Die Kirche«, so heißt es, »war stumm, wo sie hätte schreien müssen, weil das Blut der Unschuldigen zum Himmel schrie.« In seiner Mansarde traf er sich zu konspirativen

Gesprächen mit seinen Freunden. Täglich mit Verhaftung rechnend, hielt sich Dietrich Bonhoeffer, der sich am 17. Januar 1943 mit Maria von Wedemeyer verlobt hatte, im Hause seines Schwagers Rüdiger Schleicher auf, der im Hause Nr. 42 wohnte, als die Gestapo ihn fand und verhaftete. Er wurde in das Militärgefängnis Tegel gebracht, wo die Gedichtfolge »Nächtliche Stimmen« – »Langgestreckt auf meiner Pritsche / starre ich auf die graue Wand . . .« – entstand, die ein ergebener Wärter in seinem Schrebergarten vergrub und so rettete. Am 8. Oktober 1944 wurde er in das Kellergefängnis der Gestapo in der Prinz-Albrecht-Straße überführt und bald darauf zusammen mit seinem Schulkameraden und Schwager Hans von Dohnanyi von Roland Freisler, dem Präsidenten des Volksgerichtshofs, zum Tode durch den Strang verurteilt. Über Buchenwald kam er ins Konzentrationslager Flossenbürg; dort wurde er zusammen mit Oberst Hans Oster und Admiral Wilhelm Canaris in den frühen Morgenstunden des 9. April 1945 erhängt. Sein Schwager, Referent beim Justizminister, wurde in Sachsenhausen ums Leben gebracht. Sein Bruder Klaus, dessen Abschiedsbriefe an Frau, Kinder und Eltern zu den erschütternsten Dokumenten des Widerstandes gehören, und Rüdiger Schleich wurden ebenso wie Albrecht Haushofer vor dem Gefängnis Lehrter Straße, wo sie inhaftiert waren, in der Nacht zum 23. April erschossen. Bonhoeffers Schriften, Briefe und Aufzeichnungen aus der Haft bilden ein hervorragendes Dokument der heroischen Geschichte und des Kampfes der Bekennenden Kirche gegen Hitler. Am Zionskirchplatz wurde ihm eine Gedenktafel errichtet. Das Haus Marienburger Allee hat den Krieg überstanden und wird heute von der evangelischen Kirche als Studentenheim benutzt.

Frankenallee Um 1950 kam Thea von Harbou nach Berlin zurück und nahm im Hause Nr. 14 Wohnung. Sie starb am 1. Juli 1954.

Trakehner Allee Am 20. November 1934 wurde auf dem Friedhof Heerstraße Joachim Ringelnatz bestattet. Unter den Klängen von »Stürmisch die Nacht« und »La Paloma« gaben ihm neun Freunde, die er selbst ausgewählt hatte, das letzte Geleit.

Muschelkalk, die Witwe, hatte den Tod auf seinen Wunsch erst nach der Beisetzung bekanntgegeben. Asta Nielsen, die ihr verweintes Taschentuch in die Grube warf, Paul Wegener, der ihm die Totenrede hielt, Ernst Rowohlt und Renée Sintenis gehörten zu dem kleinen Gefolge. Ringelnatz' Grab bedeckt eine Platte aus Muschelkalk, die in von Renée Sintenis entworfenen Bronzebuchstaben lediglich den Namen des Dichters trägt. Auch der Kunstverleger Paul Cassirer

(†1926), Maximilian Harden, dessen sterbliche Reste im Jahre 1927 von Montana/Wallis nach Berlin überführt wurden, Arno Holz, 1929 an der Schöneberger Dorfkirche bestattet und 1933 hier im Ehrengrab beigesetzt, und Felix Hollaender (†1931) haben hier ihre letzte Ruhe gefunden. Begraben sind hier auch Theodor Däubler, 1934 in Sankt Blasien gestorben und hierher überführt, auf dessen Grabstein zwei Worte stehen, die sein Lebenswerk und sein Wesen programmatisch verkünden: »Ich bin der Glaube an die Macht der Sonne« und »Die Welt versöhnt und übertönt den Geist«, Ferdinand Bruckner (†1958), George Grosz (†1959), Gerhart Pohl (†1966) und August Scholtis (†1969).

Olympiastadion Thomas Wolfe, der 1936 die Olympischen Spiele besuchte, nennt das Stadion »das schönste und vollkommenste seiner Art«, das »in seiner Planung und Ausführung das Schöne mit dem Zweckmäßigen« verbindet. In seinem Roman »Es führt kein Weg zurück« (dt. 1942) schildert er tief beeindruckt Organisation und Ablauf der Spiele, fühlt aber auch, daß das »Unheilverkündende« darin lag, daß »diese Machtdemonstration offensichtlich über die Erfordernisse des sportlichen Ereignisses hinausging«. Erneut bekennt er seine Liebe zu Berlin »mit der endlosen Kette lieblicher Seen« um die Stadt und dem »wunderbaren Bronzegold der Kiefernstämme«.

Württembergallee Vor Beginn des Ersten Weltkriegs bezog Moritz Heimann, der Förderer junger Begabungen, im vierten Stock des Hauses Nr. 26 – »aber mit Lift«, wie er Hofmannsthal schreibt – eine Wohnung. Der schwerkranke Schriftsteller zog sich früh vom beruflichen Leben zurück und ließ sich in seinem Elternhaus im märkischen Dorf Kagel bei Strausberg nieder. Am 22. September 1925 starb er im Alter von 58 Jahren in der Berliner Charité. Im selben Hause wohnte vom Beginn der zwanziger Jahre bis zu seiner Verhaftung durch die Nationalsozialisten im Jahre 1933 der Dramatiker Hans José Rehfisch. Von 1923 an leitete der zweifach promovierte Schriftsteller mit Piscator das Central Theater, erzielte mit zeitkritischen Komödien, wie »Wer weint um Juckenack« (1924) und »Wasser für Canitoga« (1932) weltweite Bühnenerfolge; er emigrierte 1936 über Österreich, Frankreich, England nach Amerika und kehrte 1950 nach Deutschland zurück. Am 9. Juni 1960 erlag er in Schuls im Engadin, wo er zur Erholung weilte, einem Herzanfall. Auf dem Dorotheenstädtischen und Friedrich-Werderschen Friedhof wurde er begraben.

Bayernallee Um 1915 hatte Max Kretzer im Hause Nr. 43 eine Wohnung.

Im Hause Nr. 26 wohnte bis zum Verbot der Shakespeare-Übersetzungen, seiner Lebensaufgabe, im Jahre 1939 Hans Rothe. Der 1894 in Meißen geborene Schriftsteller ging 1926 als Dramaturg und Regisseur am Deutschen Theater und als Chefdramaturg der Ufa nach Berlin. 1939 floh er über Spanien in die USA, wo er Professor für Theaterwissenschaft wurde. Sein bedeutendstes Werk »Shakespeare als Provokation« (1961) und seine unkonventionellen, zeitweise sehr beliebten Fassungen der Werke des Elisabethaners haben seinen Namen weithin bekannt gemacht. Er starb Anfang 1978 in Florenz im Alter von 83 Jahren.

Oldenburgallee Im Hause Nr. 1 hatte Felix Hollaender seine letzte Wohnung. Er starb am 19. Mai 1931 und wurde auf dem Städt. Friedhof Heerstraße bestattet.

Steubenplatz Im Jahre 1927 wurde hier, an der Ecke der Reichsstraße, die »Westend-Klause«, die erste Gaststätte Neu-Westends und das Stammlokal von Joachim Ringelnatz, eröffnet. Hugo Hartung, auch Stammgast hier, berichtet, daß der Dichter oft schon am Vormittag hinter seinem geliebten Steinhäger saß, um »eins seiner Berliner Gedichte zu ersinnen, die zu den schönsten und das Wesen dieser vielschichtigen und vielgesichtigen Stadt am besten treffenden Berlin-Gedichten überhaupt gehören«. Das Lokal existiert noch und zeigt Erinnerungen an den Dichter.

Reichsstraße Um 1910 wohnte Max Kretzer im Hause Nr. 10.

Brixplatz »Nach Berlin, nach Berlin, / Nach Berlin umzuziehn, / Aus der dümmsten Stadt in der Welt – / Wie das lockt!!«, schreibt der Dichter Joachim Ringelnatz, der auf Einladung von Hans von Wolzogen, dem Sohn des Überbrettl-Wolzogens, an dessen Kabarett »Schall und Rauch« mitzuarbeiten, im Februar 1930 von München nach Berlin übersiedelte. Mit »Muschelkalk«, seiner Frau, der Bürgermeisterstochter Leonharda Pieper, die er in ihrer Pension in Eisenach kennengelernt und an seinem 37. Geburtstag geheiratet hatte, bezog er im vierten Stock des Hauses Sachsenplatz Nr. 12, heute Brixplatz Nr. 12, eine Atelierwohnung, deren Wände beleuchtete Aquarien und eigene Ölbilder schmückten. In das Telefonbuch ließ er hinter seinem Namen als Berufsbezeichnung »Kunstmaler« eintragen. Hier schloß er seine Autobiographie »Mein Leben bis zum Krieg« (1931), die Fortsetzung vom »Mariner im Krieg« (1928), ab; beide Werke veröffentlichte er unter dem Namen Gustav Hester. Hier entstanden viele Berlin-Gedichte, wie »Unter den Linden«, »An den Kanälen«, »Humorgemüt« und der Abzählvers »Bülow, Nolle, Witte, Zoo«, und hier hörte er die Nachtigall singen, die er ebenso wie den Sachsenplatz in berühmt gewordenen Versen feiert. 1933 wurden seine Bücher verbrannt, ihm wurde das Auftreten verboten. Am 17. November 1934 starb er in seiner geliebten Wohnung in Not und Armut, nachdem er mehrere Monate in einem Tuberkulose-Krankenhaus verbracht hatte. Auf dem Berliner Waldfriedhof in der Heerstraße wurde er bestattet. Das Gebäude, das an der Stelle seines im Kriege zerstörten Wohnhauses steht, trägt seit dem 22. Juli 1968 eine Gedenktafel. Kurz nach dem Ersten Weltkrieg hatte er schon einmal kurze Zeit in Berlin verbracht. Der Dichter wurde als drittes Kind des Unterhaltungsschriftstellers Georg Bötticher, der von 1901 an viele Jahre »Auerbachs Deutschen Kinderkalender« herausgab, vierzig Bücher hinterließ und dem der Sohn einen wehmutsvollen dichterischen Nachruf widmet, im sächsischen Wurzen geboren; er war Schiffsjunge, Matrose, dann Bibliothekar bei dem Vater des Balladendichters Börries, Frhr. von Münchhausen, Fremdenführer auf der Burg Lauenstein, im Ersten Weltkrieg Kommandant eines Minensuchboots und nach dem Krieg kurze Zeit Archivangestellter im Berliner Scherl-Verlag. Um 1919 ging er nach München, nannte sich Ringelnatz und wurde Hausdichter in Kathi Kobus' »Simpl« und schließlich Stargast mit eigenen Gedichten auf den Bühnen literarischer Kabaretts. Sein enger Freund Max Herrmann-Neiße huldigt ihm in dem Gedicht »Nächtliche Begegnung«. In seinen postum herausgegebenen Erinnerungen ». . . ich soll dich grüßen von Berlin« (1966) widmet der 1963 verarmt verstorbene Journalist Fred Hildenbrandt, Feuilletonchef des »Berliner Tageblattes« von 1922 bis 1932, der im Dachgeschoß des gegenüberliegenden Mietshauses wohnte, dem Sachsenplatz ein Kapitel. Links neben Ringelnatz lebte der Schauspieler und Regisseur Willi Forst, für einige Zeit der Gefährte von Marlene Dietrich. Auch Max Schmeling und seine Frau Anny Ondra, der Staatsschauspieler Veit Harlan und seine Frau Hermine Körner, der junge Frankfurter Komponist Paul Hindemith und die Schauspielerin Henny Porten und ihr jüdischer Mann, Dr. med. Wilhelm von Kaufmann, der versteckt in ihrer Wohnung vegetierte und nur in der Dunkelheit ausging, hatten ihr Heim am Sachsenplatz.

Kladow Nach Berufs- und Publikationsverbot im Jahre 1936 übersiedelte Arnolt Bronnen von der Helmstedter Straße nach Kladow, einem Ortsteil des Bezirks Spandau. Hier mietete er das »Haus Hohenföhren«. Nach Kriegsende ließ er sich in Österreich nieder, wo er seine Neigung zum Kommunismus entdeckte und Bürgermeister wurde. 1955 übersiedelte er nach Berlin. Im Ostberliner Niederschönhausen fand er ein neues Domizil; er starb am 12. Oktober 1959.

Akazienallee Im Jahre 1930 übersiedelte Julius Bab von der Potsdamer Straße zur Akazienallee Nr. 4. Er war Mitbegründer des Jüdischen Kulturbundes. Erst 1938 mußte er Berlin verlassen, ging zunächst nach Frankreich und von dort nach New York. Hier schrieb er bis zu seinem Tode am 12. Februar 1955 Film- und Theaterkritiken für den »New Yorker Herald und Staatszeitung«. Sein Lebenswerk, eine »Weltgeschichte der Schauspielkunst«, konnte er nicht mehr vollenden. Kurt Pinthus sagt in seinem Nachruf auf den Verstorbenen, daß er »sicherlich mehr Abende im Theater verlebt habe als irgendein anderer Mensch unserer Zeit«. Über sein Gesamtwerk geben seine kritischen Betrachtungen »Über den Tag hinaus« (1960) Auskunft.

Nußbaumallee Im Hause Nr. 8 hatte der am 7. Dezember 1865 als Sohn eines Schauspielers in Meiningen geborene Unterhaltungsschriftsteller Paul Oskar Höcker seine letzte Berliner Wohnung. Er gehörte zu den beliebtesten und erfolgreichsten Autoren der Zeit vor dem Ersten Weltkrieg. Ende des Zweiten Weltkriegs übersiedelte er nach Rastatt, wo er am 6. Mai 1944 im Alter von 79 Jahren starb.

Im Januar 1946 versuchte das durch Alkohol-, Drogen- und Nikotinmißbrauch schwer erkrankte Ehepaar Fallada, in den Kuranstalten Neuwestend in der Nußbaumallee Heilung zu finden. Der Schriftsteller wurde von hier in die Charité und danach in das Pankower Krankenhaus eingewiesen. Im Oktober schrieb er in knapp vier Wochen seinen letzten Roman »Jeder stirbt für sich allein«. Er verschied am 5. Februar 1947.

Kastanienallee Um 1900 wohnte Paul Oskar Höcker im Hause Nr. 4. Hier erblickte im Jahre 1901 seine Tochter, die Journalistin und Schriftstellerin Karla Höcker, die in mehr als zwanzig Romanen und Novellen das kulturelle Leben Berlins behandelt hat, das Licht der Welt. In ihrem 1977 erschienenen Buch »Ein Kind von damals« schildert sie ihre Erinnerungen an das Berlin der Kaiserzeit von 1904 bis 1914. Am 1. August 1977 wurde ihr der Titel eines Professors ehrenhalber verliehen.

Ebereschenallee Im Hause Nr. 3 des Bildhauers Wolff logierte Stefan George bei seinen Besuchen in Berlin zu Beginn unseres Jahrhunderts.

Ahornallee Im Hause Nr. 30/32 wohnten der Maler Reinhold Lepsius und seine Frau Sabine. Auch hier war Stefan George oft längere Zeit zu Gast.

Spandauer Damm Der zwischen Sophie-Charlotten- und Soorstraße gelegene Teil des Spandauer Damms hieß ehemals Spandauer Berg.

Im Hause Nr. 1 der Straße, heute Spandauer Damm/Ecke Sophie-Charlotten-Straße, bewohnte Robert Walser, der sich wieder aus der Wohn- und Lebensgemeinschaft mit seinem Bruder gelöst hatte, im Jahre 1912 ein möbliertes Zimmer. Hier litt er bittere Not, Sprotten und Brot waren oft seine einzige Nahrung.

Der am 2. Mai 1886 in Mansfeld/Westpriegnitz als zweites von sieben Kindern einer aus der Französischen Schweiz stammenden Gouvernante und eines preußischen Landpastors geborene Arzt, Dichter und Denker Gottfried Benn wurde am 10. November 1913 mit der Leitung des Pathologischen Instituts am Städtischen Krankenhaus in der Sophie-Charlotten-Straße betraut und mietete sich im Hause Nr. 15/16 ein. Nach seiner Approbation als Arzt am 14. März 1912 hatte Gottfried Benn als Pathologe und Serologe schon einmal am Westend-Krankenhaus gearbeitet. Am humanistischen Friedrichsgymnasium in Frankfurt/Oder, das auch sein späterer Freund Klabund besuchte, bestand er 1903 die Reifeprüfung und studierte auf Wunsch seines Vaters zunächst Theologie und Philologie in Marburg und dann Medizin an der Kaiser-Wilhelm-Akademie für das militärische Bildungswesen in Berlin, der 1795 gegründeten »Pépinière«. Hier hatten schon Virchow, Helmholtz und Behring ihre Studien absolviert. Benn diente als Militärarzt in Prenzlau und Spandau bis zu seiner Entlassung aus gesundheitlichen Gründen im Jahre 1912. Im gleichen Jahr erschien sein erster Gedichtband »Morgue und andere Gedichte«, der ihm literarischen Ruhm verschaffte. Zu dieser Zeit verband ihn eine kurze leidenschaftliche Liebesaffäre mit der um zehn Jahre älteren Else Lasker-Schüler. Zu Beginn des Weltkriegs, an dem er als reaktivierter Militärarzt teilnahm, heiratete er am Starnberger See die acht Jahre ältere verwitwete ehemalige Schauspielerin Edith Osterloh, die einen kleinen Sohn mit in die Ehe brachte und die Mutter seiner Tochter Nele wurde. Nach seiner Entlassung aus dem aktiven Kriegsdienst im Jahre 1917 kehrte er in die »Stadt meines

Lebens, meines Schicksals, meiner schönsten Jahre« zurück und ließ sich am Mehringdamm als Facharzt nieder.

Schwiegersteig (Siemensstadt) Im Frühjahr 1933 übersiedelte Elisabeth Langgässer mit ihrer Tochter Cordelia aus ihrer ersten Bindung von Köpenick in das Haus Nr. 9. Im Februar desselben Jahres schreibt sie: »Eins steht fest: man hat ein Kind – dann ist das ein vollkommen ausgefüllter Tag. Oder einen Beruf – dann muß man das Kind in andere Hände geben . . .« Schon um diese Zeit überfielen sie die ersten Anzeichen einer multiplen Sklerose. 1935 heiratete sie den Philosophen Wilhelm Hoffmann, dem sie vier Töchter schenkte, und nahm am Bayernring Wohnung.

Sophie-Charlotten-Straße Am 10. November 1913 übernahm Gottfried Benn die Leitung des Pathologischen Instituts am Städt. Krankenhaus in der Sophie-Charlotten-Straße. Im März des folgenden Jahres ging er als Schiffsarzt auf Reisen.

37 Jahre lang lebte und arbeitete der sächsische Berliner Heinrich Zille im vierten Stock des unversehrt gebliebenen Hauses Nr. 88. Hier wohnte er zusammen mit seiner Frau, die früh verstarb, und mit seinem Sohn und dessen Frau, und hier erlebte er am 1. Februar 1924 die Ernennung zum Professor und zum ordentlichen Mitglied der Akademie der Künste. Die Rechtspresse verlieh ihm bei der Gelegenheit den Titel eines »Berliner Abort- und Schwangerschaftszeichners« und »Rinnsteinmalers«. Am 9. August 1929 starb er hier gichtgeplagt und zuckerkrank. Mehr als 2000 Menschen begleiteten ihn auf seinem letzten Weg zum Stahnsdorfer Friedhof. Der damalige Oberbürgermeister Böß hielt die Gedenkansprache, die Berliner Philharmoniker gaben der Stunde den feierlichen Rahmen, und Claire Waldoff sang am Grabe das Lied von seinem »Milljöh«, vom Hinterhaus und den blassen und ungekämmten Kindern. 1931 enthüllte die Stadt Berlin an seinem Wohnhaus eine Tafel zum Gedenken an den Porträtisten des proletarischen Berlins, dem die Nachwelt außerdem mehr als 400 dokumentarische Fotografien der Stadt verdankt. Die Tafel wurde zwei Jahre später von den Nationalsozialisten entfernt und landete auf einem Schrottplatz. Ein Arbeiter verbarg sie, so daß sie restauriert zum 20. Todestag des Malers und Graphikers am Eingang des »Zille-Ecks« wieder angebracht werden konnte. Ernst Rowohlt, der bis Ende 1913 als Prokurist im S.-Fischer-Verlag in der Großbeerenstraße und danach als Geschäftsführer des Hyperion-Verlags arbeitete, wohnte zu dieser Zeit in einer Dreizimmerwohnung des Hauses Nr. 59–60. Er hatte Ende 1912,

nach seiner Scheidung von der Schauspielerin Emmy Reye, die er zu Anfang des Jahres geheiratet hatte, seinen Verlag in Leipzig aufgegeben und war nach Berlin gegangen. Sein Freund, der Wiener Stefan Großmann, Begründer des »Tagebuchs«, erinnerte sich: »*Er wohnte damals am Lietzensee und verlobte sich meistens. In seiner Wohnung, die parterre gelegen und also durchs Fenster zu betreten war, standen mehrere Ottomanen. In der Erinnerung ist's mir, als hätten in der Wohnung nur Ottomanen gestanden. Manchmal hat er sich auf jeder Ottomane an einem Abend ein- oder zweimal verlobt.*« Bei Kriegsausbruch gab er die Wohnung auf, veräußerte seine wertvolle Bibliothek und seine Möbel und stellte sich als Kriegsfreiwilliger. Nach Kriegsende kam er als Fliegerleutnant nach Berlin zurück und gründete den zweiten Rowohlt-Verlag an der Potsdamer Brücke.

Christstraße Im Hause Nr. 26 der Christstraße, die mit ihren vorbildlich restaurierten Hausfassaden ein Musterbeispiel der Stadtsanierung in Charlottenburg darstellt, wohnte um 1900 der elsässische Schriftsteller Friedrich Lienhard. 1900 erschien seine Schrift »Die Vorherrschaft Berlins«, mit der er mit dem Kampfruf »Los von Berlin« gegen die dekadente und sterile Vorherrschaft der Reichshauptstadt zu Felde zieht. 1910 folgte sein bekanntester Roman »Oberlin«. Er starb im Alter von 64 Jahren am 30. April 1929 in Weimar.

Schloßstraße Im Jahre 1900 wohnte Christian Morgenstern im Hause Nr. 68. Nach kurzer Zeit zwang ihn jedoch sein Leiden, die Unterkunft aufzugeben und sich in eine Heilstätte in Schlachtensee zu begeben. Im Herbst ging er in den Süden, um hier endgültige Genesung zu finden.

Schloß Charlottenburg Im Schloß Charlottenburg, als Lustschloß für Kurfürstin Sophie Charlotte am 11. Juli 1699 eingeweiht, stand dem Philosophen Gottfried Wilhelm Leibniz stets eine Zimmerflucht zur Verfügung. In der Klosterstraße hatte er eine Stadtwohnung. Die hochgebildete Schloßherrin, die philosophische Diskussionen über alles schätzte, hatte den Gelehrten vom Hofe ihres Vaters in Hannover in die Hauptstadt berufen. Das bekannteste Werk des Philosophen, die »Theodizee« (1710), geht auf Gespräche zurück, die die Fürstin bei abendlichen Spaziergängen durch den weiten Schloßpark mit ihm führte. Als der Kurfürst sich am 18. Januar 1701 als Friedrich Wilhelm I. die Königskrone aufsetzte, schrieb sie ihrem Lehrer: »*Glauben Sie nicht, daß ich all' den Glanz und diese Krone, von der* *man so viel Aufhebens macht, dem Vergnügen vorziehe, das mir unsere philosophischen Unterhaltungen in Lietzenburg gewährten.«* Mit ihrer Unterstützung konnte Leibniz den Kurfürsten zur Gründung einer Akademie der Wissenschaften nach dem Muster der Pariser Akademie bewegen; sie wurde am 19. Juni 1700 eröffnet und mit seiner Ernennung zum ersten Präsidenten gekrönt. Die Finanzierung wollte Leibniz durch eine Lotterie sichern, während der König die notwendigen Mittel durch eine Seidenwürmerzucht herbeizuschaffen beabsichtigte. Beiden Plänen war kein Erfolg beschieden. Leibniz, am 1. Juli 1646 als Sohn eines Universitätsprofessors in Leipzig geboren, stammte aus einer polnischen Familie namens Lubniecki. Sein Urgroßvater war als Andersgläubiger aus Polen nach Deutschland emigriert. Nach dem Tode des Königs am 2. Mai 1713 verließ Leibniz Berlin und ging nach Wien. Der Junggeselle, der während der Nacht studierte und am Tage in seinem Arbeitsstuhl schlief, starb am 14. November 1716 in Hannover. Die Erinnerung an die hochintelligente und gebildete Fürstin lebt im Namen des Stadtteils, des Schlosses und einer Straße weiter. In einem Brief vom 11. Juli 1700 an die Mutter der Kurfürstin mit der Beschreibung eines Maskenfestes, das anläßlich des Geburtstags des Kurfürsten im Schloß stattfand, hinterläßt Leibniz eine höchst beachtenswerte Darstellung eines höfischen Festes der Zeit.

Friedrich der Große verlebte nach dem Friedensschluß im Jahre 1763 einige Tage mit dem Philosophen d'Alembert im Schloß.

Bevor Chateaubriand Berlin verließ, wo er seit dem 11. Januar 1821 als Gesandter Dienst tat, stattete er dem Schloß Charlottenburg einen Besuch ab, der »Villa am Rande eines Dorfes . . . von einem nicht sehr ausgedehnten englischen Park umgeben, von dem man draußen das Brachland liegen sieht«. Das Grabmal der Königin Luise im Park inspirierte ihn zu einem Gedicht, das er der Herzogin von Cumberland widmete.

Alexander von Humboldt wurde nach 1848 von Friedrich Wilhelm IV. häufig zu Vorträgen ins Schloß eingeladen.

Von Fontane weiß man aus dem Kapitel »Havelland« seiner »Wanderungen«, daß Friedrich Wilhelm II. in seinen ersten Regierungsjahren im Belvedere im Schloßpark die Geister Marc Aurels, des Großen Kurfürsten und des Philosophen Leibniz sehen wollte. Tatsächlich erschienen sie und »er vernahm . . . strenge Worte, drohende Strafreden und die Ermahnung, auf den Pfad der Tugend zurückzukehren«.

Fontane erzählt, daß der König noch in derselben Nacht nach Potsdam zurückfuhr. Jettchen Gebert in Georg Hermanns gleichnamigem Roman (1906) geht mit ihrem Dr. Kößling im Schloßpark, den in unseren Tagen Marianne Eichholz besingt, »unter silbrigen Platanen« spazieren: ». . . *Und bald tauchte links über den Wipfeln das Wahrzeichen, die flatternde goldene Puppe auf, die da oben auf ihrer durchbrochenen Kuppelspitze lustig tänzelte . . . und kaum ein paar Schritte weiter, da lag schon der Bau in seiner vollen Ausdehnung vor ihnen mit seinen langgestreckten niederen Flügeln und mit seiner hohen Kuppel. Unten blickte er zwischen schwarzen Stämmen mit hohen, weißen Fensterrahmen aus dem goldigen Gelb der Mauer, und oben hüllte er seine Hauben der Dächer in die noch hellgrünen Laubmassen, deren höchste Wipfel jetzt tief und rot bestrahlt waren . . .*«

Luisenplatz Von 1897 bis 1908 wohnte der Direktor des Lessingtheaters, Otto Brahm, im Hause Nr. 2. Hier traf Gerhart Hauptmann am 13. September 1905 die 17jährige Schauspielerin Ida Orloff, die Urdarstellerin seiner »Pippa«, seiner »Heiligen und Herrin«, der er in kurzer, ungestümer Leidenschaft verbunden war. Brahm übersiedelte von hier an das Kronprinzenufer.

In der Pension Haßfort im Hause Nr. 3 hatte Georg Kaiser in den zwanziger Jahren neben seinem Haus in Grünheide eine Stadtwohnung. Hier entstand eine Art literarisches Begegnungszentrum, wo Brecht, Weill und Lotte Lenya, Carl Einstein, Rudolf Leonhard, Wolfenstein, Csokor und andere ein und aus gingen,· die ebenso auch Gäste Kaisers in Grünheide waren. Mit dem Absender »bei Georg Kaiser« schrieb der am 29. März 1891 in St. Dié in Lothringen geborene surrealistische Dichter Yvan Goll – ». . . hat keine Heimat: durch Schicksal Jude, durch Zufall in Frankreich geboren, durch ein Stempelpapier als Deutscher bezeichnet . . .«, so beschreibt er seine Herkunft in Pinthus' »Menschheitsdämmerung« – an seine aus Nürnberg stammende Frau Claire, die sich als Dichterin und Übersetzerin und als intime Freundin prominenter Schriftsteller und Künstler einen Namen gemacht hat, am 15. Oktober 1924 nach Paris: ». . . *Ich gehe wie ein Verlorener durch Berlin . . . ich esse nichts, ich verfluche die goldenen Parks gegenüber meinem Fenster, in die ich Dich nicht hineinsetzen kann . . .*« Er war zur Uraufführung seines absurden Dramas »Methusalem oder der ewige Bürger«, dessen Buch George Grosz mit Zeichnungen und Georg Kaiser mit einem Vorwort versehen hatte, nach Berlin gekommen. In den Jahren des Weltkriegs hatte er schon einmal in Berlin gelebt, 1919 ließ er sich

mit seiner Frau in Paris nieder, 1931 erschienen seine »Berliner Gedichte«. Im Jahre 1950 starb der Vorkämpfer des Surrealismus, der deutsch, französisch und englisch schrieb, in äußerster Armut an Leukämie in Neuilly/Paris. Seine Frau, die ihn überlebte, hat sich mit ihrer literarischen Chronique scandaleuse »Ich verzeihe keinem« im Jahre 1977 in Erinnerung gebracht.
Um die Mitte der zwanziger Jahre wohnte der expressionistische Dichter Rudolf Leonhard hier. Vom Kriegsfreiwilligen wurde er zum Pazifisten; seine Antikriegsgedichte »Über den Schlachten« (1914) wurden sofort nach Erscheinen verboten. Er gehörte zum engeren Kreis der »Weltbühne« und war Lektor des Verlags »Die Schmiede«. Mit Hasenclever eng befreundet, folgte er ihm 1927 nach Frankreich, wurde 1939 interniert, konnte vor der Auslieferung an die Gestapo fliehen und lebte bis Kriegsende illegal in Marseille. 1950 kehrte er nach Deutschland zurück. Er starb am 19. Dezember 1953 im Alter von 64 Jahren in Ost-Berlin.

Eosanderstraße Frank Thieß, der von 1921 bis 1923 als Theaterkritiker in Hannover gelebt hatte, kehrte nach Berlin zurück und wohnte als freier Schriftsteller einige Jahre in einer »ofengeheizten Fünfzimmerwohnung« im Hause Nr. 5. Im Sommer lebte er auf seiner Besitzung am Steinhuder Meer.

Kaiser-Friedrich-Straße Im ersten Stock des Hauses Nr. 16 wohnte Clara Viebig nach ihrer Eheschließung mit dem Verlagsbuchhändler Fritz Th. Cohn im Jahre 1896. 1897 erschien ihr erster Roman »Kinder der Eifel«, der ihren Namen bekannt machte.

Zillestraße Die ehemalige Wallstraße bildet die Kulisse zu Jan Petersens erstem Roman, der Reportage »Unsere Straße« (1936). Das Manuskript des Buches, in Berlin geschrieben, konnte, in Kuchen eingebacken, über die Grenzen Hitlerdeutschlands nach Prag geschmuggelt werden. Aus unmittelbarem Erleben schildert der am 2. Juli 1906 als Hans Schwalm in Charlottenburg geborene Maurerssohn und Arbeiter-Schriftsteller die Chronik der Straße, der Hochburg Charlottenburger kommunistischer Arbeiter, und ihres Widerstands gegen das terroristische Naziregime in den beiden ersten Jahren nach der »Machtübernahme«. Während dieser Zeit trug die Straße den Namen des SA-Mannes Maikowski, der bei Straßenkämpfen ums Leben gekommen war. Petersen hat sich, auf illegalen Wegen aus Berlin kommend, als Mann mit der maskenartigen schwarzen Brille und Sprecher der in Deutschland verbliebenen Schriftsteller des Widerstands auf dem Weltschriftstellerkongreß

»Zur Verteidigung der Kultur« in Paris im Juni 1935 einen Namen gemacht. In »Tagträumen in Berlin und andernorts« widmet Günter Kunert dem am 11. November 1969 in Grünau verstorbenen Schriftsteller unter dem Titel »Grablegung in Müggelheim« einen Nachruf. Die Wall- und spätere Maikowskistraße trägt heute den Namen des Altmeisters Zille.

Kaiser-Friedrich-Straße Nach unruhigen Wanderjahren kam der Schweizer Schriftsteller Robert Walser im Frühjahr 1905 nach Berlin, wo ihn sein Bruder, der angesehene Dekorationsmaler und Graphiker Karl Walser, in seiner Wohnung im Hause Nr. 70 aufnahm: »*Ich werde diese schlichte Dreizimmerwohnung nie vergessen. Es war mir immer, als sei ein Himmel in dieser Wohnung mit Sternen, Mond und Wolken. Wunderbare Romantik, süßes Ahnen! Der Bruder bis in alle Nacht im Theater, wo er die Dekorationen machte. Um drei und vier Uhr des Morgens kam er heim, und dann saß ich noch da, bezaubert von all den Gedanken, von all den schönen Bildern, die mir durch den Kopf gingen . . .*«, erinnert sich der unstete Autor, der vorher schon zweimal für kurze Zeit in der Reichshauptstadt gewesen war, in seinem Roman »Geschwister Tanner« (1906). Hier glaubte er als Schriftsteller Anerkennung zu finden. Robert Walser kam am 15. April 1878 in Biel im Schweizer Kanton Bern als zweitletztes von acht Kindern zur Welt. Er arbeitete als Versicherungs- und Bankangestellter und wechselte ständig seine Arbeitgeber. Als 20jähriger trat er zuerst mit einer Gedichtsammlung hervor. Sein Bruder, Illustrator der Werke von Kleist, E. T. A. Hoffmann, Morgenstern, Hesse, Hugo von Hofmannsthal und anderen, hatte die Häuser von Rathenau, Samuel Fischer und dem Kunsthändler Paul Cassirer mit Wandmalereien ausgestattet und galt als der bedeutendste Theatermaler der Zeit. Seine berühmt gewordenen Bühnenbilder für »Hoffmanns Erzählungen« nannte Kerr einen »Walsertraum«. Unter dem Dach seines Bruders schrieb Robert Walser an seinem »dunkelfarbigen Schreibtisch . . . beim singenden Gaslicht« neben den »Geschwistern Tanner« (1906) den autobiographischen »Gehülfen« (1907) und »Jakob von Gunten« (1909), Romane, die Bruno Cassirer, der Vetter des Kunsthändlers, verlegte. Seine Ruhelosigkeit trieb ihn auf eine Dienerschule und in eine dreimonatige Tätigkeit als »silberner Löffelputzer« auf ein oberschlesisches Gut. Zu Neujahr 1906 kehrte er in die Kaiser-Friedrich-Straße zurück. Zwei Jahre später gab er seiner Neigung nach Unabhängigkeit wieder einmal nach und bezog eine eigene Wohnung am Spandauer Damm.

Goethepark Der am 29. Januar 1886 in Görlitz geborene promovierte Jurist und Erzähler Karl Friedrich Borée wohnte während des Zweiten Weltkriegs am Goethepark 26. Nach Kriegsende zog er in die Welfenallee in Frohnau.

Richard-Wagner-Straße Im Dezember 1931 bezog der Schriftsteller Frank Thieß eine Wohnung gegenüber dem Deutschen Opernhaus im Hause Nr. 28 in dem Teil der Sesenheimer Straße, der heute Richard-Wagner-Straße heißt. »Als ich . . . mein großes Arbeitszimmer sah, dessen Wände mit Büchern bedeckt waren, empfand ich ein schmerzliches Glück. Ich wußte, daß ich hier nicht lange wohnen würde«, schreibt er in seinen Erinnerungen. Tatsächlich verließ er im April 1933 Berlin, »diese unvergleichliche Luft, das beste Klima der Welt«, und ging über Wien, wo er 1941 eine zweite Ehe schloß, Rom, wieder Wien nach Bremen in die »innere Emigration«, deren Wortführer er war. In seinen Büchern »Tsushima« (1935), dem Roman der Seeschlacht zwischen den Japanern und Russen am 28. Mai 1905, und »Das Reich der Dämonen« (1940), die nach dem Erscheinen verboten wurden, verbirgt sich eine mutige Kritik am Nationalsozialismus, die zur Verfemung des Autors führte. Der am 13. März 1890 in Eluisenstein bei Uexküll im damaligen Livland geborene Erzähler starb am 22. Dezember 1977 in Darmstadt.

Bismarckstraße Um 1933 zog Bernhard Kellermann von Werder in das Haus 72. 1939 heiratete er Else Michaelis, die Tochter eines Wäschezuschneiders. Nachdem die Nationalsozialisten am 15. Februar 1939 den Austritt von Käthe Kollwitz und Heinrich Mann aus der Akademiesektion für Dichtung erzwungen hatten, erklärte sich Kellermann mit den Protesten Döblins und Ricarda Huchs gegen den Hinauswurf solidarisch und gab sein Mandat ebenfalls zurück. Nach der Nazizeit, in der er zum Schweigen verurteilt war, zog er sich in sein Haus am Scheunhornweg 37 in Werder zurück. Nach dem Krieg gründete er mit seinen Freunden den Kulturbund zur demokratischen Erneuerung Deutschlands und wurde sein Vizepräsident. 1949 erhielt er den Titel Professor. Mit seinem ersten Nachkriegsroman »Totentanz« (1948), der Geschichte vom scheinbaren Aufstieg und vollständigen Untergang einer deutschen Kleinstadt zwischen 1933 und 1943, konnte er seinen literarischen Vorkriegsruhm erneuern. Am 17. Oktober 1951 starb der Schriftsteller, von den ostzonalen Machthabern gefeiert, in seinem Haus in der Seestraße 12 in Klein-Glienicke bei Potsdam.

Von der Mitte der zwanziger Jahre bis zum Kriege wohnte der Dichter und Jünger Stefan Georges, Ernst Bertram, Professor für deutsche Literatur, im Hause Nr. 38. 1918 war sein berühmter Essay über Nietzsche erschienen. Thomas Mann stand seit 1910 mit ihm in Briefwechsel und persönlicher Beziehung. 1933 endete die Freundschaft, als Bertram sich zum Nationalsozialismus bekannte und seiner Überzeugung mit Feststellungen, wie Schiller sei ein »dorisch-germanisch-friderizianischer Mensch«, Ausdruck verlieh. Von den Machthabern war Bertram mehrfach dazu ausersehen worden, Thomas Mann zur Rückkehr aus der Emigration zu bewegen. Nach dem Kriege ging der Professor seines Amtes verlustig. Er starb am 2. Mai 1957 in Köln.

Nach Rückkehr aus der Schweiz bis zu seiner Emigration im Jahre 1933 wohnte Leonhard Frank mit seiner Frau Lisa im Hause Nr. 12. 1920 erhielt er für seine gegen den Krieg gerichteten Erzählungen, die unter dem Titel »Der Mensch ist gut« veröffentlicht wurden, den Kleist-Preis. Mit seinem Welterfolg, der Liebeserzählung »Karl und Anna« (1927) und ihrer Dramatisierung (1929) sowie mit dem Roman »Das Ochsenfurter Männerquartett« (1927) errang sich der Würzburger Handwerkersohn die Mitgliedschaft der Preußischen Akademie der Künste. Er zählte zu den bestangezogenen und elegantesten Männern Berlins. Nach dem Autodafé und Verbot seiner Bücher und nach seiner Ausbürgerung emigrierte er über die Schweiz nach Frankreich. Hier lernte er mehrere Internierungslager und ihre Aufseher, »die sadistisch je nach Laune Schicksal spielten«, kennen. Im Oktober 1940 gelangte er über Lissabon nach New York, wo er an unsäglichem Heimweh nach Deutschland litt. 1950 kehrte er für einige Jahre nach Berlin zurück, ohne neue Erfolge erringen zu können. Am 18. August 1961 starb er in München.

Alt-Lietzow Im Jahre 1924 bezog der Lyriker, Dramatiker und Anarchist Erich Mühsam nach seiner vorzeitigen Entlassung aus der Festungshaft in Niederschönenfeld mit seiner Frau Zenzl das Reihenhaus Am Lützow Nr. 10. Heute heißt die alte Dorfaue Alt-Lietzow. Herbert Wehner wohnte im Jahre 1926 bei dem Ehepaar. Von hier übersiedelten Mühsam und seine Frau in die Britzer Dörchläuchtingstraße. Im Jahre 1968 erschien ein Nachdruck seiner Bänkellieder und Gedichte unter dem Titel »War einmal ein Revoluzzer«, der ersten Zeile eines seiner frühen Verse.

Marchstraße In seiner Villa Marchstraße Nr. 6 wohnte knapp drei Jahrzehnte der Historiker, Gegner Bismarcks und erste deutsche Nobelpreisträger für Literatur (1902) Theodor Mommsen. Das im

Jahre 1873 von ihm erstandene Landhaus war ein Teil eines Baukomplexes von sechs zusammenhängenden dreistöckigen Villen, die hinter einem Wohnhaus an der Straße in den Gärten lagen. Hier vollendete er sein Hauptwerk, die vielbändige »Römische Geschichte«, hier entstanden die drei Bände seines »Römischen Staatsrechts«, und hier arbeitete er an der Sammlung und Herausgabe der »Lateinischen Inschriften«. Am 11. Juli 1880 brach im obersten Stockwerk des Hauses, in dem sich die Bibliothek und das Arbeitszimmer Mommsens befanden, vermutlich infolge einer Gasexplosion ein Brand aus, der die kostbaren Bücher, darunter einmalige Leihgaben aus fremden Bibliotheken und aus dem Archiv des Vatikans sowie unersetzliche Manuskripte des Gelehrten – der vierte Band seiner »Römischen Geschichte« konnte nie erscheinen – vernichtete. Bei dem Versuch zu retten, was noch zu retten war, erlitt der Gelehrte schwere Brandwunden. Daß bei einem Frühstück nach dem Brand eines seiner 16 Kinder, deren Schlafzimmer eingeäschert wurden und die später in das wiederhergestellte Haus zurückgekehrt waren, vermißt wurde, weil drei Brötchen übrigblieben, gehört wohl in das Reich der Legenden, die über den zerstreuten Professor erzählt wurden. So soll auch der Schaffner der Pferdebahn, mit der der Gelehrte täglich vom Knie bis zum Brandenburger Tor fuhr und sich auf seinem gewohnten Platz sofort in die Lektüre versenkte, die Geldbörse aus seiner Tasche gezogen, das Fahrgeld entnommen und sie in die Tasche zurückgesteckt haben. Der am 30. November 1817 in einem Pfarrhaus im schleswig-holsteinischen Garding geborene Historiker trug Mäntel, die sein Schneider mit tiefen Taschen versehen mußte, in denen er stets eine Reihe von Büchern mit sich herumschleppte und forderte, daß ein rechter Gelehrter seinen Schlaf auf vier Stunden beschränke. Mommsen starb am 1. November 1903. Auf dem Friedhof der Dreifaltigkeitsgemeinde in der Bergmannstraße wurde er nach einer Trauerfeier in der Kaiser-Wilhelm-Gedächtniskirche, an der u.a. Sudermann, Fulda, Wildenbruch und Adolph Menzel teilnahmen, bestattet. 1850 hatte er seine Professur in Leipzig »wegen hochverräterischer Umtriebe« verloren und war über Zürich und Breslau im Jahre 1858 nach Berlin gekommen. Bitter enttäuscht über die Unmöglichkeit, an der Gestaltung der politischen Entwicklung des Kaiserreichs mitzuwirken, schreibt der Liberale 1885: ». . . *ich will von dieser Nation ohne Rückgrat persönlich so bald wie möglich vergessen sein und betrachte es nicht als Ehre, in ihrem Gedächtnis zu bleiben.*« Er hinterläßt mehr als 1500 Veröffentlichungen. Sein

Wohnhaus trug von 1927 bis zu seiner Zerstörung eine Gedenktafel. Eine Straße ist nach dem Ehrenbürger Charlottenburgs benannt.

Carmerstraße Walter Benjamin wohnte mit seinen Eltern im ersten Jahrzehnt unseres Jahrhunderts im Hause Nr. 3. Noch zwanzig Jahre später überfiel ihn beim Überqueren des Savignyplatzes die Angst, die er als Schüler des Kaiser-Friedrich-Gymnasiums vor dem Zuspätkommen und der Schule empfand, die »durch ihre Architektur und Lage zu den trostlosesten« gehört. Sie entsprach, so meint er, durchaus ihrem »Wahrzeichen, einem Gipsstandbild Kaiser Friedrichs, das in einer abgelegenen Ecke des Hofes klein und kümmerlich vor einer Brandmauer abgestellt war«. Jeden Morgen hatte er keinen anderen Wunsch, als ausschlafen zu können, erzählt er in der »Berliner Chronik«. Von der Carmerstraße übersiedelte die Familie in die Nettelbeck- und danach in die Delbrückstraße.

Im Herbst 1920 kam Carl Zuckmayer zum erstenmal nach Berlin und logierte in der Wohnung seines älteren Freundes Dr. Ludwig Berger im ersten Stock des Hauses Nr. 16. Seine erste Frau, eine Jugendliebe, die er im Januar desselben Jahres geheiratet hatte, blieb zunächst in Heidelberg, um ihren Studentenhaushalt aufzulösen. »*Mir gefiel alles . . . alles, der Lärm auf den Straßen, das Gedränge an den Haltestellen, der Anblick der in ihren Ledermänteln übern Volant gelümmelten Taxichauffeure, wie sie an ihrer Thermosflasche nippten und die Tagesereignisse mit ihrem trockenen Witz glossierten – es war die Großstadt, und sie wirkte sensationell und erfrischend . . .*«, schreibt er in »Als wär's ein Stück von mir«.

Berger inszenierte »Kreuzweg«, das erste Drama des Schriftstellers, das Leopold Jessner für das Staatstheater angenommen hatte. Bei der Premiere wandte sich eine Dame an die Mutter Zuckmayers, die zur Feier des Tages nach Berlin gekommen war, und meinte: »Das muß ein armer Irrer geschrieben haben.« Seine Begegnung mit Annemarie Seidel führte noch im selben Jahr zur Trennung von seiner Frau.

Fraunhoferstraße Der am 13. Mai 1903 in Baden-Baden als Sohn eines Hotelbesitzers geborene Dichter und Gelehrte Reinhold Schneider ließ sich im Jahre 1933 nach kaufmännischer Ausbildung und Auslandsreisen als freier Schriftsteller in Potsdam nieder. Hier verbrachte er seine »preußischen Jahre«, und hier entstanden »Das Inselreich« (1936) und »Las Casas vor Karl V.« (1938). Beide Bücher wurden von den Nationalsozialisten verboten. Im Oktober 1937 übersiedelte er nach Freiburg i. B., kam aber oft nach Berlin: »Möglichkeiten wie in Berlin habe ich sonst nirgends; nur hier kann ich in die verschiedensten Bezirke einen Blick werfen«, schreibt er. So wohnte er im Herbst 1939 kurze Zeit bei einem Freund in der Fraunhoferstraße Nr. 27. 1940 erhielt der katholische Widerstandskämpfer, der mit Jochen Klepper befreundet war, Schreibverbot, seine unter der Hand verbreiteten »Sonette« (1939), die vielen Verzweifelten in den Jahren des Krieges eine tröstliche Hilfe waren, trugen ihm eine Anzeige wegen »Vorbereitung zum Hochverrat« ein. Nach dem Kriege bekennt er bei einem Besuch in Berlin: ». . . es hat sich erwiesen, daß es entweder keine Hauptstadt gibt – oder diese!«

Abbestraße Um 1910 wohnte Ernst Barlach eine Zeitlang im Hause Nr. 15. Bei einer Ausstellung seiner Werke bei Cassirer im Jahre 1917 würdigte ihn Däubler mit den Worten: »Der ganze Künstler Barlach braucht immer zwei Möglichkeiten, um sich zu äußern, Plastiken und sein dichterisches Werk.«

Otto-Suhr-Allee Der Lyriker und Sozialreformer John Henry Makkay, in seinen letzten Lebensjahren ziemlich in Vergessenheit geraten, wohnte im ersten Jahrzehnt des Jahrhunderts im Hause 144 und von 1909 bis zu seinem Tode am 21. Mai 1933 im Hause 166 der Berliner Straße, die heute Otto-Suhr-Allee heißt.

Hardenbergstraße Nach dem Welterfolg seiner »Dreigroschenoper« übersiedelte Bert Brecht von seinem Atelier in der Spichernstraße im November 1928 in eine größere Wohnung im Hause Nr. 1a am Knie. Am 10. April des folgenden Jahres heiratete er Helene Weigel. Der Schriftsteller und Maler Heinrich Goertz besuchte ihn hier und beschreibt die Wohnung: ». . . *Zwei Bände der großen knallroten Leninausgabe, sonst wenig Bücher. Unter dem Fenster ein riesig langer Tisch, bedeckt mit Zettelchen und Manuskripten. An der Wand ein Tafelklavier, Telefonapparat auf dem Fußboden* . . .« Hier arbeitete er zusammen mit Günter Weisenborn und dem Komponisten Hanns Eisler sowie mit seiner Sekretärin Elisabeth Hauptmann an der Dramatisierung des Gorki-Romans »Die Mutter«. »Es war jene Zeit, in der Brecht aus vielen Diskussionen seine Theorie des ›epischen Theaters‹ zu entwickeln begann«, schreibt Weisenborn. Am 28. Februar 1933, einen Tag nach dem Reichstagsbrand, verließ er mit seiner Familie fluchtartig Berlin und ging über Prag, Wien, Zürich, Paris nach Svendborg in Dänemark, wo er mit Hilfe von Karin Michaelis »unterm dänischen Strohdach« zunächst Sicherheit fand. Walter Benjamin, der ihm bei der Nachsendung seiner Bücher und Manuskripte helfen konnte, besuchte ihn hier. Bei Kriegsausbruch floh er über Schweden nach Finnland und von dort in die Vereinigten

Staaten. Am 10. Mai 1933 wurden seine Bücher auf dem Opernplatz verbrannt, am 8. Juni 1935 verlor er die deutsche Staatsbürgerschaft. Das 1906 erbaute Theatergebäude in der Hardenbergstraße 6 richtete Theodor Tagger im Jahre 1923 als »Renaissance-Theater« ein. Mit seinen unter dem Pseudonym Ferdinand Bruckner geschriebenen Dramen »Krankheit der Jugend« (1929) und »Die Verbrecher« (1929) schloß er den dramatischen Expressionismus ab und leitete die »neue Sachlichkeit« der Weimarer Zeit ein.

Im ersten Jahrzehnt des Jahrhunderts wohnte Marie Luise von Holzing-Berstett, die 1925 durch Heirat Freifrau von Kaschnitz-Weinberg wurde und als die Schriftstellerin Marie Luise Kaschnitz in die Literaturgeschichte eingegangen ist, mit ihrer Mutter und ihren Geschwistern zwischen Steinplatz und Knie, dem heutigen Ernst-Reuter-Platz. Dieser Teil der Hardenbergstraße war von der Hochschule für Musik an auf dieser Seite noch nicht bebaut. »*Freies Feld ist da hinter einer Mauer, hinter einem Törchen, zu dem sich meine Mutter einen Schlüssel verschafft hat. Auf dem Weg ist Gemüse angebaut, hauptsächlich Kürbisse, zahllose, mit riesigen Kugelköpfen und haarigen Schlangenschößlingen, und vom Zoologischen Garten her hört man die Raubtiere brüllen. Die Mutter liegt in einem Liegestuhl, während die Kinder spielen, wozu sie eigentlich schon zu groß sind, auf jeden Fall sind sie in der von den Erwachsenen so gepriesenen frischen Luft. Die Wohnung gegenüber ist geräumig, aber sonnenlos, weswegen die Mutter sie schon bald wieder aufgibt, welche Mühe, ein neuer Umzug von zehn Zimmern, nein, gar keine Mühe, nur sagen: dies hierhin, das dorthin, eine Köchin, ein Kindermädchen, ein Zimmermädchen, ein Offiziersbursche standen zur Verfügung, nicht mehr vorstellbar schon nach einem Jahrzehnt. . . . Manchmal geht sie mit uns in der nahegelegenen Tauentzienstraße etwas zum Anziehen kaufen, Kleider und Mäntel aus häßlichen, kratzigen Stoffen und in trüben Farben, Praktisches, das lange hält und lange vererbt werden kann, von Kind zu Kind. . . . weshalb die Einkaufsgänge auch langweilig sind und schätzenswert nur um des Augenblicks willen, in dem man unter dem Bahnhof Zoo auf die Gedächtniskirche zugeht und in dem die Züge über unseren Köpfen donnernd rollen . . .*«, schreibt sie in ihren autobiographischen Prosastücken »Orte« (1973), die sie nach mehr als vierzigjähriger literarischer Tätigkeit ein Jahr vor ihrem Tode veröffentlichte. Ihr umfangreiches Gesamtwerk wurde durch zahlreiche Würdigungen und Auszeichnungen geehrt.

Uhlandstraße Nach seiner Entlassung aus der Festungshaft am 15.

Juli 1924 ging Ernst Toller zunächst nach Landsberg zu seiner Mutter und dann nach Berlin, wo er zunächst von seinem Freund Ernst Niekisch und danach von der Frau des Warenhausbesitzers Tietz aufgenommen wurde. Im Hause Nr. 197 an der Ecke zum Steinplatz, heute ein Seniorenheim, fand er eine eigene Wohnung. Das Haus ist einer der wenigen erhalten gebliebenen Jugendstilbauten. Der am 1. Dezember 1893 in Samotschin bei Bromberg als Sohn eines wohlhabenden jüdischen Kaufmanns geborene Schriftsteller meldete sich als Student freiwillig zum Kriegseinsatz. Schwer verwundet und zum Pazifisten geworden, kam er 1916 nach München zurück, wo er sein Studium fortsetzte. Seine Beteiligung an einem Streik brachte ihn ins Gefängnis. 1919 wurde er erster Vorsitzender des Zentralrats der Bayerischen Räterepublik; nach deren Zusammenbruch verurteilten ihn ein Standgericht wegen Hochverrats zu fünf Jahren Haft, die er auf der Festung Niederschönenfeld absaß. 1924 erschien sein »Schwalbenbuch«, lyrische Gedichte um die Schwalben, die in seiner Zelle nisteten und von der Gefängnisverwaltung immer wieder getötet wurden. Im Februar 1914 gab Robert Musil seine Bibliothekarstelle in Wien auf und ging mit seiner Frau nach Berlin zurück. In der Pension Steinplatz, die sich damals in diesem Hause befand, logierte er, bevor er im März eine eigene Wohnung in der Mommsenstraße bezog.

Im dritten Stock des Hauses Nr. 194 wohnte der Staatsanwalt Franz Böhm mit seiner Frau Marietta, der Tochter Ricarda Huchs. Hier fand die Schriftstellerin, die im Herbst 1927 von München nach Berlin übersiedelte, freundliche Aufnahme, und hier vollendete sie ihre »Lebensbilder deutscher Städte – Im alten Reich« (1927–1929). An den Kunsthistoriker Ulrich Christoffel schreibt sie am 15. 1. 1928: »*In unserer Wohnung bin ich ganz eingelebt und in unserem Quartier auch, sogar an die Straßenübergänge habe ich mich gewöhnt. Zuerst, wenn ich ausging, dachte ich immer, wer weiß, ob Du heil oder lebendig wiederkommst, es ist ja auch egal, einmal muß es doch sein; jetzt habe ich mir die Methode, seelenruhig zwischen Autos, Trams und anderen Vehikeln durchzuschleichen, leidlich angeeignet. Recht nett ist es, daß wir in die Stadt fahren, wie wenn man vom Lande kommt, es ist so etwas Außergewöhnliches und ein richtiger Anlaß.*« 1926 war sie Mitglied der Preußischen Akademie der Künste geworden. 1931 erhielt sie den Goethe-Preis der Stadt Frankfurt. Mit Käthe Kollwitz und Alfred Döblin war sie freundschaftlich verbunden. Am 1. Oktober 1932 verließ ihr Schwiegersohn, der dem aufkommenden Nationalsozialismus ablehnend gegenüberstand und beruflich Schwierigkeiten bekam, Berlin, um sich in Freiburg, dem Wohnsitz seiner Mutter, zu habilitieren. Die Schriftstellerin ging mit ihrer Tochter und ihrem Enkel Alexander zu ihrer Freundin Dr. Maria Baum nach Heidelberg, die 1955 ihre »Briefe an die Freunde« herausgab, später nach Freiburg und 1936 nach Jena, als sich ihr Schwiegersohn hier niederließ. Aus politischen Gründen wurde er aus dem Hochschuldienst entlassen. An ihren Verleger Anton Kippenberg schreibt sie im August: »*Es wird Sie vielleicht wundern, daß ich mich sehr schwer von Berlin trenne, ich habe mich so in die Landschaft verliebt, daß mich nicht einmal Heidelberg lockt, eher abschreckt. Hier freute ich mich von einem Sonntag auf den anderen, wo wir Ausflüge machten; kaum jemals habe ich mein Herz so an eine Landschaft gehängt.*« Und an Hürlimann, den Leiter des Atlantis-Verlags: ». . . *ich leide jetzt schon das Heimweh voraus, das ich haben werde, wenn ich fort bin.*« 1933 verließ sie aus Opposition gegen die vergewaltigenden und unterdrückenden Methoden der neuen Machthaber und aus Solidarität mit den ausgeschlossenen Mitgliedern die Preußische Akademie der Künste. In Anerkennung des selbstmörderischen Muts, der ihren Austritt begleitete, äußerte Döblin 27 Jahre später in einem Schreiben an Walter von Molo: »*Ihr werdet niemals ihresgleichen sehen.*« Thomas Mann nannte sie die »Erste Frau Deutschlands«. Am 18. Juli 1864 kam sie als Tochter eines wohlhabenden Kaufmanns in Braunschweig zur Welt. Als eine der ersten Frauen erwarb sie, da die deutschen Hochschulen dem Frauenstudium noch ablehnend gegenüberstanden, im Jahre 1891 in Zürich den Doktorgrad und arbeitete in Zürich sowie später in Bremen und Wien als Bibliothekarin und Lehrerin. In erster Ehe war sie mit dem italienischen Zahnarzt Ermanno Ceconi, der in einzelnen Zügen des Titelhelden ihres Romans »Der Arzt Deruga« (1917) wiederzuerkennen ist, und in zweiter mit ihrem Vetter und Schwager, dem Rechtsanwalt Richard Huch, verheiratet. Beide Ehen scheiterten. 1947 wurde sie Alterspräsidentin des Thüringer Landtags. Von einer Dienstreise nach Berlin in ihrer Eigenschaft als Ehrenpräsidentin des Ersten Deutschen Schriftstellertages im Oktober desselben Jahres kehrte sie nicht nach Jena zurück und floh mit einem britischen Militärzug nach Frankfurt/Main. In Schönberg im Taunus starb sie am 17. November 1947 am Herzversagen. Franz Böhm wurde nach dem Kriege der erste Rektor der Frankfurter Universität und führte die Versöhnungsverhandlungen mit Israel. An der Stelle seines Berliner

Wohnhauses, das im Kriege zerstört wurde, befindet sich jetzt ein Parkplatz.

Knesebeckstraße Im Hause Nr. 1 wohnte im letzten Jahrzehnt des vergangenen Jahrhunderts der am 13. Januar 1859 in Berlin als Sohn des Schlachtenmalers Georg Bleibtreu geborene Romancier Karl Bleibtreu mit seiner Frau, der Schweizerin Julia Gambon. Schon als Zwanzigjähriger betätigte er sich als Schriftsteller. In seiner programmatischen Schrift »Revolution der Literatur« (1886) offenbart er sich als Vorkämpfer frühnaturalistischer Ideen. Mit Gesinnungsgenossen wie Max Kretzer und den Harts, traf er sich im »Würzburger Hofbräu«, einem Lokal, dessen Atmosphäre sich in seinem Berliner Kellnerinnenroman »Schlechte Gesellschaft« (1885) widerspiegelt. Im Jahre 1887 erschien sein dreibändiger Roman »Größenwahn«, eine gültige Darstellung der Berliner Literaturcliquen im letzten Drittel des vergangenen Jahrhunderts. Von der Knesebeckstraße übersiedelte er zu Beginn des 20. Jahrhunderts zum Ludwigkirchplatz. Die benachbarte Bleibtreustraße wurde nach seinem Vater benannt.

In den neunziger Jahren des vergangenen Jahrhunderts wohnte Max Kretzer im Hause Nr. 2. 1891 erschien sein Roman »Der Millionenbauer«, der die Geschichte eines in den Gründerjahren durch Terrainspekulationen reich gewordenen Schöneberger Bauern erzählt.

Im Dezember 1914 übersiedelte die Unterhaltungsschriftstellerin Hedwig Courths-Mahler mit ihrer Familie von Karlshorst in den zweiten Stock des erhalten gebliebenen, aus dem Jahre 1892 stammenden Hauses Nr. 12 mit Blick auf die Goethestraße. Hier schrieb sie unermüdlich ihre zehn bis fünfzehn Romane im Jahr, die von begeisterten Lesern verschlungen wurden, und hier traf sich an ihrem »jour fixe« jeweils freitags die Prominenz von Theater und Film, wie Asta Nielsen, Emil Jannings, Richard Tauber, die Schriftsteller Sudermann und Curt Goetz sowie Franz Lehár. Im Jahr 1932 zog sie in die Landshuter Straße. Das Haus in der Knesebeckstraße wurde mit Hilfe der Stadtbildpflege restauriert. Die Schriftstellerin, die der »Spiegel« die »Domina der deutschen Gemütsliteratur« nennt und die Hans Reimann als »Kotz Malheur« beleidigt, wurde am 18. Februar 1867 in Nebra a.d. Unstrut als Ernestine Mahler unehelich geboren und in Weißenfels a.d. Saale von einem Flickschuster Birkner erzogen. 17jährig kam sie als »Stütze« einer Leipziger Dame zum erstenmal mit Literatur in Kontakt. Als Kind hatte sie aus Bewunderung für eine Zirkusreiterin, die Hedwig hieß, ihren Vornamen abgelegt, und als Schriftstellerin fügte sie ihrem Mutternamen den Namen ihres Mannes zu, den sie 1889 heiratete.

Bahnhof Zoo *»Beim Bahnhof Zoo die vielen Omnibusse / nach Nedlitz, Cladow, Pichelsdorf, Schildhorn. / Man kippt am Straßenrand noch einen Korn, / trifft an der Uhr sich mit vergnügtem Kuß«*, beginnt ein Gedicht von Max Herrmann-Neiße, der sich in der Londoner Emigration vor Sehnsucht nach Berlin verzehrt.

Vierzehnter Spaziergang: Wedding

In seinen »Wanderungen durch die Mark Brandenburg« kommt Theodor Fontane auch zum Wedding und notiert: ». . . *an die Stelle der Fülle des Reichtums, des Unternehmungsgeistes treten die Bilder jener prosaischen Dürftigkeit, wie sie dem märkischen Sande eigen sind. Kunst, Wissenschaft und Bildung haben in diesem armen Lande einen schwereren Kampf gegen die widerstrebende Natur zu führen gehabt, als vielleicht irgendwo anders . . .*«

Bernauer Straße Die Bernauer Straße ist durch die seit 1961 auf ihrer Südseite errichtete Mauer zu einem traurigen Symbol der Spaltung Berlins geworden. Am 13. Mai 1907 wurde Heinrich Wolfgang Seidel, der Sohn des Leberecht-Hühnchen-Dichters, zum zweiten Pfarrer am Lazarus-Kranken- und Diakonissenhaus in der Bernauer Straße 117 gewählt und bezog mit seiner Frau, seiner Kusine Ina Seidel, die er am 30. Juni 1907 geheiratet hatte, ein kleines Nebengebäude des Krankenhauses und später eine Wohnung im Krankenhaus-Komplex. In ihrem »Lebensbericht 1885–1923« widmet die Schriftstellerin den sieben Jahren, die sie hier wohnte, einen beträchtlichen Abschnitt. »*Fünf der Fenster unserer Wohnung sahen nach Osten, über die Bernauer Straße hinaus, auf die stille grüne Oase des Sophien-Friedhofs, dessen rote Backsteinmauer damals und noch auf dreiundfünfzig Jahre hinaus nur den Frieden der Toten umschloß. Wenn man heute die in diesem Teil der Straße behausten Berliner nach der Lage ihrer Wohnung fragt, sagen sie mit bitterer Betonung ›gegenüber der Mauer‹ . . . Der Friedhof gehört zu Ost-Berlin, und seit 1961 ist seine Mauer . . . ausgebaut und einbezogen – eben in die Mauer.*« Die Schriftstellerin, die wie die Mitarbeiter des Krankenhauses einen Schlüssel zu einer kleinen Pforte in der alten Kirchhofsmauer hatte, pflegte zu allen Tageszeiten auf dem Friedhof spazierenzugehen. Die täglichen Besorgungsgänge im nächsten Umkreis ihrer Wohnung erschienen der Hallenserin »genußreich«: »*Ich hatte keine Schwierigkeiten, mich mit den Berlinern zu verständigen, gerade die einfachen, meist hart arbeitenden Menschen, mit denen ich in unserer Gegend in Berührung kam, sagten mir in ihrer realistischen Lebensauffassung, ihrem trockenen Humor, ihrer Schlauheit und Schlagfertigkeit zu.*« Die Freude über die Geburt ihres ersten Kindes, der Tochter Heilwig, wurde durch ein versteiftes und verkürztes Bein der Mutter und damit eine lebenslange schwere Gehbehinderung getrübt. 1914 konnte sie ihren ersten Gedichtband veröffentlichen. Ein

Besuch von Agnes Miegel im Jahre 1913 war der Beginn einer Freundschaft. Ein Jahr vorher erschien das erste Buch ihres am 28. August 1876 in Berlin geborenen Mannes, die Novelle »Der Vogel Tolidan«. Mit zwei Romanen aus dem Berliner Leben, »George Palmerstone« (1921) und »Krüsemann« (1935), hat er sich einen Namen als Schriftsteller gemacht. Im Februar 1914 übersiedelte die Familie nach Eberswalde, wo Heinrich Wolfgang Seidel zum Pfarrer an der Maria-Magdalenen-Kirche ernannt worden war.

Nach ausgedehnten Reisen als Schiffsarzt ließ sich Dr. med. Curt Emmerich, der sich als Schriftsteller Peter Bamm nannte, als Chirurg in der Bernauer Straße nieder. Seine Wohnung hatte er in der Gartenstraße. In seiner Autobiographie »Eines Menschen Zeit« (1972) schildert er die seiner Praxis gegenüberliegende Kneipe. Hier traf er sich jeweils freitags mit dem Apotheker, dem Fleischermeister von nebenan, dem Polizeiwachtmeister von der Ecke zu einem kulinarischen Stammtisch mit Bratheringen, die eine Frau Totleben, die Wirtin, meisterhaft zuzubereiten verstand. Bamm arbeitete damals an der im Jahr 1933 gegründeten »Deutschen Zukunft«, die ihre oppositionelle Haltung gegen das Regime bis 1940 zu verbergen wußte. Im Jahre 1933 nahm Bamm eine Volontärstelle an einem Krankenhaus in Hamburg an, um seine chirurgische Fachausbildung abzuschließen. Seinen Lebensunterhalt verdiente er mit der Feder. Er starb 77jährig am 30. März 1975 in Zürich, seinem Alterssitz.

Humboldthain Der zwischen 1869 bis 1875 westlich der Brunnenstraße angelegte Volkspark erhielt seinen Namen zu Ehren Alexander v. Humboldts. Der Hain wurde ebenso wie ein Denkmal Humboldts im Zweiten Weltkrieg zerstört. In dem auf Trümmerschutt neugestalteten Park fand eine neue Gedenkstele mit einem Reliefbild des Begründers der Wissenschaft von der Pflanzengeographie Aufstellung.

Badstraße Die Bad- ebenso wie die Brunnenstraße und der Ortsteil Gesundbrunnen verdanken ihre Namen einer auf der Südseite der Panke entspringenden Quelle, um die zur Zeit Friedrichs des Großen Kur- und Badeanlagen entstanden. 1882 versiegte die Quelle und die Badeeinrichtungen verschwanden. Ein Reliefbild an der Wand des Hauses Nr. 38/39 und die Quellenfassung im Hause erinnern an den Gesundbrunnen.

Im Hause Nr. 62 hatte der durch seine Alt-Berliner Pastelle unvergeßlich gewordene Maler Otto Nagel eine Wohnung und sein Atelier. Hierher führte er seine Frau, die er im Jahre 1924 bei einem Besuch der Ersten Deutschen Kunstausstellung in der Sowjetunion kennengelernt hatte und die sich erinnert: »*Aus dem schönen Leningrad zog ich zu meinem Mann in ein düsteres, trauriges Mietshaus im Norden Berlins, dem Wedding. Elend war mir – aufgewachsen in einer ganz anderen Welt – bis dahin zwar nicht unbekannt gewesen, aber ich kannte es vorwiegend nur aus den Büchern Gorkis, Dostojewskis und Zolas. Nun aber erlebte ich es unmittelbar, wohnten wir doch anfangs zu fünft in einem Raum, in dem es von Wanzen wimmelte* . . .« Als Nagel erkannte, daß seine »Vaterstadt der Zerstörung entgegenging, sah ich meine Aufgabe darin, möglichst viel von dem festzuhalten, was einmal lebendigstes Berlin war und nun in Gefahr stand, für immer zu verschwinden«, schreibt er. In seiner Wohnung wurde er 1937 verhaftet und als Schutzhäftling Nr. 1287/12 in das Konzentrationslager Sachsenhausen gesperrt. Nach dem Krieg wurde er Präsident der Deutschen Akademie der Künste in Ost-Berlin. Der Maler, der neben Zille, Käthe Kollwitz und Baluschek als der bedeutendste Berliner Realist gilt, starb am 12. Juli 1967. Auf dem Zentralfriedhof Lichterfelde wurde er neben Käthe Kollwitz bestattet. Am Märkischen Ufer Nr. 16–18, im ehemaligen Fischerkietz neben dem Ermeler-Haus, wurden zwei Fassaden bürgerlicher Häuser aus dem 18. Jahrhundert wiederhergestellt, hinter denen sich heute eine Außenstelle des Märkischen Museums mit einem »Otto-Nagel-Museum« befindet.

Im Hause Nr. 58 gründete der Berliner Schauspieler Bernhard Rose im Jahre 1902 das als Volksbühne bald populär gewordene »Rose-Theater«. Hier standen bis zum Ankauf des Theaterbaus in der Großen Frankfurter Straße im Jahr 1906 in erster Linie Alt-Berliner Possen auf dem Spielplan. Als Vater dreier bekanntgewordener Söhne, Hans, Paul und Willi, die die Tradition fortführten, starb er am 23. Juni 1927 an einem Gehirnschlag.

Wiesenstraße In einer Dreizimmerwohnung im Hinterhof des Hauses Nr. 29 wurde am 12. Februar 1892 der Schriftsteller Theodor Plivier, der seinen Namen später Plievier schrieb, als 13. Kind eines invaliden Feilenhauers geboren. Nur sieben von seinen Geschwistern überlebten das Kindesalter. »Mit zwölf Jahren begann ich zu arbeiten, zuerst an den schulfreien Nachmittagen in den Kellereien der Wedding-Markthallen, dann als Laufbursche«, erinnert er sich im Kapitel »Die andere Seite« seines Buchs »Der Kaiser ging, die Generale blieben« (1932). Seinen arbeitsunfähigen Vater, der im Zirkus Busch eine Männertoilette gepachtet hatte, vertrat er gelegentlich und trug zum Unterhalt der Familie bei, indem er Semmeln aus den Beuteln stahl, die die Bäckerjungen frühmorgens an die Türklinken ihrer Kunden hängten. Schon als 17jähriger konnte er eine Skizze mit dem Titel »Proletariers Ende« in einer Berliner Zeitung veröffentlichen. 1909 verließ er sein Vaterhaus, fuhr auf Segelschiffen, war Goldwäscher und Viehtreiber und im Ersten Weltkrieg Matrose auf dem Hilfskreuzer »Wolf«, der 444 Tage im Einsatz war, ohne einen Hafen anzulaufen. 1920 kam er nach Berlin zurück. Zum 75. Geburtstag des Schriftstellers wurde an einem Firmengebäude, das an der Stelle seines Geburtshauses steht, eine Gedenktafel angebracht.

Kösliner Straße Der »rötesten« Straße im »rötesten« Stadtteil Berlins, der Kösliner Straße, und ihren Barrikadenkämpfen am 1. Mai 1929 hat der kommunistische Schriftsteller Klaus Neukrantz in einem 1930 erschienenen Tendenzroman »Barrikaden am Wedding« ein literarisches Denkmal gesetzt. Das Buch wurde sofort nach seinem Erscheinen verboten.

Der amerikanische Reporter H. R. Knickerbocker ging im Jahre 1929 bei der Arbeit an seinem Buch »Deutschland so oder so?« als Arbeitsloser verkleidet durch die Straße, um das Ausmaß der deutschen Not in den letzten Jahren der Weimarer Zeit zu ergründen.

Pankstraße Der am 6. Oktober 1897 auf dem Prenzlauer Berg als Sohn eines Brauerei-Ingenieurs geborene Johannes Haasis, der sich als Schriftsteller Jonny Liesegang nannte und erst nach verschiedenen Berufen, wie Brauer, Maler, Boxer und Karikaturist, seine Begabung für das Schreiben entdeckte, hatte im Hause Nr. 79 eine Wohnung. Von hier übersiedelte er in die Afrikanische Straße.

Reinickendorfer Straße Im Jahre 1889 kehrte Arno Holz wieder in die proletarische Welt Pankows zurück und mietete im ersten Stock des Hauses Nr. 5 ein möbliertes Zimmer. Hier arbeitete er an seinem »Phantasus« und an dem gigantischen Bekenntniswerk »Die Blechschmiede«, das 1902 erschien. Zu Beginn des Jahres 1890 übersiedelte der Dichter in den Westen Berlins, der bis zu seinem Ende seine Heimat blieb. Zunächst mietete er eine Unterkunft in der Ansbacher Straße.

Im Erdgeschoß des Quergebäudes im zweiten Hof des Hauses Nr. 60 wurde am 27. September 1894 Otto Nagel als letzter von fünf Jungen in einer Wohnung von zwei Zimmern – in einem befand sich die Tischlerwerkstatt des Vaters – geboren. Bevor er sich 1921 als freischaffender Künstler einen Namen machen konnte, arbeitete er als Glasmaler, Riemensattler und Transportarbeiter.

Im Gebäude des Kinderkrankenhauses des Rudolf-Virchow-Krankenhauses in der Reinickendorfer Straße Nr. 61 war ehemals das Kaiser- und Kaiserin-Friedrich-Kinderkrankenhaus untergebracht. Hier wurde im Jahre 1900 die am 9. März 1879 in Königsberg als einziges Kind eines Kaufmanns geborene Schriftstellerin Agnes Miegel, die schon auf der Schule Gedichte schrieb, als Säuglingsschwester ausgebildet. Hier wohnte sie, und hier infizierte sie sich, so daß sie mehrere Wochen das Bett hüten mußte. Im Oktober 1901 bestand sie ihr Examen und ging in ihre Heimatstadt zurück. Im selben Jahre veröffentlichte sie ihre ersten »Gedichte«, 1907 erschienen ihre »Balladen und Lieder«, mit denen sie ihre Anerkennung als Dichterin begründen konnte. Später arbeitete sie eine Zeitlang als Journalistin in Berlin und kam 1904 wieder in »mein großes Gefängnis« zurück, um sich auf eine Prüfung für das Lehrerinnenseminar vorzubereiten. Sie wohnte während dieser Zeit in einem Internat. Anläßlich einer Lesung aus ihren Werken kam sie 1931 wieder nach Berlin und traf bei der Gelegenheit Ina Seidel. Es kam zum Bruch zwischen den beiden Dichterinnen, als Ina Seidel erfahren mußte, daß Agnes Miegel in ihren Versen den Nationalsozialismus verherrlichte und nach 1933 in die Sektion Dichtkunst der Akademie der Künste berufen wurde. Am 26. Oktober 1964 starb die Dichterin in Bad Salzuflen, wohin sie über ein Internierungslager in Dänemark und Bad Nenndorf gelangt war.

Gerichtstraße Von der Ackerstraße übersiedelte Arno Holz im Spätherbst 1884 in ein im Parterre des Hauses Nr. 28 gelegenes möbliertes Zimmer. Die »kahlen, / abgeschelberten, tapetenfetzigen, rissigen, / verräucherten / sogenannten ›vier Wände‹« . . . und den »öden, blöden, tristen Teppichklopfhof« aus seinem »Phantasus«, an dem er mehr als vier Jahrzehnte arbeitete und dessen Zyklen er auf schmale Telegrammstreifen schrieb und zu freien Versen zerschnitt, hatte er hier täglich vor Augen. In »schauderhafter Selbstmordstimmung« schreibt er am 4. Februar 1885 an einen Freund: »*Ich glaube . . . , daß die Chaussee, auf welcher ich noch einmal Steine klopfen werde, in einem der fünf Erdteile schon projektiert ist.*« Im selben Jahr erschien sein erster Gedichtband, eine programmatische Kampfansage, das »Buch der Zeit. Lieder eines Modernen« mit der charakteristischen Ablehnung des Reims und der Metrik. Die Eingangsverse seines »Phantasus« geben die Aussichtslosigkeit seines Dichterlebens wieder und die Atmosphäre der Häuser, in denen er lebte: »*Ihr Dach stieß fast bis an die Sterne, / vom Hof her stampfte* *die Fabrik, / es war die richtige Mietskaserne / mit Flur- und Leiermannmusik!«* Otto Erich Hartleben nennt den 23jährigen Dichter einen der »Sturmvögel vor nahendem Orkan«, der »Kladderadatsch« dagegen legt ihm nahe, Essigfabrikant zu werden. Er selbst ist überzeugt: *»Ich schaffe mit diesem Werk das Größte, was ein einzelner nicht bloß für sich, sondern zugleich auch für sein Volk schaffen kann.«* Um diese Zeit fand der Sozialrevolutionär in dem 1886 gegründeten literarischen Verein »Durch« Gesinnungsgenossen, wie die Brüder Hart, Mackay, Gerhart Hauptmann und Bruno Wille. Nach Reisen durch Frankreich und Holland ließ er sich im Frühjahr 1887 in Niederschönhausen in der Viktoriastraße nieder.

Auf dem Städtischen Friedhof in der Gerichtstraße 37/38 wurden Paul Schlenther (†1916), der erste Biograph Gerhart Hauptmanns, und der im selben Jahr verstorbene Schriftsteller Julius Stettenheim bestattet.

Leopoldplatz Der »am Leopoldplatz, zwischen U-Bahn und Bus« von Schinkel im Stil einer altchristlichen Basilika entworfenen und in den Jahren 1832 bis 1834 erbauten Nazarethkirche und dem Bronzenachguß des »Betenden Knaben«, eines griechischen Originals aus dem vierten Jahrhundert v. Chr., widmet Kurt Ihlenfeld das Gedicht »Klassischer Wedding«: »Der Schinkel-Tempel heißt Nazareth, / der Knabe erinnert uns an Athen.« Auch Detlev v. Liliencron schreibt ein Gedicht mit demselben Titel.

Müllerstraße Auf dem Grundstück Nr. 72/73 der Müllerstraße, die im Jahre 1800 auf Veranlassung der Brüder Humboldt angelegt wurde und deren Namen an die 19 Windmühlen erinnert, die den alten Heerweg nach Ruppin säumten, liegt der Friedhof der Domgemeinde. A. E. Brachvogel (†1878), der Autor des Romans »Friedemann Bach«, und Paul Gurk (†1953) liegen hier begraben.

Afrikanische Straße Der bevorstehende Abriß seines Wohnhauses in der Melchiorstraße, wo er ein halbes Jahrhundert gehaust hatte, zwang Paul Gurk zum Umzug. Er mietete mit seiner geistig umnachteten Frau im Jahre 1936 eine kleine Parterrewohnung im Hause Nr. 144b. Hier schuf der malende und komponierende Dichter in völliger Abgeschlossenheit ein vielgestaltiges Œuvre von mehr als 600 Aquarellen, Ölbildern und Pastellen sowie 50 Romanen, Erzählungen und Dramen, dazu Kompositionen aller Art. Hier erfuhr er in den Jahren des Nationalsozialismus Verbot und Ächtung. Der kaum gedruckte, unbeachtete und heute vergessene geniale Künstler starb am 12. August 1953 in seiner Wohnung. Auf dem Friedhof der

Domgemeinde in der Müllerstraße wurde er bestattet. Eine zu seinem 90. Geburtstag an seinem Wohnhaus angebrachte Tafel erinnert an den »Mann ohne Fortune«, wie Paul Fechter ihn nennt. Seine hinterlassenen Manuskripte wurden vom Nachlaßverwalter auf 72,50 DM geschätzt.

In einer Wohnung im rechten Erdgeschoß des Hauses Nr. 146c lebte Jonny Liesegang, der »Musensohn des Weddings«. Am 30. März 1961 schloß der Schriftsteller, der sich mit seinen Büchern »Det fiel mir uff«, »Det fiel mir ooch noch uff« und »Det fiel mir trotzdem uff« die Verehrung eines großen Leserkreises erworben hatte, in einem Krankenhaus die Augen für immer. Zwei Jahre nach seinem Tode wurde auf seinem Grabe auf dem Städtischen Urnenfriedhof an der Müller-/Ecke Seestraße ein Denkmal mit dem Relief des Verstorbenen enthüllt, der den »Weddinger Slang zur Sprache der Poesie erhoben hat«.

Fünfzehnter Spaziergang: Reinickendorf

Eisenhammerweg (Ortsteil Tegel) Nach dem Erscheinen seines ersten großen Werks, der Novellen »Studentenbeichten«, ging der am 28. Juni 1865 im schlesischen Grünberg geborene Konditorssohn Otto Julius Bierbaum mit seiner Frau Gusti Rathgeber, die er 1892 in London geheiratet hatte, im Dezember 1893 nach Berlin, wo er die Redaktion der naturalistischen Zeitschrift »Die freie Bühne« übernahm. Im Hause Nr. 3 der Spandauer Straße, die heute Eisenhammerweg heißt, mietete er eine Wohnung. An der Stelle des Hauses steht jetzt ein Mietshaus. Bierbaum gehörte zu den Mitbegründern der prominenten Kunstzeitschrift »Pan«, deren erste Nummer im April 1895 erschien, und gab zusammen mit Alfred Werner Heymel und Rudolf Alexander Schröder in München »Die Insel«, die führende Zeitschrift des Jugendstils, heraus. Seine Begegnungen mit der Berliner Boheme zu Ende des 19. Jahrhunderts fanden ihren Niederschlag in »Stilpe«, dem »Roman aus der Froschperspektive« (1897), mit dem er Wolzogen zur Gründung des »Überbrettl« anregte. Die führenden Schichten der Berliner Gesellschaft schildert Bierbaum in seinem dreibändigen Roman »Prinz Kuckuck« (1906/07). Mitte 1895 übersiedelte er von hier in die Neue Winterfeldstraße.

Tegel Die »verfall'ne Kirchhofsmauer, / übergrünt von hohen Maulbeerbäumen« und des »Dorfes graue Giebelhütten, / von Holundersträuchen wild umwachsen« bewahrt der märkische Dichter und Landpfarrer Friedrich Wilhelm Schmidt von Werneuchen (1764–1838) in schwermütigen Versen für die Nachwelt.

Schloß Tegel »*Havelabwärts von Oranienburg, schon in der Nähe Spandaus, liegt das Dorf Tegel, gleich bevorzugt durch seine reizende Lage wie durch seine historischen Erinnerungen. Jeder kennt es als das Besitztum der Familie Humboldt. Das berühmte Brüderpaar, das diesem Fleckchen märkischen Sandes auf Jahrhunderte an Bedeutung verleihen und es zur Pilgerstätte für Tausende machen sollte, ruht dort gemeinschaftlich zu Füßen einer granitenen Säule, von deren Höhe die Gestalt der »Hoffnung« auf die Gräber beider herniederblickt . . . Schloß Tegel, ursprünglich ein Jagdschloß des Großen Kurfürsten, kam wenige Jahre nach dem Hubertusburger Frieden in den Besitz der Familie Humboldt. Alexander Georg von Humboldt, einem adeligen pommerschen Geschlechte entstammend, das im Fürstentum Cammin und im Neustettiner Kreise seine Besitzungen hatte, brachte* *es im Jahre 1765 durch Kauf an sich. Nach dem Tode der Eltern wurden Schloß und Rittergut Tegel gemeinschaftlich Eigentum der beiden Söhne und blieben es, bis sie im Jahre 1802 in den alleinigen Besitz Wilhelms, der damals Gesandter in Rom war, übergingen. Alexander von Humboldt hat sich immer nur besuchsweise in Schloß Tegel aufgehalten, und die historische Bedeutung des Ortes wurzelt überwiegend in der vieljährigen Anwesenheit Wilhelm von Humboldts daselbst, der die letzten fünfzehn Jahre seines Lebens (von 1820 bis 1835), zurückgezogen von Hof und Politik, aber in immer wachsender Vertrautheit mit der Muse und den Wissenschaften, auf dieser seiner Besitzung zubrachte . . .«* Mit diesen Worten umreißt der märkische Wanderer Theodor Fontane Lage und Geschichte des sogenannten Humboldtschlößchens. Schon vor ihm schildert Friedrich, der den schönen Garten und den Weinberg, »deren Lage reizend ist«, bewundert, die Umgebung des Schlosses: »*An der anliegenden Kette von Anhöhen, die sämtlich mit Bäumen bepflanzt sind, hat man mannigfaltige Spaziergänge und an vielen Orten reizende Aussichten über den Tegelschen See nach Spandau und den anliegenden Orten. Besonders vorzüglich sind die von einem Lusthäuschen auf einer Anhöhe, nahe bei dem Wohnhause, und von einem weiter hinliegenden offenen Tempel, worin eine Statue der Diana steht.«* Er versäumt nicht zu erwähnen: »*Es ist nicht weit davon ein Wirtshaus, wo man speisen kann. Daher oft hieher von Berlin aus Spazierfahrten geschehen.«* Wilhelm von Humboldt, der ebenso wie sein Bruder Alexander hier seine Kinder- und Jugendjahre verbrachte, schreibt am 8. Mai 1790 an seine Braut Karoline von Dacheröden, die er am 24. Juli 1791 heiratete: »*In Tegel ist's sehr schön . . . von wie vielen Erinnerungen werd' ich ergriffen bei jedem Anblick . . . Bei jedem Schritt finde ich eine Szene der Vergangenheit wieder, und das fesselt mich wunderbar an die Gegend . . . Und jetzt, da ich es wiedersehe, . . . wirkt diese kleine einfache Landschaft doch noch mit immer gleichem Zauber auf mich.«* Erst 25 Jahre nach der Hochzeit ließ Wilhelm von Humboldt sich mit seiner Frau, die ihm acht Kinder schenkte, im Schloß nieder. Eine Straße in der Nachbarschaft des Schlosses trägt ihren Namen. Sie starb »sanft, still und schmerzlos« am 26. März 1829. Bis zu seinem Tode begab sich Wilhelm von Humboldt täglich zu ihrem Grab zu Füßen von Thorvaldsens Statue der »Spes« in der Grabstätte der Humboldt-Familie. Auch Wilhelm, der am 8. April 1835 in den Armen seines Bruders im Schloß starb, wurde ebenso wie sein Bruder Alexander hier bestattet. Im Gegensatz zu seinem Bruder, der in der Hauptstadt lebte und starb, liebte er Berlin, die »intellektuell verödete, kleine, unliterarische und dabei überhämische Stadt« nicht. »Mir ist nichts lieber als die tiefe Einsamkeit in Tegel«, äußerte er immer wieder. Bei der Rückreise von seinem viertägigen Aufenthalt in Berlin nahm Goethe einen weiten Umweg in Kauf, um Tegel zu sehen, wo er vermutlich Georg Alexander von Humboldt, dem Vater von Wilhelm und Alexander, einen Besuch abstattete. »Von Berlin um 10 über Schönhausen auf Tegeln. Mittags Essen. Über Charlottenburg nach Zehlendorf. Nachts 11 in Potsdam«, notiert er in seinem Tagebuch vom 20. Mai 1778. In der Walpurgisnachtszene im »Faust« spielt er drei Jahrzehnte später mit der Zeile »und dennoch spukt's in Tegel« auf den Ort an, der damit in die Weltliteratur einging. Gottfried Keller besingt um die Mitte des vergangenen Jahrhunderts das *»stille, weiße Humboldthaus«* und den *»nord'schen Geistersee«*, und Heinrich Seidel ist vom Eingang in den Park beeindruckt, *»wo die mächtigen Platanen, Ulmen und Silberpappeln aufragen und eine grüne kühle Dämmerung verbreiten! Wie oft haben wir gemeinsam aufgeschaut zu der gewaltigen Höhe ihrer Wipfel . . . Wie oft sind wir an dem kleinen sauberen Schlößchen vorbeigewandelt zu der Höhe. Dort ließen wir jetzt an den schönen Frühlingstagen die Blicke in der Ferne weiden, wo hinter grünen Wiesen und jungaufschießenden Rohrwäldern der blanke Spiegel des waldumdämmerten Sees blitzte und in der weiten Ferne aus bläulichem Dufte die Türme von Spandau und die mächtige Kuppel von Westend emporgestiegen . . . Wie oft wanderten wir durch den feierlichen Kreis der dunklen Fichten, die die Grabstätte der Familie Humboldt umrahmen, und weiter durch Feld, Wiese und Wald.«* Frau Wilhelmine Buchholz in Julius Stindes Roman (1886) gehört zu den ersten Berlinern, die nach Tegel in die Sommerfrische fuhren, denn *»Es ist ja am Ende keine Kunst, dicke zu tun und mit einem billigen Extrazug irgendwo hinzureisen, um nachher sagen zu können: Wir waren in der Schweiz oder Zoppot oder sonst in der fern entlegenen Fremde. Aber bescheiden in der Nähe von Berlin zu weilen, daß Frau und Kinder sich am Luftwechsel erfreuen und der Mann sonntags herauskommt und auch sein Vergnügen hat, das halte ich für keine leichte Aufgabe. Da heißt es, die Krone des Hochmuts abzulegen und das einfache Waschkleid der Tugend anzuziehen . . . Und dann ist von dem Dorf Tegel das Schloß Tegel mit seinem Park nicht weit entfernt, und in dem Park liegt Alexander v. Humboldt begraben, dieser außerordentliche Gelehrte, der ja auch den Globus erfunden* *hat, der jetzt zu den beliebtesten Zimmerzierden gehört, obwohl seine blaue Farbe nicht immer mit den Möbelstoffen harmoniert. – Hat man einen solchen historischen Hintergrund in unmittelbarer Nähe, so fühlt man auf den Spaziergängen das Walten des Genius und ist glücklich in dem Bewußtsein, ebenfalls zu den Gebildeten zu gehören . . .«*, wie sie, die sich im benachbarten Walde von ihrer Tochter Betty den »Kosmos« vorlesen läßt.

An der Wildbahn (Ortsteil Heiligensee) In ihrem unscheinbaren einstöckigen Haus An der Wildbahn 33, in dem sie seit 1939 wohnte, starb im Mai 1978 die aus einer gutbürgerlichen Familie in Gotha stammende Malerin Professor h.c. Hannah Höch im Alter von 88 Jahren. Die Künstlerin kam im Jahre 1912 zum Studium der Malerei nach Berlin und wurde durch Raoul Hausmann, mit dem sie sieben Jahre eng befreundet war, das einzige weibliche Mitglied der Kunstvereinigung »Dada-Berlin«. In ihrem Garten und in ihrem Haus konnte sie ihre dokumentarischen Erinnerungen an die Dada-Zeit vor dem Nationalsozialismus bewahren. Ihre Urne wurde in einem Ehrengrab auf dem Friedhof Heiligensee beigesetzt.

Kreuzritterstraße (Ortsteil Frohnau) Der am 13. März als ältestes von sieben Kindern eines Hof- und Ziegeleibesitzers in dem westpreußischen Dorf Jungen geborene Lyriker Oskar Loerke, seit 1917 Lektor im S.-Fischer-Verlag, konnte im Jahre 1930 dank einer Erbschaft seiner Frau Clara Westphal das Grundstück Nr. 8 – »etwa 45 Kiefern stehen darauf« – erwerben und hier ein Haus errichten, das das Ehepaar im Dezember mit seinem Freund, dem Ingenieur Ludwig, bezog. In seinem Tagebuch notiert er: *»Dienstag, 16. Dezember ist eine neue Lebenszeit angebrochen. Wir zogen nach Frohnau um . . . Herrliches Glück, hier in der Stille und in guter Luft eine Weile zu wandern . . . Am zweiten Tag hier schneite es. Wir gingen alle drei nach dem Abendessen durch die Straßen, die weißen leuchtenden mit den dunklen, schneebeladenen Kiefern. Ein unvergeßlicher Eindruck . . .«* Seines Postens als Sekretär der Dichterakademie wurde er »im Regiment des Satans« im Jahre 1933 beraubt. Mundtot gemacht und verfemt, starb er am 24. Februar 1941 in seinem Haus. Auf dem städtischen Friedhof in Frohnau in der Hainbuchenstraße stiftete ihm die Stadt Berlin eine Ehrengrabstätte. Wilhelm Lehmann, dem er in lebenslanger Freundschaft verbunden war, widmet dem »Sommerlichen Friedhof« im Gedenken an Loerke ein Gedicht (1944). Elisabeth Langgässer, Zeugin des Begräbnisses, spricht vom »Heimgang eines guten Menschen und eines großen Dichters, aber das erste ist mehr«. Als Entdecker und Förderer vieler Dichter gebührt ihm ein Ehrenplatz in der Literaturgeschichte.

Zeltinger Straße Am 6. Juli 1972 wurde am Hause Nr. 54 eine Tafel zum Gedenken an den am 26. April 1885 als Sohn eines Rabbiners in Neuwied geborenen Schriftsteller und Herausgeber der »Neuen Blätter«, Carl Einstein, enthüllt, der hier bis 1928 wohnte. Nach dem Studium der Kunstgeschichte in Berlin betätigte er sich als freier Schriftsteller. Seine ersten Verse erschienen in Pfemferts »Aktion«; als Verfasser der »Kunst des zwanzigsten Jahrhunderts«, des 16. Bandes der Propyläen-Kunstgeschichte (1926) und der Werke »Afrikanische Plastik der zwanziger Jahre« und »Neger-Plastik« (1915) schuf er sich einen geachteten Namen. Sein expressionistischer Roman »Bebuquin oder die Dilettanten des Wunders« (1912), mit der Tauentzienstraße, dem Kaufhaus des Westens und dem Romanischen Café als Schauplatz, ist heute vergessen. Nach einem Gotteslästerungsprozeß ließ er sich in Paris nieder, nahm am Spanischen Bürgerkrieg auf seiten der Republikaner teil und nahm sich am 5. Juli 1940 beim Einmarsch der deutschen Truppen bei Pau in Südfrankreich das Leben, nachdem er aus dem berüchtigten französischen Konzentrationslager Gurs hatte entkommen können.

Welfenallee Der am 29. Januar 1886 in Görlitz geborene Schriftsteller Karl Friedrich Borée, der in Berlin studiert hatte und zum Doktor beider Rechte promoviert wurde, war nach dem Ersten Weltkrieg Kommunalbeamter in Berlin, dann Stadtrat in Königsberg. 1924 kam er als Anwalt nach Berlin zurück, gab aber seinen Beruf nach dem großen Erfolg seines Liebesromans »Dor und der September« im Jahre 1934 ganz auf. Er hatte seine Wohnung im Hause Nr. 33/34 des Barbarossakorsos, der heute Welfenallee heißt. Vor Ausbruch des Zweiten Weltkriegs übersiedelte er an den Charlottenburger Goethepark. Nach Kriegsende kehrte der Schriftsteller in die Welfenallee zurück und bezog im Hause Nr. 47/48 eine Wohnung. 1952 wurde er Sekretär der Deutschen Akademie für Sprache und Dichtung in Darmstadt. Hier starb er am 28. Juli 1964.

Berliner Straße (Ortsteil Hermsdorf) Der am 17. Februar 1888 in Freiburg in Schlesien geborene Philosoph und Schriftsteller Hans Blüher, der in der Geschichte der deutschen Jugendbewegung eine bedeutende Rolle gespielt hat, wohnte von der Mitte der zwanziger Jahre bis zu seinem Tode am 4. Februar 1955 im Hause Nr. 53. Hier übte er auch seine Praxis als Psychotherapeut aus. Mit Wilhelm II. und der königlichen Familie war er befreundet. In seinem Werk

»Wandervogel« stellt er die Geschichte der von dem Steglitzer Abiturienten Karl Fischer zu Anfang des Jahrhunderts ins Leben gerufenen Jugendbewegung dar.
Fischer wollte, wie Frank Thieß in seiner Autobiographie »Freiheit bis Mitternacht« (1965) sagt, »die jungen Menschen aus den verkrusteten Idealen einer falschen Erziehung zur Natur und damit zu sich selbst« führen. Mit der Zulassung von Mädchen in den ursprünglichen »Knabenorden« nach dem Ersten Weltkrieg begann nach Meinung Fischers der Verfall des »Wandervogels«.

Parkstraße Am 23. Februar 1979, seinem achtzigsten Geburtstag, wurde vor dem Hause Nr. 3 eine Tafel zum Gedenken an Erich Kästner enthüllt, der hier von 1966 bis 1969 als Untermieter wohnte. »Der deutschen Literatur positivster Negationsrat«, wie Marcel Reich-Ranicki den Dichter nennt, starb am 29. Juli 1974 in einem Münchener Krankenhaus.

Personenverzeichnis

Verzeichnis der Straßen, Plätze und Gebäude